Pfläging

Beyond Budgeting, Better Budgeting

Beyond Budgeting, Better Budgeting

Ohne feste Budgets zielorientiert führen und erfolgreich steuern

Niels Pfläging

Haufe Mediengruppe
Freiburg · Berlin · München · Zürich

Bibliografische Information Der Deutschen Bibliothek
Die Deutsche Bibliothek verzeichnet diese Publikation in der Deutschen Nationalbibliografie; detaillierte bibliografische Daten sind im Internet über http://dnb.ddb.de abrufbar.

ISBN 978–3–8448–0021–0   Bestell-Nr. 01427–0001

© 2003 Rudolf Haufe Verlag GmbH & Co. KG, Niederlassung Planegg/München
Postanschrift: Postfach, 82142 Planegg
Hausanschrift: Fraunhoferstraße 5, 82152 Planegg
Tel. 0 89–8 95 17–0, Telefax 0 89–8 95 17–2 50
Internet: www.haufe.de
E-Mail: online@haufe.de
Lektorat: Stephan Kilian
Redaktion: Manfred Sommer
Alle Rechte, auch die des auszugsweisen Nachdrucks, der fotomechanischen Wiedergabe (einschließlich Mikrokopie) sowie der Auswertung durch Datenbanken oder ähnliche Einrichtungen vorbehalten.

Umschlaggestaltung: Zero Agentur, 80538 München
Satz/Layout: AB multimedia GmbH, 85445 Oberding
Herstellung und Verlag: Books on Demand GmbH, Norderstedt

Zur Herstellung der Bücher wird nur alterungsbeständiges Papier verwendet.

„Ich bin definitiv *gegen* das Definierte.
Denn das Definierte ist das Genügende
und das Genügende ist nicht genug."

Fernando Pessoa

Inhaltsverzeichnis

Beyond Budgeting, Better Budgeting		3
Inhaltsverzeichnis		6
1	**Einführung: Beyond Budgeting, Better Budgeting – und warum wir Unternehmenssteuerung flexibler gestalten müssen**	**11**
2	**Budgetierung als zentraler Baustein von Führung und Steuerung – Plädoyer für eine Revolution**	**17**
2.1	Die Probleme der Steuerung mit Budgets: Warum die heute üblichen Prozesse der Unternehmenssteuerung nicht funktionieren	17
	2.1.1 Zur Rolle der Budgetsteuerung im Management und den Funktionen von Budgets	17
	2.1.2 Praktiken der Budgetierung	28
	2.1.3 Defizite des Modells der Budget-basierten Unternehmenssteuerung	33
	2.1.4 Die Grenzen der Planung: Warum wir deutlich weniger und viel mehr planen sollten	45
2.2	Budgetierung im Kontext: Es geht um mehr als nur um Budgets!	55
	2.2.1 Unternehmen im Spannungsfeld zwischen Budgetsteuerung und aktuellen Herausforderungen	55
	2.2.2 Das Zusammenspiel von Steuerung und Menschenbild, von Kontrolle und Vertrauen	58
	2.2.3 Warum isolierte Ansätze und Tools nicht funktionieren – Kohärenz als Erfolgsfaktor des Managementmodells	66
	2.2.4 Unterschiedliche Wege, eine Organisation zu steuern	75
3	**Beyond Budgeting und Better Budgeting – Alternative Wege zu überlegener Performance?**	**82**
3.1	Das Beyond-Budgeting-Modell fundiert: Von der Kritik am Status quo zur Vision	82
	3.1.1 Ursprung und konzeptionelle Grundlagen des Beyond-Budgeting-Modells	82

	3.1.2	Eigenschaften und Prinzipien der Unternehmensführung ohne Budgets	91
	3.1.3	Zwei Beyond-Budgeting-Fallbeispiele: Svenska Handelsbanken und Borealis	104
	3.1.4	Erfolgsfaktoren und Prämissen des Einsatzes von Beyond Budgeting	113
3.2	Better Budgeting – Mittelweg oder pragmatische Alternative?		119
	3.2.1	Budgetierung verbessern: Vorschläge und Techniken für eine fortschrittlichere Planung	119
	3.2.2	Better Budgeting Toolbox, Teil 1: Verbesserungen am Prozess von Planung und Budgetierung	125
	3.2.3	Better Budgeting-Toolbox, Teil 2: Zusätzliche Tools zur Planung	150
	3.2.4	Chancen und Risiken des Better Budgeting	158
3.3	Beyond Budgeting versus Better Budgeting – gibt es einen Königsweg? Unterschiede und Einsatzbereiche der Ansätze		165
3.4	Die Rollen von Prinzipien, Tools, Prozessen im neuen Steuerungs-Modell Beyond Budgeting		173
4	**Die Neun Gestaltungsfelder für Beyond Budgeting oder „Better Management": Prinzipien, Tools, Prozesse für flexible Steuerung und radikale Dezentralisierung**		**184**
4.1	Rolling Forecasting: Planung als Prognose und Vorausschau		185
	4.1.1	Probleme des Forecasting und Ansätze für dessen Neugestaltung	185
	4.1.2	Forecasting in der Steuerung ohne Budgets	198
	4.1.3	Praxiserfahrungen mit Forecasting und Vorschläge für den erfolgreichen Einsatz	208
	4.1.4	Spezielle Einsatzbereiche des Forecasting: Langfristprognose, Risikomanagement und Simulation	214
4.2	Strategie-basiertes Leistungsmanagement mit Balanced Scorecards und Kennzahlensystemen		219
	4.2.1	Steuerung mit Kennzahlensystemen und Indikatoren	219
	4.2.2	Funktionen und Probleme des Managements mit der Balanced Scorecard	223
	4.2.3	Akzente der Scorecard-Nutzung im Beyond Budgeting	233
	4.2.4	Leistungsmanagement und Steuerung mit Kennzahlensystemen	240

4.3 Wert- und potenzialorientiertes Management für nachhaltigen Erfolg 248
4.3.1 Wertorientierte Unternehmenssteuerung und das gewandelte Verständnis der Wertschöpfung in der Praxis .. 248
4.3.2 Ansätze zum integrierten Strategie- und Wertmanagement im Beyond Budgeting 259
4.3.3 Management von Intangible Assets und Potenzialen 264
4.3.4 Fortschrittliche Ansätze zum Leistungsmanagement und wie sie zusammenpassen 270

4.4 Management mit relativen Zielen und Indikatoren für flexible und relevante Leistungsverträge 276
4.4.1 Probleme mit Zielvereinbarung, fixierten Zielen und Budgetvertrag 276
4.4.2 Warum elastische Ziele besser funktionieren als fixierte Ziele 287
4.4.3 Relative Ziele auf allen Ebenen der Organisation einsetzen . 298
4.4.4 Messlatte Wettbewerb: Leistungsmanagement mit Benchmarking 311

4.5 Leistungsbewertung und Vergütung: Reengineering von Leistungsvertrag, Entgelt und monetären Anreizen 317
4.5.1 Die Probleme mit Leistungsbewertung, Entgelt und Motivation 317
4.5.2 Hürden auf dem Weg zu motivierender und wertorientierter variabler Vergütung 323
4.5.3 Ansätze zu „funktionierenden" Formen von Belohnung und Vergütung 330
4.5.4 Vergütungssysteme im Zusammenspiel mit effektivem Performance Management entwerfen und einführen 340

4.6 Management der Gemeinkosten: Prozesskostenmanagement und andere ausgewählte Techniken 351
4.6.1 Prinzipien des Kostenmanagements mit und ohne Budgets . 351
4.6.2 Grundlagen des Prozesskostenmanagements (ABC/M) 365
4.6.3 Die Bedeutung von ABC/M im Beyond Budgeting 376
4.6.4 Ausgewählte ergänzendeTools zum Kostenmanagement ... 381

4.7 Ressourcensteuerung und -koordination: Prinzipien und Methoden für das Management operativer und investiver Ressourcen 385

    4.7.1   Prinzipien des operativen Ressourcen-Managements ohne Budgets 385
    4.7.2   Flexible Ressourcennutzung durch marktliche Steuerung und „Shared Services" 388
    4.7.3   Das Dilemma von Investitionsentscheidungen in der Budgetsteuerung – Lehren aus der Praxis 396
    4.7.4   Finanz- und Investitionsmanagement ohne Budgets 403

4.8   Management-Informationssysteme, Berichtswesen und Dialog: Basis für Transparenz, ethisches Handeln und Dezentralisierung 410
    4.8.1   Paradigmen der Information in der Beyond-Budgeting-Organisation 410
    4.8.2   Berichtswesen und Kontrolle ohne Budgets 414
    4.8.3   Management-Dialog als „organischer" Informations- und Kontrollprozess 425
    4.8.4   Aufbau und Eigenschaften von Management-Informationssystemen für Beyond Budgeting 432

4.9   Führung und Organisationsgestaltung als Eckpfeiler radikaler Dezentralisierung: Empowerment im Management ohne Budgets 437
    4.9.1   Prinzipien der dezentralisierten Organisation (Delegation x Autonomie = Empowerment) 438
    4.9.2   Management von Kundenbeziehungen: Kunden statt Pläne in den Mittelpunkt stellen 449
    4.9.3   Dezentralisierung und Kundenorientierung organisatorisch umsetzen 455
    4.9.4   Implikationen für Unternehmenskultur und Führung 468

5   Beyond Budgeting und bessere Steuerung in der Organisation implementieren 479

5.1   Vorschläge für die Umsetzung: Stakeholder überzeugen und den Wandel realisieren 479
    5.1.1   Entwicklungswege nach „Jenseits der Budgetierung" – Eigenschaften des Modells und Herausforderungen 479
    5.1.2   Überzeugung von Unternehmensleitung und Investoren, Implementierung und Projektverlauf 487
    5.1.3   Erfolgsfaktoren der Implementierung und Umsetzungserfahrungen aus der Praxis 503

5.2	Ohne feste Budgets zielorientiert führen und erfolgreich steuern – warum, wann und wie wir handeln sollten!	512
	5.2.1 Ein Blick in die Zukunft des Beyond-Budgeting-Modells	512
	5.2.2 Neue Rollen für CFOs, Controller und Finanzfunktion – Herausforderungen und Chancen durch Beyond Budgeting	514
	5.2.3 Zum Abschluss: Mit Beyond Budgeting den Wandel realisieren	523
6	**So nutzen Sie die Anwendungen auf der CD-ROM**	**528**
7	**Literaturverzeichnis**	**529**
Danksagungen des Autors		536

1 Einführung:
Beyond Budgeting, Better Budgeting – und warum wir Unternehmenssteuerung flexibler gestalten müssen

Die Budgetierung ist in fast allen Unternehmen eines der zentralen Führungsinstrumente, häufig sogar *das* zentrale Führungsinstrument. Sie wird vielfach implizit oder explizit als Rückgrat der Unternehmenssteuerung angesehen. Andererseits: erkennen immer mehr Praktiker, Experten und Akademiker die vielfältigen Beschränkungen des Verfahrens. Der Harvard-Professor Michael Jensen etwa urteilt folgendermaßen: „Die Budgetierung in Unternehmen ist – wie jeder weiß – ein Witz. Sie verbraucht eine Menge Manager-Zeit, zwingt sie in langweilige, endlose Sitzungsrunden und angespannte Verhandlungen. Sie gibt Managern Anreiz zu lügen und zu schummeln, Ziele herunterzuspielen und Ergebnisse aufzublasen, und sie bestraft sie, wenn sie die Wahrheit sagen."

Die Verwendung von Budgets ist vor allem deshalb problematisch, weil die damit verbundenen Prozesse als ein machtvolles Schutzschild für eine Managementkultur wirken, die durch *Weisung und Kontrolle* geprägt ist. Und die Kultur der Budgetsteuerung infiltriert Veränderungsprogramme, neue Management-Tools und Prozesse. *Rigide Budgets sind eine Barriere des Wandels.*

Trotz ihrer Starrheit, ihrer übermäßigen Zeit- und Ressourceninanspruchnahme und obwohl sie von einem für die meisten Manager spürbar kontraproduktiven Taktieren begleitet wird – an Budgetierungsprozess und Budgetplanung wird bis heute mangels Alternativen in fast allen Unternehmen festgehalten. Zumindest für die meisten Manager bildet dabei das Budget zugleich auch die Grundlage ihrer variablen Entlohnung.

So häufig aber in der Praxis vehemente Kritik an der Budgetplanung anzutreffen ist, so häufig war bisher in der Management-Literatur und insbesondere Controlling-Literatur der Hinweis auf das Fehlen eines „durchgängigen, alternativen Modells der Unternehmenssteuerung" zu finden. Budgets galten bis vor kurzem als unverzichtbare Werkzeuge zur Unternehmensplanung, -steuerung und -überwachung. Mit dem Beyond-Budgeting-Modell liegt nun erstmals ein alternatives, diskussionswürdiges und – wie zu zeigen sein wird – zugleich praxiserprobtes und konsistentes Modell zur Unternehmenssteuerung vor. Gleichzeitig stellt Beyond Budgeting einen recht radikalen, in vielen Details kontraintuitiven Management-Ansatz dar, der die Abkehr von einigen in den meisten Unternehmen üblichen Gepflogenheiten fordert, und vielfältige Chancen für wirkungsvolle Verbesserungen der *Art und Weise, wie wir Organisationen steuern,* aufzeigt.

Beyond Budgeting überrascht auch in anderer Hinsicht: Im Gegensatz zu anderen Managementansätzen steht hier nicht die Einführung von „etwas ganz Neuem" im Mittelpunkt, sondern die Abschaffung von etwas ganz und gar Althergebrachtem, das in praktisch allen Unternehmen zum Standard gehört: dem Budget. Beyond Budgeting fordert, auf die in den meisten Organisationen so mächtige Budgetierung zu verzichten und Platz zu schaffen für ein neues und – wie ich zeigen werde – wesentlich *wirkungsvolleres* Managementmodell.

Obgleich die Unzufriedenheit mit dem klassischen Budgetwesen weit verbreitet ist und seit Jahrzehnten besteht, haben sich bislang nur einige wenige Pionier-Unternehmen davon befreit. Unter der Führung von Jan Wallander führte das schwedische Unternehmen Svenska Handelsbanken bereits 1970 einen Planungsprozess ein, der bis heute als beispielhaft für ein Steuerungssystem „Beyond Budgeting" – jenseits von Budgets – gilt. Andere europäische und amerikanische Unternehmen experimentierten bereits frühzeitig mit der Aufhebung der Verbindung zwischen Prämiensystem und Budgets und verzichteten später ganz auf klassische Budgets.

Was aber bislang fehlte, war ein umsetzungsreifes Konzept für ein integriertes System zur Unternehmensführung, das Planung, Steuerung und Kontrolle ohne Budgets umfasst. Der Beyond Budgeting Round Table (BBRT) nahm sich 1998 des Themas an, seine Forschungsarbeit wurde über 5 Jahre hinweg in Form einer Initiative des britischen Industrieverbandes CAM-I betrieben. Heute ist der BBRT ein unabhängiges Not-for-Profit-Netzwerk „runder Tische" in verschiedenen Regionen der Welt, das international von mehr als sechzig Unternehmen und Organisationen unterstützt wird. Zugleich ist Beyond Budgeting eine öffentliche, informelle Bewegung, die immer mehr Anhänger findet. Heute sind zahlreiche Firmen im Begriff, gestützt auf die Vorarbeit des BBRT ein neues Managementmodell ohne Budgets zu erwägen, und viele sind bereits dabei, es umzusetzen. Insbesondere das vom BBRT zusammengetragene und fundierte Handlungswissen für die Umsetzung der neuen Konzepte in die Unternehmenspraxis, das Wissen um die Realisierbarkeit und die erprobten Vorgehensweisen stehen zurzeit bei Top-Managern, Finanzvorständen (CFOs) und Controllern hoch im Kurs.

Beyond Budgeting, Better Budgeting

Dieses Buch wendet sich an Praktiker und an alle diejenigen, die Beyond Budgeting näher kennen lernen und sich ein Bild von seiner Verwendbarkeit in der Praxis machen wollen. Es gibt klare Antworten und zeigt konkret, worauf es bei Beyond Budgeting ankommt:

- Die Gründe, warum die traditionelle Budgetsteuerung nicht funktioniert – und warum es so schwierig ist, das „Monster Budgetierung" zu zähmen
- Beyond Budgeting und Better Budgeting als Alternativen zur Budgetierung
- Illustrative Beispiele, Prinzipien, Tools und Prozesse für den Weg zur flexiblen und dezentralen Organisation
- Wie erprobte Tools für alle Managementbereiche zur Steuerung beitragen – z.B. Balanced Scorecards, Wertmanagement, rollierende Forecasts, relative Zieldefinition und Vergütungssysteme

Fallbeispiele ausgewählter Pioniere des Beyond-Budgeting-Modells sowie des Performance Managements zeigen anschaulich die Pros und Contras der verschiedenen Konzepte und bieten konkrete Handlungsvorschläge zu Verfahren, Projektmanagement und Implementierung der nötigen Werkzeuge und Prinzipien. Bei allen vorgestellten Ideen stehen Einfachheit, Umsetzbarkeit und Praxisnutzen im Vordergrund. Alle Vorschläge sind direkt umsetzbar durch die Gliederung in *Neun Gestaltungsfelder für den Wandel zu Beyond Budgeting und „Better Management"*. Über die reine Darstellung des neuen Managementmodells hinaus will das Buch Top-Management, CFOs und Controllern vor allem Wege zu dessen konkreter Umsetzung in die Praxis durch Anwendung einer Vielzahl anerkannter und praxistauglicher Werkzeuge, Prinzipien und Prozesse aufzeigen.

Das Buch erläutert en detail das Vorgehen mit dem revolutionären Ansatz des Beyond Budgeting, aber auch mit dem eher inkrementalen, evolutionären Ansatz im Sinne eines Better Budgeting durch:

Beyond Budgeting ist mehr als ein Instrument oder Patentrezept – es stellt sich dar als ein alternatives Managementmodell. Das Beyond-Budgeting-Modell ist eines der methodisch und intellektuell reizvollsten und kohärentesten Managementkonzepte der Gegenwart. Dennoch und gerade deswegen wirft das Konzept eine Reihe von Fragen auf, insbesondere für Unternehmensleitung, CFOs und Controller: bezüglich der Fundamente des Ansatzes selbst,

1. Einführung

2. Status quo: Budgetierung und Budgetsteuerung
- Traditionelle Steuerung und Budgetierung - Defizite und Kontext
- Lehren aus der Praxis

3. Vision: Beyond Budgeting, Better Budgeting
- Darstellung der Konzepte und Fundamente
- Bewertung der Modelle

4. Die Neun Gestaltungsfelder des Beyond Budgeting
- Prinzipien, Tools, Prozesse für bessere Steuerung
- Die einzelnen Tools und Prinzipien, im Zusammenhang dargestellt ("8+1")

5. Erfolgreiche Umsetzung
- Überzeugung, Projektstruktur, Erfolgsfaktoren der Implementierung
- Zukunft des Beyond Budgeting und die Rolle der Finanzfunktion

CD-ROM
- Präsentationen
- Projekt-Checkliste
- Recherche und Literaturverzeichnis

Abb. 1: Die Struktur dieses Buches

seiner Wirksamkeit, der Allgemeingültigkeit seiner Anwendung, und hinsichtlich seiner Umsetzung in der individuellen Organisation. Diese Fragestellungen aus der Praxis sollen in diesem Buch diskutiert werden.

- Was steckt hinter Beyond Budgeting, und ist der Bruch mit der Budgetsteuerung wirklich nötig?
- Ist „Better Budgeting" eine Alternative zur Revolution des Beyond Budgeting?
- Wie kann Beyond Budgeting in der Praxis eingesetzt werden – wo ist es verwendbar, worin bestehen die Vorteile und Risiken?

Better Budgeting wird bereits seit längerem als pragmatisches Alternativkonzept zur Verbesserung der Unternehmenssteuerung diskutiert. Better Budgeting fokussiert zumeist auf einige spezifische Kernprobleme der Unternehmenssteuerung – die von Planung und Forecasting. Seine Initiativen in diesen

Bereichen können in den meisten Unternehmen zu wichtigen Verbesserungen führen und werden in diesem Buch gesondert dargestellt und bewertet. Ansatzpunkte, Grundlagen und Instrumente werden erstmals in Form eines Gesamtzusammenhangs präsentiert.

Was beide Ansätze eint: das Anliegen, die Fähigkeit von Organisationen in Bezug auf zukunftsbezogene Steuerung zu optimieren. Dennoch darf der wesentlich weitere Blickwinkel der Beyond-Budgeting-Initiative nicht übersehen werden: der *Unternehmenssteuerung insgesamt* signifikante neue Impulse zu geben und das gesamte Instrumentarium für Controlling und Management auf eine substanzielle Art zu erweitern und an neuen Führungsprinzipien auszurichten. Das Ergebnis: ein Managementsystem, das *ohne* Budgets auskommt und – wie wir zeigen werden – weiter reichende Verbesserungspotenziale verspricht.

Der Beginn des 21. Jahrhunderts verlangt nach einem Managementmodell für das 21. Jahrhundert.

Es wird in der Zukunft ein Premium der Märkte geben für die Konzentration auf die Fundamente der Geschäftstätigkeit. Vor nicht allzu langer Zeit war das Zauberwort im Management, „neue Geschäftsmodelle" zu entwickeln – koste es, was es wolle. Jetzt ist wiederum eine Phase eingetreten, in der die Aufmerksamkeit von Managern darauf gerichtet ist, *großartige Organisationen* aufzubauen. Darin liegt ein fundamentaler Unterschied zu den 90ern: Zu viele Top-Manager waren besessen davon, mit halsbrecherischer Geschwindigkeit zu agieren, sogar wenn die vorhandenen Markt- und Steuerungsinformationen bestenfalls lückenhaft waren. Wenn es jedoch darum geht, anhaltend und nachhaltig Werte zu schaffen, dann liegt die Betonung weniger auf Geschwindigkeit und ungeprüften Theorien als auf Menschen, Wissen, Systemen und soliden Investitionen. In den 80ern und 90ern ging es um kurzfristige Performance, eng definiert und beurteilt anhand von Quartalsergebnissen. In den kommenden Jahren werden Gesellschaft und Märkte wieder daran interessiert sein, dass Unternehmen die weiteren, langfristigen Interessen aller Stakeholder berücksichtigen.

Die Bemühungen dabei, höhere Standards von Corporate Governance zu erreichen, werden kritisch sein für Länder von Deutschland bis China, um Zugang zum Kapital zu haben, das sie in der Zukunft benötigen werden. Ein neues Ethos von Corporate Governance zu bejahen und zur gleichen Zeit den Mut zu informierten Investitions- und Geschäftsrisiken aufzubringen, diese Gratwanderung wird eine der Herausforderungen für Manager darstellen.

Für dieses Problem existieren keine „großen Lösungen", wohl aber zahlreiche Orientierungsmarken und empfehlenswerte Praktiken, die allesamt durch das Beyond-Budgeting-Modell adressiert werden:

- Organisationen müssen ihre Fähigkeit, Risiken zu erkennen, entwickeln oder verbessern.
- Manager müssen sich mit Mitarbeitern umgeben, die bereit sind Entscheidungen zu hinterfragen oder sie eigenverantwortlich im Rahmen definierter Grenzen selbst zu treffen.
- CEOs und Top-Management müssen ihre optimale Kontrollspanne und die Art, wie sie ihre Unternehmen steuern, hinterfragen.

Diese und andere Faktoren begründen das starke Momentum zu Beginn des 21. Jahrhunderts für ein „Managementmodell jenseits der Budgetierung" und die „Unternehmenssteuerung ohne Budgets". Ein wesentlicher neuer Impuls zum Umdenken in der Unternehmenspraxis kommt aus der Entwicklung jüngerer strategischer, wert- und potenzialorientierter Managementansätze, die letztlich auch radikale Dezentralisierung und ein neues Durchdenken des Verhältnisses zwischen Unternehmenszentrale und operativen Geschäftseinheiten verlangen. Organisationen weltweit suchen heute neue Wege, um Performance Management und Unternehmensführung zukunftsorientiert zu erneuern.

Im September 2000 sprach Kofi Annan, der Generalsekretär der Vereinigten Nationen vor den vereinigten Staatschefs am Ende des Millenium Summit in New York. Er schloss seine Rede mit den Worten, dass, wenn es denn eine Sache gebe, die die Menschheit im 20. Jahrhundert gelernt habe, dann sei es wohl, dass „zentral geplante Systeme nicht funktionieren". Niemand verliess den Saal, niemand kommentierte diese Feststellung. Es handelte sich um eine offensichtliche Wahrheit. Die Welt hat dies gelernt, aber Organisationen steht es erst noch bevor, sich im 21. Jahrhundert von den selben alten Dogmen zu befreien.

Die Leser dieses Buches werden feststellen, daß Beyond Budgeting als Konzept und Methode gleichzeitig eklektisch und integrativ ist. Es reflektiert komplexe Realität und Bedürfnisse in Organisationen, die zu oft in konventioneller Theorie und Praxis fragmentiert behandelt werden.

Dieses Buch soll zur Diskussion zwischen Top-Managern, CFOs, Controllern und Akademikern anregen – innerhalb und zwischen Organisationen – über die Alternativen zum Management mit festen Leistungsverträgen, Budgets und zentralistischer Steuerung.

2 Budgetierung als zentraler Baustein von Führung und Steuerung – Plädoyer für eine Revolution

Die Budget-basierte Steuerung stößt heute an ihre Grenzen – teils aufgrund der ihr innewohnenden funktionalen Beschränkungen, teils aufgrund originär neuer oder veränderter interner und externer Herausforderungen an Organisationen in nahezu allen Märkten und in vielfältigen Umwelten. Eins wird zunehmend klar: Es reicht nicht aus, immer nur neue Managementtechniken und Konzepte einzusetzen – mit denen viele zumindest größere Unternehmen bereits seit längerem experimentieren. Es ist zunehmend notwendig, *mehr* zu ändern. Dazu gehört, gängige und fundamentale Praktiken wie die Budgetierung grundlegend zu hinterfragen und ihre Wirkung auf Organisationen besser zu verstehen.

Ist die Budgetierung nun „out"? Warum und für wen empfiehlt es sich, Alternativen in Form von *besserer Budgetierung, besserem Management* oder dem *Management ganz ohne Budgets* zu überprüfen? Wenden wir uns zunächst den Praktiken der Budgetierung und den mit ihr verbundenen Problemen zu.

2.1 Die Probleme der Steuerung mit Budgets: Warum die heute üblichen Prozesse der Unternehmenssteuerung nicht funktionieren

2.1.1 Zur Rolle der Budgetsteuerung im Management und den Funktionen von Budgets

Die Literatur zur Planung und Unternehmenssteuerung ist voll von kritischen Aussagen zur Budgetierung. Sie beklagte aber bislang auch stets das Fehlen eines kohärenten Alternativmodells zur trotz der evidenten Defizite verbreiteten und weithin akzeptierten Praxis der Budget-basierten Steuerung. Schätzungen und Studien kommen zu dem recht gut nachvollziehbaren Ergebnis, dass sich 90–99% der Unternehmen in Europa und den USA bei der Unternehmenssteuerung „weitgehend, wenn nicht ausschließlich", auf mehr oder weniger traditionelle Budgetierungsverfahren verlassen. Als Grund für diese anhaltende Monopolstellung der Budgetplanung in der Praxis können u.a. folgende Faktoren vermutet werden:

- Widerstand von Management und speziell der Finanzfunktion – Top Management, CFOs und Controller teilen die Obsession für finanzielle, fixe und periodenorientierte Pläne. Budgets suggerieren eine voraussehbare Zukunft ohne „Überraschungen" – eine gefährliche Illusion.

- Budgetierung ist bislang eine „Glaubensfrage" – einmal an Budgets gewöhnt, fällt es uns schwer, uns andere, völlig anders funktionierende Führungsparadigmen vorzustellen; im Gegenteil: Wir gehen intuitiv davon aus, dass eine Organisation ohne Budgets wohl „schlecht gemanagt" sein müsse. Budgets erscheinen uns als „notwendiges Übel".

- Top-down-Steuerung und Kontrolle sind traditionell dominierende Steuerungsformen, die bis vor einigen Jahrzehnten allgemein ausreichend erschienen. Erst durch den Wettbewerbsdruck der letzten Jahrzehnte werden diese Prinzipien in den meisten Industrien in Frage gestellt. Die fundamentalen traditionellen Managementprinzipien erweisen sich aber als außerordentlich widerstandsfähig gegen Veränderung.

Es zeigt sich zudem, dass die Budgetierung höchst anfällig für Ineffizienzen ist, die ihre Kosten erhöhen und die Wirksamkeit verringern (siehe Zusammenfassung in der Box). Trotz substanzieller Innovationen im Bereich der Budgetierung in den letzten 20 bis 30 Jahren – wie Activity-based- und Zero-based-Budgeting – hat sich in dieser Zeit in den Unternehmen nicht viel an der traditionellen Budgetierung geändert. Die Ineffizienzen der Budgetierung wiederum sind so tief in Organisation und Verhalten verankert, dass sie nur mit großer Anstrengung im Rahmen von Change-Management-Initiativen behoben werden können. Viele CFOs und Mitarbeiter der Finanzfunktion haben die Probleme der Budgetierung erkannt, aber nur wenige haben sich bisher in der Lage gesehen, den Änderungsbedarf gegenüber dem Top Management innerhalb ihrer Organisationen darzustellen: Das Problem ist komplex, und ein alternatives Managementmodell muss als kohärentes Ganzes diskutiert und entworfen werden.

Warum Budgets nicht funktionieren – wesentliche Aspekte der Kritik an der Budgetierung

- Budgets fungieren als *fixe Leistungsverträge* (was Organisationen aber heute benötigen, sind *flexible Leistungsverträge!*).
- Budgets sind *zeitaufwändig und ressourcenintensiv*.
- Budgets bringen Führung und ausführenden Managern *wenig Nutzen*.
- Budgets sind zu *rigide und verhindern schnelle Anpassung* – sie erlauben keine schnelle Reaktion auf veränderte Rahmenbedingungen.
- Budgets sind *strategieblind*.
- Budgets *vernachlässigen immaterielle Produktivfaktoren und nichtmonetäre Werttreiber* (Beispiel Kunden- und Mitarbeiterzufriedenheit).
- Budgets fördern einseitig *periodenbezogenes Denken* – sie setzen keine Anreize für kontinuierliche Verbesserung und nachhaltige Leistung.
- Budgets lenken den Blick auf interne Vorgaben und *lenken ab von externen Märkten und Unternehmenswert*.
- Budgets *führen zu „dysfunktionalem" und unethischem Verhalten* – von einfachen taktischen bis hin zu kriminellen Manipulationen.
- Budgets *zementieren Kostenniveaus*, anstatt sie zu verringern. Kostenallokation bedeutet immer Fehlallokation.
- Budgets *hemmen Eigeninitiative, Risikobereitschaft und Innovation*.
- Budgets stützen eine zentralistische *Führungskultur von „Weisung und Kontrolle"* – „Mach, was dir gesagt wird, und erreich das Budget, aber tu nichts darüber hinaus!"

Trotz der Entwicklung zahlreicher – heute anerkannter – Werkzeuge zur Verbesserung der Unternehmenssssteuerung wurde in den letzten Jahrzehnten in der Mehrzahl der Unternehmen kein substanzieller Durchbruch bei der Effizienzsteigerung der betroffenen Managementprozesse erzielt. Ganz im Gegenteil. Heute ist in vielen Organisationen eine Übersättigung mit Verbesserungsinitiativen zu beobachten, die zum Teil damit zusammenhängt, dass innovative und modische Tools und Techniken der letzten Jahrzehnte selten spürbare

Verbesserungen brachten. Techniken wie Total Quality Management, Reengineering, Prozesskostenrechnung, Empowerment, Wertorientiertes Management oder in jüngster Zeit CRM sind allesamt nützlich.[1] Sie scheinen aber mit unterschiedlichen Zielsetzungen unabhängig voneinander eingesetzt zu werden und jede für sich lediglich begrenzte Aspekte der Leistungsverbesserung anzusprechen. Verschiedene Ideen und Initiativen funktionieren in Unternehmen nicht unisono, sondern kollidieren. Was sichtbar fehlt, ist ein verständlicher, übergreifender Management-Ansatz, der den neuen Anforderungen an Unternehmen in allen Märkten gewachsen ist.

Werkzeuge aus den Handlungsbereichen (a) alternative strategische Handlungsmodelle, (b) Ressourcenmanagement, (c) Planung und (d) Dezentralisierung werden vielerorts eingesetzt, haben aber an der Substanz dessen, wie Management funktioniert, wenig geändert (siehe Abb. 2). Selbst in Organisationen, in denen moderne – die Ausrichtung des Unternehmens an Strategie und Kapitalmarkt unterstützende – Management-Tools wie z.B. Balanced Scorecards und Wertmanagement eingeführt wurden, stößt deren Durchschlagskraft an Grenzen. Manager spüren zunehmend, dass in den agilsten Unternehmen zugleich *zu viel und zu wenig* getan wird, um den Wandel in die richtigen Bahnen zu lenken.

Eine der Barrieren des Wandels ist in den letzten Jahrzehnten ausfindig gemacht worden: Die Budgetplanung oder Budgetierung erweist sich als standhaftes „Immunsystem" beim Versuch, auf radikale Produktivitäts- und Wertsteigerung abzielende Management-Werkzeuge zu etablieren. Zugleich stehen althergebrachte Führungsprinzipien wie hierarchische Organisationsstrukturen und zentralisierte Entscheidungsfindung im direkten oder indirekten Konflikt mit innovativen Lösungsansätzen.

Was ist eigentlich die Rolle von Budgets und Budgetierung? Wenn wir eine Befragung in einer beliebigen Organisation durchführen, wird die *Mehrheit* der Organisationsmitglieder hierauf etwa in dieser Weise antworten: „Budgets sind vorgegebene Ausgaben-Grenzwerte, die so definiert sind, dass – sofern jeder ungefähr das ausgibt was seiner Abteilung zugeordnet war – die für die Organisation insgesamt definierten Gesamtkosten in etwa erreicht werden."

---

[1] Und wir könnten hinzufügen: Lean Management, Balanced Scorecard, Prozessmanagement, Lernende Organisation, Supply Chain Management, Target Costing, Kaizen, Business Intelligence, E-Business und Co., Intangible Asset Management, Benchmarking, und Dutzende andere. Es mangelt nicht an brauchbaren Ideen, wohl aber an hervorragendem Einsatz und Exekution.

Die Probleme der Steuerung mit Budgets

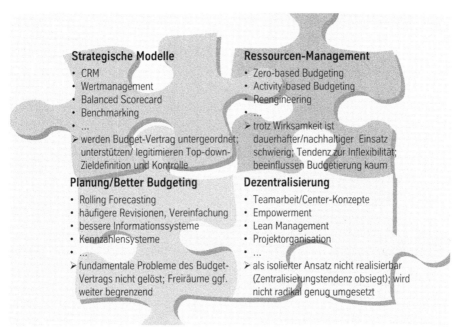

Abb. 2: Verbesserungsinitiativen und ihre Grenzen im Hinblick auf die traditionelle Budgetsteuerung

Der Zweck von Budgets ist dieser Wahrnehmung nach einer der Kosten- oder Ressourcen-Kontrolle (nicht etwa der Kosten-Analyse oder -zuteilung!). Budgets sagen den Organisationsmitgliedern demnach: „Überschreite dein Kosten-Limit nicht, sonst kommen die Rechnungswesen-Spürhunde und stellen bohrende Fragen im Stil von: Du hast zwei Linienflüge mehr gemacht als geplant – erkläre, warum!" Diese Form der Delegation von Hoheit über Ausgaben – innerhalb eines Regimes von Gehorsam und Kontrolle – ist natürlich in der Tat eine der traditionellen Kernfunktionen der Budgetierung. Und dies dürfte eben der mehrheitlichen Wahrnehmung der Mitglieder eines Unternehmens heute entsprechen. Natürlich gibt es auch andere, grundlegend verschiedene Arten, Budgets zu sehen. Es ist von fundamentaler Bedeutung, dass wir verstehen, welche Funktionen und Bedeutung Budgets und Budgetierung in Organisationen *wirklich* haben.

In der Diskussion um Planung und Budgetierung werden vielfältige Begriffe benutzt – und meistens hoffnungslos unterschiedliche und gegensätzliche Konzepte durcheinandergeworfen. Eine Klärung wesentlicher Begriffe soll helfen, terminologische Divergenzen zu vermeiden.

- *Planung* – die „gedankliche Vorwegnahme möglicher zukünftiger Zustände" – und in einem erweiterten Begriffsverständnis zudem „die Auswahl der anzustrebenden Zustände (Ziele) und die Festlegung der dazu umzusetzenden Maßnahmen". Durch Pläne soll die Organisation laufend an interne und externe Veränderungen angepasst werden, wobei Entscheidungen unter Berücksichtigung zukünftiger Wirkungen zu treffen sind. Planung ist in dieser Globaldefinition ein Konzept, das die *Vorausschau im Zusammenhang mit spezifischen Zielen und Maßnahmen* beinhaltet. Planung wählt damit bereits bestimmte Ziel-Optionen aus und legt Maßnahmen fest.

- *Budget* – Ein Budget ist im Sinne gängiger Definitionen ein „mengenmäßiger, weitgehend in finanziellen Grössen ausgedrückter Plan (und insofern ein Output von Planung), der einer Entscheidungseinheit für eine bestimmte Zeitperiode mit einem bestimmten Verbindlichkeitsgrad vorgegeben wird". Budgets sollen Ausdruck der Ziele einer Organisation sein und aufzeigen, ob diese erreicht werden. Budgets dienen damit als Basis für die Kontrolle von Leistung, zur Ressourcenallokation, Ressourcenfreigabe und Verpflichtung zu einem finanziellen Ergebnis.

- *Budgetierung* – zu verstehen als ein umfassender *Prozess des Leistungsmanagements,* der nicht nur zur *Erstellung* des rechnerischen Teils der Planung (mithin von Budgets) führt, sondern auch zu dessen *Ausführung.* Dieser Prozess umfasst entsprechend die *Erarbeitung* des Budgets (die Verständigung und Abstimmung von Zielen zwischen verschiedenen hierarchischen Niveaus und Bereichen der Organisation, Definition von Belohnungen, Aktionsplänen und Ressourcen für das Geschäftsjahr), aber auch die Leistungsmessung und Kontrolle (einschließlich Abweichungsanalysen) im Vergleich zu diesem fixierten Leistungsvertrag. Er schließt also das Budget als Dokument, aber auch Planungs-, Reporting-, Abstimmungs- und Kommunikationsprozesse mit ein.

Budgetierung lässt sich umfassend als *alle mit dem Budget verbundenen Prozesse des Leistungsmanagements* charakterisieren. In Wirklichkeit dauert die Budgetierung entsprechend nicht jene 4 bis 5 Monate – wie unzählige „Experten" sich angewöhnt haben zu verlautbaren –, sondern 16 bis 17 Monate von Start bis Ende, inklusive der inzwischen im deutschen Sprachraum absolut üblichen unterjährigen Abweichungsanalysen und Updates (so genannte „Plan-Revisionen" oder „Forecasts"). Diesen umfassenden Zeitrahmen des Budgetierungs-Prozesses von deutlich über einem Jahr anzuerkennen macht es übrigens auch erst möglich, den wahren Aufwand und die wirklichen Kosten des Verfahrens „Budgetierung" abzuschätzen.

Während ein Budget an sich eine einfache Einschätzung von zukünftigem Einkommen und Ausgaben ist und für sich genommen wenig Wirkungen auf das Verhalten hat, gewinnt das Budget im Zusammenhang mit dem im Budgetprozess enthaltenen *Leistungsvertrag* zwischen unterschiedlichen Akteuren der Organisation weitreichende Verhaltenswirkung.[2] Budget und Leistungsvertrag werden genutzt, um Leistung zu messen, zu bewerten und zu belohnen bzw. zu bestrafen. Ein Budget kann entsprechend als fixierter, in weitgehend finanziellen Grössen ausgedrückter Leistungsvertrag zwischen Unternehmensführung und ausführenden Managern interpretiert werden. Der inhärente Zweck des Budget-„Vertrages" ist es, die Verantwortlichkeit für abgestimmte Ergebnisse und Maßnahmen an divisionale, funktionale und Bereichsmanager zu delegieren. Um an die Effektivität eines solchen Leistungsvertrags glauben zu können, müssen wir jedoch davon überzeugt sein,

- dass die Definition oder Verhandlung fixierter finanzieller Ziele der beste Weg ist, um Profitpotenzial zu maximieren;
- dass finanzielle Anreize Motivation und Commitment fördern;
- dass jährliche Pläne der beste Weg sind, um Aktionen zu steuern und Marktchancen zu maximieren;
- dass das höhere Management am besten in der Lage ist, Allokationsentscheidungen bezüglich der Ressourcen zu treffen, um deren Effizienz zu optimieren;
- dass das höhere Management effektiv Pläne und Aktionen im Sinne von Kohärenz koordinieren kann;
- dass finanzielle Berichte relevante Informationen für effektive Entscheidungsfindung liefern.

Bei kritischer Betrachtung dieser und anderer, der Budget-basierten Steuerung zugrunde liegender Annahmen zeigt sich jedoch, dass diese in Wirklichkeit auf fundamentale Mängel der in den meisten Unternehmen üblichen Management-Praxis hinweisen.

---

[2] Eben diese Verbindung führt, wie im weiteren Verlauf zu zeigen sein wird, zwangsläufig zu mehr oder weniger schädlichem Verhalten für die Leistung von Individuum und Organisation.

In der Praxis herrscht erhebliche Verwirrung bezüglich der „wahren" Funktionen der Budgetierung und darüber, wie diese Funktionen mit denen anderer Führungssysteme zusammenpassen sollen. Typische Versuche, wahrgenommene Probleme der Planung und Budgetierung zu beheben, befassen sich in Wahrheit nur *mit einer oder wenigen Funktionen der Budgetierung* und lassen außer Acht, dass Budgetierung in der Praxis viel mehr umfasst als einfach „Prognose" oder „Zielvereinbarung", „Kostenplanung" oder „Ressourcenverteilung". Budgetierung ist in den meisten Unternehmen der vorrangige Management-Prozess zur Zielfestlegung, Ressourcenallokation und Leistungsüberwachung. Sie erfüllt jedoch insgesamt eine Vielzahl von Funktionen, die wir verstehen und unterscheiden müssen, wenn wir wirksame Verbesserungen an den Steuerungsprozessen einer Organisation vornehmen wollen.

Die *Überladung von Budgetierung* mit Funktionen ist historisch gewachsen. Budgets haben ihren Ursprung in Industrieunternehmen der 20er Jahre. In Firmen vom Schlage Siemens, General Motors und DuPont wurde sie (a) zum Kostenmanagement und (b) zur Ermittlung von Kapitalflüssen eingesetzt. Erst mit den 60er Jahren – so Rechnungswesen-Historiker Thomas H. Johnson – wurde begonnen, die im Budget enthaltenen finanziellen Indikatoren auch zur *Zielsetzung von Mitarbeitern* aller Ebenen und damit zur „Motivation" zu nutzen. Damit fällt der Funktionswandel des Budgets zum Leistungsvertrag nicht zufällig mit dem Aufkommen *der Führung durch Zielvereinbarungen* (Management by Objectives) zusammen.[3] Weitere Bedeutungszunahmen oder Mutationen der Budgetierung erfolgten in den 70ern durch die Bedeutungszunahme von Rechnungswesen-Informationen bei der Leistungssteuerung sowie durch zunehmende Verbreitung variabler Mitarbeitervergütung auf der Basis von „Ergebnissen", die als Planwerte in der Budgeterstellung kaskadenartig über die Organisationshierarchie heruntergebrochen werden.

Aus dem Budget als einfachem Instrument zur Kosten- und Kapitalfluss-Planung wurde so im Laufe der Jahrzehnte ein zunehmend multifunktioneller, komplizierter und mächtiger Managementprozess, dem die unterschiedlichsten Aufgaben aufgebürdet wurden (die in Abb. 3 aufgezeigte Liste von Funktionen der Budgetierung erhebt keinen Anspruch auf Vollständigkeit!).[4] Die Budgetierung ist insofern nicht von vornherein schlecht oder gar nutzlos. Wie

---

[3] Dieses Wandlungsmoment markiert zugleich die Evolution der Budgets zur „Fernbedienung" für bequeme oder distanzierte Manager, die glauben, mit Hilfe finanzieller Budgetziele lasse sich eine Organisation oder Organisationseinheit hinreichend „managen".

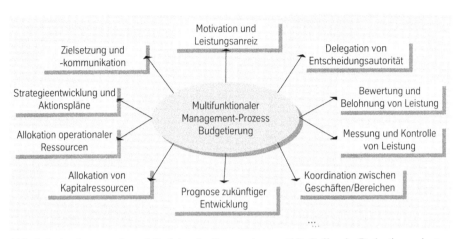

Abb. 3: Budgetierung – ein multifunktionaler Prozess: Ausgewählte Rollen der Budgetierung im traditionellen Steuerungsmodell

gezeigt werden soll, ist die gebräuchliche Nutzung von Budgets als Leistungsvertrag zwischen Unternehmen und Märkten, zwischen Mutter- und Tochterfirmen sowie zwischen Unternehmensleitung und ausführendem Management in seiner heute verbreiteten Form allerdings äußerst anfällig für eine Vielzahl gravierender Probleme.

Kann die Budgetierung – so wie sie in den Unternehmen erfolgt – bei kritischer Betrachtung wirklich eine oder alle diese Rollen erfüllen, und sind die dahinter liegenden Grundannahmen gültig? Die Antwort muss in beiden Fällen „nein" lauten. In den meisten Organisationen wird die Budgetierung *keiner* der genannten Funktionen wirklich gerecht, denn die ihr aufgebürdeten Funktionen stehen in krassem Widerspruch und Gegensatz zueinander. So kann es auch nicht verwundern, dass der typische Prozess der Budgeterstellung in Unternehmen einen Zeitraum von 4 bis 5 Monaten in Anspruch nimmt: Organisationen versuchen, in der Budgetierung das Unmögliche zu vereinen.

---

[4] In vielen Veröffentlichungen wird diese Liste von etwa 10 Funktionen der Budgetierung auf wenige Kernfunktionen eingedampft oder „konsolidiert" – z.B. auf die drei Kernfunktionen Prognose, Koordination und Motivation. Aus akademischer Sicht mag dies reizvoll sein. Für die Arbeit in der Praxis führt eine derartig reduzierte Betrachtungsweise zu blinden Flecken. Durch die Konsolidierung wird es z.B. unmöglich, der sog. Koordinationsfunktion (hinter der sich de facto verschiedene Zwecke verbergen) andere Steuerungsprozesse gegenüberzustellen, bzw. für diese Kernfunktionen praxisgerechte Verbesserungsansätze zu finden.

Drei wichtige Funktionen von Budgets – Motivation/Herausforderung, Prognose und Leistungsbewertung – müssten es eigentlich erforderlich machen, drei verschiedene Pläne mit drei verschiedenen Anspruchsniveaus zu erstellen:

- für Motivation/Herausforderung: Ziele auf *herausfordernder, aber erreichbarer Höhe*;
- für Prognose: *realistische* Zahlen, das *wahrscheinlichste* Ergebnis wiedergebend;
- als Grundlage für Leistungsbewertung/Vergütung: *Bewertung im Nachhinein*, unter Berücksichtigung auch externer Einflussfaktoren.

An diesen Widersprüchen ändern auch regelmäßige Planrevisionen nichts, oder parallel durchgeführte Forecasts oder Zielvereinbarungsprozesse, die leicht von dem in der Budgetierung impliziten Leistungsvertrag kontaminiert oder überstrahlt werden. Hieraus können nicht nur, es müssen Widersprüche und dysfunktionale Wirkungen entstehen: Eine Prognosezahl z.B. sollte nämlich, vorausgesetzt das Umfeld einer Organisation ist nicht absolut stabil und vorhersehbar, in den meisten Fällen durchaus von einer herausfordernden Zahl zur Leistungsvorgabe abweichen. In Budgets sollen dagegen beide Dimensionen der Zukunftsaussage gleichzeitig zum Ausdruck kommen. Diese Funktionen der Budgetierung sind Beispiele für die Unvereinbarkeit der vielfältigen, letztlich unvereinbaren *Rollen* von Budgets in herkömmlichen Steuerungsprozessen. Die Budgetierung steckt also als Prozess bereits wegen ihrer vielfältigen Rollen voller latenter Konflikte.

Hinzu kommt, dass Budgets für keine einzige der aufgeführten Funktionen das *überlegene oder ideale Management-Tool* darstellen. Steuerungs-Kerndisziplinen oder -Prozesse können mit anderen heute bekannten Instrumenten wesentlich effektiver und effizienter unterstützt werden. Eine Reihe von in den Organisationen bewusst oder unbewusst dominierenden Grundannahmen führt jedoch dazu, dass Budgets und Budgetierung fast überall Steuerungsfunktionen wie Planung, Definition von Leistungsvorgaben, Ressourcenallokation und -freigabe, Koordination und Abstimmung, Motivation und Anreizbildung sowie für die Verbindung von strategischer und operativer Planung/Umsetzung erfüllen sollen (siehe Abb. 4). Eine Reihe voneinander getrennter, aber interdependenter Prozesse und Tools kann zu erheblich besseren Leistungen in allen Funktionsbereichen der Steuerung führen, als dies durch einen einzigen, überfrachteten und defizitären Prozess (die Budgetierung) möglich ist.

Funktionen des Budgets	Grundannahmen
• *Planung:* im Sinne einer realistischen, vereinbarten Vorausschau auf die Zukunft, und als Werkzeug der Identifikation von Chancen und Risiken	*„Ein jährlicher Planungs- und Budgetierungsprozess ist die beste Art Aktivitäten auszurichten und strategische Ziele zu erreichen. Dieser Prozess kann top-down erfolgen (durch Unternehmensführung oder zentrale Planungsabteilungen), meistens aber bottom-up, wobei lokale Teams ihre Pläne vorbereiten und dann mit ihren Vorgesetzten verhandeln und eine Einigung erzielen (Gegenstrom/Knetung)."*
• *Definition von Leistungsvorgaben* in Form von absatz- und finanzorientierten Zielen und Kennzahlen zur Steuerung	*„Die mit der Budgetierung verbundenen Verhandlungen maximieren das Gewinnpotenzial, sowohl kurz- als auch langfristig. Ziele können top-down ohne Mitwirkung von Linienmanagern gesetzt oder zwischen Vorgesetzten und Mitarbeitern „ausgehandelt" werden. Ziele sind normalerweise fixiert über eine Periode von 12 Monaten und basieren auf finanziellen Grössen."*
• *Ressourcenallokation und -freigabe:* Zuordnung von Personalressourcen und finanziellen Mitteln, um die Erreichung der Leistungsziele zu ermöglichen	*„Durch Beurteilung einzelner Budgetanträge sind zentrale Manager, Planer und Controller in der Lage, Ressourcen begründet zuzuordnen und damit die Effizienz des Geschäfts zu optimieren. Mit der Einigung auf einzelne Pläne werden ein Master-Budget erstellt und Ressourcen auf die Detail-Budgets verteilt. Größere Projekte sind Teil einer parallel verlaufenden Kapitalbudgetierung."*
• *Koordination und Abstimmung* durch Ressourcenzuweisung und Zielformulierung	*„Zentrale Planer können Budgets über Organisations- und Geschäftsbereiche hinweg abstimmen und sicherstellen, dass die Bereiche ihre Verpflichtungen untereinander kennen und verstehen. Z.B können sie gewährleisten, dass Produktion und Vertrieb abgestimmt sind und dass die Marketingabteilung über die entsprechenden Ressourcen verfügt, die benötigt werden, um Verkaufsziele zu unterstützen."*
• *Reporting und Leistungsüberwachung:* durch den Vergleich erbrachter Leistung mit den Vorgaben im Laufe monatlicher Plan-Ist-Vergleiche	*„Manager und Unternehmensleistung werden regelmäßig über den Fortschritt informiert und können korrigierende Maßnahmen ergreifen, damit die Leistung mit dem vereinbarten Plan vereinbar bleibt. Daher werden Manager aufgefordert, jede Art von Abweichung gebenüber Plan zu erklären und auf der Basis solcher Aktionen aktualisierte Projektionen zu liefern."*

• Motivation und Anreizsystem: Grundlage zur Erfolgsmessung und variablen Vergütung durch Ziel- und Leistungsvorgaben	*„Finanzielle Anreize schaffen Motivation und Selbstverpflichtung und belohnen Leistungserreichung auf faire Weise. Sie sind meist an die vereinbarten Ziele gebunden und decken eine Bandbreite von Ergebnissen ab (z.B. von knapp unter dem Ziel bis knapp über dem Ziel). Boni sind meistens auf Manager beschränkt, werden aber bisweilen auf Teammitglieder ausgeweitet. Anerkennung (etwa durch Beförderung) kann zur Zielerreichung beitragen."*
• Verbindung von strategischer Planung, operativer Planung und Umsetzung	*„Die Übertragung strategischer Ziele in operative Handlungsprogramme ist durch Budgets in idealer Weise gewährleistet. Budgets sind das Instrument, mit dem die Strategie den Mitarbeitern im Tagesgeschäft wirklich nahe gebracht wird. Es ist das Hauptinstrument zur Strategieumsetzung."*
...	...

Abb. 4: Funktionen der Budgetierung und dahinter liegende Grundannahmen

2.1.2 Praktiken der Budgetierung

Budgets sollen der Theorie nach eine Willensbekundung des Managements und der anderen, operativ verantwortlichen Einheiten im Unternehmen sein. Die Budgetierung ist ein Zielfindungs-, -abstimmungs- und -vereinbarungsprozess, an dem i.d.R. im Gegenstromverfahren (top down > bottom up > top down > bottom up...) zentrale und dezentrale Einheiten beteiligt sind. Am Ende der Budgetierung steht ein betriebswirtschaftlicher Leistungsvertrag für alle Ebenen des Unternehmens. Dieser „Budgetvertrag" hat den Zweck, Verantwortung für die Erreichung ausgehandelter Ergebnisse an Manager von Divisionen, Funktionen und Abteilungen zu delegieren.

In der deutschen Budgetierungspraxis dominiert ein Verfahren, das gelegentlich als *dezentrale Planung in iterativen Gegenstromverfahren* bezeichnet wird.[5] Dieser Prozess funktioniert mehr oder weniger so, wie am Beispiel der

---

[5] Dass Budgetierung ausschließlich als Top-down-Planung (von oben) oder als Bottom-up-Planung (von unten) stattfinden könnte, ist heutzutage reine Theorie. Keine Organisation möchte Mitarbeitern heute gänzlich Mitspracherecht und Beteiligung an der Budgetierung vorenthalten (letztlich ist die Planung meist das vorrangige Steuerungsinstrument!), und keine Unternehmensleitung wird ein ausschließlich von unten erstelltes Budget akzeptieren! Gegenstromplanung ist de facto die einzig existierende Budgetierungspraxis.

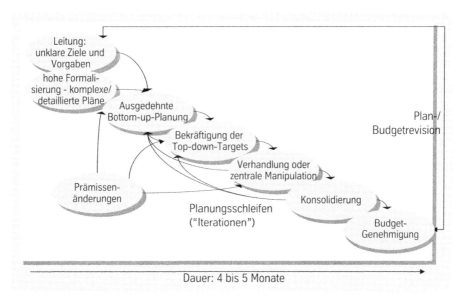

Abb. 5: Der traditionelle Prozess der Budgeterstellung in der Praxis

fiktiven Technologika AG in der Box gezeigt und wie in Abb. 5 auch grafisch dargestellt.

Dass die Ziele, Strategien, Budgets und Handlungsprogramme oder Aktionen in diesem in der Praxis vorherrschenden Planungsverfahren weit weniger miteinander harmonieren als in Planungshandbüchern und Management-Guidelines behauptet, lässt sich am Prozessablauf selbst und an der Unsicherheit von Praktikern aller Couleur ablesen: Irgendwie ist beispielsweise niemandem klar, wie die Übertragung von strategischen Plänen auf Budgets vonstatten gehen soll. Dies löst einerseits Klagen bezüglich der Seltenheit erfolgreicher Realisierung von Strategien aus. Andererseits führt es zu einer Dominanz der Budgetierung als Steuerungskonzept, weil dieses sich einfach als „praktisch" in der Anwendung herausstellte.

Eine Budgetierungs-Geschichte.

Es ist wieder Budgetierungszeit bei der Technologika AG, einem Unternehmen mit 8000 Mitarbeitern. Anfang August, (das nächste Geschäftsjahr von Technologika beginnt im Januar), startet die Controllingabteilung mit den Vorarbeiten für die Budgeterstellung.

Weil konkrete strategische Anhaltspunkte von Seiten der Unternehmensleitung fehlen, stellt das Controlling gemeinsam mit den Geschäftsbereichen minutiös detaillierte Jahresplanungen auf, bis hin zur letzten Kostenstelle und auf einzelne Kontenpositionen hinunter. „Sicher ist sicher!", sagen sich die Controller des Unternehmens. Und: „Auf diese Weise erhalten wir einerseits ein genaues Bild der Organisation. Andererseits sind alle Planungsverantwortlichen gezwungen, ihre Planungen für das nächste Jahr wirklich systematisch zu durchdenken." Der so entstandene Planungsvorschlag wird nach 6 Wochen und einigem Ringen der Geschäftsführung vorgelegt. Die wünscht sich natürlich Korrekturen. Das Controlling fertigt daraufhin einen neuen Entwurf an, der aber häufig gleich wieder zurückgezogen wird: denn nun – bereits mehr als 2 Monate nach Planungsbeginn – haben sich wichtige Marktprognosen und ökonomische Indikatoren geändert.

In den *„Knetphasen"* – in Wirklichkeit sind dies „Knebelphasen", denn hier werden die mehr oder weniger angemessenen Planungen der dezentralen Bereiche geliftet und an Anforderungen der Zentrale angepasst – sind die Controller und die zentrale Planungsabteilung in ihrem Element. Hier werden oft ohne Berücksichtigung von Kunden, Wettbewerbsumfeld, Wirkungszusammenhängen, Sachzwängen und Umsetzungsorientierung Plandaten „optimiert". In dieser Prozessphase spielen echte Unternehmensziele und Strategie meist keine Rolle mehr, es geht ums Erreichen bestimmter Indikatoren und Planwerte. Der Abteilungsleiter Controlling bei Technologika: „Glücklicherweise haben wir seit 2 Jahren eine integrierte Planungs-Software in Gebrauch, die uns Plananpassungen auf Knopfdruck erlaubt. Ich habe vollen Drill-Down auf Detaildaten der Planung und kann in Sekunden kontenspezifische Gemeinkostenreduzierungen – z.B. bei Training und Reisekosten – auf Kostenstellen hinunter einpflegen."

Bis hin zu dem so entstandenen dritten Entwurf wurden 9 Mitarbeiterjahre für das Budget aufgewendet – aufgeteilt auf die Controllingabteilung und Manager aller Hierarchie-Ebenen. Das ergibt alleine Personalkosten in Höhe eines zweistelligen Millionenbetrags.

Aussage des Controllers Ende November: „Natürlich finden sich jetzt in den endgültigen Zahlen wegen der vielen Planungsschleifen kaum noch die ursprünglich von den Geschäftseinheiten eingereichten Annahmen und Ideen wieder. Aber die Daten sind zumindest rechnerisch konsistent, und ich bin ehrlich gesagt froh, dass wir das Budget jetzt, 4 Wochen vor Jahresanfang, durch haben."

Die Probleme der Praxis mit dem traditionellen Planungsprozess werden u.a. daran deutlich, dass eine einzige Planungsschleife i.d.R. nicht ausreicht, um zu einem für alle Seiten akzeptablen Leistungsvertrag zu kommen. Nach der Bottom-up-Konsolidierung wäre es nämlich reiner Zufall, wenn die Top-down-Vorgaben erfüllt werden. Im Regelfall wird die Umsatz- und Leistungsseite von den Planungsverantwortlichen zu defensiv, die Kostenseite, z.B. die Personalkosten, zu progressiv geplant – gegenüber dem voraussichtlich zu erwartenden Szenario, vor allem aber gegenüber den Erwartungen des Top-Managements. Die „fürchterliche Kunst" der Budgetierung – oft moderiert oder gar verantwortet vom Controlling – liegt daher in der Aufarbeitung der resultierenden Abweichung, des „Deltas", im Rahmen einer „Knetungsphase".

Viele Unternehmen messen der gemeinschaftlichen Aufarbeitung des Planungsdeltas zwischen Führungskräften und dem Controlling keine große Bedeutung bei oder können aus Zeitgründen keine zweite oder n-te Planungsschleife durchführen. Das Ergebnis: zentrale Regulierungen, wodurch die möglichen positiven Effekte einer kollaborativen oder dezentralen Planung konterkariert werden; dezentrale Verantwortungsübernahme, also Commitment für die Planerfüllung, kann kaum mehr eingefordert werden. Abermalige Top-down-Bottom-up-Prozederes (Planungsschleifen) bringen jedoch vielerorts den Versuch zum Ausdruck, Budgets mit einer von der Unternehmensleitung als sinnvoll earchteten Leistungsherausforderung unter gleichzeitiger Wahrung der Verbindlichkeit für die Planungsverantwortlichen realisieren zu wollen. Allerdings wird es auf diese Weise häufig nötig sein, die originären Budgetprämissen und ursprünglichen, ambitionierten Zielvorgaben zu überdenken.

In dem entstehenden „Konsens" bewegen sich beide Seiten auf ein rechnerisch akzeptables, aber letztlich für beide Seiten unverbindliches, wenig glaubwürdiges und wenig herausforderndes Set von Planzahlen hin. Der erwünschte kreative Prozess von Marktplanung und internen Verbesserungszielen wird auf ein reines „number crunching" reduziert. Abstimmung und Verhandlung mögen Planungsteilnehmern Partizipation und Demokratie vorgaukeln. Die Koordination durch Budgetierung ist aber am Ende wenig anders als Zwang. Bei Budgetierung handelt es sich grundsätzlich um einen zentralisierenden Prozess.

Mit Hilfe unterjähriger Hochrechnungen und Forecasts (letztlich: Budgetrevisionen) versucht die überwiegende Mehrheit der Unternehmen, ihre Budgetierung zu „flexibilisieren", zu „verstetigen", sie insgesamt „dynamischer" zu gestalten. So soll es mit Hilfe von Aktualisierungen z.B. möglich sein, wie es ein Management-Autor ausdrückt „den unterjährig verbesserten Erkenntnisstand für die Unternehmenssteuerung zu nutzen, ohne den Originalplan zu verändern". Das Dilemma des Verfahrens wird bereits in diesem Satz deutlich. Es soll hier argumentiert werden, dass die mehrfache Durchführung des Budgetrituals an den grundlegenden Mängeln der Budgetierung *nichts* ändert. Tatsächlich wird gerade die häufig als „Erwartungsrechnung" bezeichnete Budgetrevision den Ansprüchen bezüglich größerer Flexibilisierung der Planung nicht gerecht. Budgetrevisionen sind vielfach dazu gedacht, eine realistische, aktuellere Prognose zu liefern. Dies wirft allerdings gravierende Probleme im Hinblick auf die motivationale Rolle des Budgets und die Rolle der Leistungsbewertung auf, wenn Leistungsbewertung und Vergütung weiterhin an die ursprünglichen Budgetziele gekoppelt sind.

Der Unternehmensberater Jeffrey Schmidt schätzt – basierend auf einer Untersuchung in 10 Großunternehmen – den Aufwand für Budgetierung (verstanden als Budgeterstellung und fortlaufende Plan-Ist-Kontrollen) auf äquivalent zu durchschnittlich 5% des gesamten Mitarbeiterstamms. Bei Volvo wird angenommen, dass die Prozesse von Budgetplanung und Verlaufskontrolle mehr als 20% der Zeit von Managern beanspruchten – bevor hier Mitte der 90er Jahre ganz auf Budgetierung verzichtet wurde. Die Einschätzungen bezüglich des Aufwands der Budgetierung mögen auseinandergehen. Eins wird aber zunehmend deutlich: Budgets kosten viel, bringen wenig, und sie verhindern Innovation und Unternehmertum.

2.1.3 Defizite des Modells der Budget-basierten Unternehmenssteuerung

Die im Laufe der letzten Jahrzehnte geäußerten Kritikpunkte an der Budgetierung sind mannigfaltig – eine Auswahl der Probleme ist in Abb. 6 nochmals übersichtsartig dargestellt. Als in vielen Organisationen dominanter Prozess des Leistungsmanagements weist die Budgetierung, darüber sind sich Akademie und Praxis einig, eine Reihe gravierender Defizite auf. Fünf ausgewählte, untrennbar mit der traditionellen Budgetsteuerung verbundene Problemfelder sollen im Folgenden etwas näher beleuchtet werden.

Abb. 6: Zwölf Probleme der Budgetierung

Das strategische Problem (Budgets und Strategie sind unvereinbar)

Der amerikanische Aphorist Mason Cooley formulierte einmal, jedes Budget *nehme den Spaß am Geld*. Daran angelehnt, kann man wohl sagen, dass die traditionelle Budgetierung uns *den Spaß an Strategie und Planung nimmt*. Schlimmer noch: Budgets sind in jeder Organisation eine Hürde für strategisches Denken und Handeln. In Definitionen des Begriffs „Budget" ist üblicherweise enthalten, dass es sich bei Budgets um den finanziellen Ausdruck eines Plans handele. In der Praxis wird aber das Budget kaum je „abgeleitet", sondern einfach ohne einen zugrunde liegenden (nicht-numerischen oder strategischen) Plan erstellt! Budgets sind im Grunde „planlos" und nichts weiter als Extrapolationen des Status quo mit einigen Anpassungen. Auf der anderen Seite werden in der Praxis viele strategische Pläne niemals in Budgets umgesetzt. Sie werden entweder an Budgets vorbeirealisiert oder bleiben reine Theorie.

Manager gehen trotz dieser Tatsachen weiterhin davon aus, dass das Budget „irgendwie" Ausdruck der strategischen Planung und Ausrichtung sind. In Wirklichkeit haben Budgets aus zahlreichen konzeptionellen Gründen zwangsläufig wenig oder gar nichts mit Unternehmensstrategie zu tun. Budgets nämlich

- konzentrieren die Aufmerksamkeit und Aktivitäten des Managements auf kurzfristige, betriebliche oder bürokratische Details wie etwa Ressourceninputs – nicht auf die Implementierung von Strategie;
- fokussieren, im Gegensatz zu Strategien, auf isolierte, einjährige Geschäftsperioden (auf das nächste Geschäftsjahres-Ende); denn Strategien sind *nicht* periodenbezogen und tendenziell langfristig;
- sind *innengerichtet,* Strategien dagegen berücksichtigen die *Außenwelt* (Kunden, Märkte, Konkurrenten);
- fokussieren auf *funktionale Silos,* nämlich Funktionen und Organisationseinheiten; Strategien und Strategierealisierung dagegen richten sich auf Prozesse, Geschäftsfelder und Programme/Initiativen;
- verschließen wegen ihrer ausschließlich finanziellen Orientierung den Blick für *nicht-monetäre Variablen und Maßnahmen,* für strategische Frühindikatoren und immaterielle Produktivfaktoren;
- sind *nicht (wie Strategien) maßnahmen- und aktivitätenbezogen,* sondern dokumentieren Input-orientierte, finanzielle Größen; Ursachen- und Wirkungsbeziehungen können in Budgets nicht abgebildet werden (selbst separate Kommentierungen können statische und strategiefremde Ressourcenallokation und den Mangel an Wirkungsbeziehungen nicht überwinden);
- sind *Ergebnis von Verhandlungen,* die nichts mit Strategien zu tun haben, sondern durch den Filter politischer und taktischer Motivationen zu Zielvereinbarungen destilliert werden.

Zusammenfassend lässt sich sagen, dass Budgets keineswegs aufgrund der unzureichenden Anwendung in der Praxis, sondern einfach schon aufgrund ihrer „ureigensten Natur" *zwangsläufig strategieblind* sind. Die Verbindung von strategischer Ausrichtung und Planung mit den stark am Rechnungswesen ausgerichteten Budgets ist prinzipiell unmöglich – ein Mythos.

Zur Klarstellung: Das Verfahren der Budgetierung stammt aus einer Zeit, in der die wichtigsten Managementherausforderungen einerseits in der Ausweitung der Produktionskapazität und andererseits im Management der betrieblichen Aktivitäten zur Kostensteuerung bestanden. Innerhalb dieser Anwendungsbereiche leisteten und leisten Budgets weiterhin einen wertvollen Beitrag. Strategische Positionierung und das Management differenzierter Wertangebote in einem dynamischen Umfeld übersteigen jedoch bei weitem die Möglichkeiten der Budget-basierten Unternehmensführung. Die anhaltende Dominanz der Budgetierung in der heutigen Unternehmenssteuerung hat letztlich zur Folge, dass viele Unternehmen *keinen oder keinen funktionierenden Prozess* zur Umsetzung ihrer Strategien besitzen. Die Verbreitung etwa des Balanced-Scorecard-Ansatzes ist Ausdruck des Versuches von Unternehmen, ihre Führungssysteme an die gestiegenen Anforderungen anzupassen. Doch auch die Ergänzung des Management-Instrumentariums um zusätzliche Tools bietet keine Lösung für die Defizite der Budgetsteuerung selbst, die zumeist der dominierende Prozess der Steuerung bleibt, und als multifunktionaler Steuerungsprozess kaum ernsthaft hinterfragt wird.

Budgets werden in Funktion der folgenden Frage erstellt: „Was ist im nächsten Jahr machbar?" Das Ergebnis sind inkrementale, kurzfristige und relativ bequem erreichbare Kosten- und Umsatzziele. Das Geschäft wird auf der niedrigsten Ebene der Planung „fortgeschrieben" und anschließend verdichtet. Bezüge zur strategischen Planung im Sinne von „Was ist im nächsten Jahr strategisch gewollt?" spielen in Budgetierungsprozessen selten eine Rolle. Infolgedessen sind konsistente Aktionsprogramme in den Budgetdaten nicht zu finden. Strategische Planung, Wertorientierung und zukunftsgerichtete nichtfinanzielle Leistungsindikatoren bleiben letztlich Lippenbekenntnisse und vom Tagesgeschäft isoliert, dort wo Budgets als „operative" Handlungsprogramme Einsatz finden. Finanzielle Anreize sind oft vollständig an die Erreichung von Budgetzielen gekoppelt, unabhängig davon, ob „strategische" Ziele erreicht werden oder nicht.

In vielen Unternehmen wirkt die Budgetierung sogar als Substitut „echter" strategischer Planung. Manche so genannten strategischen Pläne entpuppen sich bei genauerer Betrachtung als *zeitlich verlängerte operative Pläne*. Die Folge: Es wird nicht wirklich organisationsweit oder im (kleinen) Team strategisch geplant, sondern vielmehr in einem jährlichen Budgetierungsprozess *langfristig operativ.* Kurz- und langfristige Pläne unterscheiden sich schließlich nur in ihrem Detaillierungsgrad, nicht aber in Abstraktionsniveau und Formalisierung. Das strategische Element dieser Mehrjahresplanung beschränkt sich dabei oft auf das Hinzufügen eines verbalen Anhangs zur laufenden und erwarteten Geschäftsentwicklung. Die Konzentration auf zentrale strategische Stoßrichtungen entfällt zugunsten des Versuchs der „Vollständigkeit" und Programmierung, analog zur operativen Planung. Die Inhalte dieser Planung sind also fast vollständig finanzieller Natur, und es handelt sich im Endeffekt um eine langfristige Fortschreibung der Budgetierung. Die Gefahr einer solchen Deformierung strategischer Planung wird durch den Einsatz moderner Planungssysteme und Ansätze „besserer Budgetierung" tendenziell noch verstärkt.

„Strategie" bleibt in den meisten Organisationen eine Domäne des Top Managements – dezentrale Führungskräfte werden in den Prozess der Strategieentwicklung und -planung kaum eingebunden. Umgekehrt pflegen sich Vorstände, Top-Manager und Geschäftsbereichs-Verantwortliche nur selten aktiv bei der Budgeterstellung zu engagieren, sodass ihr strategisches Denken kaum Eingang in den Planungsprozess findet. Damit werden strategische und operative Pläne auch personell voneinander abgekoppelt, strategische Pläne bleiben im operativen Geschäft und für Linienmanager abstrakt, unbrauchbar und unverbindlich.

Das Verhaltensproblem – Budgets wirken sich in vielfacher Weise auf das Verhalten aus

Die Manipulation von Budgets und Budgetziel-Erreichung sowie die damit verbundenen Rituale von Feilschen, Tricksen und Verhandlung scheinen über die Jahrzehnte hinweg noch zugenommen zu haben. Während das Top Management versucht, zu Beginn des Prozesses „das Maximum aus den Mitarbeitern herauszuholen", schlägt das mittlere Management in der Folge zurück, um leicht erreichbare Budgetziele auszuhandeln. Seit den 50er Jahren, als Chris Argyris sein innovatives Buch über „die Wirkung von Budgets auf Menschen" veröffentlichte, haben Mitarbeiter aller hierarchischen Ebenen verinnerlicht, dass Budgets wie ein taktisches Spiel funktionieren:

Heute ist jedes Mitglied der Organisation auch ein Amateur-Psychologe und darin geübt, Budgets für die eigenen Interessen zu nutzen. Eine umfangreiche Studie in den USA kam kürzlich zu dem Ergebnis, dass die überwiegende Mehrheit aller Manager Budgetziele entweder nicht akzeptieren (und das Steuerungssystem bewusst unterwandern) oder sich dem Zwang ausgesetzt fühlen, die gesetzten Ziele *um jeden Preis* zu erreichen. Manager und Mitarbeiter nehmen also sowohl die manipulative Wirkung der zentralistisch-weisungsartigen Top-down-Budgetierung negativ wahr, verstehen es aber gleichzeitig, ihrerseits in Bottom-up- oder Review-Phasen des Prozesses die eigenen Ziele „soft" genug zu halten. Die Budgetierung geriet durch diese Entwicklung von einer technokratischen Übung zu einem zeitaufwändigen Verhandlungsspiel für alle Mitarbeiter. Der Prozess der so genannten Gegenstromplanung mit ihren zahlreichen iterativen Wiederholungsschleifen mündet in ein Endspiel, in dem alle Parteien durch eigene Recherche, Analyse und Argumentation ihren jeweiligen Standpunkt untermauern und die Vorschläge der Gegenpartei zu entkräften versuchen. Die Manipulation der Planung hat zugleich Folgen für die Leistungsmessung und Leistungserbringung auf der Grundlage von Budgets: Nicht die hart für den Unternehmenserfolg arbeitenden Mitarbeiter werden belohnt, sondern diejenigen, die das System der Leistungsdefinition und Erfolgsmessung durchschauen und ihr Handeln auf die Erreichung subjektiver und möglicherweise korrupter Budgetziele fokussieren.

Wenn althergebrachte Budgetierungsprozesse als Bestandteil neuerer Steuerungssysteme weiter genutzt werden, bleiben die genannten Verhaltensprobleme der Budgetierung auch im überarbeiteten Gesamtsystem erhalten und korrumpieren das neue Managementsystem. Zugegeben: In Organisationen, die als einziges Werkzeug zur Leistungsmessung das Budget kennen, ist die Versuchung, Indikatoren und Messung zu manipulieren, wahrscheinlich größer als etwa in einer breiter angelegten, vieldimensionalen Balanced Scorecard – das generelle Verhaltensproblem bleibt aber bestehen. Wo Manager gezwungen sind, bestimmte vorfixierte Ziele oder Indikatoren zu erreichen, besteht generell der Anreiz, diese zu manipulieren.

In einem Scorecarding-Umfeld kann dies dazu führen, dass Manager Vorgesetzte davon überzeugen, die Zeiten seien hart und die Absatzziele sollten niedriger sein. Oder dass ein anspruchsvolles Effizienzziel die Qualität negativ beeinflussen könnte. Oder es erfolgt eine Manipulation von Kostenschätzungen, um ein Kostenziel mit „Spielraum" zu inflationieren. Oder Linienmanager stellen sicher, dass ein scheinbar anspruchsvolles Innovationsziel in der Produktion leicht erreichbar bleibt, weil bereits bestellte neue Anlagen dies praktisch garantieren. Linienmanagern fällt es aufgrund ihres Informationsvorsprungs gegenüber ihren Vorgesetzten leicht, Indikatoren im Zielsetzungsprozess zu ihren Gunsten zu beeinflussen oder zu manipulieren, oft im Widerspruch zu Interessen der Organisation. Somit wird das traditionelle „Erfeilschen" leicht erreichbarer Leistungsziele in der Budgetierung durch das etwas kompliziertere „Arrangieren" von Schlüsselindikatoren (Key Performance Indicators/KPI) ersetzt. Scorecards werden auf diese Weise oft als „Parallelbudget" wahrgenommen und geraten ihrerseits zu einem Spielball von Manipulationen. Es ist also mehr erforderlich als nur die Übertragung von Budgetzielen und nicht-monetären Leistungsindikatoren in eine Scorecard. Das Top Management muss zugleich versuchen, das eigene Geschäft wirklich zu verstehen, um die Festlegung „guter", also anspruchsvoller Zielsetzungen und Leistungsindikatoren zu unterstützen. Wünschenswert wäre auch, Mitarbeiter zu belohnen, die im Sinne des langfristigen Unternehmensinteresses handeln, auch wenn dies dazu führt, dass sie ihre individuellen KPI-Ziele verfehlen. Auch diese Forderung ist erreichbar, jedoch nicht mit den alten Mitteln der Budgetsteuerung.

Die emotionale Seite der Budgetierung und des Managements wird häufig übersehen. Weil Budgets mit Mitarbeitern „interagieren" und persönliche Mitarbeiterziele nicht immer deckungsgleich mit denen der Organisation sind, müssen Manager sich der Verhaltensaspekte der Budgetierung bewusst sein. Allzu oft tragen auch Anreizsysteme wie Bonus-Regelungen der Unternehmen selbst zum Konflikt zwischen kurzfristigen Mitarbeiter- und langfristigen Organisationsinteressen bei. Budgets und andere fixierte Leistungsverträge sind *nicht* in der Lage, Sinn stiften zu wirken – im Gegenteil, sie ersetzen „Bedeutung" und intrinsische Motivation durch die Festlegung innengerichteter, kurzfristiger und oft wenig sinnvoller Ziele. Die negativen Folgen der Budgetierung auf das Verhalten kommen auf verschiedene Weise zum Ausdruck:

- in Form politischen Taktierens („Gaming") bei Planerstellung und Zielverhandlung;

- als Unterdrückung von Eigeninitiative und Risikoaversion durch vorab fixierte Leistungsziele;

- als destruktives Verhalten zur kurzfristigen Zielerreichung.

Die Verhaltensprobleme durch feste Leistungsverträge mittels Budgets fallen umso gravierender aus, je schwieriger die wirtschaftlichen Bedingungen sind und je aggressiver der Druck zur Verbesserung von Leistungen und Zahlen in der Organisation wird.

Das Informationsproblem – Budgets bedeuten chronische Knappheit von Information

Traditionelle, Budget-basierte Unternehmenssteuerung zeichnet sich durch *latenten Informationsmangel* aus. Das Problem hat mehrere Dimensionen. Sehen wir uns hierzu den Budgetierungsprozess aus der Sicht des Informationsgehaltes näher an:

Budgets unterscheiden nicht zwischen übergeordneten strategischen Zielen und Detailplanungen. Sie verleiten dazu, alle Budgetpositionen gleich zu bewerten und damit Oberziele und Details grob unter- bzw. überzubetonen. Das Ergebnis ist der Verlust von Fokussierung auf strategische und vitale Ziele sowie eine Verschwendung knapper Managementzeit in Form breit gestreuter Aufmerksamkeit hinsichtlich Myriaden von Budget-„Zielen". Ein Beispiel: Ein Unternehmen sieht sich ursprünglich nicht vorhersehbaren Marktbedingungen ausgesetzt. Anstatt nun Wege zu suchen, die strategischen Ziele trotz der neuen Bedingungen zu erreichen (oder gar zu übertreffen bzw. die Strategie selbst zu ändern), werden häufig einzelne Budgetpositionen gestrichen, angepasst oder gänzlich neue Prämissenrevisionen und Planungsrunden durchgeführt.

Budget-basierte Kontrolle basiert auf irrelevanten Informationen. Wir sind uns zunehmend bewusst (und nehmen als Problem wahr), dass wiederholte Planungsrituale und Planrevisionen im Laufe des Geschäftsjahres (mitsamt den daraus resultierenden Abweichungsanalysen) durchaus eine eigene Bürokratie für Controller schaffen, die dann in der Organisation als „Rechnungswesen-Aufpasser" (oder -polizei!) agieren. Jede neue quartalsweise Planrevision hat anscheinend vor allem ein Ziel: unbequeme Abweichungen *verschwinden zu lassen*. Die finanzbezogenen Schätzungs- und Forecasting-Routinen entwickeln ihre eigene Dynamik, indem sie darauf abzielen, die *Pläne selbst zu managen* – und nicht die eigentliche *Leistung*. Das Management vor allem großer Organisationen wird dominiert von zahlreichen Kontrollschichten (enthalten in Budgets und anderen Instrumenten), die Mitarbeiter zur Anpassung an rigide Regeln und Politiken zwingen. Beispiele für aufdringliche, kontraproduktive und geschäftsschädigende Praktiken dieser Art sind „Memos der Geschäftsleitung", Direktiven zu Headcount oder Reisebestimmungen sowie pauschale Ad-hoc -Kostenreduzierungen. Das Budget als Steuerungsinstrument ist auf Manager und Controller zugeschnitten, die es sich zur Gewohnheit gemacht haben, minutiös jeder Abweichung der Ist-Entwicklung gegenüber genehmigtem Plan auf den Grund zu gehen. Budgets bringen ihre eigene Kontrollkultur hervor.

Budgets klammern wichtige Informationen aus. Das Problem des latenten Informationsmangels in der Budgetsteuerung liegt auch im Fehlen wichtiger nicht-finanzieller Leistungsindikatoren begründet. Maßgrößen wie Innovationsraten und -fähigkeit, Serviceniveaus, Qualität und Wissensteilung lassen sich mit Hilfe von Budgets nicht erfassen. Diese blinden Flecken der Budgetsteuerung geben Linienmanagern Gelegenheit und Anreiz, Strategien zu unterwandern, langfristige Zielsetzungen zu verwerfen und die einseitigen Zieldefinitionen zur Maximierung ihrer Boni zu missbrauchen.

Budgets ignorieren, dass Leistung und Kosten in Prozessen entstehen. Die zunehmend stärkere Hinwendung zu prozessorientierten Formen von Leistungsmessung und -management kam seit den 80er Jahren in Konzepten wie TQM, Prozessmanagement und Kaizen zum Ausdruck. Heute ist klar, dass sich keine Organisation mehr zur Steuerung auf das einseitige, für das Verständnis von Leistung und Kostenentstehung sowie Entscheidung wenig aufschlussreiche Zahlenwerk von Budgets und Rechnungswesen verlassen kann. Budgets bleiben jedoch weiterhin hierarchisch und funktional orientiert, denn sie können nicht anders, als die hierarchische Organisationsstruktur darzustellen. Prozesse können in Budgets kaum abgebildet werden. Budgets stehen daher in starkem Widerspruch zu den vielfältigen prozessorientierten Managementtechniken der Praxis. Budgets führen weiterhin zur Vertiefung von Abteilungsdenken, zu Ressort-Egoismus und suboptimaler Verteilung (Allokation) und Nutzung von Ressourcen.

Budgets geben keinen Aufschluss über Kostenentstehung. Verfechter von Prozesskostenrechnung, Balanced Scorecard und Wertmanagement behaupten zu Recht, dass die neueren Techniken helfen, Erfolgsfaktoren ihres Geschäfts und dessen Kostentreiber besser zu verstehen, als dies mit Budgets und traditioneller Kostenrechnung der Fall ist. Die Budgetierung trägt wenig zum Verständnis von bedeutenden Kostenblocks wie Gemeinkosten und Personalkosten bei. Budgets behandeln alle Mitarbeiter gleich: als Kosten. Talent und Leistungsbereitschaft sind bekanntermaßen zwar wesentlich bedeutsamer zur Beurteilung der Leistung einer Geschäftseinheit als der Umfang seiner Personalausgaben, im Hinblick auf diese Faktoren sind Budgets aber zwangsläufig blind. Schlimmer noch: Budgets richten das Augenmerk neben Personalkosten auf strategisch bedeutungslose Faktoren wie „Headcount". Damit erweist sich die Budgetierung als völlig unzulänglich zum Management immaterieller Produktivfaktoren („Intangible Assets").

Budgets sagen wenig oder gar nichts über die Zukunft aus. Budgetierung ist rückwärtsgewandt und hilft nicht dabei, Änderungen im Marktumfeld vorauszusagen. Während des Geschäftsjahres bietet sie zudem irrelevante Orientierungspunkte hinsichtlich der gegenwärtigen oder zukünftigen Entwicklung, weil Planungsprämissen längst keine Gültigkeit mehr haben. Die einseitige Fokussierung auf Geschäftsjahre lenkt von der Beachtung wirklich relevanter, nämlich mittel- und langfristiger Betrachtungszeiträume ab. Bei der Erstellung von Budgets findet zudem keine realistische Prognose statt, sondern der Planung wird ein erwünschtes, intern verhandeltes Zukunftsszenario zugrunde gelegt.

Budgets sind nicht zur Leistungsbewertung geeignet. Budget-Informationen sind auch deswegen nur bedingt zur Steuerung geeignet, weil durch das politische Taktieren innerhalb des Budgeterstellungs- und Budget-basierten Leistungsmessungsprozesses Informationen manipuliert und verfälscht werden. Budgets sind kein differenziertes und differenzierendes Instrument zur Leistungsbeurteilung: Linienmanager wissen, dass sie im Budgetsystem kaum Sanktionen für unzureichende Leistung befürchten müssen. Nur zu leicht kann in einem Budget-basierten Managementumfeld davon ausgegangen werden, dass außer Finanzmanagern niemand von eventuellen Budgetabweichungen erfährt. Die Schuld für Budgetabweichungen lässt sich zudem oft dem Finanzbereich als Budget-Manager anlasten, anstatt als Problem der Geschäftsbereiche erkannt zu werden.

Der durch Budgets begünstigte oder verursachte Informationsmangel hat also eine Vielzahl von Dimensionen: Unausgewogenheit der Informationen und mangelnde Entscheidungsrelevanz, mangelnder Zukunftsbezug und einseitiger Periodenbezug, Informationsmanipulation und restriktiver Informationsfluss sind Kennzeichen der Budgetsteuerung. Art, Menge, Qualität und Gewichtung der Informationen von Budgets stehen in keinem Zusammenhang mit den Steuerungsbedarfen von Top Management, Linienmanagern und Teams.

Das psychologische Problem – Budgets schaffen eine gefährliche Illusion von Sicherheit

Budgetierung und traditionelles Rechnungswesen machen uns glauben, dass zumindest bis zu einem gewissen Grad finanzielle Ergebnisse und realisierte Kosten als solche „administriert" oder „gemanagt" werden können (selbst neuere Formen von Leistungsmessung und -management wie Prozesskostenmanagement, Scorecards, Wertmanagement, Intangible Assets Management und relative Ziele haben diese Illusion bisher nicht vollständig zunichte machen können). Vergangenheitsorientierte Indikatoren und die Bindung von Budgets an Vergütung und Beförderung führen dazu, dass Abweichungen gegenüber den Budgetprämissen spät erkannt und noch später – wenn überhaupt – eingestanden werden und zu Kurskorrekturen führen.

Budgets können Beständigkeit bieten, doch diese wahrgenommene Planungssicherheit basiert auf einer verloren gegangenen Stabilität und schafft eine Illusion von Vorhersehbarkeit. Budgetzahlen vermitteln ein kollektives Gefühl von Beherrschung der Lage – unabhängig davon, ob die wahre Situation, in der wir uns befinden, eher von unkontrollierbarer Volatilität und Rupturen geprägt ist. Budgets haben insofern auch eine Wirkung auf Führung und Führungsstil: Viele Manager sind der gängigen Budgetierung nur zu dankbar dafür, dass sie ihnen scheinbar die Verpflichtung zu engagierter, kontinuierlicher und persönlicher Führung nimmt.

Fazit

Am Ende dieses Abschnitts muss ein klares Fazit stehen: Wenn wir alle Probleme der Budgetierung berücksichtigen, dann ist schwer nachvollziehbar, wie Organisationen heute *überhaupt einen Nutzen aus der Budgetsteuerung ziehen können*. Im Gegenteil: Es wird deutlich, dass Budgetsteuerung kein geeigneter Prozess zur Führung und Steuerung einer Organisation sein kann. Die Tatsache, dass trotz allem noch über 90% aller Organisationen mit Budgetierung operieren, beweist *nicht* dessen Funktionstüchtigkeit! Eine Organisation heute noch mit einem Steuerungssystem zu navigieren, das um dem Prozess der Budgetierung herum gebaut ist, mutet geradezu anachronistisch an. Dennoch ist heute in fast allen Organisationen gerade dies noch der Fall.

Dass die existierenden Praktiken der Budgetsteuerung hoch defizitär sind, lässt sich auch an der Kritik seitens der diversen Stakeholder innerhalb und außerhalb der Organisationen ablesen. Die Kritik an der Budgetierung ist aus Sicht sowohl der Unternehmensführung, des Finanzbereichs, operativer Einheiten und Investoren massiv (siehe „Highlights" in Abb. 7). Die negativen, dysfunktionalen Wirkungen der Budgetierung wiegen schwer. Sie zu verniedlichen, würde bedeuten, die Chance zum Wandel zu einem besseren Steuerungsmodell zu verschenken.

Gründe für ein neues Managementsystem aus der Sicht verschiedener Stakeholder	
Top 5 aus Sicht des Top Managements	1. Planungs- und Steuerungsprozesse sind unzuverlässig, zeit- und ressourcenaufwändig, wenig transparent vor allem in operativen Einheiten und zu langsam (Forderung nach Vereinfachung und Flexibilisierung); Budgets werden schnell irrelevant. 2. Feilschen um Details und Zahlen lässt wenig Zeit für Strategiediskussion mit Geschäftseinheiten; kaum Möglichkeit zur Simulation und Bewertung alternativer Strategien. 3. Strategische Planung und operative Planung (Budgets) sind nicht verbunden; Budgets haben wenig mit Strategie zu tun; Budgets vermitteln ein unzureichendes Bild der Zukunft: sie sind zu innenbezogen und zeigen nicht die „richtigen" Zahlen. 4. Budgets werden von Managern nicht als verpflichtend angesehen; es fehlt commitment der Manager und Mitarbeiter; Plan-Ist-Vergleiche bringen wenig. 5. Mangel an Empowerment von Managern und Mitarbeitern, mit Budgetierung werden letztlich „minimalistische" und keine anspruchsvollen Ziele gesetzt. Aber: „Budgets sind unser wichtigstes Steuerungs- und Kontrollinstrument; sie vermitteln uns ein Gefühl der Sicherheit."
Top 5 aus Sicht von CFO/ Controllern	1. Unzureichende Beteiligung und wenig Leidenschaft für Planung beim Top Management; fehlende oder wenig klare Topdown-Vorgaben; wenig Interesse der Leitung am Reporting. 2. Budgeterstellung ist mühsam: geringe Disziplin seitens Top Management und Linienmanagern (Einhaltung von Terminen); ungenaue Planzahlen von Linienmanagern schaffen hohen Aktualisierungsbedarf; Daten sind nicht integriert, hoher manueller Aufwand. 3. Viele Planungsschleifen, zu hohe Planungsfrequenz (Planrevisionen): Planung/Budgetierung beansprucht bis zu 50% der Controlling-Ressourcen! 4. Managern fehlt es an Verantwortungsbewusstsein und Verständnis für die Bedeutung der Planung; mangelnde Akzeptanz der Planung; Desinteresse von Managern an angeblich „irrelevanten" Plan-/Ist-Vergleichen. 5. Pläne sind schnell überholt – Finanzbereich selbst hinterfragt Kosten-Nutzen-Relation der Prozesse; Berichtswesen ist nicht wirklich produktiv und nützlich. Aber: „Budgets stellen uns Zahlenwerk zur Verlaufskontrolle und zur Argumentation gegenüber dem Top Management zur Verfügung."

Abb. 7: Gründe für ein neues Managementsystem aus Sicht verschiedener Stakeholder

Gründe für ein neues Managementsystem aus der Sicht verschiedener Stakeholder	
Top 5 aus Sicht operativer Einheiten	1. Geringer Nutzen und hoher Aufwand der Planung (zeitaufwändige Datenerarbeitung, -erfassung und -weiterleitung); Gängeln durch Zentralbereiche und Leitung während des Geschäftsjahres ist unproduktiv und nervtötend. 2. Unverständliches Planungsverfahren; Top-down-Vorgaben fehlen, oder sind losgelöst vom Marktgeschehen (z.T. Zielkonflikte), schlecht nachvollziehbar; einseitiger Fokus auf Finanzdaten; Planungsinhalte zu komplex und detailliert. 3. Strategie hat nichts mit Budgets zu tun – aber das Budget zählt für Leistungsmessung und Boni (Strategieprozesse sind folglich eine Farce); Budgetziele müssen von vorherein „heruntergehandelt" und dann mit allen Mitteln erreicht werden. 4. Unübersichtlicher Prozess – wer trägt Verantwortung, wenn uns die Ziele vordiktiert und Zahlen hinterher von zentralen Planungsabteilungen manipuliert werden? 5. Budgets dienen Top-down-Zwang, kaum Berücksichtigung bereichsspezifischer Erfordernisse; im Konflikt mit Eigenverantwortung für das Business; Ressourcen werden nach Belieben gekürzt, ohne Rücksicht auf Markt und Strategie; latenter Mangel an wirklich relevanter Information! Aber: „Budgets sind ein optimaler Mechanismus zur Durchsetzung leicht erreichbarer Ziele – und wenn nötig zur Rechtfertigung schlechter Ergebnisse."
Top 5 aus Sicht von Investoren/ Kapitalmarkt	1. Return von Unternehmen ist gering und unstetig. 2. Externes Reporting von Unternehmen ist kurzfristig orientiert und unzuverlässig. 3. Geringe Transparenz bezüglich langfristiger Strategie; geringes Vertrauen in Fähigkeit zur Strategieumsetzung. 4. Unethisches Handeln wird gefördert (Forderung von Corporate Governance-Standards). 5. Manager werden zu Verschwendung animiert und haben Interesse, Ziele nicht zu übertreffen. Aber: „Budgets sind die Basis von Quartalsberichten und derzeit unser wichtigstes Kontrollinstrument."

Abb. 7: Gründe für ein neues Managementsystem aus Sicht verschiedener Stakeholder

2.1.4 Die Grenzen der Planung: Warum wir deutlich weniger und viel mehr planen sollten

Es scheint paradox, dass Organisationen einerseits immer mehr planen, andererseits immer unzufriedener mit der Planung und ihren Ergebnissen sind. In den Unternehmen ist eine gewisse Ernüchterung nötig bezüglich der Funktionen und Grenzen von *Prognose* und *Vorausschau* – und damit auch bezüglich unserer Pläne und Budgets. Es mangelt den Organisationen an einem angemessenen Skeptizismus gegenüber der gesamten Idee von Budgets, Planung und Forecasting.

Pläne, Prognosen und Forecasts können sehr kompliziert und „hochentwickelt" gestaltet werden, indem wir eine große Anzahl von Variablen einbauen und raffinierte Techniken zur Untersuchung von Zeitreihen verwenden. Dennoch: Trotz all dieser technischen Verfahren und Werkzeuge werden wir stets festellen, dass es letztlich einige wenige einfache, grundlegende Prämissen sind, die das Ergebnis eines Forecasts bestimmen, der sich an den Erfahrungen der Vergangenheit orientiert und daran, was wir über das Verhältnis ökonomischer, marktlicher und interner Variablen zueinander gelernt haben. Dazu gehören z.B. die Wirkung von Veränderungen des Sozialproduktes auf die Nachfrage nach Commodities und Produkten, der Einfluss von Preisänderungen auf die Nachfrage, usw. Daneben versuchen wir einen Trend in den ökonomischen Varibablen zu bestimmen, entweder zyklisch oder langfristig. Die Anzahl möglicher grundlegender Variablen eines Forecasting-Modells ist aber unweigerlich begrenzt. Am Ende des Prozesses steht ein Modell mit wenigen wesentlichen Prämissen, die wir intuitiv als „plausibel" oder „wahrscheinlich" erachten.

Diese Grundgedanken führen uns zu einer ernüchternden Feststellung: dass Forecasts und Prognosen stets in eine von zwei grundlegende Kategorien von Szenarien fallen:[6]

- *Das „Gleiches-Wetter"-Szenario:* Wir beobachten eine relativ stabile Steigerung oder einen stabilen Abfall bestimmter Variablen oder regelmäßige Zyklen und unterstellen, dass sich diese Entwicklung in der Zukunft oder anderswo fortsetzen wird. In relativ stabilen Umwelten kann sich diese Art von Forecast häufig als korrekt erweisen, andererseits wird hier von Zeit zu Zeit ein Bruch in der Entwicklung stattfinden und der Forecast sich als falsch erweisen.

---

[6] Siehe zu den folgenden Ausführungen Wallander (1999).

- *Das Ruptur-Szenario:* Wir befinden uns in einer Situation, in der wir glauben, abrupte Veränderungen wahrzunehmen – technologisch, ökonomisch, branchenbezogen. Dies hat zur Folge, dass wir von grundlegenden Rupturen ausgehen müssten, vom radikalen Ausschlagen von Entwicklungskurven nach „oben" oder „unten". Eine solche Entwicklung lässt sich jedoch unmöglich genau vorhersehen. Sie als Prämisse eines Planes oder Forecasts zu verwenden, empfinden wir als „unverantwortlich", und jeder Planer wird bemüht sein, derartige Variablen im Forecast zu vernachlässigen. In diesem Fall werden wir also regelmäßig davon ausgehen, dass eine „Rückkehr zum Normalfall" stattfinden wird, die Ruptur keine dauerhaften Folgen hat und die Entwicklungskurve sich wieder verstetigen wird. Dies kann sich in manchen Fällen als korrekt erweisen, häufig wird die Ruptur jedoch durchaus zu tief greifenden Veränderungen führen und der Forecast sich als grundlegend falsch erweisen.

Eine Vielzahl psychologischer Barrieren machen es Individuen und Organisationen schwer, die Entwicklungen in der Umwelt zu verstehen und zu antizipieren, selbst wenn diese bereits durch mehr oder weniger schwache Signale „erkennbar" sind. Die menschliche Beharrungstendenz und psychologische Filter verhindern, dass Wandlungspotenziale wirklich anerkannt werden. Diese Unmöglichkeit, effektive Vorhersagen zu machen, insbesondere in „unsicheren" Umwelten, betrifft nicht nur auf Firmen, sondern auch öffentliche und private Institute und Rating-Agenturen. Die Gründe:

- Wir können etwas, das nicht in unserer Erfahrung verankert ist, nicht vorhersehen. Lang zurückliegende Erfahrungen (z.B. Booms und Krisen vor mehreren Jahrzehnten) oder Fremderfahrungen werden tendenziell ausgeblendet.

- Es ist schwierig oder unmöglich, neue Entwicklungen zu erkennen; wir neigen im Gegenteil aufgrund unseres Strebens nach Balance dazu, Neues auszublenden – selbst wenn die Entwicklung im Nachhinein „offensichtlich" erscheint (selektive Wahrnehmung).

- Wir haben die Tendenz, mit dem Strom zu schwimmen und uns den Meinungen und Ansichten anderer anzuschließen (Sicherheitsbedürfnis); Planungsprozesse sind kollaborative Prozesse und verstärken dieses Herdenverhalten; gegen den Strom zu schwimmen, ist für den Einzelnen mit erheblichen Risiken verbunden – der Weg in die andere Richtung ist einfacher und weniger riskant, selbst wenn sich Handlungen und Entscheidungen der Herde hinterher als falsch erweisen.

Werden nun diese Art von Vorausschauen einer Planung (Budgetierung) und einer organisationsweiten Leistungsvereinbarung zugrunde gelegt, so hat dies weitreichende Folgen für Steuerung und Führung. Im Falle der Verwendung von Prämissen des „Gleiches-Wetter"-Typs bringt die Planung zum Ausdruck, dass die Mitglieder der Organisation *so weitermachen sollen wie bisher*. Zwar sollen sie typischerweise *ein wenig effizienter* arbeiten (z.B. mehr Absatz, weniger Kosten), gefordert sind aber bestenfalls inkrementale Verbesserungen gegenüber dem Status quo. Um den Mitgliedern einer Organisation diese Art von Leitprinzip zu vermitteln, ist jedoch (ein Grundgedanke des Beyond Budgeting!) *kein aufwändiges Budgetierungssystem erforderlich*. Ein Mindestmaß an Vertrauen vorausgesetzt, genügt es, den Mitarbeitern genau dies zu kommunizieren und im Anschluss daran zu überprüfen, ob sie sich an die Vorgabe halten.

Haben Pläne und Budgets dagegen die zweite Art von Forecasting-Szenario zur Grundlage, signalisieren sie: Es wird keine Fortsetzung oder Vertiefung der wahrgenommenen, unter Umständen dramatischen Wandlungserfahrung geben, eine Rückkehr zur Normalität ist geboten. Dies stellt einerseits ein recht banales Ergebnis einer Planung und einen dürftigen Output angesichts des meist erheblichen Planungsaufwands dar, erzeugt aber zudem ein in die Irre führendes Gefühl von Sicherheit und verleitet Mitarbeiter dazu, *Chancen und Risiken der Umfeldentwicklungen bei ihren Handlungen auszublenden*. Der Plan wird sogar die Anpassung an Rupturen erschweren, sobald diese sich tatsächlich materialisieren. Ein Budget wird jedoch, wie oben dargelegt, aufgrund seiner Funktion und Verwendung *niemals* in der Lage sein, diese Art von Diskontinuitäten aufzuzeigen und in nützliche, handlungsleitende Richtlinien umzusetzen.

Keines der beiden Szenarien rechtfertigt einen störenden und ressourcenaufwändigen Budgetierungsprozess: Besser ist es in beiden Fällen, die entsprechenden Ressourcen auf die Lösung *aktueller Geschäftsprobleme* zu konzentrieren. „Es gibt keinen Grund dafür, ein Budget zu erstellen, wenn man nicht daran glaubt. Und wenn man daran glaubt, dann bringt dies eine starke Neigung mit sich, vom Budget abweichende Entwicklungen als zufällige Geschehnisse zu betrachten. Dadurch entsteht das Risiko, dass das Budget nicht hilft, sich an neue Umstände anzupassen, sondern Anpassungen zu verzögern."[7]

---

[7] Siehe Wallander (1999), S. 411.

> **Budgetierung ist „überflüssig und gefährlich" – eine Einschätzung der Budget-Kritiker**
> - Budgetierung ist aufwändig und mühsam.
> - Budgets erweisen sich entweder als grob korrekt – dann sind sie banal und überflüssig –,
> - oder als fundamental falsch – in diesem Fall können sie gefährlich sein. Denn wenn wir an Budgets glauben, können sie von der Anpassung an neue Situationen abhalten.
> - In jedem Fall heißt die Konsequenz: Lieber auf Budgetierung verzichten!

Forecasting (Prognose), Simulation und gelegentliche Analyse von Szenarios haben durchaus ihre Berechtigung. Allerdings sollten sie nicht als Grundlage von Planung im Sinne von Handlungsprogrammierung verwendet, sondern als „Radar" verstanden werden. Planung ist überflüssig oder gefährlich, wenn sie über die Erarbeitung strategischer Alternativen, das Durchdenken möglicher Aktionsprogramme und Initiativen zur Zielerreichung hinaus auf die Programmierung von Handlungen ausgerichtet ist. Auf Planung in Form „rigider Programmierung gegen besseres Wissen" kann und sollte angesichts einer ungewissen Zukunft verzichtet werden.

Erstaunlich ist in diesem Zusammenhang, wie viele Softwares, Zeitschriftenbeiträge und ganze Handbücher sich ungeachtet dessen diversen mathematischen und methodischen Mitteln von Forecasting und Programmierung von Zukunft (also Planung) widmen mit einer inhärenten Logik, die außerhalb der entsprechenden Buchumschläge keinerlei Sinnhaftigkeit für sich beanspruchen kann. Keine formale Technik zur Prognose oder Planung vermag nichtkontinuierliche Veränderungen vorherzusagen. Streng genommen kann Planung also lediglich gegenwärtige Trends extrapolieren – nicht mehr. „Flexible Planung" bleibt in diesem Zusammenhang ein Oxymoron: eher der Widerschein vager Hoffnungen als auf praktischen Erwägungen basierend. Mathematische Techniken *verbessern nicht* unsere Fähigkeit, strategische Ziele zu verfolgen und zukünftige Wertschöpfung zu erhöhen, sondern setzen uns der Gefahr aus, Ressourcen zur Erarbeitung von Handlungsprogrammen zu verschwenden und diese später ungeachtet einer dynamischen Umwelt unbeirrt weiter zu verfolgen.

Nicht nur in Software- und Technologiebranchen sind althergebrachte „strategische" oder operative Pläne und Budgets schon nach wenigen Monaten weitgehend überholt. Auch so genannte traditionelle Branchen unterliegen unvorhersehbaren Volatilitäten, Trendänderungen und Zyklen, die in der Budgetierung aus politisch-taktischen Gründen nicht berücksichtigt werden. Beispiele hierfür sind die Chemie-Branche, die Automobilindustrie, Dienstleistung und Handel. Die umgekehrte Frage scheint eher gerechtfertigt: Welcher Leser dieses Buches kann guten Gewissens behaupten, dass sein Unternehmen in einer *weitgehend vorhersehbaren* In- und Umwelt agiert? Welchen Aussagegehalt kann dagegen ein Budget in Zeiten ständigen Wandels der Märkte haben, wenn dessen Erstellung bis zu eineinhalb Jahre zurückliegt? Die heute dominierende Prämisse bei jeder Planung sollte lauten, dass bestimmte künftige Ereignisse die Konfiguration der Unternehmensumwelt und Handlungsbedingungen drastisch verändern können. Solche Ereignisse können nicht „geplant", aber vorhergesehen werden bzw. man kann sich entsprechend vorbereiten. Strategien für die Zukunft, die den Wandel in bestimmten Feldern antizipieren, sind möglich. Traditionelle Planung versucht die Zukunft mit den Tendenzen von gestern und heute zu optimieren. Strategien versuchen, neue und andere Chancen der Zukunft auszunutzen.[8]

Innerhalb des herrschenden Managementmodells führen Unternehmen zumeist mittel- oder langfristige „strategische" Planungen durch, die in detaillierten Marktanteil-Preis, Umsatz-, Kosten- und Ergebniszielen münden und folglich viel zu stark später zu treffende taktische und operative Entscheidungen determinieren. In der Budgetierung werden z.B. die künftigen Handlungsprogramme und Ressourcen ganz selbstverständlich auf die *bestehende* Organisationsstruktur übertragen und bereits getroffene Entscheidungen als realisiert vorausgesetzt. Wahrhaft strategische Aktionsplanung geht hingegen nicht von den bestehenden Strukturen aus, sondern hat erwünschte Zustände und die Entscheidung selbst zum Ziel. Dabei handelt es sich in Wahrheit nicht um originäre Strategie-Entwicklung, sondern um *langfristig taktisch-operationale* Planung oder Programmierung. Besser wäre: die Vorgabe weniger, aggregierter Output-orientierter Zielgrößen, wobei dann den operativen Entscheidern überlassen wird, durch welche Maßnahmen und mit welchem Ressourceneinsatz die relevanten Ergebnisse (z.B. Marktanteil, ökonomische Wert-

---

[8] Derartige Vorschläge sind nicht *neu*. Es fehlte aber bislang an Wegen, dies in der Praxis umzusetzen. Die Gestaltungshinweise zum Beyond Budgeting in Abschnitt 4 dieses Buches zeigen diesbezüglich zahlreiche konkrete Ansätze auf. Ein Plädoyer für strategisches Denken findet sich bei Drucker (1980), S.48–71.

schöpfung) erreicht werden sollen. Den dezentralen Akteuren obliegt es dann, kontinuierlich und flexibel Aktions- und Initiativenplanung vorzunehmen. Durch das Ausufern fixierter Leistungsvorgaben und der Budgetierungs-Kultur mit ihrer Zentralisierung von Entscheidung ist jedoch fast jede beobachtbare Planung operativ-taktisch ausgerichtet. Sie spiegelt letztlich den Glauben wider, Zukunft bzw. Zukunftshandeln könnten durch *Programmierung* gestaltet werden. Diese Art der Planung zielt letztlich auf inkrementale Verbesserungen ab (genau das meinen Manager heutzutage, wenn sie von „Planung" sprechen!) – was einem echt strategisch-visionären Planungsansatz widerspricht, also der Planung als *strategischem Durchdenken und visionärer Zielentwicklung*. Der Unterschied ist in Abb. 8 dargestellt.

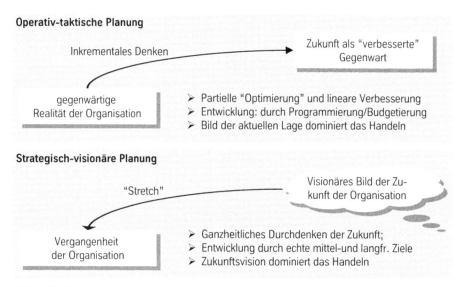

Abb. 8: Taktisch-inkrementale versus strategische Planung

Taktik ist durchaus wichtig. Organisationen neigen jedoch dazu, *ausschließlich* taktisch zu denken und zu handeln. Ein Strategieprozess, der vollständig formalisiert ist, entpuppt sich bei genauerem Hinsehen meist als ausschließlich taktisch orientiert. Dies liegt an der Tendenz der Taktik, selbstverstärkend und selbsterfüllend zu wirken, und auf diese Weise originär strategisches Denken zu substituieren. Die Budgetierung leistet dieser Tendenz durch ihre Input-Orientierung und mangelnde Flexibilität und Aktionsorientierung Vorschub.

Wirkliche Strategien verändern sich ad hoc, und nicht in bestimmten Abständen. Strategien können über einen langen Zeitraum hinweg stabil sein, sich dann aber von einem Moment zum nächsten ändern. Daher ist jede Form eines festen Rhythmus zur Strategieentwicklung (mittels Planungskalender oder Strategie-Konferenzen) äußerst fragwürdig und prinzipiell dysfunktional. Problematisch an kalenderbasierter „strategischer Planung" und Budgetierung ist, dass sie keinen Ersatz für kontinuierliche Supervision und Führung, Koordination und Maßnahmenplanung darstellen – in Organisationen aber oft so verstanden und praktiziert werden.

Vielfach hat sich ein Planungsperfektionismus eingebürgert, der der Annahme folgt, dass die Verlässlichkeit und Qualität von Plänen größer wird, je exakter und detaillierter die Planzahlen sind. Dies ist natürlich nicht der Fall. Die weit verbreiteten Übungen strategischer Planung sind recht häufig auf die Entwicklung von Zahlen und nicht Ideen gerichtet, auf die Herleitung von Zielen und Budgets, aber nicht auf Strategien. Das Ergebnis sind Arbeitspläne, bei denen aus dramaturgischen Gründen Worte wie „Strategie" und „strategisch" auftauchen.

Bei allen analytischen Prozessen, die Strategie-Entwicklung eingeschlossen, besteht die gefährliche Tendenz, den Prozess des Lernens und Verstehens vorzeitig abzuschließen, d.h. das kreative, aber unbequeme Stadium des „Zwischendrin" zu überspringen und sich in planhafte Fortschreibung zu retten, anstatt wahrhaft neue Modelle oder Strategien erfinden zu müssen. Trotz vieler Details trägt die Budgetierung also wenig zu einem effektiven Erkenntniszuwachs in der Organisation bei. Vielmehr ist ein immenser Aufwand bei Budgeterstellung, -abstimmung, und -revisionen die Folge. Statt entscheidungsrelevanter Prognose und kreativer Vorwegnahme von Zukunftszuständen errichten Organisationen in der Folge eine rigide Planungsbürokratie. Detailplanungen und Budgets, die nicht unmittelbar der Aktionssteuerung dienen und von der operativen Ebene bis zur Konzernspitze durchgerechnet und monatlich kontrolliert werden, führen zur Entmündigung und Unselbständigkeit von Linienmanagern und Teams.[9] Die Dominanz der Pläne treibt in der Praxis bisweilen absurde Blüten: Vertriebseinheiten von Markenartiklern etwa werden in der Folge oft vollkommen plan- oder quotengesteuert und sind kaum noch darauf eingestellt auf echte Kundennachfrage und Märkte zu reagieren.

---

[9] Dieses Planungsverfahren ist glücklicherweise nicht ohne Alternative. In Abschnitt 4 wird eine produktivere Form der strategisch basierten Aktionsplanung skizziert.

Von dem die Planung dominierenden Geist operativ-taktischer Programmierung abzukommen – und die damit verbundene trügerische Illusion der Vorhersehbarkeit und Beherrschbarkeit der Zukunft auszuradieren – ist nur dann möglich, wenn wir die Dynamik der Umwelt wirklich bejahen, und dieses Paradigma in allen Prozessen, Systemen und Handlungen zum Ausdruck kommen lassen. Hiervon sind Forecasting, strategische Steuerung, Zielmanagement, Ressourcenallokation, Management Reviews, Reporting, Vergütungssysteme usw. gleichermaßen betroffen. Das Prinzip des festen Leistungsvertrags muss als untauglich erkannt und aus allen Bestandteilen des Management-Modells eliminiert werden, damit ein Wandel hin zu größerer Flexibilität und stärkerer Dezentralisierung möglich wird.

Organisationen haben *strategisches Denken durch strategische Planung* ersetzt. Strategie wurde in der Folge zu einer Domäne von Planern, nicht Machern. *Die besten Planungsabteilungen sind jedoch die, die gar nicht existieren.* Das kommt selbstverständlich nicht einem Verzicht auf Planung oder Controlling gleich, sondern soll zum Ausdruck bringen, dass keine Form der Planung, sei sie strategisch-langfristig oder unmittelbar auf Maßnahmen und Ausführung gerichtet, von den Verantwortungs- und Entscheidungsträgern getrennt sein darf. Über die Jahrzehnte hin hat es zahlreiche respektable Ansätze zur strategischen Steuerung gegeben (die meisten wurden wieder verworfen), während sich Planungsaktivitäten immer mehr von jenen Geschäftsaktivitäten isolierten, denen sie eigentlich dienen sollten. Formalisierte strategische Planungsrituale als von und für Zentralabteilungen betriebene Übungen zerstören Motivation, Verantwortung und Identifikation. Die zeitliche, inhaltliche und personelle Loslösung von Planung und Führung/Steuerung ist heute in Organisationen dennoch eher die Regel als die Ausnahme.

Hat Planung heute überhaupt noch einen Sinn? – für und wider die Planung

Management-Vordenker wie Gary Hamel oder in Deutschland Gerd Gerken warfen in den 90er Jahren in polemischer Form die Frage auf, ob sich Planung „in der neuen Zeit" überhaupt noch lohne (dies geschah nicht zufällig zu dem Zeitpunkt, als sich die „New Economy" entwickelte bzw. sich ihrem Höhepunkt näherte). Angesichts einer unsicheren, immer dynamischeren Umwelt könne und solle, so etwa Hamel, auf strategische Planung verzichtet werden. Nachdem einige Ernüchterung hinsichtlich der vermeintlich „neuen Regeln" des E-Business eingekehrt ist, wenden sich die Verfechter des Beyond Budgeting heute gegen die Budgetierung -in der Praxis oft auch als *taktische oder operationale Planung* bezeichnet. Wird hier wieder vorschnell und pauschal „die Planung verdammt"?

Planung als Durchdenken und Vorwegnahme möglicher Zukunftszustände im Sinne der Strategie-Entwicklung wird immer sinnvoll sein. Beyond Budgeting wendet sich nicht gegen Planung im Allgemeinen. Vielmehr geht es um die *Abschaffung fester Leistungsverträge* und der *Planungsbürokratie.* sowie um die Abkehr von der Dominanz taktisch-kurzfristiger Planung. Ziel ist die Implementierung wahrhaft flexibler Prozesse durch Selbststeuerung, Dialog und Marktprinzipien innerhalb der Unternehmen.

Planung und Strategie sind im Übrigen zwei völlig unterschiedliche Disziplinen. Letztere beschäftigt sich mit der *Setzung von Zielen,* Erstere mit Fragen der *Implementierung*. Der Ausdruck „Strategische Planung" ist daher genau genommen ein populäres, nicht ganz ungefährliches Oxymoron. Er beschreibt zwei komplementäre Prozesse, betont aber leicht das Element der Planung zu Lasten der Strategie als kreativem Hinterfragen und Visionsentwicklung.

Beyond Budgeting plädiert für einen Verzicht auf Planung, die einen Versuch der Programmierung und Fixierung von Leistungsvereinbarungen einer Organisation darstellt. Stattdessen wird vorgeschlagen, einen strategischen Führungsprozess zu gestalten, an dessen Ende *strategisches* Handeln, Initiativenmanagement, und flexible Leistungsverträge stehen – ohne den Zwischenschritt über fixierte Pläne und überbordende Zahlenwerke.

Die Alternative besteht darin: weniger *formell zu planen* und viel mehr Platz für strategisches, entscheidungs- und handlungsorientiertes Denken zu schaffen.[10] Moderne Managementansätze zielen darauf ab, Strategie, Planung und Managementreviews zur *Aufgabe aller Manager* zu machen und nicht in die

---

[10] Im Hinblick auf das Verhalten von Vorgesetzten ist dieser Satz beinahe gleichbedeutend mit: weniger managen und mehr führen! Verschiedene Verfahrensvorschläge dazu, wie effektivere und effizientere Strategie- und Planungsprozesse in einer Organisation umgesetzt werden können, finden sich im Abschnitt 4 dieses Buches.

Hände von Zentralabteilungen oder Budgetmanagern zu legen. Damit wird das Verständnis für Bedeutung der Integrität des Managementsystems gefördert und die Toleranz für dysfunktionales Verhalten in der Organisation verringert. Gerade eine effiziente strategische Steuerung, z.B. im Sinne einer flexiblen Planung, die stets alternative potenzielle Umweltentwicklungen berücksichtigt, ermöglicht ein Handeln ohne Zeitverlust in Zeiten hoher Diskontinuität und zunehmender Dynamik durch schnelleren Wandel in Markt und Umwelt. Ziele und Maßnahmenplanungen, aber auch Strategien, sollten immer wieder angepasst und – weit mehr, als heute unternehmerische Praxis ist – bei Bedarf aktualisiert werden können. Wer verschiedene Umweltentwicklungen und mögliche Zukunftszustände bereits gedanklich antizipiert und entsprechende alternative strategische Handlungsprogramme dafür aufgestellt hat, kann im Falle des Eintretens solcher Entwicklungen schneller agieren. Geteilte Werte und visionäre Langfrist-Ziele einer Organisation gewährleisten trotz häufiger Revision der Strategie eine einheitliche Ausrichtung des Handelns aller Manager und Mitarbeiter.

Das Ergebnis guter Planung ist kein *Plan*. Sondern Wissen, *strategischer Wandel und Entscheidung*. Das Paradox: Organisationen müssen die alten Formen der Planung „*verlernen*" (und insofern weit weniger planen!), um die richtigen Formen der Planung völlig neu *lernen* zu können.

2.2 Budgetierung im Kontext: Es geht um mehr als nur um Budgets!

2.2.1 Unternehmen im Spannungsfeld zwischen Budgetsteuerung und aktuellen Herausforderungen

Eine neuere Studie der britischen Cranfield University untersuchte die Entwicklung der Aktienkurse von 16 Unternehmen, die in der öffentlichen Diskussion durch Veränderungen in ihren Budgetierungs- und Planungspraktiken von sich reden gemacht haben, im Vergleich zum jeweiligen Branchendurchschnitt. Ergebnis: Die Aktienkurse dieser Unternehmen haben sich über einen Zeitraum von 3, 5 und 10 Jahren konsistent gegenüber denen ihrer jeweiligen Branchendurchschnitte überlegen gezeigt.[11] Dies erlaubt die Schlussfolgerung – bei aller gebotenen Vorsicht bei der Interpretation statistischer Kapitalmarktdaten – dass verbesserte Planungs- und Managementprozesse zumindest tendenziell mit einer deutlich positiven Wirkung auf Unternehmens-Ergebnisse und Marktwert in Verbindung gebracht werden können.

Unternehmen sollen intern nach jenen Kriterien gesteuert werden, die auch extern gegenüber Kapitalmarkt und Anspruchsgruppen von Bedeutung sind (Outside-in-Ansatz des Leistungsmanagements). Dabei fallen sie heute leicht einer Selbsttäuschung anheim. In ihrem Bemühen, die „Erwartungen" von Investoren und Kapitalmärkten zu erfüllen, versuchen viele Unternehmen, spezifische Quartalsziele zu definieren bzw. zu erreichen und setzen sich in der Folge linear ansteigende, immer ambitioniertere kurzfristige Ziele. Diese Versuche stoßen in absehbarer Zeit an Grenzen, und die Folge sind routinemäßige Manipulationen der Ergebniszahlen (das so genannte „Earnings Game"). Ursprung des Problems sind verfehlte Prämissen hinsichtlich der Erwartungen von Investoren. Diese wollen keine Überversprechungen und kurzfristigen Gewinne. Sondern konstante, nachhaltige Leistung, die möglichst *besser ist als der Wettbewerb*. Diese Erwartung hat nichts mit Quartalsprognosen bzw. absoluten Quartalsergebnissen gemein. Dennoch ist unter Unternehmen, Analysten und Finanzmärkten eine Kultur der kurzfristigen Ergebnisfixierung entstanden, die die kurzfristigen Forecasts und einzelne Quartalsergebnisse so behandelt, als *wären* sie relevant. Dieser Mechanismus wird verstärkt durch die Medienaufmerksamkeit für diese Zahlen und verstärkt diese seinerseits.

---

[11] Siehe zur Studie unter 16 internationalen Aktienunternehmen bei Neely et al. (2001), S. 30–31

Unternehmensleistung ist jedoch auch aus externer Sicht mehrdimensional – Investoren interessieren sich für aktuelle und zukünftige Wertschöpfung, aber auch für zukunftsorientierte Leistungspotenziale und Beiträge zur Gesellschaft. Unternehmen müssen diese Ziele und Erwartungen der Shareholder entsprechend systematisch berücksichtigen. Die rein interne Sichtweise der Budget-basierten Steuerung versagt gegenüber diesen Anforderungen der Realität.

Die Forschungsleiter des BBRT Hope und Fraser argumentieren in einigen Veröffentlichungen – nicht ganz frei von modischer Rhetorik und im Stile amerikanischer Managementmodismen –, Budgetierung sei „für die New Economy" und „Management im Zeitalter diskontinuierlichen Wandels, unvorhersehbarer Konkurrenz und unbeständigen Kunden" ungeeignet. Diesem Denken in allzu häufig pauschal gebrauchten Kategorien soll hier nur bedingt gefolgt werden. Natürlich erweist sich die Budgetierung allein aufgrund ihres Mangels an *Flexibilität* gerade in einer turbulenten Umwelt als besonders unzureichend. Nicht umsonst sind z.B. gerade Technologieunternehmen aufgrund kurzer Produktzyklen Vorreiter bei der Verwendung von Rolling Forecasts, und gerade komplexere Organisationen greifen alternative Management-Tools und -konzepte wie Reengineering, CRM oder Activity-based Management auf. Andererseits hängt das Scheitern des Budget-dominierten Steuerungsmodells nur bedingt mit höherer Umweltturbulenz und revolutionären „Umbrüchen" zusammen. Vielmehr spielen auch andere, wenig revolutionäre interne und externe Entwicklungen der letzten Jahrzehnte eine Rolle, die für alle Organisationen, unabhängig von ihrer Branche, Größe oder Kultur gelten:

- Der Wandel in der Bedeutung der Produktivfaktoren: Die Fähigkeit von Organisationen zu Innovation, Effizienz und Erarbeitung nachhaltiger Wettbewerbsvorteile muss zunehmen – dies ist nur mit höherem intellektuellen Kapital oder dessen besserem Einsatz möglich.
- Immer qualifiziertere Mitarbeiter drängen auf immer größere Autonomie.
- Das veränderte Verhältnis zu Kapitalmärkten und Investoren sowie die Übernahme von Verantwortung von Organisationen gegenüber Gesellschaft und Stakeholdern: Ansprüche von Kunden, Investoren, Kapitalmärkten, Förderern und anderen Anspruchsgruppen an Corporate Governance, ethisches Verhalten und Beiträge ihrer Gesellschaften steigen.

Seit den Tagen von Alfred P. Sloan bei General Motors und Pierre Du Pont beim Chemiekonzern DuPont wurden Manager der industriellen Welt in Ausbildung und Industrie darauf „geeicht", Budgets zu erstellen und in Budgetdimensionen zu denken. Es ist extrem schwierig, sich von diesen Paradigmen oder mentalen Modellen freizumachen und die grundlegenden Probleme des Managementmodells mit offenen Augen zu sehen. Eine der notwendigen, fundamentalen Neuorientierungen besteht in der Neudefinition des Informationsbedarfs in der Organisation und der Anerkennung von Budgets als fixiertem und letzten Endes dysfunktionalem Leistungsvertrag. Den geschilderten Anforderungen der In- und Umwelt stehen heute wichtige Barrieren des Wandels innerhalb von Organisationen gegenüber, die in traditionellen Praktiken der Steuerung und überkommenen Werten und Einstellungen begründet liegen (siehe Abb. 9). Zur Überwindung der Barrieren des Wandels ist es erforderlich, dass Organisationen ein neues Steuerungsmodell jenseits traditioneller Leistungsverträge und heute oft ritualisierter Verhaltensweisen entwickeln.

Abb. 9: Entwicklung eines Management-Modells für das 21. Jahrhundert – Beispiele von Erfolgsfaktoren/internen Barrieren und Kernelemente der Lösung

Neuere Steuerungsinstrumente wie Balanced Scorecard, Wertmanagement und Intangible Asset Management haben in den Unternehmen die Wahrnehmung für ein an Kapitalmarkt, an Strategie und langfristigen, immateriellen Werttreibern orientiertes Leistungsmanagement geschärft. Die Realität der Unternehmenssteuerung hinkt dieser erhöhten Sensibilität jedoch hinterher. Es fehlt eine Flexibilisierung der operativen Planung und Maßnahmensteuerung, damit die Wirksamkeit der neuen Instrumente und Einsichten nicht an der Barriere der Budgetsteuerung scheitert. Moderne Organisationen lehnen Zentralisierung, Mangel an Flexibilität und die Kultur von Weisung und Kontrolle ab. Andererseits verlassen sie sich bei der Steuerung immer noch auf Managementprozesse, die genau diese Tendenzen verstärken und zementieren.

Die Sinnhaftigkeit des Wandlungsprozesses von Budget-basierter Steuerung zur Beyond Budgeting-Steuerung soll hier also nicht vereinfachend im Zusammenhang mit vermeintlichen Umbrüchen wie dem „Informationszeitalter" oder der „Wissensökonomie" gesehen werden. Es soll hier die Auffassung vertreten werden, dass es *für jede Organisation in jedem Umfeld* sinnvoll ist, dem Pfad der Dezentralisierung und Flexibilisierung der Steuerungsprozesse zu folgen. Mit welcher Dringlichkeit dieser Wandlungsprozess begonnen oder fortgesetzt werden sollte und mit welcher Radikalität dies möglich ist, lässt sich nicht verallgemeinern. In der Tendenz erscheint jedoch ein Steuerungsmodell à la Beyond Budgeting universell notwendig und sinnvoll.

2.2.2 Das Zusammenspiel von Steuerung und Menschenbild, von Kontrolle und Vertrauen

Die Forderung nach einem neuen Steuerungsmodell wirft unweigerlich die Frage auf, *wie in einer so koordinierten Organisation Kontrolle ausgeübt werden kann.*

Vertrauen spielt hierbei eine wichtige Rolle. In der Praxis ist zwar oft von Vertrauen die Rede, im Führungsverhalten von Managern kommt aber überwiegend der Irrglaube zum Ausdruck, Kontrolle sei – zur Vermeidung von Risiken – besser als Vertrauen. Tatsächlich aber existiert Vertrauen niemals im Vakuum. Es ist an Voraussetzungen und Prinzipien gebunden – Vertrauen ohne Kontrolle wäre blind, und blindes Vertrauen ist im wahren Leben eigentlich kaum je anzutreffen. Kontrolle muss also gelebtes Vertrauen begleiten. Gleichzeitig schafft und bestätigt Kontrolle – richtig umgesetzt – Vertrauen. Vertrauen ist deshalb so wichtig, weil es soziale Komplexität – also Komplexität der Interaktion in Organisationen – reduziert. Mehr Vertrauen ermöglicht einfachere, effizientere Koordination. Demgegenüber macht sich dem Sozialwissenschaftler Niklas Luhmann zufolge derjenige, der misstraut, von *immer weniger Leuten immer mehr abhängig*.

Wie sieht es nun in Organisationen mit dem Zusammenspiel von Vertrauen und Kontrolle aus? Kontrolle wird in vielen Organisationen als Fehlersuche verstanden und verbunden mit anschließender Bestrafung eingesetzt. Versuchen wir die Defizite der in der Praxis ausgeübten Fremdkontrolle genauer zu fassen, dann zeigt sich, dass der inquisitorische und bestrafende Charakter von Abweichungs- und Ursachenanalyse gegenüber Planwerten auf Personen fixiert ist, nicht auf Prozesse und Ergebnisse. Es erscheint unzweifelhaft, dass ein Übermaß an Fremdkontrolle das Vertrauen zwischen Personen und Gruppen untergräbt oder gar nicht erst entstehen lässt. Kontrolle in ihrer traditionellen Erscheinungsform ist lästig, unbeliebt, teilweise sogar verhasst. Eine so geartete Kontrolle ist zwangsläufig mit der Zerstörung von Vertrauen verbunden. Stattdessen sollte Kontrolle umgesetzt werden als kreativer Dialog zwischen Vorgesetzten und Mitarbeitern. Dieser Dialog soll einen Austausch beinhalten über Aufgaben, Ergebnisse, Abweichungen von Vorstellungen und über Einschätzungen und Bewertungen. Dabei sollte Kontrolle nur als Stichprobenprüfung stattfinden und der Überprüfung dessen dienen, ob Regeln und Vorschriften, also die Rahmendefinitionen der Autonomie, eingehalten werden. Auf diese Weise wird Vertrauen durch Kontrolle bestärkt und bestätigt.

Fremdkontrolle ist dabei nicht pauschal negativ zu bewerten – es kommt auf die konkrete Ausgestaltung und den Kontext an. Auf Fremdkontrolle ganz zu verzichten hieße, *blindes* Vertrauen zu befürworten. Blindes Vertrauen ist wie gesagt in der Praxis unrealistisch und selbst im privaten Bereich kaum je anzutreffen. Durch Trial und Error lernen wir, inwieweit Vertrauen z.B. bei bestimmten Personen angebracht ist. Genauso verhält es sich mit Organisationen. Vertrauen bedeutet hier eigentlich „Zutrauen". Wir haben Zutrauen in die Fähigkeiten von Mitarbeitern und in ihre Verpflichtung gegenüber einem Ziel. Indem wir Ziele definieren, kann das Individuum oder Team, dem Vertrauen entgegengebracht wird, mit dem Problem allein gelassen werden. Kontrolle findet im Nachhinein statt (durch Beurteilung der Ergebnisse) – und nicht *vor* dem Ereignis (durch Genehmigungen). Dies unterscheidet vertrauensbasierte Führung von Weisung und Kontrolle, und es unterscheidet flexible Leistungsverträge von fixierten Leistungsverträgen und Budgets.

Weil Unternehmen im 21. Jahrhundert aber bestrebt sein müssen, Anspruchsniveaus und Leistung kontinuierlich zu erhöhen, ist Fremdkontrolle *in neuer Form* erforderlich. Es kommt dabei auf das richtige Verhältnis von Autonomie und Fremdbestimmung an.

- Fremdkontrolle kann Orientierung geben: Schranken, Leitbilder, geteilte Werthaltungen, Regeln und differenzierte, flexible Zielvorgaben werden nicht als Misstrauensbeweis erlebt, sondern dienen als Orientierungshilfe für das Tagesgeschäft.
- Dialog-basiertes Management und engagierte Führung bieten Voraussetzungen für Fremdkontrolle, die zugleich vertrauensbildend wirkt und dem Wissensmanagement dient.
- Stichprobenkontrollen, konsequente Ergebniskontrolle und eindeutige, unnachgiebige Sanktionen runden das Portfolio der Kontrolltechniken ab.

Konsistentes und berechenbares Handeln von Vorgesetzten gegenüber Mitarbeitern – auch im Hinblick auf Sanktionen – kann das nötige Maß an Fremdkontrolle minimieren. Als Gestaltungsempfehlungen könnte in Anlehnung an Friedmund Malik gelten: „Vertrauen Sie jedem, soweit Sie nur können. Gehen Sie dabei sehr weit, bis an die Grenze." Gleichzeitig muss aber sichergestellt sein, dass

- Sie jederzeit erfahren, ab wann Ihr Vertrauen missbraucht wird;
- Kollegen und Mitarbeiter wissen, dass Vertrauensmissbrauch wahrgenommen wird;
- jeder Vertrauensmissbrauch gravierende und unausweichliche Folgen hat;
- Mitarbeiter sich über die Folgen eines Vertrauensbruches unmissverständlich im Klaren sind.

Kontrollen sollen dezentral durchgeführt und durch „Management by Exception" (nicht zu verwechseln mit ständigen Eingriffen durch Führungskräfte und Mikromanagement!) ergänzt werden.

„Tit for tat" – „Wie du mir, so ich dir" als ausgewogene Handlungsmaxime

Wie viel Vertrauen ist nun nötig, wie viel Vertrauensvorschuss sollten wir gewähren, ohne dass wir Gefahr laufen, „über's Ohr gehauen" oder übervorteilt zu werden?

In der wissenschaftlichen Überprüfung durch die Spieltheorie hat sich das Prinzip des „flexiblen Vertrauensvorschusses", genannt „Tit for tat", als eine sehr erfolgreiche Verhaltensstrategie erwiesen. Das Prinzip dieser einfachen Verhaltens-Taktik: Solange mir ein Partner bzw. Gegenspieler ein positives, kooperatives Verhalten entgegenbringt, so lange werde ich mich ebenfalls kooperativ-wohlwollend verhalten. Verstößt der Mitspieler gegen das Gebot der Kooperation, indem er sich „feindlich" verhält, folge ich seinem Verhalten. Kehrt er zur Kooperation zurück, folge ich ihm erneut. Es handelt sich also um ein situatives Handeln im Sinne von „Wie du mir, so ich dir".

In dieser einfachen Spieltaktik kommen verschiedene Verhaltensprinzipien zum Ausdruck: konsequente Reziprozität (Gegenseitigkeit), Fairness in der Flexibilität der Verhaltenstaktik, Offenheit und Toleranz und die Bedeutung des Vertrauensvorschusses.

Eine andere Übertragung des Ausdrucks Tit for Tat ins Deutsche – „Auge um Auge, Zahn um Zahn" – suggeriert, dass es hier um Rache und Vergeltung gehe. Das ist aber nicht der Fall. Vielmehr geht es um Ausgewogenheit der Erwiderung, sowohl im Fall wohlwollenden als auch im Fall übel wollenden Verhaltens. „Man kann Vertrauen nicht verlangen. [...] Vertrauensbeziehungen lassen sich nicht durch Forderungen anbahnen, sondern nur durch Vorleistung – dadurch, dass der Initiator selbst Vertrauen schenkt." (Luhmann 1989, S. 46)

Vertrauen wird nur durch laufende, sich immer wieder bestätigende Erfahrung mit Prozessen, Systemen oder Personen erworben. Die Aussage von Luhmann gilt ohne Einschränkung für Managementprozesse, Führungshandeln und Systeme. Sie alle müssen das in sie gesetzte Vertrauen erst erwerben, sich das Vertrauen gewissermaßen verdienen. Der laufende, tägliche oder fallweise Umgang mit Prozessen wird deren Vertrauenswürdigkeit bestätigen. Daher ist es für einen Wandel nicht mit bloßer Ankündigung und Lippenbekenntnissen getan: Prozesse und Verfahren müssen nachhaltig geändert werden.

Ob wir das Vertrauen in einer Organisation spontan als „Leichtsinn" oder als „Notwendigkeit" empfinden, ist zum guten Teil Folge unseres Menschenbildes. In der Misstrauens-Organisation und im hierarchischen Managementmodell mit fixen Leistungsverträgen erscheint selbstständiges Unternehmertum in der Organisation als Utopie. Mitarbeiter suchen andererseits zunehmend Identifikation mit ihrer Organisation, mit deren Werten, Zielen und Handlungen. Einer internationalen Studie von McKinsey zufolge schätzen Manager Freiheit, Autonomie und Herausforderung in ihrem Arbeitsleben weit mehr als Gehalt und Entgelt. Nur wenige Organisationen sind jedoch in der Lage, diese Wünsche von Mitarbeitern zu befriedigen und ein positives Leistungsklima zu schaffen. Die Praxis zeigt, dass ganz im Gegensatz hierzu Mitarbeiter-Erfolg oft im Zusammenhang mit aggressiven, kurzfristigen und vorab fixierten Leistungsverträgen definiert wird. Dieser Leistungsvertrag ermutigt nicht selten unethisches und verhindert tugendhaftes Verhalten. Der Managementpraxis liegt oft ein Menschenbild zugrunde, dem zufolge Mitarbeiterverhalten sich mittels finanzieller Anreize „rational" steuern lässt. Organisationen schüren Angst bei Mitarbeitern (wegen des Verlustes von Boni, ihres Arbeitsplatzes und verhinderter Beförderung) und stimulieren politisches Taktieren und dysfunktionales Verhalten im Kampf um Ressourcen und die Gunst der Unternehmensleitung.

7 Regeln zum Vertrauen als Führungsprinzip in Organisationen

- *Vertrauen braucht Überschaubarkeit.* Nur in ausreichend kompakten Organisationsstrukturen kann effektiv vertraut werden. Intimität gehört dazu.

- *Vertrauen braucht Grenzen.* Zutrauen in Kompetenz und Verantwortung von Individuen ist hier eine Seite, die Definition von Zielen die andere. Die Zielerreichung wird im Nachhinein kontrolliert durch Beurteilung der Ergebnisse. Das ist „Freiheit innerhalb von Grenzen".

- *Vertrauen bedarf konstanten Lernens.* Voraussetzung ist die Überzeugung, dass jedes Individuum sich entwickelt und lernt. Es muss begleitet werden durch unbedingten Support und Pardon bei Fehlern – vorausgesetzt, dass aus Fehlern gelernt wird.

- *Vertrauen ist knallhart.* Und brüchig wie Glas. Wenn einem Individuum (dem mit aller Vorsicht eine Chance gegeben wurde), nicht mehr vertraut werden kann, muss das Individuum zum Wohle des Ganzen „gehen". In diesem Sinne ist Vertrauen gnadenlos. Der resultierende Leistungsdruck ist aber für die meisten Menschen positiv und erforderlich.

- *Vertrauen braucht „Klebstoff".* Oder Koordination. Mittel hierzu sind werthaltige Führung, Organisationsvision und -kultur sowie die Vorbildfunktion des Top-Managements.
- *Vertrauen benötigt persönlichen Kontakt.* Engagierte Führung und persönlicher Kontakt sind unabdingbar: Informelle, offene Kommunikation ist das Schmiermittel für ergänzende Formen der Kommunikation.
- *Vertrauen muss verdient werden.* Wenn Organisationen das in sie gesetzte Vertrauen durch Budgetkürzungen, „Downsizing" und anderes Kurzfrist-Handeln verletzen, verlieren sie an Vertrauenswürdigkeit. Alle Systeme und alles Handeln müssen auf Vertrauensbildung ausgelegt sein – intern, gegenüber Partnern und externen Anspruchsgruppen.

Der systembedingte Mangel an Vertrauen und das Übermaß an Fremdkontrolle in der traditionellen Budgetsteuerung haben gravierende Konsequenzen für Organisationen. Eine Folge besteht in den resultierenden Defiziten im Umgang mit Zukunftsrisiken.

Die in der Budgetsteuerung praktizierte Fremdkontrolle durch Genehmigung und Pläne vermittelt Organisationsmitgliedern den Anreiz, Unsicherheit zu unterdrücken. Manager bringen mit Budgets zum Ausdruck, dass sie das Erreichen der Budgetziele erwarten. Sie fordern eindeutiges Commitment zu den verhandelten Zielen. Indem sie durch fixierte Pläne Unsicherheit tendenziell negieren, sprechen sie im Tagesgeschäft nur wenig über Unsicherheit oder denken wenig darüber nach – und gehen entsprechend schlechter damit um. Vorausblickende Prognose und Risikoerkennung sind in dieser Steuerungsphilosophie ausschließlich auf die Feststellung *negativer Abweichungen gegenüber Plan* konzentriert. Jede derartige Form zukunftsgerichteter Aktivität wird wegen des stets negativen Denkansatzes auf Dauer selbst mit negativen Assoziationen in Verbindung gebracht. Prognose und Risikoerkennung verlieren so an Attraktivität und werden von Mitarbeitern gemieden.

Die Kontrolle im Zusammenhang mit Plänen und Budgets versucht in der Folge mit den Unsicherheiten der Zukunft auf ihre Weise fertig zu werden, indem sie reagiert, sobald das Nichtvorhergesehene in Form buchhalterisch erfasster Budgetabweichungen offenkundig wird. Das Kontrollsystem dient dann stets dazu, die künftigen Abweichungen vom Plan zu verringern und zum ursprünglich geplanten Ergebnis zurückzufinden („Auf der Spur bleiben – egal, was da kommt"). Budgets wirken somit ähnlich wie ein Thermostat. Die Management-Literatur ist voll von Beschreibungen derartig reaktiver Steuerung und Kontrolle im Sinne von „Zielsetzung, Messung und Management von Abweichungen". Es scheint fast so, als gäbe es keine Alternative zu dem auf fixierte Ziele und Leistungsverträge ausgerichteten Denken. Dieser Kontrollstil hat in fast allen Organisationen der Welt Fuß gefasst und macht sich auch in so genannten „strategischen" Steuerungssystemen breit. Balanced Scorecards beispielsweise sollten frei von diesem reaktiven Denken sein – sie funktionieren aber häufig nicht anders als ein weiterer Thermostat in einem nur scheinbar kompletteren Managementmodell.

Die Schwächen der Budgetsteuerung hinsichtlich der zukunftsgerichteten Kontrolle lassen sich wie folgt zusammenfassen:

- Budgetsteuerung unterdrückt Unsicherheit.
- Bevor keine Abweichung eingetreten ist (dann ist es häufig zu spät!), wird nichts unternommen.
- Wenn die Abweichung sichtbar geworden ist, gibt es oft keine Option, um wirklich auf den gewünschten Pfad zurückzukehren (das Ergebnis ist Lethargie!).
- Wenn Ergebnisse besser als geplant sind, besteht ein Anreiz zum Nachlassen (das Ergebnis ist Mittelmäßigkeit!).

Proaktives Risikomanagement ist die Alternative zur reaktiven Kontrolle. Es lässt sich beschreiben als eine Aktivität des Antizipierens potenzieller künftiger Zustände (nicht *eines* bestimmten Zustands, etwa des *wahrscheinlichsten* oder des am meisten *gewünschten*!) und im Anschluss daran der proaktiven Steuerung. Echtes Risikomanagement geht von der Tatsache aus, dass aller Wahrscheinlichkeit nach weder der von Individuum oder Organisation vermutete wahrscheinlichste noch der gewünschte Zustand eintreten werden (es ist sogar fast sicher, dass die Situation am Ende erheblich anders aussehen wird als geplant!). Vor diesem Hintergrund muss risikobewusstes Management sich um mehr kümmern als nur um die wahrscheinlichste oder die am meisten erwünschte Zukunft: [12]

---

[12] Siehe Leitch 2003.

- Informationsquellen werden kontinuierlich erforscht und beobachtet, um zusätzliche Hinweise auf künftige Entwicklungen zu gewinnen.
- Verschiedene Optionspläne, die alternative potenzielle Situationen und Zustände widerspiegeln, werden erwogen, durchdacht und erstellt.
- Bestimmte Aktivitäten werden vorgezogen, damit die Wirkungen alternativer Zustände zum richtigen Zeitpunkt beeinflussbar sind.
- Verschiedene Maßnahmen werden getroffen, um die Wahrscheinlichkeit des Eintritts verschiedener Zukunftszustände aktiv zu beeinflussen oder zu verändern.

Kennzeichen dieser Tätigkeiten sind die Antizipation und Aktion hinsichtlich künftiger Zustände, *bevor* diese Realität werden. Akteure innerhalb einer solchen Steuerungsphilosophie „jonglieren" mit Optionen alternativer Zukunftsszenarien. Dies steht ganz im Gegensatz zur Budgetsteuerung, bei der wir uns an einem Punkt für eine erhoffte Zukunft – den Plan – entscheiden und erst reagieren, wenn sich eine Abweichung gegen Plan realisiert hat und sich im Zahlenwerk niederschlägt.

Viele Organisationen haben heute mehr oder weniger formalisierte Prozesse zum Risikomanagement installiert, z.B. im Rahmen gruppenweiter Corporate Governance-Standards. Leider sind derartige Prozesse häufig isoliert vom Tagesgeschäft und werden in Form von Workshops abseits vom Tagesgeschäft oder in Form von Audits nach dem Eintritt des Ereignisses durchgeführt – anstatt in einem unmittelbar in die Steuerung eingebetteten Prozess. Schlimmer ist jedoch, dass sich diese Prozesse fast ausschließlich auf die Identifikation und Bewältigung von Risiken in Form *negativer Abweichungen gegenüber einer spezifischen* geplanten Zukunft richten. In einem Steuerungsmodell ohne fixierte Leistungsverträge und Budgets bedeutet Risikomanagement nicht die Erwartung lediglich negativer Abweichungen/Risiken, sondern gleichzeitig die Berücksichtigung positiver Abweichungen von der wahrscheinlichsten Zukunft (mithin positiver Risiken oder einfacher: Chancen). Es erzeugt den Anreiz dazu, Ergebnisse zu maximieren und nicht nachzulassen, auch wenn bereits große Erfolge erzielt werden.

Die Unternehmensleitung hat im Beyond-Budgeting-Managementmodell eine ganze Reihe von Werkzeugen zum *Risikomanagement* zu ihrer Verfügung. Dies hat mit der zukunftsbezogenen Dimension der Kontrolle zu tun, der Frühaufklärung, auch als „strategischer" Radar bezeichnet. Instrumente, die diese Funktion unterstützen sollen, sind rollierende Forecasts, vorlaufende

„sensible" Indikatoren des strategischen Kennzahlensystems (z.B. der Balanced Scorecard), dialogische Managementgespräche (die auch der Identifikation vorausgerichteter Chancen und Bedrohungen dienen) und offene Informationssysteme, die neben „harten" Daten weiche, ungerichtete Informationen, Markt- und Umfeldinformationen zur Verfügung stellen sollen.

Es wird deutlich, dass für den produktiven, kreativen Umgang mit Zukunft und Risiken eine vertrauensbasierte, fehlertolerante und „empowerte" Kultur im Unternehmen erforderlich ist. Vorhandenes Risikobewußtsein und Risikobereitschaft dürfen nicht durch Bürokratisierung abgewürgt werden.

2.2.3 Warum isolierte Ansätze und Tools nicht funktionieren – Kohärenz als Erfolgsfaktor des Managementmodells

Allzu häufig bestehen Veränderungsinitiativen in Unternehmen im Wesentlichen darin, ein Instrument oder einen „netten Umgangston" in das Unternehmen zu tragen und z.B. zu verstärkter „Partizipation" zu ermutigen – weil solche Attitüden eben dazugehören. Moderne Management-Philosophien und Instrumente werden dabei gern unreflektiert auf hierarchische und bürokratische Organisationen aufgesetzt. Der nachhaltige Effekt von Initiativen und Instrumenten ist in diesen Fällen gering. Prozesse und Steuerungsinstrumente werden in ähnlicher Weise viel zu häufig als *Projekte* verstanden – und nicht als wiederholbare und zuverlässige Managementprozesse zum kontinuierlichen Einsatz. In der Folge setzen Organisationen sie kurzzeitig, isoliert und abteilungs-/bereichsbezogen ein. Auch die besten Techniken und Tools werden auf diese Weise organisationsintern zur „Mode" und scheitern zwangsläufig an den anfänglich hochgesteckten Erwartungen.

Selten werden die innovativen Methoden der letzten Jahrzehnte in einer Organisation in der Praxis so eingesetzt, dass sie den Prozess des Leistungsmanagements einer Organisation fundamental zu verändern imstande sind.[13] Im besten Fall bringen diese Projekte leichte Verbesserungen innerhalb eines widersprüchlichen Managementmodells mit sich. Im schlimmsten Fall richten

---

[13] Wo dies dennoch der Fall ist, sprechen wir häufig von „Best Practices" oder „Erfolgsgeschichten". Das umgekehrte Beispiel sind Organisationen, die zwar vielfach alle denkbaren Tools und Konzepte irgendwo im Einsatz haben und zudem Dutzende Projekte und Initiativen vorantreiben –, deren Anwendung sich dann aber als kurzlebig erweist oder sich auf eine Handvoll Nutzer beschränkt (hinter verschlossenen Türen, z.B. einer Controlling-Abteilung).

sie zusätzliche Unordnung und Schaden in einem bereits von Inkohärenz geprägten Managementmodell an. Exzellente Implementierung bedeutet dagegen organisationsweiten, nachhaltigen, verhaltensbeeinflussenden Einsatz von Tools und Techniken, der bestehende „Interne Modelle" (Selbstbild und Weltbild der Organisation und seiner Mitglieder) und das existierende Steuerungssystem berücksichtigt.

Interne Modelle, organisatorische Regeln und Führungsinstrumente sind die Bausteine der *handlungsleitenden Ordnung* in jeder Organisation und müssen über einen ausreichenden „Fit" verfügen. Wird ein „unstimmiges" Element in die bestehende Ordnung – das System aus Organisationsform, Führungssystem und gelebter Kultur – eingefügt, so tendiert der Mensch dazu, mit Unsicherheit und Angst zu reagieren. Wenn kein ausreichender Fit zwischen der handlungsleitenden Ordnung und einem neuen Instrument vorliegt, sind grundsätzlich drei verschiedene Fälle denkbar:

- *Das Instrument wird an die etablierte, handlungsorientierte Ordnung angepasst.* Dies ist in der Praxis häufig zu beobachten. Balanced Scorecards etwa werden schon bei der Implementierung oder aber bei der Nutzung so geformt, dass sie zu einer in der Organisation vorherrschenden Kultur der „Weisung und Kontrolle" passen. Das Instrument wird scheinbar erfolgreich eingesetzt, seine Wirkung bleibt jedoch weit hinter den Erwartungen und dem Potential des Tools zurück.

- *Das Instrument wird nicht genutzt.* Es wird entweder vom Immunsystem der handlungsleitenden Ordnung rasch „abgestoßen" und verschwindet wieder aus dem Unternehmen. Oder es vegetiert jahrelang vor sich hin, ohne zu stören – aber auch ohne jeden nachhaltigen Einfluss auf die Unternehmensführung. Auch dieser Fall lässt sich häufig im Zusammenhang mit neuen Managementinstrumenten beobachten.

- *Nicht das Instrument, sondern die handlungsleitende Ordnung wird verändert.* Hier wird ein grundlegender Veränderungsprozess im Management in Gang gesetzt. Selbst- und Weltbild der Mitglieder der Organisation und organisatorische Regeln ändern sich.

Der letztgenannte Weg ist am schwierigsten erreichbar: Die Veränderung kann weder angeordnet noch mit roher Gewalt eingepflanzt werden. Interne Modelle sind träge und nicht ohne weiteres zielgerichtet veränderbar oder „manipulierbar". Zugleich sind Menschen nur sehr eingeschränkt dazu in der Lage, bereits in bestimmter Weise eingesetzte Instrumente „umzuwidmen", also ihre mit diesem Instrument verbundene Erwartungshaltung zu ändern.

Dieses psychologische Phänomen wird als „funktionale Fixation" bezeichnet. Diese Beharrung gilt z.B. in hohem Maße für die Budgetierung und allgemein für das Verhaltensmodell von Organisationsmitgliedern in fixierten Leistungsverträgen. Wer über viele Jahre hinweg mit dem starren Überwachungsinstrument Budget gelebt hat, wird sich schwer tun, Budgets von einem Tag auf den anderen mit unternehmerischen Entscheidungen und Lernprozessen zu assoziieren und das Instrument entsprechend „besser" zu nutzen.[14]

Wer also eine zielgerichtete Veränderung der Organisation als Ganzes anstrebt, der darf die Einführung neuer Instrumente oder die Umgestaltung von Prozessen und Tools nicht losgelöst vom existierenden Management-Modell betrachten. Organisatorische Prinzipien, die internen Modelle der Organisationsmitglieder und Führungsinstrumente müssen – im Sinne eines integrierten, dynamischen Systems – aufeinander abgestimmt sein. Beyond Budgeting versucht, diesen Anspruch eines „kohärenten Managementmodells" zu erfüllen, indem es Gestaltungsvorschläge für flexible Steuerungsprozesse mit einem Set von Organisations- und Führungsprinzipien verbindet. Insofern ist Beyond Budgeting ein Management-, und kein Instrumenten-, Datenverarbeitungs- oder Controlling-Thema.

Was bedeutet „Managementmodell" eigentlich?

Häufig werden Instrumente, Tools und Konzepte (Beispiel: Porter's 5-Kräfte-Konzept, SWOT-Analysen oder Portfolio-Darstellungen) als „Management-Modelle" bezeichnet. Auch Budgetierung, Balanced Scorecards, Wertmanagement usw. sind bei dieser Begriffsverwendung „Modelle". Im Zusammenhang mit Beyond Budgeting soll unter einem Managementmodell etwas anderes verstanden werden, nämlich das Steuerungsmodell der Organisation als organisches Ganzes und Gesamtgewebe der Prinzipien, Tools, Prozesse und Praktiken.

- *Tools* sind die Grundlage von Prozessen, wenn sie sinnvoll eingesetzt und verwendet werden.
- *Prozesse* sind Entscheidungs- und Handlungs-Rahmen.
- *Gelebtes Handeln* ist Organisationskultur.

---

[14] Dies ist ein wichtiges Argument gegen die im Ausdruck „Better Budgeting" implizierte Hoffnung, man könne die Budgetierung nachhaltig „verbessern".

In den meisten Unternehmen und Not-for-Profit-Organisationen herrscht heutzutage de facto ein Klima der Unruhe. Manager wissen, dass ihre Organisationen nicht weitermachen können wie bisher und sich wandeln müssen. Dazu werden einzelne, meist aber Dutzende von Initiativen angeschoben, intern oder mit Hilfe von Beratern. An Instrumenten und Tools mangelt es selten, wohl aber an einer Kohärenz des Gesamtmodells der Steuerung.

Das Managementmodell ist nicht nur der Instrumentekasten der Organisation, sondern ein gutes Stück mehr. Nämlich gelebte Praxis. Wenn von der Kohärenz des Managementmodells die Rede ist, bedeutet dies ein Gesamtsystem der Unternehmenssteuerung, das nicht nur auf konsistenten Prinzipien, Instrumenten und Prozessen beruht, sondern das tagtäglich gelebt wird und funktioniert. Im Übrigen ist das Managementmodell nie vollständig, sondern ständig in Entwicklung begriffen. Wandlungsinitiativen sind Ausdruck des Bestrebens, das Modell zu verändern und zu einem dynamischen, flexiblen und zunehmend dezentralen Steuerungsmodell weiterzuentwickeln. Die Fallbeispiele für Beyond Budgeting zeigen, dass diejenigen Organisationen, die ein in jeder Hinsicht konsistentes Modell der Steuerung entwickelten, die beste Leistung im Vergleich zum Wettbewerb erbringen. In diesem Zusammenhang sind Prinzipien, Tools und Prozesse im Beyond-Budgeting-Modell die Hebel für Organisationsentwicklung und kulturellen Wandel.

Das Managementmodell sollte unser Leben und Arbeiten *einfacher* und nicht komplizierter machen. Wenn wir unsere Organisationen und uns selbst vereinnahmt sehen von Management-technologischen Problemen, Fehlern und ständigen „Feuerwehr-Einsätzen" – kurz: einer überwältigenden Innenorientierung bei intern gebundenen Ressourcen –, dann sollten wir die Veränderung des gesamten Systems erwägen, um eine *einfachere und besser geeignete Lösung* zu finden. Wichtige Kriterien, die es dabei zu beachten gilt:

- Ist das neue Managementmodell billiger, „schlanker" und einfacher in der Anwendung?
- Ist es *relevanter* für Management, Mitarbeiter und den Unternehmenserfolg?

Die proaktive Gestaltung des Führungs- und Steuerungsmodells mit dem Ziel, es zu einem stimmigen und integrierten System zu machen („Management des Managements"), wird gegenwärtig vom Top-Management häufig leider nicht als eigenständige Führungs-Aufgabe wahrgenommen.

Das Beyond-Budgeting-Modell kann diesbezüglich eine Einstellungsänderung bewirken. Wenn wir das Managementmodell als geschlossenes System verstehen und es im Sinne eines Meta-Managements fortlaufend weiterentwickeln, praktizieren wir eine reifere und ausgewogenere Unternehmenssteuerung. Ein Beispiel: Wird die Organisation mit dem Angebot einer neuen Technik/Technologie oder einem möglichen Management-Modismus konfrontiert, dann sind folgende Fragen angebracht:

- An welcher Stelle lässt sich diese neue Technik in unserem Management-Modell einordnen?
- Ist dieser Wirkungsbereich in unserer Organisation bereits abgedeckt?
- Ist die neue Technik besser oder schlechter als die alte?

Kohärenz bedeutet Übereinstimmung und Einbindung in den Organisationskontext. Das Gegenteil ist Differenz – zwischen Zielen, Prinzipien, Handlungsweisen, Einstellungen.

Trotz aller negativen Begleiterscheinungen der Budgetierung und des festen Leistungsvertrages müssen wir immerhin eingestehen, dass Steuerung mit Plänen ein *in sich kohärentes Modell* zur Unternehmenssteuerung ist: Bei der Budgetierung handelt es sich um einen auf Machtzentralisierung und hierarchischer Abstimmung basierenden Steuerungsmechanismus mittels fixierter Leistungsverträge. Triste Realität ist aber, dass die in unterschiedlichen Praktiken und Prozessen inhärenten Grundprinzipien einander widersprechen. Dadurch verringert sich die Wirksamkeit von Steuerungsinstrumenten und Prozessen. Finanzielle Anreize für Führungskräfte werden wirkungslos (oder wirken dysfunktional), Lob und Tadel gegenüber Mitarbeitern erweisen sich als sinnlos, die Aufstellung von Budgets oder Projektplänen wird zur überflüssigen Pflichtübung – mit der Folge, dass die mühsam erarbeiteten Pläne zur „Schubladenware" geraten und andere Instrumente im täglichen Unternehmensgeschehen ähnlich selten zum Einsatz kommen. Die Folgen können milliardenschwer sein und zugleich die Betroffenen emotional stark belasten sowie Mitarbeiter zu innerer Kündigung führen.[15] Unternehmen leiden am

---

[15] Zum Problem der Kohärenz siehe Zapke-Schaür, G. (2003).

Fehlen einer konkreten Vorgehensweise, mit der die dringend nötige Kohärenz des Steuerungs- und Führungsmodells hergestellt werden kann.

Wie wir später noch sehen werden, setzt das Beyond-Budgeting-Modell an der Beobachtung an, dass es nicht ausreicht, immer neue Ideen und Methoden einzusetzen. Wir erleben heute eine Fragmentierung der Management-Toolsets und Praktiken, die dazu führt, dass wir gegenüber Innovationen und neuen Techniken zum Misstrauen neigen („Was soll ein weiteres Konzept zum strategischen Management noch bringen? Haben wir nicht schon genug ausprobiert – alles ohne durchschlagenden Erfolg?"). Management-Praxis und Forschung sind heute an einem Punkt angelangt, an dem wir über eine Vielzahl ausgezeichneter und machtvoller neuer Konzepte für die verschiedenen Problembereiche des Managements verfügen.

Zugegeben: Manche Neuerungen in der Management-Praxis sind in der Tat „alter Wein in neuen Schläuchen" Diese Tatsache sollte uns aber nicht dazu verleiten, aktuelle Konzepte zu belächeln oder zu verdammen. Vielmehr lassen die neueren Konzepte durchaus auf substanzielle Anpassungen an fundamentale Bedeutungsverschiebungen in der Praxis schließen. Beispielhaft zu nennen wäre hier die zunehmende Prozessorientierung im Management, der zunehmende Einfluss von „Humankapital" gegenüber traditionellen Produktionsfaktoren sowie der Wandel vom engen Verständnis von Kosten zur ganzheitlichen Wertschöpfungsorientierung.

Zu den Schlussfolgerungen des BBRT im Zusammenhang mit der Entwicklung des Beyond-Budgeting-Modells gehört, dass das Problem beim Einsatz von Tools und Konzepten nicht die mangelnde Qualität oder Quantität der neuen Tools ist, sondern

- der Konflikt neuer Tools, die auf neuen Grundannahmen wie Prozessorientierung und Dezentralisierung aufbauen, mit den herkömmlichen und weiterhin dominanten Tools wie Budgetierung und fixierten Leistungsvertrag;
- das Fehlen eines neuen und kohärenten Steuerungsmodells (in den meisten Organisationen).

In der überwältigenden Mehrheit der Unternehmen haben sich die Grundannahmen bislang nicht geändert. Deswegen hielt sich die Durchschlagskraft neuer Konzepte und Prinzipien bisher in Grenzen. Die Budgetsteuerung steht heute im Konflikt mit den neuen, durchaus leistungsfähigen Tools (siehe schematisch Abb. 10).

Budgetierung als zentraler Baustein von Führung und Steuerung

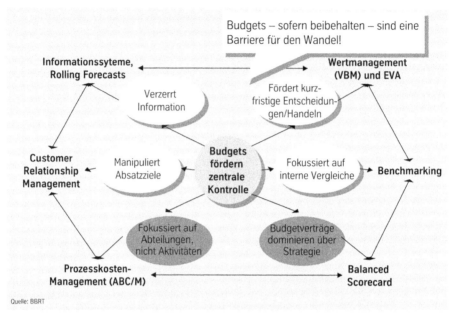

Abb. 10: Budgets und Budgetsteuerung im Konflikt mit neuen Management-Tools

Hinzuzufügen wären noch die Defizite bei der „Exekution" des Wandels (Change Management). Tools werden zwar adoptiert, doch von vornherein zur isolierten Verwendung in bestimmten Bereichen bestimmt. Zudem werden sie als Projekte statt als Programme gemanagt, mit dem Ergebnis, dass die Wirkung leicht verpufft oder hinter den hochgesteckten Erwartungen zurückbleibt. Neue Ansätze verfehlen so ihre nachhaltige Wirkung. Der Fokus des Einsatzes von Managementkonzepten sollte weniger auf „technischen Details" als auf der Ausführung liegen. Und somit auf der Fähigkeit, einen nachhaltigen Wandel, basierend auf den neuen Tools und Annahmen, zu realisieren.

Mit dem Aufkommen diverser Managementtechniken wie Zero-based Budgeting, Activity-based Management, Balanced Scorecards u.a. wurde immer wieder behauptet, es sei nun an der Zeit, die Budgetierung „zu Grabe zu tragen", oder „sie abzuschaffen". In den meisten Organisationen war dies natürlich nicht der Fall. Vielmehr existieren in der Praxis zahlreiche neue Managementtechniken – parallel zu den traditionellen rund um die Budgetierung – wobei die Budgetierung selbst wenig oder keine substanzielle Neuausrichtung erfahren hat. Was wir aus diesen Erfahrungen lernen können, ist zweierlei. Erstens: Budgetierung wird durch Einführung neuer Managementtechniken *nicht* automatisch überflüssig. Zweitens: Eine *Veränderung* der Budgetierung ist nicht gerade einfach zu bewerkstelligen. Vielmehr erwies sich die Budgetierung als der widerstandsfähigste, am tiefsten in den Organisationen verwurzelte Steuerungsprozess. Die Budgetierung wirkt durch ihre Zwangslogik innerhalb der fixierten Leistungsverträge überall dort als letztgültige Referenz, wo übergreifende Führungsprozesse und Dialoge fehlen. Sie steht aber im Widerspruch zu anderen Referenzsystemen und Prozessen, was zur Inkohärenz innerhalb des Portfolios von Management-Prozessen und Tools führt. Ownership, Identifikation und Verantwortung sind eine Folge von Kohärenz in der Organisation. Mit der Inkohärenz ist dagegen stets eine Erosion der Verantwortung verbunden.

Ein wichtiger Argumentationsstrang des Beyond Budgeting ergibt sich aus der partiellen Erfolglosigkeit des isolierten Einsatzes einzelner anderer Managementkonzepte und -tools. Ein aktuelles Beispiel hierfür ist die Balanced Scorecard. Bis heute hält sich in vielen Unternehmen und Köpfen das Missverständnis, es handle sich beim Scorecarding vorrangig um ein Kennzahlensystem. Die so entstehende Vernachlässigung des Aspektes der Verknüpfung von Strategie, Zielsetzung, Aktion und Steuerung führt zu einer chronisch unzureichenden Nutzung des Instruments. Das Management von Unternehmensperformance bleibt somit auch gut ein Jahrzehnt nach dem Aufkommen der Balanced Scorecard eine der großen Herausforderungen der Managementpraxis. Heute ist jedoch erkennbar, dass sich das Potenzial der Balanced Scorecard nicht voll entfalten kann, ohne dass andere Unternehmensprozesse, vor allem Unternehmensplanung, Vergütungssysteme und Entscheidungsfindung, neuen Paradigmen angepasst werden. In der Sensibilisierung für diese grundlegenden Widersprüche liegt eine der wesentlichen Leistungen des Beyond-Budgeting-Modells.

Am Beispiel Balanced Scorecard lässt sich ein weiteres Problem im Zusammenhang mit neuen Tools aufzeigen. Scorecards haben eine finanzielle Perspektive und unterstreichen die Bedeutung von Schlüsselindikatoren der Leistung. Dies wird von vielen Autoren und Praktikern als Zeichen dafür gewertet, dass Budgets „ein wichtiger Bestandteil eben dieser finanziellen Scorecard-Perspektive sind und sein müssen". Die gegenteilige Feststellung ist richtig: Eigenschaften von Budgets wie die chronische „Kurzsichtigkeit" und Verhandlungslastigkeit der Budgetierung auf das Scorecarding zu übertragen, ist immer schädlich für den neuen Prozess. Die Balanced Scorecard als hochmodernes Managementwerkzeug ist dazu prädestiniert, eine traditionell bedeutende Funktion der Budgetierung – die der Zielsteuerung und des Leistungsmanagements – zu übernehmen. Richtig eingesetzt, macht sie das Budget zumindest teilweise überflüssig. Den Budgetierungsprozess unverändert parallel zum Scorecarding-Prozess durchzuführen oder beide Prozesse zu verknüpfen, bedeutet einerseits, Ressourcen für einen redundanten, kostenintensiven Prozess zu verschwenden, und birgt andererseits die Gefahr, die Durchschlagskraft des Scorecarding-Prozesses zu unterwandern. Die Folge müsste also sein, gleichzeitig mit den Einsatz von Scorecards Elemente des Leistungsmanagements vollständig aus dem Budgetierungsprozess zu entfernen.[16]

Um ein neues, besseres Steuerungsmodell zu entwickeln, ist darum ein gewisses Maß an kreativer „Zerstörung" nötig. Ein neues Steuerungsmodell muss mit der Praxis der Beibehaltung überkommener Traditionen brechen und Wege aufzeigen, wie die neuen Management-Tools vorteilhafter einzusetzen sind, wenn man die Hindernisse des Wandels einreißt und auf Prozesse wie die Budgetierung verzichtet. In den meisten Organisationen wird nicht zu wenig, sondern zu viel gemanagt und administriert. Werden zu viele Instrumente genutzt (bei zu geringer Nutzungstiefe), zu viele Initiativen durchgeführt (mit zu wenig Konsequenz und Fokus), so ist dies ein Zeichen dafür, dass wir uns von manchen alten Gewohnheiten trennen müssen. Die Budgetierung und ihre Begleiterscheinung, der fixierte Leistungsvertrag, stehen im Zentrum dieser überkommenen Techniken. Weniger ist mehr!

Hinweise auf den Bedarf oder Wandlungsdruck einer Organisation zur Adoption eines neuen Steuerungsmodells gibt die folgende zur Selbstanalyse gedachte Checkliste.[17]

---

[16] Eine Ergänzung hierzu: Im Beyond-Budgeting-Modell kann natürlich ein Pro-forma-Budget bestehen bleiben – in radikal vereinfachter, rudimentärer Form und mit einer auf die jährliche Kommunikation voraussichtlicher Ergebnisse beschränkten Funktionalität. Beyond-Budgeting-Organisationen lösen sich jedoch von der Vorstellung allumfassender Zähl- und Rechenbarkeit. In diesem Sinne ist es wichtig, die vereinbarten Budgets als Richtwerte und nicht als Leistungsverträge und Zwangsjacke zu betrachten.

[17] Ein weiterführendes Instrument zur Selbstdiagnose (zum Vergleich des Managementmodells der eigenen Organisation mit dem Beyond-Budgeting-Modell) stellt der BBRT online zur Verfügung (siehe Anhang).

Checkliste: Sind wir reif für eine Revolution?

- *Ausgangssituation:* Wo steht die Organisation? (Krisensituation oder Erfolg?) Befindet sie sich an einem Wendepunkt?
- *Führungsstil und Dezentralisierungsdruck:* Will man bislang Empowerment, Delegation und Handlungsautonomie realisieren, ohne über funktionierende Tools und Praktiken zu verfügen?
- *Unternehmenskultur und Wandlungsinteresse an der Spitze:* Hat das Top-Management Interesse an einem unternehmenskulturellen Wandel? Will die Leitung langfristig außergewöhnliche Performance realisieren? Ist sie der Überzeugung, dass radikal neue Wege zu mehr Flexibilität und Handlungsfreiheit gefunden werden müssen?
- *Wandlungsdruck:* Gibt es in der Organisation für den Wandel eine Vielzahl von Initiativen, die aber weitgehend voneinander isoliert und unkoordiniert verlaufen? Fehlt es an verbindenden Elementen?
- *Wandlungsfähigkeit:* Wie wurden in der Vergangenheit moderne Management-Tools (Beispiel: Prozesskostenrechnung, Balanced Scorecard, analytische Informationssysteme) eingesetzt, um den Wandel zu verstärken? Werden sie der vorhandenen Unternehmenskultur angepasst, oder wirken sie kulturverändernd? Wer treibt den Wandel voran?
- *Instrumente-Einsatz:* Wurden diese und andere Tools (z.B. Empowerment, Projektmanagement, Qualitätsmanagement) mit nachhaltigem Erfolg eingesetzt? Welche funktionieren? Welche nicht?- Und warum? Was sind die Gründe dafür, dass der Erfolg des Einsatzes hinter den Erwartungen zurückblieb?

Abschnitt 5.1 dieses Buches gibt näheren Aufschluss zu *Fragen der Implementierung* eines neuen Steuerungsmodells.

2.2.4 Unterschiedliche Wege, eine Organisation zu steuern

Wie wir gesehen haben, sind Budgets ein traditionsreicher Steuerungsmechanismus. Allerdings einer, der mit vielen allgemein anerkannten Problemen und Fehlern behaftet ist: Budgets sind teuer, bringen wenig oder gar nichts, und verleiten zu schädlichem Verhalten. Insgesamt ist die Budgetierung als

Steuerungsprozess heute hoffnungslos mit einer Vielzahl widersprüchlicher Aufgaben und Funktionen überfrachtet (z.B Prognose *und* Zielsetzung – bei genauerem Hinsehen wird der Konflikt deutlich!). Das Prinzip „Budgetierung" setzt zudem als Steuerungsprinzip und Prozess die Dominanz zentraler Kontrolle voraus. Bei allen heute allgegenwärtigen marktlichen, gesellschaftlichen und ökonomischen Anforderungen reicht zentraler Dirigismus, wenngleich mit partizipativen Elementen verschönt, in Organisationen nicht mehr aus. Budgetierung verkörpert insofern eine inzwischen zumindest theoretisch überkommene Kommando-und-Kontroll-Kultur, für die lange Zeit keine praktikable Alternative vorlag.

Das Problem der Budgetsteuerung beginnt bei den zusätzlichen Ansprüchen an die Budgetierung. Seit mehreren Jahrzehnten sollen Budgets nämlich nicht nur zentrale Anweisungen und Handlungsprogramme verkörpern, sondern auch motivierende Leistungsvorgaben (Ziele), Strategien zur anschließenden Umsetzung usw. In der Theorie hört sich das auch ganz einfach an. Ziele, Strategien, Budgets und Aktionsplanung sind bei genauerer Betrachtung allerdings ganz *unterschiedliche Phänomene* und scheinen nicht so gut zusammenzupassen, wie es die Fachliteratur behauptet. Noch wahrscheinlicher ist, dass die postulierten Verbindungen zwischen diesen Teilaspekten der Steuerung gar nicht existieren: Strategien haben nichts mit den im Budget enthalten organisationalen Hierarchien zu tun. Sie lassen sich auch nicht aufteilen oder zusammenfügen, wie das bei Budgets der Fall ist. Aktion und Maßnahmen sind im Grunde ad hoc und haben nichts mit der statischen Programmierung in Budgets zu tun. Ziele und Strategie scheinen nicht immer in einem so einfachen Einklang zu stehen, wie wir dies lange Zeit annahmen – darauf deuten schon die keineswegs geradlinigen und trivialen Vorschläge zum Strategie-Mapping im Konzept des Scorecarding hin.

Unternehmen stellen häufig fest, dass sie bei der Strategieumsetzung scheitern, weil ihre Anreizsysteme zur Messung und Belohnung von Leistung in einer Weise gestaltet sind, die strategisches Denken, strategiebezogene Planung und Aktion ignorieren oder sogar frustrieren. Anreizsysteme belohnen fast ausschließlich jene Verhaltensweisen, die auf die Erreichung einfach messbarer, kurzfristiger und operativer Ziele aus sind. Die Ausrichtung der Anreizgestaltung auf strategische Aspekte wird zwar vielfach gefordert, aber nur in den seltensten Fällen praktiziert. Die schlüssige Verbindung von Strategie, Zielen, Leistungsanreizen, Plänen und Handeln anhand von Budgets wird für immer Wunschdenken bleiben.

Das gängige Modell der Budgetsteuerung ist – trotz all seiner Mängel – zunächst kohärent. Es repräsentiert ein hierarchisches und zentralistisches Steuerungs- und Koordinationsprinzip durch Pläne oder – wie der Beyond Budgeting Round Table etwas präziser formuliert – durch „fixierte Leistungsverträge". Diese Kohärenz und Selbstverstärkung kann als eigentlicher Grund dafür gewertet werden, dass Budgetierung als Steuerungsmechanismus heute noch in fast allen Organisationen allgegenwärtig ist. Wenn der Übergang von der herkömmlichen Budgetsteuerung zu einer Steuerung ohne Pläne erfolgen soll, muss dafür gesorgt werden, dass an die Stelle der Pläne bzw. Budgetierung ein anderes, abgestimmtes und effizienter funktionierendes Managementmodell tritt.

Wie sieht nun ein geeignetes Steuerungsmodell für die Organisation des 21. Jahrhunderts aus? Einer differenzierten Argumentation folgend kann gesagt werden, dass sich unterschiedlichen Graden von *Umfelddynamik und Komplexität der Geschäftstätigkeit* ausgesetzte Organisationen unterschiedlicher Planungs- und Steuerungsmodelle bedienen sollten. Komplexität wird dabei als „Vielfalt externer Einflussfaktoren" definiert, während Dynamik die „Häufigkeit von Änderungen der Faktoren" bezeichnet. Die Berücksichtigung von Dynamik und Komplexität einer spezifischen Organisation kann Aufschlüsse geben, welche Art von Steuerungsprinzipien im Einzelfall angemessen oder notwendig sind.

Abb. 11 macht deutlich, wie in einem Umfeld zunehmender Instabilität technokratische Lenkungsinstrumente – zu denen die direkte Weisung, aber auch die traditionellen, auf den Zahlen des Rechnungswesens beruhenden Planungs- und Kontrollsysteme gehören – um besser ausgewogene, vielfältigere, marktliche und auf internem Unternehmertum beruhende Koordinationssysteme zu ergänzen bzw. zu ersetzen sind. Budgetierung und Pläne erscheinen in diesem Zusammenhang als *geeignetes oder zumindest ausreichendes* Steuerungs- und Koordinationsprinzip in eher stabilen Umfeldern, z.B. reifen Märkten und Geschäftsfeldern mit geringer Wahrscheinlichkeit radikaler Umfeldänderungen. Doch welches Unternehmen kann noch behaupten, sich in einer derartig komfortablen Situation zu befinden? Und sind nicht auch in weniger dynamischen und komplexen Umfeldern flexiblere, relevantere Steuerungsprinzipien vorzuziehen, wenn diese bessere Leistung und nachhaltig größeren Unternehmenserfolg versprechen?

Budgetierung als zentraler Baustein von Führung und Steuerung

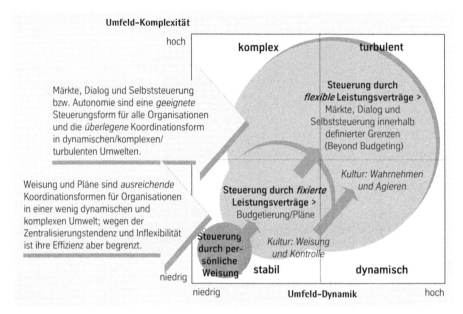

Abb. 11: Grundlegende Formen der Steuerung von Organisationen – und ihre Eignung in verschiedenen Umfeldern

Steuerung durch Pläne und fixierte Leistungsverträge negiert die Dynamik und Komplexität des Unternehmens und seiner Umwelt, wie wir sie heute in fast allen Branchen vorfinden. Marktliche, selbst steuernde Koordination ist hingegen geeignet, Umfeld und Innenwelt der Organisation zu berücksichtigen. Eine so koordinierte Organisation *erkennt die Grenzen der Planung bewusst an*. Der Charakter von Planung und Kontrolle ändert sich entsprechend, weil Vertrauen auf die Mündigkeit und Fähigkeit der Organisationsmitglieder, spontan sich bietende Chancen und Möglichkeiten zu erkennen und umzusetzen, an die Stelle von Überplanung und misstrauensbasierter Kontrolle treten.

Der Unterschied zwischen Befehl und Auftrag

Es gibt eine interessante Parallele zwischen Weisung und Auftrag in der Management-Praxis und dem Unterschied zwischen „Befehlstaktik" und „Auftragstaktik" bei der militärischen Führung: Die Preußen marschierten seinerzeit im geschlossenen Glied gegen den Feind, indem sie einzelnen „Befehlen" Folge leisteten. Nach den Niederlagen in Jena und Austerlitz änderte sich das. Nun erhielten die Chefs und Kommandeure allgemeine „Aufträge" der Art: „die Höhe 365 besetzen" oder „den Feldzug in Rumänien gewinnen". Spätestens seit dem 1. Weltkrieg wurden in der deutschen Armee *Aufträge* statt *Weisungen* ausgeführt. Die US-Army kannte hingegen bis in jüngster Zeit nur die Befehlstaktik. Riss die Befehlskette ab, stand die Truppe „in der Gegend herum" und wusste nicht recht, was sie unternehmen sollte. Erst seit neuestem sind auch US-Soldaten, die unter massivem Einsatz von Spitzentechnologie kontinuierlich Zugang zu aktuellen Informationen haben, ermächtigt, „im Interesse des Kommandeurs" selbstständig zu entscheiden.

Viele Unternehmen legen im Laufe ihrer Existenz einen Entwicklungsweg der folgenden Art zurück: Während Eigentümer und Geschäftsführer die Organisation anfangs mittels Weisung, direkter Führung und Einflussnahme in allen Details steuern können, gehen sie später zu formaleren Steuerungsvarianten durch Pläne über. Auf dem Weg von der Steuerung durch direkte Weisung zur Steuerung durch Pläne entwickeln Organisationen zunehmende Komplexität und bürokratische Strukturen. Viele Organisationen haben inzwischen äußerst komplexe Systeme und Strukturen geschaffen, stellen jedoch fest, dass sich Probleme nicht mit noch mehr Komplexität und *noch mehr Management* lösen lassen. Ab einem bestimmten Punkt verhindert Komplexität Leistung anstatt sie zu verbessern. Höhere Produktivität erfordert nun *weniger* Management, doch *mehr* Führung und Empowerment. Der Schritt hin zu einem dezentralisierten Steuerungsmodell „Beyond Budgeting" ist entsprechend mit einer radikalen Vereinfachung und Debürokratisierung von Organisationen verbunden. Beyond Budging entspricht insofern dem Grundgedanken des Wirtschafts-Nobelpreisträgers von 1993, Douglass North, wonach die allokative Steuerung von Ressourcen, wie sie in Form von Plänen praktiziert wird, bis zu einem gewissen Punkt durchaus effizient ist. Langfristig stellt die Abkehr von allokativer Steuerung hin zu *adaptiver Effi-*

zienz (flexibler und anpassungsfähiger Steuerung) jedoch den Schlüssel zu nachhaltigem Wachstum dar, um dauerhaft im Wettbewerb zu bestehen.

Das dritte Steuerungsmodell – basierend auf Marktkräften, Management-Dialog und Selbst-Regulierung – war für die meisten Organisationen bislang eine utopische Wunschvorstellung.[18] Seit jeher zirkulieren diesbezüglich viele hehre Gedanken und Ideen, doch gibt es kein konsistentes Managementmodell oder eine auf breiter Front anwendbare Theorie zur Operationalisierung einer solchen Steuerung. Nur in Organisationen mit extrem ausgeprägter Unternehmenskultur schien es möglich und denkbar, derart „luftige" Steuerungsmechanismen langfristig zu realisieren. Beispiele für solche Paradiesvögel finden sich unter den Beyond Budgeting-Fallbeispielen. Aldi ist eine Firma, die stets ohne Budgets auskam, weil sie sich auf in jeder Hinsicht flexible Steuerungsprozesse und eine ausgeprägt starke Leitkultur stützen konnte. Auch Beyond-Budgeting-Vorreiter wie Svenska Handelsbanken und Ikea schienen bis vor kurzem zu diesen Außenseitern zu zählen.

Die folgende Tabelle zeigt die unterschiedlichen Werte und Prämissen traditioneller Steuerung mit Plänen sowie eines Steuerungsmodells, das sich marktlicher Mechanismen, dialogischer Führung und Selbstregulierung bedient.

---

[18] In einer Abb. 11 ähnlichen Darstellung aus der Controlling-Forschung der 80er Jahre erscheint die „Koordination durch Märkte und Selbstregulierung" als bescheidenes Kästchen am oberen rechten Rand der Matrix. Der Grund: Es schien kaum denkbar, dass sich Organisationen auf breiter Front vom planungsbasierten Steuerungssystem verabschieden könnten. Beyond Budgeting verspricht nun ein konkretes, aber nicht pauschalierendes Modell für alle Arten von Organisationen zu bieten.

	Steuerung durch Pläne (Budgetsteuerung)	Steuerung durch Märkte, Dialog und Selbstregulierung (Beyond Budgeting)
Bild der Zukunft und Umwelt	vorhersehbar, statisch	dynamisch, komplex
Leistungsvertrag	fixiert	flexibel
Koordination durch	Pläne	interne Märkte und Wettbewerb
Kontrollform	Top-down, Genehmigung	Multi-Ebenen-Kontrolle, Kontrolle im Nachhinein
dominierender Ziel-Horizont	kurzfristig	mittel- bis langfristig
Menschenbild	„Mitarbeiter sind Mangelwesen"	Mitarbeiter sind Träger von Talent und Potenzial
Vertrauen	Prämisse: Misstrauen	Selbstregulierung innerhalb definierter Grenzen
Verantwortung/ Entscheidung	zentralisiert	dezentralisiert
Rolle von Top-Linienmanagern, Controlling	Kontrolleure: sagen, wie's gemacht wird, und überwachen	Supporter/Berater/Coach: unterstützen, fordern heraus, stellen infrage, coachen

Abb. 12: Steuerung durch Pläne und durch Märkte/Dialog/Selbstregulierung im Vergleich

3 Beyond Budgeting und Better Budgeting – Alternative Wege zu überlegener Performance?

Diejenigen Organisationen, die die Rolle der Budgetierung in ihrem Steuerungsmodell in den vergangenen Jahrzehnten ernsthaft hinterfragt haben, neigten dazu, einen von zwei kontrastierenden Ansätzen zu verfolgen, die als *Beyond Budgeting* und als *Better Budgeting* charakterisiert werden können. Es gibt entsprechend zwei Arten, das „Problem Budgetierung" anzugehen. Zum einen durch die Frage nach der Effektivität der Budgetierung („Ist die Budgetierung ein geeignetes Tool für unser Streben nach *guter Unternehmenssteuerung?*"), und zum anderen durch die Frage nach der Effizienz des Prozesses („Wird die Budgetsteuerung richtig eingesetzt und wie könnte sie verbessert werden? Welches könnten Formen besserer Budgetierung sein?"). Beyond Budgeting hinterfragt die Angemessenheit der Budgetierung für die Unternehmenssteuerung grundsätzlich, während die im darauf folgenden Abschnitt eingehender dargestellten Konzepte eines Better Budgeting sich mit der zweiten Gestaltungsfrage beschäftigen.

3.1 Das Beyond-Budgeting-Modell fundiert: Von der Kritik am Status quo zur Vision

3.1.1 Ursprung und konzeptionelle Grundlagen des Beyond-Budgeting-Modells

Als Antwort auf den Ruf der Praxis nach einem alternativen Modell zur Unternehmenssteuerung unter Verzicht auf Budgets wurde 1998 vom „Consortium for Advanced Manufacturing International" (CAM-I) eine Initiative namens „Beyond Budgeting Round Table" (BBRT) gegründet. Der BBRT sollte durch kollaborative Forschung und gemeinsames Lernen der Mitgliedsunternehmen Möglichkeiten aufzeigen, wie ein solches, neuartiges Steuerungsmodell aussehen könnte. Es handelt sich beim BBRT um eine mitgliederfinanzierte – inzwischen von CAM-I unabhängige – Organisation zur Erforschung und Entwicklung der Unternehmenssteuerung "jenseits der Budgetierung".[19]

---

[19] Der BBRT ist eine „Open Source"-Initiative und eine Not-for-Profit-Organisation. Näheres zur Arbeit des BBRT findet sich auf den BBRT-Websites www.bbrt.org und www.beyondbudgeting.org.

Peter Bunce vom BBRT erzählt zur Gründung des BBRT in einem Interview: „1993 nahm CAM-I ein Projekt namens ‚Advanced Budgeting' in Angriff – damals ohne Kenntnis existierender, ohne Budgetierung arbeitender Unternehmen z.B. in Schweden. Weil man sich bei CAM-I zu jener Zeit stark mit der Weiterentwicklung des Prozesskostenmanagement (Activity-based Management) beschäftigte, wurde begonnen, von den Aktivitäts-basierten Techniken ausgehend alternative Wege der Unternehmenssteuerung zu untersuchen. Am Ende dieser Bemühungen stand jedoch die Einsicht, dass ein ‚Better Budgeting' nie die Lösung dieses Gesamtproblems sein könnte. Die CAM-I Mitglieder schlussfolgerten, dass Unternehmen einen ganzheitlichen Ansatz verfolgen und versuchen sollten, ihre Performance-Management-Systeme insgesamt zu verbessern." Das Projekt kam dann für eine Weile zum Stillstand, wurde aber mit dem Bekanntwerden des, so Peter Bunce, „schwedischen Phänomens" – gemeint ist der seit den 70er Jahren erfolgreich ohne Budgets operierende Finanzdienstleister Svenska Handelsbanken – mit neuer Aufgabenstellung wiederbelebt.

Das Beyond-Budgeting-Modell hat seinen Ursprung in Fallstudien anfangs ausschließlich skandinavischer und europäischer, danach zunehmend auch aus den USA und anderen Ländern stammender Unternehmen. Heute liegen über 20 Fallstudien von Organisationen vor, die ganz oder weitgehend ohne Budgets arbeiten. In den Entwicklungsprozess des Modells flossen Interviews, Gruppendiskussionen aus den Mitgliedertreffen, Praktikerberichte, Studien und Erhebungen des BBRT mit ein. Seit 1998 haben sich mehr als 70, überwiegend mittlere bis große Unternehmen, Not-for-Profit- und öffentliche Organisationen an der Arbeit des BBRT beteiligt. Seit 2003 operiert der BBRT als von CAM-I selbstständiges Netzwerk, Schwester-BBRTs in den USA und für Australasien operieren, und ein „Runder Tisch" für den deutschsprachigen Raum befindet sich im Gründungsstadium.

Der von den Mitgliedern des BBRT und seinen Forschungsleitern Hope, Fraser und Bunce vorgestellte Ansatz kann als überraschend radikal und in seinem Anspruch durchaus „revolutionär" gewertet werden. Als noch junger Managementansatz stößt er naturgemäß in der Diskussion unter Praktikern und auch Wissenschaftlern auf Unverständnis, Ungläubigkeit, aber auch Überraschung und zunehmende Anerkennung. Besonders für CFOs und Controller könnte sich Beyond Budgeting als eines der spannendsten und einflussreichsten Themen dieses Jahrzehnts erweisen, wird hier doch die Praxis allgemein üblicher Controlling-Prozesse fundamental infrage gestellt und implizit ein neues Steuerungs- und Controlling-„Paradigma" vorgeschlagen.

Die Modellentwicklung durch den BBRT ging in kleinen Schritten vonstatten. Anfangs wurde versucht, die Budgetierung in irgendeiner Form zu „ersetzen" – am Ende stand dann die Entwicklung einer fundamental neuen, auf Flexibilität und radikale Dezentralisierung abzielenden ganzheitlichen Steuerungsmethodik. Ausgangspunkt der Kritik des BBRT war damit die Unzulänglichkeit des Budget-basierten Steuerungssystems, das Modell ging dann aber über die ursprüngliche Idee zur Erarbeitung alternativer Budgetsteuerung hinaus. Diese langsame Wandlung des Forschungsansatzes des BBRT lässt sich auch gut am Charakter der Veröffentlichungen des BBRT seit Ende der 90er Jahre ablesen. Die von Jeremy Hope und Robin Fraser von 1997 an veröffentlichten Artikel zum Thema Beyond Budgeting weisen anfangs noch deutliche Spuren der New-Economy-Rhetorik aus Hopes vorangegangenen Buchveröffentlichungen „Transforming the Bottom Line" und „Competing in the Third Wave"[20] auf, wenden sich dann aber immer stärker den Grundlagen eines universell einsetzbaren Modells der budgetlosen Unternehmenssteuerung zu. Zugleich führte der konstante Erkenntniszuwachs des BBRT durch immer neue Fallbeispiele und konzeptionellen Input zur kontinuierlichen Konkretisierung der Gestaltungsvorschläge und zur Verfeinerung der dem neuen Steuerungsmodell augenscheinlich zugrunde liegenden Prinzipien. Ab Anfang 2003 wurde das Beyond-Budgeting-Modell aufgrund der Veröffentlichungen des Artikels „Who needs Budgets" in der Zeitschrift Harvard Business Review und durch die nachfolgende – wesentliche Ergebnisse der Arbeit des BBRT zusammenfassende – Buchveröffentlichung mit dem Titel „Beyond Budgeting – Breaking free from the annual performance trap" international einem breiteren Publikum bekannt.[21]

Bei Beyond Budgeting geht es, so der BBRT, um nicht weniger als um „die Befreiung fähiger Menschen von den Ketten des Top-down-Leistungsvertrages und darum, sie dazu zu befähigen, die Wissensressourcen der Organisation zu nutzen, um auf profitable Weise Kundenzufriedenheit zu erreichen und konsistent den Wettbewerb zu übertreffen" (vgl. Hope, Fraser, 2001). Ziel des Modells ist es demnach, die Anpassungsfähigkeit von Organisationen zu steigern und das gesamte Potenzial der Mitarbeiter, des intellektuellen Kapitals

---

[20] Beide Bücher sind in gemeinsamer Autorenschaft mit Tony Hope entstanden (Hope, Hope, 1996 und 1997).

[21] Beide Veröffentlichungen liegen auch als deutsche Übersetzungen vor. Siehe Hope/Fraser 2003a und Hope/Fraser 2003b.

und der Unternehmensprozesse nutzbar zu machen. Ein Ambiente in der Organisation, das den unternehmerischen Instinkt der Mitarbeiter weckt und ihn in Richtung auf unternehmerische Ziele lenkt, anstatt auf interne kurzfristige und fixierte Leistungsverträge, ist eher dazu geeignet, mit Diskontinuitäten fertig zu werden, als Detailplanung und Überkontrolle, die Selbstinitiative und unternehmerischen Geist unterdrücken.

Relative Leistungsverträge ...

... beruhen auf der Annahme, dass es unklug ist, Manager und Teams zu einem vorab fixierten Ziel zu verpflichten und anschließend ihre Handlungen und Maßnahmen gegenüber diesen Zielen zu kontrollieren. Die implizite Abmachung zwischen Unternehmensleitung, Managern und Mitarbeitern im relativen Leistungsvertrag lautet, dass es Aufgabe der Leitung ist, ein herausforderndes und offenes Handlungsklima zu schaffen, in dem sich Mitarbeiter zur Erarbeitung kontinuierlicher Leistungsverbesserungen verpflichten. Manager und Mitarbeiter haben dabei *ihrem Wissen und eigener Urteilskraft zu folgen*, um sich veränderlichen Bedingungen und Umfeldern anzupassen.

Dieser Leistungsvertrag beruht auf *gegenseitigem Vertrauen*. Größere Transparenz und höhere Erwartungsniveaus an Teams und Manager (relativ zu Wettbewerb oder ihresgleichen) stellen aber konstante Herausforderungen – die erfüllt werden müssen oder zu ebenfalls transparenten negativen Konsequenzen führen. Hohe Niveaus von Vertrauen *und* Verantwortung entsprechen sich in dieser neuen Form des Leistungsvertrags. Leistungsverantwortung wird schrittweise vom Zentrum der Organisation auf dezentrale Entscheider und Teams übertragen. Dies bedeutet einen Wandel im Führungsprozess und zugleich einen kulturellen Wandel.[22]

In der herkömmlichen Denkweise der Budgetsteuerung findet die Vereinbarung von Zielen, Belohnungen und Mitteln zur Zielerreichung als Verhandlungsprozess zwischen Managern und Mitarbeitern statt. Der Gesamtkomplex der Vereinbarungen stellt den fixierten Leistungsvertrag dar. Dieses Verfahren soll Mitarbeiter dazu motivieren, die vereinbarten Ziele zu verfolgen, und gleichzeitig die Interessen von Mitarbeitern und Management angleichen.

---

[22] In Anlehnung an Fraser/Hope (2003b), S. 26–28.

Schlechte Implementierung, aber auch vielfältige Verhaltenswirkungen machen die nützlichen Elemente dieses Prozesses zunichte. Der Prozess der Leistungsvereinbarung wird in der praktischen Durchführung zunehmend bürokratisiert und von der Linie (dem Verhältnis Vorgesetzte-Mitarbeiter/Teams) abgetrennt. Linienmanager versuchen zugleich nicht ohne Grund, sich der mit dem Prozess untrennbar verbundenen Bürokratie zu entziehen. Der Prozess von Planung und Kontrolle wird zur Pflichtübung von Zentralabteilungen und Controllern. Raffinierte Techniken der Leistungsbewertung und Vergütung vertiefen nur noch diese Problematik.

Der gleiche Mechanismus macht sich regelmäßig in Verbesserungsinitiativen und der Verwendung anderer Tools wie Prozessmanagement, Total Quality Management, Six Sigma und anderen bemerkbar. Die Gewohnheit, fixierte Leistungsverträge zu definieren (feste Leistungsziele zu definieren und entsprechend des Zielerreichungsgrades zu belohnen), schleicht sich nur allzu leicht auch als Routine in Balanced Scorecarding und Wertmanagementprozesse ein. Statt *Prozesse und Ergebnisse* zu steuern und durch konstantes Engagement höhere Leistungsmaßstäbe einzufordern und mitzutragen, ist es für Manager und die Bürokratie der Organisation einfacher, numerische Ziele sowie entsprechende Vergütungen vorab zu definieren und dann lediglich die Verantwortung für Durchführung oder Umsetzung von Maßnahmen/Plänen zu delegieren. Die fundamentalen Unterschiede zwischen den beiden Formen interner Leistungsverträge – fixierten oder flexiblen – sind in Abb. 13 erkennbar.

In der Budgetsteuerung finden interorganisationale Abstimmung und Koordination durch vereinbarte, fixierte Leistungsverträge statt. Diese Koordination ist aber mit dem Entzug von Mitarbeiterverantwortung verbunden. Jeder Mitarbeiter verfolgt nach der Vereinbarung des Leistungsvertrag seine Ziele, ohne kontinuierliche Abstimmung mit den Aktivitäten anderer. Wenn sich das Umfeld ändert, können Mitarbeiter zudem so weitermachen wie bisher, bis jemand „von oben" etwas anders verlautbart. Relative Leistungsverträge (Ziele) dagegen ermöglichen und erzwingen förmlich *Empowerment*. Sie machen Mitarbeiter unabhängig von der Weitsicht des Managements oder von dessen Fähigkeit, die Notwendigkeit einer Verhaltensänderung zu erkennen, Planrevisionen einzuleiten und ggf. neue, konsistente Ziele allen Mitarbeitern zu kommunizieren. Dezentrale Verantwortung für Ergebnis, Abstimmung und Zielverfolgung ist mit relativen Leistungsverträgen tägliche Realität. Die Leistungsverantwortung verbleibt auch bei Umfeldänderungen vollkommen in der Hand von Mitarbeitern und Linienmanagern.

Das Beyond-Budgeting-Modell fundiert: Von der Kritik am Status quo zur Vision

Abb. 13: Steuerungsprozess mit fixiertem und relativem Leistungsvertrag im Vergleich

Ein einfaches Beispiel für Steuerung ohne Budgets sowie die Unterschiede zwischen dem alten und dem neuen Leistungsvertrag: Stellen wir uns eine Situation vor, in der es um die Anschaffung von Hardware für den administrativen Bereich eines Unternehmens geht. Wie findet eine solche Abteilung heraus, wie viel Geld sie für IT-Investitionen ausgeben kann? Wie verhindert umgekehrt die Unternehmensleitung, dass eine Abteilung ihren Mitarbeitern überflüssige Notebooks spendiert? Stellen wir uns dieses Investitions-Problem *mit* Budgets vor. Da zerfällt der Prozess in 2 Teile: (1) die Abteilung tut *alles*, um die Investition zum Budget-Zeitpunkt ins Budget „einzustellen". Zu den Techniken, um dies zu erreichen zählen: Verhandlung, Überzeugung, Manipulation, usw. (2) Zum Zeitpunkt des Kaufs wird einfach das Budget einfach „ausgeschöpft", „benutzt" usw. (sofern nicht zwischendurch eine pauschale Budgetkürzung oder Ähnliches stattgefunden hat). Die Folge: Das einmal ausgehandelte Budget wird Referenz und Maßstab des Handelns über das ganze Geschäftsjahr hinweg, nicht der *Bedarf!* Fragen wir nun: Gewährleistet ein solcher Prozess, dass die Abteilung hinterfragt, was und wie viel sie *wirklich* anschaffen sollte (im Dienste von Leistung und Wertschöpfung) und dass keine überflüssigen Notebooks angeschafft werden? Die Antwort muss lauten: Keineswegs!

87

Nun das gleiche Beispiel im Management *ohne Budgets*. Es wird *kein* Budget für IT-Investitionen aufgestellt. Es gibt *keine* feste Vorgabe für diese Art von Anschaffung. Der Prozess besteht nun aus einem einzigen Schritt: Erkennt der Abteilungsleiter/das Team einen Bedarf, muss er (A) für sich analysieren, ob die Investition (hinreichenden) Mehrwert schafft und (B) ob diese mit den Zielen der Abteilung in Einklang steht. Denn die Abteilung hat – ohne Budgets – natürlich andere, straffe Vorgaben in Form z.B. besser ausgewogener Leistungsindikatoren (mittels Scorecard). Diese Indikatoren zeigen an, welche finanziellen und nicht-finanziellen Ziele die Abteilung mittel- und langfristig verfolgen muss. Eine besondere Rolle spielen im Zusammenhang mit Investitionen die Indikatoren der Kosteneffizienz der Abteilungs-Prozesse (z.B. Prozesskosten oder Kosten/Umsatz-Ratios). Manager und Team werden sich überlegen, inwieweit ein Investment die monatlich gemessene Kosteneffizienz beeinträchtigt – oder verbessert. Es sind diese Art von Erwägungen, die gelebte Ergebnisverantwortung ermöglichen und das Investment im angemessenen Rahmen halten werden – nicht das Budget! Management ohne Budgets ist *dezentral verantwortetes* Management. Der Abteilungsleiter wird sich ernsthaft überlegen, ob (A) und (B) die Anschaffung rechtfertigen und in welcher Höhe. Er wird dabei die Ziele seines Bereichs ganzheitlich hinterfragen, und auch seinen Vorgesetzten gegenüber Rede und Antwort bezüglich der Anschaffung stehen müssen. Die Entscheidung wird aber dezentral gefällt und verantwortet.

Das Beispiel illustriert das Prinzip eines neuen, relativen Leistungsvertrags und vermittelt eine Idee davon, dass hier auch ein neues Menschenbild und neue *Werte* angesprochen werden. Die Essenz des vom BBRT vorgeschlagenen flexiblen und dezentralisierten Managementmodells mit relativen Leistungsverträgen ist die Annahme, dass fähige und engagierte Mitarbeiter, denen Autorität und Kompetenz zugestanden werden, um eigenständig Entscheidungen in ihren jeweiligen Märkten oder Bereichen treffen zu können, (1) verantwortungsvoll handeln, (2) angemessen auf die ihnen begegnenden Chancen und Risiken reagieren und (3) unter der Berücksichtigung der wettbewerbsbezogenen Leistung konsistente Ergebnisse erbringen. Ein nach diesem Paradigma gestaltetes Management-Modell folgt durchaus „schlichten" Regeln, verglichen mit den komplexen Bürokratien, die auch heute – trotz Reengineering, Outsourcing und zaghaften Ansätzen von De-hierarchisierung – Kennzeichen der meisten großen Organisationen sind. Zugleich ist ein diesen Grundannahmen folgendes Modell kostensparender, was die Erfahrungen der vom BBRT untersuchten Beyond-Budgeting-Unternehmen bestätigen.

Relativer Leistungsvertrag und leistungsbezogene Vergütung – wie passt das zusammen?

Während Ziele im relativen Leistungsvertrag stets auf maximale Herausforderung („Stretch") gerichtet sind, geschieht die Bewertung und Belohnung hinsichtlich dessen, wie gut die Leistung *gegenüber anderen* ist. Ein Beispiel zur Veranschaulichung: Eine Geschäftseinheit hat im letzten Jahr 10 mio EUR Umsatz erwirtschaftet, bei einer Bruttomarge von 3 mio EUR und Kosten von 2 mio EUR. Der verantwortliche Manager mag sich für das gegenwärtige Geschäftsjahr nun einen signifikanten Ergebnissprung vorgenommen haben – nämlich, den Umsatz um 30% und das Ergebnis um 50% zu erhöhen. Selbst wenn das Team am Ende nur ein Umsatzwachstum von 20% und eine Ergebnisverbesserung von 30% vorweisen kann, also deutlich unter dem gesetzten Ziel liegt, können Manager und Team durchaus einen Bonus bekommen, sofern ihre Leistung besser war als ein externer Benchmark oder die durchschnittliche Wettbewerbsleistung.

Der Unterschied liegt in der Freiheit von Managern und Teams von fixierten Zielen, detaillierten Kostenbudgets und dem Mikromanagement von der Unternehmensspitze her. Manager können entsprechend der eigenen Ambition und ihrer selbst gesetzten Ziele handeln. Es geht um die *maximale Ausschöpfung des Leistungspotenzials*, nicht um das Erreichen von Budgetzielen.

Vertrauen, dialogisches Management, Leistungswettbewerb und Informationstransparenz treten an die Stelle paralysierender Überplanung und fester Leistungsverträge. Dies setzt Energien für eine entsprechende Rahmengestaltung frei, z.B. für Pflege und Entwicklung von unternehmensweitem strategischem Denken, konstante Erhöhung der Effizienz, Pflege der Kundenbeziehungen, ethisches Verhalten und „Good Governance", Unternehmenskultur, ethische Anreizsysteme und effektives Personalmanagement mit dem Ziel der Erhöhung des intellektuellen Kapitals der Organisation. Beyond Budgeting beruht auf marktlicher Koordination und Selbststeuerung (durch dezentrale Verantwortung und Autonomie), bei gleichzeitig hoher Transparenz, größerer Identifikation aller Mitarbeiter sowie hohem Involvement der Führung. Wenn dies in kohärenter Weise realisiert wird, dann liegt ein machtvolles, kohärentes Steuerungsmodell vor – eben Steuerung „jenseits der Budgetierung", siehe Abb. 14.

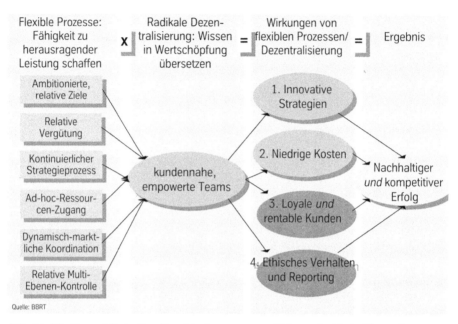

Abb. 14: Wie Beyond Budgeting die schlanke, anpassungsfähige und ethische Unternehmung ermöglicht

Die Beyond-Budgeting-Initiative ist nicht die erste Bewegung, die der Budgetierung und „traditionellen" Wegen der Unternehmenssteuerung kritisch gegenübersteht (Ansätze wie Zero-based Budgeting sind das Ergebnis vorangegangener Entwicklungsbemühungen). Bislang richtete sich die Kritik jedoch auf Probleme und Verfahren im Rahmen der Budgetierungspraxis. Bestimmte Punkte sollten dabei verbessert und manche Probleme vermieden werden. Die Aussage des BBRT ist demgegenüber eindeutig: Der zeitgenössische Wettbewerb erfordert ein neues Managementmodell und keine Verbesserung des Budgetierungsprozesses. Budgetierung und die mit ihr verbundenen Prämissen der Steuerung sind im Hinblick auf die aktuellen Anforderungen an Organisationen überflüssig und schädlich. Daher sollten wir auf sie verzichten.

In der Praxis ist es schwer, nachzuweisen, welche spezifische Änderungs-Initiative einer Organisation welchen Effekt auf die Leistung und Wettbewerbsfähigkeit hatte. Einfacher ist es oft im Nachhinein, festzustellen welche Initiativen, Erfolgsrezepte und „Lösungen" *nicht* funktioniert haben. Wir wissen heute z.B., dass ein überwiegender Teil der Unternehmenszusammenschlüsse und Akquisitionen der 90er Jahre wenig zur Wertschöpfung von Kapitalgebern beigetragen haben. Wir wissen auch, dass viele einstmals attraktive Management-Tools und Wandlungs-Konzepte heute hinter verschlossenen Türen in Organisationen ein Schattendasein führen und kaum tiefgreifend genutzt werden (bzw. ganz verschwunden sind). Die meisten haben keinen spürbaren Wandel gebracht. Einen statistisch eindeutigen Erfolgsnachweis für das Beyond Budgeting-Modell zu erbringen ist nicht einfach, doch besteht ein recht deutlicher Erfolgsindikator darin, dass die Spitzenmanager einer Reihe von Organisationen, die den Schritt zu einem flexiblen und dezentralisierten Steuerungsmodell vollzogen haben, *hartnäckig und unmissverständlich* darauf hinweisen, dass es eben diese Umstellung war, die die seitdem realisierten Leistungsverbesserungen untermauert haben.[23]

Die Haupterrungenschaft der bisherigen Arbeit des BBRT liegt wohl in der resumierenden Dokumentation des Konflikts zwischen fixierten Leistungsverträgen aus der Budgetierung und einer neuen ethischen und empowernden Steuerung – und wie dieser Konflikt durch Anwendung einer Reihe von Prinzipien behoben werden kann, die letztlich innerhalb der Organisation und nach außen hin zu einem neuen, *relativen* Leistungsvertrag führen.

3.1.2 Eigenschaften und Prinzipien der Unternehmensführung ohne Budgets

Die Unternehmen sehen sich in den letzten Jahrzehnten aufgrund sich wandelnder Märkte und zunehmend komplexer Umwelten mit neuen Herausforderungen konfrontiert, aus denen sich unmittelbar die Notwendigkeit des Managements neuer Erfolgsfaktoren ergibt, denen das Beyond-Budgeting-Modell je 6 Prinzipien zum einen für die Gestaltung adaptiver Managementprozesse und zum anderen für die Realisierung eines auf Dezentralisierung abzielenden Organisations- und Führungsparadigmas gegenübergestellt. Abb. 15 zeigt die Anforderungen aus der Unternehmensumwelt, die Erfolgsfaktoren und die Zwölf Steuerungsprinzipien des Beyond-Budgeting-Modells im Überblick.

---

[23] Zu den Beispielen von Organisationen, die mit dem flexiblen und dezentralisierten Steuerungsmodell signifikante Leistungsverbesserungen erzielten, zählen z.B. die BBRT-Fallstudien Svenska Handelsbanken, Ahlsell, Carnaud Metal Box, Groupe Bull, Fokus Bank und Leyland Trucks. Siehe vertiefend z.B. www.bbrt.org und Hope/Fraser (2003b).

Anforderungen aus dem Unternehmensumfeld	(1) Managementprozesse: hochgradig flexibel	(2) Organisation/Führung: radikal dezentralisiert
• Investoren fordern mehr Leistung • Mangel an talentierten Mitarbeitern • Wachsende Innovationsrate • Globaler Wettbewerbsdruck • Kunden können frei wählen • Höhere ethische Anforderungen • …	1. **Zielsetzung:** ambitioniert, relativ, eigenbestimmt; Schlüsselindikatoren (KPIs) als Triebfedern nachhaltigen Erfolgs 2. **Bewertung/Vergütung:** Teambasierte relative Anreize, Bewertung im Nachhinein - an Ergebnissen und Benchmarks orientiert 3. **Maßnahmenplanung:** dezentrale, kontinuierliche Strategie- und Maßnahmenplanung; ereignisgetriebene Fortschreibung 4. **Ressourcenmanagement:** direkter Zugang innerhalb vereinbarter Parameter; bedarfsgetriebener Zugriff erhöht Reaktionsfähigkeit, vermindert Verschwendung 5. **Koordination:** dynamisch, kundengetrieben, marktliche Abstimmung 6. **Leistungsmessung/-kontrolle:** relative Indikatoren; vielschichtige, vielseitige Information für dezentrale Entscheidung	1. **Selbststeuerung:** Schaffung eines am Wettbewerb orientierten Leistungsklimas, mit klaren Werten, Regeln und Grenzen 2. **Wettbewerbsorientierung:** teambezogene Anreize durch Herausforderung 3. **Ergebnisverantwortung:** "Rückgabe" der Entscheidungs- und Kundenverantwortung an marktnahe Teams; Handlungsfreiheit und -fähigkeit schaffen 4. **Organisationsform:** Netzwerk kundenorientierter Teams, die Fähigkeiten und Ressourcen dynamisch teilen 5. **Empowerment:** operativen Managern stehen Ressourcen zum selbstständigen Handeln zur Verfügung 6. **Transparenz:** offene, ethische Informationssysteme und -prozesse auf allen Ebenen
Erfolgsfaktoren • Schnellere Reaktionsfähigkeit • Talentierte Manager/Mitarbeiter • Kontinuierliche Innovation • Operationale Exzellenz • Kundenorientierung • Nachhaltig überlegene Leistung • …		

Abb. 15: Die Zwölf Gestaltungsprinzipien des Beyond-Budgeting-Modells

Den Erkenntnissen des BBRT zufolge sind für den überlegenen Erfolg eines Managementmodells ohne Budgets entsprechend die beiden folgenden Gestaltungselemente verantwortlich:

- *Flexible Managementprozesse*, die markt- und kundenorientiertes Agieren und laufende Anpassung an Umfeldbedingungen und Kundenanforderungen gestatten. Unmündigkeit und Unselbstständigkeit operativer Manager, wie sie im Budget-basierten Managementmodell implizit die Regel sind, werden durch vereinfachte, flexible Prozesse aufgehoben.

- *Radikale Dezentralisierung* („Devolution") von Entscheidungen und lokale Autonomie – Entscheidungsprozesse sollen beschleunigt, Handeln flexibilisiert und dem Unternehmen das gesamte Potenzial der Mitarbeiter erschlossen werden. Diese anspruchsvollen Prinzipien werden vom BBRT als *Devolution* bezeichnet, als „Rückgabe" von Entscheidungskompetenz an marktnah agierende Mitarbeiter. Es geht also um die Verwirklichung eines konsequent angewendeten Subsidiaritätsprinzips, d.h. die Abwendung von zentralisierten Hierarchien hin zur Delegation von Entscheidungsmacht auf die ausführenden, marktnahen Mitarbeiter in der Organisation.

Am Ende des Prozesses der Dezentralisierung sollte eine netzwerkartige, weitgehend Hierarchie-freie Organisationsform stehen.

Zwischen dem System des Leistungsmanagements mit flexiblen Steuerungsprozessen und dem Führungssystem mit maximaler Dezentralisierung besteht ein enger Zusammenhang: Beginnen Unternehmen, ihre Steuerungsprozesse an neue Herausforderungen anzupassen, muss ein entsprechendes, die Dezentralisierung von Verantwortung und Autonomie förderndes Führungsmodell folgen. Umgekehrt sind Dezentralisierung und Empowerment nicht möglich ohne die vorherige Einführung neuer, anpassungsfähiger Prozesse. Zumeist setzt die Veränderung des Steuerungsmodells daher bei den *Prozessen* an (siehe zusammenfassend Abb. 16).

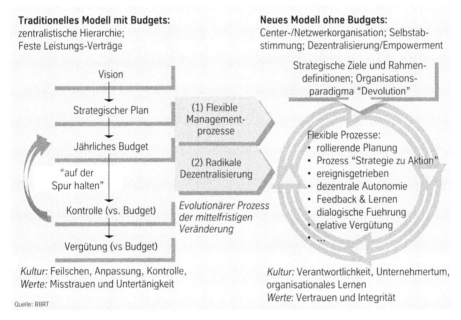

Abb. 16: Beyond Budgeting als Steuerungsmodell

Am Beginn der Umsetzung von Beyond Budgeting sollte entsprechend der Verzicht auf festgelegte Leistungsverträge stehen, wie sie im Budget geschlossen werden und die im Kern Ausdruck einer Kultur der *Weisung und Kontrolle* („command and control") sind. Budgets und Budgetierung dienen zentraler Kontrolle und stehen im Konflikt mit dem Ziel größerer lokaler Autonomie in der Entscheidungsfindung. Erforderlich ist demgegenüber ein relativer, auf Verbesserung abzielender Leistungsvertrag, mit dessen Hilfe adaptive, flexible Steuerungsprozesse implementiert werden können.[24]

Flexibilität bedeutet, Mitarbeiter nicht zur Einhaltung fixierter, höchstwahrscheinlich bereits veralteter operativer Pläne zu zwingen. Erfolg soll auf allen Ebenen der Organisation nicht als Fähigkeit zur Budgeteinhaltung oder des Erreichens der zum Jahresbeginn fixierten Ziele verstanden und gemessen werden. Erfolg ist stattdessen das Übertreffen des Wettbewerbs auf der Basis tatsächlich erbrachter Leistung. Das klingt einfach, ist jedoch ein Bruch mit der gängigen Praxis der Zielfixierung und des Plan-Ist-Vergleichs. Die Beyond-Budgeting-Organisation wird Planung zwar als wichtiges, jedoch nicht ausschließliches Steuerungsinstrument betrachten, das natürlichen Grenzen unterliegt. Statt einer Diktatur der Pläne (mittels riesiger Budget-Bücher und analytischem Overkill zentraler Bereiche) geht es um ein Primat des *zielgerichteten, selbstgesteuerten Handelns im marktlichen Umfeld*. Planungsqualität statt Quantität (im Sinne von Detailplanungen und -kontrolle) gewinnt an Bedeutung, die langfristig-strategische Komponente der Planung gewinnt an Gewicht gegenüber der operational-einengenden Kurz- und Mittelfrist-Planung in der Budgetierung.

Es geht um das, was der britische Ökonom und Philosoph Charles Handy als „Paradox" bezeichnet. Wir können die Paradoxe unserer Zeit – die Dynamik, Unsicherheit, Ambiguität und *Rätsel* der Zukunft – nicht *kontrollieren*. Management muss aber in der Lage sein, mit Paradoxen *umzugehen*. Budgets versuchen, die Paradoxe verschwinden zu lassen, ihnen zu entfliehen oder sie vollkommen „zu lösen". Dieser Versuch ist natürlich nutzlos. Beyond Budgeting heißt: Paradoxe und Komplexität zu bejahen und zu akzeptieren, um daraus für die Organisation einen *Sinn abzuleiten*. Diese Haltung hat jedoch auch negative Aspekte. In den Worten von Charles Handy: „Leben mit Paradoxen ist nicht angenehm oder einfach. Es kann so sein wie in einem dunklen Wald in einer Nacht ohne Mondschein."[25] Management muss Licht in diesen Wald bringen, ohne die Paradoxe zu verleugnen. Manager müssen als *Meister* der Paradoxe fungieren.

Beyond Budgeting ist aufgrund der konstanten Konzentration auf wettbewerbliche Leistungsmaßstäbe kein „weiches" Management. Es fordert Managern und Teams eine kontinuierlich anspruchsvolle Leistung ab und streicht

---

[24] Siehe Hope/Fraser 2000.

[25] Handy 1994, S. 11–13.

hervorragende, aber auch unterdurchschnittliche Leistung eindeutig heraus (Plan-Ist-Vergleiche leisten dies nicht!). Zugleich stellt es eine Herausforderung für die Unternehmensleitung dar. Ohne Budgets ist es nicht mehr möglich, sich einfach auf eine Zahl zu einigen und danach die Zügel schleifen zu lassen. Flexible und dezentralisierte Organisationen widmen ihre Aufmerksamkeit implizit und explizit der langfristigen Wertschöpfung. Sie formulieren hohe Leistungserwartungen und stimulieren die Ambitionen der Mitarbeiter. Der „Mechanismus" hierzu: Top-Manager geben anspruchsvolle Zielsetzungen vor, die auf einer Reihe wettbewerbsbasierter Kriterien beruhen und gestehen Managern zugleich die Freiheit und die Mittel zu, diese Ziele zu verfolgen. Diese recht einfachen Prinzipien sind dazu geeignet, nachhaltige Vorteile gegenüber der Konkurrenz zu erarbeiten.

Die folgende Abbildung stellt die 6 Gestaltungsprinzipien für relative Leistungsverträge und flexible Steuerungsprozesse den Prinzipien und Grundannahmen der traditionellen Budgetsteuerung gegenüber.

Steuerungs-Prinzip (alt/neu)	Alte Prinzipien für fixierte Leistungsverträge (Budgetierung)	Neue Prinzipien für relative Leistungsverträge (Beyond Budgeting/Flexible Prozesse)
Zielsetzung (fixiert versus relativ)	• **fixierte, finanzielle und verhandelte Ziele für das Geschäftsjahr** • Maßnahmen auf Zielerreichung gerichtet • selten auf Ergebnismaximierung aus, führen zu inkrementalen Verbesserungen	• **relative Ziele, „ausgewogene" übersichtsartige KPIs ohne Periodenbezug** • Maßnahmen auf Options-Portfolio gerichtet • maximieren kurz-/mittelfristiges Potenzial auf allen Ebenen der Organisation („Stretch") • Stretch akzeptabel: Leistung wird nicht anhand von Zielen bewertet/belohnt
Bewertung/ Vergütung (fixiert versus relativ)	• **geknüpft an fixierte, vorab vereinbarte Ziele** • Prämisse: Vergütung motiviert • resultierende Manipulation und Taktieren werden akzeptiert • führt zu Angst vor dem Scheitern	• **relativ: getrennt von fixierten, vorgegebenen Zielen** • Prämisse: Vergütung dient nicht Verhaltensbeeinflussung, sondern Erfolgsbeteiligung im Nachhinein • relativ zu Benchmarks, Peers, Vorperioden • Anreiz zu informiertem Eingehen von Risiken

Fortsetzung nächste Seite

Steuerungs-Prinzip (alt/neu)	Alte Prinzipien für fixierte Leistungsverträge (Budgetierung)	Neue Prinzipien für relative Leistungsverträge (Beyond Budgeting/Flexible Prozesse)
Maßnahmen-planung (fixiert versus kontinuier-lich)	• **fixierte Maßnahmen-pläne/-programme für das Geschäftsjahr** • Fokus auf Planerreichung • jährl. Zyklus mit Revisionen • wenig strategisch, aufwän-dig, verhandlungsintensiv, top-down-gesteuert	• **kontinuierliche/ständige Maßnahmen-planung** • regelmäßiges, ganzheitliches Hinter-fragen von Planung • Fokus auf Wertschöpfung • dezentrale Strategieverantwortung, wenige zentrale Vorgaben, zentrale Herausforderung und Support
Ressourcen-management (Allokation versus Nach-frageorientie-rung)	• **Allokation führt zur Ressourcenverteidigung** • Verhandlung vorab einmal pro Jahr • zentrale Allokationsent-scheidung	• **Nachfrage-orientiert: dezentrale Anforderung, Entscheidung, Verantwortung** • Ad-hoc-Verfügbarkeit führt zu bedarfs-gerechter Inanspruchnahme ohne „Reserven" • kurzfristiger Zugang, interne Märkte, KPI-Vorgaben
Koor-dination (zentral versus dynamisch)	• **zentrale Abstimmung durch Budget** • Ressort-Egoismus • jährliche Festlegung, inflexibel	• **dynamisch: flexible Anpassung** • interne Leistungsvereinbarungen nach Bedarf • kontinuierlich durch interne Märkte
Leistungs-messung und -kontrolle (Planabwei-chung versus relative Indikatoren)	• **Plan-Ist-Vergleiche und Kurskorrekturen** • rückwärtsgerichtet, Abweichungsanalysen • Periodenbezug: Geschäftsjahr/Quartal • Rechtfertigungskultur	• **relative Indikatoren: vorlaufende In-dikatoren, KPI-Vergleiche mit Bench-marks, interne/externe Liga-Tabellen** • auch: Trendbetrachtung gegenüber Vor-perioden und Forecasts • kein bestimmter Periodenbezug • Kultur der Leistungsverbesserung

Abb. 17: Die 6 Prinzipien für flexible Leistungsverträge im Vergleich zur traditionellen Steuerung

Die meisten Unternehmen befinden sich heute im intensiven Leistungswettbewerb – in den meisten Fällen haben Produkte und Dienstleistungen den Charakter von Commodities. In ihrem Streben nach Kostenvorteilen in Märkten mit fallenden Preisen und Margen haben Unternehmen bereits eine Reihe von Initiativen unternommen, ihre Organisationen schlanker, flacher, effizienter zu machen, und Fixkosten zu verringern. Diese Programme münden gewöhnlich darin, dass die gleichen Tätigkeiten in ähnlicher Weise von weniger Mitarbeitern erledigt werden. Die Wirksamkeit dieser Ansätze ist begrenzt. Im Unterschied zu verordneten Initiativen zur Kostenreduzierung „von oben nach unten" sind die hochgradig autonomen Teams in dezentralisierten Organisationen dagegen kontinuierlich motiviert, überflüssige Arbeit und Ressourcenverschwendung zu verhindern. Der Unterschied liegt im größeren Maß an *Verantwortung und Identifikation*. Im traditionellen Managementmodell und in der hierarchischen Organisation ist die Verantwortung diffus in der Hierarchie verteilt und vereitelt Identifikation; im dezentralen Modell liegt die Verantwortung eindeutig bei dezentralen, autonomen Teams. Klare Leistungsgrößen (KPIs) definieren und visualisieren diese Verantwortung. Teams und Linienmanager identifizieren sich mit der Verringerung von Fixkosten und der stetigen Suche nach Effizienzverbesserungen und der Verbesserung der gemessenen Leistung. Konsequenterweise haben flexible und dezentralisierte Organisationen geringere Kosten.

Im Hinblick auf die *Kontrolle* erkennen die Manager in Beyond-Budgeting-Organisationen die *Grenzen der Fremdkontrolle* an: Je spezialisierter die Arbeitsabläufe in der Organisation sind, desto mehr muss Markt- und Expertenwissen ohne unmittelbare Fremdkontrolle in Handlungen umgesetzt werden können und desto mehr wird die effiziente Eigenkontrolle von Spezialisten und Experten eine notwendige Effizienzbedingung für Unternehmen. Die Betonung der Bedeutung von Selbstabstimmung und marktlicher Koordination bringt eine Verringerung zentraler Handlungsvorgaben und eine Erhöhung der Bedeutung individueller Fähigkeiten, Interessen und Motivation aller Organisationsmitglieder mit sich. Damit muss in der Mehrzahl der Unternehmen eine grundlegende Veränderung von Einstellungen und Unternehmenskultur verbunden werden. Die lokale (dezentrale) Autonomie ist zu flankieren durch klare Verhaltensregeln, Prinzipien und Ziele, die festlegen, welches Verhalten erlaubt oder nicht erlaubt ist usw. Derartige Prinzipien und Regeln existieren zwar auch in planbasiert gesteuerten Unternehmen. Sie werden aber oft durch die Wirkungen des fixierten Leistungsvertrags erodiert oder leichtfertig ausgehebelt. Abb. 18 stellt die 6 Gestaltungsprinzipien für radikal dezentralisierte Organisationen den Prinzipien traditioneller Budgetsteuerung gegenüber.

Führungs- u. Organisationsprinzipien	Alte Prinzipien für zentrale Kontrolle (Budgetierung/ Abhängigkeit von Zentrale)	Neue Prinzipien für selbst gesteuerte, marktlich koordinierte Teams (Beyond Budgeting/dezentrale Verantwortung)
Steuerungsrahmen (Mission/ Pläne versus Prinzipien/ Werte)	• **Leistungsverpflichtung durch Mission und detaillierte Pläne** • Führung durch Weisung, Anordnung und Kontrolle • Strategieformulierung und -ausführung personell getrennt • Prämisse: dezentralen Teams kann nicht vertraut werden	• **Dezentrale Entscheidungsverantwortung durch klares Regelwerk (Prinzipien, Werte, Grenzen)** • Führung durch Coaching und Unterstützung • Strategieverantwortung dezentralisiert • Prämisse: dezentralen Teams kann vertraut werden.
Leistungsmaßstab (interne Ziele versus Wettbewerbsorientierung)	• **Verhandlung jährlicher Ziele bis auf Detailebene** • Interner Fokus auf verhandelte, finanzielle Zahlen • Management durch Angst-Kultur	• **Leistungsstandards: externe/interne Benchmarks** • Wettbewerb und Leistungsbewertung zwischen Peers • interner Wettbewerb ohne interne Konkurrenz (durch eindeutige Zuordnung von Kunden; Betonung langfristiger Wertschöpfung)
Kontrolle (Top-down versus dezentrale Entscheidungsfreiheit)	• **Top-down-Kontrolle ex-ante und ex-post; Mikromanagement** • Abhängigkeitskultur durch zentrale Entscheidung und hierarchische Prozesse • Risikoaversion • Strategieverantwortung zentralisiert	• **dezentrale Entscheidungsfreiheit, Vertrauensvorschuss und Ergebniskontrolle** • hohe Leistungsanforderungen von der Zentrale (Benchmarks, Stretch) • dezentrale Strategieverantwortung; Herausforderung lokaler Strategie und Maßnahmenpläne durch Führung • Stichprobenkontrolle
Organisationsstruktur (Hierarchie versus Netzwerk)	• **funktionale/departamentale Struktur mit Hierarchie und individuellen Zielen** • große Funktionseinheiten • Individualleistung über interdependenter Teamleistung	• **Organisation als interdependentes Netzwerk mit einheitlicher Zielsetzung** • kleine Organisationseinheiten mit Kundenverantwortung sowie eigener Ressourcen- und Leistungsverantwortung • Teamleistung über Individualleistung

Fortsetzung nächste Seite

Führungs- u. Organisationsprinzipien	Alte Prinzipien für zentrale Kontrolle (Budgetierung/ Abhängigkeit von Zentrale)	Neue Prinzipien für selbst gesteuerte, marktlich koordinierte Teams (Beyond Budgeting/dezentrale Verantwortung)
Kundenorientierung (interne Vorgesetzte versus externe Kunden)	• **Produktorientierung: dezentrale Einheiten dienen der Zentrale** • planorientiert (Planen-Herstellen-Verkaufen); zentral definierte Quoten/Ziele • interne Konkurrenz um Kunden	• **reine Kundenorientierung: Zentrale dient dezentralen Einheiten** • Dezentralisierung jenseits der Divisionen/Geschäftseinheiten an kundennahe Teams • dezentrale Entscheidungsfreiheit hinsichtlich ganzheitlicher Kundenbeziehung
Information (kontrolliert/ gefiltert versus transparent/ ethisch)	• **Kontrolle des Informationszugangs** • Zentrale ist Nutznießer der Information • Informationsfilterung und -bearbeitung	• **offene, transparente Informationssysteme** • dezentrale Mitarbeiter haben Zugang zu strategischen, wettbewerblichen, marktlichen Informationen • interne Information: „eine Wahrheit", Daten im Rohzustand

Abb. 18: Die 6 Prinzipien für dezentralisierte Organisation im Vergleich zur traditionellen Steuerung

Genügt es aber, die Budgetierung abzuschaffen? Verkennt Beyond Budgeting nicht das Problem, indem es einfach die Abschaffung der Budgetierung fordert? Kann sich auf diese Weise wirklich etwas ändern? Die Antwort lautet: Zugegebenermaßen reicht die Abschaffung von Budgets (als Zahlenwerk) alleine *nicht* aus. Denn die Wurzeln der Budgetierung reichen tief in alle Prozesse des Leistungsmanagements hinein: Zieldefinition, strategische Steuerung, Mitarbeiterbewertung, Vergütung, Ressourcenmanagement, Informationskultur und Berichtswesen – um nur einige zu nennen. Vielmehr muss das Konzept der Budgetsteuerung mittels fixierter Leistungsverträge ersetzt werden durch ein neues Rahmenmodell, bestehend aus einem kohärenten System von Prinzipien, Instrumenten, Prozessen und letztlich auch einer neuen Organisationsstruktur. Hier bietet Beyond Budgeting erstmals einen konkreten, umsetzbaren und praxiserprobten Gestaltungsvorschlag an.

Die Gestaltungsprinzipien erscheinen notwendigerweise recht abstrakt. Es handelt sich aber nicht um ein loses Bündel von Empfehlungen oder „Can do's". Nur wenn alle Prinzipien in Leistungsprozessen, Führung und Organisation beherzigt und umgesetzt werden, kann das neue Steuerungssystem ausreichende Kohäsion aufweisen. Die Umsetzung der Prinzipien in konkrete Instrumente und Steuerungsprozesse geschieht im Rahmen von Neun Gestaltungsfeldern, die alle für das Steuerungsmodell erforderlichen Elemente umfassen (siehe Abschnitt 4).

Bei genauerer Betrachtung besteht die Herausforderung nicht darin, Budgets abzuschaffen – jedes Unternehmen kann das und jede Organisation sollte sich auf lange Sicht von den Mechanismen der Budgetierung trennen. Die wahre Kunst besteht darin, an Stelle der Budgetsteuerung eine flexible und dezentralisierte Selbststeuerung zu etablieren. In den Worten des Stanford-Professors Charles Horngren: „Beyond Budgeting ist nicht einfach eine negative, die Budgetierung verdammende Idee. Stattdessen ist es eine positive Idee, die die Abschaffung der Budgetierung als einen Auslöser nutzt, um den gesamten Prozess von Management und Controlling zu verbessern. Budgets abzuschaffen zwingt zu einer tiefergehenden und breiter angelegten Untersuchung dessen, wie Organisationen gesteuert werden sollten."[26]

Beyond Budgeting ist kein einfach und gedankenlos umsetzbares Patentrezept. Der Ansatz umfasst eine Vielzahl miteinander verbundener Gestaltungskomponenten (Tools und „Prinzipien"), die jede für sich genommen nicht völlig neu sind. Anerkannte Controlling-Tools wie Kennzahlensysteme, Balanced Scorecards, Forecasting, analytische Managementsysteme, prozessorientierte Kostenrechnung usw. sind Eckpfeiler bei der Umsetzung des Konzepts.[27] Das vom BBRT entworfene Management-Modell geht dennoch über eine finanzorientierte Vision und den Einflussbereich von Controllern oder Finanz-Managern hinaus. Hinzu kommen nämlich Management-kulturelle Forderungen wie die konsequente Delegation und Dezentralisierung von Autorität sowie die Verringerung von Hierarchien, ebenso wie substanzielle Veränderungen an Vergütungs- und Bonussystemen. Diese Komponenten müssen einzeln und im Zusammenhang auf ihre Eignung und Form der Umsetzung im jeweiligen Unternehmen hin geprüft werden.

---

[26] Siehe Hope/Fraser 2003b, S. IX.

[27] Bei genauerer Betrachtung weisen einige der Beyond-Budgeting-Gestaltungsfelder dennoch einen nicht unerheblichen Neuigkeitsgrad auf, gerade im Zusammenhang mit dem Steuerungsmodell ohne fixierte Leistungsverträge. Beispiele hierfür sind die Prinzipien und Formen der Anwendung von Rolling Forecasting ohne leistungsvertragliches Element, die ausschließliche Verwendung relativer Ziele und deren Einsatz sowie die Konzepte zu relativer Vergütung, die in Literatur und Praxis in dieser Form bisher nicht diskutiert worden sind.

Wenn im Zusammenhang mit Beyond Budgeting von einer „Abkehr von der Budgetierung" oder dem „Verzicht auf Budgets" die Rede ist, darf das nicht verstanden werden als Verzicht auf elementare Managementdisziplinen wie Planung, Leistungsmessung, Kontrolle und Reporting, sondern als eine kohärente, systematische Umgestaltung aller relevanten Managementprozesse. Anders ausgedrückt: Budgetierung wird im Grunde obsolet durch den richtigen Einsatz verschiedener, separat und effizient funktionierender Werkzeuge und Prozesse. Sie kann und muss (vergleichbar einer veralteten Produktionsanlage) an einem gewissen Punkt der Entwicklung des Steuerungsmodells ausgemustert werden. Der Haken: Dieser Prozess der Abschaffung alter Praktiken wie der Budgetierung geschieht nicht automatisch, sondern muss bewusst durchgeführt werden, damit an seine Stelle ein besseres, kohärentes Managementmodell tritt. Hierbei sind durch überkommene Praktiken und Denkweisen „kontaminierte" Einstellungen in den Köpfen der Mitarbeiter sowie korrumpierte Verhaltensweisen zu bekämpfen. Andere vorhandene, vielfach prinzipiell hilfreiche Managementwerkzeuge müssen sorgfältig hinsichtlich ihrer Funktionsweise hinterfragt und an den neuen Gestaltungsprinzipien ausgerichtet werden. Gewohnheiten aus Führung und Organisationsgestaltung und unternehmenskulturelle Faktoren bedürfen ebenfalls einer Veränderung. Statt Mikromanagement, also zentralem Eingreifen des Top-Managements ins Tagesgeschehen, wird z.B. die Setzung wirklich herausfordernder Ziele für Linienmanager und Mitarbeiter praktiziert, bei gleichzeitiger dezentraler Freiheit zu entscheiden, wie die Ziele am besten erreichbar sind.

Wie schwierig die Abkehr von der Weisungskultur („Kommando und Kontrolle") ist, zeigt sich schon an der Tatsache, dass die viel gepriesene Kooperation und Partizipation in der Praxis Budget-gesteuerter Unternehmen häufig doch Züge einer autoritären Führung annimmt. Die in unverbindlichen Grundsätzen ausgerufene Partizipation an einzelnen Führungsaufgaben soll echte Mitwirkung oftmals eher verhindern helfen. Die Forderung nach adaptiven Managementprozessen und radikaler Dezentralisierung ist offensichtlich weder ganz einfach noch kurzfristig umzusetzen, da die nötigen Veränderungen von der Unternehmensführung insgesamt initiiert und getragen werden müssen.

Eine dem Beyond Budgeting gegenüber kritisch eingestellte Argumentationslinie unterstellt, dass es sich beim Beyond-Budgeting-Ansatz um „alten Wein in neuen Schläuchen" handle. Dabei wird mit Blick auf die einzelnen Gestaltungsempfehlungen und durchaus überwiegend bekannten einzelnen Steuerungsinstrumente darauf hingewiesen, dass „das Konzept nichts wirklich

Neues"[28] enthalte. Gehen wir der Frage nach dem Neuigkeitsgrad von Managementkonzepten etwas systematischer auf den Grund, so kann jedes Konzept nach drei Kriterien bewertet werden, und zwar hinsichtlich:

- *Praxisbeitrag/Relevanz* (innovative Lösung eines dringenden Problems, z.B. Stimulierung und Unterstützung des Wandels, oder Kostenreduzierung),
- *konzeptioneller Substanz* (innovative Gestaltungsimpulse und Tools) und
- *Umsetzungsbezug* (handhabbare Gestaltung und Übertragbarkeit auf eine möglichst große Anzahl von Organisationen).

Die Formulierung eines in sich geschlossenen Regelwerks sowie die Definition eines Instrumentekastens, die Unternehmen und Managern helfen ein neues, schlankes, anpassungsfähiges und ethischeres Managementmodell zu realisieren – darin liegt das innovative Element von Beyond Budgeting. Im Beyond Budgeting wird durch den integrierten Einsatz von Tools und Prinzipien die Abkehr von einer weltweit verebreiteten Form des Managements möglich, dessen gängige Praxis, die Budgetsteuerung, allgemein im Verruf steht *(Praxisbeitrag/Relevanz)*. Das Modell verleiht dem Ruf nach der „Abschaffung von Budgets" und fixen Leistungsverträgen eine Stimme und zeigt erstmals ganzheitlich und verständlich auf, wie dies zu bewerkstelligen ist *(konzeptionelle Substanz)*.

Gerade beim „Wie" geht Beyond Budgeting im Detail dann radikal neue Wege, auch wenn es insgesamt auf bekannte Management-Tools zurückgreift. Beyond Budgeting folgt zahlreichen kontraintuitiven Denkweisen im Hinblick auf die Verwendung und das Zusammenspiel von Tools, und bricht mit einer Reihe fundamentaler Annahmen gängiger Managementlehre, wie in den folgenden Abschnitten zeigt wird. „Neu" dabei ist die Tatsache, dass der Ansatz einen Bezugsrahmen für das Reengineering von Steuerungsprozessen und für den wesentlich wirkungsvolleren Einsatz verschiedener Managementinstrumente und -prinzipien darstellt. Der *Umsetzungsbezug* des Modells wird durch die Fallbeispiele des BBRT und die Vielzahl von Organisationen, die sich bereits mit der Implementierung des Modells beschäftigen, dokumentiert. Das Netzwerk für die Umsetzungsunterstützung und die andauernde kollaborative Forschungsarbeit leisten zusätzliche Beiträge zur Implementierbarkeit des Modells.

---

[28] Dieser Vorwurf erweist sich bei genauerer Betrachtung allerdings als recht unspezifisch; siehe z.B. Schäffer/Zyder 2003

Die Tatsache, dass Beyond Budgeting auf der Verwendung bewährter und weithin bekannten Instrumenten und Prinzipien beruht, hat zudem eine positive Seite: Bei ihrem Wandlungsprozess nach „jenseits der Budgetierung" müssen die meisten Unternehmen keineswegs bei Null anfangen, da sie meist ein erhebliches Maß an instrumenteller, konzeptioneller und gedanklicher Vorarbeit geleistet haben, sodass sich die Umsetzung des Modells in bereits bestehende Projekte und Initiativen einbetten lässt.

Auf Budgetierung verzichten ...

- ... heißt *nicht*, auf Planung verzichten, sondern mehr Zeit zu haben für Planung, da die mit fruchtlosen Verhandlungen über Budgetzahlen verschwendete Zeit wirkungsvoller eingesetzt werden kann. Es bedeutet, Planung von Nebenaufgaben zu befreien, die mit anderen Tools besser bewältigt werden können.

- ... heißt *nicht*, „weich" zu managen, sondern Mitarbeitern kontinuierlich herausfordernde Leistung abzuverlangen, leistungsstarke und -schwache Mitarbeiter und Teams sichtbar aufzuzeigen. Beyond Budgeting ist „tough" und verleiht dem Recht von Organisation auf Leistung ihrer Mitarbeiter Geltung.

- ... heißt *nicht*, auf Rechnungswesen und Wertorientierung zu verzichten. Sondern mehr auf Rechnungswesensysteme zu vertrauen und sie um wichtige, steuerungsrelevante Informationen und Dimensionen zu ergänzen.

- ... heißt *nicht*, auf Kontrolle zu verzichten, sondern über vielfältigere (auch nicht-finanzielle), relevantere (vergangenheits- und zukunftsbezogene) sowie vielschichtige (multi-hierarchische) Kontrollen zu verfügen und das Verständnis mehrdimensionaler, vielschichtiger Kontrollen zu erhöhen.

- ... heißt *nicht*, verantwortungslos oder chaotisch zu führen, sondern Verantwortung und Handlungsautonomie an dezentral handelnde Akteure der Organisation zurückzugeben und größere Transparenz für Ergebnisverantwortlichkeit zu schaffen.

- ... heißt *nicht*, Controllingsysteme oder Controlling abzuschaffen, sondern die richtigen Controllingtools einzusetzen und Linienmanager „sich selbst controllen zu lassen" (es bedeutet aber unweigerlich: „schlankes" und stark dezentralisiertes Controlling).

3.1.3 Zwei Beyond-Budgeting-Fallbeispiele: Svenska Handelsbanken und Borealis

Beyond Budgeting wurde in der unternehmerischen Praxis geboren. Wengleich heute nur wenige Unternehmen behaupten können, völlig ohne Budgets auszukommen, so sind die rund 20 bisher eingehend beschriebenen Fallbeispiele des BBRT doch wahre „Augenöffner". In diesem Abschnitt sollen die Steuerungsmodelle zweier ausgewählter Beyond-Budgeting-Unternehmen etwas eingehender beschrieben werden, die in unterschiedlichen Ausgangssituationen recht markante Wege zur Implementierung eines Managementmodells ohne Budgets beschritten haben.

Fallbeispiel Svenska Handelsbanken

Das *Fallbeispiel der Unternehmenssteuerung bei Svenska Handelsbanken* illustriert in mehrfacher Hinsicht die „reine Lehre" des Beyond-Budgeting-Ansatzes. Zugleich kann der ehemalige Handelsbanken-CEO Jan Wallander, verantwortlich für die Einführung des Managements ohne Budgets bei Handelsbanken in den 70er Jahren, als einer der geistigen Urheber des Beyond-Budgeting Modells gelten.[29]

Mit mehr als 30 Jahren Erfahrung im Management ohne Budgets ist die Bank zweifellos der unumstrittene Primus auf der Lernkurve in Sachen Einsatz ausgereifter, in sich kohärenter Managementprinzipien ohne fixierte Leistungsverträge. Svenska Handelsbanken ist eine schwedische Bank mit Niederlassungen in Nordeuropa und in Großbritannien. Mit gut 9000 Mitarbeitern und rund 550 Filialen handelt es sich zwar um die zweitgrößte Bank Schwedens, doch im internationalen Maßstab um kein sehr großes Kreditinstitut. Handelsbanken gilt als kosteneffizienteste Bank Europas und übertrifft auch hinsichtlich anderer wesentlicher Leistungsgrößen (dazu gehören Eigenkapitalrendite, Total Shareholder Return, Earnings per Share und Kundenzufriedenheit) ihre Mitbewerber seit Jahrzehnten.

1970 war Handelsbanken allerdings in einer Krise. Die Rentabilität des Unternehmens war gering, es befand sich im Konflikt mit den staatlichen Autoritäten. Zu diesem Zeitpunkt wurde ein Teil des Management-Teams ausgewechselt, und Jan Wallander – ein Ökonom mit 10 Jahren Managementerfahrung bei einer schwedischen Regionalbank – wurde als CEO berufen. Wallan-

---

[29] Vgl. zum Fallbeispiel Svenska Handelsbanken z.B. Wallander 1999, Grelius 2001 und Hope/Fraser 2003a.

der krempelte die Steuerungsprinzipien des Unternehmens radikal um. Von dem bis dato verfolgten Ziel, die größte Bank Skandinaviens zu werden, ging das Unternehmen in der Folge ab zugunsten des Ziels, die profitabelste und „beste" kommerzielle Bank Schwedens zu sein. Das wichtigste Mittel dazu, dieses neue Ziel zu erreichen, war und ist, die niedrigsten Kosten aller Banken vorzuweisen. Es folgte eine organisatorische Neustrukturierung, mit dem Ziel, die Organisation radikal zu dezentralisieren. Die Operation wurde in 8 regionale Divisionen eingeteilt, die man so ausstattete, dass sie jeden Typ von Kunden und Bankgeschäft eigenständig verantworten konnten. Diese Divisionen und ihre Bankfilialen mussten ihr Geschäft in Übereinstimmung mit der Geschäftspolitik der Bank führen, darüber hinaus sollten sie jedoch ihren eigenen Einschätzungen folgen.

Herz der Führung bei Svenska Handelsbanken ist das Management jeder einzelnen Filiale als eigenständige Geschäftseinheit (Profit Center), ausgestattet mit weitreichender Autonomie. Der Handlungsspielraum dieser Profit Center wurde im Laufe der letzten 30 Jahre sukzessive erhöht. Anhand einiger Fakten wird der hohe Grad der Dezentralisierung von Geschäftsverantwortung deutlich: Filialmanager verfügen heute über eine im Vergleich zu anderen Organisationen bemerkenswerte Entscheidungsautonomie hinsichtlich angebotener Produkte, Kunden, Kundenbetreuung, Preise und Konditionen, den Abschluss von Miet- und Leasingverträgen sowie Personalstand und Personaleinsatz. Mehr als 50% der Mitarbeiter der Bank sind zur selbstständigen Kreditvergabe autorisiert. Es gibt keinen expliziten Zielsetzungsprozess für die Profit-Center, sondern ein kompaktes Set von Leistungsindikatoren, mit deren Hilfe Leistung und Erfolg relativ zum Markt oder internen Wettbewerb gemessen werden. Die Leistungsmessung der Bankfilialen erfolgt über ein laufendes internes Benchmarking mit den anderen Filialen. Leistungskontrolle wird in Übereinstimmung mit dem Prinzip größtmöglicher Autonomie der Profit Center praktiziert: Läuft eine Filiale „aus dem Ruder", wird diese offiziell informiert und Unterstützung für Analyse und Maßnahmenplanung angeboten – die Entscheidung über Auswahl und Umsetzung von Maßnahmen liegt jedoch ganz bei der betroffenen Filiale.

Der lokalen Autonomie von Regionen und Filialen steht ein extrem schlankes Headoffice gegenüber. Obwohl die Bank fünf produktbezogene Tochterunternehmen und eine zentrale Abteilung für Produktentwicklung besitzt, gibt es keine produktbasierten Zielsetzungen („Quoten") für die Regionen und Filialen. Es obliegt den Produktunternehmen vielmehr, ihre Produkte an und über die Filialorganisation zu „verkaufen", z.B. durch attraktive Kommissionsra-

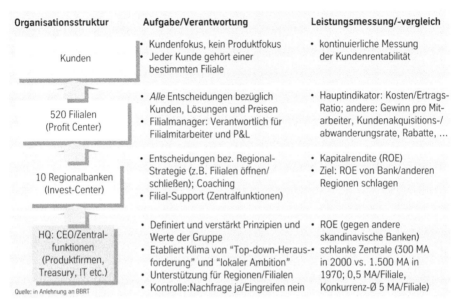

Abb. 19: Fallbeispiel Handelsbanken: Wie sich die radikale Dezentralisierung in Organisationsstruktur und Leistungsverantwortung widerspiegelt

ten. Damit werden die Filialen nicht wie ein Verkaufskanal behandelt, sondern wie das Herz der Organisation. Mit dieser Grundhaltung verbindet sich auch die in Abb. 19 dargestellte umgekehrte Organisationspyramide, die Zentralbereiche und Regionalorganisation als Unterstützungsfunktionen des Filialnetzwerks charakterisiert.

Entsprechend werden alle zentralen Kosten den Regionen und Filialen belastet. Filialen haben das Recht, für ihr Geld zentrale Dienstleistungen nach Bedarf nachzufragen. An die Stelle „politischer" Preisfindung für zentrale Leistungen trat eine Leistung zu Marktbedingungen. Innerhalb vereinbarter Leistungs-Parameter (auf Basis der Kosten/Umsatz-Ratio) haben die Profit Center-Leiter (z.B. Filialmanager) zugleich freien Zugriff auf Ressourcen – ad hoc, ohne vorhergehende Planung oder Allokation. Koordination und Abstimmung bei Handelsbanken basieren auf einem dialogischen Managementprozess.

Ein kollektives *System der Gewinnbeteiligung* für alle Mitarbeiter bildet einen wichtigen Baustein der Unternehmenspolitik. Boni werden nicht individuell, sondern für alle Mitarbeiter auf Basis der Performance des Gesamtunternehmens ermittelt und gezahlt. Alle Mitarbeiter sind über eine unabhängige Fondsgesellschaft in gleichem Maße an der Bank beteiligt. In jedem Jahr, in dem die Eigenkapitalrendite der Bank die durchschnittliche Rendite der Wettbewerber übertrifft, wird die Hälfte des Überschusses oberhalb des Wettbewerber-Benchmarks an die Fondsgesellschaft ausgeschüttet. Die kumulierten Gewinnbeteiligungen werden mit dem Ruhestand an die Mitarbeiter ausgezahlt. Die Höhe der Gewinnbeteiligung hängt also von der Rendite des Unternehmens im Vergleich mit anderen Banken ab.

Das Fallbeispiel Handelsbanken beschreibt ein Managementmodell, das sich weitestgehend auf die Fähigkeiten seiner Mitarbeiter verlässt, unterstützt durch starke informelle kulturelle und strategische Steuerung, offenen Informationsfluss, internen und externen Wettbewerb. Die dezentrale Autonomie wird mit erstaunlich wenigen, trotzdem aber ausgesprochen einfachen und untereinander konsistenten Führungs- und Steuerungsinstrumenten realisiert. Man hält hier vergeblich Ausschau nach expliziten Erscheinungsformen neuerer Managementtechniken wie dem Wertmanagement oder Balanced Scorecard. Selbst auf formelles Forecasting wird verzichtet (Projektion erachtet man vor dem Hintergrund einer unwägbaren Umwelt als unangemessen und überflüssig).

Jan Wallander veröffentlichte 1994 ein Buch mit dem Titel „Budgetierung – das unnötige Übel", das bekannte schwedische Unternehmen wie Volvo, SKF und Ikea ermutigte, dem Beispiel von Svenska Handelsbanken zu folgen und auf Budgetierung zu verzichten.

Resümee des Fallbeispiels Svenska Handelsbanken

- Die Wandlung zum Management ohne Budgets entsprang einer Krise, verbunden mit unverrückbaren Überzeugungen des CEO hinsichtlich der Defizite der Budgetsteuerung.
- Das Leistungsziel „überlegene Rendite" führte zur Suche nach einer effizienteren Organisationsform, und dies wiederum war der Anstoß zu radikaler Dezentralisierung und der Schaffung flexiblerer Prozesse.
- Das Managementmodell bei Handelsbanken kann als „radikal einfach" bezeichnet werden. Die Gründe für die herausragende Leistung des Unternehmens liegen nicht in der Verwendung „moderner" Manage-

ment-Tools, sondern im Steuerungsmodell als Ganzem: einfache, flache Hierarchien mit wenigen Controllern, qualifiziertes Personal, wenige und leicht verständliche Leistungskennziffern, klare Verhaltensregeln. Diese Eigenschaften tragen zur hohen Kosteneffizienz der Bank bei.

- In anderen Worten: Ein ausgereiftes Managementmodell zeichnet sich nicht notwendigerweise durch gängige „Marken" in Form von Konzepten, Methoden oder Tools aus: Handelsbanken verfügt weder über Scorecards, eine klar erkennbare Prozesskostenrechnung, noch über eines der branchenüblichen differenzierten Vergütungsmodelle – alles ist Teil eines „organisch gewachsenen", aber äußerst kohärenten Managementmodells.

- Das Fallbeispiel ist besonders aufschlussreich für Organisationen mit stark entwickelter Eigenkultur („Wir machen alles anders") und für Organisationen mit homogenen dezentralen Organisationseinheiten.

Fallbeispiel Borealis

Der europäische Petrochemie-Konzern Borealis mit Hauptsitz in Kopenhagen ging 1994 aus dem Merger zwischen den Petrochemie-Divisionen zweier skandinavischer Konzerne hervor: der norwegischen Statoil und der finnischen Neste Oy. Das vereinte Unternehmen beschäftigt ca. 5000 Mitarbeiter, bei einem Umsatz von ca. 3,5 Mrd. EUR. Budgets hatten sowohl bei Neste wie bei Statoil die traditionellen Funktionen von Planung und Kontrolle. Unmittelbar nach dem Merger Anfang 1994 produzierte das neu geschaffene Unternehmen entsprechend ein Budget für die vereinte Organisation. Das mühsam erarbeitete Budget erwies sich aber aufgrund von Veränderungen auf den Beschaffungsmärkten bereits nach wenigen Wochen als bedeutungslos. Der Finanzbereich kam nach diesem ersten Budgetdurchlauf zur Erkenntnis, dass das Unternehmen einen radikalen Schritt vollziehen und die Budgetierung vollständig eliminieren musste, wenn es entsprechend der Geschäftsvision wirklich eine neue, andere und bessere Firma werden wollte.[30]

Der Vorstand gab sein Einverständnis zu der Initiative, sofern das Management in der Lage wäre, einen schnelleren und einfacheren Steuerungsprozess

---

[30] Vergleiche zum Fallbeispiel Borealis z.B. Jörgensen 2001, Boesen 2001 und Boesen 2002.

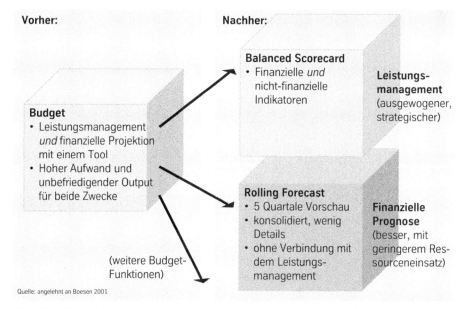

Abb. 20: Fallbeispiel Borealis: Performance-Management und finanzielle Projektion trennen

zu entwerfen. Eine Projektgruppe führte daraufhin Brainstormings durch, um eine Alternative zur Budgetierung zu erarbeiten – ohne unmittelbar plausible Lösungen zu finden. Erst nach geraumer Zeit erkannte das Team, dass man nach unterschiedlichen Tools als Ersatz für Budgets suchen musste, statt nach *einem einzigen*. Man hielt nun nach Lösungen für die beiden bereits vorab identifizierten Primärfunktionen der Budgets bei Borealis Ausschau: finanzielle Vorschau und Performance Management (siehe Abb. 20). Hinzu kamen neue Tools und Prozesse für das Kosten- und Investitionsmanagement. Dabei bestand das Ziel nicht darin, von vornherein eine perfekte Lösung zu erarbeiten, sondern ein tragfähiges Toolset zu etablieren, das sich im weiteren Verlauf weiter verbessern lassen sollte.

Die Manager des zentralen Controllings bei Borealis sahen den Schritt zu neuen Steuerungsprozessen als Alternativen zu Budgets folgendermaßen: „Es war ohne Risiko. Wir waren überzeugt, dass wir damit richtig lagen [die Budgetierung abzuschaffen]. Hätte sich der Schritt im Nachhinein als Fehler erwiesen, dann hätten wir ja nicht *verlernt*, wie Budgets erstellt werden. Das einzige Risiko lag im möglichen Gesichtsverlust."[31]

---

[31] Zitiert nach Jorgensen 2001, S. 4.

Forecasting. Rollierende Forecasts dienen der Finanz- und Steuerplanung auf der Ebene des Konzerns und seiner wichtigsten juristischen Einheiten. Diese Forecasts stehen aber in keinerlei Zusammenhang mit der Zielvereinbarung oder Leistungsmessung. Zweck des Forecasting ist lediglich, die wahrscheinlichste künftige finanzielle Performance zu prognostizieren. Das Forecasting erfolgt quartalsweise und zeigt einen Prognosezeitraum von stets fünf Quartalen. Durch die eindeutige Zielsetzung des Forecasting-Prozesses und den Verzicht auf Details ist eine häufige Aktualisierung der Prognosen bei äußerst geringem Aufwand möglich. Weil Prognosedaten nicht mit der Linie abgestimmt werden und keinen Zusammenhang mit Vergütung aufweisen, sind Prognosedaten frei von Meinungen, Manipulation und Verhandlung, wodurch sich die Prognosequalität gegenüber den vorher verwendeten Prozessen von Planung und Budgetierung wesentlich verbesserte.

Leistungsmanagement. Borealis verwendet hierführ die Balanced Scorecard. Im Rahmen des neuen Steuerungssystems setzte das Management Leistungsziele für variable Kosten, fixe Kosten und operative Margen durch Benchmarking gegenüber Wettbewerben. Eine amerikanische Unternehmens-Beratung versorgt Borealis regelmäßig mit Informationen zur Leistung der eigenen Fabriken, im Verhältnis zu Wettbewerbern.

Anstatt erbrachte Leistung mit Budgets und Abweichungen zu kommunizieren, ging die Firma dazu über, Leistung gegenüber geschäftsrelevanten KPI zu messen. Dabei wurde die Balanced Scorecard zum Hauptinstrument der monatlichen Management-Reviews durch die Geschäftsleitung. Detaillierte GuV-Berichte werden bei diesen Reviews nur gelegentlich herangezogen. Es bedurfte nach Aussage der Manager von Borealis eines Zeitraums von fünf Jahren, um diesen Prozess des Leistungsmanagements wirklich ins Rollen zu bekommen. So lange dauerte es, die Manager und Mitarbeiter an die kontinuierliche Arbeit mit der Balanced Scorecard zu gewöhnen. Die Firma nahm zudem im Laufe der letzten Jahre verschiedene Verbesserung an ihrem Managementsystem vor. Eine Auswahl:

- Es wurde ein neuer Indikator „Relative Finanzielle Performance" eingeführt, um noch stärker zwischen Forecasting und Leistungsmanagement zu unterscheiden. Der neue Indikator beseitigte den Vor- bzw. Nachteil durch Marktpreis-Änderungen auf die Leistung, und verstärkte damit den Fokus auf interne Leistungsverbesserungen im Vergleich mit der Leistung der Wettbewerber. Borealis lernte, dass es in seinem bis dahin als Rekordjahr geltenden Geschäftsjahr (mit 19% Return on Capital Employed nach Steuern) in Wirklichkeit eine schlechtere relative Leistung

erbracht hatte als in anderen Jahren, in denen es niedrigere ROCEs ausgewiesen hatte.
- Langfristig ist relative Leistung *alleine* natürlich nicht ausreichend – Ergebnisse müssen zugleich absolute Wertschöpfung gewährleisten. Borealis verwendet daher einen zusätzlichen Wertschöpfungs-KPI. Als nicht börsennotiertes Unternehmen beauftragt Borealis Investment-Banken, ein jährliches Gutachten zum Gesamt-Unternehmenswert zu erstellen. Dieser Indikator liegt dem Langfrist-Anreizsystem für Top-Manager zugrunde.

Kostenmanagement mit Prozesskostenrechnung. Im Rahmen des traditionellen Budgetierungsprozesses wurden kapazitätsbezogene fixe Kosten budgetiert und kontrolliert mittels Kontenarten per Kosten-Kategorie und auf Abteilungsniveau. Mit dem neuen Steuerungssystem wurde die Prozesskostenrechnung eingeführt, um Aktivitäten und Kostenentstehung gezielt managen zu können. Das Verfahren brachte eine gemeinsame Sprache zur Beschreibung von Kosten und für Benchmarks zwischen Fabriken und mit anderen Unternehmen. Mitarbeiter empfinden die Kosteninformationen aus der Prozesskostenrechnung als deutlich intuitiver und verständlicher – sie können verfolgen, wie, wo und *warum* Kosten entstehen und sie mit größtmöglicher Wirkung kontrollieren. Die Zuordnung von Prozesskosten auf Produkte und Kunden erleichtert das Management einzelner Produkte und Kundenrentabilitäten. Statt gegenüber budgetierten Werten vergleichen Manager nur realisierte Kosten mit einem jahresbezogenen Zielwert und rollierenden 12-Monats-Durchschnitten von Prozess- und Produktkosten.

Investitionsmanagement. Als viertes Element der Steuerung wird bei Borealis eine Investitionsmanagement-Toolbox eingesetzt. Borealis verzichtete auf zentrale Kapitalbudgets und legte Entscheidung und Kontrolle weitgehend in die Hände kundennaher Manager und Teams. Investitionsprojekte werden nach Größe getrennt behandelt – alle außer den größten Investments erfordern keinerlei Genehmigung außerhalb von Geschäftsbereich, Fabrik oder Funktionsbereich.

Das *Fallbeispiel Borealis* zeigt gut, inwieweit Funktionen des Budgets durch ein Portfolio alternativer Werkzeuge ersetzt werden können. Anders als bei Handelsbanken lässt sich am Beispiel Borealis der Prozess der schrittweisen Einführung und Verfeinerung alternativer Managementprinzipien unter Zuhilfenahme bekannter Management-Tools hervorragend veranschaulichen.

Resümee des Fallbeispiels Borealis

- Der Wandel entstand in einer Situation des Neuanfangs (Merger zweier Firmen).
- *Am Anfang des Wandels* stand der Wunsch nach flexibleren, anpassungsfähigeren Prozessen.
- Budgetierung ist ein multifunktionaler Prozess. Er kann nicht durch *ein* alternatives Tool, sondern muss durch ein Set anderer Tools und Prozesse ersetzt werden, der hier aus 4 Modulen besteht (Forecasting, Leistungs-, Kosten- und Investitionsmanagement).
- Zur Initiierung des Wandels wurde die Rolle bereits verwendeter moderner Management-Tools überdacht (Balanced Scorecard, Rolling Forecasts, Prozesskostenrechnung), andere Prozesse wurden stark vereinfacht bzw. Entscheidungen dezentralisiert (Investitionsmanagement). Einige Tools wurden erstmals oder viel systematischer als bisher eingesetzt (externes Benchmarking, relative Ziele).
- Der *Erfolgsfaktor der Wandlungsinitiative bei Borealis* liegt nicht in der Verwendung einzelner Tools, sondern darin, wie diese Instrumente und Prozesse zu einem kohärenten Steuerungsmodell zusammengefügt wurden.
- Die explizite Dezentralisierung der Organisation stand hier nicht im Mittelpunkt. Ein Wandel findet jedoch indirekt statt durch die Verlagerung von Entscheidungen in die Geschäftseinheiten und den Ausbau dezentraler Autonomie und Verantwortung.
- Das Fallbeispiel ist besonders aufschlussreich für Organisationen, die in der Vergangenheit bereits mit modernen Tools experimentiert sowie Zeit und materielle Ressourcen in neue Systeme und Prozesse investiert haben – jedoch ohne deren Wirkung und Erfolg jemals voll realisiert zu haben.

Weitere Fallbeispiele für Beyond Budgeting

Die anderen, vom BBRT bis Anfang 2003 dokumentierten Fallbeispiele für Beyond Budgeting sind – mit Angabe von Branche und Hauptsitz: AES (Versorgungswirtschaft/USA), Ahlsell (Handel/Schweden), Boots (Drogeriehandel/England), Groupe Bull (IT-Hardware/Frankreich), Bulmers (Getränke/England), Carnaud Metal Box (Verpackung/Frankreich) , Ciba Vision (Optische Produkte/USA), Diageo (Getränke/England), Fokus Bank (Finanzdienstleistung/Norwegen), Ikea (Möbelherstellung und -handel/Schweden), Leyland Trucks (Fahrzeugbau/England), Rhodia (Spezielchemie/Frankreich), Sight Savers International (Not-for-Profit/England), SKF (Automobil-Zulieferer/Schweden), Sprint (Telekommunikation/Kanada) und Volvo Cars (Fahrzeugbau/Schweden). Jüngere Fallbeispiele des BBRT beschreiben u.a. den Wandlungsprozess einiger nordamerikanischer Unternehmen. Hierzu gehören der Elektrogeräte-Hersteller Emerson Electric, der Konsumgüterhersteller Slim-Fast (Unilever-Konzern), Guardian Industries (Glasherstellung) und Omgeo (Finanzdienstleistungen).

Weitere Beispiele für Management ohne Budgets: Aldi (Discount-Handel/Deutschland), Ericsson (Technologie/Schweden), Scania (Fahrzeugbau/Schweden), Schlumberger (Dienstleistung/USA), Skandia (Finanzdienstleistung/Schweden), die schwedische Post, Tetra Pak (Verpackungsindustrie/Schweden), aber auch Toyota (Fahrzeugbau/Japan) oder der südamerikanische Stahlkonzern Gerdau (Brasilien). Eine Auswahl von Organisationen, die sich mit Unterstützung des BBRT-Netzwerks „auf dem Weg befinden": Deutsche Bank (fokussiert auf Forecasting), Norsk Hydro (Mischkonzern/Norwegen), Philips (Mischkonzern/Niederlande), Schneider Electric (Technologie/Frankreich), Siemens (fokussiert auf strategische Steuerung), Sydney Water (Versorgung/Australien), UBS (Finanzdienstleistung/Schweiz), Unilever (Konsumgüter/England) und die Weltbank.

3.1.4 Erfolgsfaktoren und Prämissen des Einsatzes von Beyond Budgeting

Statt Führung in der Budgetsteuerung im Sinne des Begriffspaars „Weisung und Kontrolle" kommt es im Beyond Budgeting-Modell zu einer Steuerung nach dem Motto „Wahrnehmen und Agieren". Der Unterschied ist keine Haarspalterei, sondern fundamental. Trotz der erstaunlichen Verschwendung durch Wandlungsprogramme und Verbesserungsinitiativen der letzten Jahrzehnte verbleibt die überwiegende Mehrheit der Unternehmen leider verwurzelt in archaischen Management-Methoden und Praktiken, die jede Kreativität unter einer Lawine sinnloser bürokratischer Routinen und Prozeduren ersticken. Prozeduren, die Mitarbeitern das Recht auf erfüllende Arbeit verweigern.

Diese herkömmlichen Methoden und Praktiken beruhen auf der *Prämisse menschlicher Unzulänglichkeiten* (im Gegensatz zur Betonung menschlicher

Fähigkeiten und menschlichen Talents) – und genau darin liegt ihr fundamentaler Mangel. Diese negative Grundannahme ist so beständig, dass ihre Folgen noch immer in fast jedem Aspekt konventionellen Managements (und der Managementforschung!) zu beobachten sind. Wir finden die Folgen dieses negativen Menschenbildes (in Organisationen konkret: der Mitarbeiter) überall wieder: in der Überbürokratisierung, in formalisierter Planung und vom Tagesgeschäft isolierter Strategieentwicklung, in allen Formen rigider Kontrolle, in zentralisierter und monopolisierter Information sowie in den Praktiken von Leistungsbewertung und Belohnung bzw. Bestrafung. Im Zentrum dieses bürokratischen Komplexes steht die Budgetierung und die Tradition des fixierten Leistungsvertrags. Beyond Budgeting macht in dieser Hinsicht eine einfache, neue und klare Aussage: *Ohne die Abkehr von dem in der Budgetierung enthaltenen Prinzip fixierter Leistungsverträge wird Organisationen der erhoffte Wandel weiter vorenthalten bleiben.*

Im Gespräch über die Rolle neuer Forecasting-Prozesse für sein Unternehmen äußerte der für die Gestaltung des Management-Systems verantwortliche Manager eines europäischen Konzerns seine Bedenken: Damit der neue Prozess von den Kollegen von vornherein ernst genommen werde, denke man bereits darüber nach, wie sich das erwünschte Qualitätsniveau des neuen Prozesses mit der variablen Vergütung verknüpfen lasse. Nur so sei eine hohe Qualität der Forecasting-Outputs gewährleistet. Hinter dieser Argumentation steht der Glaube, dass Organisationsinteressen nur dank finanzieller Belohnung oder Bestrafung von Mitarbeitern nach bestem Wissen und Gewissen beherzigt werden. In Wirklichkeit „ticken" Mitarbeiter aber anders. Managementprozesse wie Budgetierung, Zielmanagement, Scorecarding oder Wertmanagement werden durch die Verbindung mit dem finanziellen Anreizsystem vielmehr korrumpiert und aufgrund monetärer Anreize gewollt oder ungewollt Spielball von Manipulation, kurzfristigem Nutzendenken und politischem Taktieren.

Als (Um-)Gestalter des Managementsystems der Organisation müssen die Agenten des Wandels Verantwortung dafür übernehmen, dass Manager (oder allgemeiner: Mitarbeiter aller Ebenen) den Beitrag neuer oder neu gestalteter Prozesse für das Unternehmensergebnis *verstehen*. Sie müssen mithin für die Organisation insgesamt Sinn-Fragen beantworten wie die, *inwiefern* ein Prozess für Forecasting oder Leistungsmanagement die Bereichs-, Prozess- oder Unternehmensleistung unterstützt, und inwiefern Führungsprinzipien, Organisationsgestaltung und Tools ein kohärentes Steuerungsmodell ergeben. Es müssen bewusst nicht-finanzielle Anreize und „Sinn" geschaffen werden, damit von alten Gebräuchen und Fehlverhalten der Budgetsteuerung abgewichen und gelernt wird. Ist dieser Schritt getan, dann sind die Voraussetzungen für eine rein an finanziellen Ergebnissen gebundene, variable Entlohnung relativ zum Wettbewerb gegeben. Damit dies möglich wird, müssen Manager bzw. Veränderungsinitiativen auf Einfachheit, Kohärenz und Verständlichkeit des Management-Modells hinarbeiten.

Die Wandlungs-Dynamik im Beyond-Budgeting-Modell kommt nicht primär durch *neue* Elemente des Steuerungsprozesses zustande, sondern vorrangig durch den Verzicht auf Weisungen, Planungs-Bürokratie, Genehmigungen und Strafandrohungen. Ohne Budgetziele und fixierte Vorgaben bezüglich Maßnahmen und geplanter Aktivitäten, die letztlich Handlungen diktieren, bleibt Managern und Mitarbeitern „nichts anderes übrig, als größere Verantwortung für ihre Handlungen zu übernehmen und Rechenschaft für ihre Ergebnisse abzulegen".[32] Es ist nicht nötig, Mitarbeitern *vorzuschreiben,* was sie zu tun haben. Die Steuerungsphilosophie im Beyond Budgeting fußt insofern unverkennbar auf einem humanistischen Grundverständnis, wie es sich im Denken einer Vielzahl von Management-Autoren wie Peter Drucker in den USA, Charles Handy in England oder Reinhard Sprenger in Deutschland wiederfindet. Es ist das Verständnis des Menschen als *Träger von Fähigkeiten und Potenzial.* Damit verbindet sich der Wandel zu einem anderen Menschenbild bzw. einem neuen Bild von Mitgliedern der Organisation – vom Steuerungsverständnis im Sinne von „Mitarbeiter sind Headcount, Kosten und Overhead" zu „Mitarbeiter sind unser einziger dauerhafter Wettbewerbsvorteil".

Dieses Menschenbild ist aber auch Grundlage eines neuen Leistungsverständnisses. Organisationen *haben auf dieser Grundlage nämlich das Recht,* von ihren Mitarbeitern Leistung zu verlangen. Wenn bei Mitarbeitern Talent und Fähigkeit vorausgesetzt werden, sind konstanter Einsatz und Verantwortung kein „Plus" mehr, das z.B. direkter variabler Belohnung bedarf, sondern eine Selbstverständlichkeit. Die empowerte Organisation kann ein neues, höheres Maß an Leistung und Commitment von Mitarbeitern erwarten. Mitarbeitern muss klar sein, dass es nicht akzeptabel ist, in der dezentral veantworteten Organisation keine Verantwortung für die neuen, ambitionierten Ziele zu übernehmen. Im Gegensatz zu Budgets und Plänen sind die neuen Ziele *real.* In diesem Zusammenhang wird auch deutlich, dass das neue Steuerungsmodell nicht mit „softem" Management verwechselt werden kann. Kein Tabubruch

---

[32] Siehe Hope/Fraser 2003b, S. 108.

im Beyond Budgeting: Vorgesetzte müssen den Mut aufbringen, unfähige oder unwillige Mitarbeiter zu versetzen oder zu entlassen. Ohne diese letzte Konsequenz gibt es keine leistungsbezogene Führung.

> **Beispiel für die Wirkungszusammenhänge im Management-Modell Beyond Budgeting**
>
> Fünf Gestaltungselemente tragen dazu bei, Verhandlung und Manipulation aus den Managementprozessen zu verbannen:
>
> - Strikte Trennung von Prognose (Forecasting) und Zielsetzung/Leistungsmanagement
> - Zielsetzung mit *relativen* statt mit fixierten Zielen (unter Verwendung von Stretch-Zielen und internen sowie externen Benchmarks)
> - Trennung von Zielsetzung/Leistungsmanagement und Leistungsbeurteilung/Belohnung
> - Leistungsbeurteilung/Belohnung im Nachhinein, anhand relativer Indikatoren
> - Transparenz durch „schnelle", offene und nicht-hierarchische Informationssysteme sowie ungefilterte und für jedermann bereitstehende Information

An diesem Punkt kommt die zweite grundlegende Forderung des Beyond-Budgeting-Modells nach *radikaler Dezentralisierung* zum Tragen. Budgetierung basiert auf der Prämisse zentraler Verantwortung, Kontrolle und Entscheidung – und dem Misstrauen der Leitung gegenüber Linienmanagern und Mitarbeitern. Zielorientiertes Agieren am Markt und nachhaltiger Unternehmenserfolg erfordern aber zusehends dezentrale Verantwortung, Identifikation und Flexibilität. Verschiedene moderne Unternehmensprozesse setzen eindeutige Verantwortung dezentraler Akteure einer Organisation voraus. Beispiele hierfür sind strategische Steuerung, Benchmarking, Service Level Agreements, Kundenrentabilitäts- und Kundenbeziehungsmanagement, Verbesserungsziele, transparentes Chancen-/Risikomanagement und Prognose. Prozesse wie diese unterstützen dezentrale Manager und Teams in ihren Bedarfen, erfordern aber andererseits Autonomie, Verfügbarkeit operativer und investiver Ressourcen sowie operativer wie strategischer Information.

Prozesskosten-Informationen, Werttreiber-Hierarchien und Scorecards sind in der traditionellen Budgetsteuerung hervorragend dazu geeignet, „Schuldige" für unzureichende Leistung gegenüber fixierten Planzielen zu identifizieren. Dies ist natürlich nicht der eigentliche Zweck dieser Tools. Der Schlüssel zu Leistungsverbesserungen ist es, die neu gewonnene Leistungsinformationen verantwortlich zu nutzen, als „Business-Intelligenz" und als Orientierungspunkte für bessere Entscheidungen. Neue Tools dürfen nicht als Waffe der Leitung zur Bestrafung von Mitarbeitern verwendet werden. Im neuen Steuerungsmodell sind relative Leistungsverträge, strategische Steuerungsprozesse, Rolling Forecasts, Service-Level Agreements und Benchmarking nicht Fremdkörper, die zusätzliche Top-down-Gängelei oder bürokratische Rituale entstehen lassen, sondern Werkzeuge, die dezentrale Manager wirkungsvoll unterstützen und die Führung mit Übersicht und aussagefähigen Kontrollen ausstatten.

Eine rein instrumentelle Sicht von Beyond Budgeting greift aber zu kurz: es handelt sich bei Beyond Budgeting vielmehr um ein handlungsleitendes Bündel von Prinzipien, unterfüttert mit konkreten Vorschlägen zur instrumentellen Ausgestaltung. Neben der Verlagerung klassischer Funktionen der Budgetierung auf andere Instrumente geht es um eine grundlegende Veränderung der handlungsleitenden Ordnung: Instrumente, Einstellungen und organisatorische Regeln müssen den veränderten Anforderungen einer anpassungsfähigen und von Dezentralisierung und Autonomie geprägten Organisation angepasst werden.

Natürlich stellt sich die Frage, ob das Steuerungsmodell Beyond Budgeting für jede Organisation in gleichem Maße geeignet ist. Auf diese Frage soll anhand zweier Aspekte kurz eingegangen werden: der Ausgangssituation einer Organisation und der Anwendbarkeit in verschiedenen Branchen bzw. Industrien.

Die Untersuchungen des BBRT haben gezeigt, dass die Implementierung eines Steuerungsmodells ohne Budgets in jenen Organisationen besonders schnell erfolgt und rasch zu sichtbaren Erfolgen führt, in denen:

- organisatorische Rupturen vorliegen (Merger, Akquisitionen, Management- oder Eigentümerwechsel, Privatisierung), die eine radikale Neugestaltung der Managementsysteme erfordern;
- unternehmensweite Krisen bestehen (Marktposition, hohe Wettbewerbsintensität, Ergebnislage, Zukunftsperspektiven);

- schnelle Expansion und Internationalisierung stattfindet, mit entsprechender Notwendigkeit der Dezentralisierung;
- ein substanzielles Interesse der Organisationsleitung an nachhaltigem Wandel und an einem Bruch mit traditionellen Formen der Steuerung vorliegt.

Überzeugende Argumente für die Abschaffung der Budgetsteuerung zu entwickeln, stellt, wie anhand der Defizite des traditionellen Managementmodells gezeigt wurde, *keine* große Herausforderung dar. Die größte Herausforderung besteht darin, in einer Organisation den Mut und die Entschlossenheit aufzubringen ein hochleistungsfähiges, alternatives Steuerungssystem an die Stelle dieses Modells zu setzen. Budgets zu ersetzen sollte aber *nicht* mit dem Bestreben verbunden sein, von vornherein eine 100%ige Lösung zu schaffen. Eine z.B. 80%ige Problemlösung für einen Weg zu besseren Steuerungsprozessen ist für den Anfang schon deutlich mehr, als dies heute übliche Budgetierungs-Prozesse leisten können. Erfolgreiche Organisationen haben genau dies erkannt und beherzigt.[33]

Warum zählen gerade eine Reihe von Handelsunternehmen und Banken zu den Vorreitern und „reinsten" Fallbeispielen des Beyond-Budgeting Managementmodells? Mehr als etwa die Industrie und Dienstleister sind Unternehmen jener Branchen, bei denen das eigene Filialnetz und die Vertriebsorganisation im Zentrum der Wertschöpfungskette stehen, von einem deutlich sichtbaren Kosten- und Wettbewerbsdruck beherrscht. Gerade Handelsunternehmen müssen mit hauchdünnen Margen operieren und beschäftigen sich daher intensiv mit Flächenproduktivitäten, Optimierung des Lagerumschlags oder Reduktion von Overheadkosten. Herausragende Unternehmen dieser Branchen finden auf dieses Weise besondere Anreize, ihre gesamten Managementprozesse zu hinterfragen. Nur indem grundlegende Managementprozesse radikal verändert werden, lassen sich nachhaltige Wettbewerbsvorteile erzielen. Es ist wohl auch kein Zufall, dass gerade Handelsunternehmen wie der Discounter Aldi von Beginn an „intuitiv" ohne Budgets managten. Unternehmen wie dieses haben vielleicht auch deshalb eine ausgeprägte Kultur des „Wir machen alles anders" entwickelt.[34]

---

[33] Alle Beyond-Budgeting-Fallbeispiele zeichnen sich dadurch aus, dass Top-Manager diese Prämisse akzeptiert haben. Manager bei Svenska Handelsbanken, Borealis, Ahlsell, Leyland Trucks, Diageo und anderen waren sich bewusst, dass der Wandel einerseits notwendig war und langfristig deutlich größeren Erfolg versprechen würde.

[34] Zum Fallbeispiel Aldi für Steuerung ohne Budgets siehe z.B. Brandes 2002.

Ein weiterer Grund für die Tendenz zur Steuerung ohne Budgets in diesen Branchen scheint aber die ausgeprägte Profit-Center-Struktur dieser Unternehmen zu sein, die die Unumgänglichkeit einer den Prinzipien dezentraler Autonomie und Steuerung folgenden Führung und eines Managementsystems in der Organisation ganz besonders spürbar macht.

Industrieunternehmen, Mischkonzernen und Dienstleistern scheint es zumindest bei oberflächlicher Betrachtung schwerer zu fallen, zentralistische Leistungsverträge und hierarchische Formen der Steuerung abzuschaffen. Traditionelle Zentralisierung von Leistungen, viele Cost-Center, lange Investitionszyklen und sicher auch Vertrauensmangel und psychologische Dominanz der Zentralen spielen in vielen Firmen eine Rolle. In vielen Fällen auch die Unternehmensgeschichte mit vielfältigen Zusammenschlüssen unterschiedlicher Organisationen, Organisationskulturen und die Tatsache, dass die einzelnen Geschäftsbereiche oft recht heterogen sind. Es hat sich aber in den letzten Jahren gezeigt, dass Mischkonzerne, Konsumgüterhersteller, Industrieunternehmen wie (Borealis, Rhodia, Volvo und Leyland Trucks), Versorgungsunternehmen, Dienstleister und Not-for-Profit-Organisationen sehr wohl in der Lage sind, die neuen Steuerungsprinzipien auf *ihre* Weise umzusetzen. Sie haben eigene Formen budgetloser, hochgradig flexibler und dezentralisierter Steuerung gefunden.

3.2 Better Budgeting – Mittelweg oder pragmatische Alternative?

3.2.1 Budgetierung verbessern: Vorschläge und Techniken für eine fortschrittlichere Planung

Ford errechnete einmal, dass der Budgetierungsprozess des Konzerns jährlich 1,2 Milliarden Dollar verschlang. Der schwedische Fahrzeugbauer Volvo kalkulierte, dass 20% der Aufmerksamkeit von Managern durch die Planungs- und Budgetierungsprozesse der Gruppe gebunden waren (dies vor der Entscheidung des Unternehmens in 1996, Budgets abzuschaffen). Cisco vermutet den Zeitaufwand der Manager hierfür in der Größenordnung von 10–20%. Controlling-Bereiche widmen schätzungsweise 50% ihrer Ressourcen Planung, Budgetierung und Realisationskontrolle. Diese Werte, so subjektiv oder überschlägig geschätzt sie auch sein mögen, weisen auf unterschiedliche Weise auf ein eindrucksvolles Verbesserungspotenzial hin. Es geht um einen Schatz frappierend schlecht angelegter Ressourcen und Managementzeit, der nur „gehoben" werden muss.

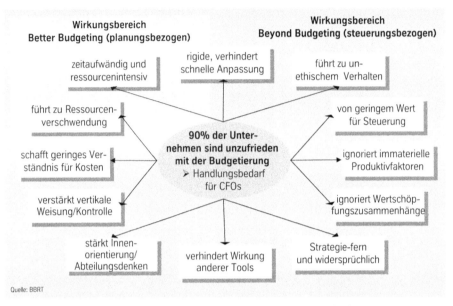

Abb. 21: Probleme der Budgetierung und Wirkungsbereich von Better Budgeting

Viele Unternehmen haben hierzu Wege gesucht und scheinbar auch gefunden: nicht durch Eliminieren des Prozesses, sondern durch Reformen an der Budgetierung. Dieser Ansatz eines Better Budgeting[35] reicht nicht so weit wie der des Beyond Budgeting – und es ist wichtig anzuerkennen, dass er nicht alle Probleme der Budgetierung, seien sie finanzieller oder strategischer Natur oder verhaltensbezogen, zu lösen imstande ist. Von den in Abb. 21 nochmals aufgeführten Problembereichen der Budgetsteuerung wird im Wesentlichen der Effizienzaspekt der Budgetierung hinterfragt. Teilweise werden Lösungen für einen verbesserten Ressourceneinsatz und zur Kostenreduzierung angeboten.

Die Motive für den Beginn eines Better Budgeting-Projektes hängen insofern nur bedingt mit denen zur Implementierung eines Steuerungsmodells Beyond Budgeting zusammen. Bei den vorgeschlagenen Maßnahmen und Tools geht es meist nicht darum, das Managementmodell als solches oder Einstellungen der Organisationsmitglieder in Frage zu stellen, sondern mehr oder weniger

---

[35] Der Begriff wird hier als Kategorie für alle auf Verbesserungen an der Budgetierung abzielenden Vorschläge verwendet. Markennamen für derartige Initiativen gleichen Inhalts, die von Beratungsunternehmen verwendet werden, sind z.B. „Advanced Budgeting" oder „Value Planning".

pragmatische (aber nicht durchweg triviale) Wege zur Verbesserung der Planung aufzuzeigen. Zahlreiche Better Budgeting-Vorschläge zielen z.B. in der einen oder anderen Form darauf ab, den Anteil analytischer Neuplanung in der Budgetierung zu erhöhen, bei gleichzeitig stärkerer Konzentration auf diejenigen Steuerungsinformationen, „auf die es ankommt". Der Verzicht auf fundamentale Änderungen am Managementmodell macht den Ansatz zumindest dem Anschein nach verhältnismäßig leicht umsetzbar und für Controller – als maßgebliche Agenten des Wandels – attraktiv. Ein sichtbarer Vorteil von Better Budgeting gegenüber vielen anderen Veränderungsinitiativen besteht darin, dass sich viele seiner Elemente und Gestaltungsvorschläge auch ohne umfassende Unterstützung des Top-Managements verwirklichen lassen.

Vielfach verfolgen Better-Budgeting-Projekte das Ziel, „Quick wins" zu realisieren durch im Grunde altbekannte Maßnahmen zur Verbesserung der Budgeterstellung. Neben der Wahrnehmung in der Organisation, dass bestehende Prozesse von Planung und Budgetierung zu aufwändig und kostenintensiv sind, spielen z.B. Erwägungen eine Rolle, den Prozess partizipativer zu gestalten oder informationstechnisch besser zu unterstützen. Implizit oder explizit werden Better Budgeting-Projekte zumeist vor dem Hintergrund einer oder mehrerer der folgenden Erwartungen durchgeführt:[36]

- Verbesserung der Kosteneffizienz der Planungs- und Budgetierungsprozesse an sich.
- Notwendigkeit der Kostenreduzierung, Verbesserung der Ressourcenverwendung, Reduzierung von Verschwendung.
- Verbesserte Einbindung oder Beteiligung dezentraler Akteure an der Planung und Erhöhung der Identifikation.
- Weg von starrer Budgetierung, hin zu „flexibler" oder „dynamischer" Planung.
- Erhöhung der Fähigkeit zum Forecasting (Prognose) – für interne Bedarfe und zum Management der Erwartungen der Finanzmärkte.
- Erhöhung der Strategie- und Wertschöpfungsorientierung der Planung und des Verhaltens der Organisationsmitglieder.

---

[36] Siehe z.B. Neely et al. (2001), S. 2.

Ein *effizienterer Budgetierungsprozess* ist für die meisten Organisationen ein attraktives Ziel und kann sichtbare Vorteile und Einsparungen mit sich bringen. Er kann z.B. die Menge der nicht wertsteigernden Aktivitäten im Rahmen der Budgetierung verringern, vor allem jene der Finanzfunktion (was Better Budgeting bei Controllern und CFOs zu einem populären Konzept macht). Better Budgeting zielt in dieser Form auf die Verbesserung der Effizienz des Budgetierungsprozesses ab und schlägt dazu inkrementale oder zuweilen auch radikal anmutende Veränderungen am Planungs- und Budgetierungsprozess vor. Dazu gehören je nach Bedarf einer Organisation z.B. die Prozessgestaltung, die Verschlankung und Vereinfachung oder die bessere informationstechnologische Unterstützung der Budgetierung.

Der Akzent von Better-Budgeting-Projekten liegt in der Praxis meist auf der Forderung, die *Planungseffizienz* zu erhöhen, nicht aber die Grundlagen der planbasierten Steuerung zu hinterfragen (und damit letztlich anders und ggf. deutlich weniger operativ-taktisch zu planen). Trotz der Betonung des Aspekts der Effizienzerhöhung der Budgetierung sollte aber hervorgehoben werden, dass wie in allen Wandlungsinitiativen der größere Wert auch im Better Budgeting nicht in möglicher Kostenersparnis liegt, sondern in der Verbesserung der *Effektivität* der Planungs- und Steuerungsprozesse. Mithin in Aspekten wie der Verbesserung des Beitrags der Planung zu Strategieumsetzung und Wertschöpfung. Die Verstärkung der Brücke zwischen strategischer und operativer Planung, die Neuausrichtung der Verantwortlichkeiten der Akteure in Planungs- und Entscheidungsprozessen oder der Einsatz neuer, zusätzlicher Tools zur Steuerung sind typische Kernforderungen des Better Budgeting. Die Vorschläge für die Verbesserung durch Better Budgeting sind hier aber eher allgemeiner Art.

Better Budgeting ist im Gegensatz zu Beyond Budgeting kein einheitliches Verfahren, sondern im Grunde ein generischer Titel für ein Potpourri unterschiedlicher Gestaltungsansätze, die von Praktikern, Akademikern und Beratern in den letzten Jahren und Jahrzehnten zur Verbesserung der Budgetsteuerung vorgeschlagen wurden. Die Vorschläge reflektieren eine große Bandbreite an Möglichkeiten der Ausgestaltung eines Better Budgeting – vom „irgendwie verbesserten" Budgetierungsprozess bis hin zum schlanken, mit anderen Management-Tools und der Strategie abgestimmten „Rollierenden Budget". Es handelt sich bei Better Budgeting also um keine geschlossene Methode, sondern um eine große Anzahl von Techniken und Gestaltungsprinzipien, die von Organisationen nach Belieben eingesetzt werden. Better Budgeting kennzeichnet im Grunde alle möglichen Tools zu einer besseren Budgetierung und kommt ohne allgemeine Theorie aus. Einige Verfahren widersprechen sich durchaus – was aber kein Problem darstellt, da die verschiedenen Methoden in Organisationen situativ zum Einsatz kommen können. Organisationsindividuell müssen andererseits in jedem Fall bestimmte Ansätze aus der Better Budgeting-Toolbox ausgewählt werden. Better Budgeting ist in höchstem Maße gelebte Praxis, denn es geht darum den Bedarf der Organisation hinsichtlich Planung und Budgetierung zu untersuchen und darauf aufbauend punktuelle Verbesserungen durchzuführen.

Tools und Gestaltungsvorschläge des Better Budgeting können grob in zwei Kategorien eingeteilt werden. Eine umfasst alle Ansätze, die unmittelbar auf die Verbesserung des traditionellen Prozesses Budgeterstellung abzielen. Die andere hat die Versuche, Planung und Budgetierung durch neue Tools und Gestaltungselemente anzureichern und zu optimieren, zum Inhalt. Abb. 22 gibt eine Übersicht über wesentliche Techniken und Konzepte innerhalb der beiden Better-Budgeting-Instrumentekästen. Alle im Toolkit 2 abgebildeten Ansätze sind darauf ausgerichtet, *spezifische* Problembereiche herkömmlicher Budgetierung zu bewältigen. Keines der zusätzlich einsetzbaren Tools ist zwar für sich genommen in der Lage, Budgetierung zu ersetzen. Doch können

Abb. 22: Entwicklungsweg und Toolsets zum Better Budgeting

einzelne Tools bestimmte Teilfunktionen der Budgetierung verstärken oder übernehmen, um auf diese Weise die funktionalen Konflikte innerhalb des Prozesses unter Umständen zu verringern.

Betrachtet man die in der Praxis durchgeführten Initiativen zur Verbesserung der Planung genauer, dann wird schnell deutlich, dass weder von einheitlichen Ausgangssituationen noch von einheitlichen Zielsetzungen, Toolverwendung, Eigenschaften der Projekte oder Endzuständen gesprochen werden kann. Insofern sollte man Wirkungsweise, Praktikabilität oder Potenzial von „Better Budgeting" auch nicht pauschal mit denen des Beyond Budgeting vergleichen. Es existiert kein allgemein gültiges „Konzept Better Budgeting"! Das Ergebnis von Better-Budgeting-Initiativen ist auch niemals eine spezifische Form von „Better Budgeting", sondern einfach eine nicht genau definierbare Art „besserer Planung", im Vergleich zu der von einer individuellen Organisation zuvor praktizierten.

Die Verwendung bestimmter Better Budgeting-Konzepte mag bis zu einem gewissen Grad „modisch" bedingt sein. Zwei in den letzten Jahren auf breiter Front diskutierte Innovationen betreffen die Softwarenutzung in Planung und Budgetierung sowie den Einsatz von Rolling Forecasts oder „rollierenden Budgets". Inwiefern diese und andere Konzepte aus dem Better Budgeting-Portfolios anwendbar und nützlich sind, soll in den beiden folgenden Abschnitten ausführlicher dargestellt werden. Aus der Vielzahl der existierenden Verbesserungsvorschläge wurden hierfür einige der tragfähigsten herausdestilliert, sowie Wirksamkeit und Implikationen der Anwendung analysiert.[37]

---

[37] Ein großer Teil der im Folgenden dargestellten Gestaltungsvorschläge sind teilweise oder ausschließlich aus Sicht eines Better Budgeting empfehlenswert und verlieren aus der umfassenderen Perspektive des Beyond Budgeting schnell an Attraktivität. Dennoch soll hier, auch aufgrund der anhaltenden Popularität von Better Budgeting-Initiativen, auf eine Diskussion der Ansätze und Techniken nicht verzichtet werden.

Irrtümer rund um Better Budgeting

- *Better Budgeting ist keine einheitliche oder geschlossene Theorie,* sondern ein loses Potpourri heterogener Gestaltungsvorschläge und Instrumente, die je nach Bedarfen einer spezifischen Organisation ausgewählt werden können.
- Die Mehrzahl der Better Budgeting-Projekte zielt auf *Effizienzverbesserungen hinsichtlich bestehender Planungsprozesse* ab und wird vom Finanzbereich in Eigenregie durchgeführt.
- Als methodisch weniger anspruchsvolle, evolutionäre Verbesserungsstrategie für Planung und Budgetierung sind durch Better Budgeting relativ kurzfristig spürbare Einsparungen möglich.
- Der Instrumentekasten des Better Budgeting lässt sich grob in zwei Segmente einteilen: (1) Ansätze, die unmittelbar auf die *Verbesserung des traditionellen Prozesses der Budgetierung* abzielen, und (2) solche, die Planung und Budgetierung durch *neue Tools und zusätzliche Gestaltungselemente* anzureichern und zu optimieren versuchen.
- Der Versuch, Better-Budgeting-Initiativen in verschiedenen Organisationen direkt miteinander zu vergleichen (oder Better-Budgeting-Praktiken pauschal mit Beyond Budgeting zu vergleichen) ist wegen des Fehlens einer einheitlichen Theorie und Methodik des Better Budgeting nutzlos und führen in die Irre!

3.2.2 Better Budgeting Toolbox, Teil 1: Verbesserungen am Prozess von Planung und Budgetierung

Zur ersten Gruppe des Better Budgeting Toolsets gehören eine Reihe von Vorschlägen, mit denen die traditionellen Prozesse der Budgetierung – Budgeterstellung und Reporting/Kontrolle – weiterentwickelt und verbessert werden sollen. Die Verfahren stellen gemeinsam eine recht solide Basis für ein wirkungsvolles Reengineering der mit der Budgetierung verbundenen Prozesse dar. Auch wenn die folgenden Gestaltungsvorschläge jeder für sich nicht revolutionär erscheinen, können sie doch in verschiedenen Kombinationen deutliche Verbesserungen bewirken. Wenig empfehlenswert erscheint es, Better Budgeting lediglich auf dem Fundament eines einzelnen Ansatzes zu versuchen. Oft werden durch Fokussierung auf einen einzigen Aspekt der Planung an anderer Stelle zusätzliche inakzeptable negative Effekte verursacht.

Analyse und Verbesserung des Prozessablaufs

Eine einfache Analyse des Budgetierungsprozesses zeigt in den meisten Fällen, dass durch Reengineering der zugrunde liegenden Teilprozesse signifikante Zeiteinsparungen erreicht werden könnten. Leider wird das Reengineering nur relativ selten in konsequenter Weise auf die Budgetierung angewendet. Ineffizienzen bleiben u.a. deshalb bestehen, weil dort, wo Prozessoptimierungen versucht werden, kaum eine echte Vision aller an der Budgetierung beteiligten Anspruchsgruppen hinsichtlich des letztlich erwünschten Prozesses entwickelt und die Optimierung selbst in der Folge zu technokratisch angegangen wird.

Planungsinputs und Top-down-Vorgaben: Der hohe Zeitaufwand der Planung wird häufig dadurch mit verursacht, dass die Leitung zu Beginn des Planungsprozesses lediglich unzureichende Vorgaben von der Unternehmensleitung bezüglich der strategischen Ziele und konkreter Zielindikatoren macht. Top-down-Vorgaben an sich können häufig verbessert werden: Erstaunlicherweise fehlen sie oft oder sind zu unspezifisch für den sich anschließenden Bottom-up-Prozess der Planung. Die frühzeitige Festlegung konkreter „Top-down"-Vorgaben kann den Prozess im Sinne einer Vorsteuerung verkürzen und spätere Planungsschleifen zumindest teilweise vermeiden. Sie erhöht zudem die Möglichkeit der Einflussnahme der Führung auf Prozess und Ergebnis. Voraussetzung für bessere Planungsvorgaben wäre prinzipiell eine strategische Planung, aus der derartige Zielvorgaben, strategische Ziele, Planungsprämissen und Indikatoren-Grenzwerte abgeleitet werden können. Hochgradig aggregierte Trendrechnungen zu Beginn der Budgetierung und Planungsworkshops können die Erstellung dieses Planungsinputs operationalisieren.

Reengineering des Prozessablaufs: Studien und Beobachtungen aus der Praxis zeigen, dass Prozesse der Budgeterstellung üblicherweise zwischen 4 und 5 Monaten dauern. *Die Analyse kritischer Pfade* des Prozesses würde in den meisten Fällen nicht nur aufdecken, dass die meiste Zeit durch Warten auf die Beendigung vorangegangener Aktivitäten verschwendet wird, sie kann auch Aufschlüsse darüber geben, durch welche Prozessveränderungen deutliche Zeiteinsparungen realisierbar sind. Die Analyse des kritischen Pfades für die Budgeterstellung kann dazu dienen, diese Zeitverschwendung aus dem Prozess zu eliminieren.

Bedarfsgerechte Aktualisierung: Pläne (Planrevisionen und Forecasting) sollten je nach Bedarf aktualisiert werden. Viele Planungseinheiten haben zu viel Zeit für ihre Planung zur Verfügung, wobei die überschüssige Zeit oft unproduktiv für das Feilschen zwischen Kollegen verwendet wird. Die Folge ist ein suboptimaler Planungsprozess, der den einflussreichsten und politisch geschicktesten Managern Ressourcen zugesteht und sie andererseits Managern, die sie am meisten verdienen, vorenthält. Der Planungskalender kann hingegen den Geschäftseinheiten entsprechend dem Geschäfts- oder Bereichscharakter angepasst werden. Diese Flexibilisierung des Prozesses lässt sich sowohl auf die Häufigkeit von Aktualisierungen als auch auf den Zeitraum anwenden. der einzelnen Einheiten für die Planung zugestanden wird.

Die Prozessuniformität hinterfragen. Zeithorizont und Detaillierungsgrad der Planung müssen nicht notwendigerweise organisationsweit einheitlich sein. Substanzielle Vorteile können entstehen, wenn eine der grundlegenden Annahmen der Budgetierungspraxis hinterfragt wird, und zwar die, dass alle Geschäftseinheiten den identischen Budgetierungsprozessen folgen müssen. Aus Gründen der Bequemlichkeit von Zentralabteilungen oder aufgrund historischer Entwicklungen werden in der Praxis oft unterschiedliche Geschäftseinheiten zu Budgeteinheiten zusammengefasst, oder alle Geschäftseinheiten budgetieren in identischer Weise. Es ist jedoch offensichtlich, dass junge, schnell wachsende Geschäfte und erfolgskritische Prozesse anders gesteuert werden können als reife Bereiche oder Zentralabteilungen. Die Vereinheitlichung des Prozesses stellt gerade für dezentrale Entscheider den Sinn der Budgetierung offen in Frage. Ergänzende Planungen zu denen mit traditionellem einjährigen Planungshorizont sollten den Anforderungen der Geschäftsbereiche folgen. So ist es z.B. nicht unüblich, dass man Geschäftseinheiten mit kurzen geschäftsbedingten Planungshorizonten detaillierte, weit in die Zukunft reichende Pläne abverlangt oder dass Business Units mit langem Planungshorizont detaillierte Kurzfrist-Pläne erstellen müssen. Hierfür aufgewendete Zeit und Ressourcen sind zwangsläufig vergeudet.

Detaillierungsgrad der Planung verringern

Vielfach hat sich in Organisationen eine Planungspraxis etabliert, die davon ausgeht, dass auf Pläne umso mehr Verlass ist, je exakter und detaillierter die entsprechenden Zahlen sind. Das Gegenteil ist der Fall. Viele Planungsdetails sind unwichtig oder nur scheinbar genau, weil bereits die ihnen zugrunde liegenden Prämissen mit so großen Unsicherheiten behaftet sind, dass sich eine Detailplanung eigentlich verbietet. Vielmehr hat der hohe Detaillierungsgrad ausschließlich einen immensen Aufwand bei Budgeterstellung, -abstimmung, und -revisionen zur Folge.

Viele Organisationen detaillieren Planungen und Reporting pauschal bis auf die Ebene einzelner Produkte und Konten (Linien-Positionen). Eine einheitliche Detaillierungstiefe aller operativen Pläne ist aber weder notwendig noch sinnvoll. Die Qualität der Planung wird nicht beeinträchtigt, wenn der Detaillierungsgrad differenziert, also in ausgewählten Bereichen verringert wird. Beispiele: Der Absatz volumenmäßig weniger bedeutender oder stabiler Märkte lässt sich weniger detailliert planen als der von voluminösen oder volatilen/jungen Märkten; Absatzprogramme können auf Produktgruppen- statt auf Variantenebene geplant werden; statt Kostenarten können bestimmte übergreifende Kostentreiber als Planungsgrundlage dienen. Ein hoher Detaillierungsgrad ist wenig sinnvoll in stabilen Märkten und Geschäftsfeldern mit hohem Reifegrad. In turbulenten Märkten kann eine detaillierte Planung u.U. sinnvoll sein, jedoch über einen sehr begrenzten Planungszeitraum und bei regelmäßigen Planrevisionen. Planungseinheiten können angehalten werden, den für sie geeigneten Planungshorizont zu wählen.

Den Detaillierungsgrad pauschal verringern. – Ein Ansatz zu radikaler Vereinfachung des Prozesses ist der Übergang zu verdichteter Planung und Reporting, also die Verkörnerung der Planung zu aggregierteren Positionen wie „Vertriebskosten" oder „Forschung/Entwicklung". Hier wird auf jede weitergehende Detaillierung von Plänen bewusst verzichtet.

Zumindest ist in einigen Unternehmen bereits ein deutlicher Trend dahingehend zu beobachten, detaillierte Soll-Ist-Vergleiche zugunsten der Konzentration auf Schlüsselindikatoren zu vernachlässigen. Dieser Schritt reduziert den Aufwand und erhöht die Effektivität des Leistungsmanagements durch die Konzentration auf das Wesentliche. Beim Telekommunikationskonzern Nortel etwa stellte sich das Management die Frage, welche Informationen wirklich zur Steuerung relevant waren. Die Detaillierung der Gewinn- und Verlustrechnung konnte daraufhin von 100 Linienpositionen auf 8 verringert werden. Eine solche Verkörnerung macht Planerstellung, Revisionen und -iterationen wesentlich weniger aufwändig, wirkt sich aber auch positiv auf das Reporting (Plan-Ist-Vergleiche) aus: Die von Linienmanagern verantworteten Kostenpositionen können von Zentralabteilungen und Top-Management nicht mehr bis auf die Kontenebene gegen Plan verfolgt werden. Entsprechend sollte die Unternehmensleitung gewillt sein, sich auf die Kontrolle der wesentlichen, aggregierten Positionen und Indikatoren zu beschränken. Auch im Reporting sind durch geringere Detaillierung also gravierende Vereinfachungen über das Geschäftsjahr hinweg möglich, doch wird u.U. auch eine veränderte Einstellung und Führungshaltung des Top-Managements erforderlich.

Verkürzung des Planungshorizontes/Verzicht auf Langfristplanung

Die Verkürzung des Planungshorizontes kann die Budgetierung zusätzlich bedeutend vereinfachen. Pläne können schneller und mit weniger Aufwand erstellt werden. Die Verkürzung des Planungshorizontes kann einzelne Teile der Planung betreffen (z.B. Verzicht auf mehrjährige dezentrale Produktions-, Personal- und Kostenpläne, unter Beibehaltung mehrjähriger grober Ergebnis- und Finanzplanung). Es ist aber durchaus sinnvoll, den Planungshorizont der in Budgets dokumentierten operativ-taktischen Planung generell zu verkürzen. Heute pflegen Unternehmen in regelmäßigen Abständen „langfristige" taktische Pläne mit einem Zeitraum von drei bis fünf Jahren zu erstellen. Diese Planungsanstrengungen sind in der Praxis durch nichts zu rechtfertigen.[38] Was viele Unternehmen heute als ihre strategischen Pläne bezeichnen, sind in Wirklichkeit keine Strategie-basierten Planungen, sondern langfristige operative Pläne oder mehrjährige Fortschreibungen laufender Budgets. Derartige „Pläne" erfüllen die Anforderungen an strategische Orientierung in keinster Weise, weil originär strategisches Denken hier keinen Niederschlag findet. Auch in Branchen mit langfristigen Investitionszyklen und Reaktionszeiten zur Kapazitätsanpassung (z.B. Luft- und Raumfahrt oder Energieversorgung) können operativ-taktische Pläne im Übrigen keine den strategischen Managementprozess sinnvoll ergänzenden Aussagen liefern. Vielmehr steigen die bereits für Budgetpläne mit einjährigem Geschäftsjahresbezug geltenden strategischen und finanziellen Beschränkungen hinsichtlich der Aussagekraft von Planung exponentiell an.

Mit der Verkürzung des Planungshorizonts entfällt in vielen Organisationen die aufwändige Durchführung eines separaten Planungszyklus für „Mittelfristplanung", der letztlich nur zu verzichtbarer Komplexität und Inkonsistenz der Planungsergebnisse führt. Damit kann der Schritt zur Abschaffung mehrjähriger Planungsperioden deutlich spürbare Vereinfachungen in der Planungspraxis erbringen.

---

[38] Siehe zu den inhärenten Problemen langfristiger Programmierung und Planung vertiefend Abschnitt 2.1.4.

Planungsbeteiligung und vertikale Integration

Im Rahmen der Prozessbeteiligung und Ablaufgestaltung bei der Planerstellung existieren eine Reihe verschiedener, durchaus gegensätzlicher Vorschläge zur Gestaltung:

- Zentralisierte versus kollaborative Budgetierung
- Top-down- versus Bottom-up- versus Gegenstromverfahren
- Vorschläge zur Verminderung der Anzahl von Prozessiterationen oder Wiederholungsschleifen der Planung

Die unterschiedlichen Gestaltungsformen sind durch die kollidierenden Interessen von Planungsbeteiligten in der Budgetsteuerung geprägt und stehen in engem Zusammenhang mit der Notwendigkeit von Verhandlung innerhalb der Planerstellung sowie dem Anliegen von Organisationen, die Identifikation mit Plänen und Relevanz der Pläne für Linienmanager zu maximieren. Ein Beispiel: Einige Praktiker und Wissenschaftler schlagen vor, die Top-down-Komponente des Prozesses zu stärken, um den Arbeits- und Zeitaufwand zu reduzieren. Dies wird leicht mit einem Verlust an Identifikation und Relevanz erkauft, kann aber in dirigistisch und zentralistisch gemanagten Organisationen oder Budgetprozessen, an deren Anfang keine ausreichenden Vorgaben und Planungsprämissen stehen, durchaus sinnvoll sein.

Versuche der Abgrenzung von Budgetierungs-Stilen mit unterschiedlichen Graden vertikaler Mitarbeiterbeteiligung führen zur Identifikation vermeintlich praxisrelevanter Planungstypen: Zuweilen werden auf diese Weise z.B. autoritäre Budgetierung (vor allem top-down), partizipative oder kollaborative Budgetierung (mit einem ausgeprägten Bottom-up-Element) und konsultative Budgetierung (top-down, dann bottom-up/Gegenstrom – oft aber: Pseudo-Partizipation) unterschieden.

Die Einschätzungen hinsichtlich des Einflusses unterschiedlicher Verfahren auf die Leistung von Managern und der Organisation als Ganzem sind zwar widersprüchlich. Dennoch gehört dies zu den gern diskutierten Themen auf Konferenzen und Seminaren über Planung und Budgetierung. Hohe dezentrale Beteiligung an der Budgetierung führe – so Verfechter partizipativer Budgetierung – zu verbesserten Einstellungen gegenüber dem Budgetierungssystem, zu relevanteren Standards, verbesserter Kommunikation, höherer Motivation der Mitarbeiter und besserer Leistung. Gegenargumente „pro" autoritäre oder lediglich konsultative Budgetierung sind typischerweise, dass der resultierende Prozess effizienter, schneller und kostengünstiger sei. Dezentralisierung der Planungsinputs und „kollaborative Planung" dürfen – so hat sich in der Praxis gezeigt, auf keinen Fall zum Selbstzweck werden. Planungsdaten werden *nicht* notwendigerweise „besser" oder führen durch Partizipation etwa zu mehr Verantwortung und Identifikation, wenn gleichzeitig Manipulation, Verhandlung und Bürokratie zunehmen. Dezentralisierte Planung ist entsprechend auch nicht gleichbedeutend mit dezentralisierter Entscheidungsfindung oder Verantwortung. Dezentralisierte, kollaborative Planung will oft das Unmögliche: höhere Beteiligung und Identifikation der Mitarbeiter bei gleichzeitig strafferer Koordination.

Alle Gestaltungsformen haben miteinander gemein, dass mit ihnen ein fester Leistungsvertrag entsteht, dass Ziele letztlich „ausgehandelt" und durch Überzeugung, Zwang oder Manipulation „ausgepokert" werden. Keiner der Prozesse weist letztlich Mitarbeitern flexible Leistungsmaßstäbe und Entscheidungsfreiheit zu. Selten wird der Prozess selbst eine angemessene Effektivität zur Steuerung im Verhältnis zum betriebenen Aufwand aufweisen.

Zusammenfassend kann gesagt werden, dass Maßnahmen zur Veränderung der Planungsbeteiligung immer mit Chancen und Risiken behaftet sind. Hohe Planungsbeteiligung führt nicht per se zu besserer Budgetierung, wenn dadurch im Wesentlichen der Grad politischen Taktierens und der Verhandlung erhöht wird oder die Planungs- und Kontrollbürokratie zunimmt. Stärkere Top-down-Vorgaben können den Prozess deutlich vereinfachen, können aber – sofern dies möglich ist – auch zu noch geringerer Identifikation und Verantwortung des Linienmanagements führen.

Team-orientierte Budgeterstellung

Budgetierung ist traditionell eine „Individualsportart". Linienmanager graben Nummern aus, erarbeiten und überarbeiten ihre Daten in der Tabellenkalkulation und kreieren dann Argumentationen und Begründungen für ihre Budgetforderungen. Eine effektivere Herangehensweise besteht darin, Budgetierung in eine „Mannschaftssportart" umzuwandeln, effektiv verantwortliche Mitarbeiter mit einzubeziehen und dabei Verantwortung und Verständnis von Budgets zu erhöhen. Auch abteilungsübergreifende Prozesse können so tendenziell besser berücksichtigt werden. Ziel dieses Ansatzes ist die Erhöhung von Verantwortung („Ownership"): Linienmanagement und Teams sollen die Eigentümer ihrer Zahlen und operativen Pläne bleiben und entsprechend Verantwortung für ihre Planung wahrnehmen. Top-Management und Controlling sollten den Budgetierungsprozess in Form von Diskussionen und Workshops begleiten. Bei Fujitsu wird dies realisiert, indem die Leiter von Geschäftseinheiten mit einer Ein-Seiten-Zusammenfassung ihrer kritischen Annahmen (taktische Markt- oder Verbesserungsziele) und Initiativen in die Budgetierungssitzungen gehen. Gemeinsam werden dann im Stil eines Businessplans die Auswirkungen auf das neue Budget erarbeitet. Auf diese Weise können Budgets zumindest ansatzweise den Charakter reiner Anfragen nach Geldmitteln verlieren und ihrer Rolle als Diskussionsplattform zum Erreichen gemeinsamer Unternehmensziele besser gerecht werden.

Der häufig von Linienmanagern geäußerte Vorwurf, das Top-Management stelle während des Planungsprozesses „sinnlose Fragen", hängt auch damit zusammen, dass die Unternehmensführung mit unaktueller und unzureichender Information versorgt wird. So kreisen Budget-Diskussionen darum, wie viele Reisen im Reisebudget des nächsten Jahres vorgesehen sind, anstatt Fragen zu klären wie: „Was werdet ihr mit den euch zur Verfügung gestellten Ressourcen im nächsten Jahr anstellen?" Diese Art von Ziel- und Tätigkeitsinformation mit Hilfe konstruktiver Diskussionen oder Workshops in die Budgetierung zu integrieren ist eine Herausforderung für Controller und CFOs. Die Rolle des Finanzbereichs im Prozess verändert sich durch das Workshop-Konzept. Der Finanzbereich wird durch den Verzicht auf die Gesamtverantwortung für Prozess und Endergebnis vom Eigentümer des Budgets zum Moderator und Berater im Planungsprozess. Im Zusammenhang mit der Budgeterstellung im Team sollten aber Top-Management und Controlling gleichzeitig dazu übergehen, auf dirigistische Budgetkürzungen und aggressive Budgetknetung („Reisekosten um 20% verringern" und Ähnliches) im Verlauf der Budgeterstellung und des Geschäftsjahres zu verzichten. Es ist sinnvoll, in Ergänzung zur Erarbeitung von Budgets in gemeinsamen Workshops eine Politik des Verzichts auf ein Mikromanagement durch die Unternehmensleitung zu vereinbaren und diese auch zu dokumentieren.

Modellierung mit Indikatoren/Treibern

Traditionelle Budgets enthalten überwiegend oder ausschließlich finanzielle Größen – in Form von Euros und Cents. Auf diese Weise geben Budgets meist keinen Aufschluss über die dahinter liegenden Maßnahmen, Aktivitäten und Prozesse. Budgets sind *Input-orientiert:* Es wird geplant, welche Ressourcen – Personaleinsatz, Material, Produktionsanlagen, Finanzmittel – für die Leistungserstellung bereitstehen sollen. Gelingt es aber, die Planung verstärkt auf „Output-orientierten" Faktoren aufzubauen, also auf „Treibern" und daran anknüpfenden prozessbasierten Wirkungszusammenhängen, dann erhält das Planungsmodell größere Handlungsrelevanz: Statistiken zu Produktionseinheiten, Werteinheiten pro Mitarbeiter und Werteinheit pro Stück sind intuitiv verständliche und quantifizierbare Größen, die im Planungsprozess und bei Plan-Ist-Vergleichen leicht interpretiert werden können. Statt lediglich Input-orientierte Finanzgrößen festzulegen werden nun finanzielle Größen aus nicht-finanziellen Parametern abgeleitet. So werden Pläne prophylaktischer und adaptiver (Erstellung und Analyse alternativer Szenarios werden stark vereinfacht) und können leichter überarbeitet werden.

Im Grunde geht es dabei um eine Überführung der Planungsdaten, die Linienmanager dezentral in ihren eigenen Tabellenkalkulationen speichern und erarbeiten (z.B. Mengenangaben, Maßnahmenpläne usw.), in das Planungsmodell des Unternehmens. Planungsprämissen und Berechnungsformen werden damit der gesamten Organisation transparent gemacht, und Planungs-Know-how wird in Form von Meta-Daten systematisch gehalten. Durch die gewissermaßen statistische Modellierung der Zusammenhänge zwischen Kostentreibern und Effekten gibt das Budget zumindest teilweise Aufschluss über Wechselwirkungen zwischen Aktivitäten bzw. Programmen und deren finanziellen Auswirkungen. Hilfreich ist hier aber auch die Integration mit Daten und „Intelligenz" aus Personalmanagement, Kundenmanagement, Logistik und Investitionsmanagement.

Das Problem der Überverwendung historischer Rechnungswesen-Daten für die Planung im Sinne einer Fortschreibung „plus/minus 10 Prozent" kann tendenziell reduziert werden, wenn man Treiber-Variablen verwendet, die sich anhand modellierter Zusammenhänge leicht zu aktuellen Plänen konsolidieren lassen. Treiberbasierte Modellierung bezieht Kostentreiber, Umsatztreiber, Personalressourcen-Metriken und andere finanzielle und nicht-finanzielle Faktoren mit ein. Die Verwendung stärker vorlaufender Indikatoren wie Produktdefekte, Produktionseffizienz und Personalfluktuation stellt allerdings bereits hohe methodische Ansprüche. Und die Aktualisierung eines hochintegrierten und indikatorgetriebenen Modells, das mit der Zeit natürlichen Wandlungen unterliegt, ist recht aufwändig. Activity-based Budgeting als Methode kostentreiberbasierter Budgetierung hat auch deshalb keine weitere dauerhafte Verbreitung gefunden.

Wird die treiberbasierte Planung mit einer drastischen Vereinfachung des Budgetierungsprozesses verbunden, dann kann z.B. ein Set von nur 7–12 Treibern, die das finanzielle Ergebnis wesentlich beeinflussen, zur Erstellung von Budgets ausreichen. Für eine stark vergröberte, kostenbezogene Budgetierung lässt sich z.B. in Zusammenarbeit von Finanzern und Linienmanagern ein Indikator wie „Derzeitiges Kostenniveau" (Kosten über Nettoumsatz) für ein Projektportfolio auswählen, das aufzeigt, welches Kostenniveau erforderlich ist, um im Geschäft zu bestehen – unter Beibehaltung des derzeitigen qualitativen und quantitativen Niveaus der Leistung. Ausgehend hiervon kann anschließend dasjenige Kostenniveau extrapoliert werden, das erforderlich ist, um darüber hinaus die vorgesehenen taktischen Ziele zu erreichen. Werden Treiber aus echten Unternehmensdaten erarbeitet (statt aus prämissenbasiert geschätzten), so kann der Prozess der Analyse von Treibern selbst bereits wertvolle Einsichten in Zusammenhänge von Operation, Taktiken und Strategien bringen. Außerdem ist es prinzipiell möglich, aus den mittel- und langfristigen Zielen der Strategieplanung taktische Kurzfrist-Ziele abzuleiten, die als jahresbezogene Indikatoren in die Budgetierung eingehen und auf diese Weise in einen die finanziellen Erwartungen für das Geschäftsjahr erfüllenden operativen Finanzplan übersetzt werden. Das Verständnis der Funktionsweisen von Ergebnis- und Werttreibern kann aus Tools wie der Balanced Scorecard kommen oder letztlich zur Implementierung eines echten Balanced Scorecard-Prozesses hinführen. Zur Verwirklichung eines derartigen Prozesses ist jedoch seitens der Unternehmensleitung der Wille zu radikaler Vereinfachung nötig. Im Idealfall treiberbasierter Planung könnte die Budgetierung dann die in der folgenden Abbildung zusammengefassten Eigenschaften aufweisen.

	Herkömmliche Budgetierung – kalenderbasiert	Treiberbasierte Budgetierung – ereignisgetrieben
Planung und Reporting	jährliche Planung, dreimonatige Aktualisierungen und Reporting	aktuelle Ereignisse wirken sich auf monatliche, periodenübergreifende Projekt-Scorecards aus
Indikatoren	vergangenheitsbezogen	Frühwarnindikatoren
Kostenbezug	abteilungs- und kontenbezogen	aktivitätenbezogen
Flexibilität	statisch	dynamisch
Zuordnung Kosten interner Leistungen	über Allokationen	über prozessbasierte Kostenzurechnung
Organisationsbezug	vertikale Orientierung mit Abteilungs- und Hierarchiebezug	Prozessbezug: horizontal und organisationsübergreifende Teams und koordinierte Ereignisse
Risikomanagement	erfahrungsbasierte Schätzungen, aber geringes Risikobewusstsein	Szenarioplanung, Analyse alternativer Handlungsoptionen

Abb. 23: Unterschiede zwischen traditioneller und treiberbasierter Planung

Hoshin-Planung

Dieses Verfahren zielt auf die Operationalisierung des Brückenschlags zwischen strategischer Planung und Budgets ab. Im Kern soll dies durch die *Bündelung der wichtigsten strategischen Aussagen zu Projekten* geschehen, die dann direkt über Projektbudgets in die operative Planung einfließen. Die einzelnen Projektinhalte werden in Maßnahmen zerlegt den jeweiligen Unternehmensebenen zugeordnet. Die Projekte als Operationslisierungsform strategischer Initiativen reduzieren die Unsicherheit darüber, wie die Ziele in Maßnahmen umgesetzt werden sollen. Die bewusst selektive Auswahl einiger weniger strategischer Ziele führt zur Komplexitätsreduktion und Erhöhung der Erfolgswahrscheinlichkeit der einzelnen Initiativen. Damit sich Strategie und operative Planung miteinander verbinden lassen, sollten – sofern vorhanden –

z.B. Zielgrößen der Balanced Scorecard als Top-down-Vorgaben verwendet werden.

Projektbasierte/Scorecard-basierte Budgetierung

Balanced-Scorecard-Erfinder Norton und Kaplan schlagen für Organisationen, die parallel zur Budgetierung die Scorecard verwenden ein Verfahren vor, das die separate Erstellung so genannter strategischer und operativer Budgets beinhaltet. Durch die Trennung eines direkt aus dem Scorecarding abgeleiteten strategischen Budgets für strategische Initiativen von eher operationalen Ressourcenbedarfen soll die Budgetierung strategisch und operational ausgewogen gestaltet werden.[39] Der Vorschlag von Norton/Kaplan geht damit in eine ähnliche Richtung wie die Hoshin-Planung, hat aber aufgrund der relativ großen Verbreitung des Scorecarding in den letzten Jahren größeres Echo gefunden.

Das so genannte strategische Budget – hier liegt die eigentliche Neuerung des Gestaltungsvorschlags von Norton/Kaplan – fasst die aus den diversen Scorecards abgeleiteten strategischen Aktionen und Initiativen zusammen. Dieser Teil der Budgetierung richtet sich ausschließlich auf „Neues", also auf diejenigen Initiativen, die in herkömmlichen Budgets oft nicht ausreichend berücksichtigt und nur selten systematisch mit Ressourcen ausgestattet werden, obwohl strategische Initiativen als Hauptbeitrag zur Schließung „strategischer Lücken" zwischen Ist-Leistung und dem in der Strategie formulierten gewünschten Zustand gelten können. Organisationen fokussieren im Budgeterstellungsprozess meist auf das laufende Geschäft, zuungunsten der Berücksichtigung reinrassig strategischer Aktivitäten.

Das strategische Budget bildet – weil unmittelbar aus dem Steuerungs- und Lernprozess des Scorecarding abgeleitet – entsprechend all jene Initiativen ab, die Unternehmenswachstum und strategische Entwicklung unterstützen: neue Operationen und Fähigkeiten, Produkte/Leistungen, Kunden, Märkte, Regionen, Allianzen und Kooperationen. Es zeigt die strategischen Initiativen in ihrem jahresbezogenen Verbrauch von Personalressourcen, Kapital und Fi-

---

[39] Norton und Kaplan behaupten in älteren Veröffentlichungen, dass Budgets notwendig seien, um Strategie als „Taktik" im Alltag zu verankern (z.B. Norton/Kaplan (2001), S. 247-266). Dabei versäumen sie aber zu begründen, warum oder wie dies der Fall sein soll. In Abschnitt 2.1 dieses Buches zeigt auf, warum diese Prämisse verkehrt ist: Ein integrierter Strategieprozess „Strategie zu Umsetzung" mit Scorecards muss im Gegenteil dazu beitragen, Budgets überflüssig zu machen.

nanzmitteln. Dazu werden die Initiativen zuvor auf Basis von Investitionen, Kosten, Erlösen und weiteren Größen im Rahmen von strategischen Projekten geschäftsjahresbezogen budgetiert.

Das operative Budget bildet hingegen das fortlaufende operative Geschäft auf Grundlage von GuV, Bilanz und Finanzplan des Vorjahres ab. Zusätzlich fließen hier Top-down-Vorgaben aus der Balanced Scorecard und Mittelfrist-Prognosen ein. Für die Erstellung des operationalen Budgets – finanziell gesehen macht es den weitaus größten Teil des Ressourcenverbrauchs aus (angeblich um die 90%) – wird als zusätzliches Verfahren die Verwendung des Prozesskostenmanagements (ABC/M) vorgeschlagen. Inhaltlich bildet also das operationale Budget existierende Produkte, Leistungen und Kundenbeziehungen ab („business as usual"), und hat im Wesentlichen die Genehmigung von Ressourcen zum Zweck. Am Ende werden die beiden Teilbudgets – das operationale und das strategische – zu einem Gesamtbudget zusammengeführt (siehe Abb. 24).

Das Verfahren lässt sich relativ leicht in den herkömmlichen Budgetierungsprozess integrieren, wenn es gelingt, strategische Budgets – die ja meistens aus bereichsübergreifenden Initiativen abgeleitet werden – in die hierarchi-

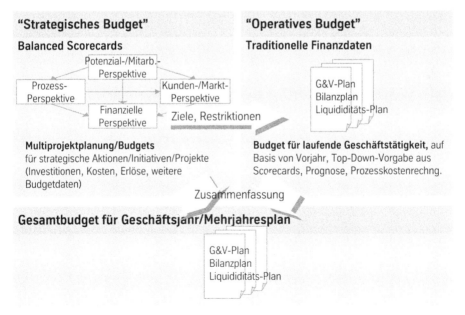

Abb. 24: Scorecard-basierte Budgetierung nach Norton/Kaplan

sche Organisationsstruktur des operativen Budgets einzuordnen. Im Versuch der Umwandlung der ständig im Fluss befindlichen und oft langfristigen strategischen Initiativen in strikt fixierte geschäftsjahresbezogene Projektbudgets liegt jedoch eine offensichtliche Schwäche des Verfahrens. Es ist z.B. zweifelhaft, ob das Gesamtbudget irgendeinen Nutzenbeitrag für die Steuerung der strategischen Initiativen leisten kann: Die Steuerung der Initiativen wird letztlich mittels Techniken des Projektmanagements erfolgen, nicht auf der Grundlage des Budgets! Somit bleibt das Gesamtbudget vorrangig auf die Funktion bürokratischer Kontrolle über operatives Geschäft und den Ressourceneinsatz für strategische Initiativen beschränkt, leistet aber kaum einen echten Beitrag als Instrument zur Umsetzung von Strategie in Aktion.

Rollierende Budgets, Budgetrevision und Erwartungsrechnung

Viele Organisationen wünschen sich heute häufigere Planrevisionen und Neuplanungen, um mit sich ändernden Umfeldern und Märkten Schritt halten zu können. Die Periodisierung der Planung als zyklische, jährliche Wiederkehr mit regelmäßigen, z.B. quartalsmäßigen Revisionen steht im Widerspruch zum Wunsch aller in dynamischen Umwelten tätigen Unternehmen, Planung stärker zu „verstetigen". Versuche, kontinuierliche Planung in Planungsprozessen umzusetzen, werden häufig mit Bezeichnungen wie rollierende Budgetierung, rollierende Budgetrevision und Erwartungsrechnung versehen.

Widmen wir uns zunächst den Budgetrevisionen. Sie sind vom Prozess her Budgeterstellungs-Prozessen relativ ähnlich und deshalb aus einer ganzen Reihe von Gründen problematisch.

- Sie sind zeitaufwändig, da alle hierarchischen Ebenen einbeziehend (noch mehr Aufwand erfordert quartalsweise ein rollendes Budget);
- Sie stellen wegen der enthaltenen Verhandlungen einen langsamen Prozess dar;
- Sie führen nicht notwendigerweise zu einer „genaueren" oder „realistischeren" Vorschau – wiederum aufgrund der horizontalen und vertikalen Verhandlungen und Abstimmungen.
- Die Prämissen dezentraler Planer gehen im Prozess verloren, wodurch der resultierende Forecast sich kaum für schnelle Aktualisierungen, anschließende Analysen und Entscheidungen eignet.

Mit häufigeren Neuplanungen und Planrevisionen verbindet sich die Hoffnung, dass Planung *verstetigt* und Pläne anpassungsfähiger werden bzw. die Genauigkeit der Vorhersage erhöht wird. Ansätze in diesem Bereich umfassen eine Vielzahl durchaus unterschiedlicher Konzepte, die über reine Budgetrevisionen hinausgehen sollen, mit Namen wie „Kontinuierliche Planung", „Dynamische Planung", „Rollierende Budgets", und „Rollierende Forecasts".[40] Planung lässt sich mit diesen Ansätzen insofern verstetigen, als die Planerstellungsprozesse im Gegensatz zur einmal jährlichen Budgetierung häufiger (z.B. monatlich oder quartalsweise) oder auch *ereignisbezogen* ausgelöst werden können. Einzelne Planungsteile oder die Gesamtplanung werden monatlich oder gerade dann neu erstellt, wenn bestimmte externe oder interne Ereignisse dies verlangen, z.B. neue Konkurrenzprodukte, ökonomische Zyklen oder Änderungen im Nachfragerverhalten. Das Problem hierbei ist jedoch die Frage, welche *Rolle* diese häufigen Planrevisionen im Kontext des budgetbezogenen Leistungsmanagements spielen können und sollen, wenn letztlich doch immer die im Originalbudget definierten Ziele erreicht werden müssen.[41] Häufigere oder ereignisgetriebene Planung bietet in diesem Fall kaum neue Erkenntnisse. Es wird schließlich keine erhöhte Flexibilisierung erreicht, sondern zusätzliche Bürokratisierung verursacht. Zudem besteht die Gefahr, durch häufigere Forecasts die Gesamtkosten der Planung noch zu erhöhen.

---

[40] Rollierende Forecasts gehören zu den vielversprechendsten neueren Planungs-Ansätzen. Das Potenzial dieser Technik wird im deutschsprachigen Raum nicht annähernd erkannt und ausgeschöpft. *Echte* rollierende Forecasts sind u.a. geeignet, das Problem des auf das Jahresende fixierten Zeithorizonts der Budgetierung zu lösen, und mit ihm eine Reihe unethischer und schädlicher Praktiken, die mit der Wahl eines fixierten Zeitabschnitts der Planung verbunden sind. Weil rollierende Forecasts, anders als die drei vorgenannten Techniken einen die Budgetierung ergänzenden zusätzlichen Prozess darstellen, werden sie in Teil 2 der Better Budgeting Toolbox separat erläutert.

[41] In der Praxis deutscher Unternehmen werden bereits heute Planrevisionen unter hohem Zeitaufwand dezentralen Managements erstellt, dann aber größtenteils doch Plan-Ist-Berichte gegenüber der Ur-Planung angefordert – egal, wie wenig diese den neueren Entwicklungen Rechnung tragen. Planrevisionen sind somit sichtbar nichts anderes als Verschwendung und Bürokratie. Zusätzliche ereignisgetriebene Revisionen können dieses Manko noch verschärfen.

Je häufiger man fixierte Pläne (letztlich ist jeder Plan nur eine Momentaufnahme) neu erstellt oder überarbeitet, desto größer ist die Gefahr, dass das Commitment der Akteure in der Organisation mit diesen festen Leistungsverträgen erodiert. Dies gilt umso stärker, wenn Planrevisionen nicht ausreichend kommuniziert werden und horizontale und vertikale Abstimmungsprobleme entstehen – was häufig in gängigen Budgetrevisionen der Fall ist. In der Praxis wissen Manager kaum mehr, an welche Pläne und Ziele – Original oder Revisionen – sie sich halten sollen.

Neben der reinen Erhöhung der Planungs-Frequenz wird bei häufigerer Planung und Revision auch eine neue *Form* der Plan-Erstellung, z.B. durch treiberbasierte Modellierung, eine drastische Vereinfachung des Erstellungsprozesses oder eine radikale Verminderung der Datenmenge erforderlich. Viele Top-Manager und Controller gehen leider von dem Grundsatz aus, dass Planrevisionen und rollierende Budgets den gleichen Detaillierungsgrad aufweisen sollten wie jährliche Budgets. Dies ist eine gefährliche Prämisse. Revisionen sollten generell nur überblicksartige Informationen und Zusammenfassungen beinhalten und lediglich ein grobes Bild der kurzfristigen Leistungsentwicklung vermitteln.

Auf der anderen Seite versuchen einige Organisationen, mit Hilfe moderner Technologie ambitioniertere Projekte zum Einsatz *rollierender Budgets* (mit stets konstantem Zeithorizont, unabhängig vom Geschäftsjahresende) zu verwirklichen. Hier ergibt sich ein ähnliches Problem wie bei einfachen Budgetrevisionen: Damit rollierende Budgets dauerhaft funktionieren können, müsste eine Organisation die Rolle und Form des originären jährlichen Budgets radikal neu definieren (bzw. es abschaffen) und die meist auf Budgetzielen beruhenden monetären Anreize von diesen jährlichen Zielen völlig abkoppeln. An Stelle der Budgetziele zur Vergütung würden in diesem Falle Leistungsindikatoren und finanzielle Metriken treten. Derartig fundamentale, strukturelle Änderungen sind zwar realisierbar, doch zumeist nicht Bestandteil des Projektumfangs eines Better-Budgeting-Projekts und erfordern mehr als nur die Rückendeckung des Controllers oder CFO. Die meisten Organisationen, die anspruchsvolle Projekte für rollierende Budgetierung mit dem Denkmodell einer Better-Budgeting-Rekonfiguration beginnen, schrecken ab einem gewissen Zeitpunkt unweigerlich vor den Konsequenzen zurück und passen letztlich Ansatz und Technologie an den traditionellen 12-Monats-Budgetzyklus an.[42]

Fazit: Auf die meisten Budgetrevisionen sollte man besser verzichten. Konzepte kontinuierlicher oder dynamischer Planung oder rollierende Budgets haben sich in der Praxis aufgrund der Gewöhnungseffekte im dauerhaften Einsatz als wenig erfolgreich erwiesen.

Fast Close und Actuals Reporting

In Abhängigkeit von der Zuverlässigkeit und Schnelligkeit der Bereitstellung von Ist-Daten und Monatsabschlüssen kann Planung entweder stark beschleunigt oder durch zeitraubende Datenprüfungs- und Bereinigungsprozesse behindert werden. Einer der Beiträge des Rechnungswesens zur Budgeterstellung ist die zuverlässige, zeitnahe Aktualisierung der Ist-Daten und die Fokussierung von Berichten auf das Wesentliche. Es ist gutem Management abträglich, wenn es mehr als wenige Tage dauert, bis Zahlen aus der monatlichen Rechnungslegung Managern für das Reporting zugänglich sind. Von der gängigen Praxis des Vergleichs von Ist-Daten mit budgetierten Zahlen muss aber auch im Zusammenhang mit Better Budgeting abgeraten werden: Plan-Ist-Vergleiche stellen kaum entscheidungsrelevante und produktive Erkenntnisse zur Steuerung zur Verfügung (siehe hierzu die Ausführungen in Abschnitt 4.8 dieses Buches). Schnelle, zuverlässige und ggf. untermonatige Abschlüsse können zu erhöhter Transparenz beitragen und Missverständnisse bei der Planung vermindern. Schnelles Reporting, Fast oder Virtual Close hängen weitgehend von der Existenz integrierter Informationssysteme und von der Modellierungstechnologie der Datenbasis (z.B. Data Warehouses) ab. Die Einführung von schnellem, zuverlässigen Reporting ist daher oft eng verbunden mit IT-Initiativen.

Software und Informationstechnologie für bessere Planung

Eine Studie unter britischen Großunternehmen von 2002 ergab, dass 25% der Unternehmen monatliche Planungsrevisionen durchführten, die meisten Organisationen jedoch nur ein- oder zweimal jährlich Pläne revidierten. Andererseits wünschten sich 80% der Befragten, ein regelmäßigeres Forecasting zu betreiben, wobei 5% hofften, dies künftig wöchentlich oder gar täglich zu tun. Die meisten Organisationen waren jedoch der Auffassung, dass häufigeres Forecasting außerhalb ihrer Möglichkeiten lag. Unternehmensleitung,

---

[42] Organisationen, die von vornherein ein Beyond-Budgeting-Modell anstreben, berücksichtigen diese Wirkungszusammenhänge von Beginn der Initiative an und umgehen die Falle. Zur Ernüchterung hinsichtlich rollierender Planung/Budgets in der Praxis, angesichts des inhärenten Widerspruchs zwischen diesen Konzepten und der herkömmlichen Budgetsteuerung siehe z.B. den Artikel „Rolling Budgets, with a Twist" (CFO.com, Leone 2003).

CFOs und Controller schrecken mit Recht davor zurück, Linienmanagern einen möglicherweise noch größeren Planungsaufwand zuzumuten, und fürchteten, der Finanzbereich könnte Schwierigkeiten bekommen, Neuplanungen zu managen und die häufigere Konsolidierung zu Finanzberichten zu operationalisieren.

Zur Überwindung dieser realen Barrieren bei der Implementierung gerade häufiger Planung erscheint es naheliegend, die eingesetzten Planungssysteme zu hinterfragen und ggf. in neue Planungssoftware zu investieren. Diese Tendenz zeigt sich bei der Positionierung der relevanten Softwareanbieter und Beratungsunternehmen, die offenbar davon ausgehen, dass der Markt für Planungs- und Budgetierungssoftware in den nächsten Jahren rasant wachsen wird. Bevor Organisationen aber in neue, z.B. Web-basierte Planungssysteme investieren, sollten sie sorgfältig analysieren, welche Ziele sie verfolgen, und ihren gesamten Planungs- und Budgetierungsprozess hinterfragen. Anderenfalls kann es sein, dass Unternehmen dank neuer Software zwar die Planungs-Dauer reduzieren können, jedoch keine Erfolge hinsichtlich qualitativ besserer Vorausschau und überlegener zukünftiger Performance erreichen.

Informationstechnologie spielt eine wichtige Rolle für die *Verbesserung der Prozesseffizienz* der Planung und Budgetierung. Obwohl eine Reihe innovativer DV-Tools für Planung und Budgetierung zur Verfügung stehen, verlassen sich die meisten Organisationen noch immer auf Bündel von Tabellenkalkulationen.[43] Nur eine verschwindend geringe Anzahl von Organisationen – laut Schätzung der Balanced Scorecard Collaborative in den USA 6% der Unternehmen – nutzen über Excel hinaus andere Informationssysteme zur Operationalisierung ihrer Planungsprozesse. Die Zögerlichkeit, mit der Organisationen die neuen Tools einsetzen ist einerseits erstaunlich, wenn man bedenkt, dass die neuen Softwares nicht nur für die jährliche Budgeterstellung und Budgetrevisionen benutzt werden können, sondern dass die besseren unter ihnen auch optimiertes Forecasting und Reporting unterstützen. Andererseits stellten gerade Funktionsfülle und Flexibilität der angebotenen Produkte für verantwortliche Finanz- und IT-Abteilungen eine Herausforderung dar.

---

[43] Die Tabellenkalkulation – namentlich: Excel – ist bekanntermaßen ein vorzügliches Tool zur Datenmodellierung. Beim Einsatz in eher kollaborativen Datensammlungs- und Reportingprozessen stößt man allerdings an dessen Grenzen. Die Folge sind gerade im Finanzbereich vielfach absurde Praktiken des Daten-Handlings. Demgegenüber sind die Fähigkeiten und Vorteile moderner Planungssoftwares bisher nur wenigen Praktikern bekannt.

Die Informationstechnologie ist heute einer der Auslöser von Veränderungen in der Budgetierungspraxis. Bis vor kurzem mussten Finanzmanager auf spezifische, aufwändig kustomisierte und teure Budgetierungssoftware zurückgreifen. Heute steht eine Vielzahl höchst unterschiedlicher Standardlösungen zur Verfügung. Die Verwendung von adäquater Software und Informationstechnologie wirkt sich in mehrfacher Hinsicht auf die Budgetierung aus. Aspekte der Verbesserung betreffen sowohl das Reengineering der Planungs- und Reportingprozesse selbst, vor allem aber auch die Prozesse des Datenhandlings:

- *Modellierung der finanzwirtschaftlichen Datenwelt:* Integrierte Planungssysteme ermöglichen, anders als die Tabellenkalkulation mit ihrer Fragmentierung von Datenbeständen, die Zusammenfassung des finanziellen Planungswesens und Reportings in einem geschlossenen mehrdimensionalen Datenmodell (OLAP-Technologie, ERP).
- *Integration von Ist- und Planungsdaten* im gleichen Datenmodell durch Verknüpfung mit Vorsystemen, Data Warehouse und anderen Datenquellen; die Dateneinspeisung wird beschleunigt, zuverlässiger und leicht automatisierbar; Daten kommen aus einer zentralen Quelle, sodass Probleme der Datenqualität und Inkonsistenz deutlich verringert werden.
- *Prozessunterstützung der Planung* durch Web-Technologie: Planungs-Workflows zur Administration der Dateneingabe durch dezentrale Nutzer sowie für die hierarchischen Abstimmungsprozesse der Planung (Web-basiert).
- *Konsolidierung und Datenbereitstellung/Reporting* werden beschleunigt (OLAP-Technologie) und zuverlässiger, außerdem wird eine automatische Zugangssteuerung zu Online-Berichten möglich (Web-basiert).

Es ist Softwareanbietern erst in den letzten Jahren gelungen, den Wunsch vor allem größerer, komplexer Organisationen mit zahlreichen Planungsbeteiligten nach spezifischen Lösungen für Planungs- und Budgetierungsprozesse systemtechnisch zu unterstützen. Seit dem Jahr 2000 stehen einige, nun bereits recht robuste Anwendungen zur Planungsunterstützung zur Verfügung. Drei wichtige Basistechnologien können in überaus unterschiedlicher Weise für die Planungsunterstützung herangezogen werden:

- Enterprise Resource Planning-Systeme (ERP) unterstützen u.a. die Haltung von Plandaten in Data Warehouses, die Integration von Plan- und Transaktions-/Istdaten, die Integration des finanzwirtschaftlichen Datenmodells mit OLAP-Datenwürfeln, „Schnelles Reporting", Fast oder „Virtual" Close.

- OLAP (On Line Analytical Processing). Diese Datenbank-Technologie erfüllt einige wichtige Anforderungen im Zusammenhang mit der Datenhaltung für Planung und Budgetierung: sie stellt eine einzige, konsistente und schreibfähige Datenbasis bereit, die zugleich multidimensionale Datensichten ermöglicht, z.B. für unterschiedliche Organisationseinheiten und Verdichtungsebenen (z.B. Umsätze oder Rentabilitäten pro Produkt und Geschäftseinheit, pro Kunde oder Region.)[44] OLAP kann als die wichtigste Einzeltechnologie im Zusammenhang mit Prozessen besserer Planung, Budgetierung und Reporting gelten. Typische Vorteile des Einsatzes von OLAP sind einfachstes Datenhandling und Konsolidierung, automatische Währungs-Konvertierung, Szenario- und Versionskontrollen, wahlweise Browser- oder Excel-basierter Zugang zu Daten, intuitive Tools zur Datenmodellierung und Analyse, automatisierte Analysefunktionen usw.

- Web-basierte Applikationen (Interfaces) für Datenbereitstellung und -sammlung. Sie dienen der Visualisierung und dezentralen Dateneingaben über Internet-Browser, mit denen sich der zentrale Datenbestand aktualisieren lässt. Damit entfallen der Versand von Tabellenkalkulations-Dateien via E-Mail und aufwändige Konsolidierungsprozesse.

Mit Hilfe des Einsatzes von OLAP-Technologie können Power-User aus den Fachbereichen selbst komplexe Modellierung eigenständig verantworten, die genannten Managementprozesse werden auf unterschiedliche Weise effektiv unterstützt: Planung mit Workflows und Web-Clients zur Dateneingabe; Reporting mit Web-Interfaces für diverse Nutzerprofile; Performance Management mit so genannten „leichten" Web-Clients. Eine Nutzer- und bedarfsorientierte Analyse kann Aufschlüsse zum gezielten Einsatz von Tools und Funktionalitäten für bestimmte Nutzergruppen sowie Hinweise auf die Erfordernisse der Organisation als Ganzem geben (siehe Abb. 25).

In einigen Organisationen ist die Erneuerung von Planungsprozessen direkt mit der Einführung neuer ERP-Systeme verbunden. Unternehmen stellen fest, dass der Return on Investment bei der Implementierung eines z.T. mehreren Millionen Euro teuren ERP-Systems durch die Abbildung von Planungsprozessen wesentlich gesteigert werden kann: Etwa durch Ressourcen-Einsparungen in Planung und Reporting. In der Tat sind Planungsinformationen –

---

[56] OLAP ist nicht gerade eine neue Technologie (solche Anwendungen gibt es schon seit den 70ern), doch hat sich u.a. mit dem Eintritt von Microsoft in den OLAP-Markt in den letzten Jahren und im Zusammenhang mit dem Aufkommen von Web-Clients ein völlig neues Preis-Leistungsverhältnis für die Nutzung auch in kleineren Unternehmen ergeben.

Better Budgeting – Mittelweg oder pragmatische Alternative?

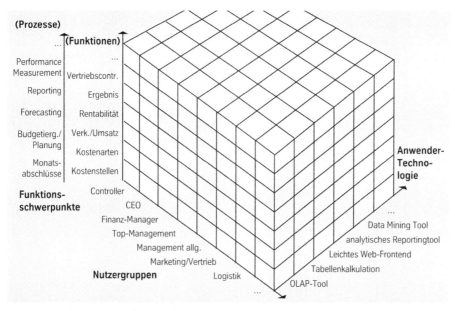

Abb. 25: Implementierungstiefe, -breite und "-schärfe" analytischer Management-Informationssysteme

also originär zukunftsgerichtete Information – ein notwendiges Element, damit ERP zu Trägern von „Business Intelligence" werden. Es ergibt sich jedoch ein fundamentales Problem bei der Nutzung von ERP für Better Budgeting: Trotz der bemerkenswerten Weiterentwicklungen von ERP in den letzten Jahren muss konstatiert werden, dass ERP selbst *keine* geeignete Grundlage für dynamische oder bessere Planung bzw. Forecasting bieten.[45] Die Versuche, Planung in ERP durchzuführen, sind Übungen in Bürokratie und zeugen von einem mangelnden Verständnis hinsichtlich der Unterschiede zwischen der Abbildung und Administration von Transaktionsdaten einerseits und analytischen Planungsdaten andererseits. Die Strukturen von Datenmodell und Berichten von ERP entsprechen weiterhin keineswegs den Anforderungen an Planungs- und Forecastingsysteme. Nur wenn die klassische Datenhaltung (z.B. im Data Warehouse) und Berichtsstruktur von ERP durch ergänzende

---

[45] Verschiedene Fachartikel und mit erheblichem Aufwand durchgeführte Projekte von Softwareherstellern und Beratungen versuchen das Gegenteil zu belegen. Gerade Controller mit ihrem Leidensdruck hinsichtlich Planungsapplikationen auf Tabellenkalkulations-Basis neigen dazu, ihr Heil in solchen Lösungen zu suchen. Diese Versuche sind unweigerlich zum Scheitern verurteilt.

Datenbank-Technologie wie OLAP ergänzt werden, können Planungsprozesse sinnvoll in einer ERP-Nutzeroberfläche durchgeführt werden.

Als kommunikations- und abstimmungsintensiver Prozess ist Planung in der Budgetsteuerung äußerst anfällig für Zeigverzögerungen. Planungsprozesse sind zwar relativ komplex, auf der anderen Seite aber weitgehend nachvollziehbar strukturiert. Sie können insofern durch die „Groupware" Funktionalitäten neuerer Web-Interfaces systemtechnisch effizient unterstützt werden. Nützliche Funktionalitäten eines Planungs-Workflows sind in diesem Zusammenhang Fristenkontrolle, Kommentare, Wiedervorlage, Vertreterregelung, zentrale Steuerung des Planungsfortschritts, Führung durch die Planungsschritte, Integration mit klassischen Kommunikations- und Kalendersystemen sowie Dokumentation von Planungsprämissen und -Ablauf. Workflow-Werkzeuge und Webumgebung erleichtern nicht nur den Planungsablauf, sondern machen ihn auch besser nachvollziehbar, transparenter und unter gewissen Voraussetzungen objektiver.

Die Beschleunigung von Planungsprozessen durch den Einsatz Web-basierter Softwaretools ist jedoch kein Automatismus. Wenngleich zweifelsohne zeitraubende Datenbearbeitungsprozesse entfallen, hängt die eigentliche Zeiteinsparung weitgehend davon ab, inwiefern die Beteiligten ihr Verhalten (z.B. Führung, Kommunikationsunterstützung) an die Möglichkeiten der Workflow-Unterstützung anpassen. Planungs-Workflows üben vor allem dann eine positive Wirkung auf Planungsprozesse aus, wenn sie (a) transparenzsteigernd sind und (b) die interne Kommunikation fördern. In der Praxis sind beim Einsatz neuer Tools eine gewisse „Disziplinierung" der Planungsbeteiligten, ein größeres Verständnis für den Planungsprozess und eine stärkere Integration von Planung, Reflexion und Entscheidungsfindung sowie letztlich eine stärkere Identifikation mit den Plandaten zu erwarten. Insofern können Planung und Kontrolle als Führungsinstrument ihrer Aufgabe besser gerecht werden. Durch die Web-Nutzung besteht außerdem die Möglichkeit stärker dezentraler „kollaborativer" Planung unter Beteiligung einer praktisch unbegrenzten Anzahl von Planern. Prozesse, in denen dies sinnvoll sein kann sind insbesondere die dezentrale Absatz- und Umsatzprognose. Web-basierte Tools eignen sich insbesondere für den Einsatz bei kollaborativen Planungsprozessen und für ein auf Transparenz ausgerichtetes Reporting. Das Problem der Verhandlung und dysfunktionalem Verhaltens wird jedoch mit dem neuen Instrumentarium nicht gelöst, sondern bestenfalls eleganter administriert. Im Gegenteil: Die Praxis politischen Taktierens und vielfacher Iteration könnte bei excessiver Kollaboration in den Prozessen noch verstärkt werden.

Daran schließt sich eine allgemeine Problematik des IT-Einsatzes im Better Budgeting an: Technologie ist zwar ein Schlüssel zur Neugestaltung der Planung, doch keine Lösung an sich. Software hilft dabei, den gesamten Prozess des Datenhandlings zu integrieren und substanziell zu vereinfachen; Erfolge in dieser Hinsicht können innerhalb weniger Monate sichtbar werden. Während die Informationstechnologie häufig Gelegenheiten bietet, die Effizienz der mit finanziellen Informationen verbundenen Datenverarbeitungsprozesse deutlich zu steigern (hierzu zählen finanzielles Reporting, Planung, Forecasting und Abweichungsanalysen), so werden doch diese Arten von Projekten selten dazu genutzt, die entsprechenden Prozesse neu zu durchdenken und dem erforderlichen Reengineering zu unterziehen. IT-Tools repräsentieren weiterhin den Glauben, dass (sofern wir einen Mechanismus finden, um Plan- und Prognosedaten zu sammeln und zu konsolidieren) diese Information in guter Qualität verfügbar sein wird und sich zu einer neuen und besseren Art von Plan oder Forecast zusammenfügen lässt. Wie wir gesehen haben, liegen die Engpässe der Planung jedoch in strategischen, psychologischen und Verhaltensaspekten. Der Einsatz neuer Informationssysteme alleine reicht nicht aus.

Die Rolle der Informationstechnologie im „Better Budgeting"

- Technologie ist ein Schlüssel zur *Effizienzsteigerung der Planung,* doch keine Lösung für deren inhärente Unzulänglichkeiten und Dysfunktionalitäten.
- Dem Einsatz neuer oder anderer Technologie in Planung und Budgetierung sollte eine Überprüfung und Neugestaltung von *Planungsprozessen* vorausgehen. Ohne diese Prozessrevision werden dysfunktionale Prozesse zementiert.
- Zugleich sollte der Aufwand der Planung durch Verringerung der Datenmenge reduziert werden. Maßnahmen: Das Datenmodell vereinfachen, weniger Daten einholen, weniger Details, Informationen auf das strategisch Notwendige reduzieren.
- Herkömmliche Planungsprozesse sind nicht nur inhaltlich, sondern auch informationstechnisch ein „Trauerspiel": Die Tabellenkalkulation stellt kein geeignetes Tool zur Unterstützung multi-personeller Prozesse wie Budgetierung und Forecasting dar.

- Verschiedene Basis-Technologien können wichtige Beiträge zur Wertsteigerung von Planung und Budgetierung leisten: OLAP (für multidimensionale Datenhaltung und Anwendungen), Web-Basierung (für Dateneingabe, Abstimmung, Reporting und Analyse) und in sehr beschränktem Maße ERP (zur Integration mit Rechnungswesen- und realisierten Daten im Reporting). ERP leisten selbst keinen direkten Beitrag zu besserer Planung.

Informationstechnologie ändert nichts am Grundproblem der Budgetierung Die Budgetierungspraxis hat immer wieder bewiesen, dass Organisation und Manager unter dem bestehenden fixierten Leistungsvertrag nicht gewillt und nicht in der Lage sind, „gute" Plandaten verfügbar zu machen. Zugleich fokussieren Tool-getriebene Better Budgeting-Projekte häufig nur allzu leicht auf ausschließlich finanzielle Informationen, wohingegen nicht-finanzielle Daten eines der kritischen Elemente besserer Planung sein müssen, etwa um zukunftsgerichtete Frühwarninformationen verfügbar machen zu können.

Viele Organisationen konzentrieren sich bei Better-Budgeting-Initiativen (und ihren Management-Projekten im Allgemeinen) immer noch viel zu sehr auf die Fragestellung, wie Planungsdaten effizienter gesammelt werden können, wie die oft umfangreichen Mengen von Planungsdaten Nutzern besser zugänglich gemacht werden könnten und wie die vorhandenen Planungsinformationen sinnvoller und strategischer zum Einsatz kommen. Leider stellen sie sich diese Fragen, bevor sie über neue Anforderungen an Planungsdaten und Steuerungsprozesse insgesamt nachdenken. Die resultierenden Planungslösungen sind in der Folge häufig stark berichtswesenorientiert. Das Ergebnis sind Informationssysteme, die altbekannte, problematische Prozesse handhabbarer machen, aber nicht relevanter und wertschöpfender.

Informationstechnologie kann sogar ein Hindernis für ambitionierte Verbesserungen in Planungs- und Steuerungsprozessen sein. Hochgesteckte Erwartungen an Software-Tools verleiten dazu, auf integrierte, Web-basierte Systeme umzusteigen – ohne jedoch den Kontext der unterstützten Prozesse ausreichend zu berücksichtigen und substanzielle Änderungen an den Prozessen vorzunehmen. So kommen leicht das überfällige Neudesign der Prozesse und strategische Ziele des Wandels unter die Räder. Sind Initiativen zur Verbesserung der Planung erst einmal als „Software-Projekte" ausgelegt und im Gange, ohne zuvor ein neues Prozessdesign entwickelt zu haben, dann verspielt die Organisation ggf. die Chance zu einem tief greifenden Wandel.

Eine abschließende Empfehlung: Organisationen sollten den Einsatz neuer IT-Lösungen für Better Budgeting (oder Controlling) nur dann erwägen, wenn gleichzeitig „laterale" Prozessverbesserungen wie die in diesem Kapitel bereits dargestellten realisiert werden. Better-Budgeting-Projekte sollten dementsprechend auch nicht vorrangig von IT-Verantwortlichen getragen werden, sondern von Mitarbeitern der Fachabteilungen (v.a. aus dem Controlling).

So lassen sich mit Mitteln des Better Budgeting Verbesserungen an Planung und Budgetierung erreichen:

- Analyse der aktuellen Planungs- und Budgetierungsprozesse (in der Regel gibt es mehrere!): Wofür gebrauchen wir Budgets *wirklich?* Wie kann man die Prozesse entsprechend vereinfachen? Welche überflüssigen Elemente lassen sich entfernen?
- Glaubwürdigkeit der Planung erhöhen durch klare Top-down-Vorgaben.
- Top-down-Element der Budgetierung präzisieren: Konkrete Planungsvorgaben zu Beginn der Budgetierung formulieren und von Anfang an besser kommunizieren.
- Kommunikation und Interaktion der Planung erhöhen.
- Detaillierungsgrad der Planung radikal verringern.
- Zeithorizont der operativen oder „taktischen" (Detail-)Planung beschneiden.
- Verwendete Systeme der Planungsunterstützung (Software) hinterfragen.
- Niemals neue Planungssysteme einführen ohne gleichzeitiges Reengineering der Prozesse.
- Häufigere Prognosen (nicht durch häufigere Budgetrevision, sondern durch Verlagerung der Prognosefunktion der Planung auf schlankere, separate Forecasting-Prozesse!).
- Größeres Involvement der Unternehmensleitung im gesamten Planungsprozess.
- Leitsatz: „Weniger budgetieren bringt mehr!"

3.2.3 Better Budgeting-Toolbox, Teil 2: Zusätzliche Tools zur Planung

Zu dieser zweiten Kategorie des Better-Budgeting-Instrumentekastens zählen jene Tools und Gestaltungsvorschläge, die die klassische Budgetierung um neue Verfahren und Prozesse ergänzen. Dazu gehören Zero-based Budgeting, Activity-based Budgeting, Rolling Forecasting und Web-basiertes Reporting. Weitere, weniger eng mit dem eigentlichen Verfahren der Budgeterstellung und dem Reporting verknüpfte Tools sind z.B. Balanced Scorecards, Wertmanagement oder die recht neuen, von der Diskussion um Beyond Budgeting inspirierten Vorschläge *relativer* Zielsetzung. Diese Tools und ihr Nutzen werden in Abschnitt 4 im Zusammenhang mit Beyond Budgeting näher besprochen.

Zero-based Budgeting

Zero-based Budgeting (ZBB), oder Null-Basis-Budgetierung, ist einer der wenigen systematischen Versuche aus den letzten 30 Jahren, die geeignet sind, ausgewählte gravierende Mängel traditioneller Budgetierung zu beheben. Es handelt sich um ein hochproduktives, Output-orientiertes Budgetierungsverfahren, das auf die Verbesserung der Ressourcen-Allokation und auf signifikante Kostenreduzierungen abzielt. Dabei ist es ausschließlich auf den Gemeinkostenblock einer Organisation gerichtet. Sein Grundprinzip ist die Neukalibrierung von Gemeinkosten durch Hinterfragung aller Projekte, Programme und Prozesse der Gemeinkostenbereiche. Indem das Verfahren die Rechtfertigung aller Kosten von „Basis Null" an verlangt, vermeidet es den budgettypischen Fortschreibungseffekt von Ressourceninputs: Kein Budget oder Linien-Item wird einfach von Ist-Daten ausgehend fortgeschrieben. Das Verfahren zwingt vielmehr dazu, die Kosten aus den Erfordernissen der Zukunft heraus zu bestimmen. Dies kann insbesondere in Situationen wie Unternehmenszusammenschlüssen oder gravierenden Krisen im Marktumfeld von besonderem Nutzen sein.

Die Verbindung mit Prozess-Reengineering, Prozesskostenrechnung oder Activity-based Budgeting und anderen Techniken kann die Wirkung von ZBB für unternehmensweite Kostenreduzierungen noch verbessern (ZBB ist im Grunde als Vorläufer der Prozesskostenrechnung zu verstehen). Andere Anforderungen an „bessere Budgetierung" werden durch das Verfahren weniger befriedigt: ZBB reduziert z.B. keineswegs das Problem des kurzfristigen Periodenbezugs, der Statik des Leistungsvertrags oder des hohen Zeitaufwands der Budgeterstellung. Mit der Grundhaltung des Prinzips („Planung von Null auf") ist vielmehr ein erheblicher Aufwand bei der Erstellung des Zero-based-

Budgets verbunden. Auch aus diesem Grund kann das Verfahren höchstens fallweise, etwa in einem Abstand von mehreren Jahren, eingesetzt werden. ZBB eignet sich *kaum* als fortlaufendes Budgetierungs-System, da es bei regelmäßiger Anwendung zu Verbürokratisierung, Innenorientierung und hohem Zeitaufwand neigt. Der pädagogische Wert des Verfahrens – das ausnahmslose, rigorose Hinterfragen aller Ressourceneinsätze – erfordert enthusiastischen Rückhalt und Disziplin des Top-Managements, oder der Prozess läuft Gefahr, ausgehöhlt zu werden und zum bürokratischen Schauspiel zu vorkommen. Ein weiterer Nachteil: ZBB wird in der praktischen Anwendung hierarchisch und abteilungsbezogen durchgeführt, wohingegen die echten, nachhaltigen Einsparungspotenziale erfahrungsgemäß eher bei prozessbezogener Betrachtung der Kostenentstehung zu Tage treten. Auch in dieser Hinsicht stellt die Prozesskostenrechnung eine Erweiterung von ZBB dar.

Prozesskostenrechnung und prozessorientierte Budgetierung (Activity-based Budgeting)

Eng mit treiberbasierter Planung und Zero-based Budgeting verbunden ist die Ausrichtung der Budgetierung auf Prozesse und Aktivitäten. Activity-based Budgeting (ABB) hat seine Ursprünge in den inzwischen etablierten Methoden von Prozesskostenrechnung und Prozesskostenmanagement.[46] Activity-based Budgeting ist Prozesskostenrechnung „auf den Kopf gestellt". Man arbeitet sich entsprechend ausgehend von der geschätzten zukünftigen Nachfrage zu den für ihre Erstellung notwendigen Aktivitäten vor und schätzt darauf aufbauend den Ressourcenbedarf, um die Nachfrage zu erfüllen. Das Verfahren ist für Zwecke der Kostenplanung weitaus systematischer als Budgets und insbesondere zur Herausarbeitung und Beseitigung von überschüssigen Kapazitäten (etwa in Zeiten sinkender Nachfrage) äußerst effektiv. Die Anwendung von Prozesskostenbetrachtung kann insofern zu einer inhaltlichen Verbesserung der Planung in Gemeinkostenbereichen führen. Vertreter des Verfahrens gehen durch die Implementierung besserer Arbeitsmethoden und die Verringerung von Bürokratie von möglichen Kosteneinsparungen im Bereich von 10–20% aus. Besonders Kosten für Leistungen indirekter Bereiche oder reiner Dienstleistungsunternehmen lassen sich mit einer Prozesskostenrechnung unter Berücksichtigung des erforderlichen Ressourceneinsatzes (z.B. von Personal und Informationstechnologie) spürbar verursachungsgerechter zuordnen.

---

[46] Siehe hierzu ausführlich Abschnitt 4.6.

Der Begriff der prozessorientierten Budgetierung deutet zugleich eine spezielle Schwerpunktsetzung dieses ergänzenden Budgetierungsverfahrens an. Im Zentrum der Betrachtung stehen nicht die Produktkosten oder die Kostenarten einer Kostenstelle, sondern die Kosten der für ein bestimmtes Produktionsprogramm notwendigen Aktivitäten und Teilprozesse in einzelnen Bereichen und – bereichsübergreifend – der Hauptprozesse der Organisation. Die Planung und Steuerung dieser Kosten und damit der Ressourcen werden nachfrageorientiert ausgerichtet, Ressourcenverbrauch und Aufgabenerfüllung der betrieblichen Abläufe – insbesondere in Gemeinkostenbereichen – werden durch das Verfahren erheblich transparenter gemacht. Das Budget wird insofern – anstatt auf organisatorischen Einheiten beruhend – zumindest partiell auf Basis der in und zwischen verschiedenen Organisationseinheiten ablaufenden Prozesse gebildet. Prozesskostensätze sollen zudem durch internes und/oder externes Benchmarking überprüft werden. Mit dessen Hilfe sind dann prozessbezogene, strategiekonforme Ziele bestimmbar, die im Sinne einer Effizienzsteigerung für die nächste Planperiode als Verbesserungsziele erreicht werden sollen.

Diesen Vorzügen des Activity-based Budgeting stehen eine Reihe von Nachteilen gegenüber. Ähnlich dem Zero-based Budgeting erfordert das Verfahren – gut durchgeführt – einen enormen Detaillierungsgrad und macht außerdem eine recht rigide Begleitung der Kosten und Prozesse über das Geschäftsjahr hinweg erforderlich. Eine Output-orientierte Planung auf Prozessbasis ist nicht trivial und – als Einzelmaßnahme gesehen – mit hohem Zeitbedarf verbunden. Der Aufbau und die regelmäßige Aktualisierung einer entsprechenden Datenbasis sind aufwändig. Andererseits ist die Budgetierung von Gemeinkostenbereichen generell ressourcenintensiv, und die Datenbasis der Prozesskostenrechnung kann im Gegensatz zu traditionellen Budgetierungsverfahren als hochgradig entscheidungsrelevante Grundlage zur Durchführung kontinuierlicher Controllingarbeit genutzt werden (u.a. für Benchmarking, strategische Gestaltung der Gemeinkostenbereiche, Zielmanagement, multidimensionale Rentabilitätsbetrachtung von Kostenobjekten usw.). Gerade diese Implementierung eines kontinuierlichen Prozesskostenmanagements kann für Organisationen, wie später im Zusammenhang mit den Beyond-Budgeting-Gestaltungsbereichen zu zeigen sein wird, außerordentlich vorteilhaft sein.

Wenige Organisationen jedoch – selbst unter denjenigen, die erfolgreich ABC/M einsetzen – haben Acitvity-based *Budgeting* zu einem Teil ihrer Budgeterstellung gemacht. Das mag auch daran liegen, dass sich „Activity-based

Budgets" nicht in traditionelle Budget-Formate mit ihren Kostenstellen und ihrer hierarchischen Organisationsstruktur übersetzen lassen. Ein derartiges Budget passt also nicht in das bekannte Budget-Format und sieht deutlich anders aus als jene Budgets, die Manager heutzutage gewohnt sind. Die Akzeptanz des Verfahrens in der Praxis war wohl auch aus diesem Grund bislang gering.

Rolling Forecasting für die Prognose

Während das Augenmerk von Management und Controlling früher ausschließlich auf Kostenreduzierungen gerichtet war (daher die Bedeutung von Techniken des Kostenmanagements wie ZBB in früheren Jahrzehnten), setzt sich heute in vielen Organisationen und Branchen die Erkenntnis durch, dass ständige Umfeldänderungen und Turbulenz der Geschäftstätigkeit auch neue Prognoseprozesse erforderlich machen, die völlig andere Charakteristika als die traditionelle Planung aufweisen müssen. Versuche, die Budgetsteuerung nachhaltig zu verbessern, schließen heute daher oft die Verwendung des Rolling Forecasting-Ansatzes mit ein. Ihre Verwendung ist besonders in den USA beliebt – eine Tatsache, die auch mit der weit verbreiteten Praxis der Veröffentlichung von Quartalsberichten bei aktiennotierten amerikanischen Unternehmen zusammenhängen dürfte. Rolling Forecasts haben sichtbare Vorzüge gegenüber der klassischen Budgetierung. Ein z.B. auf quartalsmäßiger Basis erstellter Forecast reflektiert die jüngsten Markttrends und neuesten ökonomischen Variablen, und stellt insofern eine gewisse Verbesserung gegenüber einer lediglich einjährlich stattfindenden Prognose mittels Budget dar.

Rollierende Prognosen stellen in Better-Budgeting-Initiativen im Gegensatz zu den bereits beschriebenen rollierenden Budgets und Budgetrevisionen *keine Veränderung am Budgeterstellungsprozess an sich* dar, sondern bilden separate Prognoseprozesse, unabhängig von der Budgetierung selbst. Weil es sich um zusätzliche Prozesse handelt, werden Rolling Forecasts häufig im Zusammenhang mit erheblichen Investitionen in Software zu realisieren versucht.

Wenngleich in den letzten Jahrzehnten intensive Forschung zum Themenfeld Planung und Budgetierung betrieben wurde, hat Forecasting als Konzept umgekehrt weltweit wenig systematische Analyse und Fundierung erfahren. In der Unternehmenspraxis zeigt sich, dass sehr unterschiedliche Gestaltungsweisen von Planung oder Forecasting Anwendung finden und dass jede Organisation etwas anderes unter *Forecasting* versteht. In der allgemein erschreckend defizitären Literatur zur Planung finden sich kaum systematische oder tragfähige Gestaltungsempfehlungen zum Forecasting in Organisationen; die akademischen Bemühungen haben seit den 70er Jahren nichts substanziell Neues zum Thema hervorgebracht. Praktiker und Berater greifen oft willkürlich auf bestimmte Werkzeuge, Softwares und Konzepte zurück. Somit gibt es in der Praxis eine ganze Reihe sehr unterschiedlicher Formen von Forecasting. In den meisten Unternehmen laufen zudem zahlreiche Planungs- und Prognoseprozesse mit sich durchaus widersprechenden Zielsetzungen parallel zueinander ab – in Abhängigkeit von den Anforderungen der Organisation und implizit oder explizit vorhandener „Planungsparadigmen".[47]

In der Praxis münden Bemühungen, Planung zu flexibilisieren und Forecasting einzuführen häufig in Prozessen, die implizit oder explizit den Charakter von Budgetrevisionen annehmen, und letztlich daran scheitern, die *Fähigkeit der Organisation zur Vorausschau* zu verbessern. Daraus resultiert oft eine starke Ernüchterung bezüglich der neuen Prozesse. Forecasting läuft im Budget-basierten Steuerungsmodell stets Gefahr, in Budgetrevisionen zu münden. An dieser Stelle ist es daher sinnvoll, diese beiden grundlegend unterschiedlichen Forecasting-Konzepte voneinander abzugrenzen:

- *Budgetrevision (Erwartungsrechnung)* – häufig auch als Forecasting bezeichnet – ist die logische Fortsetzung des Soll-Ist-Vergleichs. Darin werden die Erwartungen der Führungskräfte für die verbleibende Planungsperiode abgefragt, quantifiziert und qualifiziert. Dies geschieht vorrangig, um zu erkennen, ob es bis zum Jahresende (oder bis zum Planende) gelingen wird, die vorab im Original-Budget festgelegten Ziele zu erreichen.

- *Rolling Forecast (rollierende Prognose)* – in zeitlichen Intervallen erfolgende Überarbeitung und gleichzeitige Ergänzung von Plänen um zusätzliche Perioden; ein typischer Rolling Forecast wird z.B. quartalsweise erstellt und umfasst die jeweils folgenden 5 Quartale. Er ist *nicht* an ein spezifisches Ende eines Geschäftsjahres geknüpft; Rolling Forecasts sollten normalerweise keinen Leistungsvertrag beinhalten, sondern ausschließlich der Prognose dienen, mit dem Ziel z.B. des Informationsinputs für Revision von Strategie und Handlungsprogrammen, für Cashflow Management und operative Planungsbedarfe von Produktion, Logistik und Vertrieb.

---

[47] Auch aus diesem Grund sind die vielfach als „hervorragende Praktiken" publizierten Fallbeispiele zu Planung und Forecasting oft nur bedingt als Erfolge zu werten. Allzu oft werden neue Planungsprozesse oder Forecasts implementiert, ohne reale Bedarfe organisationsinterner Nutzer zu bedienen. Zu den Gefahren im Zusammenhang mit Forecastingprozessen siehe ausführlich Abschnitt 4.1.

Durch die deutliche Trennung von den Prozessen des Leistungsmanagements sind Rolling Forecasts klar von den zuvor beschriebenen Budgetrevisionen abgrenzbar. Im Folgenden beschreiben wir mit dem Begriff „Forecast" ausschließlich Prozesse letzterer Art – originäre rollierende Forecasts.

Unter Forecasting als die Budgetierung ergänzenden Prozessen sollten also stets Verfahren für *„Prognose pur"* verstanden werden.

Die Unterschiede zwischen den Techniken Budgetrevision und Rolling Forecast sind in Abb. 26 übersichtsartig zusammengefasst. Sie sind, wie die Tabelle nahelegt, fundamental und nahezu unüberbrückbar. Daher ist es kaum vorstellbar, dass ein fließender Übergang zwischen beiden Verfahren oder eine Umwandlung von Budgets in Forecasting erfolgversprechend sein kann.

Es zeigt sich, dass Bugetplanung/Planung und Forecasting Prozesse sind, die sich hinsichtlich Durchführungs-Häufigkeit, Zielsetzung und Zweck, Inputgebern/Beteiligung, Abstimmungsintensität, Informationsgehalt usw. massiv voneinander unterscheiden.

Eigenschaft	Budget/Budgetrevision	Rollierende Forecasts
Zweck	Prognose, Zielvereinbarung, Ressourcen-Allokation usw.	nur Prognose
Zeithorizont	veränderlich, an das Ende des Geschäftsjahres geknüpft; zwischen 12 und 3 Monaten	stets konstant (z.B. 5–8 Quartale „rollierend"), unabhängig vom Geschäftsjahresende
Bezug zu Zielen und Leistungsmanagement/-vertrag	Teil des Leistungsmanagements	kein Zusammenhang mit Leistungsmanagement
Detaillierungsgrad	mittel bis hoch (zur Leistungssteuerung erforderlich)	gering, weil für bestimmte Zwecke
Kunden des Prozesses	die gesamte Organisation	spezifische Nutzer
Planungsträger	Linienmanagement; Funktionsträger entsprechend Hierarchie und Aufbauorganisation	„Experten", unabhängig von Linie/Weisungshierarchie und Titel
Abstimmung und Rückkopplung	über die Linie	keine Abstimmung, keine Verhandlung
Beteiligung	mittlere bis hohe Einbindung von Mitarbeitern verschiedener Ebenen, mehrfache Iterationen durch Verhandlung	Einbindung weniger Mitarbeiter, geringe Ressourcenbindung, keine Iterationen
Häufigkeit	1–4-mal jährlich	quartalsweise oder häufiger, unbestimmte Frequenz
Datenoutput	verhandelte Daten, „Konsens", Ziele, Wunschdenken	neutrale Daten hinsichtlich wahrscheinlicher Zukunft

Abb. 26: Unterschiede zwischen Budgetrevision und rollierender Vorausschau

In vielen Fällen steht der gegebene Budgetprozess dennoch Pate bei der Gestaltung neuer Forecasting-Prozesse – hinsichtlich Prozessverantwortung, Planungsträgern, Detaillierungsgrad etc. Dieses Vorgehen scheint auf den ersten Blick pragmatisch und gerade für Finanzbereiche ideal, ist aber nicht ganz risikofrei, wenn man die Unterschiede zwischen beiden Verfahren berücksichtigt und wenn Verhaltensänderungen bei der Prognose sowie „radikale" Verbesserungen der Prognosefähigkeit erwünscht sind. Forecasting als reinrassige Projektion und Vorausschau ist ein Prozess, der das ganze Jahr über stattfinden sollte und nichts zu tun hat mit einem jährlichen Budget.

Versuche, das Forecasting in den Budgetierungsprozess zu integrieren, die erhaltenen Daten mit dem Budget „in Einklang zu bringen" erweisen sich bei genauerer Analyse der dargestellten funktionalen Unterschiede als höchst problematisch. Mit der Einführung eines solchen Rolling Forecasting ergeben sich gravierende Gefahren. Falsch eingesetzt, führt Forecasting zu keinerlei Verbesserung. Allein die Tatsache, dass Managern oder Zentralbereichen *mehrmals jährlich* Planungsdaten abgefragt werden, bedeutet nicht zwangsläufig, dass die so gewonnenen Informationen sinnvoll, brauchbar und realistisch sind. Ausführliche Hinweise zur radikalen Veränderung von Prognoseprozessen, zu Risiken der Anwendung und zur Ausgestaltung des Rolling Forecasting finden sich in Kapitel 4.1 („*Rolling Forecasting:* Planung als Prognose und Vorausschau").

Noch eine Anmerkung: Ginge es bei Budgetierung ausschließlich um die Prognose der Zukunft, dann könnte mit einem echten rollierenden Forecast der jährliche Budgetierungsprozess eliminiert werden (die Projektion des nächsten Geschäftsjahres wäre dann einfach der erste Rolling Forecast, der alle Quartale des folgenden Jahres betrachtet). Wie wir gesehen haben, erfüllen Budgets aber noch eine Vielzahl anderer Funktionen. Ein von der Budgetierung vollständig getrennter Prozess zur Prognose ermöglicht aber immerhin ein Abspecken des Budgetprozesses: Wenn Budgets nicht mehr benötigt werden, um regelmäßige und z.T. spezifische Prognosebedarfe zu bedienen, mithin die Prognosefunktion von der Funktion des Leistungsmanagements abgekoppelt wird, dann kann die Budgeterstellung tendenziell vereinfacht werden.

Web-basiertes Reporting und analytische Informationssysteme

Ein weiterer wichtiger Beitrag der Informationstechnologie zur Budgetierung – immer verstanden als Budgeterstellung und fortlaufendes Berichtswesen – wird durch die Verwendung von Software-Tools für Analyse und Reporting geleistet. Im Hinblick auf das Berichtswesen kann moderne Technologie und

Anwendungssoftware im Vergleich zur Berichterstattung mittels Tabellenkalkulation und den oft weiterhin nicht sehr Reporting-starken ERPs echten „Mehrwert" schaffen. Web-basierte Informationsportale oder verschiedene analytische Applikationen für differenzierte Nutzerbedarfe (von einfachstem Reporting hin zu statistisch anspruchsvollerem Data Mining) können auf der Grundlage von Data Warehouses, OLAP-Datenbanken, Transaktionssystemen usw. zu größerer Offenheit, Zuverlässigkeit, Transparenz und Übersichtlichkeit von Berichtswesen beitragen. Auf die Verwendung analytischer Applikationen im Reporting wird in Abschnitt 4.8 ausführlicher eingegangen.

3.2.4 Chancen und Risiken des Better Budgeting

Seit Jahrzehnten „basteln" Unternehmen am Budgetierungsprozess – mit gemischtem Erfolg. Einige Unternehmen konzentrieren sich darauf, Informationstechnologie-getriebene Verbesserungen zu realisieren. Andere versuchen, die Budgetierung kreativer und strategisch relevanter zu machen. Wieder andere gehen den Weg der Verstetigung der Budgetierung, mit dem Ziel, die Planung anpassungsfähiger, aktueller und „zuverlässiger" zu gestalten.

Entsprechend der Vielfalt der Better-Budgeting-Lösungsansätze finden sich in der Praxis höchst unterschiedlich geleitete Implementierungen und Praktiken. Da bis heute keine Theorie oder feste inhaltliche Bestimmung des Terminus „Better Budgeting" existiert, ist es nicht unzulässig zu behaupten, dass es sich bei allen Projekten und Initiativen, die in den letzten Jahrzehnten in irgendeiner Weise der Verbesserung von Budgetierung gewidmet waren, als Better Budgeting zu bezeichnen. Es liegt auf der Hand, dass die Ergebnisse bislang nicht überzeugen konnten. Better Budgeting-Lösungen und Fallbeispiele propagieren bis zum heutigen Tag Techniken, die teilweise am Ende auf *mehr* formelle Planung und Aufwand hinauslaufen. Was Organisationen brauchen, sind jedoch flexiblere Steuerungsprozesse und *weniger* Planung – dafür aber mehr Strategiedenken, Einfachheit und flexiblere Zielorientierung.

Die Tatsache, dass es sich bei Better Budgeting um keine geschlossene Theorie handelt, *erleichtert und erschwert* zugleich entsprechende Initiativen. Leitmotiv der Verbesserung im Zusammenhang mit Better Budgeting ist nur allzu oft der relativ diffuse Wunsch nach *Vereinfachung* des Budgetierungsprozesses. Firmen haben aber in der Folge Probleme damit, den Projektumfang abzugrenzen und zu verstehen, was die wesentlichen Hindernisse für eine erfolgreiche Implementierung der gewünschten Veränderungen sind. Oftmals scheitern Better-Budgeting-Initiativen bereits am mangelnden Verständnis dessen, welche Bedarfe unterschiedliche interne Anspruchsgruppen (z.B. Leitung, CFO, Controller, Geschäftseinheits-Verantwortliche) hinsichtlich „besserer" Planung haben. Better-Budgeting-Initiativen werden regelmäßig vom Finanzbereich getragen. Hier können Prozessverbesserungen auch sicherlich die größten Wirkungen erzielen. Der Finanzbereich kann zwar den Planungsprozess verändern –, doch Fragen strategischer Steuerung, Leistungsmessung und Anreizsysteme liegen gewöhnlich außerhalb seiner Verantwortung. Die auf das Wirkungsfeld des Finanzbereichs beschränkten Initiativen scheitern in der Folge regelmäßig an den Kontextbedingungen der Steuerung, dem Widerstand anderer Bereiche oder der Inkohärenz der verfolgten Lösungsansätze.

Eine Schlussfolgerung des Autors nach der Analyse Dutzender Better-Budgeting-Projekte besteht in der Feststellung, dass jede Organisation, die versucht, substanzielle Veränderungen am Management-Kernprozess Budgetierung vorzunehmen, umweigerlich an Grenzen stößt. Häufig scheitern die Initiativen während oder nach der Implementierung an diesen Grenzen – weil das entsprechende Projekt weder mit Ressourcen noch mit Macht, noch mit dem Auftrag zur Überwindung der die Budgetierung umgebenden Barrieren ausgestattet ist. Manchmal werden die latenten Barrieren und Kontextfaktoren einfach nicht erkannt, was zuweilen am einseitigen Verständnis der Budgetierung seitens des Projektteams und -sponsors liegt. Better-Budgeting-Initiativen verfolgen meist eine oder mehrere (wenige) Stoßrichtungen, etwa regelmäßige, zuverlässige Prognose zu bieten; oder ambitioniertere Kostenziele zu setzen; oder aggressiveres Wachstum zu stimulieren. Jedem mit derartig einseitigen Prämissen definiertem Projekt zur Verbesserung der Budgetierung, das den Kontext und andere Funktionen der Budgetierung ausblendet, wird kaum dauerhafter Erfolg beschieden sein.

Die einfache Handhabbarkeit in Projekten und die Möglichkeit zu schneller Umsetzung können als Attraktivpunkte von Better-Budgeting-Ansätzen gelten. Doch es geht von Better Budgeting auch immer die Gefahr des Versickerns der erwünschten und in einem ersten Moment realisierten Effekte aus. Die positiven Wirkungen von Veränderungen an Planungs- und Budgetierungsprozessen durch Better Budgeting-Projekte nutzen sich zudem erstaunlich schnell ab. Weil Manager und Mitarbeiter lernen, jede neue Systematik und jedes neue Instrument innerhalb der Steuerung mit fixierten Leistungsverträgen für ihre eigenen Interessen nutzbar zu machen, verlieren sich die möglicherweise kurzfristig realisierten Effizienzgewinne und Verbesserungen innerhalb kürzester Zeit und werden vielfach sogar durch dysfunktionale Verhaltenseffekte ad absurdum geführt. Es ist schwierig, die negativen Verhaltenswirkungen des festen Leistungsvertrages aus dem Prozess zu eliminieren, ohne erstens Managementprozesse tiefgreifender zu hinterfragen und zweitens einen neuen Führungsstil zu etablieren.

Viele progressive Unternehmen – insbesondere in von raschen technologischen Veränderungen dominierten Industrien wie der Telekommunikation – verfügen heute über rollierende Forecasts, häufigere Planungszyklen und schlankere Planungs- und Budgetierungsprozesse. Sie versuchen damit den Anforderungen eines sich schnell wandelnden Geschäftsumfelds zu begegnen. Die generellen Widersprüche und Konflikte der Budgetierung mit Strategie, Verhaltenssteuerung, Leistungs-Exzellenz etc. sind auf diese Weise aber nicht zu beheben. Oft schaffen diese neuen oder zusätzlichen Prozesse sogar mehr Planungsbürokratie und Aufwand, da Better-Budgeting-Initiativen leicht der Versuchung erliegen, Grenzen und Defizite der Planung durch *raffiniertere und komplexere* Systeme lösen zu wollen.

Treiberbasierte Planung bei Sprint/USA

Der Telekommunikations-Konzern Sprint führte 1999 einen neuen Planungs- und Budgetierungsprozess ein. Dabei kamen *treiberbasierte Budgets* und *rollierende Forecasts* zum Einsatz. Der Prozess: Nach der Definition von Wachstumszielen durch das Top-Management werden diese Ziele von einer zentralen Planungsgruppe in ein betriebswirtschaftliches Modell umgesetzt, das als Ausgangspunkt für die Maßnahmenplanung verstanden wird. Im Planungsmodell werden die Bedarfe für die lediglich 8 verschiedenen Aktivitätentreiber projiziert, zu denen die Anzahl von Anrufen und technologische Indikatoren wie die Anzahl der notwendigen Schaltungen gehören. So ist es möglich, jene zusätzlichen Ressourcen zu quantifizieren, die nötig sind, um das jeweilige Wachstumsziel zu erreichen. Sprint's Prozess von Investitionsbudget-Genehmigung und -review baut auf diesen treiberbasierten Plänen auf.

Der Finanzbereich erstellt in der Folge, ausgehend von geplantem Umsatzwachstum und projizierten Änderungen in der Ressourcenausstattung, finanzielle Pläne für zukünftige Perioden, in enger Anlehnung an die Geschäftsprojektionen. Der Finanzbereich legt zudem geplante Schlüsselindikatoren fest, wie die Anzahl von Verkäufen und installierte

> Nutzer. Wenn Linienmanager das Planungsmodell mit neuen Prognosedaten füttern (bei Spring werden 2–6 Quartals-Forecasts erstellt), dann aktualisiert das System automatisch die Treiberquantitäten und generiert so einen neuen „dynamischen" Forecast mit stark verdichteten Schlüsselindikatoren.

Wenngleich der Ansatz, Planung und Budgetierung zu vereinfachen und zu verbessern richtig und attraktiv ist, so ist diese Vorgehensweise doch gefährlich. Der bei Sprint Ende der 90er Jahre implementierte Prozess bedeutet, dass hier keine Trennung vom fixierten Leistungsvertrag erfolgt, weil Leistungsbewertung und Vergütung weiterhin an die Planung gekoppelt sind. Im Gegenteil: So lange in einer Organisation die Grundhaltung überwiegt, dass Vergütung an Budgetziele und fixierte Leistungsverträge gekoppelt sein muss, werden Leistungsbewertung und Vergütung durch häufigere, zentralisiertere Planrevisionen komplexer und problematischer. Manager und Mitarbeiter reagieren naturgemäß mit Unsicherheit, Angst und allen denkbaren Maßnahmen zur Risikovermeidung. Dies macht eine wirksame Verringerung von Verhandlung, Manipulation und politischer Einflussnahme im Planungsprozess auf mittlere und lange Sicht unwahrscheinlich. Auf die Dauer werden weder ambitioniertere Ziele noch bessere Forecasts, noch niedrigere Kosten oder eine langfristig-strategischere Ausrichtung des Handelns erfolgen. Solange eine Organisation nicht auch den Kontext der Budgetierung und des fixierten Leistungsvertrags angeht, hat eine Vereinfachung oder häufigere Durchführung operativer Planung keinen Einfluss auf dysfunktionales Handeln oder die strategischen Defizite des Steuerungsprozesses.

Ähnliche Probleme ergeben sich beim Einsatz von Rolling Forecasting, in Ergänzung zur traditionellen Budgetierung. In den meisten Organisationen herrscht Unklarheit darüber, ob Forecasting die reguläre Budgetierung ergänzen oder ob es die Budgetierung ersetzen soll (macht nicht häufigeres Forecasting große Teile der Budgetierung überflüssig?) Einerseits soll das Forecasting von Budgets getrennt sein, andererseits mit ihnen im Einklang stehen oder gar als Brücke zwischen strategischer Planung und operativer Planung (Budgets) dienen. Unternehmen haben de facto Probleme, ihre Forecastingprozesse effektiv von der Budgetierung zu trennen. Anderseits zeichnet sich schnell das Dilemma der Unvereinbarkeit regelmäßiger Prognose mit den Budgetzielen ab, wenn der Versuch unternommen wird, Forecast-Daten mit Zielen des Leistungsmanagements zu koordinieren bzw. beide Zahlenwelten einander

„anzugleichen". Die Konsequenzen dieser Halbherzigkeit: Forecasts, die mit dem Geschäftsjahr deckungsgleich sind, behalten ihre „besondere Bedeutung" zur Definition von Leistungszielen. Anstatt echtes Forecasting – verstanden als eine eher grobe Projektion –, zu realisieren, gehen Unternehmen in der Folge dazu über, zur Jahresmitte oder quartalsmäßig Budget-Revisionen oder Erwartungsrechnungen durchzuführen – mit all dem damit verbundenen Aufwand. Das Ergebnis ist ein Budget, das operationale Details einbezieht – doch kein Forecast, der einen Eindruck der wahrscheinlichsten Zukunft oder alternativer Szenarios aufzeigt. Bemühungen von Firmen gerade in den USA münden in einigen Fällen auch in voll durchdetaillierten „Rollierenden Budgets" – die sich dann in der Anwendung trotz Softwareeinsatzes als wenig praktikabel und viel zu ressourcenaufwändig entpuppen. Um den maximalen Erkenntnisgewinn aus ihrem Forecasting zu realisieren, müssen sich Organisationen von den minutiösen, mikroskopischen Gangart der Planung befreien und zu gröberen Projektionen übergehen. Projektion kennt keine Top-down- oder Bottom-up-Orientierung, da sie frei von Verhandlungs- und Anpassungselementen sein sollte.

Veröffentlichte Better-Budgeting-Erfolgsbeispiele auch aus jüngster Zeit sprechen Bände hinsichtlich der Herausforderungen der Umsetzungspraxis. Hier wäre das Beispiel eines großen produzierenden Unternehmens im deutschsprachigen Raum zu nennen, das die „Durchlaufzeit für die Budgeterstellung von 10 auf immerhin 7 Monate" verkürzen konnte.[48] Ebenso wenig beeindrucken können bei genauer Betrachtung oft Verringerungen des Ressourceneinsatzes von Zentralbereichen (z.B. Controlling) für die Planung in der Größenordnung von 30%. Oder Behauptungen, Budgets seien nach dem Eingriff in den Planungsprozess und mittels konzeptioneller Hilfe von Unternehmensberatungen „erheblich treffsicherer" geworden (eine Aussage, die vor dem Hintergrund der bereits ausführlich geschilderten Planungs-Paradoxien mehr als fragwürdig erscheint). Es schadet nicht, an dieser Stelle die bittere Wahrheit in aller Deutlichkeit auszusprechen: Dies sind keine Erfolge, die ambitionierte Organisationen angesichts der dargelegten substanziellen Probleme der Budgetierung heutzutage anstreben sollten.

Wenngleich einige Better-Budgeting-Ansätze durch solide Theorie und vielfältige Anwendung untermauert sind – dies gilt vor allem für Activity-based

---

[48] Lachen sie nicht – dieses und die beiden folgenden kleinen „Erfolgsbeispiele" wurden erst kürzlich von einer deutschen Unternehmensberatung als „eindrucksvolle Bilanz" ihrer Better-Budgeting-Praxis publiziert!

Budgeting und Zero-based Budgeting –, so liegen doch Welten zwischen den Ansprüchen der Theorie und der Realität der Implementierung in Unternehmen. Interessanterweise sind in der Praxis kaum jemals reinrassige Implementierungen einzelner Better-Budgeting-Ansätze zu finden, sondern vielmehr kustomisierte, organisationsindividuell angepasste Lösungen. Dies überrascht nicht. Während sich die Literatur stark auf die möglichen Kostenreduzierungen innerhalb von Planungs- und Budgetierungsprozessen konzentriert, sind Unternehmen nicht nur an diesen Einsparungen interessiert, sondern daran, gleichzeitig Prognosequalität, Strategieumsetzung und Relevanz ihres Steuerungsinstrumentariums zu verbessern.

Es soll hier nicht in Frage gestellt werden, dass manche Better-Budgeting-Projekte wichtige Beiträge zur kurzfristigen Kostenreduzierung leisten konnten! Andererseits ist fraglich, ob es in der Praxis mit Hilfe der Better-Budgeting-Ansätze jemals gelungen ist, Budgets *„strategischer"*, *prognosefähiger oder für die Steuerung des Tagesgeschäfts relevanter* zu machen. Selbst stichhaltige anekdotische Evidenz liegt diesbezüglich nicht vor (die Verfechter entsprechender Konzepte stellen lediglich anschauliche Theorie und Denkansätze dar). Better-Budgeting-Fallbeispiele, in denen von relevanterer Planung die Rede ist, berichten vielmehr vom radikalen Zurückdrängen und „Beschneiden" herkömmlicher Planungsprozesse. Bessere Budgetierung scheint am Ende nur möglich zu sein, wenn Budgets zugunsten alternativer Steuerungsprozesse stark an Bedeutung verlieren. Es scheint so, als ob Budgets bestenfalls Strategie-*neutral* sein können, dass sie die Strategieumsetzung also, wenn schon nicht verbessern, so doch zumindest nicht wesentlich behindern. Von besseren Budgetierungs- und Planungsprozessen sollten wir zumindest erwarten können, dass sie Management-Zeit und Aufmerksamkeit freisetzen für produktivere Aktivitäten wie Strategieformulierung und -Ausführung.

Abschließend sollen die Chancen und Risiken der Better-Budgeting-Ansätze gegenüber den eingangs beschriebenen typischen Zielsetzungen der Initiativen gewertet werden.

- *Verbesserung der Kosteneffizienz der Planungs- und Budgetierungsprozesse:* Hier können verschiedene Better Budgeting-Techniken, richtig implementiert, eindeutig einen Beitrag leisten (je weniger Ressourcen am Ende für Budgetierung aufgewendet werden, umso besser!). Richtet sich die Kritik an der Budgetierung in einer spezifischen Organisation im Wesentlichen auf die Tatsache, dass diese zu Ressourcen- und zu zeitaufwändig, ist, dann können im Rahmen des bestehenden Managementmodells der Prozess der Budgetierung drastisch vereinfacht und Planungsinhalte fokussiert werden. Je größer die Bereitschaft des Top-Managements ist, beim Informationsumfang von Budgets Abstriche zu machen, desto größer und nachhaltiger können die Erfolge sein.

- *Kostenreduzierung, Verbesserung der Ressourcenverwendung, Reduzierung von Verschwendung:* verschiedene Techniken können hierzu einen Beitrag leisten, namentlich Zero-based Budgeting, verschiedene Formen der Prozesskostenrechung und die Entfeinerung von Budgets zugunsten größerer Fokussierung des Reporting auf Leistungskennzahlen und Indikatoren der Effizienz.

- *Verbesserte Einbindung oder Beteiligung dezentraler Akteure an der Planung/Erhöhung der Identifikation:* Größere Kollaboration führt langfristig leicht zu „mehr Planung" – mit oft wenig positiven Effekten. Initiativen mit dieser Ausrichtung sollten stets sorgfältig auf ihre Zielsetzung hin hinterfragt werden. Zu leicht ergeben sich dysfunktionale Wirkungen.

- *Wunsch des Wandels weg von starrer Budgetierung zu „flexibler" oder „dynamischer" Planung:* Jede Form der Budgetierung (ob traditionell oder „Better") kann hier kaum einen Wertbeitrag leisten. Flexible oder dynamische Planung lässt sich stattdessen mit Techniken wie Rolling Forecasting oder strategischen Steuerungsprozessen wie dem Scorecarding realisieren – am besten ohne fixierten Leistungsvertrag.

- *Erhöhung der Fähigkeit zum Forecasting (Prognose für interne Bedarfe und zum Management der Erwartungen der Finanzmärkte):* Budgets selbst sind prinzipiell nicht für Prognosen geeignet; Rolling Forecasting bietet eine Lösung – allerdings nicht, wenn Prognoseprozesse mit Budgeterstellung und -revision vermischt sind oder neue, fixierte Leistungsverträge entstehen.

- *Erhöhung der Strategie- und Wertschöpfungsorientierung von Planung und Verhalten der Organisationsmitglieder:* Techniken wie Scorecarding und Wertmanagement können Planung fokussieren und relevanter gestalten – ob eine Brücke zwischen diesen Verfahren und Budgets geschlagen werden kann und sollte (z.B. mit der von Norton/Kaplan vorgeschlagen dualen Budgetierung), oder ob Budgets aufgrund ihrer Defizite in diesem Zusammenhang nützlich sind, ist mehr als fragwürdig.

Risiken von Better-Budgeting-Initiativen

- *Blinde Flecken des Better Budgeting:* Budgetierung ist nicht nur ein Prozess der Planerstellung, sondern ein integrierter Prozess des Leistungsmanagements. Better Budgeting tendiert dazu, wichtige Elemente des Leistungsmanagements und Kontextfaktoren der Budgetsteuerung zu vernachlässigen, z.B. Reporting, Kontrolle, Leistungsbewertung und Belohnung.

- *Projektumfang und Projektdefinition:* Unterschiedliche Projekt-Stakeholder (z.B. CEO, CFO, Controller) versprechen sich häufig sehr unterschiedliche Resultate von den Initiativen; Projekte sind am Anfang schlecht abgegrenzt; der Projekt-Scope pflegt sich im Laufe der Umsetzungsphase durch Einfluss von Anspruchsgruppen zu ändern, was oft zum wahrgenommenen Scheitern der Initiativen noch vor dem Projektende führt.

- *Finanzbereichs-spezifische Projektziele:* Einerseits kann der Finanzbereich als Verantwortlicher des Budgetprozesses das Projekt oft weitgehend alleine bewältigen, andererseits bleiben Kontextfaktoren der Steuerung entweder unberücksichtigt oder werden nicht angemessen beeinflusst.

- *Mangel an Konsistenz von Methodik und am gewählten Ansatz:* Vorsicht vor halbherzigen Lösungen und Zwischenlösungen (Better-Budgeting-Eigenmischungen)! Sie tendieren erfahrungsgemäß häufig dazu, im Sand zu verlaufen. Viele veröffentlichte Erfolgsbeispiele sind bei genauerem Hinsehen alles andere als „hervorragende Praktiken".

3.3 Beyond Budgeting versus Better Budgeting – gibt es einen Königsweg? Unterschiede und Einsatzbereiche der Ansätze

Manche Akteure (z.B. aus dem Finanzbereich) in Organisationen, die über den Verzicht auf Budgetierung nachzudenken beginnen, argumentieren zunächst typischerweise, dass die gegen konventionelle Budgetierung formulierte Kritik überzogen und Beyond Budgeting „nicht für alle Organisationen" geeignet sei. Der generellen Kritik an der Budgetierung wird dann mit einer Reihe von Vorschlägen für Modifikationen an den gegenwärtigen Prozessen begegnet. Dem zugrunde liegt meist die Annahme, dass bestehende Steuerungsprozesse (implizit: Budgetierungsprozesse) dank mehrfacher Budgetrevisionen im Geschäftsjahr und des zusätzlichen situativen Einsatzes von Techniken wie Zero-based Budgeting eine angemessene Wirksamkeit des Budgetierungsverfahrens erreicht haben oder eine solche zumindest erreichbar sei. Die strikte Ablehnung der Budgetierung, wie im Beyond-Budgeting-Modell explizit vorgeschlagen, sei daher übertrieben. Die Verfolgung eines Ansatzes im Sinne des „Better Budgeting" könne ausreichen, um bestehende Probleme in Planungs- und Steuerungsprozessen zu überwinden.

Better-Budgeting-Initiativen können substanzielle Verbesserungen hinsichtlich bestimmter *spezifischer* Probleme mit Budgetierung und Leistungssteuerung erbringen. Selbst in den größten Organisationen lassen sich innerhalb weniger Monate sichtbare Entwicklungen erreichen (d.h. in einem Zeitraum von drei bis sechs Monaten). Die positiven Effekte können sich insbesondere in den die Planung moderierenden Zentralbereichen manifestieren. Selbst Investitionen in Hard- und Software und Beratung im Millionen-Euro-Bereich können relativ leicht amortisiert werden, da diese Kosten einmalig anfallen, die Budgetierung aber ein mindestens einmal jährlich wiederholter Prozess ist, dessen Dauer und Ressourcenaufwand dramatisch reduziert werden können und der auch im Laufe des Geschäftsjahres in Form von Reporting und Kontrolle erhebliche Managementkapazitäten verschlingt.

Andererseits beantwortet Better Budgeting nicht die fundamentalere Frage, nämlich: „Wie hilft mir der Budgetierungs-Prozess dabei, meine strategischen Geschäftsziele zu erreichen?" Einige fortschrittlich gesteuerte Unternehmen haben Rolling Forecasts oder moderne Planungs- und Managementsoftwares eingeführt. Oder häufigere, vereinfachte und effizientere Planungs- und Budgetierungsprozesse. Diese gewähren aber auf lange Sicht keine der im Beyond-Budgeting Ansatz geforderten nachhaltigen Verhaltensänderungen und Erfolgssteigerungen. Diese Art von Initiative ändert wenig an einigen den gravierenden verhaltensbezogenen, psychologischen und strategischen Folgen der traditionellen Budgetierung – wie etwa die einseitige Konzentration auf finanzielle Indikatoren (auf Kosten vorauslaufender Dimensionen der Leistung) und den Anreiz zum politischen Taktieren und Verhandlung zwischen den Beteiligten. Der Better-Budgeting-Ansatz ist auf ein isoliertes Problem gerichtet: er neigt zur Beschränkung der Optimierungsbemühungen auf den Budgeterstellungsprozess, meistens ohne die Verbindungen zwischen diesem Prozess und anderen Managementprozessen und Tools überhaupt zu berücksichtigen.

Better Budgeting wird von Wissenschaftlern und Praktikern zuweilen als „pragmatische Alternative" zum Modell des Beyond Budgeting bezeichnet. Better Budgeting stellt jedoch *keine ausreichende Antwort* auf die Fundamentalkritik des Beyond-Budgeting-Modells an der bürokratischen und tendenziell dirigistischen Unternehmenssteuerung durch feste Leistungsverträge dar. Initiativen im Sinne eines Better Budgeting zu verfolgen, führt zu keinem rationaleren und effektiveren Steuerungssystem, sondern nur allzu leicht zu wenig befriedigenden Kompromissen. Am Ende wird weiterhin ein nur geringfügig verändertes Budgetierungssystem stehen, möglicherweise ergänzt durch eine Vielzahl zusätzlicher, neuer Instrumente. Diese können dann zusätzliche Redundanzen und Konflikte innerhalb des Management-Modells verursachen. Vor dem Hintergrund der Erfahrungen und Lehren aus dem Beyond Budgeting ist das größte Problem mit Better Budgeting dieses: *Am Ende wird immer noch mit Budgets gesteuert.*

Better Budgeting kann und will keine grundlegende Veränderung der Organisation und Führungskultur leisten, sondern eher eine auf die Budgetierung fokussierte instrumentelle Verbesserung erreichen. Deshalb werden entsprechende Projekte auch selten spektakulär scheitern. Die Erfahrung der letzten Jahrzehnte lehrt uns, dass inkrementale Verbesserungsversuche an der Budgetierung im Gegenteil eher Gefahr laufen zu „verpuffen" und kaum nachhaltige Effekte zeigen. Beyond Budgeting führt uns ja vor Augen, dass sich die Budgetierung aufgrund ihrer Neigung zur funktionalen Überfrachtung und letztlich zentralisierungsfördernden Natur einer substanziellen Verbesserung schnell entzieht.

Reengineering der Budgetierung im Rahmen eines Better-Budgeting-Programms führt somit leicht zu Enttäuschung im Finanzbereich, vor allem aber seitens der Unternehmensleitung und der Manager in Geschäftsbereichen. Mit jeder Neugestaltung des Prozesses werden Fragen aufgeworfen, die im Zusammenhang mit Strategieerstellung, Performance Management, den Personalressourcen, Zielsetzung, Mitarbeitervergütung, Empowerment, und anderen Themen stehen. Einzelne Better-Budgeting-Maßnahmen bringen die Organisation typischerweise nicht an den Punkt, an den sie gelangen möchte. Es besteht letztlich die Gefahr, kosmetische Änderungen an der Budgetierung vorzunehmen, ohne aber am Projektbeginn eine echte Vision des Endzustandes zu erarbeiten und am Ende auch zu erreichen. Ein Mangel an Ambition und Entschlossenheit zum Projektbeginn führt leicht zu Projekten von zwei bis drei Jahren Dauer, die dann aber nur neue, tiefer gehende Probleme der Budgetierung aufdecken. Andererseits können kleine, wohldefinierte Verbes-

Beyond Budgeting und Better Budgeting – Alternative Wege zu überlegener Performance?

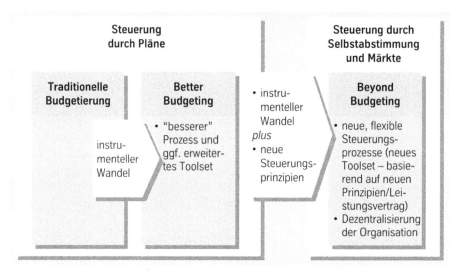

Abb. 27: Unterschiede zwischen dem Wandel zu Better Budgeting und zu Beyond Budgeting

serungsprojekte in einem Zeitraum von bis zu 6 Monaten zu nennenswerten Ressourceneinsparungen führen und die Basis legen für größere Veränderungen am Prozess des Leistungsmanagements oder für eine spätere Beyond-Budgeting-Initiative, ausgehend von einer angemessenen Problemerkennung.

Better Budgeting und Beyond Budgeting „funktionieren" in verschiedenen Dimensionen. Ersterem geht es um die Neugestaltung des Budgetierungsprozesses innerhalb der traditionellen Steuerung mit Plänen und fixierten Leistungsverträgen. Letzterem darum, wie das Steuerungssystem Budgetierung aufgebrochen und durch ein Steuerungssystem mit Selbstabstimmung, Marktkräften und Management-Dialog nutzenstiftender gestaltet werden kann (siehe Abb. 27).

Die Verfechter der Budgetierung übersehen geflissentlich, wie vielfältig die Funktionen und Wirkungen von Budgets in der Organisation sind. Ein Beispiel: Nur wenn wir Budgetierung einseitig als einen Prozess zur Prognose interpretieren, und andere Budget-Funktionen ausblenden, können wir ernsthaft rollierende Forecasts als isoliertes Tool als Lösung für die Unzulänglichkeiten von Budgets empfehlen. Rollierende Forecasts sind de facto ein nützliches Tool, andererseits müssen sie letztlich die in sie gehegten Erwartungen enttäuschen, wenn die individuelle Organisation die Hoffnung hegt, trotz des

Fortbestands alter Steuerungsmechanismen wie traditioneller Budgets bessere Prognoseinformationen erhalten zu können.[49]

Beyond Budgeting ist im Gegensatz zum Ansatz des Better Budgeting nicht darauf aus, ein *spezifisches* Budgetproblem zu lösen. Vielmehr ist es der Ansatz für ein alternatives Modell der Unternehmenssteuerung, das immer auch die Abschaffung von Budgets und fixierten Leistungsverträgen zum Ziel haben muss. Eine Gefahr bei der Einschätzung oder Bewertung von Beyond Budgeting liegt darin, es als Planungskonzept fehlzuinterpretieren. Beyond Budgeting ist jedoch *kein* neues finanzbezogenes Planungsprinzip oder eine „raffiniertere" Form von Better Budgeting. Bei dieser Einschätzung wird übersehen, dass Beyond Budgeting auf der Beobachtung basiert, dass Unternehmen ohne Budgets besser gemanagt werden können und langfristig erfolgreicher sind. Hierzu ist mehr als nur die Überarbeitung der Planungsprozesse einer Organisation nötig. Diesem Aspekt trägt die Entwicklung des Beyond-Budgeting-Ansatzes zu einem integrierten Steuerungsmodell Rechnung (siehe zu den Unterschieden zwischen den beiden Ansätzen Abb. 28)

Wenn die Zielsetzung eines Better-Budgeting-Projektes von vornherein ausschließlich darauf gerichtet ist, den Finanzbereich effizienter zu machen und die Dauer der Budgeterstellung zu verkürzen, sind kaum substanzielle Verbesserungen zu erwarten. Ein ausschließlich auf die Budgeterstellung konzentriertes Better-Budgeting-Projekt wird gleichsam die Erwartungen enttäuschen. Damit es funktioniert, sollte es zumindest elementare Kontextfaktoren einschließen und von Modifikationen an Leistungsbewertung und variabler Vergütung flankiert werden. Gerade wenn über das Verfahren der reinen Planerstellung hinausgedacht wird, ergeben sich wertvollere Gestaltungsmöglichkeiten im Sinne eines „Better Management". Anregungen aus dem Beyond-Budgeting-Modell können wertvolle Gestaltungsansätze für Better-Budgeting-Projekte geben.[50]

---

[49] Dezentrale Handlungsverantwortliche werden wenig geneigt sein, schlechte oder gute Neuigkeiten in einem Forecast zu teilen, wenn dies eine verbale Verurteilung durch zentrale Bereiche bedeutet oder eine Revision von Zielen mit sich bringt. Vielmehr werden sie die entsprechenden Informationen für sich behalten und versuchen, die Probleme im Alleingang zu lösen. Siehe Hope/Fraser (2003b), S. 28–29.

[50] Auch Leser, die zunächst auf eine Better-Budgeting-Initiative setzen, werden von den Gestaltungsansätzen in Abschnitt 4 dieses Buches also in höchstem Maße profitieren.

Was die beiden Ansätze unterscheidet:		
	Better Budgeting	Beyond Budgeting
Ansatzpunkt	„Etwas ist faul an der Art der Budgetierung" (Effizienz)	„Etwas ist faul am Steuerungsmodell mit Budgets und festen Leistungsverträgen." (Effektivität & Effizienz)
Koordination durch...	Pläne und Fremdkontrolle (wie gehabt!)	Marktkräfte, Selbstabstimmung, Dialog (neue Prinzipien!)
Anpassungsfähigkeit	letztlich immer inflexibel	flexibel durch relative Ziele, Anreize und dezentrale Autonomie
Kontrolle	zentralistisch, finanziell orientiert	dezentralisiert, „devolviert"/ dialogisch, facettenreich, Multi-Ebenen Kontrollen
Verbesserung durch...	Problemlösung für Planung und Leistungsmanagement	Innovation des Führungs- und Steuerungsmodells
Ergebnis	(hoffentlich) bessere Budgets	Steuerung ohne Budgets
Projektrisiken	Verpuffen des Projekterfolgs; Enttäuschung der Erwartungen	Scheitern durch Widerstände und geringes Management-Involvement

Abb. 28: Unterschiede zwischen Beyond Budgeting und Better Budgeting

Wie Prinzipien des neuen Leistungsvertrages aus dem Beyond-Budgeting-Modell Better-Budgeting-Initiativen befruchten können, zeigt das Fallbeispiel des Petrochemie-Konzerns BP.

Better Budgeting durch Anwendung von Beyond-Budgeting-Prinzipien: Beispiel BP

Neue Steuerungs-Prinzipien können den Prozess von Planung und Budgetierung im Allgemeinen bereits radikal vereinfachen. Einer der vielversprechendsten Ansatzpunkte ist die Neugestaltung des Vergütungssystems. Management-Vergütung basiert bei BP weitgehend auf komparativer Leistung – mithin dem Vergleich der Leistung von BP gegenüber seinen direkten Wettbewerbern, den anderen Öl-Konzernen. Weil Bonus-Zahlungen somit unabhängig von Budgets sind, vereinfacht sich zugleich die Erstellung finanzieller Pläne. In der Praxis bei BP funktioniert das folgendermaßen: Wenn die von den Geschäftsbereichen dezentral erstellten und konsolidierten Finanzpläne sich nicht mit den Anforderungen der Geschäftsführung decken, werden die Leistungslücken in Form von „Stretch Targets" auf die Geschäftsbereiche verteilt. Verhandlungen und Taktieren über Hierarchieebenen hinweg sowie Iterationen in der Planerstellung werden auf diese Weise deutlich verringert (der Plan hat ja nichts mehr mit Boni zu tun!). Der Leistungs-Anspruch in der Organisation bleibt aber insgesamt erhalten: Über das Geschäftsjahr hinweg konzentrieren sich Management-Reviews darauf, die Leistungslücken zu schließen – und nicht auf Plan-Ist-Vergleiche. Damit wird das laufende Leistungsmanagement zugleich weniger Plan- als vielmehr aktions- und zukunftsorientiert.[51]

Ähnlich wie BP sind eine Reihe von Unternehmen dazu übergegangen, variable Vergütung von der Erreichung von Budgetzielen abzukoppeln. Leistungsbewertung findet auf diese Weise wirklich *im Nachhinein* statt. Auf diese Weise wird die Bedeutung des Budgets zur Leistungsmessung verringert, und eine Verschlankung des Planungsprozesses ist denkbar. Der Effekt ist nämlich, dass sich große Teile der Verhandlung und des politischen Taktierens in Budgetierungs-, Forecasting- und Beurteilungsprozessen erübrigen. Lang-

---

[51] Das Management-Modell von BP folgt in der Tat einer Reihe von Prinzipien des Beyond-Budgeting-Modells. Nicht zufällig wird der Begriff Budgetierung bei BP nicht mehr verwendet: Planung basiert auf Wettbewerbs- und Markterwartungen und wurde stark vereinfacht, Verlaufskontrolle richtet sich auf Verbesserung und Aktion, nicht Abweichungsanalyse; Vergütung und Pläne wurden vollständig voneinander getrennt. Siehe Neely et al. (2001), S. 23/36.

wierige Verhandlungen in der Budgeterstellung haben ihren Ursprung zumindest teilweise darin, dass Manager und Teams die Konsequenzen dessen antizipieren, was passiert, wenn Budgetziele *nicht* erreicht werden: Leistung wird dann als unbefriedigend (gegenüber dem Budget) beurteilt, Boni und Beförderungen reduziert oder verweigert.

Die Bereicherung des Better Budgeting um Prinzipien flexibler und dezentralisierter Steuerung aus dem Beyond-Budgeting-Modell (als Versuch eines Mischansatzes im Sinne eines „aufgeklärten Better Budgeting") ist zumindest konzeptionell reizvoll. Die Umsetzung aber scheint zumindest problematisch. Versuche, die heute praktizierte Budgetierung im Sinne eines „Better Budgeting" durch ausgewählte Anregungen wie den Einsatz flexibler Zielgrößen und externer sowie interner Benchmarks zu ergänzen, wird vermutlich in der Praxis lediglich zu einer Schwemme zusätzlicher Reports ohne vitale Bedeutung führen.

Grundsätzlich ist die Frage nach dem „Leidensdruck" der Organisation zu stellen. Zwei Szenarien sind möglich: (1) Wenn die Probleme im Wesentlichen als im Bereich der Planungs- und Budgetierungspraxis selbst liegend wahrgenommen und Pläne (Budgets) als ein akzeptabler oder im Großen und Ganzen ausreichender Steuerungsmechanismus erachtet werden, ist Better Budgeting eine Lösung. Wenn hingegen (2) das klassische Modell der Steuerung durch feste Leistungsverträge nicht ausreicht, und statt Effizienzgewinnen in der Budgetierung eine Veränderung des Organisations- und Führungsmodells an sich nötig und gewünscht wird oder wenn das eigentliche Problem „in den Köpfen" der Organisationsmitglieder und in der Inkohärenz des Management-Modells als Ganzem steckt, dann greift Better Budgeting als Lösungsansatz zu kurz.[52] Unternehmen, die *mehr erreichen wollen,* sollten den anderen Weg einschlagen: ihr bisheriges Steuerungsmodell hinterfragen, Führungs- und Steuerungsprozesse redefinieren oder neu einführen (z.B. Prognose-Prozesse, Zielmanagement, Vergütung und Leistungsmanagement mit Balanced Scorecards) und dann Budgets so schnell wie möglich abschaffen: Keine prinzipiell unlösbare Aufgabe. Keine Organisation hört auf zu funktionieren, wenn ihre Mitarbeiter keine Budgets mehr vorgesetzt bekommen!

Wenn wir die Herausforderung der Defizite der Budgetierung und die Notwendigkeit der Abkehr von fixen Leistungsverträgen anerkennen, sollten wir zunächst eine echte *Innovation* des Steuerungssystems (Beyond Budgeting)

---

[52] Der Autor ist davon überzeugt, dass dies in allen mittleren und größeren Organisationen, die sich bei der Steuerung auf fixierte Leistungsverträge verlassen, der Fall ist. Zur Abschaffung der Budgetierung gibt es langfristig keine Alternativen.

versuchen, und uns nicht vorschnell auf *Problemlösungen* (Better Budgeting) festlegen! Better-Budgeting-Erfahrungen sind vielfach ein Einstieg, aber kein geeigneter *Endpunkt* für die Neugestaltung der Planungs- und Steuerungsprozesse. Statt eines isoliert auf die Praxis der Budgetierung abzielenden Better Budgeting sollten Manager sich stärker einem weiter gefassten „Better Management" widmen. Es kommt darauf an, die Funktionen von Budgetierung und Leistungsmanagement ganzheitlich zu hinterfragen. Zu viele Versuche, die in sich schlüssige, aber auf falschen Grundannahmen beruhende Budgetsteuerung zu optimieren, sind in der Praxis gescheitert.

Kleine Unternehmen können noch leichter als große den direkten Schritt zur budgetlosen Steuerung wagen. Budgets sind hier oft nichts anderes als verfeinerte oder formalisierte Formen von „Weisung". Unternehmer, die von diesem Weisungs- und Kontroll-Modell abkommen wollen, können relativ schnell ihre Management-Prozesse redefinieren, größere Autonomie dezentraler Entscheider schaffen usw., wenn sie den Verzicht auf Budgets „mit einem Schlag" realisieren und die dabei entstehende Dynamik zum Wandel nutzen. Dies geht aber nicht ohne den Willen und das Involvement der Unternehmensleitung.[53]

3.4 Die Rollen von Prinzipien, Tools, Prozessen im neuen Steuerungs-Modell Beyond Budgeting

Untersuchen wir die Budgetierung im Zusammenspiel mit anderen strategischen und operationalen Managementprozessen, so zeigt sich, dass alle Elemente des traditionellen Budgetierungsprozesses auf rigorosere und effektivere Weise durch andere Managementprozesse und -Tools unterstützt werden können. Die Budgetierung als Hauptinstrument des Leistungsmanagements vermischt zum Beispiel die Bestimmung *voraussichtlicher Leistung,* kurz- und mittelfristige Leistungsziele und längerfristige, ambitionierte (aspirationale) Leistungsziele. Das Budget versucht somit, Zukunft simultan hinsichtlich all dieser Dimensionen abzubilden. Es überrascht nicht, dass es keine dieser Funktionen zufriedenstellend erfüllen kann. In einem Beyond-Budgeting-Ansatz werden diese verschiedenen Funktionen getrennt und durch sehr unterschiedliche Prozesse bedient.

---

[53] Einige Beyond-Budgeting-Vorreiter haben dies vorgemacht: Nach der Erarbeitung des neuen Steuerungsmodells, bei der die Anforderungen der Organisationen völlig neu überdacht wurden, beendete man die Routine der Budgetierung „mit einen Schlag". Nur ein konsequenter Schritt kann den nötigen Wandel des Steuerungsmodells initiieren.

Doch erst wenn die *Managementwerkzeuge und -prinzipien* aufeinander abgestimmt sind und aufeinander einwirken, kann es zu einer „dramatischen" Verbesserung von Resultaten kommen, die das Beyond-Budgeting-Modell anstrebt. Im Folgenden zwei Beispiele für eine falsche, missverstandene oder gar „schädliche" Verwendung von Management-Tools im Zusammenspiel mit der Budgetierung:

- *Balanced Scorecard (BSC):* Bei genauerer Analyse wird deutlich, dass die BSC in vielen Organisation neben dem Budget als (weiteres) Instrument genutzt wird, um einen fixen „Performance-Vertrag" abzuleiten – charakterisiert durch eine Vielzahl absoluter Zielgrößen und untermauert durch ein Vergütungssystem. Dieses Vorgehen, manchmal als beispielhaft dargestellt, entbindet die BSC aber ihrer wichtigsten Funktion: die der Durchdringung der Organisation mit einer kontinuierlichen Strategiediskussion, um daraus stimmige Aktionen abzuleiten. Das Tool kollidiert letztlich mit dem Budgetsystem, verkommt zum „Parallel-Budget" – und dient womöglich lediglich dem Herunterbrechen und der zusätzlichen Legitimierung starrer Zielgrößen.

- *Forecasts:* zweifellos ein sinnvolles Instrument zur Unterstützung anpassungsfähiger Entscheidungsprozesse. Forecasts werden eingesetzt um Planungssensibilität zu verbessern, Szenario- und Umfeldanalyse zu verstetigen und flexibles Führungshandeln zu unterstützen. In der Praxis können Manager aber nicht erfolgreich zu ehrlichen, realistischen Forecasts angehalten werden, wenn sie andererseits in der Pflicht stehen, im Vorfeld ausgehandelte Leistungsniveaus zu erreichen. Wer in der Pflicht steht, Budgetzahlen zu erreichen, wird keine akkuraten Forecasts erstellen, sondern vor allem bestrebt sein, Schuldzuweisungen zu vermeiden und einer Steigerung seiner Zielniveaus zu entgehen. Ohne strikte Abgrenzung von Prognose- und Zielsetzungsprozessen kann es keine erfolgreiche, von Manipulation freie und der Antizipation zukünftiger Chancen und Risiken dienende Prognose geben. Ansatzweise „verbesserte", häufiger stattfindende Planungsprozesse können sich sogar als noch zeitaufwendiger, teurer und schädlicher erweisen als herkömmliche Budgets.

In beiden Fällen stehen innovative, nützliche Management-Tools im Konflikt mit der Budgetierung. In einem Managementmodell *ohne* Budgets sind mit Balanced Scorecards und Forecasts jedoch substanzielle Verbesserungspotenziale realisierbar: Forecasts gewinnen an Objektivität; Verzerrungen werden verringert, weil der Anreiz verschwindet, durch Manipulationen einen besseren Eindruck zu vermitteln als die „wahren" Zahlen suggerieren; vorauslaufende Leistungsindikatoren stellen Trends besser dar; Frühwarnsignale erhalten die Aufmerksamkeit des Managements. Insgesamt wird ein mehr zukunftsgerichtetes Management ermöglicht, und durch Transparenz die Verantwortung für Ergebnisse stärker gefördert.

Es sollte im Zusammenhang mit Beyond Budgeting in aller Regel nicht von einer „revolutionären Abkehr" von Budgets gesprochen werden, sondern von einer Integration verschiedener Tools und Prozesse, die traditionelle Management-Funktionen wie Planung, Leistungsmessung, Kontrolle und Reporting übernehmen. Beyond Budgeting zeigt auf, dass diese Management-Schlüsseldisziplinen effektiver und effizienter durch ein integriertes Toolset *ohne* Budgets erfüllt werden als durch eine lose Sammlung von Managementprozessen, die kontraproduktives Verhalten fördern.

In den meisten Fallbeispielen von Beyond Budgeting wurde zunächst eine Analyse und Umstellung des Portfolios von Instrumenten und Prozessen verwirklicht (siehe beispielhaft Abb. 29 zum Instrumenteeinsatz beim Chemiekonzern Borealis).

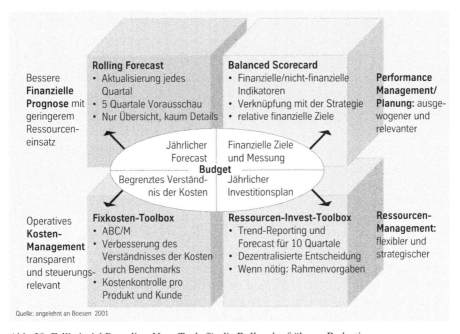

Abb. 29: Fallbeispiel Borealis – Neue Tools für die Rollen der früheren Budgetierung

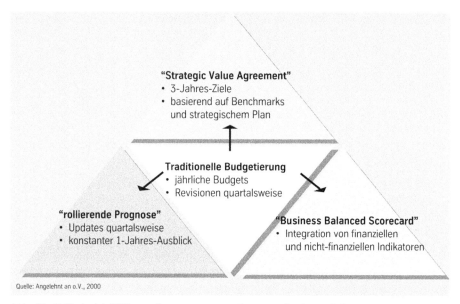

Abb. 30: Fallbeispiel Philips – Steuerungssystem für wertorientiertes Leistungsmanagement und Vorschau

Beim Elektronikkonzern Philips wurde eine ähnliche Analyse durchgeführt (siehe Abb. 30). Mit dem Ergebnis, dass die Budgetierung durch drei verschiedene Tools oder Prozesse ersetzt werden müsse.

Den Darstellungen der Veränderungsinitiativen bei Borealis und Philips liegen eine Reihe von Vereinfachungen zugrunde. Wie wir in den vorangegangenen Abschnitten gesehen haben, spielt die Budgetierung in einer Organisation tatsächlich eine weitaus „vielfältigere" Rolle, als hier unterstellt wird. Sobald jedoch das Bewusstsein für diesen Zusammenhang zwischen Budgetierung und Steuerungsmodell in der Organisation vorhanden ist, hat die Implementierung eines Beyond-Budgeting-Managementmodells die Abstimmung des Verhältnisses und des Zusammenspiels zwischen existierenden und neuen Managementprozessen zum Ziel. Dies schließt typischerweise das Reengineering insbesondere von Forecasting, Performancemessung und -management, Kosten- und Investitionsmanagement und Vergütungssystemen ein. Dabei muss in der Regel die Funktion bestehender Prozesse und Tools grundlegend hinterfragt und neu definiert werden. Viele Unternehmen werden zusätzlich das eine oder andere neue Tool, beispielsweise die Balanced Scorecard zur Unterstützung der Managementfunktion Performance-Management, einführen müssen.

Eine gewisse Gefahr geht in der Praxis immer von der Überladung erfolgreicher Management-Tools mit Funktionen aus. Als erfahrungsgemäß „gefährliche" Tools in dieser Hinsicht haben sich die Budgetierung selbst, Management by Objectives, Scorecards, Wertmanagement oder auch Forecasting erwiesen. Sie alle verlieren die ihnen zugedachte Wirksamkeit schnell, wenn sie für vielfältige, in Wahrheit divergierende Funktionen eingesetzt werden. Die Leistungsbewertung und Vergütung spielen in diesem Zusammenhang eine besondere Rolle: Wird eines der oben genannten Instrumente direkt zur Grundlage von variabler Vergütung und Beförderung, dann stellt dies einen fixierten Leistungsvertrag dar, und das Instrument verliert seine eigentliche Wirkung. Monetäre Anreize und Belohnung sollten daher immer separat von anderen Prozessen des Leistungsmanagements gehalten werden und an weitestgehend konstanten, Output-orientierten Finanzgrößen orientiert sein, vor allem aber stets im Nachhinein gegenüber Wertschöpfung, Wettbewerbsleistung oder Vorperioden festgelegt werden.

In der Konfiguration des Managementmodells à la Beyond Budgeting wird der Prozess der Unternehmenssteuerung unterstützt durch ein *Portfolio* von genau an den Bedarfen der jeweiligen Organisation ausgerichteten, individuell ausgestalteten Werkzeugen. Diesen Prozess kann man als *instrumentelle Spezialisierung* bezeichnen, mit deren Hilfe funktionale Zielkonflikte zwischen den Instrumenten vermieden werden. Die Entflechtung („unbundling") des Multifunktionsinstruments Budgetierung ist ein konzeptioneller Clou im Beyond-Budgeting-Modell: Anstatt zu versuchen, wichtige Managementprozesse in einem einzigen, geschlossenen Instrument wie die der Budgetierung zu bündeln – was hohe Komplexität, Konfusion, Interessenkonflikte und Inflexibilität mit sich bringt –, werden die Funktionen des Budgets auf eine Reihe unterschiedlicher Systeme und Tools aufgespalten, von denen jedes einen anderen Bedarf bedient. Die Folge: Die Grenzen zwischen den Tools verschwimmen nicht, Management und Nutzern wird durch die saubere Abgrenzung einzelner Systeme deren jeweiliger Verwendungszweck deutlich, sodass mittel- und langfristig Manipulation und Vieldeutigkeit verringert werden. Eine Auswahl von Management-Instrumenten sowie deren jeweilige Beiträge zum Steuerungsmodell ohne Budgets sind in Abb. 31 aufgeführt.

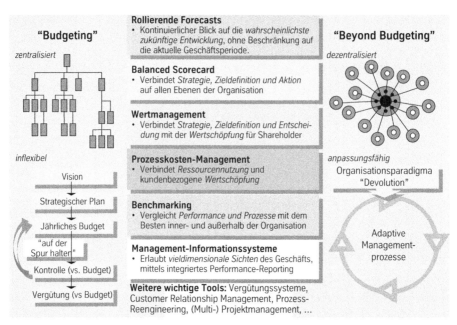

Abb. 31: Die Rolle von Management-Instrumenten im Wandlungsprozess zum Managementmodell „Beyond Budgeting"

In vielen Organisationen werden Management-Instrumente partiell und punktuell eingesetzt: Ein Instrument wird in der einen oder anderen Abteilung verwendet, doch das hieraus gewonnene Wissen verbleibt innerhalb dieses Bereichs, anstatt organisationsübergreifend eingesetzt zu werden. Der Nutzen der Instrumente bleibt insofern weit hinter deren wirklichem Potenzial zurück. Flexible und dezentral organisierte Organisationen überwinden diese Bereichs-Barrieren. Anstatt der bereichsbezogenen Budgetierung und anderer stellenweise verwendeter Tools wird das Toolset in ein organisationsweites Informationssystem integriert, das die Bedarfe der kundennah agierenden Mitarbeiter bedient, anstatt Hierarchie und Zentralisierung zu fördern.

Zugleich wird durch den organisationsübergreifenden Einsatz eines integrierten, funktionell klar definierten Toolsets eine gegenseitige Verstärkung der Tools untereinander möglich: *Benchmarking* etwa kann im Kontext der *Balanced Scorecard* herangezogen werden, um mittel- und langfristige Leistungsziele zu bestimmen. Diese Ziele können im Vergleich zu externen oder internen Wettbewerbern wiederum in Form von internen Leistungsvergleichen dargestellt werden und so als herausragendes Tool zur Leistungsmotivation von Linienmanagern Einsatz finden (Management by Objectives). Die *Balanced Scorecard* kann Teams auf allen Ebenen helfen, strategische Ziele zu erarbeiten, zu verfolgen und mit Leistungsindikatoren und Aktionen in Einklang zu bringen. Informationssysteme bilden die Grundlage für einen funktionierenden Leistungsmanagement-/Scorecarding-Prozess und Rolling Forecasts, da sie den Entscheidungsträgern laufend Feedback- Informationen zur Verfügung stellen.

Hier soll nicht der Eindruck entstehen, es handele sich bei Beyond Budgeting um einen Werkzeugkasten, bei dem drei oder vier Tools, gemeinsam eingesetzt, eine Lösung für die Probleme der Budget-basierten Steuerung bringen. Vielmehr ist – vor dem spezifischen Hintergrund des betrachteten Unternehmens – ein gewisses Reengineering aller Steuerungsprozesse und Tools erforderlich:

- Zur Vermeidung funktionaler Konkurrenz und fehlender Abgrenzung der Systeme und Prozesse untereinander, wie wir sie aus der traditionellen Budgetsteuerung kennen.
- Zur bewussten Gestaltung von Schnittstellen und Interdependenzen zwischen diesen Prozessen, die zu einem kohärenten Gesamtsystem führen sollen.

Beyond Budgeting ist kein Plädoyer für einen bestimmten Instrumentekasten. Seine Grundprinzipien und Gestaltungsfelder zeigen vielmehr mögliche Elemente und Gestaltungsformen eines modernen Steuerungssystems auf sowie den Beitrag der jeweiligen Tools zu einem kohärenten Gesamtsystem, das den Prinzipien der Dezentralisierung und Autonomieförderung ohne feste Leistungsverträge folgt.

Wenngleich verschiedene Techniken und Instrumente für die Verwirklichung von Beyond Budgeting vital sind (hierzu zählen z.B. Rolling Forecasting, relative Leistungsziele, KPI, relative Vergütungsmodelle, Benchmarking) und in jeder Beyond-Budgeting-Organisation in irgendeiner Form anzutreffen sein werden, so zeigen die Beyond-Budgeting- Fallbeispiele doch eindrucksvoll, dass es keine einheitliche Lösung des Tool-Portfolios gibt. So wie heute in unterschiedlichen Branchen durchaus unterschiedliche Schwerpunkte des Einsatzes verschiedener Management-Instrumente zu beobachten sind, werden sich entsprechende Anwendungsprofile auch in Steuerungsmodellen ohne Budgets wiederfinden lassen. Einige typische Schwerpunkte des Instrumenteeinsatzes in unterschiedlichen Branchen sind in Abb. 32 ersichtlich.

Branche/Industrie	Bedeutende Management-Tools (Beispiele)
Petrochemie/Commodities	Prozesskostenrechnung, Rolling Forecasting, ...
Automobil	Balanced Scorecard, Total Quality Management, ...
Konsumgüter	Wertmanagement, CRM, ...
Handel	Wertmanagement, Informationsmanagement, ...
Dienstleistung	Prozessmanagement, Shared Service Management, ...
Banken, Versicherungen	Benchmarking, CRM, ...
Engineering	Balanced Scorecard, Projektmanagement, ...
Versorger	Personalmanagement, Wertmanagement, ...
Technologie	Rolling Forecasting, Balanced Scorecard, ...

Abb. 32: Bedeutungsschwerpunkte von Management-Tools in verschiedenen Branchen

In den folgenden Abschnitten werfen wir einen Blick auf eine Vielzahl von Management- und Controllingdisziplinen und Werkzeuge und werden sehen, wie sich der Tool-Einsatz in der Organisation ohne Budgets verändert. Dabei werden die Tools nicht detailliert mit all ihren Eigenschaften beschrieben (hierzu liegt vielfach hervorragende, spezifische Literatur vor), sondern es wird der Einsatz des Instrumentariums im Hinblick auf dessen Funktion im Management ohne Budgets und feste Leistungsverträge aufgezeigt sowie der Beitrag der einzelnen Prinzipien und Instrumente zu einem alternativen, kohärenten Modell zur Steuerung verdeutlicht.

Die bereits beschriebenen Zwölf Prinzipien des Beyond-Budgeting-Modells stehen nicht für sich allein da. Selbstverständlich sind Prinzipien und Regeln für sich genommen nicht genug: Die neuen Gestaltungs- und Verhaltensregeln für eine Organisation erfordern deren Materialisierung durch *Instrumente und Prozesse*. Sie sind ein Set notwendigerweise abstrakt gehaltener Regeln, die dafür geeignet sind, die Grundeigenschaften eines alternativen Steuerungsmodells zu illustrieren.

In diesem Buch sind die Steuerungs-Prinzipien, -Instrumente, und -Prozesse zu neun grundlegenden Gestaltungsfeldern zusammengefasst (siehe Abb. 33). Die Neun Gestaltungsfelder – gewidmet den wesentlichen Steuerungsfunktionen und Management-Prozessen – sollen individuell vor dem Hintergrund des

Die Rollen von Prinzipien, Tools, Prozessen im neuen Steuerungs-Modell Beyond Budgeting

Abb. 33: Wie die Entflechtung der Budgetierung funktioniert – Elemente eines Managementmodells ohne Budgets

gesamten Steuerungsmodells diskutiert werden und gleichzeitig aufzeigen, wie die Kohärenz des Gesamtsystems durch bestimmte Instrumente oder Gestaltungseigenschaften unterstützt oder geschädigt werden kann: Tragen alle Systeme und Prozesse zu dezentraler Autonomie, Selbstabstimmung und „marktlicher" Koordination bei? Erhöhen die Instrumente Flexibilität, Strategie- und Zukunftsorientierung? Steigern sie die Informationstransparenz?

Beyond Budgeting ist eine Führungsphilosophie, die durch eine Reihe von Gestaltungsprinzipien konkretisiert wird. Es handelt sich bei Beyond Budgeting weder um ein Planungskonzept noch um ein Informationssystem oder um ein Führungsinstrument –, sondern im Kern um ein allgemeines Managementmodell. Dieses Modell greift auf existierende Tools und Konzepte zurück, die im traditionellen Managementmodell – das auf Budgets und festen Leistungsverträgen beruht – zwar vielfach eingesetzt werden, in der Regel aber ihre volle Wirkung nicht entfalten können. Vielmehr stehen verschiedene jüngere Tools im Konflikt mit dem traditionellen Steuerungs-Modell und stören die Kohärenz, ohne jedoch insgesamt eine stimmige Alternative zu bieten. Beyond Budgeting bietet hierzu eine Lösung: Es ist ein kohärentes Rahmenmodell, das das Potenzial von Führungssystemen und Tools freizusetzen imstande ist. Hier wird das Ganze in der Tat zu mehr als zur Summe seiner Teile! Damit stehen die Tools und Prozesse nunmehr in ihrem Zusammenspiel im Dienst der Unterstützung flexibler Managementprozesse und der Realisierung einer dezentralisierten Organisation.

Der wichtigste Erfolgsfaktor und das eigentliche Ziel beim Einsatz von Tools in Organisationen ist, dass diese *langfristig mit dem Gesamt-Managementsystem verschmelzen*. In den folgenden Abschnitten werden Tools und Systeme teilweise mit ihren bekannten Markennamen beschrieben. In der einzelnen Organisation sollten diese Instrumente aber nur vorübergehend in dieser Form erkennbar sein und sich auf lange Sicht nahtlos in das Set organisationsindividueller Managementprozesse einfügen. Das Ziel besteht letztlich nicht darin, z.B. einen beispielhaften Balanced Scorecard-Prozess zu betreiben, sondern ein Management-Modell zu entwickeln, das gleichzeitig kohärent, einfach und integriert ist. Gerade diese Eigenschaften zeichnen die herausragendsten Fallbeispiele von Beyond-Budgeting-Unternehmen aus. Einige von ihnen verfügen über teilweise erstaunlich einfache Management-Prozesse „eigenständiger Prägung". Die impliziten Prinzipien von Standard-Tools lassen sich in den individuellen Managementprozessen dieser Organisationen aber eindeutig wiederfinden. So findet sich bei höchst erfolgreichen Unternehmen wie Svenska Handelsbanken, 3M, GE oder Emerson Electric häufig weder eine explizit titulierte „Prozesskostenrechnung", noch „Scorecards" oder „Management-Cockpits", dafür aber deckungsgleiche, in ihrer Konzeption oft erstaunlich vereinfachte, kohärente und effiziente Steuerungsprozesse, die das Fundament für einen dauerhaften, konsistenten Erfolg bilden.

Die Rolle der Tools im Beyond-Budgeting-Modell:

- In der Organisation vorhandene Tools sind so umzugestalten, dass sie flexible Managementprozesse gewährleisten und dezentralisierte Organisation unterstützen oder diese ermöglichen.

- Moderne Management-Tools fristen in Organisationen oft ein Nischendasein – sie stehen im Konflikt mit der Budgetsteuerung. Ohne Budgets können und sollten diese Tools organisationsweit zum täglichen Einsatz gebracht werden.

- Tools sind die Grundlage von Steuerungsprozessen. Und Managementprozesse formen ihrerseits Standards der Interaktion und somit der Organisationskultur.

- Vermeiden Sie es, Moden und Marken hinterher zu jagen und jedes aktuelle Tool zu adoptieren – nicht auf die Einführung eines möglichst umfangreichen Sets von Tools kommt es an, sondern auf deren schlüssige Verwendung und Verknüpfung zu einem Gesamtmodell.

- Tools sollen sich langfristig in ein *organisationsindividuelles* Gesamtmodell der Steuerung einfügen, das gleichzeitig *kohärent, einfach und integriert* sein sollte!

- Auch wenn Tools und Prozesse zumindest zu Beginn einer Beyond-Budgeting-Initiative im Zentrum der Veränderungsbemühungen stehen werden, so handelt es sich doch um eine Management-Philosophie, die neben der Instrumentenebene immer auch Wirkungen auf Organisationsstruktur und Führungsstil haben wird und diese Aspekte frühzeitig berücksichtigen muss.

4 Die Neun Gestaltungsfelder für Beyond Budgeting oder „Better Management": Prinzipien, Tools, Prozesse für flexible Steuerung und radikale Dezentralisierung

Dieses Buch identifiziert Neun Gestaltungsfelder, die die *Prinzipien, Tools und Prozesse* auf dem Weg zu einem alternativen Steuerungsmodell, das flexibler und dezentralisierter als herkömmliche Budgetsteuerung ist, einordnen und darstellen.[54] Die Gliederung des folgenden 4. Abschnitts des Buches folgt diesen Neun Gestaltungsfeldern.

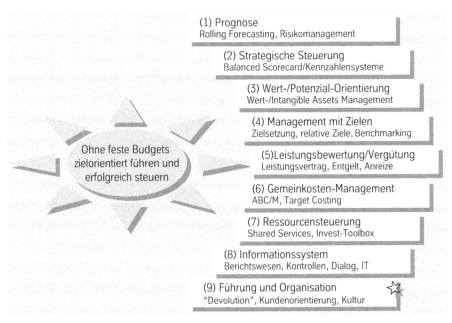

Abb. 34: Die Neun Gestaltungsfelder des Beyond Budgeting – für neue Prinzipien, Tools, Prozesse

---

[54] Zugegebenermaßen eine Menge unterschiedlicher Felder! Sie dienen aber vor allem der gedanklichen Strukturierung von Problembereichen, Tools und Prinzipien und sind bis zu einem gewissen Grad „willkürlich" gewählt. Es könnten ebensogut 7 oder 12 sein. Der Leser ist eingeladen, eine organisationsindividuelle gedankliche Struktur für Gestaltungsfelder zu finden und diese mit Autor und der Beyond-Budgeting-Community zu teilen, z.B. auf dem deutschsprachigen virtuellen Beyond-Budgeting-Forum (siehe Anhang)

Die Neun Gestaltungsfelder umreißen den Aktionsbereich des Managementmodells ohne Budgets: Erst Intervention und Wandel in allen Feldern setzt das gesamte Gestaltungs- und Veränderungspotenzial einer Organisation frei. Die ersten acht Felder beziehen sich auf die einzelnen Elemente *flexibler Steuerungsprozesse* für ein Leistungsmanagement ohne Budgets. Der neunte widmet sich der Umgestaltung von Führung und Aufbauorganisation. Die Grenzen zwischen diesen Gestaltungsfeldern sind naturgemäß fließend, sie bauen aufeinander auf und interagieren. Beyond Budgeting ist als Steuerungsmodell entsprechend prinzipiell „unteilbar" – genauso wie das individuelle Steuerungsmodell einer jeden Organisation stets ein organisches Netz aus Gestaltungseigenschaften und gelebten Praktiken ist. Vor diesem Hintergrund sollen die Gestaltungsfelder vor allem dazu dienen, unabhängig von Größe, Mission und Branche den notwendigen Wandel verständlich, für alle Arten von Organisationen praktisch instrumentalisierbar und für den Leser emotional spürbar zu machen.

Das Verständnis von Beyond Budgeting und die Intervention in Organisationen erfordern nicht nur den Wunsch, etwas zu ändern. Erforderlich ist auch das Wissen, wonach zu suchen ist, wie Probleme identifiziert werden können, wie sie zu interpretieren sind und was zu ihrer Lösung beitragen kann. Die folgenden Abschnitte versuchen, dies in praxisgerechter, übersichtlicher Form zu leisten.

4.1 Rolling Forecasting: Planung als Prognose und Vorausschau

4.1.1 Probleme des Forecasting und Ansätze für dessen Neugestaltung

Was ist verkehrt am herkömmlichen Forecasting? Im traditionellen Managementmodell helfen Forecasts den Managern dabei, ihre Bemühungen auf die Erreichung jährlicher Budgetziele zu konzentrieren. Zumeist sind die in Organisationen anzutreffenden Forecasts nicht mehr als eine neue Zusammenstellung des Budgets und sollen Manager dazu anhalten, geeignete Maßnahmen zu ergreifen, um die in Budgets vorab vereinbarten Ziele zu erreichen.[55] Forecasting wird durchgeführt, um „auf der Spur zu bleiben", also letztlich, um

---

[55] Siehe Abschnitt 3.2.3 zum Forecasting im Zusammenhang mit Better-Budgeting-Initiativen.

schon verhandelte Budgets zu aktualisieren und eventuell neu zu fundieren. Es ist zudem keine kontinuierliche Geschäftsaktivität, sondern ein statischer Prozess, unabhängig von der Häufigkeit der Durchführung.

Dem Wunsch vieler Manager nach häufiger oder kontinuierlicher Planung wird im Zusammenhang mit der Budgetsteuerung oft zu Recht mit dem grundlegenden Einwand begegnet, es könne – zumindest bei unzureichender strategischer Ausrichtung – durch ständige Neuplanung zu willkürlich wechselnden Planungen kommen. Und damit zu Konfusion, Mangel an Fokussierung und Prioritäten. Wenn Zieldefinition und Leistungsbewertung an den Prognose- bzw. Forecastingprozess geknüpft sind, dann wirft dies in der Tat Probleme auf: Jeder neue Forecast stellt hier potenziell die Indikatoren-Ziele vorhergehender Planungen in Frage. Kontinuierlich sich ändernde Annahmen und deren finanzielle Auswirkungen entwerten tendenziell vorab definierte Ziele, und damit die Verantwortung, diese zu erreichen. Letztlich kann auf diese Weise betriebene häufigere Planung zur Unfähigkeit einer Organisation beitragen, ihre Ziele am Ende zu verwirklichen. Dieser Einwand richtet sich jedoch, wie wir sehen werden, nicht gegen *rollierendes Forecasting* an sich: Forecasting-Prozesse wie wir sie kennen lernen werden, tragen keineswegs zur Definition von Zielen bei und dienen ebenso wenig als Grundlage zur Leistungsbewertung oder Vergütung von Mitarbeitern.

Dem immer lauter werdenden Ruf in der Praxis nach Einführung von Forecasting-Prozessen liegt die Einsicht zugrunde, dass Budgets unter anderem letzten Endes immer daran scheitern, zwei gegensätzliche Funktionen gleichzeitig erfüllen zu müssen: Ziel-/Leistungs-Management auf der einen *und* die Projektion finanzieller Performance auf der anderen Seite. Der Widerspruch zwischen den beiden Funktionen ist dieser: Wenn ein Budget eine *akkurate Projektion* ist, dann kann es wahrscheinlich nicht ein angemessenes Set *anspruchsvoller Ziele* zur Verfügung stellen. Auf der anderen Seite ist ein auf herausfordernden Zielen aufbauendes Budget als Teil des Anreizsystems für Linienmanager vermutlich nicht geeignet, die voraussichtliche finanzielle Entwicklung eines Unternehmens vorherzusagen. Wie dieser Konflikt zwischen zielorientierter Planung und objektiver Prognose mit Hilfe von Rolling Forecasting lösbar ist, wird dieser Abschnitt zeigen.

Die bekanntesten Eigenschaften von Rolling Forecasts sind einerseits ihre im Vergleich zu Budgets und Plänen höhere Erstellungsfrequenz (Periodizität), andererseits der dauerhaft gleichbleibende Zeithorizont. Forecasts werden, das hat sich weithin herumgesprochen, im Vergleich zu Budgets häufiger erstellt (z.B. einmal im Quartal, monatlich oder wöchentlich) und weisen über den fixierten Horizont des Geschäftsjahresendes hinaus auf eine von der Organisation und ihren Mitgliedern definierte, frei bestimmbare, stets gleich lange Zukunftsperiode. Eines der Hauptziele von Organisationen beim Einsatz des Forecasting ist die „Verstetigung" der Planung mit Hilfe regelmäßiger Prognose. Prognose soll in einen *stetigen Prozess* verwandelt werden, der deutlich mehr als eine „lästige, statische Übung – einmal im Jahr" ist.

In der Praxis wie auch in der Literatur sind jedoch eine Vielzahl von Varianten beobachtbar, in denen der Forecasting-Ansatz umgesetzt wird. Diese Forecastingtypen lassen sich bezüglich Forecastingfrequenz und -horizont unterscheiden.

Variante (1): Viele – gerade deutsche – Unternehmen halten an der Erstellung eines Jahresplans fest, der auf monatlicher oder quartalsmäßiger Basis überarbeitet wird, mit mehr oder minder mathematischer Neu-Projektion der erwarteten Ergebnisse auf die verbleibenden Planungsmonate. Es wird also an einem traditionellen, geschäftsjahresbezogenen Zeithorizont festgehalten, lediglich die Planungshäufigkeit wird erhöht. Damit ist dieser Prozess *keine* rollierende Planung und kein Forecasting im hier verstandenen Sinne, sondern lediglich eine regelmäßige Budgetrevision oder Erwartungsrechnung![56]

Variante (2): Vereinzelt wird Forecasting auch in Deutschland bereits permanent „rollierend" betrieben. Einige Unternehmen setzen einen rollierenden, quartalsmäßig aktualisierten vier-, fünf- oder sechs-Quartals Forecast ein. Was einfach bedeutet, dass die Organisation in jedem Quartal einen Forecast mit 12, 15 oder 18 Monaten Ausblick erstellt. In jedem Prognosezyklus blickt die Organisation gleich weit in die Zukunft. Ein solcher Forecast ist in Abb. 35 zu sehen. Alternativ zum quartalsmäßigen Forecasting kann der Forecastingzyklus natürlich auch häufiger, z.B. monatlich, durchlaufen werden. Dieses sind bedeutende, oft von Praktikern verkannte Gestaltungsunterschiede. Der kontinuierlich gleichbleibende Zeithorizont verstärkt die wahrgenommene Kontinuität des Prozesses bei den Planern und erhöht das Bewusstsein für langfristige Ergebnisse, aber auch für Quartals-Ergebnisse – was besonders für börsennotierte Unternehmen von Bedeutung sein kann. Die Folge ist die weitgehende Loslösung vom Geschäftsjahr als dominantem Zeithorizont der Steuerung auf operativer Ebene.

---

[56] Siehe zur Unterscheidung dieser „Budgetrevisionen" und Erwartungsrechnungen im Gegensatz zu originärem Forecasting auch die Ausführungen in Abschnitt 3.2.3.

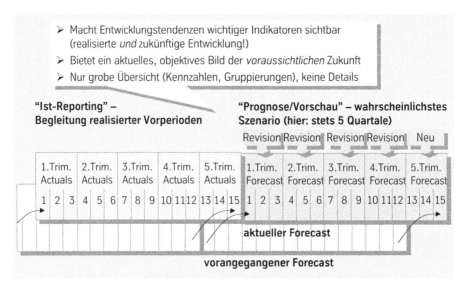

Abb. 35: Beispiel eines quartalsweise durchgeführten Rolling Forecasting

Die Frage, *wie viele Monate oder Quartale prognostiziert werden sollten*, lässt sich insofern nicht pauschal beantworten. Diese und andere Gestaltungsfragen hängen von zwei Faktoren ab: Dem spezifischen Verwendungszweck der Prognose und Dynamik/Komplexität des Umfeldes. Generell gilt:

- Je turbulenter das Umfeld (hohe Dynamik/Komplexität), desto schneller (weniger detailliert/weniger aufwändig) sollten Forecasts sein, desto kürzer sollte der Forecasting-Horizont gewählt sein, desto häufiger sollten sie durchgeführt werden, und desto mehr empfiehlt sich der Einsatz einer spezifischen IT-Forecastinglösung.

- Die spezifischen Informationsbedarfe der Forecasting-Nutzer und „Kunden" müssen die *Grundlage bei der Gestaltung des Prozesses* sein.[57] Forecasting-Informationsbedarfe sollten auf das reduziert sein, was die Nutzer zur Analyse und Entscheidung *brauchen*. In vielen Fällen empfiehlt es sich gerade deswegen, voneinander unabhängige Forecasts für unterschiedliche Nutzungsbedarfe zu betreiben. Es gibt keinen einheitlichen

---

[57] Das klingt trivial, ist es aber nicht. In der Praxis sind oft bestehende Budgeterstellungsprozesse und -datenmodelle, Controllerdenken oder „vermutete" Bedarfe des Vertriebs der Ausgangspunkt der Prozessgestaltung. Das Ergebnis können dann redundante, nutzlose, oder sogar für Planung und Motivation schädliche Forecasts sein.

Forecasting-Typ für alle Zwecke, sondern z.B. produktspezifische Forecasts für Produktion/Vertrieb/Marketing versus konsolidierte Forecasts für zentrale Finanzbereiche.

Variante (3) Alternativ zur Variante Nr. 2 kann das Forecasting – statt kalenderbasiert – durch *Ereignisse* ausgelöst werden – z.B. durch Umfeldänderungen, Wettbewerberverhalten oder signifikante Zielabweichungen. Da hier kein traditioneller Planungskalender mehr existiert, kann dieser Prozess als wirklich *kontinuierliche* Planung bezeichnet werden. Gebräuchlich für diese Form der Prognose ist auch der Begriff *dynamisches Forecasting*. Manager lösen Planungszyklen nach „Bedarf" aus – prognostiziert wird ereignisgetrieben aufgrund von Chancen und Bedrohungen, mit Voraussichten auf z.B. 5 bis 8 Quartale. Voraussetzung, damit dies funktionieren kann: Forecasts dürfen nicht versuchen, „korrekte" Ziele oder vorab fixierte Plandaten zu erreichen. Boots, ein britisches Handelsunternehmen, realisierte einen solchen kontinuierlichen bzw. ereignisausgelösten Forecasting-Prozess:[58] Sobald sich lokale Chancen oder Bedrohungen abzeichnen, wird ein neuer Forecast für eine Vertriebsregion angeschoben. Ein Budget wird bei Boots zwar formell auch erstellt, es stellt aber lediglich einen „vorläufigen operativen Plan" dar, der als Instrument zur Leistungsmessung keine Rolle spielt.

Planungshäufigkeit und Zeithorizont können zwar als die wichtigsten formalen Eigenschaften von Forecasts bezeichnet werden, sind aber nicht die entscheidenden Gestaltungsfaktoren für eine „bessere Prognose". Entscheidender als das „Wie" des Forecasting ist das „Warum": die Frage nach Zielsetzung und Nutzen einer optimierten, kontinuierlichen Planung. Dies sind zumeist:

- der Wunsch nach zeitnaher, aktuellerer Zukunftsinformation (gerade in Technologie-intensiven Branchen);
- erhöhte Genauigkeit der Vorausschau – soweit dies in einer dynamischen Umwelt möglich ist;
- kontinuierliche Vorausschau – aktuelle Projektionen mehr (bzw. deutlich mehr) als einmal im Jahr:
- Verringerung des Ressourcenaufwands für die Prognose.

---

[58] Siehe z.B. Daum, 2002, S. 416–418.

Wozu genau soll Forecasting oder Rolling Forecasting also Verwendung finden? Wo und wofür werden Prognoseinformationen wirklich gebraucht? Wie sich zeigen wird, benötigen Organisationen Forecastingdaten für eine Reihe höchst unterschiedlicher Probleme. Jedes einzelne von ihnen erfordert Zukunftsinformationen unterschiedlichen Inhalts, Detaillierungsgrads und Zeithorizonts. Forecasting sollte diesen Anforderungen entsprechend vorrangig zur Informationsgewinnung für die folgenden spezifischen Anwendungsfelder betrieben werden:

- *Management der Erwartungen von Kapitalmarkt und Aufsichtsgremien* (Forecasting Kunde: Top-Management)
- *Mittelfristige Vorhersage finanzieller Performance* und Überwachung kurzfristiger Liquiditätssteuerung durch zentrale Finanzfunktionen (Kunden z.B. Treasury, Steuerplanung, Finanzierung, Investition)
- *Operative Planungserfordernisse von Linienmanagern:* Generierung von Plandaten zur Volumen- und Absatzplanung, Nachfrageplanung, Logistik, Produktionsplanung etc. (Kunden: z.B. Vertrieb, Produktion, Marketing)
- *Risikoanalyse durch Linienmanager* als Impulsgeber von Korrekturmaßnahmen: Identifikation von Änderungen der Marktentwicklung, schwachen Signalen etc. mit entsprechender Ableitung von Aktionen und Programmen (Kunden: z.B. Geschäftseinheiten, Marketing)
- *Strategie-Monitoring* durch Linienmanager: Forecasts als Input für kontinuierliche Strategie-Reviews und ggf. Anpassungen der Strategie (Kunden: Manager aller Ebenen)

Diese Nutzerbedarfe von Forecasting-Daten haben trotz ihrer Unterschiedlichkeit etwas miteinander gemeinsam. Sie sind auf „unabhängige", möglichst objektive Zukunftsdaten angewiesen – andernfalls treten Meinungen, verhandelte Daten oder willkürliche Schätzungen an die Stelle echter Prognose. Objektive Prognosedaten sind interessanterweise ein Typus von Informationen, der in budgetgesteuerten Organisationen häufig gar nicht oder nur an wenigen Punkten anzutreffen ist, beispielsweise in einzelnen Systemen der Produktionsplanung und in Cashflow-Projektionen des Treasurers. Dieser gravierende Mangel an objektiven Prognoseinformationen in Organisationen macht auch die Herausforderung bei der Implementierung funktionierender Forecasting-Prozesse deutlich.

Rolling Forecasting kann als fortlaufender Lernprozess einer Organisation angesehen werden, bei dem die effiziente Generierung und Kommunikation des *wahrscheinlichsten Szenarios* für *anschließende* Planung, Analyse und Entscheidung trainiert und perfektioniert wird. Forecasting zielt darauf ab, die Fähigkeit der Organisation zur Vorausschau und Antezipation der Zukunft zu verbessern und hochwertige, nutzerrelevante Zukunftsinformation zu generieren. Es ist in diesem Sinne u.a. ein wichtiges Instrument zur Erhöhung der Anpassungsfähigkeit einer Organisation (siehe Box).

> **Forecasting erhöht – im Vergleich zu Budgets – die Anpassungsfähigkeit der Organisation:**
>
> - durch *realistische*, am Umfeld orientierte Prognose – losgelöst von Innenorientierung von Zielen und Leistungsmanagement;
> - durch Prognosezyklen und -horizonte, die an externe Umfeldturbulenz und reale Bedarfe angepasst sind;
> - durch an reale Informationsbedarfe angepasste Prognoseinhalte und -prozesse;
> - durch Loslösung des Denkens der Organisationsmitglieder von fixierten Geschäftsperioden und von den fixierten Handlungsprogrammen der Budgets.

Gutes Forecasting leistet sichtbar einen Beitrag zur „Business Intelligence" einer Organisation. Es stellt nämlich Zukunftsinformationen in einer Qualität, Häufigkeit und einem Umfang zur Verfügung, wie sie im System der Budgetsteuerung schwerlich realisierbar sind.

In einem Beyond-Budgeting-Umfeld spielen Rolling Forecasts somit eine eindeutige Rolle. Hier wird Forecasting *ausschließlich zur Prognose* betrieben. Forecasting soll in diesem Sinne angewandt werden, um die *wahrscheinlichste Vision der zukünftigen Entwicklung* zu dokumentieren. Rolling Forecasting sollte daher stets als „Prozess der Vorausschau in Reinform" interpretiert werden. Genau hierdurch unterscheidet es sich damit substanziell von traditioneller Budgetierung, die einen wesentlich weiter gefassten Funktionsumfang hat. Dementsprechend geht es, wie im Folgenden gezeigt wird, bei der Gestaltung von Forecasting-Prozessen darum, die Projektion der näheren Zukunft von Funktionen wie Ressourcenallokation und Zieldefinition bzw. Zielmanagement abzukoppeln! Dies ist von Bedeutung, um Interessenkonflikte und dysfunktionale Anpassungsstrategien aus dem Planungsprozess zu entfernen. Forecasting ist also selbst kein Werkzeug zum Ziel- und Leistungsmanagement oder zur Steuerung von Ressourcen – mithin von Prozessen, die unweigerlich „politische" Fragen aufwerfen würden. Stattdessen werden Prognoseinformationen als *Input* von Planung und Entscheidung benötigt, während der Prozess der Prognose *selbst* völlig unabhängig von Prozessen der Planung und Entscheidung bleibt. Ein auf diese Weise betriebenes Forecasting ist ein wichtiges, im Tagesgeschäft integriertes Werkzeug zum Risikomanagement. Als Kernelement eines kontinuierlich funktionierenden Frühwarnsystems kann Projektion/Forecasting wirkungsvoll zum Erkennen von Umfeldänderungen beitragen.

In der Anwendungspraxis scheint Forecasting demgegenüber noch mit einer Reihe gravierender Anwendungsprobleme belastet zu sein. Organisationen sind keineswegs zufrieden mit ihrer Fähigkeit zu „forecasten". Mit dieser Problematik hängt die Frage nach Nutzung und Zweck des Forecasting sowie den Ansprüchen an Qualität der Prognosedaten zusammen.

Die Kosten schlechter Projektionen können gewaltig sein. Ein Beispiel: Der Vertriebsmanager eines großen Getränkeherstellers untertrieb beim Forecasting die Marktnachfrage einer großen Verkaufsregion für ein Quartal bewusst dramatisch, um das Absatzziel später leicht überschreiten zu können. Als der Produktionsbereich diese manipulierte Absatzprognose dann aber den Produktionsplänen zugrunde legte, hatte dies unerwünschte Folgen: Während der besonders absatzstarken Sommerperiode gingen die Lagerbestände des Hauptproduktes des Unternehmens einer ganzen Vertriebsregion aus, was zu erheblichen Umsatzverlusten führte. So brachte die Manipulation des Forecasts durch einen Manager deutliche Ergebnisverluste mit sich.

Forecasting bei Apple

Eines Tages initiierte Apple – dies zu einer Zeit unmittelbar vor der geradezu messianischen Rückkehr von Steve Jobs zum Computerhersteller – eine Kampagne zur geradezu fanatischen Verkaufsförderung bestimmter Produkte. Was geschah?

- *Die Vertriebsmitarbeiter* reagierten umgehend – und spielten prompt ihre Absatz-Forecasts herunter. Sie versuchten, ihre Boni zu maximieren, indem sie sicherstellten, dass diese konservativen Forecasts leicht zu übertreffen wären.
- *Das Vertriebsmanagement* reagierte durch weitere Abschläge bei den Absatzschätzungen, da überambitionierte Forecasts der Vertriebsmitarbeiter die Manager daran hindern würden, die eigenen Ziele zu schlagen – und so die eigenen Boni zu maximieren.
- *Der Produktionsbereich* reagierte ebenfalls mit Eifer – durch Schaffung eines Lagerbestandes ganz in Übereinstimmung mit den nun fürchterlich geringen Absatzschätzungen und insofern mit der Schaffung absolut unangemessener Bestände im Hinblick auf die Nachfrage, die einsetzte, nachdem alle Vertriebsmitarbeiter ihre eigenen Bonus-Ziele mit noch nie da gewesenen Verkäufen zu übertreffen begannen.

Das Ergebnis war eine Katastrophe. Apple war nun nicht in der Lage, eingehende Bestellungen zu bedienen, was zum Verlust von Absatzchancen führte. Der Marktanteil fiel. In der Folge wurde Apple's CEO geschasst, weitere Köpfe rollten, Steve Jobs kehrte glorreich in die Firma zurück.

Die Moral von der Geschichte: Eigennützige Motive bei der Erstellung von Forecasts verfälschen nur allzu leicht die Qualität der Informationen und setzen die Zukunft unserer Organisationen aufs Spiel. *Objektive* Zukunftsinformationen für Forecasts zu gewinnen, erfordert einen sauber von Anreizsystem-, Ziel- und Wunschdenken losgelösten Forecasting-Prozess. Die meisten Firmen sind weit davon entfernt.

Die Neun Gestaltungsfelder für Beyond Budgeting oder „Better Management"

Wie an den Beispielen für „missglücktes Forecasting" erkennbar ist, verzerren Prognoseverantwortliche und Planer – bewusst oder unbewusst – Prognosedaten und -ergebnisse. Unternehmen verlassen sich zur Erstellung von Planungen und Forecasts oft auf die Meinung von Vertriebsleuten und Managern aus der Produktion, ohne sich der verschiedenen Einflussfaktoren auf die Projektionen bewusst zu sein. Es ist klar, dass die Inputs dieser Mitarbeiter unabhängig davon, wie viel Erfahrung sie haben, inakkurate Ergebnisse für Prognosezyklen und -horizonte mit sich bringen können. Grund dafür sind zum einen *meinungsbasierte Verzerrungen,* und zum anderen *Rollenkonflikte* (wenn Budgets als *Forecasts* oder Forecasts als Pläne oder Ziele verwendet – und mithin nicht vom Leistungsmanagement getrennt werden). Verzerrungen kommen u.a. deshalb zustande, weil

- Mitarbeiter Ziele (Hoffnungen) mit Vorausschau (wahrscheinlichstes Szenario) verwechseln;
- Menschen zu Optimismus neigen und zukünftige Unsicherheit unterschätzen; Produktmanager bauen z.T. aber auch bewusst exzessiven Optimismus in ihre Produktforecasts ein, z.B. um größere Ressourcen zu akquirieren („Umsätze werden auch gegen den Markttrend steigen!");
- Mitarbeiter unbewusst Trends der Vergangenheit fortschreiben;
- Mitarbeiter sich verpflichtet fühlen, eine positive Zukunftsleistung zu versprechen (Unsicherheit von Linienmanagern, „political correctness");
- Mitarbeiter und Manager anhand von Planzahlen vergütet werden; Slack bei der Prognose ist normal, wenn das Anreizsystem von Planern auf Leistung gegenüber Planzahlen basiert;
- Linienmanager gewohnt sind, mit Projektionen persönliches Risikomanagement zu betreiben;
- Mitarbeiter davon ausgehen, dass Zahlen von Vorgesetzten revidiert oder abgesegnet werden (Hierarchiedruck).

Ein funktionaler Forecastingprozess muss darauf abzielen, diese „Fallen" so weit wie möglich zu umgehen. Linienmanager, Forecasting-„Experten" und Prognosebeteiligte müssen, im Gegensatz zur traditionellen Budgetplanung, klare Anreize dazu haben, aussagefähige und sinnvolle Voraussagen über die Zukunft zu treffen. Daraus ergeben sich eine Reihe von Forderungen und Gestaltungsprinzipien für das Forecasting.

Entscheidende Voraussetzung für erfolgreiches Forecasting ist zunächst die *strikte Trennung von Forecasting und Performance-Management*. Sollen Rolling Forecasts einen unverfälschten Eindruck der Zukunft gewährleisten, dann ist von entscheidender Bedeutung, dass die Projektion frei von jeglichem Element der Zielvereinbarung bleibt. Forecasts und Zielsetzungen müssen voneinander unabhängige Prozesse sein, wenn einerseits relevante Maßnahmen aus der Strategie abgeleitet und andererseits nützliche Projektionen erstellt werden sollen. Nutzt man getrennte Instrumente und Prozesse für eine möglichst objektive und aktuelle Prognose auf der einen Seite, und für möglichst nachhaltig motivierende Zielvorgaben auf der anderen Seite, dann werden viele dysfunktionale Konflikte der Budgetierung vermieden. Wenn Forecasts von Zielsetzungen, Leistungsbewertung und Entlohnung von Managern und Mitarbeitern abgekoppelt sind, besteht wenig Anreiz, das System „auszutricksen" und Forecasting-Zahlen zu manipulieren. Dies führt zu größerer Objektivität und Genauigkeit der Projektion, verglichen mit Budgets und Budgetzielen, die stets die Balance halten müssen (oder vielmehr: zu halten versuchen!) im Spannungsfeld zwischen Objektivität, Anspruch, Erreichbarkeit und Wunschdenken.

Forecasts sind mithin kein Instrument zur Realisationskontrolle und müssen frei sein von Wunschdenken. Forecasting-Informationen sollen „realistisch" sein, im Sinne der Prognose der am wahrscheinlichsten erscheinenden Zukunft. Das gilt auch in „schlechten Zeiten". Ein realistischer Forecast wird entsprechend, zumindest in zyklischen und volatilen Branchen, in manchen Situationen auch einen schrumpfenden Umsatz ausweisen bzw. er muss in der Lage sein, einen solchen aufzuzeigen, auch wenn dies „politically" keinesfalls „correct" oder „wünschenswert" ist.[59] Forecasting darf nicht darauf hinauslaufen, bestimmte vordefinierte Ziele oder Zahlenwerte erreichen zu wollen. Prognoseverantwortlichen (z.B. Inputgebern wie Vertriebsleuten) muss erlaubt sein, jederzeit ihre Prognosen zu revidieren, wenn sie dies für nötig erachten.

Die Trennung des Forecasting vom Leistungsmanagement verlangt von Führung und Vorgesetzten eine neue Art von Disziplin: Das Top-Management darf keine Änderungen oder Nachbesserungen an einmal getroffenen Aussagen verlangen; Forecasts dürfen nicht zur zentralen Infragestellung und Bewertung von Leistungszielen benutzt werden. Um „genaue", d.h. akkurate Forecasts zu ermöglichen, ist ein Klima gegenseitigen Vertrauens erforderlich,

---

[59] Siehe Hope/Fraser 2003b, S. 52

das vom Top-Management nicht durch direktes Eingreifen in dezentrale Entscheidungen oder die Forderung nach bestimmten Aktionen untergraben werden darf. Das höhere Management hat zwar Anspruch darauf, über signifikante Veränderungen im Forecast und deren Ursachen informiert zu werden. Ausführende Manager sind dennoch voll verantwortlich für den Umgang mit Problemen und für die Ausführung korrektiver Aktionen, die in ihren revidierten Forecasts zum Ausdruck kommen.

Ein weiteres mit diesen Forderungen verbundenes Gestaltungsprinzip zur Erhöhung der Datenqualität im Forecasting ist die *Trennung der Prognoseerstellung von der „Linie" oder Weisungshierarchie*. Konsequenterweise sind Forecastingprozesse frei von „Verhandlungen" zwischen hierarchischen Ebenen, von politischen Manövern oder Leistungsverträgen. Das Forecasting-System wird vom Erstellungsprozess her deutlich vom System des Linienmanagements getrennt. Prognosedaten werden von dezentralen marktnahen Mitarbeitern oder zentralen „Experten" geliefert, aber keineswegs wie in gängigen Planungsprozessen über die Linie „abgestimmt", überprüft oder revidiert. In diesem Zusammenhang kann die Frage nach der Eignung der so genannten „Bottom-up"-, „Top-down"- oder „Gegenstromverfahren" im Forecasting sinnvoll beantwortet werden: Ein ausschließlich zur Projektion des wahrscheinlichsten zukünftigen Szenarios angelegter Prozess erfordert *keinerlei* „Vereinbarung" und kein Element der Verhandlung. Es wird ohne Planungsschleifen (Iterationen) und aufwändige Abstimmungen auskommen.

Entscheidend für den Erfolg des Forecasting-Prozesses in einer Organisation ist weiterhin die – auch im Better Budgeting geforderte – drastische Verringerung des Erstellungsaufwandes für Prognosen: Im Normalfall kann und muss dies durch starke Verringerung des Detaillierungsgrades der erhobenen Informationen geschehen. Der Einsatz moderner, möglichst Web-basierter Planungssoftware kann ebenfalls wesentlich zu dieser Zielsetzung beitragen.[60]

Im Unterschied zur Budgetierung muss Forecasting in der Regel mit deutlich weniger *Informationsvolumen* auskommen. Dieser Aspekt verdient beim Design von Forecastingprozessen besondere Aufmerksamkeit. Es muss sichergestellt sein, dass das Gesamtvolumen nötiger Informationen in einem „angemessenen", besser noch: in dem für Nutzer absolut *nötigen* Rahmen bleibt. Die erfolgreichsten Anwender von Rolling Forecasting haben die Detailfülle

---

[60] Siehe z.B. Pfläging 2002 und die Erläuterungen von Softwarelösungen für Planung/Controlling in Abschnitt 3.2.2.

der Prognosedaten substanziell reduziert, sodass der Gesamtaufwand für Dateninputs in Forecasting-Prozessen deutlich geringer ist als der der traditionellen Budgetierung, trotz der weit höheren Frequenz der Projektionen.

Mit der Verringerung der Detailfülle geht immer eine *Konzentration auf Indikatoren* (statt auf Mikroinformationen) einher, zumindest in allen weniger operationalen, regulären Forecasts. Die exzessive Fokussierung auf finanzielle Detaildaten statt auf ausgewählte strategisch Leistungsindikatoren ist einer der grundlegenden Kritikpunkte an der Budgetierung. Forecasts tragen hingegen durch den Verzicht auf jede überflüssige Detaillierung mit dem Ziel der Fokussierung der Organisation auf finanzielle und nicht-finanzielle Indikatoren und Schlüssel-Messgrößen bei. Es geht darum, quantitativ und qualitativ besser fokussierte Informationen zu liefern. Die Qualität finanzieller oder operativer Projektionen sollte sich im Übrigen verbessern, wenn diese auf *Veränderungen in beobachteten vorauslaufenden Indikatoren* beruhen, anstatt auf Hochrechnungen von Ergebnissen aus vorangegangenen Perioden.

In jedem Fall wird ein rollierendes Forecasting, das die Gesamtheit der aufgezeigten Gestaltungsvorschläge berücksichtigt gegenüber der traditionellen Budgetierung wesentlich vereinfacht und zugleich substanziell weniger ressourcenaufwändig sein. Forecasting erlaubt hochgradig kosteneffizente Prognose. Noch wichtiger als die Kosteneffizienz des Prozesses ist jedoch, dass derartige dynamische oder rollierende Forecasts qualitativ wesentlich hochwertigere Zukunftsinformationen (leider oft fälschlich mit „genauer" gleichgesetzt) bereitstellen können als Budgets, und dies aus zweierlei Gründen:[61]

- Sie werden häufig bzw. kontinuierlich aktualisiert – angepasst an die jüngsten Schätzungen bezüglich der wirtschaftlichen Entwicklung, die Nachfrage von Kunden oder die realisierten Daten der vergangenen Monate.

- Der Anreiz zu Manipulation oder Beeinflussung der Zahlen entfällt, denn Forecasts sind frei von Leistungszielen oder fixierten Zielwerten, von Mechanismen der Belohnung oder Bestrafung im Falle der Nichteinhaltung; der Forecasting-Prozess sind klar getrennt von der Linien-Hierarchie.

---

[61] Siehe Hope/Fraser (2003a), S. 86.

> **So sollte Forecasting (Prognose) nicht verstanden werden:**
> - als Planung (Prognose ist lediglich die Vorstufe von Planung/Entscheidung);
> - als Prognose im Sinne einer sicheren Vorhersage;
> - als Hochrechnung oder mathematische Ableitung von Planungsperioden im Sinne einer Extrapolation (Fortschreibung) realisierter Perioden und Gegenwart – weder bei positiver noch bei negativer Entwicklung!
> - als „Pflichtübung";
> - als Aufgabe der Unternehmensleitung oder zentraler Bereiche (z.B. des Controlling);
> - als „Wunschliste" für das Folgejahr;
> - als Werkzeug zur Definition und Vereinbarung von Zielen;
> - als internes Leistungsversprechen und Leistungsvertrag;
> - als Ergebnis von Verhandlungen und Feilschen;
> - als Basis für die Gestaltung von Boni, Vergütung und Beförderung.

4.1.2 Forecasting in der Steuerung ohne Budgets

Warum genau sollte eine Beyond-Budgeting-Organisation überhaupt forecasten, angesichts der bereits angesprochenen Forderung im Beyond-Budgeting-Modell, dass weit weniger formell geplant werden sollte als in der traditionellen Budgetsteuerung üblich?

Wir setzen Forecasting hier bewusst nicht mit Planung gleich. Forecasting ist vielmehr immer eine *Vorstufe* der Planung. Es ist ein Prozess, der sich mit Prognose, Vorschau, Projektion oder Schätzung beschäftigt. Forecasts erfüllen insofern, für sich genommen, keinen eigenen Zweck. Sie sind vor allem ein Tool zur Informationsbereitstellung und zum organisationalen Lernen. Als Management-Prozess und Informationsinstrument ist das Forecasting lediglich *Input und Voraussetzung* für Aktionsplanung und Entscheidung. Output eines Forecastingprozesses ist entsprechend eine Beschreibung des wahrscheinlichsten Zukunftszustands (Prognose), und nicht eine Beschreibung des *gewünschten* Zustands (fixierter Plan). Aufgabe des Rolling Forecasting ist es, eine Grundlage für zukunftsorientiertes Reporting und Maßnahmenmanagement bereitzustellen. Forecasting ermöglicht es – über die Erklärung vergangener Leistung hinaus –, Trends und Abweichungen zu erkennen, *bevor diese sich tatsächlich manifestieren*. Es unterfüttert damit den strategischen Steuerungsprozess durch aktuelle Zukunftsinformationen und dient somit der Kontrolle strategischer Prämissen und dem Risikomanagement.

Rollierende Forecasts sind ein Schlüsselelement flexibler Managementprozesse in der dezentralisierten Organisation. Forecasting unterstützt einen fortlaufenden Managementprozess zur Neubewertung und Priorisierung. Als Teil des Informationssystems hilft Forecasting vor allem Linienmanagern bei der Entscheidungsfindung, anhand eines sich verändernden Bildes von Informationen hinsichtlich der wahrscheinlichen Folgen existierender Trends. In der Steuerung ohne Budgets sind Forecasting und Prognose ein integrativer Bestandteil des Tagesgeschäfts einer Organisation. Dies unterstützt ein dezentralisiertes Managementmodell, innerhalb dessen kundennah agierende Mitarbeiter Kontrolle über ihre eigenen Handlungen haben.

Weil Forecasts nur ein Mittel zum Zweck für spätere Planung und Entscheidung sind, leitet sich der Wertbeitrag eines Forecasts entsprechend direkt aus seinem Nutzen für Aktionsplanungs- und Entscheidungsprozesse ab. Ein solches Verständnis von Forecasting steht übrigens in direktem Gegensatz zu allgemein üblichen Aussagen, dass ein Forecast gerade dann „gut und nützlich" sei, wenn er sich innerhalb einer gewissen Bandbreite im Vergleich zu den tatsächlich später realisierten Ereignissen befindet. Praktiker und Wirtschaftspresse suggerieren teilweise, dass ein guter Forecast z.B. „95 bis 98%" Genauigkeit aufweisen solle. „Sogenannte Genauigkeit" von Prognosevariablen ist zwar ein häufig genannter, aber fehlleitender Bewertungsmaßstab für *gutes Forecasting*. Wichtiger als Genauigkeit ist vielmehr, *wie häufig Forecasts „falsch" sein können*, ohne wesentlich an Nutzen für Managemententscheidungen einzubüßen!

Als Qualitätsindikatoren eines Forecasts sollen hier die folgenden vorgeschlagen werden: Wie genau bedient der Forecast die spezifischen Entscheidungsbedarfe? Wie angemessen sind seine Vorlaufzeit, seine Erstellungsgeschwindigkeit und -häufigkeit, damit resultierende Entscheidungen getroffen und implementiert werden können? Ist er statistisch ausreichend akkurat (gemessen an Horizont und Aufwand)? Wie angemessen sind die Erstellungskosten, und wie leicht ist er aktualisierbar?

Wie wir gesehen haben, sind Prognoseinformationen als Tendenzaussagen von Nutzen z.B. zur

- Überprüfung der derzeitigen Strategie, d.h. um Änderungsbedarfe in Strategie und Handlungsprogrammen zu erkennen (Budgetierung als relativ selten durchgeführte, allumfassende Detailplanung wird diesen Anforderungen nicht gerecht);
- Projektion finanzieller Ergebnisse und Leistungsindikatoren;
- Unterstützung aktueller operationaler Entscheidungen, z.B. hinsichtlich der Ressourcennutzung;
- Aufdeckung von Risiken und zur kurzfristigen Anpassung an Umfeldänderungen.

Forecasting soll in einem Beyond-Budgeting-Kontext vor allem die zukünftige Entwicklung steuerungsrelevanter Geschäftsindikatoren (Key Performance Indikators) und klar definierte operative Informationsbedarfe prognostizieren. Forecasts sollten entsprechend nicht von Divisionen und Geschäftsbereichen als *Führungsinstrument* genutzt werden, sondern dezentralen Managern für lokale Zwecke dienen, während das höhere Management sie z.B. für Cashflow und Tax-Management verwendet. Weitere wichtige Outputs des Forecasting sind in diesem Zusammenhang neben Absatz- und Produktionsvorschauen die drei klassischen finanziellen Teilberichte: Gewinn-und Verlustrechnung, Cashflow- und Bilanzplanung. Auf solche Grundbedarfe ergänzende, für Budgets typische Detailinformationen und -planungen (z.B. Kostenstellen- und Kontenbezogen), kann und sollte im Forecasting getrost verzichtet werden!

Viele Unternehmen sind entlang funktionaler Linien organisiert und strikt zentralistisch ausgerichtet. Der Produktionsbereich und der Absatzbereich etwa sind in diesem funktionszentrierten Organisationsmodell direkt der Unternehmensleitung unterstellt, ohne dass direkte Verbindungen zwischen beiden Bereichen bestünden. In einer solchen Organisation ist die Verlockung, zur Koordination der separaten Funktionen mit Budgets zu arbeiten, erfahrungsgemäß beträchtlich (dies unterstreicht auch die Mängel einer zentralisierten Organisation – dezentralisierte Unternehmen sind weit weniger von zentraler Koordination abhängig). In Wirklichkeit ist es in diesem Fall zur Abstimmung der verschiedenen Bereiche nötig, über ein gutes *Forecastingsystem* für Produkions- und Absatzdaten zu verfügen – ein konventionelles Budget ist hingegen nicht erforderlich.

Um die operativen Prognose-Bedarfe unterschiedlicher Funktionsbereiche einer spezifischen Organisation näher zu bestimmen, kann eine bereichsspezifische Bedarfsanalyse von Nutzen sein. Diese kann etwa die folgenden, typischen Anforderungen an Prognose-Routinen aufzeigen:

- *Produktion:* kurzfristige, detaillierte Forecasts für operative Kapazitätsschätzung und kurzfristige Anpassungen. Forecasting ist hier Teil von oft bereits stark automatisierten Dispositions- Produktions- und Materialbedarfsplanungen; die Betonung liegt auf kurzfristigen Variablen für Umschlagsindikatoren und Bestandsplanung,
- *Marketing/Vertrieb:* kurz- bis mittelfristige Forecasts für taktische Preisgestaltung und Kampagnen-Management;
- *Finanzen:* kurz- bis mittelfristige konsolidierte (übersichtsartige) Forecasts für eine Reihe finanzieller Variablen für Cashflow- und Steuerplanung (z.B. für Liquidität, Finanzierung und Investition);
- *Leitung/mittleres Management:* ein Portfolio finanzieller Leistungs-Indikatoren für das interne Leistungsmanagement und Grobinformationen für das Management der Erwartungen von Banken, Kapitalmarkt und Aufsichtsräten; Forecasts dieser Variablen beruhen stark auf Prämissen von Zentralabteilungen/Geschäftsführung

Aus einer derartigen Bedarfsanalyse heraus können die Forecasting-Notwendigkeiten relativ leicht zu einem oder mehreren Prognosezyklen zusammengefasst werden. Es wird sichtbar, dass wir in manchen Situationen und für manche Zwecke kurzfristige Forecasts, manchmal mittel- und langfristige Forecasts benötigen. In einigen verschiedenen Bedarfsfällen müssen verschiedene Methoden zur Anwendung kommen.[62] Die unterschiedlichen Steuerungsbedarfe verschiedener Bereiche und Funktionen einer Organisation haben zur Folge, dass i.d.R. ein ganzes Portfolio von Forecasting-Techniken und Prozessen benötigt wird, von denen in jeder Situation die am besten geeignetste Methode auswählt wird. Weil Rolling Forecasts die Reaktionsfähigkeit einer Organisation erhöhen sollen, ist bei deren Ausgestaltung zugleich die notwendige Vorlaufzeit der Anpassung (die Zeitspanne zwischen Forecast, Problemerkennung, Entscheidung bezüglich Maßnahmen und deren Wirkung) zu berücksichtigen. Erstellungshäufigkeit und Zeithorizont eines Forecasts müs-

---

[62] Dies mag ein Grund dafür sein, dass sich bisher keine einheitliche „Schule" oder „Theorie" des Forecasting entwickelt hat und dass die Literatur zum Thema bruchstückhaft ist und generell willkürliche Patentrezepte anzubieten scheint.

sen die Wirksamkeit der Reaktion auf Änderung gewährleisten können (Beispiel Produktionsforecast).

In Organisationen gebräuchlich sind z.B. Forecasts makroökonomischer Daten, von Marktdaten und organisationseigenen Daten (z.B. stärker operationale Daten oder finanzielle Indikatoren). Für kontinuierlich anfallende Informationsbedarfe empfiehlt sich in jedem Fall die Einrichtung regelmäßiger oder durch Änderungen ausgelöster Forecasting-Zyklen. In einem Unternehmen der produzierenden Industrie kann die Bedarfsanalyse z.B. zur Ableitung von Forecastingprozessen mit zwei unterschiedlichen Erstellungsfrequenzen führen.

- Wöchentliche oder monatliche Forecasts für Produktion, Vertrieb, Marketing – überwiegend auf organisationseigenen Daten beruhend und hochgradig kurzfristig ausgerichtet (ggf. zusätzlich tägliche oder wöchentliche Cashflow-Rechnungen für Finanzbereiche);
- monatliche oder quartalsmäßige Forecasts für Absatz, Margen, Ergebnisse und finanzielle Indikatoren – überwiegend auf ökonomischen Daten und Marktdaten beruhend sowie kurz- und mittelfristig ausgerichtet.

Entgegen diesen eher kurzfristigen Prognosen dienen längerfristige Forecasts typischerweise nicht operativen, sondern Spezialbedarfen. Beispiele hierfür sind Produktentwicklungen/-launch und Produktportfoliomanagement, Investitionsentscheidungen, externe Kommunikation und ökonomische Prognosen, Krisen- und Risikomanagement, strategische Personalbedarfsplanung usw. Diese Spezialbedarfen dienenden Prognosen sollten i.d.R. zweckmäßigerweise in separaten, prämissenbasierten Prognoseprozessen erarbeitet werden, deren Inputs und verwendete Tools vollständig von denen kurz- und mittelfristiger Forecasts abweichen können.[63] Je längerfristiger der Horizont eines Forecasts, desto weniger wird er operationale Bedeutung haben, sondern als Szenario- und strategisches Risikomanagement-Tool dienen (mittel- und langfristige „Vorhersagen" sind ihrer Natur nach unmöglich).

---

[63] Eine Konsequenz aus dieser Feststellung: Manager müssen lernen, mit der sich ergebenden Vieldeutigkeit von kurz-, mittel- und langfristigen Steuerungsinformationen zu leben. Nicht umsonst sind nach Ansicht von Management-Experten gerade jene Manager erfolgreiche „Leader", die mit Ambiguitätskompetenz gesegnet und in der Lage sind, Wissen aus Vieldeutigkeit zu gewinnen.

Daran erkennt man einen echten rollierenden Forecastingprozess:

- Ist selbst keine Planung, sondern *Vorstufe und Input* für Planung und Entscheidung;
- dient der Vorausschau, aber *nicht* dem Management von Zielen und Leistung;
- dient Top-Management oder dezentralen Akteuren zum Erkennen zukünftiger Entwicklungen, Änderungen und Risiken;
- eigt die *wahrscheinlichste* zukünftige Entwicklung;
- gibt Inputgebern jeden möglichen Anreiz, objektive und neutrale Zukunftsinformationen zu liefern;
- ist frei vom Spannungsfeld zwischen Objektivität, Wunsch- und Erwartungsdenken und Erreichbarkeit;
- ist prämissen- oder annahmenbasiert, nicht *meinungs*basiert;
- ist frei von Verhandlungen und Wiederholungsschleifen (Iterationen);
- ist zuverlässiger als Budgets, weil weit weniger Opfer von Manipulaton und regelmäßiger/häufiger Aktualisierung;
- sein Zeithorizont bleibt stets konstant (z.B. 3 Monate oder 5 Quartale);
- verwendet nur grobe Übersichtsdaten (keine Details);
- berücksichtigt externe *und* interne Bedingungen;
- nutzt die jeweils objektivsten und aktuellsten Daten, die der Organisation zur Verfügung stehen;
- erfordert signifikant weniger Dateninput, Erhebungs- und Konsolidierungsaufwand;
- sein Datenmodell erlaubt einfache Aktualisierung und Simulation;
- ermöglicht im Unterschied zu Budgets bessere Aussagen über die nahe Zukunft, bei deutlich geringerem Ressourceneinsatz!

In zahlreichen Unternehmen waren in den letzten Jahren Versuche zu beobachten, die Prognose-Funktion der Budgetierung durch eine rollierende Durchführung von Plänen oder Forecasts zu stärken. Ein Versuch des stufenweisen Übergangs von Budgetierung zum Forecasting und die vorübergehende „Verbindung" beider Prozesse ist jedoch – wenngleich dies anfänglich bloß pragmatisch erscheinen mag – nicht unproblematisch. Das Ergebnis derartiger Bestrebungen sind komplizierte Planungskalender und Prognosen mit teils konstantem, teils rein geschäftsjahresbezogenen Zeithorizont. Derartige vermischte Planungs- und Prognosezyklen sind schon aufgrund ihres Mangels an Einfachheit zum Scheitern verurteilt. Nur zu leicht schleichen sich in einen gemischten Prozess von Budgeterstellung und Forecasting die Dysfunktionalitäten und inhärenten Widersprüche der Budgetierung – Verhandlung, Vermengung von Leistungsmanagement und Projektion, politisches Taktieren – ein. Das Ergebnis sind fehlgeleitete und fehlinterpretierte Prognosedaten sowie mangelhafte und vieldeutige Zieldefinitionen. Es ist mehr als fraglich, ob ein „schleichender" Übergang von Budgets zu Forecasting jemals zu objektiven Projektionen führen kann. Der Versuch, den ursprünglichen Prozess der Budgeterstellung in häufigere, rollierende Forecasts umzuwandeln, ist wenig erfolgversprechend.

Voraussetzung für die wirkungsvolle Nutzung von Forecasts für Prognose (anstelle von Budgets) im Sinne einer budgetlosen Führung ist die *konsequente Trennung der Prognose von Leistungsmanagement,* also allen Prozessen von Zielsetzung und Leistungsbewertung. Dies ist nicht einfach zu bewerkstelligen. Laut Thomas Boesen von Borealis müssen Forecasting und Leistungsmanagement sowohl gedanklich wie prozessual sorgfältig voneinander abgegrenzt werden: „Wir stecken eine Menge Energie in die Trennung von Forecasting und Performance Measurement. Mit Forecasting wollen wir ehrliche Antworten zu dem, was wir glauben, das uns die Zukunft hinsichtlich GuV bringen wird. Mit dem Leistungsmanagement (für das wir die Balanced Scorecard einsetzen), wollen wir flexible Organisationsziele setzen und innovative Wege finden, diese zu erreichen."

Hinter der Forderung nach Trennung von Forecasting und Leistungsmanagement verbirgt sich nicht weniger als ein Bruch mit unternehmenskulturellen Paradigmen und Gewohnheiten. Entsprechend ist die Schaffung einer Kultur der Projektion und Vorausschau nicht von einem Tag auf den anderen zu bewerkstelligen. Während die Planungsrituale und Budgeting in Organisationen *entlernt* werden sollten, muss echte Prognosefähigkeit oft erst *erlernt* und entwickelt werden. Wie verschiedene Beyond-Budgeting-Organisationen feststellten, verbessert sich die Prognosefähigkeit im Zeitablauf, nachdem neu und konsequent gestaltete Prognoseprozesse implementiert wurden.

Durch Zusammenstellung der Prognoseinformationen in einem integrierten, spezifischen Datenmodell kann der Prozess der Forecast-Erstellung stark beschleunigt werden. Abb. 36 zeigt das Schema eines solchen Datenmodells für integriertes finanzielles Forecasting. Je nach Art und Zweck eines spezifischen Forecasts müssen jedoch nicht alle Dateninputs auf einmal in das Modell einfließen. Im Falle von Forecasts für Marketing und Produktion genügen z.B. Teilinputs (reine Absatzforecasts).

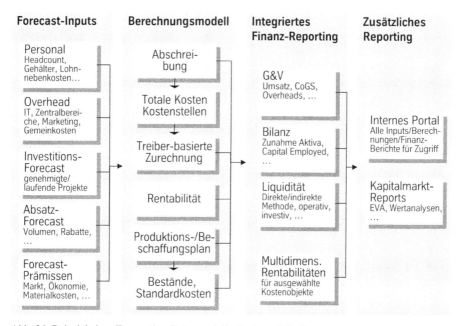

Abb. 36: Beispiel eines Forecasting-Datenmodells für finanzielle Prognose

In diesem Zusammenhang stellt sich auch die Frage nach der geeigneten Systemunterstützung des Forecasting. Planungsfunktionalitäten moderner Softwares haben für rollierendes Forecasting und Beyond Budgeting allgemein – das mag vielleicht überraschen – einen relativ geringeren Stellenwert im Vergleich zu traditioneller Budgetierung und Better Budgeting. Die Einfachheit der Prognoseprozesse – mit vernachlässigbar geringem oder völlig ohne Verhandlungselement – macht z.B. Web-basierte Planungsworkflows weitgehend überflüssig. Es ist zudem offensichtlich, dass die einfache Änderung von Planungstabellen oder Erfassungsmasken nicht automatisch zur Änderung von Einstellungen bei den Mitarbeitern führt: Wo Prognose und Planung heute nicht ernst genommen werden und zukunftsbezogene Daten Objekt von Manipulationen sind, trägt auch ein neues Abfragesystem alleine nicht zur Besserung bei (Problem der Datenqualität). Auf der anderen Seite können rollierende Forecasts nur dann ihren Zweck als Lieferant steuerungsrelevanter Zukunftsinformation entfalten, wenn der Dateninput von Organisationsmitgliedern ausreichend schnell zusammengetragen werden kann, und wenn andererseits der Prognose-Output über Informationssysteme zeitnah allen interessierten Organisationsmitgliedern in gleicher Weise verfügbar gemacht wird (Transparenzaspekt). Die Datensammlung und unmittelbare Bereitstellung aktueller Forecasting-Informationen für die Nutzer sollte systemtechnisch entsprechend unterstützt werden. Im Falle korporativer Cashflow Projektion kann die Gruppe der Nutzer auf lediglich eine Handvoll Mitarbeiter des Finanzbereichs und den CEO begrenzt sein, im Fall von Absatzprojektionen sind es manchmal viele Hundert Forecasting-„Kunden" oder die gesamte Organisation.

Forecasting bietet hinsichtlich der Generierung finanzieller Planzahlen für ein bestimmtes Geschäftsjahr (oft für das externe Reporting nötig!) eine pragmatische Lösung. Derartige Berichte können problemlos aus einem betriebswirtschaftlichen Forecasting-Modell abgeleitet werden. Die Erstellung eines jahresbezogenen Pro-forma-Budgets kann auf gleiche Weise erfolgen (auf einem „leichten" Forecasting-Prozess basierend), wenn dies aus bestimmten, z.B. regulativen oder konzerninternen Gründen erforderlich sein sollte. Es ist allerdings ratsam, das auf Grundlage eines Forecasts erarbeitete Budget nach der Fertigstellung „in die Schublade zu stecken" und *nicht* zur Leistungssteuerung und Kontrolle zu verwenden. Nur auf diese Weise können die mit den festen Leistungsverträgen verbundenen strategischen Verhaltensprobleme minimiert werden.[64]

Auf die Spitze getrieben, laufen die Vorschläge darauf hinaus, dass „leichte" Rolling Forecasts keineswegs „schlechtere" geschäftsjahresbezogene Prognoseinformationen liefern als monatelang erstellte Budgets. Und weitergedacht: Sollte ein externer Stakeholder tatsächlich ein Budget zum externen

---

[64] Ziele und Leistungsmanagement der Beyond-Budgeting-Organisation beruhen, wie in späteren Kapiteln gezeigt werden wird, vollständig auf einem strategischen Steuerungsprozess – z.B. einem Scorecarding – und auf der Verwendung relativer Zielsetzungen, etwa in Form externer Benchmarks.

Reporting fordern, könnte ein solcher Bericht mit Hilfe des Forecasting-Modells problemlos – im Extremfall vielleicht innerhalb eines Tages von wenigen Personen erstellt werden.

Gestaltungsgrundsätze für rollierendes Forecasting im Beyond-Budgeting-Modell

Zweck: Kontinuierlicher Blick auf die wahrscheinlichste zukünftige Entwicklung, ohne Beschränkung auf die aktuelle Geschäftsperiode; erhöht die Anpassungsfähigkeit der Organisation

- *Objektivität des Outputs* ist das oberste Ziel – Forecasts nutzen stets die aktuellsten und objektivsten zur Verfügung stehenden Daten.
- *Funktionen von Forecasts* sind die Bereitstellung korporativer finanzieller Zukunftsinformationen (z.B. für die kurzfristige Liquiditätsplanung), dezentraler Informationsbedarfe (z.B. zur Nachfrageplanung, Produktionsplanung, Risikoerkennung) und Indikatoren.
- *Funktionale Trennung von Prozessen des Ziel- und Leistungsmanagements sowie der Vergütung* sind Grundvoraussetzungen für objektive Prognosen ohne Manipulation und Verhandlung.
- *Getrennt von der Linie:* Wo es möglich ist, sollte Forecasting von Weisungshierarchie (Mittelmanagement, z.B. Geschäftsbereichen) abgekoppelt werden. Mitarbeiter, die selbst kein eigenes Interesse am Forecasting-Output haben, sollten Daten bereitstellen.
- *Vereinfachung:* Forecasting soll einfach sein – zugespitzt: Der beste Forecast ist eigentlich der, der häufig stattfindet, ein realistisches Bild von der Zukunft gibt und der auf die Rückseite eines Briefumschlags passt; Konzentration auf grobkörnige Information (geringer Detaillierungsgrad) und wenige wesentliche Prämissen/Daten/Indikatoren verringern den Erstellungsaufwand.

4.1.3 Praxiserfahrungen mit Forecasting und Vorschläge für den erfolgreichen Einsatz

Alle Beyond-Budgeting-Unternehmen praktizieren in der einen oder anderen Form Rolling Forecasting.[65] Ein Forecasting-Prozess ist in der Praxis zumindest erforderlich, um zeitnahe, überblicksartige Sichtweisen der zukünftigen finanziellen Performance zu gewinnen. Forecasting-Prozesse sollen in jedem Fall möglichst „sensibel" sein, leicht und schnell funktionieren – häufig als „Flash" Forecasts und unter Einsatz weniger Ressourcen.

Die Studien des BBRT zeigen, dass Rolling Forecasting in der Beyond-Budgeting-Organisation sich entsprechend auf die „wichtigsten" Zahlen beschränkt: Bestellungen, Net Sales, Kosten, Ergebnisse und Cashflows sind einige der Variablen, die typischerweise Verwendung finden. Im Datenmodell der Budgetierung – der Beschreibung der Organisations-„Maschinerie" in Form eines ökonomischen Konstrukts – kommen regelmäßig zu viele Variablen, Detailinformationen und Annahmen (Prämissen) zur Anwendung. Ein Forecasting-Modell sollte hingegen möglichst *einfach* strukturiert sein.

Zudem sollten für die Erstellung von Forecasts nur *objektive* Daten verwendet werden (im Gegensatz zu „erwünschten" oder „geplanten" Daten). Also etwa: Preisinformationen von einer zentralen Planungsabteilung, *erwartete* Absatzvolumina von den Geschäftseinheiten, fixe Kosten, Investments und Abschreibungen von den Produktions- und operativen Bereichen, und ökonomische Prämissen wie Wechselkurse, Inflation und Finanzierungsdaten von zentralen Finanzbereichen. In der Folge sind Forecasts weit weniger meinungsbasiert (manipuliert, verhandelt und abgestimmt) als Budgets.

Wie ein Forecast strukturiert sein kann und welche Dateninputs er woher bekommt, finden Sie in Abb. 37 schematisch vereinfacht dargestellt, am Beispiel eines *lediglich zur verdichteten Übersicht der Gesamt-Organisation* gedachten finanziellen Forecasts in der produzierenden Industrie.

---

[65] Die Ausnahme von der Regel ist Svenska Handelsbanken. Dort hält man unterdessen anscheinend jede Form des Forecasting für verzichtbar. Der kontinuierliche Managementprozess mit seiner laufenden Aktionsplanung sowie das hochtransparente Informationssystem gewährleisten nach Meinung des Managements eine derartig große Anpassungsfähigkeit und Sensibilität für Umfeldänderungen, dass ein formalisiertes Forecasting nicht notwendig ist. Diese Einschätzung deckt sich im Übrigen mit den Aussagen Wallanders in Kapitel 2.1.4 zu den Unzulänglichkeiten von Planung und Forecasting.

Rolling Forecasting: Planung als Prognose und Vorausschau

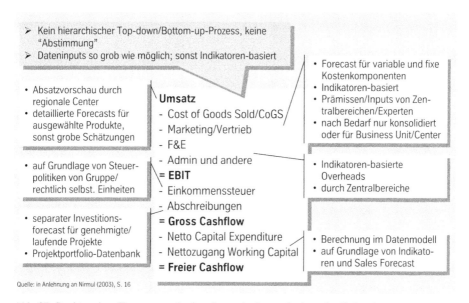

Abb. 37: Struktur eines Forecasts und seiner Inputs in der produzierenden Industrie

Entsprechend der Bedarfe der Organisation kann Forecasting in zwei völlig unterschiedlichen Varianten implementiert werden:

- als kollaborativer Prozess (verschiedene Bereiche und eine Vielzahl von Planern einbeziehend, z.B. Marketing, Vertrieb, Logistik, Finanzen)
- oder als stark vereinfachter, zentralisierter Planungsprozess unter Einschaltung weniger Planer in Zentralabteilungen und dezentraler „Experten".

Die Fallbeispiele des BBRT unterstützen die Auffassung, dass Forecasts eher grobkörnig (stark entfeinert), häufiger und unter Beteiligung weniger Mitarbeiter der Organisation – mithin weitgehend zentralisiert stattfinden sollte. Fest steht, dass (gleich ob viele oder wenige Inputgeber beteiligt sind) die Datensammlung und Konsolidierung nicht mit der Linienorganisation verbunden werden darf.

Wo Absatz- und Vertriebsforecasts erforderlich sind, ist es ratsam, Forecasts von Vertriebsleuten mit direktem Kundenkontakt regelmäßig aktualisieren zu lassen, aber in jedem Fall ohne Revisionen oder „Absegnung" über das mittlere Management oder durch Produktmanager! Für diese Art von Forecasting kann dann auch ein Web-basiertes Forecasting-System überaus nützlich sein.

So genannte kollaborative, unter Beteiligung vieler Inputgeber durchgeführte Prognosen werden jedoch dann keine zuverlässigen Daten bereitstellen, wenn sie anfällig für Meinungsbeeinflussung, Manipulation und interne Abstimmung sind. Forecasts sollten auf einer ernsthaften Analyse der relevanten Umfelddaten und auf realistischen Prognosen basieren, nicht auf Verhandlungen. Forecasting-Daten werden in Beyond-Budgeting-Organisationen aus diesem Grund tendenziell von Mitarbeitern außerhalb der Weisungslinien zusammengestellt, die kein eigenes Interesse an den Implikationen der Zahlen haben.

Nur durch Trennung der Datengewinnung des Forecasting vom Linienmanagement können Verhandlungselemente, der Anreiz zu bewusster oder unbewusster Manipulation und verfälschende Beeinflussung durch Wunschdenken effektiv verringert werden. Borealis erreicht diese Trennung des Forecasting vom Linienmanagement dadurch, dass deren Erstellung aus der Perspektive *rechtlicher Einheiten* innerhalb des Konzerns geschieht, anstatt aus einer Perspektive von Divisionen oder *Geschäftsfeldern*. Während das Linienmanagement über divisionale Einheiten – also Geschäftsfelder – verläuft, hat die rechtliche Einheit niemanden mit Linienverantwortung an der Spitze. Auf diese Weise verhindert man den Einfluss von Spitzenmanagern auf das Forecasting und umgeht Konflikte zwischen Forecastinginteressen an der Basis und an der Spitze der Organisation: Lokale Manager nutzen die erstellten Forecasts für ihre lokalen Bedarfe – z.B. Absatzplanung und Produktionsplanung –, das Top-Management bzw. Zentralbereiche nutzen sie für Cashflow- und Steuerplanung. Weil sich beide Zwecke nicht überschneiden, kommt es auch hier zu keinen Zielkonflikten.

Forecasting kann in den meisten Fällen als „schlanker" Prozess gestaltet werden, der wenige Tage beansprucht und in dem wesentliche Dateninputs von Zentralbereichen stammen. In einem prämissen- und treiberbasierten Datenmodell sind die getroffenen Grundannahmen eines Forecasts hinsichtlich der eigenen Organisation, Markt und Umwelt klar erkennbar. Neue Forecasts können im Falle einer Krise oder einer signifikanten Umfeldänderung damit sehr leicht vorgenommen werden, ohne Beteiligung vieler Mitarbeiter und selbstverständlich ohne Verhandlungen und Abstimmungen. Borealis berichtet nach Adoption eines derartigen Verfahrens für das Forecasting von einer Verminderung des Forecasting-Aufwands um 95%.

Ein solcher Prozess bietet mehrere substanzielle Vorteile gegenüber traditionellen Planungs- und Prognoseprozessen:

- Schnelligkeit (Aktualität und Anwendbarkeit);
- minimalen Personalaufwand (Ressourcenschonung);
- auf expliziten Annahmen innerhalb des Datenmodells (Transparenz) basierend;
- kann mit unterschiedlichen Prämissen wiederholt werden (Simulation und Szenarios);
- basiert nicht auf verhandelten Zahlen (Objektivität).

Zudem sind die Ergebnisse eines solcher Prozesses nicht weniger „exakt" als die herkömmlicher Planung und Forecasts.[66]

In einigen der vom BBRT untersuchten Unternehmen sind zwei Arten von Planungs- und Forecastingzyklen erkennbar:

- Kurzfristige Forecasts werden quartalsweise oder monatlich erstellt und enthalten aktuelle und prognostizierte Leistungsindikatoren, die als Grundlage für operative Entscheidungen dienen. Manche Organisationen haben mehrere unterschiedliche Forecastingzyklen dieser Art im Einsatz, für unterschiedliche Anforderung und mit unterschiedlicher Periodizität und Zeithorizont.
- Mittelfristige Forecasts werden von Management und Teams in Geschäftseinheiten mindestens einmal jährlich überarbeitet. Sie enthalten Ziele, Strategien, Werttreiber und Maßnahmenpläne und bilden eine Grundlage für das mittel- und langfristig orientierte Leistungsmanagement

Beide Forecasting-Typen haben die gleichen Leistungs-Indikatoren zum Inhalt, und sollen auf völlig unterschiedliche Weise zum Erreichen strategischer Ziele beitragen.

Bei *Volvo* existiert ein ganzes Geflecht von ineinandergreifenden Forecastingzyklen mit unterschiedlichen Fokussierungen: Hier gibt es vier rollierende Prognose- und Planungsprozesse: monatliche „Flash"-Projektionen für die jeweils nächsten 3 Monate; quartalsmäßig erstellte Rolling Forecasts mit 1-Jahres-Vorschau; jährlich erstellte Forecasts mit 4 Jahren Vorschau; und einen jährlich erstellten strategischen Plan mit 10-Jahres-Vorschau (siehe Abb. 38). Jeder Zyklus hat unterschiedliche Inhalte und Funktionen. Die ersten drei sind

---

[66] Siehe zu den Grenzen von Planung und Forecasting und der prinzipiellen Unmöglichkeit, Brüche und Rupturen der Zukunft vorauszusehen Abschnitt 2.1.4 dieses Buches.

Die Neun Gestaltungsfelder für Beyond Budgeting oder „Better Management"

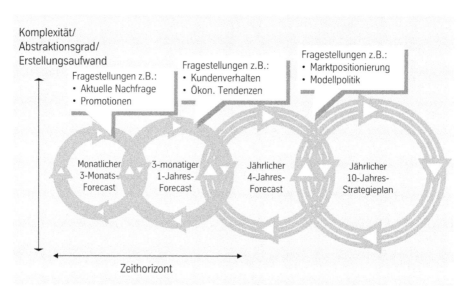

Abb. 38: Integriertes, mehrzyklisches Forecasting bei Volvo Cars

als reine Rolling Forecasts zu Prognosezwecken zu verstehen. Der jährliche strategische Forecast ist Instrument des Leistungsmanagements und dient der Erarbeitung langfristiger Zielvorgaben, aber mit vorgeschalteten Prozessen zur Langfristprognose.

Es handelt sich hier erkennbar um eine Forecasting-Philosophie, die dem Kompetenzaufbau durch die Zukunfts-Projektion dient und die vielschichtige Chancen- und Risikoanalysen ermöglicht. Monatliche Berichte an die Geschäftsführung enthalten finanzielle Informationen (realisierter Monat, kumulierte realisierte Periode des Jahres, Forecast für Rest des Jahres, revidierter Forecast für das Gesamtjahr und kumulierte Periode des Vorjahres) sowie eine Reihe von „Key Performance Indicators" (KPI).

Forecasts kommen im Reporting allgemein eine völlig andere Rolle zu als den Budgets und Budgetrevisionen bei herkömmlichen Plan-Ist-Vergleichen. Sie dienen keineswegs dem rückblickenden Vergleich von Ist-Perioden mit vorab geplanten Forecasting-Perioden. Forecasts werden vielmehr zur zukunftsgerichteten Verlängerung des Zeitraums zur Trendbeobachtung genutzt – etwa hinsichtlich der Umsatz- oder Kostenentwicklung. Im Reporting kann zudem statt der Darstellung des Forecasts z.B. in Form fünf einzelner Quartale (Monat für Monat) eine Trendverdichtung in Form *gleitender Durchschnit-*

te verwendet werden. Auf diese Weise wird die Darstellung weiter verdichtet und die Orientierung für die verantwortlichen Manager und die Unternehmensleitung zusätzlich erleichtert.

Im Gegensatz zu Budgets sind Forecasts keine in Eisen gegossenen Orientierungsmaßstäbe. Mit jedem neuen Forecast „verfallen" vorangegangene und werden automatisch obsolet. Dies steht im Gegensatz zur Praxis von Budget-Revisionen, bei denen unterschiedliche Forecasts miteinander verglichen und Abweichungen zwischen Prognosen oft aufwändig begründet werden müssen. „Wird-wird"-Vergleiche zwischen Forecasts sind wenig sinnvoll. Forecasts dienen einzig und allein der Vorausschau und vorwärts orientierten Kontrolle und Entscheidung, nicht der rückwirkenden Leistungsbewertung.

In einigen Beyond-Budgeting-Unternehmen sind die verschiedenen Forecasting-Informationen mit anderen Bestandteilen des Berichtswesens und Informationssystems zu einem einzigen kontinuierlichen Management-Prozess verschmolzen, der z.B. die Verwendung von rollierenden Forecasts, Balanced Scorecards, Ist-Reporting und Prozesskosten-Informationen einschließt (siehe in diesem Zusammenhang Abschnitt 4.8.3 zur Ausgestaltung von Management-Reviews oder -Dialogen). Ein solcher integrierter und flexibler Steuerungsprozess ersetzt im Grunde formalisierte Pläne vollständig und setzt an deren Stelle einen Strategie-basierten Dialog und aktionsorientierte Koordination und Entscheidung.

> **Lehren für das Forecasting in der Praxis:**
> - Top-Management, Finanzvorstände, Controller, Linienmanagement und Mitarbeiter müssen Forecasting als ausschließlich der Prognose dienenden Prozess begreifen, der insofern eine *Vorstufe der Planung* ist, selbst aber keine Planung darstellt. Forecasting dient vielmehr der Informationsversorgung der Organisation für laufende Planung und Entscheidung.
> - In den meisten Organisationen herrscht latenter Mangel an objektiven Prognoseinformationen; es lohnt sich, die Fähigkeit der Organisation zur Vorausschau zu hinterfragen: Wird unser Informationssystem/Reporting den Bedarfen interner Bereiche hinsichtlich Prognoseinformationen gerecht? Welches sind die nötigen Zeithorizonte? Sind mehrere Forecastingzyklen nötig? Wird unser Zukunfts-Reporting der Forde-

rung nach weitestgehender Objektivität gerecht? Welche regelmäßig eingesetzten Mechanismen sind zurzeit für Zukunftsprognose und Risikomanagement vorhanden?

- Dort, wo bereits systematisches Forecasting betrieben wird, können die Qualität der Prognose und die Effizienz der Prognoseprozesse meist noch deutlich verbessert werden: Wie genau bedient der Forecast die spezifischen Entscheidungsbedarfe? Wie angemessen sind Vorlaufzeit, Erstellungsgeschwindigkeit und -häufigkeit, damit resultierende Entscheidungen getroffen und implementiert werden können? Ist der Forecast statistisch ausreichend akkurat (gemessen an Horizont und Aufwand)? Wie angemessen sind die Erstellungskosten, und wie leicht ist er aktualisierbar?

4.1.4 Spezielle Einsatzbereiche des Forecasting: Langfristprognose, Risikomanagement und Simulation

Speziell kapitalintensive Unternehmen und öffentliche Unternehmen erstellen Mehrjahrespläne, um langfristige Finanzierungsformen wie Bonds zahlentechnisch zu fundieren. Andere erstellen Langfristplanungen, einfach „weil der Chef es so will". Es handelt sich also in der einen oder anderen Form um Pflichtübungen. Die meisten Manager sind sich jedoch darüber im Klaren, dass alle finanziellen Plan-Aussagen zum Zeitraum etwa ab dem dritten Planungsjahr wegen der zunehmenden Unwägbarkeiten überwiegend Ausdruck von Schätzungen, Vermutungen und Wunschdenken sind. Mithin sind sie nur sehr bedingt aussagekräftig. Dies mag ein Handicap von Planung im Allgemeinen sein. Entscheidender ist vielleicht, dass darüber hinaus gehende Langfristpläne gerade in weniger kapitalintensiven Industrien entscheidungsirrelevant und somit überflüssig sind. Sie verleiten vielmehr dazu, vermeintliche Zukunftstrends und lineare Entwicklungen anzunehmen und im Anschluss daran Verhalten an den derartig vereinfachten Annahmen auszurichten. Demgegenüber dominieren aber in den meisten Industrien nicht voraussagbare ökonomische Zyklen und „Diskontinuitäten" (Beispiel: der 11. September 2001), die Langfristprognose zu einer Farce machen und eine kontinuierlich an Benchmarks orientierte langfristige Zielplanung wesentlich nützlicher erscheinen lassen als detaillierte Mehrjahrespläne.

Entsprechend sind 5-Jahrespläne ein wichtiges Tool zur Risikoeinschätzung von Banken und Investitionsberatern, aber ein eher lästiges Unterfangen für CFOs und Unternehmen. Sinnvoll erscheint bei Langfrist- oder strategischen Prognosen i.d.R. maximal ein Zeitraum von ca. 2 Planungsjahren, und darüber hinaus die Festlegung herausfordernder Ziele für 5-10 Jahre. Derartige Prognosen sollten nicht zwangsläufig jährlich stattfinden, sondern besser „nach Bedarf". Das kann in der Praxis zu deutlich häufigeren Forecasts führen. In manchen Fällen wird es möglich sein divisions- oder geschäftsbereichsspezifische Aktionspläne und Meilensteine als Grundlage der längerfristigen Forecasts zu verwenden, sodass der „Plan" Ergebnis einer lebendigen Arbeitsgrundlage ist.

Befürworter von Langfristplänen weisen darauf hin, dass zur Erstellung von Mehrjahresplänen häufig fundierte Inputs ähnlich denen genutzt werden, wie sie typischerweise in der Szenario-Technik Verwendung finden – u.a. Experteninterviews, Zulieferer, Industrieverbände und Ökonomen. Sie argumentieren, dass mithin Mehrjahrespläne nicht durchweg Schätzungen und Fortschreibung der Vergangenheit sind, sondern Fundament besitzen. Jedoch: Bei der Szenario-Analyse geht es um die Ableitung alternativer Strategien für mögliche Zukunftszustände auf Märkten und die Gewinnung von Einsichten sowie Erarbeitung alternativer Handlungsoptionen. In Mehrjahresplänen wird hingegen die planerische Ableitung von Zielen, Absatzzahlen, Ergebnisprognosen bis hin zu Cashflow-Indikatoren über viele Jahre hinweg versucht. Wenn derartige Pläne dann, wie in vielen Konzernen der Fall, zur internen Steuerung verwendet werden, wandeln sich die Mehrperiodenpläne typischerweise in Instrumente dirigistischer Führung.

Es kann gelegentlich sinnvoll sein, einzelne entscheidungsrelevante Projektionen oder einfache Szenarien zu entwickeln (z.B. zu Absatz/Umsatz). Ausgedehnte Langfrist-Planungen mit durchgehenden Ergebnisrechnungen, Bilanzen und Cashflow-Rechnungen zum Zwecke interner Koordination zu erstellen, ist jedoch schädlich.

In Organisationen, die einen strategischen Steuerungsprozess z.B. mit Balanced Scorecards betreiben, besteht bei gleichzeitiger Erstellung von Mehrjahresplänen die Gefahr der Verwechslung langfristiger taktischer Pläne mit strategischen Zielen: Die auf die Fortschreibung bestehender Programme und Trends ausgerichteten Planungsübungen sind ihrer Natur nach *nicht* strategisch und somit meist überflüssige, verlängerte operative Pläne. Auf jegliche taktische Mittelfristplanung mit einem Zeitraum von z.B. 3–5 Jahren im Stil der Budgetierung kann und sollte zugunsten der Verwendung mittel- und langfristiger Indikatorenziele aus der Balanced Scorecard, vollständig verzichtet werden.

Wann also ist echte Langfrist-Prognose – wohlgemerkt: dies darf nicht mit langfristiger Zielsetzung verwechselt werden! – wirklich unumgänglich? Streng genommen sind langfristige Forecasts nur dann erforderlich, wenn Entscheidungen getroffen werden, die das Geschick der Organisation über einen langen Zeitraum hinweg maßgeblich beeinflussen werden – über einen Zeitraum von vielleicht 10, 20 oder gar 30 Jahren. Dies ist dann der Fall, wenn in große Anlagen, neue Standorte usw. investiert werden soll. Für diese Art von Situation sollte ein langfristiger Forecast realisiert werden – ob wir nun an solche Projektionen „glauben" oder nicht. Mit der Entscheidung für eine derartige Investition unterstellen wir, dass die Anlagen während ihrer Lebenszeit einen angemessenen Return on Investment erwirtschaften und uns das eingesetzte Kapital entsprechend verzinsen. Realistisch gesehen ist natürlich auch hier die Möglichkeit eines Irrtums gewaltig (siehe auch Kapitel 4.7 zum Investitionsmanagement ohne Budgets).

In einigen besonders kapitalintensiven Branchen erfordert die Natur der Geschäftstätigkeit nach Meinung des Managements ggf. ein regelmäßiges, längerfristiges Finanz-Forecasting. Forecasting kann hier u.a. für das Management des Investitions-Portfolios einer Organisation Verwendung finden (siehe hierzu Abschnitt 4.7). Die Investitionsverpflichtungen aus dem aktuellen, konsolidierten Projekt-Portfolio werden mit rollierenden Forecasts der vorhandenen Geldmittel verglichen und zusätzlich im Zusammenhang mit den in Vorbereitung befindlichen Investitions-Projekten in Beziehung gesetzt. So können zusätzliche Ressourcenbedarfe und eventuelle Ressourcenengpässe in die Entscheidung über Investitionen einfließen. Diese Langfristprognosen sind aber entsprechend ihrer Entscheidungstauglichkeit auf ein Minimum zu reduzieren und haben generell den Charakter eines situativen, liquiditätsbezogenen Risikomanagements.

Forecasting-Modelle können mit relativ einfachen Mitteln zur Erstellung von Szenarien ausgebaut werden. Forecasting kann also durchaus ergänzt werden durch Einsatz von Szenario-Analysen. (Die Szenario-Technik wird oft fälschlicherweise als *Szenario-Planung* bezeichnet; natürlich handelt es sich hierbei aber nicht direkt um *Planung,* sondern um das systematische Durchdenken von *Möglichkeiten und Optionen.*) Szenarien haben zwei Anwendungsformen. Sie können für die Maßnahmenplanung nützlich sein, wenn die Eintrittswahrscheinlichkeiten verschiedener Szenarien des Forecasts durch Schätzung quantifiziert wird (z.B. Wahrscheinlichkeit des Eintreffens eines optimistischen, wahrscheinlichen oder pessimistischen Szenarios). Auf diese Weise wird die Unsicherheit der Prognose explizit dargestellt und Unsicherheitsvermeidung verringert – wodurch die Entscheidungsqualität erhöht werden kann. Wenn Szenarios auf einfache Modelle mit wenigen Variablen beschränkt werden, können sie zudem eine hervorragende Grundlage für zwar einerseits spezifische, andererseits aber auf keine Zahl fixierte und damit simplifizierende Prognose-Aussagen gegenüber Kapitalmärkten und Analysten darstellen. Die realistische Kommunikation von Unsicherheiten mit Szenarien bringt auf greifbare und glaubwürdige Weise das Commitment einer Organisation zur Berücksichtigung aller möglichen Zukünfte zum Ausdruck.

Szenarien und Simulationen mit alternativen Annahmen sind konzeptionell nicht ohne Reiz und nicht zwangsläufig schwer zu realisieren (richtig eingesetzt, sind nur wenige, einfach generierbare zusätzliche Daten erforderlich und preiswerte Softwares zur Unterstützung der Technik erhältlich).[67] Sie verkommen aber leicht zu formalisierten Ritualen und lenken von den unmittelbar zu treffenden Entscheidungen ab. Viele Praktiker und manch kritischer Berater sehen in Szenario-Analyse und Simulation mit Blick auf die gängige Praxis der Anwendung zu Recht eine aufwändige, zeitraubende und oft wenig entscheidungsrelevante Technik. Simulation und Szenarios sind ein „letztes Mittel", dessen Einsatz man entsprechend möglichst minimieren sollte. Vor dem Hintergrund der Verwendung eines recht minimalistischen Datenmodells für das Forecasting kann der Einsatz desselben Modells für Simulationen aber gerechtfertigt erscheinen. Voraussetzung ist einerseits das Vorhandensein eines integrierten Datenmodells mit Treibern und Prämissen, andererseits der Einsatz der Verfahren mit der Zielsetzung des Lernens, der Risikoeinschätzung und der Antizipation möglicher zukünftiger Umweltzustände (nicht zur Determinierung fixierter Pläne!). Mithin sind Szenarien eine ergänzende, unter bestimmten Bedingungen recht nützliche Technik zur Erweiterung der „Business-Intelligenz" einer Organisation.

---

[67] Ausführlichere Ausführungen zur Anwendung von Szenario-Analyse und Simulation in Verbindung mit dem Forecasting im Beyond-Budgeting-Modell finden Sie bei Leitch 2003.

Langfristiges Forecasting, Szenario-Analyse und Simulationen:

- Allgemeiner Ratschlag: Die meisten heute gebräuchlichen Formen langfristiger Planung und Forecastings sind verzichtbar; langfristige *taktische Planung* ist überflüssig oder schädlich.

- Unverzichtbar sind Langfrist-Prognosen nur in wenigen Fällen, z.B. bei langfristig relevanten Investitionsentscheidungen. Hier sollten die folgenden Prämissen gelten: So wenig wie möglich prognostizieren und so viele Szenarios wie möglich analysieren statt vorschneller Festlegung auf „eine Wahrheit"; so spät prognostizieren und entscheiden wie irgend möglich, um Flexibilität solange wie möglich zu wahren.

- Ungerichtetes Reflektieren der Zukunft im Rahmen von Forecasting-Prozessen, Simulation und Szenarios („What-if"-Analysen) kann in einigen Branchen einen wichtigen Beitrag zum Risiko-Management und zur Business-Intelligenz leisten.

- Unabhängig von der informationstechnischen Unterstützung sind Simulationen und Szenario-Analysen aber recht aufwändige Übungen, deren Entscheidungsrelevanz im Einzelfall kritisch hinterfragt werden sollte.

4.2 Strategie-basiertes Leistungsmanagement mit Balanced Scorecards und Kennzahlensystemen

4.2.1 Steuerung mit Kennzahlensystemen und Indikatoren

In den vergangenen Jahrzehnten gab es verschiedene Bemühungen, die in der Praxis dominierenden, inadäquaten Systeme der Leistungsmessung – die vorrangig auf dem Vergleich ausschließlich finanzieller Ergebnisse mit Budgets und Planzahlen basieren – zu ersetzen. Kennzahlensysteme, die aus der Strategie einer Organisation abgeleitet werden und nicht einfach lose Zusammenstellungen von Indikatoren darstellen, können ein wichtiges Element der Verknüpfung strategischer Absichten mit operativem Handeln im Tagesgeschäft sein. Diese Einsicht kommt in zahlreichen in jüngster Zeit entwickelten Management-Instrumenten zum Ausdruck. Das erfolgreichste dieser Systeme ist zweifellos das Konzept der Balanced Scorecard, entwickelt Anfang der 90er Jahre von Robert Kaplan und David Norton. Andere „ausgewogene" Konzepte – von denen später noch ausführlicher die Rede sein wird – sind die Werttreiberhierarchien im Rahmen des Wertmanagement-Ansatzes oder die Kennzahlensysteme verschiedener neuer Instrumente zum Intangible Asset Management. Jedoch: Das Denken in ausschließlich finanziellen Kennzahlen prägt die Vorstellungswelt von Unternehmensleitung, Managern und Controllern maßgeblich. Diese Tatsache erklärt z.B., dass Balanced Scorecards und Wertmanagement von vielen als Kennzahlensysteme akzeptiert, *als umfassendes Führungsinstrument hingegen unterschätzt werden*, wodurch ihre Wirksamkeit in der Praxis bewusst oder unbewusst gering gehalten wird.[68]

Wegen der Dominanz des Scorecarding in der Praxis strategischer Managementunterstützung verweisen wir in diesem Buch an vielen Stellen auf das homonyme Scorecarding als Konzept strategischen Leistungsmanagements. Dies bedeutet jedoch nicht, dass andere Konzepte ohne Bedeutung wären. Es existiert eine größere Anzahl alternativer Ansätze, die z.T. aber nur Teilbereiche des strategischen Management-Prozesses integrieren. Folgende Gruppen von Ansätzen lassen sich unterscheiden (siehe auch Abb. 39):

---

[68] Es muss daran erinnert werden, dass die Balanced Scorecard *kein* Kennzahlensystem ist. Sie nutzt zwar Kennzahlen, ist aber weiterentwickelt worden als ein integriertes Führungsinstrumentarium zur Umsetzung von Strategien. Der Einsatz von Scorecards als detailliertes Kontrollsystem mit vielen Kennzahlen und einer die Arbeit von Managern weiter bürokratisierenden Software ist ein verheerender Missbrauch des Ansatzes, geeignet, dessen Wirkung zu verhindern und Ressourcen zu verschwenden.

- reine Kennzahlensysteme (z.B. Dashboards, die in Frankreich verbreiteten „Tableaux de bord", Management-Cockpits);
- Konzepte zum Brückenschlag zwischen strategischer und operativer Steuerung (z.B. Hoshin-Planung);
- Integrierte strategische Steuerungsansätze (neben dem Scorecarding z.B. Wertmanagement (siehe Abschnitt 4.3.1) und das Intangible Assets- oder Potenzialmanagement (siehe Abschnitt 4.3.3).

Anhand dieser Gliederung werden bereits wesentliche Grenzen der Anwendbarkeit einzelner Konzepte sichtbar.

In der Unternehmenspraxis finden sich außerdem Mischformen zwischen verschiedenen Systemen des Leistungsmanagements. Einige Beispiele für strategische Steuerungsprozesse in Unternehmen, die zu einem Beyond-Budgeting-Modell der Steuerung übergegangen sind:

- *Borealis* benutzt vorrangig Scorecards und die in ihnen enthaltenen Leistungsindikatoren zum Leistungsmanagement. Der Finanzdienstleister *Skandia* verwendet ein ähnliches Konzept, allerdings wird hier das Indikatorenmodell anhand der Balanced Scorecard mit dem Skandia-eigenen „Navigator"-Modell strukturiert.

	20er	70er	80er	90er/00er
Reine Kennzahlen/ Kennzahlensysteme	• DuPont-Modell • Return on Investment (ROI)	• Earnings per Share (EPS) • Preis-/Equity • Tableaux du Bord	• Markt-/Buchwert-Ratios • Return on Equity • Return on Net Assets (RONA) • Management-Cockpits • Dashboards	• Economic Value Added (EVA) • Market Value Added (MVA) • Cash-Flow ROI (CFROI) • Shareholder Value Added (SVA) • TotalShareholder Equity (TSR)
Integrierte Konzepte zum Leistungsmanagement		• Total Quality Management (TQM) • EFQM • Hoshin-Planung • ...		• Balanced Scorecard (BSC) • Value Based Management (VBM) • Intangible Assets Management (IAM) • ...

Abb. 39: Konzepte zum Leistungsmanagement

- *Rhodia*, ein französischer Spezialchemie-Konzern mit ca. USD 7,2 Milliarden Umsatz, führte 1999 einen strategischen Steuerungsprozess eigenständiger Prägung ein. Dieser Strategieprozess bildet das Herzstück einer Wandlungsinitiative namens „Spring", mit deren Hilfe diese weltweit agierende Firma seither ohne Budgets operiert und zugleich einen bemerkenswerten Wandel auslösen konnte.[69]
- *Svenska Handelsbanken* verfügt wiederum über einen alternativen Steuerungsansatz, in dem ein durchgängiges, schlankes Kennzahlensystem mittels relativer Vergleiche auf allen Hierarchieebenen eingesetzt wird (z.T. visualisiert durch Liga-Tabellen). Hier ist ein formalisierter Strategieprozess im Grunde nicht mehr erkennbar. Das strategische Management ist eingebettet in fortlaufende Abstimmungs- und Diskussionsprozesse.

> **Einige Worte zur Strategie in einer Organisation**
> - Strategisch ist *nicht* gleichzusetzen mit „langfristig". Dies zu tun ist ein Gemeinplatz, und zwar ein gefährlicher. Strategie ist vom Wesen her *weder langfristig noch kurzfristig!*
> - Strategie hat damit zu tun, *wer die Organisation ist* und *was sie werden möchte*, sodass alle Handlungen und eingesetzten Taktiken – das „Wie-man-dorthin-kommt" -mit dem gewählten Zielzustand konsistent sind.
> - Strategie ist damit ein Bezugsrahmen, innerhalb dessen alle die Natur und Ausrichtung des Geschäfts bestimmenden Entscheidungen getroffen werden.

Leistungsindikatoren oder Key Performance Indicators (KPI) können in zweierlei Weise der Kontrolle dienen: Eine basiert auf der Überwachung von Leistung gegenüber mittelfristigen Zielen, die andere auf kurzfristiger Leistungsüberwachung innerhalb einer vereinbarten Bandbreite (siehe Abb. 40).

Das durch einen Indikator ausgedrückte Mittel- und Langfristziel kommuniziert Vision und Anspruch der Organisation. Solche KPIs zeigen die finanziellen und nicht-finanziellen Ambitionen der Organisation an. Bei der Verwen-

---

[69] Eine nähere Beschreibung des strategischen Managementsystems von Rhodia findet sich bei Hope/Fraser 2003b, S. 48–54.

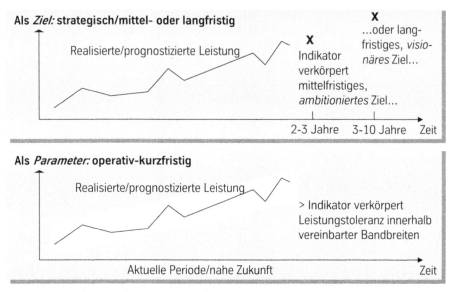

Abb. 40: Die zwei Verwendungsarten von Leistungsindikatoren

dung von Kennzahlen als Parameter funktioniert der kurzfristig ausgerichtete Toleranzbereich eines Indikators dagegen als Ersatz für Budgets oder Planzahlen für das aktuelle Handeln. Indikatoren dienen auf diese Weise operationaler Kontrolle realisierter Leistung. Eine Minimal- und Maximal-Leistung für jeden Indikator identifiziert die Bandbreite, innerhalb derer Leistungserbringung erwartet wird, und kennzeichnet gleichzeitig Leistung außerhalb des Toleranzbereichs als unakzeptabel. Beim Leistungsmanagement gegenüber Zielen werden in der Beyond-Budgeting-Organisation in der Regel verdichtete Indikatoren verwendet, im Gegensatz zu den tendenziell sehr detaillierten Budgetpositionen. Im Vergleich zu einem Budget erhöht ein in dieser Form eingesetzter Indikator die Handlungsfreiheit von Managern und Teams, und vermittelt bei richtiger Verwendung eine dauerhaft klare Orientierung, unabhängig von sich wandelnden Umweltzuständen. Auf diese Weise wird im Endeffekt anerkannt, dass es unmöglich ist, Leistung genau zu projizieren, und dass es unsinnig ist, bestimmte Maßnahmen und Wege zur Zielerreichung vorzuschreiben.

Insgesamt sind KPIs in der Beyond-Budgeting-Organisation dazu da, *Frühwarnsignale* zu geben, wenn die Entwicklung aus dem Ruder läuft. Es können eher nachlaufende Indikatoren verwendet werden (zumeist zahlenmäßig wenige finanzielle Indikatoren) oder eher vorlaufende Frühwarnindikatoren. Gemeinsam müssen sie ein ausreichendes Bild dessen vermitteln, was aktuell geschieht und in naher Zukunft höchstwahrscheinlich geschehen wird – das heißt, ob die erwartete finanzielle Performance der Organisation zufrieden stellt oder nicht. Als Kontrollinstrumente sind KPIs meistens Indizes. Sie zeigen z.B. Kosten über Net Sales oder Kosten bzw. Ergebnisse über das eingesetzte Kapital. Diese Art von Indikatoren *ersetzen die Zielsetzungs- und Kontrollfunktion von Budgets*. Realisierte Leistung wird entsprechend ins Verhältnis gesetzt mit Indikatoren, nicht im Vergleich zum Plan. Das Indikatoren-Set hilft dem Management, die Angemessenheit von Leistung zu beurteilen.

4.2.2 Funktionen und Probleme des Managements mit der Balanced Scorecard

Die Balanced Scorecard hat im Leistungsmanagement der Gegenwart und Zukunft sicherlich einen besonderen Stellenwert. Das Scorecard-Konzept kann schon heute, nur über ein Jahrzehnt nach seiner erstmaligen Erwähnung 1992, als das meistgenutzte Tool zur Unterstützung der strategischen Steuerung und des Leistungsmanagement gelten. Gelegentlich zitierte Berichte, wonach heute bis zu 55% der Unternehmen Scorecards verwenden, müssen dennoch mit einer Portion Skepsis betrachtet werden. Welche Art von Scorecards ist gemeint, wie werden sie genutzt, und kommt ihnen wirklich eine Bedeutung im Leistungsmanagement zu? Unter den mehreren Dutzend Unternehmen, die z.B. in Brasilien Scorecards einsetzen, findet sich – nach Ansicht eines der wichtigsten Scorecard-Kenners und -Implementierers in Lateinamerika – kaum eine Organisation, die das Instrument wirklich für das Tagesgeschäft verwendet.[70] Skandinavische Scorecard-Experten berichten, dass sie nur „sehr wenige" Fallbeispiele vorweisen können, in denen Unternehmen das Instrument viele Jahre de facto erfolgreich *und* andauernd einsetzten. Ein Indiz des bisherigen Verwendungs-Defizits: Nur ein Bruchteil der Firmen hat neben einer gruppenbezogenen Scorecard für die Gesamtorganisation weitere Scorecards für die Geschäftseinheiten definiert, und kaum ein Unternehmen hat unterhalb der Ebene der Divisionen oder Geschäftseinheiten Scorecards

---

[70] Es handelt sich hier wohlgemerkt um Spitzenunternehmen verschiedenster Branchen und Größen, einschließlich zahlreicher nationaler Marktführer sowie Landesgesellschaften europäischer und amerikanischer Konzerne. Andererseits muss berücksichtigt werden, dass Unternehmen in Lateinamerika vergleichsweise spät begannen, sich mit Scorecarding zu beschäftigen. Die meisten Scorecard-Anwendungen starteten nicht vor 1998.

für Funktionen, Prozesse, Abteilungen, Bereiche oder Profit Center im Einsatz. Auf der anderen Seite haben viele große Organisationen gerade erst mit dem ernsthaften Einsatz von Scorecards begonnen, und der durch die Praxiserfahrungen begründete Enthusiasmus für dieses Instrument ist heute womöglich noch größer als vor einigen Jahren. Während also viele oberflächliche Schnellschuss-Implementierungen der ersten Stunde bereits von der Bildfläche verschwinden und der Scorecard-Hype sichtbar vorüber ist, hat sich eine sehr seriöse internationale Scorecard-Community gebildet. Der ernsthafte, umfangreiche Einsatz des Scorecarding steht erst noch bevor. Trotz der anerkannt großen Herausforderungen des Praxiseinsatzes kann der Ansatz international bereits heute als ein bedeutender betriebswirtschaftlicher Standard bezeichnet werden, v.a. wenn man berücksichtigt, dass zuvor nur wenige Unternehmen auf klar strukturierte Systeme strategiebezogenen Leistungsmanagements verweisen konnten. Mehr kann man eigentlich nicht verlangen nach gut 10 Jahren seit Aufkommen des Scorecarding. Was wir heute brauchen, sind Ansätze, die in der Lage sind, das Scorecarding zu vertiefen und seine Bedeutung in der Praxis weiter zu verstärken. Beyond Budgeting produziert diese Art von Synergie. Weil Balanced Scorecards einerseits durch die Budgetsteuerung in ihrer Wirkung begrenzt werden, andererseits aber ein Schlüsselelement der Unternehmenssteuerung *ohne* Budgets sind, wird sich Beyond Budgeting vielleicht als einer der machtvollsten Impulsgeber für eine neue Welle des Scorecard-Einsatzes erweisen.

Tools und Prozesse des Performance Managements unterstützen in der Beyond-Budgeting-Organisation Ableitung und Management anspruchsvoller Zielgrößen und das Aufspüren innovativer Wege, um diese zu erreichen. Die Balanced Scorecard eignet sich in besonderer Weise, KPIs in ein systematisches Zielgeflecht einzuordnen, das gleichzeitig auf die strategischen Ziele der Unternehmung abgestimmt ist.

Die Balanced Scorecard stellt im Wesentlichen eine einheitliche, anschauliche Methode Strategie-basierten Managements zur Verfügung. Eine ihrer wichtigsten Eigenschaften ist die schlüssige Verbindung und Integration wesentlicher Steuerungselemente wie verbale Zielformulierung, Perspektiven, Ursache-Wirkungs-Ketten, Kennzahlen, Ist- und Zielwerte und Aktionen. In der Praxis kann das Konzept mit einfachen Mitteln angepasst werden. Insbesondere Initiativen wie wert- oder risikoorientierte Scorecards, Ergänzung um zusätzliche Perspektiven zu den vier Perspektiven des Basismodells (z.B. Kooperationsdimension) und bereichsspezifischer Scorecardeinsatz werden aktiv diskutiert. Die Balanced Scorecard eignet sich als durchgängig strukturiertes, aber durchaus anpassungsfähiges Rahmenmodell, das organsationsabhängig mit Leben gefüllt werden kann.[71] Zusammengefasst: Es handelt sich beim Scorecarding um keinen auf Leistungs*messung,* sondern um einen flexiblen, auf Leistungsmanagement und Wandel ausgerichteten Prozess. So gesehen sind Scorecards ein wertvolles Managementinstrument für Kommunikation und Lernen in einer Organisation.

In den letzten Jahren ist die Balanced Scorecard für viele Unternehmen zu einem wichtigen Instrument Strategie-orientierter Steuerung geworden. Im praktischen Einsatz der Methodik zeigen sich bei vielen Unternehmen aber – wie angedeutet – deutliche Defizite. Es kann sogar von einem weitgehenden Missbrauch des Scorecarding gesprochen werden im Hinblick auf dessen Mission, „Strategie-fokussierte Organisationen" zu ermöglichen. Strategische, vorlaufende Indikatoren führen weiterhin ein Schattendasein in Organisationen, die Scorecards im Wesentlichen dazu nutzen wollen, ihr Budget-basiertes Steuerungssystem um einige strategische Farbtupfer zu ergänzen.[72] Scorecards werden in der Praxis häufig aufgefüllt mit taktischen, periodenbezogenen Informationen und Soll-Ist-Vergleichen. Dieser Praxis leisten auch pauschale Ratschläge vieler „Experten" und Berater, Scorecards und Budgets müssten „in Einklang gebracht" werden, noch Vorschub.

Die Gründe, warum Organisationen bei der Realisierung der erwünschten oder erwarteten Ergebnisse ihrer Scorecard-Initiativen scheitern, sind vielfältig:

- *Es mangelt an „Buy-in" des Top-Managements.* Die Implementierung und Verwendung der Scorecards obliegt dem mittleren Management; weswegen sich die Entwicklung des Scorecard-Prozesses in die Länge zieht oder ganz versiegt. In einer Misstrauensorganisation bleibt die Balanced Scorecard typischerweise Zahlenwerk ohne große Wirkung. Wird sie als neues Kennzahlensystem verstanden, um das zentrale Kontrollsystem effektiver

---

[71] Eine faszinierende Übersicht des Facettenreichtums realer Scorecard-Verwendung – unabhängig von den Paradigmen der Vorschläge von Norton/Kaplan – am Beispiel des skandinavischen Raumes finden Sie bei Olve et al 2003.

[72] Einer globalen Studie der Hackett Group aus dem Jahr 2002 zufolge dominieren auch in den Scorecards heute Indikatoren finanzieller Art (62% aller Indikatoren!) und nachlaufende Indikatoren (76%). Praktiker verwenden Scorecards weitgehend als Kontrollinstrument und Ausgangspunkt für finanzielle „Drill-downs", statt als Lernplattform hinsichtlich der den Unternehmenserfolg beeinflussenden Faktoren. Siehe www.answerthink.com/newsandevents/pressrelease2002detail.asp?ident=234; Zugang 1.6.2003

zu gestalten, oder dient sie letztlich dazu, mit Hilfe von im Team erarbeiteten und vereinbarten Strategien, Zielen und Indikatoren die Eigenständigkeit von Mitarbeitern und die Kooperation mit externen Partnern zu entwickeln oder auszubauen?

- *Scorecards sind nicht* wirklich *an die Strategie gekoppelt.* Scorecards zeigen lediglich Indikatoren und Kennziffern in vier Perspektiven – es fehlt die Erarbeitung einer „Strategie-Landkarte" (Strategy Map). Verschiedene Gründe können hierfür verantwortlich sein, z.B. das mangelnde Interesse der Führung an nicht-finanziellen Dimensionen der Steuerung; die Realisierung des Scorecard-Initiative als Informatik-Projekt oder die Scorecard-Verwendung als Grundlage für ein Vergütungssystem.

- *Scorecard bleibt unverbunden mit Managementprozessen und Tagesgeschäft.* Strategie und Kennzahlen werden nicht in Aktion und Handeln übersetzt. Dies kann durch mangelnde flächendeckende Verbreitung der Scorecard in der Organisation oder Fehlen der Aktionsableitung und des Aktivitätenmanagements bedingt sein oder durch einen mit dem Scorecarding konkurrierenden Budgetierungsprozess, der das Handeln auf völlig andere, oft gegensätzliche Ziele ausrichtet.

Bestehende Scorecard-Implementierungen greifen meist in zweifacher Hinsicht zu kurz: es gelingt nicht, den Weg von der Strategiefindung bis zur operationalen Steuerung des Tagesgeschäfts ohne Redundanzen „aus einem Guss" zu gestalten, weil einerseits die Scorecards nicht flächendeckend und Hierarchie-übergreifend eingesetzt wird (also zur Steuerung aller Teams und Bereiche) und andererseits die Ableitung von Aktionen und Projekten aus dem Scorecard-Prozess vernachlässigt wird. Immerhin ein Viertel der Nutzer leitet einer Studie zufolge keine Aktionen aus der Scorecard ab – damit endet die Scorecard als Kennzahlensystem und Berichtsblatt.

Erst ein Hierarchie-übergreifendes Netzwerk von Scorecards erlaubt es, Strategien in operationale Ziele und Handlungen zu übersetzen. Dies ist kein Plädoyer für den Versuch, Ziele, Kennzahlen und Strategien von der Unternehmensspitze bis hin zu marktnahen Teams auf mechanistische Weise „herunterzubrechen". Wir müssen jedoch anerkennen, dass strategisches Handeln nicht an der Unternehmensspitze stattfindet, sondern an Hunderten von Stellen der Organisation und in vielfacher Ausprägung. Es sind also von der Spitze bis zu operativen Teams jeweils angemessene, zur Basis hin systematisch zunehmend operationale (stärker nicht-finanzielle) Scorecards in einem vollständigen Prozess zu erarbeiten. In der Praxis wird dies nur selten beherzigt.

Nur wenige (auch langjährige) Scorecard-Nutzer bestätigen, dass in ihrer Organisation Scorecards „flächendeckend" eingeführt wurden. Mithin bleiben wichtige Funktionen des Scorecarding ungenutzt: die effektive Verankerung im Tagesgeschäft und die Hierarchie-übergreifende Nutzung des Ansatzes unterbleiben.

Eine gut gestaltete Scorecard – mithin eine nicht nur als Kennzahlensystem verwendete – stellt die Zusammenhänge zwischen der Strategie einer Geschäftseinheit oder eines Bereichs durch eine Reihe hypothesenartiger Ursache-Wirkungs-Zusammenhänge (die sog. „Strategie-Maps") dar. Mit ihrer Hilfe werden *mittelfristige Ziele* formuliert, deren Erreichung mit Hilfe von – unweigerlich abteilungs- und bereichsübergreifenden – Aktionsplänen angestrebt werden soll. Die Erarbeitung der Ursache-Wirkungs-Zusammenhänge ist genau jenes Element des Scorecarding-Prozesses, in dem teambezogene und unbewusst oder implizit bei Management und Teams vorhandene „Geschäftsmodelle" und Annahmen dokumentiert und dem Diskurs ausgesetzt werden. Es handelt sich also um den Prozess der strategischen Willensbildung. Wird ohne diesen Zwischenschritt zur Formulierung von Kennzahlen und Indikatorenmodellen übergegangen, bleibt die Scorecard ohne Anknüpfung an die Strategie und somit strategisch „entkernt".

Der Beitrag der Balanced Scorecard zu einem flexiblen Leistungsmanagement

- Hilft Linienmanagern und Teams bei der Formulierung und Ausführung ihrer Strategie.
- Hilft zur Einbindung von deutlich mehr Mitarbeitern und Entscheidungsträgern in den Strategieprozess (Partizipation).
- Erlaubt ein kontinuierliches Monitoring und Revisionen der Strategie – macht Strategie auch unterjährig jederzeit diskussions- und anpassungsfähig.
- Hilft bei der Zielsetzung und ermöglicht zu jedem Zeitpunkt Revisionen von Optionen und Alternativen zur Zielerreichung.
- Stellt durch einen integrierten Prozess Tools bereit, die dazu beitragen, Ziele und Aktivitäten dauerhaft miteinander in Einklang zu bringen.
- Bildet einen Bezugsrahmen für den kontinuierlichen Dialog zwischen Linienmanagern und Unternehmensleitung (Management Reviews).

- Unterstützt das Management strategischer, längerfristiger Projekte und Initiativen zur Leistungsverbesserung.
- Hilft bei der Auflösung des Bruchs zwischen lang-/mittelfristiger und operativer/jahresbezogener Planung, Entscheidung und Initiative.

Den Ergebnissen einer Studie von Horváth und Partners zufolge, die unter knapp 100 Unternehmen im deutschsprachigen Raum durchgeführt wurde, mag die relative Erfolglosigkeit der bisherigen Scorecard-Anwendung auch mit den Zielsetzungen der jeweiligen Scorecard-Einführungen selbst zu tun haben. Zentrale, häufig genannte Gründe für die Einführung sind die Unterstützung einer erfolgreichen Strategieumsetzung (93%), die Verbesserung des Zielvereinbarungsprozesses (70%), strategische Projektpriorisierung (67%), Qualitätsverbesserung des internen Kennzahlensystems (62%) und damit eng verbunden die Verbesserung des Reportingsystems (57%). Dagegen streben nur 34% der Unternehmen mit der Balanced Scorecard eine Vereinfachung des Planungssystems an. Lediglich 39% der Anwender bestätigen, dass die Scorecard die Budgetierung merklich „beeinflusst" habe. Die Beurteilung der Leistung von Führungskräften etwa erfolge in den Unternehmen weiterhin „überwiegend auf Basis der Budgeterreichung".

Eine Gefahr des Scorecard-Einsatzes besteht darin, dass die Methode bereits bei der Konzeption, während der Implementierung oder in der Nutzungsphase so assimiliert wird, dass sie zur bestehenden dirigistischen Unternehmenskultur und den gegebenen Steuerungsprozessen passt. Dieser Effekt ist in der Praxis häufig zu beobachten. Auch führende deutsche Unternehmensberatungen verbreiten eine Scorecard-Nutzung als „Best Practice", die im Grunde einer Nutzung von Scorecards als dirigistische, periodenbezogene „Parallel-Budgets" gleichkommt. Die häufig konstatierte mangelnde Durchschlagskraft des Ansatzes liegt also auch in der bewusst oder unbewusst praktizierten Nutzung für Top-down-Kontrolle – in der gleichen Weise wie ein Budget, doch angereichert mit einigen nicht-finanziellen Kennziffern.

Norton und Kaplan berichten seit ihrem Buch „Die strategiefokussierte Organisation" von Unternehmen, die sich mit Hilfe der Balanced Scorecard von der zentralisierten Steuerung verabschiedet haben. Wenngleich die Balanced Scorecard als Mittel zur dirigistischen Führung verwendet werden kann, gehen diese Organisationen einen anderen Weg: Sie nutzten das Tool, um strategische Steuerung zu delegieren, das Berichtswesen zu öffnen und Transparenz zu steigern, sowie für das „Empowerment" von Linienmanagern und Teams. Im Management Beyond Budgeting geht es im Kern um die gleiche Zielsetzung. Das Scorecard-Konzept ist insofern in der Lage, einen wichtigen Beitrag zu einem budgetlosen Managementmodell zu leisten.

Wirklich erfolgreiche Scorecard-Initiativen sprengen nach einigen Jahren den Rahmen des klassischen Scorecarding-Konzepts und zwingen die Organisation dazu, sich mit Fragen des Leistungsvertrages im Allgemeinen auseinander zu setzen, d.h. mit Kontextfaktoren wie Vergütung, Zielformulierung (statt Zielvereinbarung oder reiner Kennzahlenfestlegung), Autonomie und Dezentralisierung der Organisation, und natürlich mit der Budgetierung selbst. Besonders die Verknüpfung des Ansatzes mit bestehenden Planungsprozessen, Steuerungs- und Berichtssystemen bereitet in der Praxis erhebliche Schwierigkeiten. Die Balanced Scorecard kann aber ohne eine solche Einbindung oder saubere Abgrenzung nicht voll wirksam werden und büßt Akzeptanz bei Unternehmensleitung und Linienmanagement ein.

Der Übergang zum Beyond Budgeting ist die *logische Fortsetzung von Scorecard-Initiativen* in Organisationen, die nach 5 oder 10 Jahren zu einer gewissen Reife in der Anwendung des Verfahrens gelangt sind. So gesehen wird die zukünftige Umsetzung des Modells der Unternehmenssteuerung „jenseits der Budgetierung" wohl auch Konsequenz der Erfahrungen vieler Unternehmen mit dem Einsatz der Balanced Scorecard sein.[73]

Die Wirkung der Balanced Scorecard stößt in der Praxis häufig an Grenzen, weil der Scorecarding-Prozess unverbunden neben der Budgetierung und anderen etablierten Steuerungsinstrumenten einherläuft: Die häufig in der Literatur geschilderten Verbindungen zwischen Scorecard und Budgetierung oder „operativer Planung" entpuppen sich bei genauerem Hinsehen als Rhetorik: Letztlich befindet sich der „Strategiefokus" der Balanced Scorecard im Konflikt mit dem innengerichteten, finanzorientierten und periodenbezogenen Fokus der Budgetierung. Das Scorecarding steuert die Organisation in die Richtung mittelfristiger strategischer Ziele, unterstützt durch funktionsübergreifende Initiativen; die Budgetierung richtet das Handeln auf kurzfristige finanzielle, bereichsspezifische Ziele aus. Ähnliche Konflikte

---

[73] Unter den Mitgliedern einer brasilianischen Balanced-Scorecard-Nutzergruppe, der führende Unternehmen verschiedener Branchen angehören, wurde das Interesse an Möglichkeiten der Verbesserung von Planung und Budgetierung im Zusammenhang mit Scorecarding als Top-Anliegen hinsichtlich der Zukunft ihrer strategiebezogenen Wandlungsinitiativen identifiziert.

Die Neun Gestaltungsfelder für Beyond Budgeting oder „Better Management"

Abb. 41: Barrieren des Scorecard-Einsatzes in der Budgetsteuerung mit fixierten Leistungsverträgen

bestehen im Zusammenspiel mit anderen Tools und Prozessen in der Budgetsteuerung (siehe Abb. 41).

Budgets bilden eine Barriere für die Akzeptanz der Scorecard-Ziele und -Verantwortung durch Teams. Linienmanager und Teams entwickeln einen verständlichen Zynismus, wenn sie einerseits die vermeintlich übergeordneten strategischen Ziele und Aktionen verfolgen sollen, andererseits Unternehmensführung und Finanzbereich im Tagesgeschäft daran festhalten, strikte Erreichung von Quartals- und Jahresergebnissen einzufordern. Diese oft widersprüchlichen Ausrichtungen der beiden Instrumente wirft bei gleichzeitiger Verwendung bestimmte Fragen auf, etwa, wie die eigentlich mittelfristigen Ziele der Scorecard mit den jahresbezogenen Zielen des Budgets in Einklang zu bringen sind. Welches Zielsystem dominiert, wie sollen Scorecard-Kennzahlen Bedeutung und Anerkennung erlangen, wenn Jahresziele zu Beförderungen und Boni führen?

Insofern gilt folgende Feststellung: Alle Anstrengungen, den Strategieprozess mit der Budgetierung zu verbinden sind nicht nur überflüssig im Rahmen einer Beyond-Budgeting-Steuerung, sondern in jedem Falle auch grundsätzlich schädlich für den Strategieprozess selbst. Solange nämlich die Strategie das Budget steuert, so lange wird der Strategieprozess durch das Budget mit dessen kurzfristiger Kontrollorientierung, Einseitigkeit und seiner Beharrungswirkung auch gezügelt! (Siehe Abschnitt 2.1 zur Inkompatibilität von Strategieformulierung und Budgets.) Budgetierung *behindert* Anpassungsfähigkeit und ganzheitliches strategisches Denken, und somit den Scorecard-Prozess.

Dennoch: Eine „Verbindung" des Scorecarding mit der Budgetierung wird bei Norton/Kaplan und anderen Vertretern des Konzeptes ausdrücklich gefordert. Ob diese Anknüpfung aber realisierbar ist, muss bezweifelt werden. Norton und Kaplan fordern in ihren Arbeiten zur Balanced Scorecard, strategische Ziele „in Budgets zu übertragen", damit sie im unternehmerischen Alltag verankert werden können. Sie zeigen aber nicht schlüssig auf, *wie* diese Übertragung funktionieren soll und vor allem, warum die Verknüpfung nötig ist.[74]

Notwendige „nächste Schritte" zur wirksamen Nutzung von Balanced Scorecards

- Scorecards mit einer einheitlichen Vision/Strategie und strategischen Ursache-Wirkungs-Zusammenhängen hinterlegen (hohle Kennzahlensysteme vermeiden);

- Hierarchie-übergreifende Nutzung: Scorecards für Manager/Teams aller Ebenen erarbeiten; Involvement der gesamten Organisation, von der Spitze bis zu dezentralen Teams;

- Scorecard-Verwendung als die Steuerung dominierendes, nicht nur das Rechnungswesen ergänzendes Reportingsystem;

- Priorisierung und Reduzierung von Maßzahlen (strategische Fokussierung);

- Scorecards zur Steuerung von strategischen Aktivitäten und Initiativen verwenden (strategische Initiativen und Projekte sind die Hebel zur Beseitigung strategischer Lücken);

---

[74] In einigen Veröffentlichungen argumentieren Norton/Kaplan für die Unterscheidung zwischen „operativen Budgets" zur Planung fortlaufender Funktionen und Geschäfte und „strategischen Budgets" (für neue Geschäfte und Bereiche). Dies ist aber mitnichten eine Lösung für die strategischen Unzulänglichkeiten der Budgetsteuerung. Zur detaillierten Diskussion des Verfahrensvorschlags von Norton/Kaplan siehe Abschnitt 3.2.2).

- Verantwortung zur Scorecard-Erarbeitung und Pflege in die Hände dezentraler „Owner" legen; Indikatoren werden von Ownern anerkannt, Indikatorensystem und Kausalbeziehungen kritisch hinterfragt und dezentral modifiziert;
- Strategieprozess verstetigen und dezentralisieren;
- ausgewogene, relative Indikatoren in allen Perspektiven;
- die Wirkungen von Maßnahmen und Initiativen durch Indikatoren abbilden und messen;
- kurzfristigen Periodenbezug und fixierte Leistungsverträge aus Scorecards eliminieren und Budgetierung abschaffen.

In den Unternehmen, in denen Scorecards unzureichend implementiert wurden, wird die Balanced Scorecard als ein Parallelbudget gesehen, das zusätzlich über einige nicht-monetäre Kennziffern verfügt. Um das mit dieser Haltung verbundene Akzeptanzproblem zu lösen, neigen Unternehmen dazu, anschließend variable Vergütung an die Erreichung von Scorecard-Zielen des aktuellen Geschäftsjahres zu knüpfen. Dies ist keine Lösung. Die Scorecard verkörpert nach einem solchen Schritt noch stärker einen festen Leistungsvertrag – genau wie das Budget – und wird mit den von der Budgetierung her bekannten Verhaltensproblemen belastet. Interessanterweise sind in der Verwendungspraxis denn auch deutlich mehr Organisationen zu finden, die über die Nutzung von Scorecards als Vergütungsgrundlage *nachdenken,* als Organisationen, die eine solche Verbindung bereits *praktizieren*. Dafür gibt es gute Gründe: Praktiker spüren intuitiv, dass diese Verknüpfung nur schwerlich funktioniert. Die Gründe hierfür sind vielfältig und leicht erkennbar:

- *Scorecards sind Strategie-basiert* – und somit naturgemäß kaum an bestimmten Perioden und mit Sicherheit nicht am Geschäftsjahreshorizont orientiert. Symptomatisch für Scorecards, die dafür konfiguriert sind, als Grundlage für Vergütung genutzt zu werden, sind dagegen kurzfristige, periodenbezogene Planziele – ganz ähnlich wie in Budgets, nur mehr-perspektivisch. Diese Praxis führt unmittelbar zur vollständigen Abkoppelung des Scorecarding von der Strategie: Wenn fixierte Scorecard-Ziele für das Geschäftsjahresende zur Belohnung führen, welche Bedeutung kommt dann dem (eigentlichen) strategischen Mittel- oder Langfrist-Ziel zu?

- *Scorecardindikatoren sind nicht immer valide für die Vergütung:* Dies liegt auch an der defizitären Verwendungspraxis von Scorecards. Es werden häufig zu viele, widersprüchliche und vor allem Plan-basierte Indikatoren aufgenommen.
- *Scorecards ändern sich. Richtig eingesetzte, „lebendige" Scorecards sogar kontinuierlich und schnell.* Anreizsysteme hingegen sind auf maximale Statik angewiesen.
- *Scorecards gewichten* nicht *zwischen dargestellten Indikatoren* – gerade das macht in gewisser Weise die in ihrem Namen enthaltene Ausgewogenheit aus! Anreizsysteme dagegen gewichten immer. Darum (wenn an Scorecards gebunden) müssen sie einzelne Kennziffern priorisieren und bewerten. Auch dies ist kontraproduktiv fürs Scorecarding als Tool für das dauerhafte Leistungsmanagement.
- *Finanzielle Anreize laden zur Manipulation von Scorecard-Indikatoren ein.* Je mehr Indikatoren in der Vergütungsformel enthalten sind, desto größer sind Wahrscheinlichkeit und Anreiz für Manipulationen.
- *Scorecards sollten auf allen oder vielen Ebenen der Organisation zu finden sein* – idealerweise für Gesamtorganisation, Divisionen oder Business Units, zentrale Funktionen und dezentrale Teams. Vergütungssysteme entsprechend vielschichtig und komplex zu gestalten, ist fast unmöglich.

Fazit: Es ist konzeptionell und in der Anwendung praktisch *unmöglich*, Scorecards sinnvoll für Vergütung zu nutzen. Diese Verbindung ist auch schädlich für den Einsatz von Scorecards als Instrumente strategischen Managements, als Kommunikations- und Lernplattform sowie als Kennzahlensystem.

4.2.3 Akzente der Scorecard-Nutzung im Beyond Budgeting

Die Verankerung von aus Scorecards abgeleiteten Initiativen in Budgets erscheint im Budget-basierten Managementmodell insofern als notwendig, als dies der Weg sein soll, um Scorecard-basierte Initiativen in steuerungsfähige Handlungsprogramme und Aktivitäten zu übertragen. Die Verfechter des Scorecard-Konzepts gehen also implizit davon aus, dass nur, was „im Budget steht", auch zum Tagesgeschäft gehört und somit auch umgesetzt wird. Leider werden dem Scorecarding als Managementprozess in dieser Sichtweise Grenzen gesetzt: Scorecarding dient in dieser Form zwar der Messung, dem Reporting und der Ableitung von Aktivitäten, kommt aber nicht als Tool zur Umsetzungsbegleitung und Steuerung von Aktivitäten zum Einsatz. Die deutschen Scorecard-Experten Friedag und Schmidt überwinden diese Begrenzung in ihrem abgewandelten Scorecard-Konzept. Sie schlagen – aufbauend auf ihrer praktischen Umsetzungsarbeit – vor, die mit Hilfe des Scorecarding erarbeiteten zielorientierten, „strategischen" Aktionen in „strategischen Projekten" zu bündeln. Diese lassen sich dann wiederum mit dem klassischen Instrumentarium des Projektmanagements planen, controllen und „budgetieren", also mit Ressourcen ausstatten. Projekte haben den Vorzug, dass sie eine bekannte Form sind, Prozesse zielorientiert zu managen. Es muss also kein „neues" Tool zur Aktivitätensteuerung verwendet, sondern höchstens das Projektmanagement als Tool gestärkt werden (hier steht sichtbar die Ressourcensteuerungs-Funktion von (Projekt-)Budgets im Vordergrund).[75] Im Konzept von Friedag/Schmidt schließt sich daran der Prozess des Einfügens der Projekte in die traditionelle Budgetierung an, durch Bestimmung des Bedarfs der Projekte an Personalkosten, Sachkosten und Investitionen des Projekts, und die Zuordnung zu Jahresperioden. Auf die Spitze getrieben, kommt man so bei intensiver Scorecard-Nutzung von einem organisationshierarchisch gegliederten oder funktions- und abteilungsorientierten Budget zu einem weitgehend projektbasierten Budget.

Im Managementmodell *ohne* Budgets kann hingegen auf diesen letzten Schritt verzichtet werden: Das Scorecarding wird zu einem rollierenden Aktionsprozess ausgebaut, an dessen Ende ein Scorecard-basierter Realisationsplan mit definierten Aktionen und strategischen Projekten steht. Mittels dieser strategischen Projekte oder Initiativen werden die mit der Scorecard festgestellten Leistungslücken geschlossen durch Verbesserung existierender oder Schaffung neuer Fähigkeiten, Infrastruktur oder Einstellungen, die nötig sind, um strategische Prioritäten und anspruchsvolle Ziele zu realisieren. Es ist also im Beyond-Budgeting-Unternehmen nötig, den Scorecarding-Prozess über den von Norton/Kaplan ursprünglich vorgeschlagenen Rahmen hinaus zu „verlängern" und zu einem Projekt- und Programm-generierenden Tool auszubauen. Projektmanagement- und Projektcontrolling-Instrumentarium kommen dann zur Allokation von Ressourcen auf die Projekte und zur Realisierung der Projekte und Aktivitäten zum Einsatz (siehe Abb. 42).

---

[75] Einige Unternehmen, unter ihnen Konzerne wie Alcan und Philips, sind mit ihren Balanced-Scorecard-Implementierungen auf diesem Weg schon relativ weit fortgeschritten. In dem von Philips verwendeten Scorecard-Prozess werden an die Verbesserung von Indikatoren geknüpfte Handlungsprogramme und Aktionen auf allen Ebenen der Organisation systematisch dokumentiert und verfolgt.

Strategie-basiertes Leistungsmanagement mit Balanced Scorecards und Kennzahlensystemen

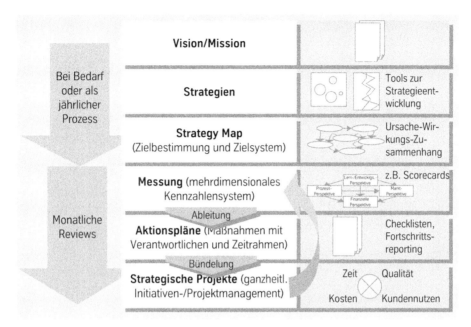

Abb. 42: Scorecarding als durchgängiger, umsetzungsorientierter Managementprozess "Strategy to Action"

Das Portfolio der Initiativen wird in diesem Prozess mit Hilfe der Scorecards aus der Strategie abgeleitet, der Prozess umfasst damit das Management strategischer Initiativen. Zudem ermöglichen die Scorecards eine konsistente Basis zur Bewertung von Initiativen, indem ihr jeweiliger „Fit" mit den Scorecard-Zielen überprüft wird. Strategische Ziele aus der Balanced Scorecard funktionieren in dieser Weise als Filter und Bezugsrahmen auch für *Investitions- und Projektentscheidungen,* und es wird eine Durchgängigkeit des Scorecarding als integriertes Tool zum Management von Strategie bis hin zu Maßnahmen und Projekten hergestellt.

Ein derartiger Prozess ist in der Lage, das *Planungselement der Budgetierung* – den Versuch der geschäftsjahresbezogenen „Programmierung", Verhaltenssteuerung und Ausführung – zu ersetzen. Mehr noch: An die Stelle des Budgetierungs-Prozederes ein- bis viermal pro Jahr tritt der regelmäßige Management-Review oder -Dialog, der um vieles wirkungsvoller zur Zielerreichung beitragen kann als Budgets. Output eines Review-Prozesses in Anbindung an die Balanced Scorecard sind nämlich stets aktuelle Aktions- und Maßnahmenpläne mit angemessenem Zeithorizont.

Maßnahmenpläne haben – im Gegensatz zu Budget-Plänen – gerade denjenigen Zeithorizont, der für jede der als erforderlich eingeschätzten Maßnahmen nötig ist. Ein Beispiel: Ein Unternehmen erkennt, dass es zur Erreichung seiner Strategien seine Preise ändern muss. In manchen Fällen kann diese Maßnahme an einem Tag umgesetzt werden, in anderen müssen umfangreiche Preislisten erarbeitet und gedruckt werden – was leicht einen oder mehrere Monate in Anspruch nehmen kann. Andere marktliche Maßnahmen wie Werbe-, Anzeigen- und Medienkampagnen umspannen meist einen Zeitraum von sechs Monaten. Wenn Entlassungen durchgeführt werden, können Planung und Realisierung der ensprechenden Maßnahmen in den meisten europäischen Ländern mehrere Monate dauern.

Es ist nicht unüblich, das jährliche Budget als wirksames Planungsinstrument und als Grundlage für Maßnahmendurchführung anzusehen.[76] In den meisten Fällen jedoch

- ist das (Geschäfts-)Jahr *nicht* der natürliche Zeitraum für unsere Aktivitäten;
- ist der willkürlich gewählte Zeitpunkt der Budgeterstellung nicht der geeignete Moment, um Maßnahmen festzulegen;
- sollten wir nicht nur einmal im Jahr darüber diskutieren, was wir im Laufe des Jahres zu tun beabsichtigen – und es dann dabei belassen.

Anstatt also zu versuchen, Maßnahmenplanung in das starre Korsett der Budgetierung zu pressen, sollten wir kontinuierlich beobachten, wie sich die Organisation entwickelt, und Maßnahmenpläne mit beliebigen Zeithorizonten diskutieren, formulieren und überprüfen, in Abhängigkeit von der Leistung der Organisation oder wann immer Änderungen im ökonomischen- oder Marktumfeld anzeigen, dass etwas getan werden muss.

Linienmanager sollten die aktuelle Performance und strategischen Optionen vor dem Hintergrund von aktuellen Ereignissen und rollierenden Forecasts verfolgen und eine Reihe von durchdachten Aktionsplänen vorbereiten, um neue Ideen zu realisieren oder auf Chancen und Gefahren zu reagieren. Prämissen und Risiken, die diesen Aktionsplänen zugrunde liegen, müssen vom mittleren Management oder der Unternehmensleitung hinterfragt werden. Dies vor dem Hintergrund der Makro-Vision des Unternehmens, also der Konsequenzen für das Geschäft als Ganzes und im Zusammenspiel mit anderen Initiativen und Projekten in der Organisation.

---

[76] vgl. Wallander 1999, S 415

Planung wird auf diese Weise zu einem kontinuierlichen Prozess, in dem fortlaufend (nicht nur einmal im Jahr!) strategische Alternativen bewertet und die Alternativen mit der langfristig größten Wertschöpfung ausgewählt werden. Es erfolgt gleichsam eine Verzahnung von aperiodischer Maßnahmen- und Projektplanung, periodischer strategischer Planung und dem Forecasting. Die Ableitung und Auswahl der Schlüsselindikatoren zur Bestimmung wettbewerblichen Erfolgs erfolgt in diesem integrierten Prozess, weil er nicht von operationalen Einheiten und Teams getrennt ist, mit großer Sorgfalt, und die eigene Leistung wird von Linienmanagern und Teams regelmäßig anhand der Indikatoren gemessen. Die Gesamtheit der Scorecard-Indikatoren bildet dabei ein Frühwarnsystem für die Organisation: Es zeigt an, ob sich die finanziellen Ergebnisse in der Zukunft eher nach oben oder nach unten entwickeln werden.

Innerhalb dieses Prozesses ist die Rolle von Vorgesetzten und Top-Management neu definiert: Der Unternehmenszentrale kommt in einer dezentralisierten Organisation nicht die Rolle zu, Strategie zu *formulieren,* sondern die von den Geschäftsbereichen vorgelegten Strategie-Vorschläge einer rigorosen Bewertung und Untersuchung zu unterziehen, ähnlich wie dies durch einem externen Investor der Fall wäre. Somit trägt die Zentrale Marktanforderungen und Leistungsdruck in die Organisation hinein. Konkret bedeutet dies: Das Top-Management fordert Linienmanager und Teams zu unorthodoxem Denken, zur Entwicklung und Bewertung von Handlungsalternativen heraus und gibt ihnen die Fähigkeit und Ressourcen zur Umsetzung. Strategieentwicklung besteht aus der Identifikation alternativer Optionen durch Linienmanager selbst, der Bewertung der mit jeder Option verbundenen Wertschöpfung und Risiken und dem informierten Treffen von Geschäftsentscheidungen.

Wie dieser Prozess in einen konkret „greifbaren", umfassenden und fortlaufenden *Management-Dialog* eingebettet werden kann und was dessen Inputs, Form und Inhalte sind, wird in Abschnitt 4.8.3 eingehend dargestellt.

Ein integrierter Prozess der strategischen Steuerung „Strategy to Action" ohne Rupturen durch Budgets und fixierte Leistungsverträge, wie er hier beschrieben wurde, ist mit einem Rollenwandel der Beteiligten innerhalb des Strategieprozesses verbunden. Die erste Rollenänderung betrifft die dezentralen Akteure des Prozesses: *Scorecards müssen dezentral entwickelt und gepflegt werden.* Die Besitzer („Owner") dezentraler Scorecards (Geschäftseinheiten, Linienmanager und Teams) müssen das Recht haben, Strategie, Ziele, Aktionen und Indikatoren selbst zu verantworten. Damit sind auch *Revisionen von Strategie und Zielen* durch Scorecard-Owner und Teams häufiger als einmal im Jahr in der Beyond-Budgeting-Organisation kein Tabu mehr! Linienmanager sollten – mit Hilfe der Scorecard-Indikatoren – die Freiheit bekommen, Ressourcennachfrage während des Geschäftsjahres ändern zu können, solange sie sich innerhalb der vereinbarten Indikatoren-Parameter bewegen. Erst diese ganzheitliche Verantwortung für die Scorecard ermöglicht erhöhte Flexibilität und Anpassungsfähigket. Damit ändert sich die Rolle von dezentralen Managern und Teams fundamental: sie sind nicht mehr verantwortlich für das Erreichen vorab ausgehandelter Ziele, sondern dafür, alle Handlungen auf die Wertschöpfung für Kunden und Investoren auszurichten.

Zugleich ändert sich auch die Rolle der Unternehmensleitung: Anstatt auf Strategietagungen detaillierte Unternehmens- und Geschäftsbereichs-Strategien zu erarbeiten und im Anschluss Scorecards auf Geschäftsbereiche und Teams „herunterzubrechen", sollen sie sich auf die Definition hochgradig aggregierter strategischer Mittelfrist-Ziele beschränken. Scorecards, Leistungsniveaus, Aktionspläne und Initiativen von Linienmanager sollten dann herausfordernd hinterfragt und in regelmäßigen Management-Workshops (z.B. monatlich) thematisiert werden. Das kontinuierliche *Testen* von Annahmen und Maßnahmenplänen dient in diesem Führungsverständnis nicht dem Eingriff in Entscheidungen und dezentrale Verantwortung, sondern dazu sicherzustellen, dass einerseits die besten Alternativen erwogen werden, andererseits die zugrunde liegenden Annahmen und Risiken innerhalb akzeptabler Grenzen liegen.

Viele Top-Manager fühlen sich unwohl beim Gedanken, Zielsetzung und Entscheidung derart radikal zu dezentralisieren. Sie sind ein Führungsmodell gewöhnt, bei dem „strategische" Entscheidungen innerhalb von Vorstandssitzungen gefällt werden müssen. Die Scorecard kann diese Brücke zu einem dezentralisierten, aber dennoch hochgradig diszipliniertem Führungsstil schlagen. Als Kommunikationsinstrument sollten Scorecards eine Schlüsselrolle in der Organisation übernehmen, um Monat für Monat Ziele und Fortschritte bei der Zielerreichung darzustellen.[77]

Manager müssen sich heute die Frage stellen, ob sie sich angesichts der Möglichkeit eines wirksamen Steuerungsprozesses auf dem Fundament des Scorecarding weiterhin lieber auf Budgets und Plan-Ist-Vergleiche verlassen wol-

---

[77] Ein derartiger Management-Prozess wird auch der Tatsache gerecht, dass *jede* Entscheidung einen strategischen Kern besitzt und zur Unternehmensstrategie beitragen muss. Rein „operative" oder „taktische" Entscheidungen ohne strategische Bedeutung gibt es nicht.

len. In einer Organisation, die den tief greifenden Wandel zu einem der beschriebenen Steuerungsprozesse durchgemacht hat, spielen Budgets zur Steuerung sichtbar keine große Rolle. Um aber diesen Wandel überhaupt zu ermöglichen, ist im Allgemeinen zunächst einmal der Verzicht auf Budgets erforderlich.

Gestaltungsgrundsätze für das Scorecarding im Beyond-Budgeting-Modell:

Zweck: Verbindet Strategie, Zieldefinition und Aktion auf allen Ebenen der Organisation; dient als strategischer Bezugsrahmen für dezentrale Entscheidungen und bietet Leistungskennzahlen, die dem Management Auskunft geben, ob strategische Ziele erreicht werden.

- *Mittel- und langfristig orientiert:* Zieltypen mit unterschiedlichem Zeithorizont: anspruchsvolle Mittelfristziele (2-3 Jahre) und visionäre Langfristziele (3–10 Jahre); kein fixierter Periodenbezug!
- *Vertrauens-, nicht misstrauensbasiert:* dient Delegation von Verantwortung und Autonomie, nicht der Entscheidungszentralisierung;
- *Hierarchie-übergreifend:* Aufbau eines flächendeckenden Scorecard-Systems für alle Bereiche und Teams;
- *Rollierend und regelmäßig:* Unternehmensweite Strategie-Tagungen gehören abgeschafft! Scorecards können von ihren „Besitzern" und Teams regelmäßig oder anlassbezogen verändert werden;
- *Kein fixer Leistungsvertrag:* relative Indikatoren (z.B. in Form von Liga-Tabellen), statt absoluter und kurzfristiger Scorecard-Messgrößen, die letztlich mit Budgets vergleichbare fixe Leistungsverträge festschreiben;
- *Ein Hypothesenmodell (Strategy Map) unterstützt die strategische Willensbildung:* implizites Wissen wird dem kritischen Diskurs im Team ausgesetzt und in Ursache-Wirkungs-Zusammenhängen abgebildet; unterstützt strategisches Lernen im Sinne der „lernenden Organisation".
- *Flexibles Steuerungsinstrument:* Scorecard-Besitzer können ihre Scorecards *jederzeit* begründet überarbeiten (betreffend Hypothesenmodell und Ziel- und Indikatorenauswahl);

- *Keine Grundlage von Vergütung:* Scorecarding unterstützt Zielsetzung und Zielerreichung, monetäre Anreize sind aber nicht an Scorecardziele gekoppelt;
- *Autonomie-fördernd, nicht zentralistisch:* Wo Scorecards und Ziele „heruntergebrochen" werden, da dominiert eine dirigistische Kommando- und Kontrollkultur. Besser: Scorecard-Besitzer definieren Ursachen-Wirkungs-Modelle, Ziele und Indikatoren selbst; Unternehmensleitung beschränkt sich auf kritisches Hinterfragen, nutzt Scorecards als Basis für regelmäßige Management-Reviews;
- *Steuerungs-, nicht reportingorientiert:* mündet in Aktionspläne und strategische Projekte, und nicht nur in Kennzahlen und Reports; ermöglicht kontinuierliches Feedback und Lernen (Steuerungsprozess „Strategie zu Umsetzung");
- *Verbindet Wert- und Potenzialmanagement* mit langfristiger finanzieller Performance.

4.2.4 Leistungsmanagement und Steuerung mit Kennzahlensystemen

Alle Unternehmen verwenden zur internen Steuerung in irgendeiner Form verschiedene nicht-finanzielle Ziele und Leistungsindikatoren bzw. Key Performance Indicators (KPI). Dabei kommen unzählige operationale, finanzielle und physische Messgrößen zum Einsatz. Ein System des Leistungsmanagements muss jedoch versuchen, diese in ein systematisches Rahmenmodell zu übertragen, das die Aufmerksamkeit aller Organisationsmitglieder auf die Erreichung strategischer Ziele lenkt. Demgegenüber sind geläufige, im Tagesgeschäft effektiv eingesetzte, Kennzahlen meistens ausschließlich operational, und Managementsitzungen und Kommunikation kreisen entsprechend um operationale Themen, z.B Preise und Volumen oder anstehende Entwicklungsprojekte. Ein integriertes System wie die Balanced Scorecard vereinfacht es dagegen, die Makroperspektive nicht aus den Augen zu verlieren, indem sie auf Fragen hinweist wie: Erreichen wir auch das, was wir aus strategischer Sicht wollen? Scorecards schlagen die Brücke zwischen der operationalen Innensteuerung und finanziellen Ergebnissen sowie strategischen „Outcomes"

Strategie-basiertes Leistungsmanagement mit Balanced Scorecards und Kennzahlensystemen

In Organisationen ohne detaillierte finanzielle Budgets treten auf der Ebene der Gesamtorganisation Indikatorensysteme mit einigen wenigen langfristigen, relativen Zielen (z.B. Return on Capital, EVA) sowie mittelfristig ausgerichtete Schlüsselkennzahlen oder Key Performance Indicators (KPIs) in den Vordergrund. Controller erhalten die Aufgabe, ein einfaches, transparentes Kennzahlenreporting zu gewährleisten. An Stelle detaillierter periodischer Finanzreports tritt der kontinuierliche Management-Dialog über Output- und Input-orientierte Kennziffern, die im Forecasting aufgezeigten Chancen und Risiken und die zugrunde liegenden Einflussfaktoren.

Zu den KPIs gehören typischerweise relative Gewinngrößen, Cashflow und nicht-finanzielle Maßgrößen wie Kundenzufriedenheit und Qualitätskennziffern.

Manager operativer Einheiten und dezentrale Teams müssen im Beyond-Budgeting-Kontext Zielgrößen identifizieren, die die aktuelle und zukünftige Performance tatsächlich ursächlich beeinflussen, während im Budget finanzielle Inputgrößen festgelegt werden, ohne jedoch den Weg dorthin inhaltlich zu definieren oder in Frage zu stellen. Gleichzeitig müssen Manager lernen, sich selbst ambitionierte, aber erreichbare Ziele zu setzen. Aufgrund der größeren Bandbreite Output-orientierter Zielgrößen sind dabei üblicherweise Anreiz und Versuchung zu „mogeln" wesentlich geringer als in Budgets (siehe Abschnitt 4.4).

Heute gesellen sich Scorecards in vielen Unternehmen zu den herkömmlichen Rechnungswesenberichten (Kosten und Rentabilitäten), zu monatlichen Plan-Ist-Vergleichen, althergebrachten operationalen Kennzahlensystemen, Qualitäts-Berichten usw. Unternehmen, die z.B. mit Total Quality Management (TQM)-Prozessen oder dem EFQM-Modell arbeiten, fällt es naturgemäß leicht, eine Balanced Scorecard zu erarbeiten und umzusetzen.[78] Sie vergessen aber häufig, nach Implementierung des Scorecarding beide Kennzahlensysteme effektiv zusammenzufassen und ein ganzheitliches Reporting für beide Prozesse zu installieren. Das Ergebnis der Kennahlen- und Berichts-Schwemme ist Orientierungsverlust – vielleicht sogar Chaos.

---

[78] Die Methoden sind verwandt – wenngleich TQM nicht den Strategieprozess als Ausgangspunkt hat, sondern den Qualitätsprozess. TQM und Balanced Scorecard können sich gegenseitig befruchten und ergänzen.

Die Neun Gestaltungsfelder für Beyond Budgeting oder „Better Management"

Nur eine dramatische Verringerung der in Standard-Reports berichteten Informationen kann den Umgang mit Komplexitäten ermöglichen und Orientierung geben. Es geht darum, dass sich Management und Teams nicht in Details verlieren, sondern das Wesentliche erkennen – Muster, Tendenzen, Änderungen, Rupturen – nicht aber „Ausreißer", Plan-Ist-Abweichungen oder Kontenbewegungen. Viele Berichte, Kennziffern und Messgrößen müssen verschwinden, damit diese Neuorientierung möglich wird.

Das Problem mit Reporting und ausufernden Kennzahlensystemen ist relativ leicht beschreibbar: Jede Kennziffer kostet Geld zur Erstellung und verbraucht knappe Aufmerksamkeit von Management und Teams. Jeder Indikator verbraucht Ressourcen.[79] Veraltete und schlechte Kennziffern lenken zusätzlich von der Strategie ab, tragen zu Wertzerstörung und zu Innenorientierung bei, kreieren Zielkonflikte und Widersprüche untereinander. Gleich welches Konzept zur Leistungsmessung eine Organisation verwendet: die Anzahl der verwendeten Indikatoren muss so weit wie möglich begrenzt werden. Die Herausforderung besteht darin, eine begrenzte Zahl von Messgrößen – diejenigen die wirklich zeigen, ob die Firma und ihre Organisationseinheiten strategische Ziele erreichen, oder nicht. Heute verbreitete und bewährte Konzepte wie die Balanced Scorecard, Wertmanagement oder Intangible Asset Management sind nützliche Instrumente, um das Denken und Handeln der Organisationsmitglieder zu strukturieren.

Die Aussage „Was gemessen wird, wird auch gemanagt" ist, nebenbei bemerkt, Unsinn: Was heute leidenschaftlich gemessen wird, kann oft gar nicht direkt „gemanagt" werden, während manch wirklich Steuerbares und Beeinflussbares sich direkter Messung entziehen.[80]

---

[79] Hier sei nochmals auf den Vergleich zur Budgetsteuerung hingewiesen: Budgets bestehen aus Unmengen nicht-priorisierter Indikatoren, die alle nachlaufend und ausschließlich finanziell orientiert sind.

[80] Zwei einfache und grundlegende Beispiele: *Kosten* sind verführerisch leicht messbar, lassen sich aber nicht unmittelbar beeinflussen, da sie Ergebnis von Aktivitäten und Prozessen sind. Prozesse lassen sich hingegen schwer direkt messen. Wir können nur Prozess-Inputs und -Outputs wirklich quantitativ und qualitativ bestimmen. Prozesse sind aber genau das, was wir „managen" und beeinflussen müssen und können.

> **Steuerung mit Kennzahlen.**
> - *Relevanz:* Messgrößen müssen immer im Zusammenhang mit strategischen Zielen und Zielerreichung stehen; aufbauend auf den Zielen, ist Kreativität bei der Entwicklung von Messgrößen und bei der Auswahl relativer Vergleichsmaßstäbe gefragt.
> - *Anzahl und Qualität:* Möglichst wenige, „ausgewogene" und stets relative Kennzahlen verwenden; Jede Kennzahl kostet Zeit und Geld.
> - *Was gemessen werden soll:* Prozesse und Ergebnisse – nicht Maßnahmen und Inputs.
> - *Kennzahlen sollen für sich sprechen und verständlich sein:* durch Einbettung in ein Rahmenmodell und Berichtsformate oder klaren Wettbewerbsbezug.
> - *Täglich und im Dialog einsetzen:* Kennzahlen dienen Kommunikation, Koordination und Ausrichtung auf gemeinsame Ziele.
> - *Kennzahlensystem entwickeln:* Konsens über wenige und beste Kennzahlen herstellen, veraltete Kennzahlen eliminieren.
> - *Einsatzgrenzen:* Wenige Indikatoren/Kennzahlen eignen sich zur Verbindung mit der Leistungsbewertung und Vergütung.

Auch wenn es aus konzeptioneller Sicht und aus Sicht von Scorecard-Implementierungsteams beinhahe selbstverständlich erscheint: Wo Balanced Scorecards oder Strategie-basierte Systeme zur Leistungsmessung eingesetzt werden, sollten Letztere auch das *Hauptinstrument* zur Leistungskontrolle sein. Die Praxis ist von dieser scheinbar einfachen Forderung natürlich noch weit entfernt, zum einen weil das Scorecards-System oft nicht bis auf die Team-Ebene ausgerollt wird, zum anderen weil der Steuerungsprozess per Scorecarding aus führungs- und organisationskulturellen Gründen nicht ausreichend ins Tagesgeschehen eingebettet wurde.

Scorecards helfen dabei, Leistung gegenüber außengerichteten Zielen und Key Performance Indicators (KPI) der Geschäftätigkeit zu messen, anstatt gegenüber Kosten- oder Ergebnispositionen aus einem Budget. Aus diesem Grund sollte Scorecard-basiertes Reporting die klassischen monatlichen Plan-Ist-Vergleiche ablösen. Es ist daher nur konsequent, das monatliche Berichtswesen weitgehend auf Scorecards aufzubauen, und klassische Finanzberichte nur im Einzelfall zu verwenden. Hierzu Thomas Boesen von Borealis: „Wenn sich unser Vorstand zusammensetzt, um die Performance zu analysieren, besteht der erste Schritt in der Überprüfung der Corporate Scorecard und der Leistung innerhalb jeder der Zielsetzungen. Die Gewinn- und Verlustrechnung und die Bilanz werden als Referenz benutzt, nur wenn dies erforderlich ist. Die Scorecard erlaubt uns, uns auf die Treiber hinter den finanziellen Zahlen zu konzentrieren, und gibt unserem Top-Management wesentlich mehr Einfluss auf die Zukunft des Unternehmens."

Auf der anderen Seite besteht in der Praxis das Problem, sich mit Balanced Scorecards zu sehr auf Indikatoren zu fixieren. Scorecards tendieren gerade in frühen Phasen des Einsatzes zu einer Eigendynamik, bei der zu mechanistisch, kennzahlenorientiert und kompliziert gedacht wird. Dies reduziert tendenziell das Involvement des Linienmanagements, die Flexibilität des Systems, verbraucht Ressourcen und verhindert Identifikation. Das Problem hat seinen Ursprung darin, dass sich Manager intuitiv mit Zielen identifizieren, nicht aber mit Messgrößen, und sich daher im Wesentlichen ihre Ziele *selbstständig* definieren und daraus erst in einem weiteren Schritt Kennzahlen ableiten.

Aus Sicht der Organisation hingegen taugen die individuellen Zielsetzungen allerdings nicht zur *ganzheitlichen Unternehmenssteuerung*. Das berühmte „Herunterbrechen von Zielen" ist nicht nur eine sprachliche Katastrophe, sondern erweist sich auch in der praktischen Anwendung als fatal. Ziele lassen sich nicht über verschiedene Organisationsebenen hinweg durchgängig aufzeigen. Das Gleiche gilt für Indikatoren. Es bestehen keine direkten vertikalen Zusammenhänge zwischen verschiedenen Indikatoren (wohl aber *Wirkungszusammenhänge*). „Herunterbrechen" unterstellt mechanistische Zusammenhänge zwischen „oben und unten" oder „Detail und Konsolidierung". Aus einer führungskulturellen Perspektive sind Bestrebungen des mathematischen Aufaddierens Ausdruck einer Kommando- und Kontrollkultur und einer auf rein finanziellen Input-Größen basierenden Vorstellung der Steuerung. Dahinter steckt eine Denkweise, die die hierarchische Summierbarkeit von Indikatoren in der Art der Ressourcen-Inputs eines Budgets unterstellt – die sich aber nicht auf strategische, vieldimensionale und durch Ursache-Wirkungs-Zusammenhänge geprägte Probleme übertragen lässt. Scorecards und Performance-Ziele lassen sich deshalb ihrer Natur wegen nicht top-down herunterbrechen oder bottom-up konsolidieren. Strategisches Denken und eine Führung jenseits von Budgets lassen wenig

Strategie-basiertes Leistungsmanagement mit Balanced Scorecards und Kennzahlensystemen

Platz für das Herunterbrechen und die pauschale Anordnung festgelegter Ziele.

Die Leistung unterschiedlicher Hierarchieebenen und Prozesse muss entsprechend mit unterschiedlichen Indikatoren gemessen werden. Dies gilt sowohl für nicht-finanzielle als auch für finanzielle Indikatoren (Beispiel: EVA ist für das Top-Management geeignet, für operative Einheiten dagegen ist z.B. ein Indikator „Kosten über Umsatz" ein besseres finanzielles Leistungsmaß).

Weil verschiedenen Management-Ebenen Verantwortung für unterschiedliche Ergebnisse und Prozesse tragen, muss es ebenen- und teamspezifische Kennzahlensysteme, Leistungsindikatoren und Scorecards in einer Organisation geben. Manager und Teams verwenden jene Messgrößen, die ihnen die wertvollsten Aussagen für ihre Entscheidungsprozesse liefern (siehe Abb. 43). Häufig wird dabei das Top-Management vor allem finanzielle und langfristige oder nachlaufende Indikatoren benutzen; das mittlere Management und dezentrale Einheiten werden zunehmend operationale und kurzfristige Indikatoren betrachten. Sind diese Indikatoren nicht spezifisch genug formuliert, unterminiert dies die Akzeptanz des Systems zur Leistungsmessung.

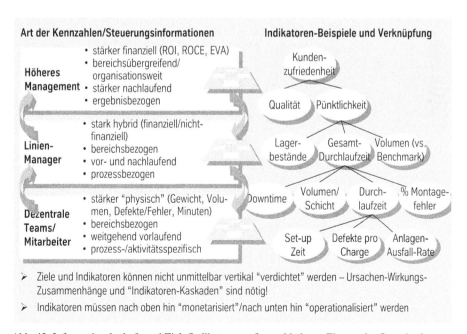

Abb. 43: Informationsbedarfe und Ziele/Indikatoren auf verschiedenen Ebenen der Organisation

Ein häufig zu beobachtender „Anfängerfehler" beim Scorecarding (wie auch im Wertmanagement) liegt im Versuch, einheitliche KPIs für alle Bereiche und Divisionen einer Organisation zu definieren, mithin einen Teil der Scorecard-Indikatoren vertikal und horizontal zu standardisieren. Reifere Anwendungen von Indikatorensystemen zeichnen sich, statt einer derartigen vertikalen Uniformisierung von Zielen/Indikatoren durch eine methodische Ableitung *individueller* Beiträge zu Divisions- oder Organisationszielen aus. Scorecard-„Owner" sollen stärker fokussieren und in die Lage versetzt werden, unterschiedliche Wege zur Zielerreichung einschlagen zu können – also auch bereichs-, funktions- oder standortspezifische Indikatoren zu erarbeiten, selbst, wenn dies auf Kosten von Gemeinsamkeiten in den Scorecards geht.

Dieses Vorgehen erhöht natürlich zugleich die Verantwortung dezentraler Manager. Das Top-Management muss derartige Scorecards kritisch infrage stellen und hinterfragen. Zugleich sollte es das Wissensmanagement, Lernen und den Informationsaustausch zwischen Bereichen und Standorten fördern.

Kennzahlensysteme oder Systeme zur Leistungsmessung können für zweierlei Zwecke gebraucht werden: für Kontrolle und für Dialog. Als Rahmen für Dialog sind Maßzahlen insofern hervorragend geeignet, als sie uns zwingen, Beziehungen auf fundierte und begründete Weise herzustellen, und somit methodisch stringent zu analysieren und Schlussfolgerungen zu ziehen. Gut gestaltete Kennzahlensysteme, angeordnet in einem methodisch kohärenten Rahmen, funktionieren wie die Worte und die Syntax einer Sprache.[81] Insofern tragen Systeme zur Leistungsmessung zu einem gemeinsamen Verständnis bei, wie Zusammenhänge zwischen Mitarbeitern, Leistung und Ergebnis in einer spezifischen Organisation strukturiert sind.

Unerfreulicherweise stellten Top-Manager in der Praxis vor allem den Kontroll-Aspekt von Systemen zum Leistungsmanagement und Leistungsmessung in den Vordergrund. Sie sehen in Kennzahlen und Berichten vor allem den Vorteil der Leistungskontrolle ihrer Mitarbeiter. Diese Manager laufen Gefahr, mit den neuen Performance-Measurement-Systemen Mitarbeiter weiter zu entfremden, die Wirkung des Steuerungsinstrumentariums zu dämpfen und das durch Dezentralisierung mögliche Wertschöpfungspotenzial zu verschwenden. Organisationen brauchen heute nicht *quantitativ mehr Kontrolle,*

---

[81] Um bei der Metapher zu bleiben: Wir müssen die althergebrachte Sprache – die des Rechnungswesens – deutlich erweitern – strategisch, wert- und potenzialorientiert –, damit sie unsere heutige In- und Umwelt weiterhin angemessen beschreiben kann. Sie hierzu z.B. Sveiby, 1998.

sondern größere Freiheit von irrelevanten, ausschließlich finanziellen Kontrollsystemen, die ihren ursprünglichen Anforderungen längst nicht mehr gerecht werden. Mitarbeiter brauchen kreativen Freiraum und Systeme, die einen offeneren Dialog unterstützen – sodass sie zur strategischen Ausrichtung ihrer Organisationen beitragen können. Kennzahlen tragen bei der Steuerung ohne Budgets dazu bei, „Gängelung" zu verhindern, und funktionieren ausschließlich diskursiv, solange nicht existenzielle Risiken vorliegen. Neue Systeme zur Leistungsmessung stellen in diesem Kontext „nebenbei" eine automatisch wirkungsvollere Kontrolle zur Verfügung.

Falsch verstandene Kontrolle:
Wo Kontrolle zur Gängelung wird – und „Analyse"
zum reinen Zahlenspiel

- *„Mikromanagement":* Unternehmensleitung und mittleres Management greifen nach Gutdünken willkürlich in die Aktionen ausführender Manager ein; Entscheidungs- und Handlungs-Autonomie werden nicht respektiert;

- *Kontrolle von Aktivitäten, Maßnahmen und Entscheidungen* statt Zielsetzung, Begleitung von Schlüsselindikatoren und Stichprobenkontrolle von Ergebnissen;

- *Finanzielle Plan-Ist-Berichte:* monatliche Betrachtung detaillierter Konten und Positionen bringt wenig Erkenntnis, führt aber zur Überbewertung saisonaler Ausschläge und „Ausreißer", und verstellt den Blick auf wichtige Trends;

- *Produktbezogene Absatzziele und Quoten.* Diese Planzahlen und Kontrollen richten sich langfristig gegen Kundeninteressen und langfristige Kundenbeziehungen; sie verhindern horizontale und vertikale Kollaboration innerhalb einer Organisation. Quoten vernichten langfristig Unternehmenswert und gehören abgeschafft;

- *„Herunterbrechen"* – Vorsicht immer dort, wo etwas „heruntergebrochen" wird – Budgets, Kosteneinsparungen, Ergebnisverantwortung, Scorecard-Kennzahlen. Hinter diesem als pragmatisch verbrämten Vorgehen verbergen sich immer unzulässige Vereinfachungen, fahrlässiges Management „by numbers" und oft dysfunktionaler Aktionismus!

- *Missverstandene Indikatoren „managen"*. Beispiel Headcount: Die wohl unsinnigste Messgröße überhaupt in unseren Organisationen. Sie hat keinerlei operationale Bedeutung, sagt nichts über Leistung aus (und fast nichts über Kosten) – und wird doch in vielen Organisationen als Kontrollgröße verehrt, ausgiebig debattiert und „gemanagt". Einige weitere, in den meisten Zusammenhängen problematische oder unsinnige Leistungsmaße: absoluter Umsatz, einzelne Kostenpositionen (z.B. Reisekosten), absoluter Gewinn usw.
- *Ratios sind als Leistungsmaße auch nicht ohne Risiko:* man kann sowohl den Zähler als auch den Nenner „managen" – also Vorsicht bei der Interpretation!

4.3 Wert- und potenzialorientiertes Management für nachhaltigen Erfolg

4.3.1 Wertorientierte Unternehmenssteuerung und das gewandelte Verständnis der Wertschöpfung in der Praxis

Die frühen Ansätze des Wertmanagements in den 90er Jahren erzielten schnell große öffentliche Resonanz und waren verbunden mit dem Versprechen, dass durch eine Fokussierung auf Wertmanagement eine *nachhaltige Verbesserung des Unternehmenserfolgs* möglich sei. Das Potenzial der Ansätze, insbesondere durch die Horizonterweiterung des Managements hinsichtlich der neuen Bedeutung von „Unternehmenserfolg", kann kaum infrage gestellt werden, geht es doch um die Übertragung der Kapitalmarktsicht eines Unternehmens in die Organisation hinein. Widerstand gegen die Grundprämissen der Ansätze kam auch in Deutschland auf und hat sich bis heute gehalten, weil ihnen der Geruch *einseitiger Ausrichtung an den Interessen von Investoren* – und gegen Mitarbeiter- und sonstige Stakeholderinteressen anhaftete.

In Wirklichkeit verbergen sich hinter den Begriffen „Wertorientierte Unternehmensführung" (im Folgenden vereinfachend „Wertmanagement") und Value-based Management (VBM) eine Reihe von Verfahren, die sich in zwei unterschiedliche Gruppen einordnen lassen. Wertmanagement beruht auf zwei Klassen von Ansätzen mit deutlich unterschiedlicher Ausrichtung – eine vorrangig auf das Außenverhältnis von Unternehmen gerichtet, die andere vorrangig innenorientiert.

- Die erste bekanntere und weiter verbreitete ist mit der Forderung nach einer auf Investoren und Kapitalmärkte ausgerichteten *„Shareholder-Value"-Orientierung* verbunden. Diese Spielart des Wertmanagements wird repräsentiert durch bekannte Spitzenkennzahlen wie Economic Value Added (EVA)[82] und Shareholder Value Added (SVA).

- Die zweite, oft vernachlässigte Dimension des Wertmanagements ist die Forderung nach einem *wertorientierten Steuerungssystem,* das das Management aller Unternehmensebenen bis auf die operative Ebene herunter auf ein übergeordnetes Ziel, nämlich nachhaltige Wertschöpfung ausrichtet – nicht ausschließlich für Aktionäre, sondern gleichermaßen für Kunden, Mitarbeiter und Lieferanten.

Für den erfolgreichen Einsatz des Wertmanagements ist die Integration und Harmonisierung beider Blickwinkel entscheidend. Die Ausrichtung einer Organisation an wertorientierten Kenngrößen wie Economic Value Added, Shareholder Value Added oder Cash Flow Return on Investment (CFROI) alleine ist bereits „wertvoll", aber nicht ausreichend. Die wertorientierten Steuerungsgrößen müssen mittels Zerlegung in ihre einzelnen Bestandteile und in Ursache-Wirkungs-Zusammenhänge so operationalisiert oder konkretisiert werden, dass damit die Antriebskräfte der Wertschöpfung einer Organisation identifiziert und gesteuert werden können. Die Spitzenkennziffern werden gewissermaßen durch die Organisation auf die operativen Steuerungsindikatoren heruntergekaskadiert, bis hin zu Faktoren, die unmittelbar wertschöpfendes Verhalten und Entscheidung abbilden. Wertmanagement ist nur dann wirkungsvoll, wenn es in dieser Form mit multiplen, Multi-Ebenen-Kenngrößen von der Organisation insgesamt getragen wird, und nicht ausschließlich von der Organisationsspitze her.

Wertmanagement als Integration der außen- und innengerichteten Wertorientierung stellt einen organisationsweiten, strukturierten Ansatz zur Operationalisierung (wertsteigernder) strategischer Ziele zur Verfügung. Ähnlich wie im Balanced-Scorecard-Ansatz werden Entwicklung und Operationalisierung der Strategie durch Ziele und Messgrößen als Ausgangspunkt eines ganzheitlichen Management-Prozesses verstanden.

---

[82] EVA ist ein eingetragenes Warenzeichen der Unternehmensberatung Stern Stewart & Co. – eine Tatsache, die prompt zur Verbreitung einer Vielzahl von EVA-Synonymen und leicht abgewandelten Messgrößen geführt hat, auf die es sich jedoch *nicht lohnt,* im Einzelnen einzugehen. Es soll hier – wie in guter Managementpraxis – nicht vorrangig um Berechnungsmethoden gehen. Die Methodik ist lediglich Mittel zum Zweck.

Die Neun Gestaltungsfelder für Beyond Budgeting oder „Better Management"

Die Stärke des Wertmanagements als Methode liegt darin, ein Bewusstsein und eine Kultur der Sensibilität für *Wertschöpfung* zu schaffen. Wertmanagement verbindet Strategie, Zieldefinition und Entscheidung mit der Wertschöpfung für Kapitalgeber. Hierin liegt auch seine Bedeutung im Managementmodell ohne fixe Leistungsverträge: Es ist hervorragend dafür geeignet, eine Schlüsselrolle hinsichtlich der in Budgets enthaltenen *Funktion der Ressourcensteuerung* zu übernehmen. Besser noch: es ist in der Lage, die herkömmliche planbasierte Ressourcen*allokation* durch eine Kultur des *flexiblen Ressourcenmanagements*, ausschließlich und konstant an realem Bedarf und Wertschöpfung orientiert zu ersetzen. Ansätze des Wertmanagements unterstützen Manager dabei, auf informierte Weise Entscheidungen zu treffen, die eine *Wertschöpfung über die Kapitalkosten* hinaus gewährleisten. Der „Unternehmenserfolg" erfährt durch das Wertmanagement eine neue Definition: Gewinn ist nach dem Paradigma des Wertmanagements das, was über eine marktübliche, das Risiko des Geschäfts berücksichtigende Rendite hinausgeht.

Diese Denkweise ist in Form von Discounted-Cashflow-Rechnungen schon seit Jahrzehnten bekannt, sie wurde jedoch vorrangig für größere Investitionsentscheidungen und nicht im Tagesgeschäft angewandt. Im Gegensatz zu Budgets geben Wertmanagement-Konzepte einen Anreiz, Geschäfte – statt als funktionale Organisationseinheiten – als Portfolio von Aktiva, Produkten und Kundensegmenten zu betrachten, und diesen auf der Basis von Wertschöpfungs-Potenzialen Ressourcen zuzuweisen oder zu entziehen. Das klingt zunächst einigermaßen abstrakt, erlaubt aber auf der Ebene von Geschäftseinheiten, die Bewertung von Rentabilitäten operativer und strategischer Entscheidungsalternativen um die Dimension der Kapitalkosten zu erweitern. Dies kann zu ganz anderen Ergebnissen führen als traditionelle Rentabilitätsrechnungen *ohne* Berücksichtigung des Kapitaleinsatzes. Analysen der Ergebniswirkung sind objektiver und Entscheidungen von Managern „informierter". Die Dezentralisierung der Entscheidung wird unterstützt durch die klaren Rahmenvorgaben zur Entscheidungsfindung mittels Wertmanagement-Kennzahlen. Eine weitere Stärke der Wertmanagement-Konzepte liegt in ihrer Eignung zur Unterstützung eines Hochleistungs-Klimas in der Organisation. Sie halten Mitarbeiter an, wie Investoren zu denken, und zur Wertsteigerung *informierte Risiken* einzugehen.

Heute ist eine deutliche Ernüchterung bezüglich der durchaus nützlichen Wertmanagement-Ansätze spürbar. Die nach wie vor minimale Verbreitung der Gesamt-Methodik und sogar der systematischen Messung von Wertschöpfung in Unternehmen mag auf den ersten Blick durchaus überraschen angesichts der weitreichenden Durchsetzung des Wertmanagement-Vokabulars und Gedankengutes in der Wirtschaft. Nach einer Erhebung der WHU im Jahr 2001 beispielsweise hatten lediglich 1% der Unternehmen wertorientierte Kennzahlensysteme im Einsatz und nur 6% der befragten Manager planten, Werttreibersysteme einzuführen. Einer Studie von Horváth & Partners zufolge (bei Unternehmen, die mit Balanced Scorecards arbeiten) ergab, dass 46% der Unternehmen, die wertorientierte Kennzahlen einführten, bei der Operationalisierung auf Schwierigkeiten stoßen. Außerdem verwendet nur jedes zweite Scorecard-Unternehmen überhaupt wertorientierte Kennzahlen. Es zeigt sich, dass der dauerhafte Einsatz von Wertmanagement in der Praxis mit einer Reihe von Herausforderungen verbunden ist, die gerade im Zusammenhang mit den Problemen der Budgetsteuerung neu bewertet werden müssen. Wenden wir uns zunächst den Technologien des Wertmanagements und ihren Grundannahmen zu.

Wertmanagement im Außenverhältnis (zur externen Kommunikation)

Das Feld der Konzepte des Wertmanagements wurde in der Öffentlichkeit zunächst dominiert vom Konzept des „Shareholder Value", später dann vom Indikator des ökonomischen Gewinns Economic Value Added (EVA), auf den es sich lohnt, an dieser Stelle nochmals etwas näher einzugehen. Das Prinzip des EVA ist zunächst relativ einfach: vom konventionellen Nettoergebnis nach Steuern (NOPAT) werden die Kapitalkosten subtrahiert – was übrig bleibt, ist EVA.[83] Es handelt sich nicht um einen Indikator, sondern um einen in Euro oder Dollar ausgedrückten Wert der *Wertschöpfung jenseits der Kapitalverzinsung*. Ein negativer EVA weist darauf hin, dass ein Unternehmen nicht das von Aktionären erwartete Ergebnis einbringt – das eingesetzte Kapital und das spezifische Risiko berücksichtigend – und zeigt insofern die „Zerstörung von Shareholder Value" im Betrachtungszeitraum an. Ein positiver EVA bedeutet Schaffung von Wert über die Minimalerwartungen der Kapitalgeber hinaus.

Die Berechnung des EVA verlangt vom konzeptionellen Standpunkt her nichts Neues, sie ist aber aus verschiedenen Gründen eine attraktive Technik:

---

[83] Ganz so einfach ist die Berechnung von EVA in der Anwendungspraxis dann aber doch nicht: Zusätzlich können eine Reihe von Korrekturen vorgenommen werden, von denen insgesamt 164 mögliche Varianten dokumentiert sind. Die Berechnung des Wertes erfolgt auf der Grundlage von Informationen des externen Rechnungswesens, mithin mittels in der Organisation bereits vorhandener und strukturierter Informationen, die zumindest auf Ebene der Gesamtorganisation als recht objektiv gelten können.

- Sie ist recht anschaulich, speziell zur Illustration strategischer Herausforderungen in klassischen Industrien und Unternehmen mit geringem Wachstum; der EVA dürfte sich u.a. deswegen als erfolgreiche Spitzenkennzahl erwiesen haben, weil das Ziel der *Wertschöpfung über die Verzinsung des gebundenen Kapitals hinaus* auch Laien vermittelbar und einleuchtend ist.[84] Insofern ist sie auch als interne Steuerungsgröße mit Einschränkungen gut verwendbar.

- EVA ist – unter Zuhilfenahme einiger vereinfachender Prämissen – relativ einfach zu berechnen, direkt vom EBIT ausgehend; sogar ein einzelnes Bezugsjahr beschreibt die Situation eines Unternehmens zumeist in aussagekräftiger Weise (anders als jahresindividuelle Cashflows).

- Sie zwingt Unternehmen und Kapitalmarkt, die Kapitalkosten in ihren Leistungs-Bewertungen mit zu berücksichtigen. Dies verhindert eine Überbewertung des Unternehmenswerts.

- Im Gegensatz zu früheren Verfahren der Shareholder Value-Analyse auf Basis *prognostizierter Zahlungsströme* lässt sich der EVA weniger beeinflussen und ist somit objektiver. Zugleich kann die Kennzahl für Planung, Steuerung und Kontrolle und für monetäre Anreizgestaltung verwendet werden.

EVA ist in mehrfacher Hinsicht eine hervorragende periodenbezogene Messgröße, da er keine Indexzahl verkörpert – ihm haftet insofern nicht das Problem der Zweideutigkeit durch wahlweise Manipulation von Zähler oder Nenner der Berechnungsformel an – doch ist er eine Fließ-Messgröße, und daher nicht *perfekt*. Auch darauf müssen wir, weil es für die Steuerung einer Organisation von höchster Bedeutung ist, kurz eingehen. Für den EVA wird letztlich der freie Cash Flow als jener Einzahlungsüberschuss definiert, der nach Abzug aller strategischen Auszahlungen (z.B. Investitionen, Projekten) übrig bleibt. Das ist aber unter strategisch-langfristigen Gesichtspunkten kontraproduktiv, weil die *Anstrengungen für die Entwicklung von Potenzialen* auf diese Weise als eine Größe erscheinen, die den anvisierten Erfolg (den freien Cashflow) schmälert. Bei der Nutzung des ökonomischen Gewinns als Mess-

---

[84] Die Debatte um die genaue Ermittlung von Unternehmens- oder Geschäftsbereichs-spezifischen Kapitalkosten ist Zeitverschwendung. Statt der theoretischen Diskussion um Dezimalstellen und Berechnungsverfahren sollte zunächst eine einheitliche, einfach ermittelte Rate benutzt und deren Anwendung auf Prozesse, Produkte und Kunden praktiziert werden. Die so gewonnenen Erkenntnisse können später zur Erarbeitung genauerer Raten genutzt werden.

größe der Leistung von Periode zu Periode müssen wir entsprechend stets überlegen, wie Manager dahingehend motiviert werden können auch diejenigen wertschöpfenden Entscheidungen zu treffen, die zwar in den ersten Jahren negative ökonomische Ergebnisse bringen, dafür aber in späteren Perioden hohe positive Gewinne erwirtschaften werden. Idealerweise wünschen wir uns eine Maßzahl des vollen Wertgewinns über die gesamte Lebenszeit einer Investition. Jedoch gibt es keinen einfachen mechanischen Weg, dies zu messen. Er muss geschätzt und übeprüft werden im Vergleich zur Wertentwicklung über den Betrachtungszeitraum hinweg.

Wertmanagement im Innenverhältnis (zur internen Steuerung)

Die Verwendung von EVA als *Steuerungsgröße* zur Verwendung im Innenverhältnis eines Unternehmens ist auch in praktischer Hinsicht nicht ganz unkompliziert. Die Schwierigkeiten werden offensichtlich, wenn wir versuchen, diese Maßzahl nicht nur auf der Ebene des Gesamtunternehmens oder separat bilanzierender Geschäftsbereiche einzusetzen, sondern zusätzlich noch für weitere Organisationseinheiten wie Bereiche und Profit-Center. Die Zurechnung von Leistungen/Erlösen, Kosten und Kapital erweist sich leicht als anspruchsvoll. Hierfür müssen in den meisten Organisationen erst Verfahren zur Verteilung und Verrechnung entwickelt werden. Die Prozesskostenrechnung (Activity-based Costing) kann dies leisten, einfachere Verfahren jedoch können zu gravierenden Verfälschungen der Ergebnisse führen. Damit Kostenrechnungsinformationen wie eine um Kapitalkosten ergänzte Deckungsbeitragsrechnung Aussagekraft haben können, sind *prozessbezogene* Verrechnungsverfahren unabdingbar. Den Ressourcen werden mit der Prozesskostenrechnung Kapitalkosten zugerechnet und mittels Aktivitäten auf Produkte (oder z.B. Aufträge, Kunden) zugerechnet. Neben der Prozesskostenrechnung als Methodik ist hierfür eine gewisse informationstechnische Unterstützung erforderlich. Dies vor allem, um Alternativen der Verteilung prozessorientiert zu simulieren und zu modellieren und auf diese Weise adäquate, auf der *Kostenverursachung* beruhende Zuordnungen von Kapitalkosten erarbeiten zu können. Erst ein derartig konsequenter Methodeneinsatz erlaubt einer Organisation überhaupt, wertorientierte und im Tagesgeschäft sinnvoll anwendbare und aussagekräftige Informationen zu generieren.

Die Frage, inwieweit es unter Steuerungsgesichtspunkten sinnvoll und vom Aufwand her angemessen ist, den EVA auf alle Bereiche und Teams anzuwenden – mithin Kapital und Erträge der nicht-unabhängigen Einheiten zuzurechnen, lässt sich nicht pauschal beantworten. Tendenziell hat der EVA aber genau hier seine natürlichen Grenzen: er eignet sich vorrangig in kapitalintensiven Branchen zur Verwendung auf allen Ebenen einer Organisation. Steuerungskonzepte wie die Balanced Scorecard umgehen das Problem der Zurechnung durch die stärkere Verwendung qualitativer und nicht-monetärer Größen auf der Ebene nicht autonom arbeitender Cost oder Profit Center. Ein ähnlicher Weg wird mit der Erarbeitung von Werttreiberhierarchien beschritten.

Wertmanagement erfolgreich einsetzen

- *Wertmessungs-Fokussierung überwinden.* Überbetonung des Wert-*Reporting* zuungunsten des Wert*managements* verschenkt das Wandlungspotenzial des Ansatzes – die Initiative versandet.

- Operationalisierung und Konkretisierung der bekannten Spitzenkennziffern (EVA, SHV u.a.) sind notwendig, nicht optional. Unternehmenswert wird durch strategisches Handeln innerhalb von Geschäftsbereichen und marktnahen Einheiten geschaffen, nicht in Unternehmenszentralen!

- *Einen strukturierten Ansatz* zur Ermittlung und Priorisierung von Werttreibern verwenden: via Werttreiber-Hierarchien oder Scorecarding („Strategy Maps") – dabei sind Ursache-Wirkungs-Beziehungen zu berücksichtigen!

- *Kommunikationsstrategien* zur Einbindung aller Mitarbeiter entwickeln.

- *Integration des Wertmanagements* in bestehende Management-Systeme: Integration in Scorecarding und Reporting können die Akzeptanz des Konzeptes erhöhen.

- *Anpassung der existierenden Management- und Controlling-Prozesse:* Reporting, Leistungsbewertung und Vergütung dürfen nicht im Konflikt mit wertorientierten Kennziffern oder Werttreibern stehen.

- *Fundierung durch Prozesskostenrechnung (ABC)* ist notwendig, um Widerspruch mit traditionellem Rechnungswesen zu überwinden (Prozessvision im Wertmanagement versus Abteilungs- und Hierarchievision; periodenübergreifende Wertschöpfung versus Periodenbezug); Einsatz von ABC, um z.B. faktenbasierte produkt-, vertriebskanal- und kundenbezogene Wertschöpfungsinformationen zu gewinnen.

In der Praxis zeigt sich heute deutlich eine gewisse Ernüchterung in Bezug auf wertorientiertes Management, und es findet eine offene Debatte über den generellen Nutzen der Methode statt. Einer der Hintergründe ist, dass es trotz signifikanter Investitionen in Training und Kommunikation nur wenigen Unternehmen gelungen ist, die Verbindung zwischen den wertorientierten Spitzenkennziffern und den operationalen Entscheidungen und dem Tagesgeschäft von Managern und Teams herzustellen. Dies ist nicht weiter erstaunlich, wenn man zweierlei bedenkt:

Erstens: Die weiterhin dominierende Praxis von Leistungsbewertung und Vergütung trägt zur Abkopplung der wertorientierten Indikatoren vom tatsächlichen Handeln bei. In der Praxis der Budgetsteuerung dominieren die fixierten Leistungsverträge aus Plänen und Budgets über die nachhaltigere Wertorientierung. Bemessungsgrundlagen für Vergütung anhand fixierter Leistungsverträge können im krassem Gegensatz zu Indikatoren des Wertmanagements stehen:

- Spitzenmanager und Linienmanager werden anhand von Budgetzielen (Kostenniveaus, jahresbezogenen Ergebniskennzahlen usw.) belohnt.
- Vertriebsmitarbeiter werden immer noch anhand von Bruttoerlösen vergütet, anstelle von operativen Margen oder Return on Investment der von ihnen verkauften Produkte oder Leistungen.
- Einkäufer werden anhand von Preisindikatoren vergütet (losgelöst von Qualitätsaspekten).

Auch fixierte Leistungsverträge zur Vergütungsbemessung auf der Grundlage nicht-finanzieller Indikatoren bieten keine Lösung:

- Qualitätskennziffern werden in vielen Unternehmen ohne Rücksicht auf deren Kostenwirkung oder den resultierenden Investitionsbedarf verwendet.
- Der Indikator Kundenzufriedenheit kommt zunehmend als Vergütungsbasis zum Einsatz – seine Verwendung ist aber selbst mit erheblichen Risiken und möglichen dysfunktionalen Effekten verbunden.

Manager und Mitarbeiter haben also oftmals konkrete Anreize, *wertvernichtend* zu handeln. Solange die Kluft zwischen Indikatoren der Vergütung und wertorientierten Leistungsmessung fortbesteht, besteht wenig Hoffnung auf konsistente Maximierung der Wertschöpfung und konsequente Nutzung von Wertmanagement im Tagesgeschäft.

Zweitens: Wertmanagement-Spitzenindikatoren sind, wie erläutert, für eine Organisation als Ganzes oder ihre Geschäftsbereiche gedacht. Sie erlauben – ohne entsprechenden Methodeneinsatz – wenig Einsicht dahingehend, wie und wo innerhalb der Geschäftsbereiche, aus denen eine Firma besteht, tatsächlich Wert generiert wurde, und wo nicht. Aus diesem Grunde können die Spitzenindikatoren zumindest nicht unmittelbar für Entscheidungen genutzt werden. Zwischen den oft nachlaufenden finanziellen Spitzenindikatoren wie EVA und den vorlaufenden operationalen, aktivitäts- oder prozessbezogenen Indikatoren und Steuerungsinformationen für Linienmanager und Teams muss eine Brücke geschlagen werden. Werttreiber-Hierarchien, Strategy-Maps aus dem Scorecarding und die Prozesskostenrechnung sind hierfür die geeigneten Instrumente. Zugleich muss auf fixierte Leistungsverträge verzichtet werden.

An dieser Stelle soll auf das Konzept der Werttreiber-Hierarchien (oder Werttreiber-Bäume) etwas näher eingegangen werden, bei dem es sich um ein originäres Prinzip des Wertmanagements handelt.[85] Werttreiber sind der Definition des Wertmanagements nach all jene Variablen, die den Wert des Unternehmens beeinflussen. Werttreiber können dabei aus dem finanziellen Geschäftsmodell abgeleitet werden oder vergleichbar den Perspektiven der Balanced Scorecard aus Kunden-, Prozess- und Mitarbeiterperspektiven der Geschäftstätigkeit. In Wertmanagement-Konzepten werden *operative Werttreiber-Hierarchien* als Instrument zur Umsetzung der Strategie des Unternehmens verwendet. Diese Hierarchien haben ihren Ausgangspunkt in einem Cashflow-Modell, das über mehrere Hierarchie-Stufen in finanzielle und operative Werttreiber oder wertbestimmende Faktoren, und damit in operationalisierbare und somit steuerungsfähige Indikatoren übersetzt wird. Ein illustrierendes Beispiel für ein solches Werttreiber-System ist in Abb. 44 dargestellt. Die Abbildung zeigt, wie – klassischen Kennzahlensystemen wie dem Du Pont-Ansatz vergleichbar – der freie Cashflow zunächst in finanzielle Vorgrößen zerlegt wird. Nach einigen Hierarchie-Niveaus gelangen wir jedoch (im Gegensatz zum Du-Pont-Modell) zu nicht-finanziellen Größen und schließlich zu konkret beeinflussbaren operativen Größen. Die so strukturierten Werttreibersysteme sollen aufzeigen, welche Faktoren die größte Wirkung zur Wertsteigerung haben. Gleichzeitig muss die Verantwortung zur aktiven Beeinflussung der jeweiligen operativen Werttreiber bestimmten Mitarbeitern und Teams zugeordnet werden.

---

[85] Strategy Maps und Prozesskostenrechnung finden in gesonderten Kapiteln Beachtung – siehe hierzu die Abschnitte zu den Beyond-Budgeting-Gestaltungsfeldern 2 und 6.

Wert- und potenzialorientiertes Management für nachhaltigen Erfolg

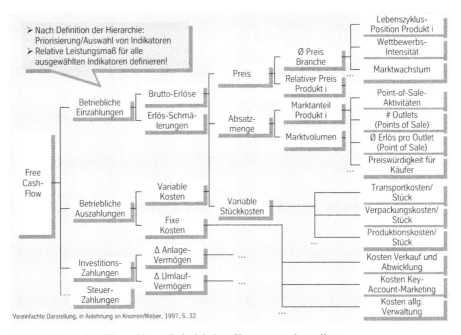

Abb. 44: Werttreiber-Hierarchie am Beispiel eines Konsumgüterherstellers

Werttreiber-Hierarchien lassen sich umgekehrt zur Integration von Kennziffern in die Perspektiven einer Balanced Scorecard nutzen. Werttreiberbäume führen aufgrund ihrer hierarchischen Geschlossenheit fast automatisch zu ähnlichen Ursache-Wirkungs-Zusammenhängen, wie sie in Scorecard-„Strategy Maps" erarbeitet werden. Durch die Priorisierung von Kennziffern aus den Hierarchien lassen sich Scorecards, Tableaux du Bord oder Management-Cockpits mit auszuwählenden Leistungsindikatoren füllen.

Wichtig an den ausgewählten Werttreiber-Indikatoren ist, dass sie alle eine wichtige Wirkung auf die Wertschöpfung haben, häufig (z.B. monatlich) messbar und eindeutig dem Verantwortungsbereich des Linienmanagements zuzuordnen sind. Damit die aus einer Werttreiber-Hierarchie destillierten Kennzahlensysteme zur Leistungsmessung der Forderung des Beyond-Budgeting-Modells nach *relativen Leistungsverträgen* genügen können, müssen für die resultierenden Indikatorensysteme im Anschluss Leistungsmaßstäbe gefunden werden, die Ziele relativ zu Wettbewerber- oder Marktleistung oder anspruchsvolle Stretch-Leistung verkörpern (siehe hierzu im Detail Abschnitt 4.4).

Wertmanagement sollte also verstanden werden als Kombination eines von der Spitze der Organisation ausgehenden Wertschöpfungs-Denkens, mit den Managementprozessen und -systemen in der gesamten Organisation, die nötig sind, um dieses Denken in Maßnahmen und Entscheidungen umzusetzen. Nur gemeinsam haben die beiden Komponenten substanzielle Wirkung.

Rolle und Anwendung von Wertmanagement in der Beyond-Budgeting-Organisation

- Ein Unternehmen muss konsistent Wert generieren. Dies ist das wichtigste Ziel, und eine Spitzenkennzahl für Gesamtorganisation und Geschäftseinheiten sollte genau dies zeigen. Eine wertorientierte Spitzenkennzahl wie EVA ist (fast) ideal.
- *Gut: EVA als absoluten Wertschöpfungsindikator* verwenden. Besser: *Relative Wertschöpfung gegenüber Markt und Wettbewerbern* messen!
- Wertorientierte Spitzenkennziffern sind die *relevanteste* Grundlage für Vergütungssysteme – ob für Top-Management, alle Manager oder auf alle Mitarbeiter bezogen. Weil sie dazu anregen, intern wie ein Investor zu denken – oder dies zumindest nicht verhindern. Variable Vergütung sollte *zumindest teilweise* auf diesem ultimativen Ziel (Wertschöpfung der Organisation als Ganzem und/oder der Geschäftseinheit) basieren.
- EVA als korporativen Indikator zu benutzen, ist *das Notwendigste*. Ihn für Divisionen zu nutzen sollte *Standard* sein. Ihn auf Profit-Center oder Bereichsebene zu verwenden wird aber leicht zur bürokratischen Fleißaufgabe: auf weiteren Ebenen der Organisation gebietet es stattdessen die Praktikabilität, (finanzielle) Kennzahlen zu wählen, die *unmittelbar und mittelbar die Wertschöpfung* beeinflussen (z.B. Kosten/Umsatz).
- Wertmanagement soll die empowerte und dezentralisierte Organisation fördern und unterstützen. Sie darf nicht für fixierte Leistungsverträge oder zentrale Kontrolle instrumentalisiert werden.

4.3.2 Ansätze zum integrierten Strategie- und Wertmanagement im Beyond Budgeting

Wertmanagement steht in mehrfacher Weise im Konflikt mit der Budgetierung: Werttreiber-Hierarchien erlauben eine alternative, *prozessorientierte* Strukturierung der Informationen hinsichtlich Kostenentstehungs- und Wertschöpfungszusammenhängen. Nur wenige Unternehmen sind aber so weit gegangen, diese Prozess-Sicht in ihre Rechnungswesen-Systeme zu integrieren. Es dominiert weiterhin die traditionelle Machtstruktur der Organisation und der vertikale Budgetierungsprozess sowie die streng an der Organisationshierarchie angelehnte Strukturierung des Informationssystems. Damit wird die konsistente Denkweise in Wertmanagement-Zusammenhängen zumindest behindert. Ein weiteres Problem ist der Periodenbezug der Budgetierung. Wertmanagement geht aus von der Berechnung des Netto-Gegenwarts-Wertes zukünftiger Zahlungsströme (Cashflows) – ist also per se periodenübergreifend. Budgets jedoch zwingen Manager zur Fokussierung auf Quartals- oder Jahresergebnisse.

Für Unternehmen, die nachhaltigen Erfolg im Wettbewerb anstreben, eignen sich Wertmanagement-Ziele zunächst zur Formulierung *globaler Orientierungspunkte in Form mittelfristiger Geschäftseinheits-Ziele*. Auch die Verwendung der Kennzahlen als Grundlage für monetäre Anreizsysteme kann in den meisten Fällen sinnvoll sein – vorausgesetzt, dass diese Wertschöpfung relativ zu derjenigen anderer Unternehmen der gleichen Branche oder zu umfassenden Marktindikatoren gemessen wird. Es kommt darauf an, mehr Wert als der Wettbewerb oder der Markt zu erwirtschaften, nicht um die absolute Wertschöpfung an sich.

Die Generierung von Wertschöpfungs-Informationen mittels Prozesskostenrechnung und -management (ABC/M) macht Entscheidern aller Ebenen einer Organisation ein zusätzliches, weitreichendes Instrumentarium zur Fundierung wertschöpfungsbezogenen Handelns zugänglich. Nur mit Hilfe von ABC/M und den darauf basierenden Kostenverrechnungen können Rentabilitätsanalysen aller wichtigen Kostenobjekte (z.B. Kunden, Regionen, Absatzkanäle, Produktgruppen) einschließlich aufwandsgerechter Berücksichtigung der Kapitalkosten durchgeführt werden (siehe Abschnitt 4.6).

Die Gefahr des Wertmanagement-Einsatzes liegt im Missbrauch der Informationen und Indikatoren zur rigiden Top-down-Kontrolle. Zwar wird die Methode i.d.R. zumindest verbal als Mittel zum Empowerment kommuniziert. Wertmanagement-Ziele können in den Händen zentralistisch agierender Controller und Manager aber auch zu einer weiteren Form fixierter Leistungsverträge geraten. Sie werden dann leicht zu einer Waffe, mit deren Hilfe Linienmanagern unter Umständen unmöglich erreichbare Ziele abverlangt werden. Unter dem Deckmantel von Empowerment kann Wertmanagement leicht zu einem rigiden Instrument für die Festlegung fixierter Leistungsverträge geraten („Führe deine Division selbstständig – aber verdopple den Shareholder Value in 4 Jahren, oder du bekommst Probleme"). Die Gefahr liegt in der Formulierung *absoluter Ziele,* ohne wirkliches Verständnis von Chancen und Risiken des Geschäfts, und in der Androhung von Bestrafung bei Nichterreichung (durch direkte Anbindung an Boni und monetäre Anreize).

Der wichtigste Beitrag des Wertmanagements zur Unternehmenssteuerung liegt demgegenüber darin, dass es eine empowerte und dezentralisierte Organisation unterstützt, in der Geschäftseinheiten und Divisionen in der Lage sind ihre Ressourcen eigenständig zu steuern, und rasch auf Änderungen im Geschäftsumfeld zu reagieren. Durch die Einbeziehung der Kapitalkosten in wichtige Entscheidungen werden dezentrale Manager in die Lage versetzt, den Wertschöpfungsbeitrag ihres Verantwortungsbereichs voll zu verstehen und so zu handeln, als wäre er ein eigenständiges Unternehmen.

> **Gestaltungsgrundsätze für das Wertmanagement im Beyond-Budgeting-Modell:**
>
> *Zweck:* verbindet Strategie, Zieldefinition, Entscheidung und Handeln von Managern mit den Erwartungen und Interessen von Märkten und Investoren.
>
> - *Minimalanwendung:* wertorientierte, funktionsübergreifende Mittelfristziele für die oberen Ebenen einer Organisation (für Geschäftsbereiche, Gesamtorganisation und rechtlich eigenständige Einheiten).
> - *Wertorientiertes internes Reporting* muss Informationen für wertorientierte Entscheidungen auf allen Ebenen liefern.
> - *Wertmanagement-Ziele* müssen relativ formuliert sein.
> - *Eignung als Grundlage von variabler Vergütung* – jedoch unter der Voraussetzung der Messung relativ zu Branchen-Wettbewerb oder gegenüber Marktindikatoren.

- Wertmanagement kann eine Rolle spielen zur *Dezentralisierung* von Strategieentwicklung und Entscheidung: es setzt einheitliche wertbasierte Entscheidungsmaßstäbe.
- *Schafft Wettbewerbsklima und Leistungsmotivation* (internes Unternehmertum); schafft Anreiz, informierte Risiken einzugehen.
- *Das Prinzip der Einfachheit beherzigen:* strikte Führungsfunktion, keine Bürokratie!
- Trennung anderer, konkurrierender Tools von der Zielmananagement-Funktion, damit *Zielkonflikte und Orientierungsprobleme* zwischen Ansätzen zur Zieldefinition vermieden werden.

Das Wertmanagement stellt in dieser Form ein *alternatives* Konzept zur strategischen Steuerung mittels Scorecarding dar, innerhalb dessen durch die Erarbeitung von Ursache-Wirkungs-Zusammenhängen im Ergebnis recht ähnliche Kennzahlenhierarchien zustande kommen. Mit beiden Verfahren wird versucht, Ziele aus der strategischen Planung in operativ steuerbare Größen – monetär und nicht-monetär Art – zu übersetzen. Beide Konzepte födern die Ausrichtung der strategischen Planung und Zieldefinitionen auf letztlich monetäre Oberziele. Dabei ist der Balanced-Scorecard-Ansatz hinsichtlich der Art dieser Oberziele offener: Es kann sich hier um eine unternehmenswertorientierte Größe wie EVA, Economic Profit oder Free Cashflow handeln, aber auch um eine traditionellere Größe wie ROCE (Return on Capital Employed) oder ROI (Return on Investment).

Unterschiede der beiden Methoden liegen in der praktischen Anwendung als Steuerungsprozess und in der Methodik der Herleitung von Indikatorensystemen. Im Gegensatz zum Wertmanagement macht die Balanced Scorecard unmittelbar deutlich, inwiefern nicht-finanzielle Einflussfaktoren zum Geschäftserfolg beitragen. Dafür verlangt die nicht-lineare, systemische Herangehensweise der Balanced Scorecard jedoch eine nicht-mathematische und gewissermaßen „intuitive" Herleitung von Ursache-Wirkungs-Zusammenhängen. Die Beziehung zwischen Kundenzufriedenheit und Umsatz etwa entzieht sich weitgehend statistisch-mathematischen Zusammenhängen und setzt eine gewisse Bereitschaft zur Abstraktion voraus. Die Ableitung strategischer Werttreiber-Hierarchien im Wertmanagement ist hingegen zumindest konzeptionell ein kohärenter und eher rigider Prozess. Hierarchien sollen streng deduktiv „abgearbeitet" werden. Dennoch stößt auch dieses Verfahren „logischer" Kennzahlenbäume an Grenzen, nämlich dort, wo die Darstellung betrieblicher Zusammenhänge mittels Kennzahlen zwangsläufig mit subjektiven Einschätzungen, Annahmen und Abwägungen verbunden ist. Wenn Wertmanagement-Indikatoren bis auf operative Kennziffern heruntergaskadiert werden, dann sind wie im Scorecarding an vielen Stellen abstrakte Annahmen unumgänglich. Das Konzept ist also nicht wirklich objektiver als die gleichsam *vorsätzlich intuitiven* Wirkungszusammenhänge, die hinter den ausgewählten Kennzahlen-Sets von Scorecards liegen (oder die das „Haus der Balanced Scorecard" im Scorecarding bei Friedag/Schmidt bewohnen).[86]

Bei beiden Ansätzen – Wertmanagement wie Scorecarding – ist es wichtig, sich nicht von der scheinbaren Geschlossenheit und Eleganz der resultierenden Kennzahlensysteme blenden zu lassen, sondern diese ausschließlich als lebendige Arbeitshypothesen zu betrachten, die kontrolliert, im täglichen Handeln stets aufs Neue interpretiert und wie die Strategien bei Bedarf überarbeitet werden müssen. Diese Distanz zur einmal erstellten Kennzahlenhierarchie zu bewahren, ist vermutlich beim Scorecarding leichter möglich, weil hier weniger mathematische Genauigkeit suggeriert wird. Beide Konzepte erfordern auch eine Priorisierung und Auswahl von Kennzahlen, um Berichtswesen und Manager nicht mit einer zu großen Anzahl von Steuerungsgrößen zu überlasten.

Aus Sicht eines Beyond-Budgeting-Modells sind beide Verfahren geeignet, strategische Steuerung zu operationalisieren. Der Umsetzungserfolg hängt von Unternehmen und der Art der Implementierung ab, weniger von den konzeptionellen Unterschieden. Dennoch soll hier eine vergleichende Bewertung der Konzepte versucht werden: In der Praxis eines langfristig eingesetzten Steuerungssystems spielen Involvement und Identifikation aller Akteure der Organisation eine herausragende Rolle – als vorteilhaft erweisen sich oft Konzepte, die in Herz und Hirn von Top-Management und allen Mitarbeitern Akzeptanz finden. Das Scorecarding dürfte in diesem Punkt einige Vorzüge haben. Scorecards sind durch die Einteilung der Kennziffern in vier Perspektiven intuitiv eingängiger und gleichzeitig auf dem Wege, ein populärer Stan-

---

[86] Friedag/Schmidt schlagen in ihrem abgewandelten Scorecard-Konzept anstelle der Strategie-„Maps" mit ihren Ursache-Wirkungs-Zusammenhängen die Verwendung von Strategie-„Matrizen" vor (siehe zum Scorecard-Konzept nach Friedag/Schmidt die bei Haufe erschienenen Bücher „Balanced Scorecard", „My Balanced Scorecard" und „Balanced Scorecard at work" (2000, 2001 und 2003).

dard in den Köpfen von Managern zu werden. Dagegen sind konzeptionelles Verständnis und Anerkennung des Wertmanagements in der deutschen Anwendungspraxis nicht so weit fortgeschritten – es stößt sogar vielfach wegen des bis heute nicht ausgeräumten Verdachts der „Kapitalgeber-Freundlichkeit" aus den Anfangstagen der Shareholder-Value-Bewegung auf Ablehnung. Dem oft als isolierte Messgröße verwendeten EVA haftet in Organisationen mitunter nicht ganz zu Unrecht auch der Verdacht an, dass es sich um einen Management-Trick und letztlich um ein den Top-Managern dienliches Instrument handeln könnte. Die Wertmanagement-Anwendung ist nicht weit genug verbreitet und ausreichend vertieft, um mit diesem Vorurteil aufzuräumen. Dies dürfte tendenziell die Durchsetzung und Akzeptanzsicherung der Verwendung von eigenständigen Werttreiber-Hierarchien mit Wurzeln in den Wertmanagement-Indikatoren auch in der Zukunft erschweren.

Die Einbeziehung von *Wertmanagement-Indikatoren in die Scorecard* (oder allgemeiner: den strategischen Steuerungsprozess) bietet sich damit als ein fast schon offensichtlicher Lösungsansatz zur Integration des Wertmanagement-Gedankens in die Unternehmenssteuerung in Verbindung mit dem Scorecarding an. Verschiedene Unternehmen haben diesen Weg bereits beschritten. EVA und wertorientierte Indikatoren sind hervorragend geeignet, um als Spitzenkennziffern in der finanziellen Perspektive der Scorecard Verwendung zu finden. Auch der Wertschöpfungs-Gedanke fügt sich sehr gut in die Scorecard-Philosophie ein. Das Scorecarding wird auf diese Weise zu einem die Wertmanagement-Prinzipien integrierenden Gestaltungsrahmen.

> **Warum das Wertmanagement-Konzept ins Scorecarding integriert werden sollte**
>
> - Der Wertmanagement-Gedanke sollte stets *in bestehende Management-Systeme und -Prozesse integriert* werden. „Stand-alone"-Wertmanagement-Systeme haben sich bislang als wenig erfolgreich erwiesen.
> - Spitzenkennzahlen des wertorientierten Managements lassen sich leicht in die finanzielle Perspektive von Scorecards integrieren.
> - Die Methode des Scorecard-Erarbeitungsprozesses ist heute stärker diffundiert, strukturiert und von Linienmanagern und Teams besser umsetzbar als die abstraktere Erstellungsmethodik für Werttreiber-Hierarchien, die stärker dem traditionellen Rechnungswesen verhaftet ist. Beide zielen aber gleichermaßen auf Ermittlung und Priorisierung von Zielen/Indikatoren oder Werttreibern ab.
> - *Scorecards sind für das Reporting intuitiver* als Werttreiber-Indikatorensysteme und gerade kundennahen und dezentralen Teams leichter kommunizierbar.
> - Gemeinsam ergeben Wertmanagement-Indikatoren und Scorecarding ein *robustes strategisches Management-Konzept* mit dem Potenzial, nachhaltigen Wandel zu realisieren.

4.3.3 Management von Intangible Assets und Potenzialen

Das Themenfeld „Bewertung und Management von Intangible Assets" verspricht einer der bedeutendsten Bereiche der betriebswirtschaftlichen Entwicklung in den nächsten Jahren zu werden. Die rein finanzorientierte und rein rechnungswesenbezogene Sichtweise des Unternehmensgeschehens in der traditionellen Budgetsteuerung verstellt den Blick auf Wertveränderungen im Bereich intellektueller oder immaterieller Produktivfaktoren, die heute schätzungsweise 50–90% des Marktwertes vieler Unternehmen ausmachen, und deren Bedeutung damit bereits tendenziell gegenüber den traditionellen Produktivfaktoren Finanzkapital und Arbeit dominiert. Tatsache ist: Unternehmen werden an der Börse bis zu 70% über „buchhalterischen Erwartungen" bewertet – mithin auf Basis intangibler Wertfaktoren. Viele wissensbasierte Unternehmen verfügen über fast keine „klassischen" Aktiva mehr.

Klassische Rechnungsweseninformationen sind aber keineswegs geeignet, diese Wertpotenziale abzubilden. Die „neuen" Produktivfaktoren werden in herkömmlichen Steuerungs- und Rechnungslegungsssytemen sogar sträflich vernachlässigt. Wenn Organisationen sich der Managementaufgabe der Steuerung der intangiblen Potenziale stellen wollen, benötigen sie andere Informationen und ein geeignetes ergänzendes Instrumentarium. Andernfalls laufen sie Gefahr, falsche Investitionsentscheidungen zu treffen, Wachstumschancen zu verpassen und strategische Risiken zu verkennen.

Die Bedeutungszunahme immaterieller Wertpotenziale ist sicherlich eine der Triebfedern hinter den Management-Techniken und Konzepten der letzten Jahrzehnte. Der latente Bedarf der Praxis führte in den 90er Jahren schließlich zur Entwicklung erster Grundlagen zum Intangible Assets Management – in voneinander unabhängigen Bemühungen in den USA und in Europa.[87] Intangible Asset Management lenkt die Aufmerksamkeit von Managern und Investoren auf die Tatsache, dass sich die Basis der Wertschöpfung von Unternehmen von den traditionellen Produktivfaktoren wie Finanzkapital, Produktionsanlagen und manueller Arbeit hin zu immateriellen Produktivfaktoren, den so genannten Intangible Assets, hin verschoben hat.

In einer Reihe von Branchen kann von einer fast ausschließlich auf Wissen und intellektuellem Kapital basierten Wertschöpfung gesprochen werden. Dazu gehören die Branchen Software, Medien und Pharma, allgemein Dienstleistung und Beratung, aber etwa auch dienstleistungsintensive Industrien und Projektgeschäft. Zunehmend werden auch in der Fertigungsindustrie wissensintensive Entwicklungs- und Designprozesse für neue Produkte oder moderne Fertigungs- und Supply-Chain-Prozesse, Kundenbeziehungs- und Serviceprozesse erfolgsbestimmend für den Unternehmenserfolg. Für Organisationen in all diesen Branchen besteht ein zusätzlicher, frappierender Anreiz zum Verzicht auf die Budgetsteuerung – die an jeder Form intellektuellen Kapitals „vorbeisteuert". Auf immaterielles Kapital bezogene Leistungskennziffern können nämlich in Budgets und finanziellem Rechnungswesen prinzipiell nicht dargestellt werden.

---

[87] Zu den Pionierleistungen in diesem Bereich gehören die Arbeiten von Stewart (1997), Sveiby (1997) und Lev (2001) sowie die Ergebnisse der Anwendung im Reporting bei Skandia in Schweden (Edvinsson/Malone 1997). Eine Theorie zur Messung immaterieller Produktivfaktoren wurde von einer schwedischen Arbeitsgruppe bereits 1987 entwickelt und in schwedischer Sprache publiziert. Der Ansatz wurde seitdem in Skandinavien vielfach umgesetzt: 1995 praktizierten allein mehr als 40 schwedische Firmen diese Prinzipien zur Messung und zum Reporting von „Intangible Assets".

Drei Gruppen von immateriellen Produktivfaktoren – den Intangible Assets – können unterschieden werden:

- *Humankapital oder „Kompetenzen":* Erfahrung, Wissen, Fähigkeiten und Fertigkeiten („Talent") von Mitarbeitern;
- *Strukturelles oder „internes" Kapital:* Patente, Markenrechte, Copyrights, in Datenbanken und Kundenbeziehungen gespeichertes Wissen und Kompetenz der Organisation; Informations-Infrastruktur, Innovationskraft und Kompetenz, Produktentwicklungen in der Foschungs- und Entwicklungs-Pipeline, Qualität der Geschäftsprozesse;
- *Marktbezogenes oder „externes" Kapital:* Rentabilität und Loyalität von Kunden, Geschäftsbeziehungen zu Marktpartnern, Markenwert und Bekanntheitsgrad, Lizenzen und Franchises.

Den neuen Erfolgspotenzialen und Anforderungen stehen in der Praxis oft traditionelle, durch die alten Wertschöpfungsparadigmen geprägte Management- und Controllinginstrumente gegenüber. Zur Lösung dieses Problems wird die Weiterentwicklung und Anpassung der Instrumente zur internen und externen Berichterstattung und Rechnungslegung gefordert. Intangible Assets sollen – genau wie die klassischen Produktivfaktoren – einem bewussten Management zugänglich gemacht werden. Wenn es gelingt, diese Prozesse und Werte – letztlich die entscheidenden Wertschöpfungspotenziale vieler Unternehmen – zu messen, können wir sie auch bewusst steuern und zielgerichtet erhöhen. Damit kommen wir zum Zusammenhang zwischen Intangible Assets Management und Beyond Budgeting: es geht darum, in den Steuerungsprozessen zu berücksichtigen, wie eine von wissensbasierten Produktivfaktoren getragene Organisation künftig gestärkt werden kann. Beyond Budgeting unterstützt, anders als die traditionelle Budgetsteuerung, die Schaffung und den Ausbau immaterieller Produktivfaktoren. Es erlaubt die Ausrichtung des Managements auf zukunftsorientierte, auch langfristig relevante Leistungs- und Erfolgspotenziale.

Zur Messung intellektuellen Kapitals wurden bis heute verschiedene Instrumente entwickelt. Der Skandia Navigator, der Intangible Assets Monitor und der Intellectual Capital (IC) sind Beispiele hierfür. Ein typisches, unter Berücksichtigung immaterieller Produktivfaktoren entwickeltes Instrument zur Leistungsmessung ist der *Intangible Assets Monitor* – ein ähnlich machtvolles und vergleichbar strukturiertes Konzept zur strategischen Steuerung wie die Balanced Scorecard. Das Instrument betont die Bedeutung komplementärer, nicht-finanzieller Indikatoren in Ergänzung zu finanziellen Kennziffern. Vergleichbar den Scorecards, werden die nicht-finanziellen Steuerungsbereiche in verschiedene Kennzahlen-Dimensionen eingeordnet – beim Intangible Assets Monitor sind dies die Externe Struktur (vergleichbar mit der Kundenperspektive der Scorecard), die Interne Struktur (entspricht der Internen Prozessperspektive) und die Mitarbeiterkompetenz (Lern- und Wachstumsperspektive). Beide Instrumente haben die Anbindung der Kennziffern an die Strategie und die Verankerung des Wandels in der Organisation durch Leistungsmessung zum Ziel. Ein Prozess von Lernen und Dialog soll diese Leistungsverbesserungen nachhaltig tragen (siehe die Gegenüberstellung einiger unterschiedlicher Ansätze in Abb. 45).

Einige Intangible Assets-Indikatorensysteme zeigen – insofern den herkömmlichen finanziellen Bilanzen ähnlich – eine Momentaufnahme des Bestandes an immateriellen Produktivfaktoren. Durch regelmäßige Messung und bewusstes Management der Potenziale soll ein Ausbau der immateriellen Produktivfaktoren zwischen einzelnen Zeitpunkten erreicht werden. Eine Scorecard stellt hingegen gleichermaßen zeitraumbezogene Fließgrößen dar (vergleichbar mit einer Gewinn- und Verlustrechnung). Es handelt sich sichtbar um Techniken, die sich nicht gegenseitig ausschließen, sondern ergänzen.

Trotz der Verwandtschaft der Strukturen ihrer Kennzahlensysteme weisen die dahinter liegenden gedanklichen Ansätze große Unterschiede auf: Balanced Scorecards versuchen, von traditioneller Leistungsmessung ausgehend ein *ausgewogeneres Verständnis der Leistung* zu schaffen. Intangible Assets Ma-

Instrument (Autoren)	Balanced Scorecard (Kaplan/Norton)	Intangible Assets Monitor (Sveiby)	Skandia Navigator (Edvinsson)
Strukturierung der Leistungsmessung	4 Perspektiven: • Innovation • Interne Prozesse • Kunden • Finanzen	3 Kategorien (+Finanzen) • Interne Struktur • Externe Struktur • Personal-Kompetenz • (Finanzen)	5 Kategorien • Erneuerung/Entwicklg. • Prozesse • Kunden • Finanzen • Humankapital
Ansatz	Nicht-finanzielle Perspektiven für "ausgewogenere Steuerung"	Immaterielle Produktivfaktoren (letztlich: nur Menschen) schaffen Wert	
Fundament der Organisation	gewählte Strategie	Wissensorientierung: Wissen nicht als Input verstanden (Kosten, Headcount, Overhead), sondern als Kapital	
Eignung	Eher "traditionelle" Industrien	Eher "Wissens"-Industrien (z.B. Technologie, Dienstleistung, Projektgeschäft)	

Abb. 45: Vergleich von Systemen des Intangible Assets Management mit der Balanced Scorecard

nagement setzt dagegen an der Beobachtung der herausragenden Bedeutung immaterieller Produktivfaktoren an (Menschen werden in der Konsequenz als der *einzig langfristig relevante* Produktivfaktor angesehen) und entwirft davon ausgehend ein spezifisches Steuerungsinstrumentarium. Die Unterschiede der beiden Ansätze schlagen sich in der Anwendungs-Praxis nieder (siehe Box).

Intangible Assets Management bei WM-data, Schweden

Das schwedische Software- und Dienstleistungsunternehmen WM-data ging – basierend auf der Intangible Assets-Phiosophie – dazu über, finanzielle Kennzahlen *vollständig* aus interner Steuerung, Kontrolle und Dialog zu verbannen. Traditionelle finanzielle Indikatoren werden seither lediglich auf Gruppenebene verwendet, für jede interne Abstimmung und Entscheidungen des Tagesgeschäfts jedoch als als überflüssig erachtet – sichtbar ohne dass dies den finanziellen Ergebnissen des Unternehmens geschadet hätte.[88] Ein derartig radikaler Ansatz lässt sich übrigens kaum mit der Philosophie der Balanced Scorecard vereinbaren, die keineswegs einen Verzicht auf finanzielle Indikatoren in der Strategieumsetzung verfolgt.

Es ist unmittelbar erkennbar, dass in einer intern ohne finanzielle Kennzahlen gesteuerten Organisation für Budgetsteuerung und traditionelle Budgetierung kein Platz mehr ist.

Je bedeutsamer das Management immaterieller Produktivfaktoren für eine Organisation ist und je stärker die Instrumente zu dessen Steuerung gegenüber finanziellen Rechnungswesen-Daten an Gewicht gewinnen, desto stärker ist der Anreiz, auf Budgetierung zu verzichten. Die Maßnahmen zu ihrer Beeinflussung eignen sich selten zu budgethafter Abbildung – Investitionen in Intangible Assets (z.B. Training und Instrumente zum Knowledge Management) bedürfen einer Steuerungsform, die mit traditionellem Investitionsmanagement und Budgets wenig gemein hat.[89]

---

[88] Siehe Sveiby 1998

[89] Siehe zum Ressourcenmanagement ohne Budgets vertiefend Abschnitt 4.7.

Mit der Einrichtung eines Intangible Assets Management verbindet sich unmittelbar die Forderung nach Veränderungen in den Bereichen internes Rechnungswesen sowie externes Reporting und Unternehmenskommunikation.[90]

Rechnungswesen. Erforderlich ist die Ausrichtung am tatsächlichen Wertschöpfungssystem der Organisation und eine entsprechende Erweiterung des finanziellen Rechnungswesens zu einem integrierten Geschäfts-Rechnungswesen. Das kann bedeuten, Kosten von und Investitionen in den Aufbau immaterieller Potenziale in Gewinn- und Verlustrechnung, Bilanz und Cashflow entsprechend den Wertschöpfungsaktivitäten separat auszuweisen: Aufwendungen für Produkt- und Portfolioentwicklung, Kompetenzaufbau von Humankapital, der Ausbau des Marktpartnernetzwerks und andere Aktivitäten mit investivem Charakter können – zumindest intern oder zur externen Rechnungslegung parallel – als Investitionen behandelt und abgeschrieben werden, wenn die zugehörigen Erlöse fließen. Das Konzept der Wertschöpfung erfährt ebenfalls eine umfangreiche Neuorientierung. Es geht nämlich darum, Zielkonflikte („Trade-offs") in Entscheidungen des Tagesgeschäfts zwischen Potenzialaufbau für langfristige Wertschöpfung und kurzfristiger Profitmaximierung, also Konflikte z.B. zwischen kurz- und langfristigen Geschäftszielen offen zu legen und beherrschbar zu machen. Hinter diesen Forderungen stecken erhebliche Herausforderungen für die Manager und Controller in der Praxis: so genannte „weiche", nicht-finanzielle Faktoren führen immer noch ein Schattendasein in den meisten Unternehmen. Dass die so genannten weichen Faktoren „knallhart" gemanagt und gesteuert werden müssen, um in der Zukunft zu den erwünschten finanziellen Ergebnissen zu führen, ist in den Köpfen schon häufig fest verankert – vom Herzen her sind uns die zarten Pflänzchen aber nicht geheuer.

Externes Reporting und Unternehmenskommunikation. Das traditionelle, ausschließlich finanzorientierte, Reporting gegenüber Investoren, Kapitalmärkten und Stakeholdern sollte erweitert werden zu einem Berichtswesen, das Einblick in die materiellen und immateriellen Potenziale, Fähigkeiten, und Risiken des Unternehmens ermöglicht. Ziel ist es, externen Stakeholdern eine umfassende, relevante Informationsbasis zur Einschätzung zukünftiger Wertentwicklung zu geben. Inhalte eines ergänzenden („Supplementary") Reporting sind Hintergrundinformationen bezüglich Strategie, Geschäftsmodell und vorlaufenden Leistungsindikatoren – soweit diese unter Wettbewerbsgesichtspunkten zugänglich gemacht werden können. Bisher ist ein derartiges

---

[90] Siehe Daum, 2003, S. 133–134.

Zusatzberichtswesen freiwillig, von öffentlichen Aufsichtsorganen unreguliert, und findet zusätzlich zu den üblichen finanziellen Berichtspflichten statt. Langfristig kann dieses ergänzende Reporting zu einer an Aspekten langfristiger Wertschöpfung reicheren, ethisch wertvolleren Kommunikation mit Kapitalmärkten beitragen.

4.3.4 Fortschrittliche Ansätze zum Leistungsmanagement und wie sie zusammenpassen

Die Balanced Scorecard kann die Prozesse strategischer Willensbildung, die Verknüpfung von Kennzahlen mit der Unternehmensstrategie und die Nutzung von Indikatoren zur Generierung von Handlungsprogrammen im Tagesgeschäft wirkungsvoll unterstützen. Ohne Alternative ist das Konzept als strategischer Steuerungsprozess jedoch nicht, wie in den vorangegangenen Kapiteln gezeigt wurde. Die beiden in den letzten Jahren am stärksten diskutierten Verfahren zum Leistungsmanagement sind zweifellos die Balanced Scorecard und – in variierenden Ausprägungen – das Wertmanagement. Zusätzlich sehen manche Experten in den unter dem Schlagwort Potenzialmanagement zusammengefassten Konzepten des Intangible Asset Managements ein vielversprechendes Rahmenmodell. Hier handelt es sich zwar ebenfalls noch um junge, aber gleichsam bereits vielfach bewährte, robuste und flexible Managementansätze mit dem Ziel der langfristigen, auf nachhaltige Steigerung des Unternehmenspotenzials ausgerichteten Steuerung.

Wert- und Potenzialorientierung einer Organisation sind dabei zwei Seiten der gleichen Medaille: Beide Prinzipien fragen danach, welches die „Treiber" der Wertschöpfung sind und wie unterschiedliche Faktoren der Wertschöpfung zusammenhängen bzw. bewusst gesteuert werden können. Wertmanagement setzt beim wirtschaftlichen Ergebnis, der finanziellen Wertschöpfung, an und arbeitet sich deduktiv zu den Werttreibern zurück, während sich das potenzialorientierte Management gewissermaßen induktiv von den fundamental wertschöpfenden Faktoren (dem immateriellen Kapital) zu den wertschöpfenden Aktivitäten und Ergebnissen vorarbeitet. Gemeinsam sind den beiden Ansätzen die Potenzialorientierung und die Schärfung eines besseren Verständnisses für Zusammenhänge zwischen nicht-finanziellen Werttreibern und finanziellen Ergebnissen.

Wert- und Potenzialmanagement können einerseits als eigenständige Lösungen und Alternativen zur strategischen Steuerung mit Balanced Scorecard verstanden werden. Andererseits lassen sie sich als komplementäre Methoden einsetzen und eignen sich zur Integration in einen ganzheitlichen strategischen Steuerungsprozess, etwa mittels Scorecard. Die zunehmende Berücksichtigung von Intangible Assets in Scorecard-Implementierungen lässt sich auch an der zunehmenden Wertschätzung des Themas durch die Scorecard-Entwickler Kaplan/Norton ablesen.[91] Jedes der drei Steuerungsmodelle kann, ebenso wie Mischformen zwischen den Konzepten, die Rolle des Leistungsmanagements in einem Steuerungsmodell jenseits der Budgetierung unterstützen. Alle drei Methoden sind geeignet, Aufmerksamkeit von Organisationen auf langfristige Wertschöpfung und Strategie zu konzentrieren.

Eigenschaften eines guten Systems zum Performance Management

- Ist deckungsgleich mit Wettbewerbs-Strategie
- Besteht aus finanziellen und nicht-finanziellen Messgrößen
- Ermöglicht Leistungsvergleich gegenüber Wettbewerbs-Leistung (Benchmarks)
- Besteht aus Messgrößen der Effizienz und Effektivität
- Gibt Orientierung und unterstützt kontinuierliche Verbesserungsinitiativen
- Unterstützt Entwicklungstendenzen und Leistungsfortschritt
- Ermöglicht Einblicke in vergangene, gegenwärtige und zukünftige Leistung
- Erleichtert das Verständnis von Ursache-Wirkungs-Zusammenhängen hinsichtlich der Leistung
- Ist der Mehrzahl der Mitarbeiter bekannt und verständlich
- Wirkt auf das Verhalten von Mitarbeitern
- Überprüft Teamleistung statt individueller Leistung
- Deckt alle Geschäftsprozesse der Organisation ab

---

[91] Kaplan/Norton setzen sich in ihrem Buch von 2003, „Strategy Maps: Converting Intangible Assets into Tangible Outcomes", ausführlicher mit der Thematik auseinander.

- Ist mit Geschäftsprozessen verbunden
- Besteht aus integrierten Prozess- und Ergebnis-Messgrößen
- Macht Leistungsinformation allen Mitarbeitern in Echtzeit oder zeitnah verfügbar
- Ist dynamisch und anpassungsfähig
- Ist Teil des individuellen und organisationalen Lernens
- Ist in andere Steuerungssysteme und -prozesse integriert

Eine Frage bleibt dabei allgemein unbeantwortet: Wie wählt eine Organisation das am besten passende konzeptionelle Rahmenmodell zum Leistungsmanagement aus? Dies muss natürlich organisationsindividuell beantwortet werden. Fest steht: Problematisch wird es, wenn parallele Initiativen mit unterschiedlichen Techniken angegangen werden. Ein US-Chemieunternehmen versuchte z.B. auf Initiative seines CFO, eine millionendollarteure EVA-Initiative zu beginnen, während die größte Division des Unternehmens gleichzeitig ein aufwändiges Scorecard-Projekt plante. Die Initiativen konkurrierten in der Folge miteinander und verursachten Verwirrung und Frustration unter Management und Mitarbeitern. Im Ergebnis kam keine der Initiativen jemals zu voller Implementierung.

Für die Zusammenführung oder Fusion der verschiedenen Ansätze des Leistungsmanagements gibt es in Literatur und Praxis bereits vielfältige Beispiele. Eines, das in den letzten Jahren starke Beachtung gefunden hat, ist das Navigator-Modell des schwedischen Finanzdienstleisters Skandia. Aber auch seit langer Zeit im Einsatz befindliche, eher heuristische Systeme der Leistunsmessung wie die in Frankreich recht verbreiteten Tableaux de Bord können durch die Verbindung mit einem strategie-, wert- und potenzialorientierten Steuerungsprozess konzeptionell untermauert und mit neuem Leben gefüllt werden. Beide Ansätze sollen im Folgenden als Leitlinien für denkbare Fusionen aus Scorecarding, Wertmanagement und Intangible Assets Management für Beyond-Budgeting-Organisationen kurz dargestellt werden.

Der Skandia Navigator

Der Navigator von Skandia (Abb. 46) ist eine praxiserprobte Fusion aus Balanced Scorecard und Intangible Assets Management.[92] Er ergänzt die klassische Scorecard in mehreren Punkten und fügt dem Konzept eine deutliche Ausrichtung am intellektuellen Kapital hinzu. Von den konzeptionellen Unterschieden zur Scorecard sollen hier nur einige ausgewählte Punkte genannt werden. Zum einen wurde das Instrument um eine hilfreiche Darstellung als zeitbezogen-mehrdimensionales System erweitert.

Der Navigator zeigt auf, dass die finanzielle Seite der Leistung (in der Metapher des Leistungs-Hauses) nur auf den anderen Leistungsdimensionen aufbaut und dass die finanzielle Perspektive ausschließlich „historische" Leistung zeigt. Das „Heute" und „Morgen" wird durch vier Dimensionen ausgedrückt, von denen die Humanperspektive nicht ohne Grund im Mittelpunkt steht. Sie repräsentiert das Kernelement des intellektuellen Kapitals – das letztlich die Leistung heute und in der Zukunft begründet und hervorbringt. Stärker noch als die Balanced Scorecard scheint die Metaphorik des Navigators die Gefahr des Rückfalls in finanzwirtschaftlich begrenzte Denkweisen

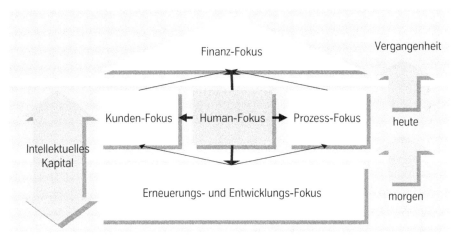

Abb. 46: Der Skandia Navigator – Fusion aus Balanced Scorecard und Reporting intellektuellen Kapitals

---

[92] Der Navigator wird heute als integriertes System des Leistungsmanagements propagiert und im Rahmen einer Initiative und Softwarelösung verbreitet. Neben Skandia nutzen verschiedene, insbesondere skandinavische Organisationen das Tool.

zu vermeiden und streicht die Zusammenhänge zwischen den Perspektiven der Leistung heraus. Ganz bewusst soll der Navigator gleichzeitig zur internen Verwendung und als Instrument externer Kommunikation genutzt werden und die Aufmerksamkeit der Organisation mehr als Scorecards auf die langfristige Schaffung von Leistungspotenzial lenken.

Tableau de Bord

Tableaux de Bord sind als System zugleich finanzieller und nicht-finanzieller Kennzahlen für den Unternehmenserfolg insbesondere in Frankreich weit verbreitet. Der Tableau-du-Bord-Ansatz ist eine echte „Praxisentwicklung" und hat seine Wurzeln sichtbar im Konzept der klassischen Wertkette von Porter. Weil Ingenieuren in Produktionsunternehmen für viele Entscheidungen die vom finanziellen Rechnungswesen zur Verfügung gestellten Informationen nicht ausreichten (weil sie zu spät vorlagen oder wegen ihres hohen Abstraktionsgrades irrelevant waren), entwickelten sie Systeme von Messgrößen, die die wesentlichen Erfolgsfaktoren eines Leistungsbereiches abbilden. Das Ergebnis war ein von Budgets und Kostenrechnung isoliert funktionierendes Informationssystem, das Tableau de bord.[93]

Tableaux de Bord besitzen bereits zahlreiche Kennzeichen, die sich in später entwickelten Steuerungssystemen wie der Balanced Scorecard wiederfinden.

- Jeder Entscheider und Verantwortungsbereich sollte sein eigenes, spezifisches Tableau besitzen.
- Dem Tableau liegt ein operatives Modell der Unternehmung oder Organisationseinheit zugrunde, das durch die „Erfolgsfaktoren" (Schlüssel-Indikatoren) beschrieben werden kann.
- Die Entwicklung des Indikatorensystems der Tableaux trägt selbst zu Erkenntnis und Lernen bei.
- Berücksichtigung von finanziellen und nicht-finanziellen Faktoren; operativen, strategischen und umweltbezogenen Messgrößen.
- Vorzugsweise grafische Darstellung von Indikatoren und Begrenzung der Anzahl von enthaltenen Informationen zur Erhöhung der Übersichtlichkeit.

---

[93] Wenngleich der Tableau-de-Bord-Ansatz bereits in den 50er Jahren in Frankreich breite Verwendung gefunden hatte, erhielt er doch sein theoretisches Fundament erst mit Veröffentlichungen Anfang der 60er Jahre. Eine echte Standardisierung oder strenge sachliche Gliederung der Daten – vergleichbar einer Balanced Scorecard – gibt es jedoch bis heute nicht. Es existieren zahlreiche Varianten von Tableaux de Bord.

Wert- und potenzialorientiertes Management für nachhaltigen Erfolg

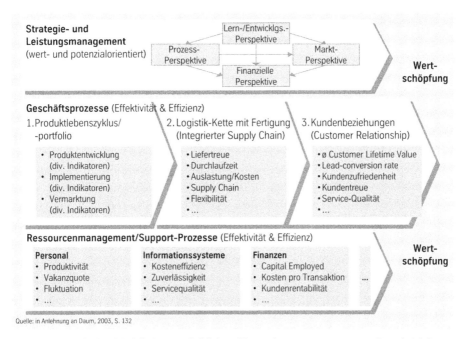

Abb. 47: Generisches Modell der ganzheitlichen Unternehmenssteuerung unter Berücksichtigung der Intangible Assets im Stil eines „Tableau de Bord"

Tableaux de Bord – ähnlich wie die Management-Cockpit- und Dashboard-Ansätze der 80er und 90er Jahre – bieten jedoch kein generisches Modell. Letztlich ist der Ansatz derartig „offen", dass Tableaux in jeder Organisation unterschiedlich verstanden und genutzt werden. Die Offenheit macht derartige Konzepte zu geeigneten Rahmenmodellen, innerhalb derer sich strategische Messgrößen und Scorecards, wert- und potenzialorientierte Indikatoren gleichermaßen zusammenfügen lassen. Auf diese Weise kann ein Gesamtmodell der unternehmerischen Wertschöpfung entwickelt werden (siehe Beispiel in Abb. 47).

Die Zusammenfassung von Kennzahlen zu einem Berichtssystem im Stil eines Tableau de Bord macht aber noch keinen Strategieprozess aus. Zusätzlich sind die systematische Herleitung von Ursache-Wirkungs-Zusammenhängen zwischen Indikatoren, kontinuierliches Monitoring und Management der Unternehmensprozesse erforderlich.

> **Leistungsmanagement neu durchdacht:**
> **Das Puzzle aus Strategie-, Wert- und Potenzialorientierung zusammenfügen**
>
> - Der Fokus einer Performance-Management-Initiative – ob mittels Balanced Scorecard, Wertmanagement und/oder Intangible Assets Management – sollte nicht auf methodologischen Aspekten liegen, sondern auf der Maximierung ihrer Wirkung auf die Organisation.
> - Die letztlich zur kontinuierlichen Messung verwendeten Kennzahlen auf allen Ebenen der Organisation sollten in Form von Trends und relativ zur Marktperformance oder zu Vorperioden gemessen werden, nicht in Form absoluter und fixierter Zielniveaus.
> - Egal ob Scorecard, Tableau, Board oder Cockpit: Kennzahlensysteme und Leistungsmessung müssen zur Erhöhung der Autonomie dezentraler Akteure der Organisation beitragen.
> - Über die reine Leistungs*messung* hinaus muss das Konzept zudem in einen umfassenden strategischen *Führungsprozess* eingebunden sein. Sonst riskiert das System des Leistungsmanagements, von der Steuerung und Entscheidung im Tagesgeschäft isoliert zu werden.

4.4 Management mit relativen Zielen und Indikatoren für flexible und relevante Leistungsverträge

4.4.1 Probleme mit Zielvereinbarung, fixierten Zielen und Budgetvertrag

Budgets sind als Leistungsverträge Audruck von Zielvereinbarungen und Werkzeug zur Kontrolle von Zielerreichung. Jeden Monat, jedes Quartal können wir das, was wir getan haben, mit den im Budget festgelegten Zielen vergleichen. Wenn das Erreichte besser ist als im Budget vorgesehen, sind wir zufrieden. Ist das Gegenteil der Fall, dann nehmen wir das Problem wahr. Wie lassen sich Ziele aber ohne Budgets erreichen? In der Tat müssen wir uns zunächst fragen, ob Budgetziele – meistens ausgedrückt als Summen in Form von Euros und Cents – eigentlich diejenigen Ziele sind, die zu erreichen wir bestrebt sein sollten. In Wirklichkeit ist dies nämlich nicht der Fall.

Budgets sind *Input*-orientiert. Sie beschreiben nicht mehr, als welche Ressourcen (Finanzmittel, Personal) eine Organisation in einem bestimmten Zeitraum einzusetzen gedenkt. Dahinter steckt eine relativ mechanistische Idee der Programmierung von Aktivitäten. Damit sind sie zur Zieldefinition auch prinzipiell unflexibel und wenig leistungsorientiert. Es ist dieser Mechanismus, den Gary Hamel kritisiert, wenn er sagt: „Die letzte Bastion zentraler Planung sowjetischen Typs kann man in den Fortune-500-Unternehmen finden – man nennt dies Ressourcen-Allokation".

Relevante, flexible Ziele und Pläne sollten im Gegensatz dazu zunächst die *Outputs* beschreiben, nicht Aktivitäten und Aufgaben. Der Unterschied liegt zwischen Input und Output, Aufgabe und Resultat, Aktivität und Ergebnis. Weil Budgets nicht in der Lage sind, Ziele Ouput-orientiert darzustellen, sind sie ein wenig geeignetes Instrument für flexibles, wettbewerbsbezogenes Leistungsmanagement! Andere, ganzheitlichere und „ausgewogenere" Tools zum Management von und mit Zielen sind, wie wir bereits in den vorangegangenen Abschnitten gesehen haben, Balanced Scorecards, Wertmanagement- oder Intangible Asset Management-Indikatorensysteme.

Wegen der Allgegenwart von Zielen und Zielvereinbarungen im Management heute und auf Grund ihrer vielfach eher unbewussten Verwendungen in der traditionellen Steuerung lohnt es sich aber, den Zielen als Tools, ihren Funktionen und Gefahren der Verwendung näher auf den Grund zu gehen. Im Folgenden soll daher den *Inhalten* der strategischen Rahmenmodelle näher auf den Leib gerückt werden: den Zielen. Welches sind die Prinzipien, Tools und Gestaltungsansätze, um Leistungsverträge und Ziele besser zu managen? Wie können die fixierten Ziele des Budgetvertrags durch flexible, anpassungsfähige Ziele ersetzt werden, die dann z.B. innerhalb eines der dargestellten Rahmenmodelle und Kennzahlensysteme eingebettet werden können?

Management mit Zielen

- Führung mit Zielen und Zielvereinbarung ist als Mittel zur Erhöhung von Mitarbeiter-Autonomie gedacht. Die Absicht hinter der Vereinbarung von Zielen muss also sein, *Freiraum für Mitarbeiterhandeln* zu schaffen. Diesem Grundsatz wird die Praxis der Führung „by objectives" nur selten gerecht, denn Ziele werden für allerhand genutzt, aber nicht für ihren eigentlichen Zweck, eben die Schaffung von Freiraum und Autonomie.

- Als fixierte Leistungsverträge eingesetzt, *verringern* Ziele nämlich die Flexibilität: sie verpflichten Linienmanagement und Teams zu spezifischen Handlungen und Maßnahmen. Relative Ziele und Kennzahlen zur Übersicht und Kontrolle überlassen Teams und Mitarbeitern hingegen die Auswahl von Handlungsoptionen. Das Gleiche gilt für Kontrolle. Sie darf sich nicht auf die geleistete Arbeit, die Maßnahmen oder Entscheidung richten, sondern immer nur auf das *Ergebnis*. Führung mit Zielen heißt Konzentration des Vorgesetzten auf Ergebnisse.

Führung mit Zielen – oder Management by Objectives (MbO) – ist wichtig, jedoch nicht einfach. Es darf als eines der fundiertesten Managementkonzepte überhaupt gelten. Leicht werden aber Zielvereinbarungen, wie viele andere Managementinstrumente, *zu Zwecken missbraucht, für die sie nicht taugen*. Es stellt sich die Frage, wofür Zielvereinbarungen eigentlich eingesetzt werden sollen: Sollen sie die Koordination von Handlungsrichtungen bezwecken? Mitarbeiter antreiben? Motivieren? Leistungs-Erwartungen klären? Eine Bemessungsgrundlage für Belohnung oder Bestrafung einführen? Gerechtigkeit ermöglichen, Objektivität oder Transparenz?

Die Grundidee des Konzeptes ist einfach: Indem das Handeln von einzelnen Mitarbeitern und Teams auf Ziele (statt auf Aufgaben und Aktivitäten) ausgerichtet wird, erhöht sich deren Handlungsspielraum, weil ihnen die Entscheidung über Variablen wie Mittelwahl und Zeitpunkt der Aufgabenerfüllung selbst überlassen bleibt. Das klingt konzeptionell stringent und unproblematisch. In der Praxis sind die Defizite und Dysfunktionalitäten des Management by Objectives aber zahlreich. Anstatt als Mittel zur Freisetzung von Selbstständigkeit und Initiative wird es als Mittel zur Top-down-Kontrolle durch fixierte Leistungsverträge und zur Disziplinierung eingesetzt. Die Folge ist die Verwendung von Zielsetzungen als straffer Kontroll- und Anreizmechanismus, verbunden mit einem Automatismus zur Leistungssteigerung bzw. Zielanhebung, mit Kontrollzentrierung der Manager und einer einseitigen Betonung des Lob-Tadel-Mechanismus der Führung. Misstrauen und Frustration in der Organisation sind durch die Elemente von Verhandlung und Fremdkontrolle innerhalb des Zielmanagement-Prozesses quasi automatisch die Folge.

Wie Ziele konkret aussehen sollen und welche Eigenschaften sie haben, darüber gehen die Ansichten und Theorien auseinander. *„Smart"* sollen Ziele sein, besagt ein bekanntes Konzept des Zielmanagements: spezifisch, messbar, anspruchsvoll, realistisch, und klar terminiert (siehe Exkurs).

Elemente von SMARTen Zielen

Um Erfolg und Leistung wirklich messen und nachhaltig stimulieren zu können, muss die Aufmerksamkeit der Mitarbeiter und Manager auf die für die Kunden wichtigen *Ergebnisse* gerichtet sein, nicht auf *Aktivitäten,* die eine Organisation lediglich *beschäftigt* halten. Dafür ist es entscheidend, angemessene Leistungsziele zu setzen. Effektive Ziele sind „smart":

- *Spezifisch.* Wenn es z.B. um Leistungs-Verbesserungen geht, beantworten Ziele Fragen wie „in was?", „durch wen?", „um wie viel?"
- *Messbar.* Messbarkeit lässt sich in vier Dimensionen ausdrücken: (a) Geschwindigkeit/Zeit, (b) Kosten, (c) Qualität oder Kundenerwartungen und (d) positive Wirkungen auf Kunden, Shareholder oder die Organisation.
- *Anspruchsvoll,* aber erreichbar. Anspruchsvolle Ziele müssen inspirieren und herausfordern. Um aber zu wirken, müssen Mitarbeiter fühlen, dass ihre Ziele auch erreichbar sind.
- *Relevant.* Ziele sollen sich direkt auf das externe Leistungsproblem beziehen. Sie sollten also die Kundenbedürfnisse adressieren, nicht aber interne Prozesse der eigenen Organisation.
- *Terminiert.* Ziele müssen temporär spezifisch sein, also die Frage nach dem „bis wann?" beantworten; sie sollen unabhängig von rein organisationsbedingten Perioden sein (z.B. Trimester, Geschäftsjahr).

Die herkömmlichen, gewissermaßen klassischen „Smart"-Regeln reichen für ein flexibles und dezentralisierendes Steuerungsmodell jedoch nicht aus. Im Zusammenhang mit Beyond Budgeting müssen einige weitere Kriterien hinzugefügt werden. Weitere notwendige Eigenschaften „smarter" Ziele in einer Unternehmensführung Beyond Budgeting sind:

- *Eigenbestimmt:* effektive Zieldefinition setzt Identifikation und Initiative der verantwortlichen Manager und Teams voraus – statt Ziel*vereinbarung* sollte ihnen im Idealfall Selbstständigkeit der Zielerarbeitung im Rahmen vorgegebener Strategien und Rahmenvorgaben zugestanden werden.
- *Kontextbezogen:* Einzelziele reichen in der Praxis zur Steuerung nicht aus – ein Zielsystem finanzieller und nicht-finanzieller Ziele und die Berücksichtigung der Interdependenzen und Trade-offs zwischen diesen ist nötig.
- *Relativ:* Wahrhaft relevante Ziele berücksichtigen, dass die Zukunft nicht vorhersehbar ist und dass es letztlich darum geht, einerseits stets besser zu werden und andererseits den Wettbewerb zu schlagen. Relative Ziele sind ausgerichtet am internen oder externen Wettbewerb, oder – wenn beides nicht möglich ist – an vorangegangenen Perioden. Im nächsten Abschnitt wird hiervon ausführlicher die Rede sein.

Erfolgreiche Zielsetzung heißt zumeist: weniger exakt quantifiziert und weniger kurzfristig. Es ist wichtig, alternative Handlungsalternativen (Optionen) offen zu lassen bzw. diese durch die Zielformulierung nicht zu beschränken. Wichtig ist beim Management mit Zielen, wo man hinkommt, nicht so sehr das Wie. Das Wie bleibt für später – die Entscheidung darüber sollte so spät wie möglich getroffen werden und stets vollständig im Verantwortungsbereich des Mitarbeiters liegen, nicht in dem des Vorgesetzten.

Damit kommen wir zur Frage der Interaktion zwischen Vorgesetzten und Mitarbeitern im Rahmen der Zielsetzung. Bekannte idealtypische Gestaltungsformen des Managements mit Zielen sind (1) die autoritäre Zielvorgabe, (2) die partizipative Ziel*vereinbarung* und (3) die dezentrale Zielsetzung. In der Budgetsteuerung sind die erste und vor allem die zweite Variante üblich. In einem flexiblen Modell der Unternehmenssteuerung dagegen können nur Top-down-Zielvorgaben und dezentrale Zielsetzung ihre Berechtigung haben. Das mag vielleicht überraschen: Obwohl Beyond Budgeting die radikale Dezentralisierung der Organisation unterstützen soll, können zentral definierte Ziele durchaus häufiger als verhandelte oder „partizipativ vereinbarte" Ziele eingesetzt werden. Der Grund ist, dass partizipative Zielverhandlung mit ihren negativen Begleiterscheinungen an Bedeutung verliert, wenn statt fixierter, absoluter Ziele *relative* Ziele Verwendung finden.

Wie der Prozess der traditionellen, partizipativen Zielvereinbarung funktioniert, ist in Abb. 48 schematisch dargestellt. Dieser Prozess durchzieht kaska-

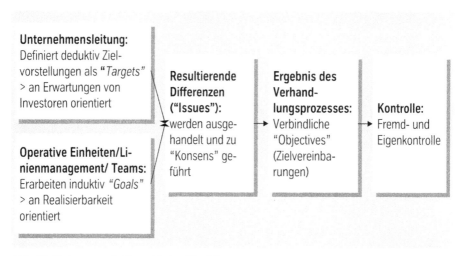

Abb. 48: Zielsetzung als hierarchischer Vereinbarungsprozess

denartig alle Hierarchieebenen. Ein gravierendes Problem des Verfahrens liegt in der impliziten Annahme einer starren und streng hierarchischen Unternehmensstruktur, die dezentraler Autonomie und Vertrauen zuwiderlaufen. Zugleich ist dem Verfahren eine einseitige Ausrichtung an quantitativen, leicht operationalisierbaren Zielen eigen. Es findet unverkennbar eine Überbewertung kurzfristiger, finanzieller Ziele zu Lasten langfristig-strategischer Zielsetzungen statt. Letzteres kann durch die Verwendung strategischer Managementmodelle wie Balanced Scorecard, Wertmanagement oder Intangible Asset Management eingeschränkt oder behoben werden.

Budgetziele sind aufgrund dieses Vereinbarungs- und Verhandlungsprozesses allgemein *Wunsch-Zahlen*. Sie sind politisch und gewissermaßen ideologisch verbrämt. Daher sind sie weder als Zukunftsvorausschau noch als Leistungsvereinbarungen unmittelbar geeignet. Sie gefährden indes Glaubwürdigkeit und Vertrauen in eine Organisation, wenn Manager sie aktiv zur Steuerung einsetzen.

Budgetierungsprozesse und Budget-Revisionen sind gerade durch das Element der Zielverhandlung so langwierig, ressourcenintensiv und schädlich. Ein Effekt der veränderten Verwendung von Zielen im Beyond-Budgeting-Modell besteht darin, dass der Zielsetzungsprozess deutlich schneller vonstatten geht. Ziele werden in Tagen, anstatt im Laufe von Monaten gesetzt. Sie werden nicht verhandelt, sondern vorgeschlagen, diskutiert und *angenom-*

men. Ein großer Teil der zur Zielverhandlung verwendeten Ressourcen – nach Einschätzung von Beyond-Budgeting-Projektleitern bis zu 90% – kann im neuen Steuerungsmodell eingespart werden – z.B. zugunsten von Aktionsplanung zur Wertschöpfung für Kunden und zur Reaktion auf sich ändernde Marktbedingungen.

Weitere praktische Folgen: Weil Ziele im neuen Modell relativ zu einem Vergleichsmaßstab definiert sind, werden Änderungen seltener erforderlich. Und weil Vergleichsmaßstäbe – interne und externe Benchmarks – variabel sind und im Zeitverlauf ansteigen, ist auf diese Weise die Wahrscheinlichkeit, dass implizit auf die Maximierung von Ergebnissen hingearbeitet wird, auf Dauer wesentlich größer als bei fixierten Zielen. Beyond-Budgeting-Unternehmen machten die Erfahrung, dass die neuen *externen Ziele* größtenteils deutlich anspruchsvoller sind, als die zuvor im Budgetprozess intern ausgehandelten es waren.

Im traditionellen Managementmodell dominieren kurzfristige, finanzielle, unflexible und verhandelte Ziele. Ein Portfolio *relativer* Ziele, ausgewogen mit finanziellen und nicht-finanziellen Indikatoren, ist in der Lage, strategisch bessere Leistungsanreize zu geben und gleichzeitig die verhaltensbezogenen Ineffizienzen traditioneller Budgetsteuerung zu vermeiden. So erfolgt der Wandel von Plänen, *denen mit allen Mitteln gefolgt wird* um „auf der Spur zu bleiben" hin zu Prognose einerseits und relativer Zieldefinition andererseits, die Orientierung gibt und ständig die Analyse verschiedener Handlungsoptionen erlaubt. Ein Beispiel: Die Schätzung des eigenen Marktanteils und die Untersuchung, ob dieser gewachsen ist, ist im Vergleich zu Absatzvolumen und Quoten eine andere, *alternative Form der Zielsetzung* (und in einigen Fällen zur Vergütung). Diese Schätzungen mögen nicht immer leicht erstellbar und *akkurat* sein, sie ermöglichen jedoch gerechte und dauerhaft anspruchsvolle Leistungsmaßstäbe.

Zielvereinbarungen sind in der konventionellen Denkweise immer in Verbindung zu sehen mit dem Beurteilungs- und dem Gehaltssystem. Im Beyond-Budgeting-Modell ist dieser Zusammenhang nicht gegeben: Ziele sollen getrennt sein von Beurteilung und Belohnung (durch monetäre Anreize und Beförderung). Leistungsbeurteilung soll demgegenüber – wie wir später sehen werden – lediglich anhand erreichter, relativer Maßstäbe erfolgen.

Abb. 49 zeigt die grundlegenden Unterschiede bei der Verwendung von Zielen in der Budgetsteuerung und im Prozess der Zielsetzung und des Management mit Zielen ohne Budgets.

Verwendung von Zielen	
Im Budget-basierten Modell:	Im Beyond-Budgeting-Modell:
Ziele beruhen auf geschäftsjahresbezogenen, finanziellen und fixen Zahlenwerten	Ziele beruhen auf relativen, globalen Leistungsmaßzahlen (KPIs), d.h. auf Indikatoren wie Return on Capital, Freier Cashflow oder Kosten-Umsatz-Ratios; auf höchster Ebene sind Ziele primär finanziell, in der Linie zunehmend operational
Ziele sind kurzfristig ausgerichtet (auf Quartal und Geschäftsjahr)	Ziele sind auf kurz- und mittelfristiges Gewinnpotenzial ausgerichtet; die Organisation setzt Vertrauen darin, dass Mitarbeiter das Profit-Potenzial kontinuierlich gegenüber KPI-Zielen maximieren
Ziele werden vor dem Jahresbeginn zwischen Vorgesetzten und Mitarbeitern ausgehandelt	Ziele werden anspruchsvoll formuliert; sie werden von Vorgesetzten oder Mitarbeitern vorgeschlagen und von der „Gegenseite" einfach akzeptiert – weil Leistung nicht nach diesen Zielen bewertet oder vergütet wird
Ziele werden für das Jahr festgelegt und bilden die Grundlage des Leistungsvertrages und der Vergütung	Das Zielportfolio bildet Orientierung, ist aber nicht Bewertungsmaßstab. Bewertung und Vergütung erfolgen anhand relativer Indikatoren wie Vergleichsgruppen-Leistung, internen oder externen Benchmarks, und Ergebnissen/Leistung in Vorperioden; Grundlinienziele (Parameter) setzen eine Minimalerwartung

Abb. 49: Praxis des Managements mit Zielen – mit und ohne Budgets

Ziele und externes Reporting

Ziele haben nicht nur im Innenverhältnis einer Organisation eine fundamentale Bedeutung, sondern natürlich auch im Außenverhältnis. Das Verständnis von Zielsetzung und Zielkommunikation gegenüber Stakeholdern hat dabei fundamentale strategische, finanzielle und Verhaltenswirkungen auf den gesamten Prozess des Leistungsmanagements.

Der fundamentale ökonomische Zweck eines Unternehmens in der Marktwirtschaft besteht darin, eine möglichst hohe Verzinsung des eingesetzten Kapitals zu erwirtschaften. Ein Unternehmen ist dann erfolgreich und überlebensfähig, wenn es einen höheren Gewinn erzielt als andere Unternehmen im gleichen Feld, und – auf lange Sicht – wenn der Gewinn höher oder wenigstens gleich hoch ist wie der Gewinn in anderen Branchen. Das Ziel eines Unternehmens gegenüber den Kapitalgebern ist also nicht ein absoluter Geldwert, ausgedrückt in Euro und Cents. Der wirkliche Leistungsmaßstab ist ein *relatives Ziel,* nämlich eine Kapitalverzinsung, die besser ist als diejenige, die andere Firmen der gleichen Branche erzielen.

Es sollte daher für Unternehmen ein ganz natürlicher Prozess sein, zum Zwecke interner und externer Berichte und Steuerung mit relativen Zielen zu arbeiten. Das Gegenteil ist jedoch der Fall.

Das Problem mit absoluten Leistungszielen beginnt bei börsennotierten Unternehmen mit der externen Kommunikation: CEO und CFO versprechen den Investoren, dass das Unternehmen einen *spezifischen* Betrag von Gewinnzuwachs für das folgende Geschäftsjahr leisten wird. Aber: ein Wachstum von X% in Gewinn pro Aktie zu versprechen und dann zu entdecken, dass nur (X-1)% möglich sein werden, kann zu Gewinnwarnungen und schweren Konsequenzen für den Aktienkurs, die Reputation des CEO und den Wert von Aktienoptionen des Managements bedeuten. Diese Art von Versagensangst führt zu unethischen und manchmal betrügerischen Praktiken.

Derartiges Verhalten lässt sich in der Praxis tausendfach beobachten. Typisch etwa ist das Beispiel des CEOs eines Industriegüterkonzerns, der gegenüber Mitarbeitern, Aktionären und Kapitalmarkt kontinuierlich die offenbar herausfordernde Ankündigung wiederholte, sein Unternehmen werde im 2 Jahre vorausliegenden Geschäftsjahr einen EBT von 1,5 Milliarden Euro erreichen. Ein anspruchsvolles Ziel, zumindest dem Schein nach, da das Unternehmen bislang stets deutlich unter dieser Marke gelegen hatte. Management und Mitarbeiter nahmen die Aufforderung ernst. Die Ankündigung des Chefs blieb nicht ohne Folgen im Konzern: sofort setzten konzernweite Bemühungen ein, angemessene „Wertbeiträge" zum Ergebnisziel zu leisten, Ziele auf Konzernunternehmen und Funktionen herunterzubrechen, Budgets und Pläne anzupassen. Einige der unmittelbaren Reaktionen der Business Unit-Manager angesichts der Zielvorgabe: Pauschale Kürzungen der Investitionsbudgets und stärker zentralisierte Allokationsentscheidungen, sowie deutlich risikoaversere Einstellungen zu Kundenprojekten und Investitionen über alle Hierarchieebenen hinweg. Alles Maßnahmen mithin, die vielleicht – sofern die Konjunktur und andere Faktoren mitspielen – dazu beitragen können, dass der Konzern das gesetzte Gewinnziel im Zieljahr erreichen wird. Mit Sicherheit wird aber die einseitige, fixierte und punktbezogene Vorgabe zu Lasten der langfristigen Wertschöpfungsfähigkeit des Unternehmens gehen. Ist das vom CEO formulierte Ziel also wahrhaft anspruchsvoll und vielsagend formuliert gewesen?

Anreiz oder Zwang zur Manipulation von Zielvereinbarungen kommen aus den Verpflichtungen des Managements gegenüber Eignern oder dem Kapitalmarkt, und von Vergütungssystemen von Spitzenmanagern oder Management allgemein. Top-Manager zwingen ausführende Manager, Niveaus von Planzahlen um jeden Preis mitzutragen, und weigern sich, realistisch zu sein, indem sie nicht fragen, ob es überhaupt möglich ist, dieses Ziel zu erreichen. Das Ergebnis kann ein starker Anreiz sein zu lügen, zu manipulieren und das Leistungssystem zu überlisten – auf Kosten der Integrität der Organisation.

Für Unternehmen, die einmal auf das Spielfeld von quartalsmässigen Leistungsversprechen getreten sind, ist es schwierig, dem Spiel zu entsagen. Die Versuchung besteht darin, mit den Versprechen weiterzumachen und, sofern erforderlich, die Zahlen zu manipulieren, um diese Versprechen einhalten zu können. Der so geschlossene Leistungsvertrag mit dem Markt – unterstützt durch ähnliche fixierte Verträge auf allen Ebenen innerhalb des Unternehmens, die dem CEO dazu dienen, sein Leistungsversprechen in der Organisation zu verankern – führt zu unethischem Verhalten. Budgets oder andere fixe Leistungsverträge spielen bei dieser Verankerung eine entscheidende Rolle.

Die spektakulären Fälle Enron oder Worldcom sind nur die Spitze eines Eisbergs solcher Fälle. Bereits in den 1990ern praktizierte Gillette in den USA „Trade Loaning" und überfüllte seine Vertriebskanäle zum Quartalsende mit Produkten, um Verkaufszahlen zu „pushen". Coca-Cola nutzte Finanzgewinne aus dem Verkauf von Abfüllern um seine Quartalsergebnisse zu „glätten". Und Citicorp ignorierte spezielle Rückstellungen bei der Kommunikation seiner Wachstumsdaten. IBM musste Accounting-Manipulationen in den Jahren 2000/2001 eingestehen. Große deutsche und europäische Unternehmen (wie Marconi und SwissAir) haben ähnlich schädliches Verhalten gezeigt.

Manager ergreifen Maßnahmen, die den Eindruck entstehen lassen, dass Ziele und Erwartungen von Analysten erreicht werden, wodurch sie geradezu universell in ein kurzfristiges Manövrieren mit Analysten und Markt verfallen, in dem sie Zahlen manipulieren, um Erwartungen zu befriedigen. Diese Handlungstaktik ist am Ende aber zum Scheitern verurteilt, weil jede Organisation in gewissem Umfang mit nicht kontollierbarer Unsicherheit konfrontiert ist.

CEOs und CFOs müssen der Versuchung widerstehen, absolute Zielsetzungen für Quartale oder Geschäftsjahre zu kommunizieren – keine angenehme Vorstellung für viele Top-Manager. Einige CEOs beherzigen dies aber bereits. Porsche-CEO Wendelin Wiedekind, Gillette-CEO Jim Kilts und die Schweizer Bank UBS machten in den vergangenen Jahren durch ihre Weigerung von sich reden, spezifische Quartalsergebnisse zu prognostizieren – Grundlage eines selbstbewussten Umgangs mit dem Kapitalmarkt, die nach außen und innen ethischen Prinzipien gerecht wird. Barry Diller, CEO von USA Networks, schrieb, er werde nicht länger an einem Prozess teilnehmen, den er mit einem „Kabuki"-Tanz vergleicht.

Wie reagieren aber Analysten, wenn ein Unternehmen aufhört, fixierte Leistungsziele zu verlautbaren, oder wenigstens dahingehende Andeutungen und Hinweise? Die Antwort, so Steve Player vom BBRT in den USA, liegt darin, Analysten diese Art von Zahlen *selbstständig* erarbeiten zu lassen. Um aber zu dieser Art von Einschätzung zu gelangen, müssen Analysten herausfinden, was ein Unternehmen wirklich leistet. Das ist möglich, indem sie die Unternehmen besuchen und Manager strategische Informationen mit ihnen teilen, unter der Bedingung, selbstständig zu ihren Gewinneinschätzungen zu kommen. Analysten sind sich ebenso wie Manager durchaus bewusst, dass fixierte Ziele nicht exakt vorhersehbar sind, dass sich Situationen ändern und dass interne Kontrollen wie Budgets in Wirklichkeit wenig „Kontrollierbarkeit" ermöglichen. Die Bequemlichkeit von Managern und Analysten hat dazu geführt, dass strategische Diskussionen mit Kapitalmärkten zugunsten der reinen Mitteilung fixierter Ergebnisziele vernachlässigt wurden – eine Entwicklung, die sowohl innerhalb von Organisationen stattgefunden hat als auch in der externen Kommunikation. und die nun rückgängig gemacht werden muss. Von einfachen, aber leichtfertigen Quartals-Prognosen sollten Unternehmen zu engagiertem, ganzheitlich-strategischem Reporting übergehen. Mit den Inhalten der Berichterstattung muss sich auch die Beziehung zwischen Unternehmen und Investoren wandeln.

Es erscheint einleuchtend, dass ein Beyond-Budgeting-Managementsystem ohne fixierte Leistungsversprechen kurzfristige *Quartalsergebnisse* unsicherer macht. Schließlich entfällt der Anreiz in der Organisation, Ziele künstlich niedrig zu setzen und alle – auch unethischen – Mittel einzusetzen, um diese zu erreichen. Dieser Preis erscheint aber akzeptabel, denn der Verzicht auf die Illusion der Kontrollierbarkeit von Quartalsergebnissen und Jahreszielen dürfte letztlich Management-Kontrolle verbessern – langfristige Ergebnisse werden besser ausfallen.

Das Management mit relativen Zielen statt fixierten Leistungsverträgen fängt, wie wir gesehen haben, bei der externen Kommunikation und dem Management von Kapitalmarkt-Erwartungen an. Bereits im externen Reporting ist ein

Paradigmen-Wechsel nötig. Der kompetitive Leistungsdruck, wie er auf Kapitalmärkten stattfindet, muss sich danach innnerhalb der Organisation – auf allen Ebenen – fortsetzen. Dazu sind relative Ziele zur internen Steuerung erforderlich, auf die im nächsten Abschnitt näher eingegangen wird.

Ethisches externes Reporting – eine Vision

- Dient Vertrauensbildung zwischen Unternehmen und Märkten, statt kurzfristiger Erwartungsbildung/Versprechen
- Höheres Involvement des Top-Managements
- Fokussierung auf langfristige Wettbewerbsfähigkeit
- Mehr als finanzielle Rechnungswesendaten: strategisch, wert- und potenzialorientiert; auch immaterielle Produktivfaktoren berücksichtigend
- Keine Vorhersage von Quartalszahlen, keine Forecasts – Analysten kommen zu ihren eigenen Einschätzungen
- Neue, vielfältigere Informationsinhalte: Strategie, Werttreiber, Schlüssel-Indikatoren, Markt- und Branchenvergleiche

4.4.2 Warum elastische Ziele besser funktionieren als fixierte Ziele

Eines der Grundprinzipien im Beyond Budgeting ist die *ausschließliche Verwendung relativer Zielgrößen*. Zur Beurteilung dieser Kernforderung des Modells ist es sinnvoll, zunächst Rolle und Wirkung traditioneller finanzieller Zielgrößen, wie sie in Budgets vereinbart werden, zu betrachten. Fixe, finanzielle Ziele sind: meist Input-bezogene Zahlen; sie sind unelastisch (fordern mithin keine „Dehnung" der Leistung heraus); fördern keine Identifikation oder Verantwortung; sie regen nicht zum Nachdenken über Problemlösungen an; sie leisten keine Hilfestellung dabei, die Fähigkeit zum kurzfristigen Eingehen auf neue Herausforderungen zu stärken; sie sind nicht wettbewerbsbezogen; sie berücksichtigen weder (noch kontrollieren sie) Umfeldfaktoren, die jeder für sich genommen in der Lage sind, das Ziel selbst völlig irrelevant zu machen.

In Wirklichkeit fällt es Managern in einem Modell der Budgetsteuerung leicht, Zielgrößen zuzustimmen, deren Erreichbarkeit von vornherein außer

Frage steht. Selbst wenn die Zielerreichung nicht leistbar ist, sind später vielerlei plausible Begründungen möglich, um Job oder Bonus zu retten. Außerdem stellt sich eine grundsätzlichere Frage: Wie lässt sich überhaupt beurteilen, ob eine Zahl zu hoch oder zu niedrig ist? Ausgehandelte, finanzielle Ziele führen unweigerlich zu inkrementeller Denkweise und risikoaversen Strategien, Einstellungen und Handeln.

Beispiel: Ein Unternehmen setzt sich zum Ziel, seinen Gewinn um 10% zu steigern. Das schlimmste Ergebnis, so könnte man sagen, wäre es nun, dieses Ziel von 10% zu erreichen. Denn was sagt eine solche Zielerreichung aus? Dass optimal geplant wurde? Dass die Organisation alles getan hat, um das Ziel zu erreichen – vielleicht zuungunsten anderer Prioritäten? Und weiter: Hätte das Ergebnis nicht vielleicht wesentlich besser sein sollen angesichts der realen Marktsituation? Haben Manager vielleicht in ihren Anstrengungen nachgelassen, weil die Erreichung des Ziels offensichtlich war? Was sagt die Zielerreichung wirklich über die Wettbewerbsstärke aus? Sind die Wettbewerber womöglich viel erfolgreicher gewesen? Leider bleiben derartige Fragestellungen in der Regel aus. Denn absolute Ziele provozieren kaum je derartige Analysen.

Die bereits vielfach diskutierte Lehre aus o.g. Tatsachen ist: Fixierte finanzielle Zielgrößen festzulegen und Leistung danach zu konrollieren, ist *als Führungskonzept fundamental verkehrt*. Der im Beyond Budgeting verfochtene Ansatz zur relativen Zielsetzung und rein ergebnisbezogenen Leistungs*bewertung* weicht von gängigen Paradigmen – im Gegensatz zu einer Reihe von Vorschlägen aus der Managementliteratur – nicht auf subtile Weise von der traditionellen Denkweise ab, sondern grundlegend und explizit: Es wird nicht gefordert, *weniger* fixe Ziele zu verwenden oder in veränderter Weise mit ihnen umzugehen. Sondern *gänzlich auf fixierte Ziele zu verzichten*.

Relative Ziele: Beispiel Formel 1

Stellen wir uns vor, ein Rennfahrer würde von seinem Trainer vor dem Beginn eines Rennens angewiesen, *jede Runde des Parcours in einer bestimmten Zeit* zu fahren. Und weiter: er solle dies tun ohne Rücksicht auf bestimmte Faktoren, die maßgeblich zum Ergebnis des Rennens beitragen werden, wie z.B. die Leistung und das Verhalten der anderen Fahrer, die Zuverlässigkeit des Autos, oder der Wetterbedingungen.

Zum einen wäre eine soche Zielsetzung volkommen *irrelevant,* denn sie lässt außer Acht, dass es bei einem Rennen lediglich darum geht, *als Erster ins Ziel zu kommen.* Zum anderen kann man unmöglich externe Faktoren vorhersagen oder kontrollieren. Eine derartige Anweisung würde vielmehr die Fähigkeit des Fahrers vermindern, sich schnell auf neue Situationen einzustellen, und wäre somit höchst gefährlich für Fahrer und Team. Und welche Wirkung hätte das Ziel auf die Motivation und Lernfähigkeit des Fahrers? Es würde ihn der Chance berauben, im Wettbewerb *siegen* zu lernen.

Das Beispiel zeigt für das Management noch etwas auf: dass relative, elastische Ziele in Wettbewerb und dynamischem Umfeld die *natürlichste* Art der Zielvorgabe sind. Absolute Ziele sind hingegen in einer solchen Situation unangemessen und gefährlich.

Beyond-Budgeting-Unternehmen nutzen kreativere Wege um Ziele zu setzen und um ihre Mitarbeiter zu belohnen, unter Verzicht auf fixe Leistungsverträge. Sie basieren Ziele der Gesamtorganisation auf rollierenden, fordernden Mittelfristzielen mit einem Zeithorizont von typischerweise 2–5 Jahren. Diese Ziele beruhen entweder auf Weltklasse-Benchmarks oder auf Rankings gegenüber Konkurrenten. Geschäftsbereiche setzen ihre eigenen, flexiblen Ziele. Ein rollierender Überprüfungs-Prozess dient dann dazu, diese Mittelfristziele regelmäßig zu evaluieren. Manager werden danach beuteilt und belohnt, wie sie gegenüber externem Leistungsstandard abgeschnitten haben, vor dem Hintergrund der eingetretenen Umstände. Dies stellt durchaus einen Leistungsvertrag dar, doch einen, der *auf einem relativen Ergebnis* basiert.

Die *Leistungsbewertung* mittels relativer Ziele funktioniert so: Am Ende jeder Geschäftsperiode trifft eine Gruppe von Managern der Unternehmensführung zusammen, um erreichte Leistungen gegenüber Benchmarks zu bewerten. Dabei berücksichtigen sie, wie gut das Team abgeschnitten hat, die jeweiligen Umweltbedingungen berücksichtigend und im Vergleich zu „peers", Wettbewerbern, und vorangegangenen Perioden. Die realisierte Leistung wird evaluiert, basierend auf einem kompakten Portfolio von Leistungsindikatoren, z.B. Wachstum und Ergebnis gegenüber dem Vorjahr und gegenüber der Konkurrenz. Die Vorzüge des Verfahrens liegen darin, dass der gesamte Prozess von Zieldefinition bis zur Leistungsbewertung schnell, umkompliziert und fair ist. Weil die Benchmarks stets anspruchsvoller werden, ist es mit diesem

Abb. 50: Managementprozesse Zieldefinition und Vergütung – Vergleich des traditionellen Modells mit der „Best Practice"

Verfahren eher als in der Budgetsteuerung möglich, Gewinnpotenzial zu maximieren.

Die neuen Paradigmen des Beyond-Budgeting-Modells haben unmittelbare Folgen für „Management by Objectives", aber auch für Vergütungs- und Bonussysteme (siehe Abb. 50).

Schauen wir uns die Funktionsweise selbstregulierender, elastischer Ziele an einem Beispiel an: Erlösziele auf der Absatzseite können, statt in festen Absatzzahlen ausgedrückt, am Wachstum des Gesamtmarkts ausgerichtet werden. Entwickelt sich der Gesamtmarkt einmal besser, als zu einem bestimmten (Planungs-)Zeitpunkt angenommen, so passt sich bei relativer Zielsetzung das in einem Forecast angepeilte Umsatzvolumen, z.B. für eine Vertriebsregion und die von ihr verantworteten Produktbündel, automatisch an die Gesamtmarktentwicklung an (in diesem Falle: nach oben). Das heißt aber auch: Im Einzelfall kann bei Verwendung relativer Ziele auch ein signifikanter Rückgang von Umsatz und Gewinn ein „Erfolg" sein – z.B. wenn der Gesamtmarkt schrumpft, oder wenn die Gewinne der Konkurrenten

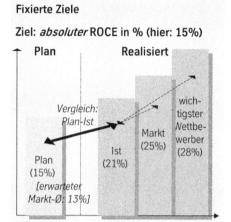 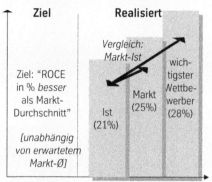

Abb. 51: Relative, an der Marktentwicklung orientierte Leistungsmessung

stärker als die der eigenen Organisation zurückgehen. Dieser relative Bezug der Performance sollte im System der Leistungsmessung stets zum Ausdruck kommen. Einschätzung und Bewertung der Leistung ist auf diese Weise fairer und relevanter, vor allem in turbulenten Umfeldern. Denn letztlich ist der wahre Erfolgsmaßstab, besser als der Wettbewerb abzuschneiden.

Ein weiteres Beispiel für relative Leistungsmessung -anhand des finanziellen Indikators Return on Capital Employed (ROCE) – zeigt Abb. 51. Der relative Indikator entfernt die Auswirkungen unkontrollierbarer externer Einflüsse und zyklischer Marktbedingungen aus der Leistungsbewertung. Eine Organisation, die genau diesen Indikator zur Leistungsmessung von Geschäftsbereichen und Standorten verwendet, ist Borealis. Das Unternehmen stellte bei der rückwirkenden Neuinterpretation seiner Leistung der 90er Jahre anhand relativer Performance gegenüber dem Markt fest, dass diejenigen Jahre, in denen hohe absolute ROCEs erwirtschaftet worden waren und die intern als besonders „erfolgreich" gegolten hatten, sich gerade durch vergleichsweise schwache *relative* Leistung auszeichneten. Ziele wie der geforderte relative ROCE werden mittel- und langfristig für einen Zeitraum von 3–5 Jahren definiert, und jährlich überprüft. Geschäftseinheiten und Standorte sind dann für die Interpretation der Ziele innerhalb des Zusammenhangs ihres Wirkungsbereichs und Marktes selbst verantwortlich, und definieren ihre entsprechenden kurz- und mittelfristigen Ziele in Eigenregie. Interne Verhandlung entfällt fast vollständig. Stattdessen werden Fragen gestellt wie: „Mit wem sollen wir benchmarken, und was sollte unsere relative Leistung in Bezug auf den Benchmark sein?" Das Ergebnis sind anspruchsvollere Zielsetzungen im Vergleich zur heute üblichen Praxis verhandelter Budgetziele.

Alle Ziele einer Organisation *können und sollten in relativer Weise* ausgedrückt werden. Grundsäzlich sind drei Erscheinungsformen relativer Zielsetzung denkbar:

- *Externe Benchmarks:* Relativ zum Markt/externen Wettbewerbern („Eigenes Unternehmen versus Markt und Wettbewerber", „Standorte versus Standorte der Konkurrenz", „Prozesse/Interne Bereiche gegenüber externer Best Practice", „Service Center versus externer Anbieter" usw.);

- *Interne Benchmarks und Best Practices:* relativ zu internen „peers" und Bereichen („Abteilung versus Abteilung"; „Filiale versus Filiale"; „Standort versus Standort"; „Manager/Team versus Manager/Team", „Projekt versus Projekt", „Land versus „Land", „Division versus Division" usw.) Interne Benchmarks und Indikatoren-Vergleiche zum kontinuierlichen Leistungsmanagement haben in Organisationen mit einer Vielzahl relativ homogener Leistungseinheiten (Beispiel Svenska Handelsbanken) großes Gewicht; andere Organisationen (Beispiel Borealis) sind stärker auf ein größeres Portfolio externer Benchmarks angewiesen;

- *Herausfordernde „stretch targets"* (in manchen Fällen sind die beiden ersten Optionen nicht möglich) relativ zu Vorperioden, in Form interner Produktivitäts-, Verbesserungs- oder Kosteneffizenz-Ziele („imaginäre/hervorragende Leistung versus vergangene Leistung").

All drei Erscheinungsformen relativer Ziele ermöglichen ein weitaus besseres, motivierenderes und relevanteres Leistungsmanagement als die verhandelten und fixierten Budgetverträge mit einem determinierten Zeithorizont von ca. 12 bis 15 Monaten. Die drei Grundformen relativer Zieldefinition sowie die Ausprägungen traditioneller fixierter Leistungsverträge lassen sich hinsichtlich ihrer Eignung zur Steuerung deutlich voneinander abgrenzen und gegenüberstellen – in Abb. 52 ist dies anhand der Dimensionen Wettbewerbsbezug und Flexibilität von Zielen schematisch dargestellt.

Management mit relativen Zielen und Indikatoren

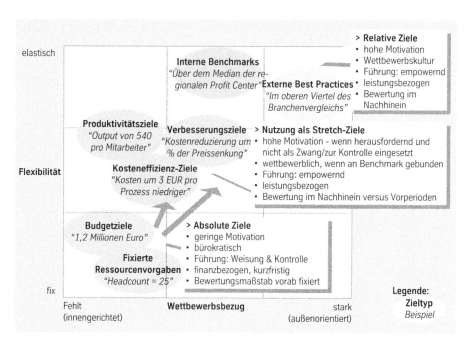

Abb. 52: Typen von Leistungszielen – von fixen zu relativen Zielen und Stretch Targets

Relative Leistungsziele reagieren *flexibel auf Umfeldbedingungen und bleiben trotz unvorhergesehener Einflüsse relevant*. Entwickelt sich das Umfeld vorteilhaft, werden Ziele gedehnt und automatisch anspruchsvoller. Oder umgekehrt. Benchmark-basierte relative Ziele sind in gewisser Hinsicht noch effektiver als Stretch-Ziele, weil sie stets aktell bleiben und im Zeitablauf die Richtschnur kontinuierlich anheben. Und sie sind noch relevanter, weil sie stets an den ultimativen Vergleichsmaßstäben – dem internen oder externen Wettbewerb – orientiert sind. Diese Tatsache unterstreicht den herausragenden Wert des Benchmarking für flexible Steuerungsprozesse. Benchmarking sollte nicht als ein optional verwendbares Tool gesehen werden, sondern als Basis und Antriebsfeder des Ziel- und Leistungsmanagements (siehe separaten Abschnitt zum Benchmarking).

Nun die schlechte Nachricht: Organisationen haben heute kaum Übung darin, in Zielen dieser drei Zieltypen zu *denken*. Wir denken meist in Budget-Zielen und Planerreichung, nicht in Markt-, Konkurrenz-, Verbesserungs-, und ambitionierten Zielen. Und wir missbrauchen Ziele unreflektiert zur Entgeltgestaltung – was den Zielmanagement-Prozess in unseren Organisationen korrum-

293

piert. Die direkte Anbindung dieser Ziele an materielle Belohnung und Bestrafung muss entfernt werden, um ganzheitliche, ausgewogene Unternehmensziele nicht durch kurzfristig angelegte finanzielle Anreize zu kompromittieren!

Relative Ziele bedeuten in jedem Falle, zur Überprüfung von Leistung und Zielerreichung *Tatsachen mit Tatsachen* zu vergleichen. Denn relative Ziele zu verwenden heißt, Leistung stets gegenüber interner oder externer Vergleichsleistung (Benchmarks) zu messen oder im Vergleich zur realisierten Leistung von Vorperioden (z.B. realisierte Quartals-Leistung versus Leistung des vorangegangenen Quartals oder versus Leistung des entsprechenden Quartals des vorangegangenen Jahres). Was daran neu ist: Wer budgetiert, vergleicht unklare, willkürliche Annahmen, Wunschvorstellungen und Prognosen auf der einen Seite und Echtzahlen auf der anderen. Es liegt auf der Hand, dass relative Ziele – also Vergleiche gegenüber Echtzahlen aus der Vergangenheit oder von Wettbewerbsleistung – weitaus härtere und unanfechtbarere Leistungsmaßstäbe sind als jede Planzahl.

Der Verzicht auf Budgets und der Übergang von fixen zu relativen Zielen gewährt Managern und Teams größere Freiheit beim Einsatz von Ressourcen und bei der Auswahl von Handlungsalternativen zur Zielerreichung. Statt Zielen, die bereits Maßnahmen, Aktivitäten und definierte Endzustände vorschreiben (fixierte Leistungsverträge) bieten relative Ziele Mitarbeitern und Teams die Möglichkeit, verschiedene Optionen auszuwählen und kontinuierlich zu evaluieren.[94] Ein Beispiel: Das relative Ziel für eine Geschäftseinheit, den Markt um 2% zu übertreffen, anstelle der Vorgabe eines fixierten 9%igen Wachstums für bestimmte Produkte kann eine wesentlich aktuellere und relevantere Zielvorgabe darstellen, weil sie die „Aufs und Abs" der Wirtschaft oder des Marktes anerkennt. Relative Ziele zu verwenden heißt anzuerkennen, dass sich Unternehmen und Geschäftsumwelt in konstantem Wandel befinden.

Relative Ziele verringern aufgrund dieser Prämissen den Bedarf an Fremdkontrolle und erlauben Selbstkontrolle, orientiert an objektiven und relevanten Standards. Zudem stimulieren sie die Kommunikation, dialogische Führung und Informationstransparenz. Mit diesem Paradigmenwechsel verbinden sich natürlich Herausforderungen. Top-Manager, Manager und Controller müssen lernen, Umfeldänderungen, Flexibilität und Improvisation zur

---

[94] Zu den überaus spannenden Implikationen eines „Management mit Optionen" im Gegensatz zu einem weisungsartigen Management by Objectives siehe z.B. Vieweg 2003.

Zielerreichung zu bejahen. Das höhere Management muss Mitarbeitern und Teams die nötigen Tools bereitstellen und trainieren, motivieren und dazu bevollmächtigen, wechselnden Herausforderungen autonom zu begegnen.

> **Vorzüge relativer Ziele**
> - Hohe Motivation zum Übertreffen der ultimativen Messlatte: des Wettbewerbs;
> - keine der Zielsetzung vorausgehende Verhandlung über Zahlen, die sich wahrscheinlich hinterher als unrealistisch oder als zu „lasch" herausstellen;
> - sind nicht Objekt von Manipulation;
> - größere Akzeptanz von Zielen durch externe und marktbasierte Vergleichsmaße;
> - bessere Transparenz der Verantwortung;
> - klarerer Zusammenhang mit der Strategie und Motivation zur Strategieumsetzung;
> - gewähren größere Freiheit hinsichtlich des Wegs zur Zielerreichung;
> - sind weniger finanziell und Input-orientiert, sondern ganzheitlich leistungsbezogen;
> - aktualisieren sich vielfach automatisch;
> - Bewertung der Leistung im Nachhinein – gegenüber relevanten Maßstäben und alle internen und externen Einflüsse berücksichtigend.

Wir können in den Organisationen, die eine Beyond-Budgeting-Steuerung verwirklicht haben, eine Vielzahl unterschiedlicher Arten von Zieltypen und differenzierten Formen der Zielentwicklung und -verwendung zum Leistungsmanagement unterscheiden:

- Kurzfristige Plan- und Leistungsziele zur Verwendung als *Basisperformance oder Zielkorridor;* werden mittels interner Leistungsvergleiche oder Schlüsselkennziffern gemessen.
- Mittel- und langfristige *strategische Ziele,* an externen Benchmarks orientiert.

Die Neun Gestaltungsfelder für Beyond Budgeting oder „Better Management"

- Langfristige *aspirationale Visionsziele* für die Gesamtorganisation, Divisionen oder Geschäftsbereiche – basieren auf erheblichen Leistungsverbesserungen und sind tendenziell nur erreichbar mit außergewöhnlichen Maßnahmen, über eine Reihe von Jahren.
- *„Stretch Targets"* – repräsentieren signifikante Verbesserungen in spezifischen Bereichen, ggf. über existierende andere Leistungsziele hinaus; sie erfordern mehr als nur leichte Verbesserungen der derzeitigen Leistung (an Benchmarks oder Idealvorstellungen der Leistung orientiert).

An diesem Portfolio unterschiedlicher Zieltypen wird einmal mehr deutlich, dass es bei Beyond Budgeting nicht lediglich um Abschaffung von Budgets als Zahlenwerk oder Dokument bzw. der Budgetierung als Prozess geht, sondern um eine völlig andere Philosophie von Zieldefinition und Leistungsvorgabe (siehe Übersicht in Abb. 53).

Kriterium	Budgeting: fixierte Ziele, dirigistisch, autoritär	Beyond Budgeting: flexible Ziele, dezentralisiert („devolviert")
Orientierung	an geplanter Leistung	an Leistung, Markt/Kunden und Mitarbeitern/Team
Menschenbild	überwiegend extrinsisch motiviert	überwiegend intrinsisch motiviert
Dominierender Kontrolltyp	Fremdkontrolle durch Vorgesetzte und Leitung	Selbstkontrolle, Gruppen- und Peer-Kontrolle
Autoritätsbasis	formale Autorität durch Position	funktionale Autorität durch Kompetenz
Kontrollform	formal, schriftlich	informal, persönlich, dialogisch
Kommunikationsweg	vertikaler Dienstweg	lateral, informell
Zielart	Individualziele, absolut	Gruppenziele, relativ
Zieldefinition	Anweisung und Vereinbarung/Verhandlung	dezentrale Definition; kritische Herausforderung durch Führung; externe Maßstäbe (zentrale Festlegung)
Information	restriktiver Zugang, Informationsmittler	uneingeschränkt bereitstehend, Transparenz und Schnelligkeit
Zusammenhang mit Bewertungs-/Anreizsystem	verbunden	getrennt: bewertet werden Ergebnisse ohne Bezug zu vorab definierten Zielen

Abb. 53: Prinzipien des Leistungsmanagements mit Zielen

Kritische Einwände hinsichtlich der Praxistauglichkeit und der Forderung nach ausschließlicher Verwendung relativer Ziele beziehen sich darauf, dass ihr Einsatz möglicherweise begrenzt sein könnte. Wettbewerbsbezogene Ziele sind, so wird vermutet, an zweierlei Voraussetzungen geknüpft:

- Das Vorhandensein eines internen oder externen „benchmarkfähigen Wettbewerbs" – in manchen Fällen könnte Wettbewerbsleistung inexistent oder einfach nicht identifizierbar sein.
- Ausreichend gute Leistungen des Wettbewerbs – andernfalls könne die Gefahr bestehen, dass man am Ende „Schlendrian mit Schlendrian" vergleicht (dieser Einwand übergeht geflissentlich, dass der Schlendrian als Vergleichsmaßstab ja gerade eines der inhärenten Probleme der Steuerung mit Budgets ist).

Tatsache ist: Es gibt immer benchmarkfähigen Wettbewerb. Was fehlt, sind in vielen Fällen funktionierende Prozesse zur Selektion und Erarbeitung relevanter Leistungsindikatoren, zur Erhebung von Bernchmarking-Informationen und zur Durchführung systematischer Vergleiche. Auch können ohne externe oder interne Vergleichsmaßstäbe bzw. zur Erhöhung des Anspruchsniveaus relative Ziele in Form von Stretch-Zielen genutzt werden, z.B. als Verbesserungsziele gegenüber Vorperioden. Erforderlich ist die sorgfältige Konstruktion eines neuen, flexiblen Leistungsvertrags.

Die Steuerung im Beyond-Budgeting-Modell setzt nicht auf naive Weise voraus, dass Leistung automatisch besser wird, nur weil Entscheidungsautorität zu näher am Kunden agierenden Entscheidern hin verlagert wird. Vielmehr werden alle Manager einem internen oder externen Leistungswettbewerb unterworfen, der vom Top-Management kontinuierlich beobachtet wird.

Fazit: Unternehmen, die nach außergewöhnlicher Leistung streben und Mitarbeiter zu Bestleistungen anspornen wollen, sollten flexible, relative Zielgrößen verwenden. Was bedeutet, dass jeder Mitarbeiter und jedes Team in der Organisation motiviert wird,

- besser als der interne oder externe Wettbewerber zu sein;
- in internen oder externen Leistungs-Rankings, so genannten Liga-Tabellen (z.B. Geschäftsbereich vs. Geschäftsbereich, Fabrik vs. Fabrik, Zweigstelle vs. Zweigestelle), durch bessere Leistung immer höher zu klettern;
- sich anspruchsvolle „Stretch"-Ziele zu setzen und diese auf flexible, kreative Weise zu verfolgen.

Auf diese Weise wird die wichtigste Selbstauflage des Unternehmens gegenüber Shareholdern – dauerhaft besser als die Konkurrenz zu sein – auf jede Leistungseinheit und jedes Team innerhalb der Organisation übertragen. Damit wird eine zum externen Handeln kohärente interne Verhaltensausrichtung der Unternehmung geschaffen.

4.4.3 Relative Ziele auf allen Ebenen der Organisation einsetzen

Drei Formen relativer Ziele können unterschieden werden: herausfordernde „Stretch-Ziele", interne Benchmarks/Leistungsvergleiche und externe Benchmarks. Alle drei Zieltypen umgehen in unterschiedlicher Weise absolute Zielvorgaben. Im Folgenden sollen Verwendungzwecke, Bedingungen und Formen des Einsatzes näher beleuchtet werden.

Stretch-Ziele

In den meisten Organisationen ist das Management mit aspirationalen Zielen de facto unbekannt und ungebräuchlich. Zwar ist es gängige Praxis in Unternehmen, Mitarbeiter pauschal zur „Verdopplung des Umsatzes" oder der „dreifachen Erhöhung von Geschwindigkeit von Markteinführungen" aufzurufen. Andererseits fehlen denselben Mitarbeitern das nötige Wissen sowie die nötigen Instrumente und Ressourcen, um derartig ambitionierte Ziele erreichen zu können. Trotz der Erkenntnis, dass nur ein höherer Input langfristig zu höherem Output führen kann, wird dieser Zusammenhang beim Führen durch Zielvereinbarungen oft leichtfertig vernachlässigt. Dahinter steckt zum Teil die Vorstellung, dass die Lösung durch „klügere" Arbeitsweisen, problemorientiertes Denken und Kreativität gefunden werden könne. Im Grunde ist es aber nötig, Mitarbeitern die richtigen Instrumente zu geben, die sie benötigen, um hoch gesteckte Ziele zu erreichen. Mitarbeiter für die Nichterreichung solcher Ziele zu „bestrafen", ist unmoralisch.

Versuche, Unternehmensleistung signifikant zu steigern scheitern, wie das folgende Beispiel zeigt, schon am Mangel an Verständnis der Zwischenbeziehungen zwischen anspruchsvollen Zielen, Indikatoren und Leistungsmessung, Anreizen und menschlichem Verhalten.

Ein Fallbeispiel: Geschäftsbereichs-Managern wird von der Unternehmensleitung mitgeteilt, dass sie von nun an selbst für die Leistung ihrer Division verantwortlich sind. Sie sollen fortan aktiv zur Strategieformulierung beitragen und „Stretch"-Ziele verfolgen. Der Anreiz: Zum Jahresende wird das Erreichen dieser Ziele mit großzügigen „Stretch"-Boni belohnt ...

Vier Gründe führen dazu, dass es für Manager im Kontext traditioneller Steuerung wenig attraktiv ist, sich auf derartige Ziele einzulassen:

- Manager reagieren *vorsichtig* in einer Kultur, die Gewinner belohnt und Verlierer bestraft. Risiken einzugehen, lohnt sich in diesem Kontext nicht.
- Das Aushandeln eines handhabbaren oder inkrementalen Ziels (bequem erreichbar, aber nach außen hin ambitioniert erscheinend) garantiert den Aufstieg. Echte Stretch-Ziele erhöhen das Versagens-Risiko und gefährden die Karriere.
- Selbst gut oder hervorragend implementierte Initiativen können in ihren Wirkungen deutlich über 12 Monate auf sich warten lassen – sie tragen also mehr mit Kosten als mit Gewinn zum Ergebnis des aktuellen Geschäftsjahres bei und reduzieren den Bonus.
- Die Praxis monatlicher Plan-Ist-Vergleiche führt dazu, dass schon leichte Anzeichen von Fortschritt eine Reihe von Meetings und Neuprojektionen auslösen, durch die ursprüngliche Ziele unter Umständen neu definiert und nach oben hin korrigiert werden (und so den Bonus verringernd).[95]

„Stretch Goals" oder aspirationale Ziele sind im Kern extrem ambitionierte Ziele, von denen man – sozusagen per Definition – *am Anfang nicht weiß, wie man sie erreichen soll*. Stretch Targets sind insbesondere dort einsetzbar und zur relativen Steuerung geeignet, wo keine direkten internen oder externen Wettbewerbsmaßstäbe oder Vergleiche zur Verfügung stehen. Sie sind ein Stimulus, um Wege zu höherer Effizienz durch überraschende Problemlösungen zu finden. Mitarbeiter müssen in der Lage sein, diese Ziele zu erreichen. Der Grad zwischen Erreichbarkeit und Übertreibung bei diesen Zielen ist jedoch schmal, denn wenn von vornherein bekannt ist, *wie* das Ziel erreicht werden kann, handelt es sich per Definition um kein aspirationales Ziel. Und weil diese Ziele so anspruchsvoll sind, kann auch kein sehr hoher Zielerreichungsgrad erwartet werden: Stretch-Ziele nicht zu erreichen oder teilweise zu verfehlen, ist „normal". Erstens sind Management und Marktgeschehen keine exakte Wissenschaft. Zweitens gehören Fehler und Misserfolge dazu. Die absolute Zielerreichung kann von der Führung also nicht *verlangt* werden. Wenn Fehler begangen wurden, ist es aber nötig, zu verstehen und zu lernen.

---

[95] Angelehnt an Hope/Fraser (1998), S. 22–23.

> ### Stretch-Ziele beim Hardware-Produzenten Groupe Bull, Frankreich
>
> Unter einem Stretch-Ziel sollte, so Manager Jean-Marie Descarpentries, eine Projektion des „bestmöglichen Ergebnisses" verstanden werden. Diese vorgestellte Spitzenleistung hat die Annahme zur Grundlage, dass sich alle nur denkbaren Rahmenbedingungen in günstigster Weise entwickeln. Einschließlich etwa der idealen Nachfrage und pünktlich stattfindender Produkteinführungen. Die einzelnen Geschäftseinheiten müssen dem Top-Management die eigenen Stretch-Ziele selbst vorschlagen. Der Trick bei diesem Prinzip: Die Geschäftsleitung legt das so „geträumte" Ziel dann umgehend ad acta und ignoriert es im späteren Verlauf.
>
> Die später realisierte Leistung wird nicht gegenüber den Stretch-Zielen bewertet (da es sonst zu einem fixierten Leistungsvertrag käme und Manager sich nicht auf die Herausforderung einlassen würden), sondern anhand von Leistungsindikatoren gegenüber Vorperioden oder dem Wettbewerb.
>
> Hinter dem Vorgehen liegt die Absicht, Linienmanager dazu zu motivieren, stets das Unmögliche zu durchdenken, radikale Lösungen zu suchen und sowohl phantasievolle wie risikoreiche Strategien zur Leistungsverbesserung zu entwickeln. Das Grundprinzip: 100%ige Trennung der Zielsetzung von Leistungsbewertung und Vergütung.

Stretch-Ziele müssen, anders als Benchmark-basierte Ziele, *unbedingt* von der Leistungsbewertung und Vergütung abgekoppelt sein. Anderenfalls würden äußere Einflüsse und Fehler zu Bestrafung führen. Diese Entkopplung muss Mitarbeitern bewusst sein. In der Konsequenz ist die einzig sinnvolle Art der monetären Vergütung von Zielerreichung in diesem Zusammenhang die Vergütung mittels Anerkennung in Form von Erfolgsbeteiligungen. Der zusätzliche Gewinn, sofern messbar, wird dabei zwischen Unternehmen und Mitarbeitern geteilt. Andere Anreize im Zusammenhang mit Stretch-Zielen sollten stets nicht-monetär sein.

Anspruchsvolle Zielsetzungen stellen hohe Anforderungen an Geführte *und* Führende: Die Herausforderung darf nicht zum Zwang werden, sondern soll inspirational und herausfordernd sein. Es ist wichtig zu berücksichtigen, welche Auswirkungen Ziele auf andere Teile der Organisation haben können.

Ein Beispiel für das Management mit Stretch-Zielen: Organisationseinheiten erhalten den Auftrag, ihre Margen um einen signifikanten Prozentsatz zu erhöhen. Das Ziel ist anspruchsvoll gewählt, allen Beteiligten ist klar, dass dieses Ziel mit „normalen" Mitteln nicht erreichbar sein wird. Anstatt nun ausgedehnte Planungen und Detailrechnungen vorzunehmen, werden die Einheiten gleichzeitig aufgefordert, Maßnahmen und Aktionspläne vorzuschlagen und Indikatoren zur Erfolgsmessung vorzulegen.

Damit anspruchsvolle „Stretch"-Ziele funktionieren können: Einige Voraussetzungen

- Stretch-Ziele müssen bedeuten: beste Leistung anstreben, mit voller Unterstützung der Leitung, unter Verfügbarkeit investiver und operativer Ressourcen und innerhalb von Verbesserungsprogrammen;
- Bewusstsein bei Leitung, Managern und Teams dafür, (1) dass Stretch-Ziele mit gewisser Wahrscheinlichkeit *nicht oder nicht ganz* erreicht werden – diese macht Stretch-Ziele zu *relativen* Zielen! Aber auch (2) dass selbst ein annäherndes Erreichen dieser Ziele deutlich bessere Ergebnisse bringt als der alte, inkrementelle Ansatz („X% besser als letztes Jahr");
- Linienmanager setzen ihre Ziele und planen die notwendigen Maßnahmen selbst (Prinzip Verantwortung und Identifikation);
- Verantwortung zur Zielerreichung liegt allein beim Linienmanagement. Es gibt kein Mikro-Management und Eingriffe von oben oder monatliche Plan-/Ist-Vergleiche (monatliche Reports bestehen z.B. aus Scorecards, die vieldimensional den Fortschritt gegenüber Vorperioden, Leistung gegenüber anderen Einheiten in der Organisation oder Markt/Wettbewerbern darstellen);
- Kontrolle im Verlauf der Initiative dient Feedback und Lernen, nicht der Einflussnahme auf Linienmanager durch Vorgesetzte; die Führung verhält sich in jedem Fall kooperativ und unterstützend;
- Leistungsverbesserungen werden vom Reportingsystem angezeigt, dienen aber (1) der Bewertung von Aktionsplänen, (2) der Fragestellung, welche zusätzlichen Verbesserungen vorgenommen müssen, und (3) ob die Ziele selbst weiterhin angemessen sind;

- Manager wissen, dass sie von der Leitung nicht bestraft werden, sofern sie das gesetzte Ziel nicht ganz erreichen; Zielerreichung ist nicht direkt an Vergütung gekoppelt – es gibt also keine finanzielle Bestrafung im Falle des Nicht-Erreichens von Stretch-Zielen;
- Im Falle des Nicht-Erreichens: Leistung wird im Nachhinein mit wohlwollender Grundeinstellung unter Berücksichtigung aller Faktoren und externen Einflüsse bewertet.

Internes Benchmarking und Leistungsvergleiche

Interne Vergleiche oder Liga-Tabellen sind hocheffiziente Instrumente zur Zielsetzung und Leistungsmessung, die ohne „Aufpasser" und „Kontrolleure" auskommen (die allein durch ihre Überwachung bereits Mitarbeitermotivation zerstören). Interne Benchmarks stellen einen Konsens her, der wirkungsvoller ist als die ausgehandelte und manipulativ entstandene Konsistenz fixierter Leistungsverträge. Commitment und zielgerichtete Motivation kommen hier durch geteilte Vision und Strategie zustande. Dies löst das Dilemma der Motivation, unter gleichzeitigem Verzicht auf den Einsatz einer Bürokratie von Vergütung, Beförderung und hierarchischer Kontrolle. Geteilte Werte ersetzen bei internen Vergleichen auf geradezu magische Weise verhandelte und fixierte Ziele.

Das von einigen Beyond-Budgeting-Unternehmen verwendete Modell relativer Zielsetzung mit Liga-Tabellen ist besonders griffig und leicht einsetzbar in Organisationen, die intern aus einer *Vielzahl relativ homogener Einheiten* bestehen. Dies trifft ganz besonders für Handelsunternehmen mit eigenem Filialnetz, Banken, Versicherungen und allgemein Unternehmen mit einer regionalen Vertriebsorganisation zu. Das Prinzip lässt sich aber auch auf andere Branchen und Unternehmenstypen übertragen, z.B. Industrie- oder Versorgungsunternehmen mit verschiedenen Standorten und Unternehmen im Projektgeschäft (Anlagenbau, Bau, Beratung, Dienstleistung). Diese spezifische Form *intern vergleichender Zielsteuerung* ist in manchen Industrien und Branchen schwerer realisierbar oder weniger offensichtlich. Doch selbst wenn verschiedene Leistungseinheiten innerhalb einer Organisation nicht vollständig homogen oder unmittelbar vergleichbar sind (z.B. Produktionsstandorte eines Industrieunternehmens), können zumindest generische Maße wie Effizienz, Qualität oder Sicherheit für derartige interne Leistungsvergleiche verwendet werden. Die Herausforderung liegt eher in der sorgfältigen

Auswahl der verwendeten Leistungskennziffern, um Korrelationen der Leistung mit nicht durch lokale Teams und Manager beeinflussbaren Einflüssen zu verhindern. In jedem Fall sollte – in Abhängigkeit von den spezifischen gewählten Indikatoren – eine gewisse *Vergleichbarkeit* der Organisationseinheiten gewährleistet sein, etwa im Hinblick auf Alter und Reife der Einheit, Größe, geografische Lage, Produkt-Mix oder andere Faktoren.

Leistungs-Rankings in Form von Liga-Tabellen als spezifische Darstellungsform interner Benchmarks lassen sich besonders in Unternehmen mit homogenen Profit-Centern hervorragend einsetzen (siehe Abb. 54). Die Tabellen werden möglichst häufig (idealerweise täglich – aus praktischen Gründen aber z.B. monatlich) erstellt und allen Managern gleichzeitig bzw. vollkommen öffentlich zugänglich gemacht. Sie informieren Manager über ihre relative Leistung und den Grad, in dem sie weitere Verbesserungen realisieren müssen, um weiterhin „in der Oberliga mitzuspielen".

Svenska Handelsbanken verwendet auf allen Ebenen der Organisation relative Ziele in Form von Rankings: Insofern handelt es sich bei diesem Modell in Wirklichkeit um eine Mischung aus Zielsetzung mit internen und externen

Ultimative Quelle der Dynamik des Modells sind Wettbewerb mit externem Markt und Konkurrenz!

Strategische "Kaskade"

Bank zu Bank
Return on Equity (RoE)

1.	Bank D	31%
2.	Bank J	24%
3.	Bank I	20%
4.	Bank B	18%
5.	Bank E	15%
6.	Bank F	13%
7.	Bank C	12%
8.	Bank H	10%
9.	Bank G	8%
10.	Bank A	(2%)

Region zu Region
Return on Assets (RoA) u.a.

1.	Region A	38%
2.	Region C	27%
3.	Region H	20%
4.	Region B	17%
5.	Region F	15%
6.	Region E	12%
7.	Region J	10%
8.	Region I	7%
9.	Region G	6%
10.	Region D	(5%)

Filiale zu Filiale
Kosten/Umsatz-Ratio u.a.

1.	Filiale J	28%
2.	Filiale D	32%
3.	Filiale E	37%
4.	Filiale A	39%
5.	Filiale I	41%
6.	Filiale F	45%
7.	Filiale C	54%
8.	Filiale G	65%
9.	Filiale H	72%
10.	Filiale B	87%

Manager zu Manager
Kosten/Umsatz-Ratio u.a.

1.	Manager G	24%
2.	Manager I	29%
3.	Manager J	35%
4.	Manager A	37%
5.	Manager H	40%
6.	Manager C	45%
7.	Manager F	55%
8.	Manager E	67%
9.	Manager D	78%
10.	Manager B	99%

Ergebnis-/Wertbeitrag

Abb. 54: Leistungs-Rankings („Liga-Tabellen") bei Svenska Handelsbanken – auf Gruppen-, Regionalbanks-, Filial- und Filialmanager-Ebene

Leistungsmaßstäben. Durch das Gesamtsystem aus Liga-Tabellen werden externer Leistungsansporn und interner Wettbewerb miteinander in Verbindung gesetzt, und es erfolgt eine „Kaskadierung" strategischer Ziele auf allen Ebenen der Bank.

- Auf der Gruppenebene ist das Spitzenziel die Eigenkapitalrendite (Return on Equity/RoE) im Vergleich zu anderen skandinavischen Banken.
- Auf der Ebene der 10 Regionalbanken finden 2 Messgrößen Verwendung: Return on Assets und die Ratio Kosten/Umsatz. Auf dieser Ebene wird der Wettbewerb durch zusätzliche Mechanismen forciert. Beispielsweise wird jährlich ein Pokal für den Spitzenplatz unter den Regionen verliehen. Interessantes Detail: Als ergänzendes „sportliches" Element werden die Kapitalkosten der Gruppe jährlich auf Basis der kumulierten Performance der jeweils drei letzten Jahre auf die Regionen verteilt – die erfolgreichste Region erhält die höchsten Kapitalkosten, die am wenigsten erfolgreiche die geringsten. So wird den Siegern die Messlatte höher gelegt, die schwächsten Regionen werden hingegen unterstützt.
- Auf der Ebene der über 500 Filialen gibt es Rankings für drei unterschiedliche Messgrößen: Die Kosten/Umsatz-Ratio, Ergebnis pro Mitarbeiter und Gesamtergebnis.

Zielsetzung einer jeden Region oder Filiale bei Svenska Handelsbanken ist es, eine Leistung oberhalb des Medians aller Regionen oder Filialen zu erbringen, besser zu sein als der oder die Mitbewerber. Manager sind sich allerdings durch die Praxis der monatlichen Aktualisierung im Klaren, dass die Liga-Ziele von Periode zu Periode *dynamisch* sind –, weil alle anderen Manager ebenfalls Verbesserungen anstreben. Der Leistungswettbewerb hört also niemals auf, Leistungsziele dieser Art müssen tendenziell auch niemals wirklich aktualisiert werden. Das Instrument fördert unmittelbar die Kultur eines sportlichen, dynamischen Wettbewerbs zwischen Profit Center und Divisionen. Zugleich ermöglichen die Tabellen Teams und Unternehmensleitung eine faire Leistungseinschätzung auch in Zeiten turbulenter Umfeldentwicklung. In den Worten von Jan Wallander von Svenska Handelsbanken: „Es ist lediglich erforderlich, Mitarbeitern den Durchschnitt und ein Ranking zu kommunizieren, das zeigt, welche Filialen sich darüber, und welche sich darunter befinden. Das System arbeitet von alleine. Die Unternehmensleitung braucht Mitarbeiter nicht zu drängen, sondern muss nur beraten."

Eventuelle Probleme der Stagnation können bei Bedarf durch zusätzliche variable Definition von Leistungszielen innerhalb der Liga-Tabellen gelöst werden. So kann die Unternehmensleitung situativ absolute Verbesserungen einfordern oder im Einzelfall allgemeine Verbesserungsziele für alle Organisationseinheiten definieren. Stagnation des Wettbewerbs innerhalb der Tabellen ist grundsätzlich aber kaum zu befürchten, denn der ultimative Vergleichsmaßstab – der externe Wettbwerb mit Markt und Konkurrenten – stagniert niemals: die gewählte externe Konkurrenzleistung wird immer zusätzliche Dynamik in die internen Liga-Vergleiche treiben.

Für interne, auf finanziellen Indikatoren basierenden Liga-Tabellen sind die Vereinheitlichung des Rechnungswesens und Fragen transparenter und akzeptierter Zurechnungsverfahren von Gemeinkosten kritisch. Die Verwendung ist jedoch nicht auf finanzielle Indikatoren beschränkt. Leistungs-Rankings können auf allen Ebenen einer Organisation, für alle mit der Strategie im Einklang stehenden Indikatoren eingesetzt werden. Liga-Tabellen können die Leistung von Regionen, Ländern, Filialen, Standorten und Fabriken, internen Dienstleistern, Kunden, Produkt- und Leistungsportfolios wiedergeben.

Liga-Tabellen sind ein hervorragendes Beispiel für die markante Implementierung unmissverständlicher finanzieller oder nicht-finanzieller Indikatoren und für die Schaffung eines gemeinsamen Leistungs-Vokabulars, das alle Manager und Teams verstehen. Der US-Elektrogerätehersteller Emerson Electric prägte in ähnlicher Weise – unter Hinweis auf die als kritisch erachteten Faktoren der Leistung – Begriffe wie „Bester Kosten-Produzent".

Internes Benchmarking bei Ahlsell, Schweden

Ein weiteres Fallbeispiel für die Verwendung von Liga-Tabellen in einer Vertriebs- und Regionalorganisation findet sich bei der schwedischen Handelsgruppe Ahlsell: Ahlsell inspirierte sich dabei am Managementmodell von Svenska Handelsbanken, nahm aber verschiedene Anpassungen vor. Man wählte für die Vertriebseinheiten vier strategische Indikatoren für die Leistungsmessung der Vertriebseinheiten aus: „Ergebnis über Net Sales" (ROS), „Rentabilitätszuwachs", „Effizienz" (als Bruttomarge durch Gehaltskosten) und „Marktanteil". Mit Hilfe des Basisindikators „Ergebnis über Net Sales" werden die Filialen in zwei Ligen klassifiziert: „The Premier League" und „The Qualifiers". Nur die Filialen der Spitzenliga werden am zusätzlichen Indikator Rentabilitätszuwachs gemessen.

> Die Leistung aller Einheiten wird monatlich gemessen und ist in Leistungs-Tabellen dokumentiert, die jedermann zeitgleich zugänglich sind. Die relativ besten und schlechtesten Leistungen werden unmittelbar sichtbar.[96] Die dem Konzept zugrunde liegenden Führungsprinzipien sind Selbstmanagement und interner Wettbewerb, basierend auf freiem Zugang zu Information.

Der Leistungs-Druck durch Gleichgestellte und unter Kollegen (Peers) spielt, wie sich bei Ahlsell und Svenska Handelsbanken gezeigt hat, eine wichtige Rolle im Motivationsprozess. Filialmanager in der Regionalorganisation etwa wollen das Regional-Team nicht enttäuschen, und durch den konstanten Informationsaustausch innerhalb der Regionen entsteht zugleich Leistungsdruck und der Wunsch, einander zu helfen. Es ist diese Spannung zwischen internem Wettbewerb und kooperativer Unterstützung, die die Leistungsverbesserung hervorbringt.

Interner Wettbewerb darf nicht mit Konkurrenz verwechselt werden. Im Hinblick auf das Leistungsmanagement sind dies unterschiedliche Konzepte. Heute existiert in Organisationen viel *Konkurrenz-* und wenig *Wettbewerbsdenken*. Konkurrenz und Wettbewerb stehen im Missverhältnis zueinander: Mitarbeiter und Teams konkurrieren um Budgets und Ressourcen; Ziele konkurrieren untereinander; Produkte und Produktorganisationen buhlen gegeneinander um die Aufmerksamkeit von Managern und Vertriebsmitarbeitern. Verschiedene Organisationseinheiten konkurrieren in der budgetgesteuerten Organisation auf brutale, sinnlose und zerstörerische Weise miteinander (z.B. um Investitionsbudgets, „Headcount", niedrige Quoten, Boni usw.). Konflikte zwischen Mitarbeitern verschiedener Teile der Organisation sind chronisch. Man findet aber wenig *sportlichen Wettbewerb* zwischen Einheiten, Bewusstsein für das Einholen oder Überholen interner und externer Spitzenleistungen oder hervorragender Praktiken.[97] Relative Ziele kehren dieses Verhältnis um.

---

[96] Aus Hope/Fraser 2003b, S. 123.

[97] Externe hervorragende Praktiken sind ganz entgegen gängigen Annahmen sehr leicht auffindbar und recht einfach zugänglich! Wir müssen uns nur die Mühe machen. Spitzenleistungen werden in Fachpresse, Buchveröffentlichungen, in Verbänden, Studien und auf Konferenzen publiziert. Oft lassen sich Top-Performer – auch unter Wettbewerbern – gerne ein wenig „in die Karten schauen". Denn sie wissen, dass Spitzenleistungen nur in den seltensten Fällen einfach kopierbar sind.

Der Unterschied: Interner Wettbewerb fördert Vertrauen, Kollaboration und Konsistenz der Ziele – horizontal und vertikal.

Der Schlüssel zu Spitzenleistung und Motivation ist die Stimulierung von Wettbewerb bei gleichzeitiger Unterbindung direkter Konkurrenz. Damit interner Wettbewerb nicht zu interner Konkurrenz und Kannibalisierung führt, müssen gelegentlich zusätzliche Regeln definiert werden. Während es wünschenswert ist, dass alle Organisationseinheiten um einen Spitzenplatz in Sachen Effizienz streiten, muss die Konkurrenz um Kunden und Ressourcen durch Regeln ausgeschlossen werden. In einem Wettbewerbsmodell zwischen Profit Centern etwa ist dafür die eindeutige Zuordnung jedes einzelnen Kunden zu einem spezifischen internen Profit Center (bei Handelsbanken: einer Filiale) erforderlich, unabhängig davon, an welchem Ort und über welchen Vertriebskanal einzelne Kundentransaktionen stattfinden. Weitere Gestaltungsgrundsätze: Ressourcen müssen marktlich entsprechend Angebot und Nachfrage ausgetauscht und „gehandelt" werden. Gemeinkosten müssen aktivitäten- oder treiberbasiert Centern zugerechnet werden. Und Belohnung soll nicht an die Leistung im internen Wettbewerb geknüpft werden, sondern als Erfolgsbeteiligung konzipiert sein. Die Kooperation wird u.a. dadurch möglich und stimuliert, dass der Leistungswettbewerb *nicht* monetär belohnt oder bestraft wird.

Mittels derartiger Regeln kann Wettbewerb ohne Konkurrenz, doch bei maximaler Stimulanz von Kollaboration zwischen Einheiten realisiert werden. Wettbewerb durch interne Benchmarks bedeutet auf diese Weise nicht rücksichtslosen Ellenbogeneinsatz bei kompromissloser Konfrontation und Konkurrenz, sondern stimulierenden, sportlichen Wettkampf bei höchster Kooperation zwischen Kollegen („Peers").

Bei Svenska Handelsbanken ist erstaunlicherweise *kein expliziter Prozess der Zielvereinbarung* oder -definition zwischen Hierarchien mehr erkennbar. Das Modell von Leistungs-Indikatoren und vergleichender Zielmessung mit Rankings und gegenüber internen und externen Konkurrenten ist seit Jahren ausgereift. Dies hat dazu geführt, dass keine weiterführende Zielvereinbarung oder ein separater Prozess strategischer Leistungsmessung – etwa mit Hilfe von Scorecarding – benötigt wird. Regionen und Filialen setzen sich ausgehend von den relativen Leistungsindikatoren ihre eigenen Ziele in Funktion der angestrebten Verbesserungen. Zielsetzungs- und Strategiemanagement sind de facto eingebettet in den kontinuierlichen Managementdialog und regelmäßige Abstimmungsprozesse zwischen Zentrale, Regionen und Filialen.

Externes Benchmarking

Externe Benchmarks sind die ultimative Quelle relevanter Leistungsmaßstäbe.[98] Auf den oberen Ebenen einer Organisation – auf dem Niveau von Geschäftseinheiten, Divisionen und Gesamtunternehmen bzw. für das höhere Management – spielt die Verwendung externer Benchmarks eine besondere Rolle. Unternehmen sollten stets bestrebt sein, ihre finanziellen Ergebnisse und Kapitalverzinsung mit derjenigen anderer Firmen aus derselben Branche zu vergleichen. Sie sollten dies aber auch für Divisionen und Geschäftsbereiche tun. In manchen Branchen und Ländern ist das sehr einfach zu bewerkstelligen. Im Bankgewerbe z.B. sind die methodischen Probleme des Datenvergleichs gering, und die Datenbeschaffung selbst ist einfach, da die meisten Banken in ähnlicher Weise arbeiten und weil die Form des externen Reporting aufgrund der Regulierung durch öffentliche Organe weitgehend standardisiert ist. In anderen Branchen ist es komplizierter, vergleichbare Zahlen zu generieren.

Diese Hürden der Informationsgewinnung sind in den meisten Fällen nicht unüberwindbar, erfordern aber u.U. ein systematisches Benchmarking-Vorgehen und eine gewisse Methodenentwicklung. Alternativ sollten Unternehmen die regelmäßige externe Datenbeschaffung durch Informationsanbieter, Beratungen oder Benchmarking-Spezialisten erwägen. Die Informationsbeschaffung und Ermittlung externer Benchmarks ist in jedem Falle nicht „umsonst". Der notwendige Aufwand sollte aber i.d.R. zu rechtfertigen sein, angesichts der Möglichkeit, auf diese Weise relevante relative Ziele und ultimative Performance-Maßstäbe und Indikatoren zu generieren.

Wie Borealis externes Benchmarking systematisch einsetzt

Obwohl Gemeinkosten bei Borealis bereits seit längerem mit Hilfe von Activity-based Management (ABC/M) gesteuert wurden, befand das Unternehmen Ende der 90er, dass dies allein nicht ausreiche, um weitere Leistungssteigerungen im Gemeinkostenbereich zu realisieren.

---

[98] Ich bin geneigt, das Kapitel an dieser Stelle abzuschließen – muss noch mehr hierzu gesagt werden? Man könnte den profunden Mangel der Budgetsteuerung auch auf diesen einfachen Satz reduzieren.

> Heute setzt das Unternehmen externe Benchmarks zur langfristigen Zielsetzung ein, und einzelne Standorte bestimmen eigenständig, wie diese Ziele erreichbar sind. Verantwortung und Autorität für den Verbesserungsprozess sind dezentralisiert. Umfassende Benchmarking-Aktivitäten werden bei Borealis unterstützt durch von einem Informationsanbieter zugekaufte regelmäßige Studien und Umfragen, die quartalsmäßig in das Informationssystem eingepflegt werden. Diese Berichte umfassen operationale Daten wie Ressourcennutzung, „Up-Time" usw.
>
> Andere Benchmarks betreffen Kundenzufriedenheit (jährliche Benchmarks; eigene Kundenbefragungen finden zur Messung quartalsmäßig statt), Mitarbeiterbefragungen (jährlich), und die für Borealis strategisch bedeutsamen Themenbereiche Technologie, Gesundheit und Sicherheit.[99]

Für die praktische, erfolgreiche Anwendung externer Benchmarks gilt, dass sich diese in allen Kennzahlensystemen aller Leistungsebenen und -einheiten wiederfinden lassen müssen. Externes Benchmarking ist keineswegs auf Gruppen- oder Divisionsebenen beschränkt. Erst das Vorliegen reichhaltiger, vielschichtiger Benchmark-Informationen ermöglicht den Einsatz relativer Ziele in der gesamten Organisation.

Bei Borealis umfasst das Benchmarking alle Ebenen und Dimensionen von Leistung. Für Geschäftseinheiten und das Gesamtunternehmen spielt der externe Vergleich mit finanziellen Schlüsselindikatoren eine Rolle, aber auch nicht-finanzielle, branchentypische Indikatoren etwa im Hinblick auf Unfallvermeidung und Technologieverwendung. Auf der Ebene des Linienmanagements werden Indikatoren von der Produktion bis zu den internen Dienstleistungen erhoben und gemessen. Im Ergebnis wird die Leistung auf allen Ebenen der Organisation mit Markt und Wettbewerb verglichen. Gerade für eher operative, prozessbezogene oder qualitative Leistungsvergleiche soll externes Benchmarking neben der reinen Leistungsmessung mit Kennzahlen aber auch zum systematischen Leistungsvergleich eingesetzt werden: Hier werden Benchmarks nicht nur als Indikatorvergleiche genutzt, sondern ihre Verwendung wird gekoppelt mit der gezielten Untersuchung dessen, wie die Konkurrenz- oder Vergleichsleistung zustande kommt.

---

[99] Siehe Neely et al. (2001), S. 24.

Benchmark-Ziele eignen sich in der Regel nicht dazu, auf ein spezifisches Geschäftsjahr oder auf eine bestimmte Periode bezogen zu werden. Zur Zielerreichung sollte hingegen ein spezifischer, längerer Zeitraum festgelegt werden. Die Leistung wird dann *periodisch gegenüber dem Benchmark bewertet*. Externe Benchmark-Daten für das Reporting müssen daher regelmäßig erhoben werden. Erbrachte Leistung wird also – im Zusammenhang mit relativer Zielsetzung – im Nachhinein gegenüber wirklich eingetretener Wettbewerbsleistung bewertet, nicht im Vergleich zu einem geplanten und vorab fixierten Zielwert. Dies erfordert eine ganz neue Denkweise und Verhaltensumstellung von Unternehmensführung, Linien-Managern und Teams. Ein typisches Benchmark-Ziel dieser Art für Unternehmen und Geschäftseinheiten ist z.B. „konstante Leistung innerhalb des besten Viertels des Wettbewerbs". Auch im externen Vergleich können vielfach Liga-Tabellen zur Leistungsmessung verwendet werden (z.B. regelmäßig vierteljährlich aktualisiert). Das Beispiel der Leistungstabellen bei Svenska Handelsbanken zeigt eine solche Anwendung durch die Verwendung des Vergleiches „Unternehmen versus Wettbewerb" für die Organisation als Ganzes.

Management mit Zielen – ein Neuanfang

Zweck: Motivation und Orientierung; Leistungssteigerung, Wandel und Anreiz zu kontinuierlicher oder sprunghafter Verbesserung

- *Die Zielerreichung selbst* motiviert Mitarbeiter, sofern diese bewusst wahrgenommen und kommuniziert wird. So genannte „extrinsische" Anreize (Vergütung) sind nur ein zusätzliches Plus!
- *Vergütung und Beförderung* dürfen nicht an Zielerreichung oder den Zielerreichungsgrad gekoppelt sein, sondern an das Ergebnis!
- Ziele sollen allgemein anspruchsvoll *und* erreichbar sein. Nur relative Ziele ermöglichen diesen Balance-Akt. Eine Reihe unterschiedlicher „Zieltypen" hilft dabei, Ziele unterschiedlichen Zeithorizonts auszubalancieren.
- *Transparenz und Offenheit:* Erfolge *und* Misserfolge müssen kommuniziert werden. Geheimniskrämerei motiviert niemanden!
- Gemeinhin galt: Wenn Ziele erreicht sind, müssen neue definiert werden. Die wirkungsvollsten relativen Ziele jedoch *aktualisieren sich automatisch* und sind dauerhaft einsetzbar.

- Mit relativen Zielen setzen sich Manager deutlich *schwierigere* Ziele (oder akzeptieren diese weitgehend ohne Verhandlung) – sie erhalten dafür aber weit größere Handlungsfreiheit.
- *Relative Ziele* ermöglichen größere Eigenkontrolle und verringern den Bedarf an Fremdkontrolle; sie fördern die Kommunikation zwischen Management und Teams und die Kommunikation zwischen Bereichen.

4.4.4 Messlatte Wettbewerb: Leistungsmanagement mit Benchmarking

„Obwohl wir schon seit zwei Jahren intensiv an der Verwendung von Balanced Scorecards zur Leistungsmessung arbeiten, hat mich jetzt das Beyond-Budgeting-Konzept überraschend darauf gestoßen, dass wir statt interner Planziele *Benchmark-Ziele* erarbeiten müssen. Heute haben wir damit angefangen...". Diese Aussage des Controllers eines Unternehmens, das bereits seit einiger Zeit an einer radikalen Neugestaltung seiner Prozesse für Budgetierung und Leistungsmanagement arbeitete, ist sicherlich typisch insofern, als sie auf die weitreichende Unterverwendung von Benchmarks in der Praxis hinweist.

Benchmarking heißt: Systematisch von den Besten lernen. Die Idee ist so griffig, einprägsam und einleuchtend, dass sie eigentlich überall gängige Praxis sein müsste. Dies ist aber leider nicht der Fall. Gerade in Deutschland wird vor allem im Vergleich zu den USA noch viel zu wenig systematisch „gebenchmarkt". Eine Befragung der Balanced Scorecard Interest Group unter 113 Großunternehmen bestätigt aber auch international die Unterverwendung von Benchmarks: 64 Prozent der Unternehmen bewerten nach dieser Studie ihre Leistung ausschließlich gegenüber internen Budgets, wohingegen nur 36 Prozent sich auch mit der Konkurrenz vergleichen.

Die Erklärung liegt in der Praxis der Budgetsteuerung mittels fixer Leistungsverträge: Die Budgetierung hält Mitarbeiter und Management dazu an, sich als *realistisch* eingeschätzte Ziele zu setzen, die innerhalb des Budgetjahres erreichbar sein sollen. Damit trägt die Budgetierung dazu bei, von Leistungsunterschieden gegenüber Bestleistungen oder externen Standards abzulenken. Das mit der Budgetierung verbundene Berichtssystem wiederum basiert auf dem Vergleich der realisierten mit den geplanten Leistungen und vermittelt eine Illusion der Kontrolle – verführt aber nicht dazu, darüber hinaus Leistungsvergleiche anzustellen. Die Budgetierung fördert also auch hier dysfunktionale Handlungen, indem sie eine enge Vision des Unternehmensgeschehens begünstigt, da sie Handlungen von Managern und Mitarbeitern auf interne finanzielle Pläne und nicht konsistent auf Konkurrenz, Markt und Umfeld ausrichtet.

Auch die heute üblichen Kennzahlensysteme berücksichtigen Leistung und Aktivitäten der Konkurrenz und Marktentwicklungen nur bedingt – dieser Mangel trifft auch auf all jene in Balanced Scorecards verwendeten Indikatorenmodelle zu, die Bezüge zu Konkurrenz und Markt gar nicht oder nur in Ansätzen über die Kundenperspektive einbeziehen. Um die Gefahr einer zu großen Innenorientierung zu vermeiden, ist aber eine viel stärker ausgeprägte relative Orientierung innerhalb aller Leistungsdimensionen der Scorecards erforderlich. Damit stets relevante Ziele und Messung gewährleistet ist, sollten relative Kennzahlen in *allen* Scorecard-Dimensionen und Scorecards einer Organisation eingesetzt werden.

Organisationen, die auf Benchmarking verzichten, verschließen die Augen vor dem einzigen, gleichsam ultimativen Leistungsmaßstab: dem Wettbewerb. Benchmarking als sporadische Aktivität oder alleinstehendes Projekt trägt jedoch kaum dazu bei, dauerhaftes Wettbewerbsdenken auf allen Ebenen der Organisation zu verankern. Erforderlich ist systematisches, regelmäßiges und strategiebezogenes Benchmarking, das verschiedene relevante Vergleichsmaßstäbe – z.B. vorlaufende *und* ergebnisbezogene Leistungsdaten – verfügbar macht.

Im Management ohne Budgets gewinnt das Benchmarking eine viel größere Bedeutung: Es wird eingesetzt in Form von *Projekten und kontinuierlichen Programmen* für

- Produkt-Management,
- Prozessverbesserung,
- laufende strategische Leistungsvergleiche,
- operative Leistungs-Kennzahlen/Kontrollen und
- operatives Kostenmanagement.

Benchmarking setzt Ziele anhand externer Vergleichsgrößen oder interner funktions- und bereichsübergreifender Leistungsvergleiche. Es handelt sich um einen verstärkt marktorientierten, extern orientierten Prozess des Leistungsmanagements.

Management mit relativen Zielen und Indikatoren

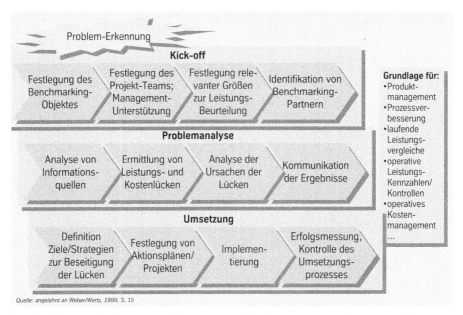

Abb. 55: Der Benchmarkingprozess für systematische Leistungsvergleiche im Beyond Budgeting

Zugleich hilft der Benchmarkingprozess, diejenigen Praktiken, die die identifizierten Leistungsniveaus erst ermöglichen, zu verstehen und in der eigenen Anwendungspraxis nutzbar zu machen. Ein solches funktionales oder prozessbezogenes Benchmarking beinhaltet neben dem reinen Vergleich der Leistung die systematische Untersuchung dessen, wie andere Organisationen ähnliche Aktivitäten und Prozesse verrichten. Zum Vergleich können interne oder externe Organisationen ausgewählt werden, die bekannt sind für ihre herausragende Leistung im Bezug auf den gebenchmarkten Prozess oder Output. Benchmarking kann so als Methodologie (siehe Abb. 55), aber auch als Bestandteil gelebter Kultur der Leistungsmessung und als Grundhaltung des Managements verstanden werden.

Es ist möglich, verschiedene Arten von Benchmarks zu unterscheiden, einerseits nach ihrer Anwendung auf Produkte oder Methoden/Prozesse, andererseits nach der Art des Vergleichspartners. Wichtige Arten von Benchmarks sind

- interne Benchmarks zwischen Einheiten mit gleicher Funktionserfüllung – insbesondere interessant für divisionalisierte internationale Konzerne, in Profit Center gegliederte oder stark projekthaft organisierte Unternehmen;

- externe Benchmarks mit dem direkten Wettbewerb – oft durch externe Dienstleister operationalisiert;
- funktionale Vergleiche – branchenübergreifend, auf Prozesse ausgerichtet (z.B. Logistik- oder administrative Prozesse);
- generische oder assoziative Benchmarks – branchen- und funktionsübergreifend werden Vergleiche „inspirational" durchgeführt: eine beliebige „Best Practice" wird durch kreative Assoziation und Übertragung auf eigene Probleme angewendet oder zur Produkt- oder Prozessverbesserung genutzt.

Es geht bei allen Formen des Benchmarking vor allem um das *Streben nach kontinuierlicher Verbesserung im Vergleich zu einem hervorragenden externen oder internen Leistungsstandard*. Sorgfältig ausgewählte und durchgeführte Benchmarks sorgen dafür, dass Unternehmen und Mitarbeiter ihre eigene Leistung gegenüber relevanten Höchstleistungen beurteilen statt gegenüber intern verhandelten Zielen. Benchmarking gibt Zielen gleichzeitig Glaubwürdigkeit, weil die jeweiligen Leistungsvorgaben anderswo bereits realisiert wurden. Benchmarks beugen also der Gefahr vor, Ziele zu anspruchsvoll zu formulieren, und andererseits in der Wahrnehmung von Teams unerreichbare Ziele zu verwenden.

Richtig eingesetzt, kann Benchmarking als Motor für die Motivation von Mitarbeitern zu schneller und kontinuierlicher Verbesserung dienen: Teams werden in die Lage versetzt, ihre Leistung kontinuierlich zu hinterfragen und zu verbessern. Zugegeben: Theoretisch besteht die Gefahr, durch Benchmarking in „Me-too"-Strategien zu verfallen – sprich: nur nachzuahmen und zu kopieren. Hier ist das Augenmaß des Managements gefragt. In einem sportlichen Sinne und vor dem Hintergrund des Wettbewerbs betrachtet, ist Benchmarking, sensibel und regelmäßig eingesetzt, ein Hilfsmittel zur Schaffung eines Klimas der Herausforderung und des Leistungswillens in der Organisation.

Benchmarking bietet jedoch wie jedes Management-Tool auch die Möglichkeit des Missbrauchs, wenn es als Instrument zur Festlegung fixer Leistungsverträge eingesetzt wird und Linienmanager gezwungen werden, unmöglich erreichbare Ziele zu definieren und zu erreichen. Der wirksame, wettbewerbsstimulierende Einsatz von Benchmarking wird in einer Organisation erschwert, die keine Kultur der konkurrenzbezogenen Leistungsbewertung kennt.

Benchmarking zur Erarbeitung relativer Ziele zu verwenden ist eine für die meisten Organisationen *ungewohnte Erfahrung*. Die wenigsten Unternehmen haben bislang selbst Erfahrung mit externem Benchmarking sammeln können oder verfügen über die nötige Methodik und Informationen, um den Übergang von fixen zu relativen Zielen mit eigenen Ressourcen und Know-how zu bewältigen. Wir müssen anerkennen, dass in Unternehmen die Setzung relativer Ziele mittels Benchmarks für die Organisation als Ganzes und für ihre Einheiten einfach keine traditionelle Kernkompetenz ist! Daher ist es angemessen und richtig, für diesen Aufgabenkomplex auf externe Berater zurückzugreifen, die über spezifisches Benchmarking, Branchen- und Industrie-Know-how oder spezifische Marktinformationen verfügen. Borealis nahm bei der Einführung seines neuen Systems zum Performance-Management ohne Budgets die Hilfe eines externen Consulting-Unternehmens in Anspruch, das Informationen zur eigenen und relativen Performance operativer Einheiten zusammenstellte. Zumindest zu Beginn der Umstellung von internen/fixen auf externe/relative Ziele zu Beginn einer Beyond-Budgeting-Initiative ist ein „Know-how-Zukauf" dieser Art anzuraten. Zugleich kann die Pflege eines eigenen Benchmarking-Partnernetzes und internen Benchmarking-Know-hows dazu beitragen, mittel- und langfristig die Fähigkeit zu selbstständigem relativem Leistungsmanagement aufzubauen. In den meisten Fällen wird sich dann eine z.B. monatliche oder quartalsmässige Revision der relativen Indikatoren über regelmäßige Updates der externen Benchmarking-Daten durch externe Berater oder Informationsquellen einspielen.

Benchmarking für das Leistungsmanagement einzusetzen ist – dies spüren wir intuitiv, wenn wir in einer Organisation erstmals über das „Wie" der Verwendung relativer Zielsetzungen nachdenken – weder ganz einfach, noch ist es „umsonst". Die Initiative zur Definition und Einführung relativer Ziele erfordert auch ein finanzielles Investment in Methodik, Indikatoren-Definition und Informationsbeschaffung. Zuweilen ist in Unternehmen leider nur geringe Bereitschaft vorhanden, die mitunter kostenintensive Datenbeschaffung und Benchmarking-Prozesse insgesamt mit angemessenen Ressourcen auszustatten. Wir sollten uns aber auch vor Augen halten, dass das Benchmarking der Organisation und seiner Einheiten weitaus relevantere Ziele zur Verfügung stellt, als dies mit Hilfe des selbst äußerst Ressourcen- und kostenaufwändigen Budgetierungsprozesses jemals möglich wäre.

Gestaltungsgrundsätze zum Einsatz von Benchmarking im Beyond-Budgeting-Modell:

Zweck: Vergleicht Leistung und Prozesse mit dem Besten innerhalb und außerhalb der Organisation; zielt auf die kontinuierliche Verbesserung gegenüber exzellenten Leistungsstandards ab.

- *Zielsetzung:* Ermöglicht Teams die Fomulierung anspruchsvoller, aber erreichbarer Ziele; Benchmarking-Ziele aktualisieren sich selbst.

- *Empowerment:* treibt Teams und Linienmanager dazu an, ihre Leistung kontinuierlich zu hinterfragen und zu verbessern; testet ihre Fähigkeit, stets schrittweise Fortschritte zu realisieren.

- *Kontrollfunktion:* ermöglicht Linienmanagern und Teams Selbstkontrolle gegenüber internem oder externem Wettbewerb und gibt dem Top-Management relevante Leistungsmaßstäbe.

- *Risiken des Einsatzes:* Darf nicht zu festen Leistungsverträgen führen und als „Knebel" eingesetzt werden; darf nicht zu reinen Nachahmungsstrategien führen, sondern muss auf Originalität abzielen und die Erarbeitung von Wettbewerbsvorteilen stimulieren.

- *Motivation und Einfluss auf das Verhalten:* verhindert Manipulation von Zielen; stimuliert Kultur von Leistungswillen und sportlicher Herausforderung (niemand will beim Leistungsvergleich im untersten Viertel landen!).

- *Kontinuität des Einsatzes:* In der Beyond-Budgeting-Organisation ist Benchmarking weder Projekt noch Ornament! Es ist notwendige, dauerhafte Praxis; es wird ständig und von allen Mitarbeitern als Teil des Tagesgeschäfts betrieben.

- *Benchmarking Know-how* muss in Organisationen erst aufgebaut werden – daher kommt es in den meisten Fällen zumindest anfangs zwangsläufig von außen. Wenige Unternehmen haben Erfahrung mit externem Benchmarking zur Erarbeitung relativer Ziele, oder verfügen über die entsprechenden Branchenindikatoren und -informationen – hier ist es vernünftig, Unterstützung von Beratern und externen Dienstleistern einzuholen.

4.5 Leistungsbewertung und Vergütung: Reengineering von Leistungsvertrag, Entgelt und monetären Anreizen

4.5.1 Die Probleme mit Leistungsbewertung, Entgelt und Motivation

Eine der größten Barrieren bei der Schaffung von Hochleistungs-Organisationen liegt in den Praktiken von Leistungsbewertung und Anreizsystemen sowie den Wegen, wie Karrieren gesteuert werden begründet. Die konzeptionellen Mängel verwendeter Vergütungssysteme sind vielfältig. Sie sind beispielsweise regelmäßig zu untransparent, um gerechte und ethische Belohnung zu fördern. Sie ignorieren strategische und wertorientierte Dimensionen der Leistung auf geradezu frappierende Weise. Stattdessen zielen sie meist auf eine von vornherein fixierte und auf kurzfristigen Erfolg ausgerichtete Leistung und Entlohnung ab. Belohnung und Bestrafung anhand kurzfristiger Ziele haben aber zugleich zwangsläufig Wirkungen auf das Verhalten, die den mittel- und langfristigen Zielen einer Organisation zuwiderlaufen. Die Gefahr ist groß, dass Vergütung und Belohung zu einer Mechanik von „Bestechung und Erpressung" der Mitarbeiter geraten.[100]

Die Praxis heutiger Anreiz- oder Bonussysteme beruht auf einem Paradigma menschlichen Verhaltens, das Mitarbeitern mangelnde Fähigkeit und Leistungsbereitschaft unterstellt. Steuerungs- und Bonussysteme gehen davon aus, dass Mitarbeiter dazu neigen, ihren Organisationen einen Teil ihrer tatsächlichen Arbeitsleistung aufgrund fehlender Anreize und Motivation vorzuenthalten. Auf dieser Grundlage sollen Anreizsysteme dann zu *aktiver Verhaltensbeeinflussung und -kontrolle* beitragen. Boni haben jedoch gleichzeitig eine ganze Reihe negativer Wirkungen auf das Verhalten. Sie

- verleiten zu risikoaversem Verhalten bei Entscheidern;
- haben bestrafenden bzw. drohenden Charakter für die Mitarbeiter;
- können zu einer Abnahme der Identifikation mit der Tätigkeit und zu weniger Kollaboration führen (der „Tu dies und erhalte das"-Mechanismus

---

[100] Zu diesem Problemfeld seien insbesondere die Arbeiten von Alfie Kohn zur vertiefenden Lektüre empfohlen, einschließlich dessen Grundlagenwerk „Punished by Rewards". Kohn zeigt in beeindruckender Weise die fälschlichen Prämissen und Gefahren bei der Gestaltung von Anreizen und Belohnung monetärer, aber auch nicht-monetärer Art.

der Boni führt zur „Leistungserbringung ausschließlich zum Zweck der Belohnung");
- können das Organisationsklima verschlechtern.

Die Mehrzahl der Unternehmen experimentiert in der Folge regelmäßig mit verschiedenen Wegen der Koppelung von variabler Vergütung an individuelle Leistung. Dabei wird häufig davon ausgegangen, dass die Lösung zu Mitarbeitermotivation und Unternehmenserfolg irgendwo in der richtigen Mischung von Zielen und Anreizen innerhalb des fixierten Budgetvertrags liegt. Budget-basierte Entlohnungssysteme basieren auf der Annahme, dass Manager für die Erreichung ihrer Budgetziele in einer Periode belohnt und umgekehrt bestraft werden sollten, wenn sie diese nicht erreichen.

Dabei kann man die Verbindung von Leistungsanreizen und Unternehmenserfolg als bestenfalls lose bezeichnen. Einige Untersuchungen legen ganz im Gegenteil die Vermutung nahe, dass Anreize lediglich eine direkte Folge haben: *kurzfristige Anpassung von Verhalten an Vorgaben*. Anreize (wie auch Bestrafung) erweisen sich jedoch als ungeeignet, dazu *Einstellung und Verhalten* nachhaltig zu beeinflussen: Fallen die finanziellen Anreize weg, kehren Mitarbeiter zu ihren alten Verhaltensstandards zurück. Monetäre Anreize motivieren also nicht dauerhaft, sondern haben allenfalls den Effekt kurzfristiger Verhaltensanpassung, solange der Anreiz selbst besteht. Anreize schaffen damit keine nachhaltige Bindung an Wertschöpfung oder Aktion.[101]

An Budgets geknüpfte Vergütungssysteme fördern Feilschen und Mogeln in der Unternehmung. Alle Planungs-, Kontroll- und Leistungsbewertungsprozesse werden durch diese Verbindung beeinträchtigt. Trotzdem ist diese Verbindung in der Unternehmenspraxis erstaunlicherweise mehr die Regel als die Ausnahme. Die Schädlichkeit Budget-basierter Leistungsvergütung kann leicht an einigen Beispielen demonstriert werden:

- Linien-Manager versuchen, bei der Planung innerhalb des Budgetierungsprozesses Leistungsziele so niedrig wie möglich zu verhandeln, um diese später leicht erreichen zu können. So sind Boni von vornherein praktisch „gesichert". Sollten die Ziele nicht erreicht werden, sind im Nachhinein darüber hinaus umfangreiche Argumentationen denkbar, mit deren Hilfe sich eventuelles Versagen sich auf nicht beeinflussbare Umfeldfaktoren schieben lässt.

---

[101] Siehe hierzu ausführlich die Untersuchungen von Kohn 1993a, Kohn 1993b, Jensen 2001, Pfeiffer 1998.

- Ein Manager überschreitet die aktuellen, im Budget vorgegebenen Leistungsziele. Ein natürlicher Anreiz bestünde darin, sich darüber hinaus mit seiner Leistung „zurückzuhalten": zum einen hat er seinen Bonus „in der Tasche" – typischerweise werden in Vergütungssystemen Zielüberschreitungen über ca. 120% hinaus nicht zusätzlich belohnt –, zum anderen kann eine weitere Erfolgssteigerung die Anhebung der Budgetziele für die kommende Budgetperiode zur Folge haben und damit die Erreichung künftiger Leistungsziele erschweren.

Politisches Taktieren und die diversen Versuche, das System des fixierten Leistungsvertrags zu überlisten, zerstören damit in doppelter Weise Unternehmenswert:[102]

1. Vorgesetzte und Mitarbeiter lügen *bei der Formulierung von Budgets und Zielen* und berauben den Budgetierungsprozess der kritischen, unverfälschten Information, die nötig wäre, um Aktivitäten in verschiedenen Teilen der Organisation zu koordinieren; wahrhaft anspruchsvolle Zielsetzungen und ambitionierte Einschätzungen des wahren Potenzials der Organisation finden nicht statt. Auf diese Weise wird die Maximierung von Wertschöpfung von vornherein verhindert.

2. Sie verfälschen die *Erreichung oder Nichterreichung von Budgets und Zielen* und zerstören dabei häufig unmittelbar Unternehmenswert.

Im Budget-basierten Steuerungssystem werden Unternehmensmitglieder zum Lügen erzogen: die Wahrheit zu sagen, führt häufig zu Bestrafung, Lügen dagegen zu Anerkennung und Belohnung. Menschen, die einmal die Vorteile des Lügens im System erfahren haben, können nicht anders, als dieses Verhalten auf alle Arten von Verhalten und Beziehungen in der Organisation auszudehnen.

Wenngleich die meisten Manager und Analysten einsehen, dass die Manipulation von Budgets im Sinne individueller Interessen der Planer und Manager gängige Praxis ist, verstehen nur wenige die hohen Kosten, die dies den Unternehmen aufbürdet – und wie diese zu senken wären.

Nach Jensen liegt die Lösung dieses Problems nicht notwendigerweise in der *Abschaffung* des Budgetierungsprozesses (diese Forderung steht auch nicht im Zentrum seiner Überlegungen), wohl aber in der Veränderung der Art und

---

[102] Siehe z.B. den methodisch ausgezeichnet fundierten Artikel von Michael C. Jensen zum Themenfeld „Ziele-Vergütung-Budgets" aus Harvard Business Review (2001).

Weise, *wie Organisationen Mitarbeiter bezahlen*. Wie wir sehen werden, führt die Lösung des Anreizproblems aber in jedem Falle zur Abschaffung des in Plänen und Budgets enthaltenen fixierten Leistungsvertrags – der Kernforderung des Beyond Budgeting. Im Beyond Budgeting wird nun eine andere, breitere Sichtweise hinsichtlich der Praxis der Steuerung vertreten, wonach Budgetierung in jeder Hinsicht ungeeignet zur Steuerung einer Organisation ist. Die Veränderung des Anreizsystems stellt den grundlegenden Schritt dazu dar, dass Budgets als Träger von Leistungsverträgen verzichtbar werden, und an deren Stelle somit viel wirksamere Steuerungsmechanismen treten können.

Der wichtigste Ansatzpunkt bei der Veränderung von Systemen der Leistungsbewertung und monetärer Vergütung ist dieser: Um kontraproduktives, schädliches Verhalten in einer Organisation einzudämmen, müssen wir davon abkommen, die Vergütung an vorab festgelegten oder verhandelten Zielen auszurichten. Die mittels Budget oder in einem umfassenderen Leistungsmanagement-System wie der Balanced Scorecard definierten Ziele sollten generell nicht in Vergütungsformeln und Beförderungssystemen verwendet werden. Individuelle Zielvereinbarungen sind *zur Messung von Leistung und als Grundlage für Vergütung ungeeignet*. An die individuelle Zielerreichung geknüpfte Vergütung, so zeigen verschiedene Untersuchungen, verschlechtert langfristig sowohl die individuelle als auch die organisationale Performance.[103] Ziele sollen zwar, wie wir bereits gesehen haben, messbar sein, jedoch nicht notwendigerweise in finanziellen Größen und nicht, um variable Entlohnungsbestandteile daran zu koppeln.

Die meisten gebräuchlichen Vergütungssysteme sind nach oben hin „gedeckelt" (vor allem, damit sie nicht zu teuer werden). Die Nachricht an Mitarbeiter lautet somit: „Ihr könnt maximal X Prozent eures Gehalts hinzuverdienen, wir ziehen euch allerdings für jeden Punkt, den ihr hinter den Zielen zurück bleibt, Geld von diesem Maximalgehalt ab." Im Sinne der „Gerechtigkeit" werden diese Ziele dann individuell oder für kleine Teams definiert. Die Folge: Jeder Mitarbeiter versteht, dass am Ende eines Beurteilungszeitraums ein Zielerreichungsgrad bestimmt wird, der sich dann unmittelbar auf die Prämie niederschlägt. Man handelt also Ziele so aus, dass die Wahrscheinlichkeit, sie zu erreichen, möglichst hoch ist. Mit dieser Fixierung des Leistungsvertrags geht der eigentlich beabsichtigte Sinn des Verfahrens, nämlich *her-*

---

[103] Siehe z.B Pfeiffer 1998.

ausfordernde Ziele zu finden, die es wert sind, sich für ihre Erreichung einzusetzen, jedoch verloren. Solche Systeme sind prädestiniert dafür, unterlaufen zu werden. Sie zwingen die Mitarbeiter aller Ebenen dazu, sich *taktisch geschickt* zu verhalten – doch nicht im Sinne der Organisation, sondern im eigenen Interesse. Die Kopplung von Zielvereinbarungen und Entgelt verhindert, dass *anspruchsvolle Ziele gemeinsam* erreicht werden.

Berater und Personalmanager erwidern auf derartige Argumentationen, dass die Vergütungssysteme zwar problembehaftet seien, dass mit ihrer Hilfe Ziele und Zielerreichung aber an Gewicht gewinnen würden. Der Verzicht auf Kopplung von Zielvereinbarung und Entgelt müsse unweigerlich dazu führen, dass Ziele vernachlässigt werden. Also: Ohne Androhung von Prämien keine Führung mit Zielen? Dies ist glücklicherweise ein Irrtum. Der erfolgreiche Einsatz des „Management by Objectives" hängt keineswegs von einem Verfahren ab, in dem Zielvereinbarungen durchgeführt und die vereinbarten Ziele gleichzeitig zur Grundlage von Prämienermittlung gemacht werden (siehe Box).[104] Dabei kann auf bekannte motivationstheoretische Erkenntnisse verwiesen werden:

- Motivation von Individuen ist nicht per se „extrinsisch", und daher nicht vorrangig durch monetäre Anreize bedingt. (Wir müssen nicht auf die vielfältigen Studien zur Motivationsforschung zurückgreifen, sondern brauchen uns nur unser eigenes Verhalten im Alltag vor Augen zu führen, um festzustellen, dass intrinsische Motivation dauerhaft bedeutsamer für die Motivation ist.)

- Monetäre Anreize sind zudem nicht notwendigerweise „zufriedenheitsstiftend", sondern eher „Unzufriedenheit vermeidend.". Tiefer gehende Motivation muss nach wie vor über die Freiheit, Entscheidungen treffen zu können, mittels Kollaboration in Teams und Austauschprozessen und durch relevante Arbeitsinhalte erfolgen.

---

[104] Mit einem Blick auf die Praxis des Management by Objectives muss vielmehr eingestanden werden, dass Führungskräfte deshalb meist nicht in der Lage sind, über Ziele zu führen, weil sie selbst die Ziele nicht ernst nehmen oder ihren Mitarbeitern nicht genügend Vertrauen zur selbstständigen Auswahl der Optionen zur Zielerreichung entgegenbringen. Im Ergebnis führen Vorgesetzte dann mittels Eingriff in Maßnahmen und Aktionen ihrer Mitarbeiter, und nicht durch die Zielsetzung selbst.

Die verachteten Anreize – Schlussfolgerungen aus Jahrzehnten der Motivationsforschung und -praxis

- Es gibt zwei Arten von Motivation: intrinsische *und* extrinsische – Anreizsysteme in Organisationen neigen dazu, intrinsische Motivation unterzubewerten.

- Mitarbeiter werden vor allem durch *Identifikation mit Zielen und Zielerreichung* – mithin nicht-monetäre Anerkennung durch Vorgesetzte, Kollegen usw. – motiviert.

- Mitarbeiter mit intrinsischer Motivationsstruktur sind prinzipiell „Selbstkontroll-fähig"

- Das Paradoxon der Kontrolle zeigt, dass extrinsische (also monetäre) Motivation, die sich der Fremdkontrolle bedient, auf lange Sicht intrinsische Motivation enttäuscht, zurückdrängt und substituiert. Fremdkontrolle kannibalisiert Selbstkontrolle.

- Systeme wie „Betriebliches Vorschlagswesen" sind an sich Ausdruck von Hierarchie, Bürokratie und Misstrauen. Diffusion von Analyse-, Kreativitäts-, und Qualitätstechniken als Treiber eines dauerhaften Ideenmanagements (neben der Verantwortung für Ressourcen und Ergebnisse und Entscheidungs-Autonomie) sind weit nachhaltigere Motivatoren.

Organisationen funktionieren nicht *wegen* der praktizierten Verfahren der Anreizgestaltung, sondern *trotz* deren Existenz. Mitarbeiter sind intelligent genug, sich von Vergütungssystemen nicht „austricksen" zu lassen, und hervorragend in der Lage, diese ihrerseits zu manipulieren. Die Befürworter der Kopplung von Zielen und Entgelt betonen, man müsse die Methoden nur weiter verfeinern und neue Variablen ausprobieren. De facto sind „erfolgreiche" Systeme dieser Art jedoch nicht dokumentiert. Experimente mit Kompensationssystemen versprechen keine echte Besserung, wie die vielfältigen Versuche der 90er Jahre mit aggressiven, auf Zielen beruhenden Vergütungsformeln gezeigt haben. Vielmehr scheint die Regel zu gelten: Je enger die Verbindung zwischen Vergütung und Zielen bzw. Zielerreichung, desto schädlicher wirkt die Vergütung.

Um relative Leistungsverträge in einer Organisation zu verwirklichen, ist es nötig anzuerkennen, dass kein Instrument oder mathematisches Verfahren der Anreizgestaltung den komplexen Prozess der Motivation, Leistungsbewertung und Beurteilung ersetzen kann – selbst wenn es noch so ausgefeilt ist.

Komplexe Systeme erschweren dagegen den Prozess der Kommunikation und Leistungsbewertung unnötig. Je aufwändiger, detaillierter und komplizierter das Entgeltsystem ist, desto mehr bindet es Energien der Mitarbeiter. „Cafeteria-Systeme" etwa – komplexe, der Theorie nach flexible Optionssysteme zur zeitlich variablen Belohnungsauswahl durch Mitarbeiter – sind, abgesehen von steuerlichen Überlegungen zur Erhöhung des Netto-Gewinns einer Firma, vor allem Arbeitsbeschaffungsprogramme für diejenigen, die sie entwickeln. Unternehmen sind teilweise so stark von der Kultur der Zielvereinbarung durchdrungen, dass einzelne Bereiche mit 30 untereinander gewichteten Zielvereinbarungen verregelt sind. Hier spielt Misstrauen eine große Rolle sowie das damit verbundene Sicherheitsbedürfnis auf der einen und ein substanzielles Kontrollbedürfnis auf der anderen Seite. Die Energie solcher Systeme konzentriert sich nach innen, auf alle möglichen Manipulierungsstrategien, die dem Zweck dienen, einen möglichst hohen Bonus zu erreichen, und darauf, Leistung *nachzuweisen*, anstatt kundenrelevante Leistung zu *erbringen*. Je mehr Menschen sich mit Bonussystemen beschäftigen, desto größer ist das Risiko zu Manipulation und der Anreiz zu einem eigennützigen Überlisten des Systems.

Leistung zu messen, also formelhaft abzuleiten, anstatt sie differenziert zu bewerten, ist Ausdruck eines falsch verstandenen Gerechtigkeitsstrebens und zieht unweigerlich eine Kette von „Nachverhandlungen" über Leistungsniveaus nach sich.

4.5.2 Hürden auf dem Weg zu motivierender und wertorientierter variabler Vergütung

Mitarbeiter und Manager innerhalb eines Systems fixierter Leistungsverträge sind sich kaum bewusst, dass sie vielfach lügen und ohne Integrität gegenüber ihrer Organisation handeln. Im Gegenteil: In den meisten Unternehmenskulturen wird ein derartiges Verhalten von verantwortlichen Managern und der Unternehmensführung erwartet. Es ist mithin nicht diskutierbar.

Die Neun Gestaltungsfelder für Beyond Budgeting oder „Better Management"

Um die Manipulation von Zielen und Zielvereinbarungen zu verhindern und Integrität in Planungs- und Managementprozessen herzustellen, kann es jedoch nicht genügen, Manager von einem Tag auf den anderen gleichsam aufzufordern, „nicht mehr zu lügen". Der gesamte Prozess der Schließung von Leistungsverträgen muss verändert und so Ziele und fixierte Leistungsverträge aus Vergütungsformeln und Beförderungssystemen eliminiert werden. Wenn Bonus und Beförderung lediglich davon abhängen, was Mitarbeiter *erreichen*, und nicht davon, ob sie einen Planwert oder ein Ziel treffen oder überschreiten, haben sie keinen monetären Anreiz, Information zurückzuhalten oder im Planungs- oder Zielsetzungsprozess zu lügen.

Zum besseren Verständnis der Probleme der meisten heute im Einsatz befindlichen Anreiz- und Vergütungssysteme ist es erforderlich, dass wir uns mit den Methoden der Leistungsbewertung etwas näher beschäftigen. Um aufzuzeigen, inwiefern das Vergütungssystem zu Verhaltensproblemen im Budgetbasierten Modell beiträgt, sollen hier die beiden grundsätzlich möglichen alternativen Gestaltungsformen näher analysiert werden.[105] Der obere Teil von Abb. 56 zeigt ein recht typisches, leistungszielbezogenes Vergütungsprofil, wie es heute in der Mehrheit der Unternehmen in ähnlicher Form anzutreffen ist. Das Gehalt eines Mitarbeiters oder Managers ist so lange konstant, bis eine Minimalhürde des Leistungsziels erreicht ist. Das Ziel kann dabei ein finanzielles Ergebnis, Net Sales, Produktions- oder Absatzvolumen oder jede andere Maßgröße sein, einschließlich prozentualer Zuwachsraten einer Messgröße. Häufig liegt in der Praxis die untere Leistungs-Hürde bei 80% des Niveaus des geplanten Leistungszieles. Bei ca. 80% des geplanten Zielniveaus nun erhält ein Manager einen Bonus für das Erreichen der Hürde. Dieser Bonus ist oft bereits substanziell, bei einer besseren Leistung über das Hürdenniveau hinweg steigt der Bonus jedoch weiter an, bis zu einem Bonus-„Deckel" auf einem bestimmten Leistungsniveau – z.B. bei 120% des Budgets oder Zieles. Leistung jenseits dieser oberen Performance-Grenze bringt keinen zusätzlichen Bonus.

---

[105] Die folgenden Ausführungen bauen, mit einigen Vereinfachungen, auf den Arbeiten von Michael C. Jensen auf (Jensen 2001). Die Lektüre dieser Arbeiten sei jedem an den Mechanismen für besseres Management Interessierten und jedem Beyond-Budgeting-Implementierer ans Herz gelegt.

Leistungsbewertung und Vergütung

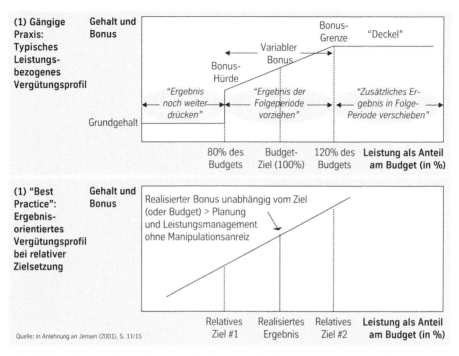

Abb. 56: Vergütungsprofile im Budgetziel-basierten und im Ergebnis-basierten Modell

Stellen wir uns nun die Anreizsituation eines Managers vor, der darum kämpft, den unteren Grenzwert zu erreichen: Solange er überzeugt ist, die Minimumhürde erreichen zu können, wird er einen starken Anreiz haben, alles zu tun, was seine Leistung erhöht – und dabei zu legitimen und illegitimen Mitteln greifen. Wenn das Leistungsziel mit „Ergebnis" zu tun hat, wird der Mitarbeiter den Anreiz haben, das Ergebnis dieser Geschäftsperiode auf Kosten der nächsten Periode zu erhöhen – z.B. indem er Ausgaben dieses Jahres verschiebt (etwa mittels Verzögerung von Ausgaben und Investitionen). Oder er wird versuchen, künftige Umsätze vorzuziehen, z.B. durch Ankündigung von Preiserhöhungen in der nächsten oder spezielle Rabatte in dieser Periode, durch vorgezogene Buchung von Verkäufen oder durch Abgabe von Gütern an Kunden unter Zusicherung späterer Rücknahme. Sofern diese Maßnahmen einfach Ergebnisse von einer Periode zur nächsten transferieren, sind die negativen Ergebnis-Auswirkungen für die Unternehmung eher gering (ein völlig anderes Thema sind die indirekten Folgen unethischen Verhaltens intern und am Markt). Es lohnt sich für einen Manager in dieser Situation aber selbst

325

dann, diese Maßnahmen zu ergreifen, wenn dies die gesamten zukünftigen Cashflows und Gewinne dramatisch reduzieren sollte, und damit der Organisation als solcher echter Schaden zugefügt wird. Ergänzende, auf langfristige Beschäftigung und Leistung ausgerichtete Politiken können den Anreiz, künftige Perioden zu „beleihen", deren Ergebnisse zu schädigen ggf. zu reduzieren, weder substanziell verringern noch eliminieren.

Wenn Manager in der gleichen Situation davon ausgehen, dass sie die Minimalhürde *keinesfalls* erreichen werden, sieht ihre Anreizsituation völlig anders aus. Hier sind sie mit dem gegensätzlichen Anreiz zu dem eben Beschriebenen konfrontiert, nämlich dem, ihre Leistung von der aktuellen in die *zukünftige* Periode zu verlagern. Typische Maßnahmen in diesem Sinne sind das Vorziehen von Einkäufen und Ausgaben, Abschreibungen für Restrukturierungen und Verzögerung des Absatzes an Kunden. Dies ist das Verfahren der „Großen Wäsche" („Big bath"), bei der das ohnehin schlechte Leistungsergebnis der aktuellen Periode genutzt wird, um den Weg für satte Boni in der Zukunft frei zu machen: Wie in der Abbildung sichtbar, reduziert sich die Vergütung des Mitarbeiters nicht weiter, je mehr seine Leistung in dieser Periode hinter der unteren Leistungsgrenze zurückbleibt (jeweils vorausgesetzt, dass er nicht entlassen wird). Stattdessen erhöht sich die Wahrscheinlichkeit, in den nächsten Perioden einen Bonus zu erhalten, sowie die wahrscheinliche Höhe des Bonusses wenn die Leistung innerhalb der dynamischen Zielbandbreite liegen sollte. Es lohnt sich also in jeder Hinsicht, einen eventuell niedrigen Verlust der aktuellen Periode in einen großen zu verwandeln, um damit die Aussicht auf künftige Boni zu verbessern. Diese Art von Überlegungen spielen zweifellos eine Rolle in allen Zeiten wirtschaftlichen Abschwungs und sind eher die Regel als die Ausnahme. Das entsprechende Verhalten übertreibt gegenwärtige Verluste und ebnet den Weg für höhere gemessene Leistung in der Zukunft. In Boom-Zeiten besteht entsprechend der Anreiz, Ergebnisse und Leistung überzubewerten, weil Manager bestrebt sind, mit unrealistisch hohen Erwartungen von Analysten und Finanzmärkten mitzuhalten.

Und wie verhalten sich Manager, die auf das Erreichen des Bonus-Limits oder Bonus-„Deckels" zusteuern? Sie haben ein Interesse daran, dieses Maximum nicht zu überschreiten, da sie keine zusätzliche Vergütung jenseits dieses Punktes erhalten. Dieser „perverse" Anreiz zur Leistungs-„Vermeidung" ist noch stärker, wenn – wie in Budgets typischerweise der Fall – die Leistung dieses Jahres den Zielen des nächsten Jahres zugrunde gelegt wird. In dieser Situation haben Manager also ebenfalls den Anreiz, Ausgaben vorzuziehen und Erlöse in die Zukunft zu verlagern, um Boni zukünftiger Perioden zu maximieren. Der Anreiz gilt auch für den Fall, dass dem Unternehmen durch solche Handlungen echte Verluste entstehen.

Vereinfacht ausgedrückt: Wann immer die Leistung eines Managers in die Nahe eines Knicks in der Bonus-Kurve fällt, stellt das Unternehmen Mitarbeitern Belohnung für schädliche Handlungen in Aussicht. Die Kosten des beschriebenen schädlichen Verhaltens für ein Unternehmen sind um so höher, je mehr Gelegenheiten Manager haben, die beschriebenen ergebnisrelevanten Manipulationen zu realisieren (genau darum erweisen sich Manipulationen durch mittleres und höheres Management vielfach als besonders explosiv). Die Wirkungen der Knicke zu verhindern, wäre theoretisch durch direkte Kontrolle möglich. Solche Kontrolle ist aber schwer realisierbar, wegen des spezifischen erforderlichen Wissens, das bei den ausführenden Managern liegt, nicht aber bei den Auditoren oder Controllern.

Die geschilderten Effekte sind nicht Probleme der Budgetierung als solche, sondern Folgen der Art und Weise, wie Unternehmen Leistungsverträge schließen und Leistung vergüten. Ursprung des Problems ist die Verbindung zwischen Mitarbeitervergütung und dem Budget bzw. Zielvereinbarungen im Rahmen eines Leistungsvertrags. Die Lösung besteht darin, die Funktion von Leistung und Bonus zu einer geraden Linie zu machen, wie dies im unteren Teil von Abb. 56 zu sehen ist. Wenn die Vergütung in linearer Verbindung mit der Leistung steht, ohne Knicke, Biegungen und Diskontinuitäten, ist damit die Belohnung der Leistung effektiv von den gesetzten Zielen getrennt. Unabhängig davon, ob ein fixes Ziel an einem Punkt Nr. 1 oder 2 gesetzt wurde – der Bonus für einen Mitarbeiter ist in beiden Fällen gleich. Damit werden Mitarbeiter effektiv für das belohnt, *was sie tatsachlich tun,* und nicht dafür, was sie tun (1) im Verhaltnis zu etwas, was sie zuvor selbst angekündigt oder ausgehandelt haben, oder (2) im Verhältnis zu dem, was ihnen zu tun aufgezwungen wurde.

Die resultierende „lineare Vergütungsformel" verhindert den Anreiz zu lügen, Information zurückzuhalten bzw. zu verzerren, oder das System zu „überlisten". Damit entfallen greifbare finanzielle Anreize,

- im Rahmen der Budgeterstellung oder des Zielsetzungsprozesses zu lügen und Zielsetzungen nach unten zu manipulieren. Nehmen Manager diesen neuen Mechanismus wahr und verstehen sie ihn, können bessere, herausfordernde Zielsetzungen getroffen und die Qualität von Forecasts verbessert werden. Koordinationskosten sinken, und es kann auf maximalen Erfolg (im Gegensatz zu mittelmäßigen Budgetzielen) hingesteuert werden;

- Umsätze oder Ergebnisse zwischen verschiedenen Perioden zu verschieben. Verbleibende Anreize für die Verlagerung von einer Periode in die andere sind vernachlässigbar.

Weil auch in einem „linearen Vergütungssystem" ohne vorab fixierten Leistungsvertrag höhere Leistung Vergütung verspricht, verbleibt eine gewisse Möglichkeit, dass unehrliche Manager ihre Ergebnisse weiterhin manipulieren. Dies ist ein Risiko, das Unternehmen stets beachten werden und dem sie mit einem gewissen Maß an Formalkontrollen begegnen müssen: Solange Manager glauben, dass Manipulation nicht aufgedeckt wird und dass Bestrafungen für solche Lügen ausfallen, lohnt es sich, in einer Weise zu handeln, die kurzfristig erreichte Leistung übertreibt. Die Lösung liegt in guten Kontrollsystemen und Indikatoren, und hohen Strafen für diejenigen, bei denen entsprechende Handlungen aufgedeckt werden.

Die Forderung, alle „Knicke", Diskontinuitäten und nicht-linearen Beständteile aus dem Performance-bezogenen Vergütungsprofil eines jeden Angestellten und Managers zu entfernen, führt uns direkt zur Forderung im Beyond-Budgeting-Modell, den fixierten Leistungsvertrag aus Leistungsbewertung und Vergütung, aber auch aus dem Prozess des Leistungsmanagements allgemein zu entfernen.

Konzeptionell ist das recht einfach realisierbar. Eine lineare Vergütungsformel ist nicht mit hoher Komplexität, sondern ganz im Gegenteil mit maximaler Einfachheit der Entgeltgestaltung verbunden. Die größere Herausforderung liegt darin, dies in Unternehmen zu implementieren, in denen Manager Schwierigkeiten haben, sich alternative Formen des Managements und der Vergütung ohne fixen Leistungsvertrag vorzustellen. Für die meisten Unternehmen erweist es sich als ausgesprochen schwierig, durch Anpassungen am Vergütungssystem alleine zu einem linearen Vergütungssystem zu gelangen. Mit Zielen und Zielsetzung verbundene Vorstellungen von variablen Entgeltsystemen sind fest in den Köpfen von Managern und Mitarbeitern verankert. Sie dahin zu bekommen, auf zielbasierte Boni zu verzichten, ist eine Sache. Aber gleichzeitig die Abschaffung von Beförderungen oder sonstigen „Anerkennungen" für die Zielerreichung oder das Treffen bzw. Übertreffen von Budgets zu erreichen, stellt eine deutliche Herausforderung dar. Das dominante psychologische Bedürfnis scheint zu sein, dass Manager und Mitarbeiter sich „unbelohnt" fühlen, solange sie nicht „etwas mehr" bekommen, nachdem sie ein fixes Ziel erreicht haben; und dies bringt leicht nicht-lineare Elemente in die Vergütungsformel hinein – und damit wieder all die oben diskutierten Probleme zielbezogener, nicht-linearer Vergütung.

Die Bonuslinie von Folgeperioden darf zudem nicht von der Leistung der gegenwärtigen Periode abhängen, denn dies würde wiederum indirekt Nichtlinearität und Brüche in das System zurückbringen. Daher müssen bei der Wartung des Systems willkürliche Eingriffe im Laufe der Perioden (z.B. Jahre) verhindert werden. Wenn Manager und Mitarbeiter davon ausgehen, dass das Entgeltsystem „heruntergeriguliert" wird oder dass hohe Boni des aktuellen Jahres im nächsten zurückgeschnitten werden, dann werden sie berechtigterweise schlussfolgern, dass das System Brüche aufweist – auch wenn diese informell und inexplizit sein sollten. Sie werden abschätzen, wo solche Brüche liegen und Anstrengungen unternehmen, zukünftige Leistung zu begrenzen, damit diese Brüche nicht erreicht werden.

Zur Minimierung negativer Wirkungen von Vergütungssystemen auf das Verhalten sollten zusätzlich einige weitere Probleme beachtet werden:

- Die Organisation muss dem Druck von Managern und Mitarbeitern widerstehen, ein Bonussystem abzuschaffen oder zu manipulieren wenn seine Auszahlungen wegen schlechter Performance in einer Periode gering ausfallen.

- Gerade in Zeiten der Rezession ist es sinnvoll, die Auszahlung von Boni an die Erreichung eines *finanziellen Mindesterfolgs* zu koppeln, egal was andere Indikatoren des Beurteilungssystems anzeigen.

- Damit schädliche Verhaltenswirkungen vermieden werden, ist von jeder Berücksichtigung so genannter „Individual-Leistung" im Vergütungssystem Abstand zu nehmen; zunächst existiert in verknüpften Organisationen individuelle Leistung nicht wirklich, weil jede Leistung von Leistungen anderer – in meist schwer abzugrenzender Weise – beeinflusst wird. Messung und Steuerung von Leistung auf individueller Basis ist zudem unter methodischen und wirtschaftlichen Gesichtspunkten unsinnig. Vor allem aber geht von der Verwendung von Gemeinschafts-/Bereichsleistung in der Bewertung ein Anreiz zugunsten von Teamgeist, Kollaboration und Gruppendruck (Peer Pressure) aus, was sich positiv auf die Gesamtleistung auswirkt.

- Die so genannte Trittbrettfahrer-Problematik wird in der Literatur zuweilen überbewertet. Sie ist in einer Beyond-Budgeting-Organisation zumindest beherrschbar. In einem auf dezentralem Management und Teamleistung abstellenden Führungs- und Anreizmodell müssen Manager aber befähigt werden, sich von dauerhaft leistungsschwachen Mitarbeitern zu trennen.

Die Herausforderung bei der Gestaltung von Anreizsystemen: ein Vergütungssystem kann nicht die gesamten Geldmittel einer Firma an seine Mitarbeiter überführen, ohne gleichzeitig die Fähigkeit der Unternehmung zu zerstören, zu investieren und Kapital aufzunehmen. Und ein Vergütungssystem, das seine Mitarbeiter nicht ausreichend für außergewöhnliche Leistung belohnt, wird wichtige Talente an konkurrierende Firmen verlieren.

> **Negative Verhaltenswirkungen von Vergütungssystemen und wie sie verringert werden.**
>
> - Fixierte Leistungsverträge schlagen sich in *nicht-linearen Vergütungsprofilen* nieder. An diese Leistungsverträge sind üblicherweise Boni, monetäre Anreize und Beförderung gekoppelt.
> - Diese geben den Akteuren in der Organisation einen Anreiz, im Rahmen der Budgeterstellung oder des Zielsetzungsprozesses Zielsetzungen nach unten zu manipulieren.
> - Je nach Situation hinsichtlich des Grades der Zielerreichung geben diese Vergütungsprofile zudem unterschiedliche Verhaltensanreize – die in der Regel langfristig schädliche Wirkung auf die Einzelleistung und die Gesamtleistung einer Organisation haben.
> - Negative Verhaltenswirkungen können nur durch Verwendung relativer Leistungsverträge mit *linearen Vergütungsprofilen* effektiv verringert werden – und damit durch die Trennung jeglicher Belohnung von Zielsetzung und geplanter Leistung.

4.5.3 Ansätze zu „funktionierenden" Formen von Belohnung und Vergütung

Die Neugestaltung organisationaler monetärer Anreizsysteme ist ein mit „politischen" Fragen belastetes, gleichzeitig aber auch kritisches Element für die erfolgreiche Umsetzung einer Steuerung „Beyond Budgeting". Es ist sicherlich nicht möglich, heute von einem einzigen „besten Weg" der Gestaltung von Vergütungssystemen zu sprechen. Sehr wohl können aber im Zusammenhang mit dem Konzept des flexiblen Leistungsvertrags in der Beyond-Budgeting-Organisation verschiedene grundlegende Prinzipien für die Ausgestaltung geeigneter Systeme genannt werden (siehe Box).

Im vorangegangen Abschnitt war von den vielfältigen dysfunktionalen Verhaltenswirkungen fixierter Leistungsverträge die Rede. Individuelle Leistungsziele, Pläne und Planzahlen haben – so wurde gezeigt – schädliche Wirkung auf die Einzelleistung und die Gesamtleistung einer Organisation. Daneben stehen eine Reihe weiterer Argumente der Verwendung fester Leistungsverträge zur Bewertung und Vergütung entgegen.

Allgemeine Prinzipien für die Ausgestaltung von Vergütungssystemen im Beyond Budgeting

- *Ergebnisorientiert belohnen* (ggf. relativ zu externen Benchmarks), niemals relativ zu Planungen und absoluten Zielen.
- *Gruppen- oder teambezogene, nicht individuelle Vergütung praktizieren;* genauer gesagt: Statt Individualboni sollen Gruppenboni oder Anreize auf Basis des Gesamterfolgs des Unternehmens verwendet werden.
- *Einfachheit beherzigen* statt Komplexität des Vergütungssystems.
- *Nicht kurzfristige Leistung belohnen,* sondern langfristige Wertschöpfung; mittelbare Indikatoren der Leistung (z.B. Qualität, Kundenzufriedenheit) nach Möglichkeit meiden.
- *Zusätzliche Mechanismen zur Erhöhung der Langfrist-Orientierung* der Belohnung einbauen.

Im Zusammenhang mit der Leistungssteuerung einer Organisation haben Ziele und Planwerte den Nachteil, dass sie keine objektiven oder validen Kriterien für Leistungsbewertung und Vergütung darstellen. Andere Formen der Belohnung wie Beförderungen dürfen ebenso wenig abhängig von Plänen, Zielvereinbarungen oder Budgets sein. Die einzigen Bewertungsmaßstäbe, die den Anspruch auf Relevanz und weitgehende Objektivität erfüllen, sind *Ergebnisse, relativ zu realisierten Vergleichsmaßstäben*. Derartige Vergleichsleistungen können prinzipiell realisierte Leistungen aus Vorperioden oder interne bzw. externe Benchmarks sein. Die *Leistungsbeurteilung* im Beyond-Budgeting-Modell findet entsprechend nicht auf Basis des Erreichens der selbst gesetzten oder verhandelten Ziele oder geplanter Leistung statt, sondern auf der Grundlage der relativen, tatsächlich erreichten Performance gegenüber dem Wettbewerb (bzw. einer relevanten externen Peer-Group) oder gegenüber Vorperioden. Je eindeutiger und strikter der Zusammenhang von Vergütung zu *objektiver* Leistung, desto kraftvoller ist die Wirkung auf Verhalten und Organisationskultur.

Abb. 57 zeigt eine Bewertungsformel bei relativem Leistungsvertrag ohne Budgets, die diesen Ansprüchen gerecht wird und wie sie z.B. für eine bestimmte Geschäftseinheit in einer Beyond-Budgeting-Organisation zum Einsatz kommen kann.[106] Ein solches relativ einfaches Bewertungsschema (eine separate Leistungsbewertung unterhalb der Geschäftseinheitsebene gibt es nicht) ist typisch für das Management ohne festen Leistungsvertrag.

Leistungsindikator	Gewichtung (fix)	Erreichter Wert (Komitee-Bewertung)	Gewichteter Wert
• Wachstum – gegenüber Vorjahr	20%	50	10%
• Wachstum – gegenüber Wettbewerb	20%	40	8%
• Gewinn – gegenüber Vorjahr	20%	60	12%
• Gewinn – gegenüber Wettbewerb	20%	50	10%
• Verschuldungsgrad – gegenüber Vorjahr	10%	80	8%
• Qualitäts-Indikatoren – gegenüber Vorjahr	10%	60	6%
Gesamt-Bewertung	100%		54%

Abb. 57: Leistungsbewertungs-Formel für eine Geschäftseinheit (mittels relativem Leistungsvertrag)

Interessanter noch als die Bewertungsformel selbst ist vielleicht das, worauf in der Formel bewusst *verzichtet* wurde: Sie enthält keine Planziele, (fast) keine nicht-finanziellen Indikatoren, die Bewertung enthält keinerlei auf Leistung kleiner Teams oder Individuen bezogene Indikatoren. Kein Element der Formel ändert sich von einem Geschäftsjahr zum nächsten. Die Formel selbst sowie das darauf basierende Vergütungssystem, also der dazugehörige Prozess der Leistungsbeurteilung und Bonusermittlung, sind extrem einfach.

---

[106] Angelehnt an ein bei Groupe Bull in den 90er Jahren verwendetes Bewertungsschema; nach Hope/Fraser 2003b, S.75

Die Fokussierung von Vergütungsformeln auf wenige ausgewählte (z.B. eine „Handvoll") Kennzahlen bedeutet selbstverständlich einen Verzicht auf „umfassende" Berücksichtigung von Leistung. Dieser reduktionistische Ansatz ist aber aus Sicht eines bewusst *nicht* der Verhaltenskontrolle dienenden Vergütungssystems erforderlich und auch durchaus unproblematisch. Die einzelnen Zielkomponenten im Fallbeispiel und die Gewichtung der Komponenten untereinander spiegeln die strategischen Prioritäten des Unternehmens wider, gleichzeitig aber auch den Versuch, die Schaffung langfristiger Potenziale und finanzieller Ergebnisse mit einer wenig komplizierten Berechnungsformel auszubalancieren. Speziell die beiden letztgenannten Indikatoren sollen dazu beitragen, dysfunktionales Handeln zuungunsten von strategisch bedeutsamen Finanzierungsfragen und Qualität zu verhindern.

Die Einfachheit der Formel im dargestellten Beispiel könnte sogar noch erhöht werden: Der Qualitätsindikator etwa erscheint aus konzeptioneller und praktischer Sicht als separater Bewertungsfaktor noch verzichtbar, da die berücksichtigten finanziellen Ziele (kompetitive Rentabilität *und* Wachstum) ohne ein zumindest angemessenes Qualitätsniveau und ein ganzheitliches Qualitätsverständnis ohnehin nicht erreichbar sind.

Der Bewertung von Leistung gegenüber Wettbewerbern mit einer solchen Formel haftet zugegebenermaßen immer auch ein subjektives Element an: Die Bewertung muss letztlich von einem Komitee oder Gremium durchgeführt werden. Eine Gruppenbewertung etwa der realisierten Leistung gegenüber der Leistung von Vorperioden – bei Berücksichtigung aller Einflussfaktoren – ist aber natürlich nie *vollständig* objektiv. Dieser scheinbare „Nachteil" des Verfahrens erscheint jedoch akzeptabel, wenn wir uns vor Augen führen, wie die Leistungsbewertung mit Budgets oder fixierten Zielen in der Praxis funktioniert. Vorgesetzte senken nämlich Budgetziele im Nachhinein regelmäßig für die Leistungsbewertung, z.B. um Mitarbeiter nicht für Faktoren jenseits ihres Einflussbereichs zu „bestrafen". Die rückwirkende Anpassung findet auf drei verschiedene Arten statt, die dazu beitragen sollen, externe Variablen der Leistung aus der Bewertung zu eliminieren. (1) Manager bewerten Mitarbeiter rein *subjektiv* und ignorieren das vorab fixierte Ziel. (2) Fixierte Ziele werden „objektiv" um bekannte Einflüsse justiert, die schon zum Planungszeitpunkt verhandelt wurden. (3) Abweichungen innerhalb und außerhalb des Einflussbereichs des Bewerteten werden getrennt. Die drei Verfahren haben einen Punkt miteinander gemeinsam: sie führen zur Schwächung von Zielsetzung und Leistungsvertrag und somit zu Zynismus. Außerdem beinhalten sie eine gehörige Portion Subjektivität und politische Manipulation. Problematisch ist auch, dass die drei Praktiken immer angewendet werden, um Budgetziele im Nachhinein zu *senken,* wohingegen eine *Erhöhung* der ursprünglichen Zielniveaus – auch wenn diese im Rückblick natürlich oftmals angebracht wäre – kaum praktikabel ist.

> **Merkmale von Leistungsbewertungs- und Vergütungssystemen in Beyond-Budgeting-Unternehmen**
> - In den meisten vom BBRT dokumentierten Fallbeispielen wird Leistung bewertet und belohnt anhand von Team-Leistung im Vergleich zu (a) Benchmarks, (b) Peers, und (c) vorangegangenen Jahren. Die Vergütungsformel der Geschäftseinheit eines untersuchten Unternehmens beruht z.B. auf den folgenden vier Faktoren: Wachstum (gegenüber Vorjahr und Wettbewerb), Ergebnis (gegenüber Vorjahr und Wettbewerb), Verschuldung (gegenüber Vorjahr) sowie Qualität (gegenüber Vorjahr).
> - Svenska Handelsbanken geht in Sachen Vereinfachung noch weiter. Hier wird nicht hinsichtlich lokaler Team- oder Geschäftseinheits-Leistung differenziert, sondern lediglich auf Basis des finanziellen Ergebnisses der Gruppe *über den skandinavischen Wettbewerb hinaus* vergütet. *Alle* Mitarbeiter sind an diesem System beteiligt. Die Boni werden allerdings nicht als Gehalt ausgezahlt, sondern in ein Pensionsschema auf Basis eines fondsbasierten Gewinnbeteiligungs-Systems eingezahlt.
> - Boni sind generell streng getrennt von festen, vorab verhandelten Jahreszielen (sofern diese noch existieren). Sie werden im Nachhinein anhand einer Vergütungsformel im Vergleich zum Wettbewerb definiert.
> - Monetäre Anreize sind an Teamleistung gekoppelt, statt an individuelle Leistung – angesichts der Tatsache, dass Leistung von interdependenten Gruppen erbracht wird, nicht von im Vakuum agierenden einzelnen Mitarbeitern. [107]

---

[107] Zusammenfassung angelehnt an Hope/Fraser (2003b), S. 22–23.

Variable Vergütung und monetäre Anreize können von Organisationen im Allgemeinen auf zwei Arten verwendet werden: als Instrument zur *Verhaltenskontrolle* oder als Instrument zur *rückwirkenden Erfolgsbeteiligung*. Erfolgsbeteiligung (Profit Sharing) hat als Vergütungsprinzip eine fundamental andere Wirkung als die auf Ziel-Leistungs-Zusammenhängen beruhenden monetären Anreize: Es versucht nicht, das Verhalten in spezifischer Weise zu kontrollieren.

Der beste Ansatz für ein Steuerungssystem, das sich bewusst der dysfunktionalen, einschränkenden und demotivierenden Verhaltenskontrolle zu enthalten versucht, ist in der Regel, Mitarbeiter mit einem Anteil an dem von ihrem Geschäftsbereich und/oder der Gesamtorganisation erwirtschafteten Ergebnis zu *beteiligen*. Das Ergebnis sollte idealerweise als Unternehmenswert-orientierte Größe in relevanten Cashflow-Strömen definiert werden, z.B. als EVA (Ergebnis nach Kosten des eingesetzten Kapitals). Dies versorgt Mitarbeiter tendenziell mit drei klaren Anreizen:

- Rentabilität zu verbessern und zu erhöhen;
- Ressourcen aus weniger oder nicht wertschöpfenden Aktivitäten abzuziehen;
- alle Entscheidungen und Handlungen auf die Erhöhung des tatsächlichen Unternehmenswerts („Net Present Value") auszurichten.

Die Wirkungen eines gruppenweiten Konzeptes der Mitarbeiterbeteiligung lässt sich gut am Beispiel Svenska Handelsbanken veranschaulichen (siehe Box). Die variable Vergütung in Form von Ergebnisbeteiligung bei Svenska Handelsbanken zielt nicht darauf ab, Mitarbeitern einen *Anreiz zur Erreichung finanzieller Ziele* zu geben, sondern ist als *Anerkennung und Belohnung* für kollektive Anstrengung und Erfolg im Vergleich zum Wettbewerb zu verstehen. Dieser Unterschied wird in der internen und externen Unternehmenskommunikation immer wieder betont. Aus konzeptioneller Sicht handelt es sich also nicht um ein Instrument zur Motivation, sondern um eine Dividende für das eingesetzte intellektuelle Kapital der Mitarbeiter. Motivation andererseits sollte einzig und allein dem Wunsch entspringen, interne und externe Wettbewerbsleistung zu übertreffen, und auf vielfältige, überwiegend informelle Formen der Anerkennung von Mitarbeitern zurückzuführen sein.

Relative Vergütung in Form von Mitarbeiterbeteiligung bei Svenska Handelsbanken, Schweden

Beim Finanzdienstleister Svenska Handelsbanken wird Mitarbeiterbeteiligung über eine in den 70er Jahren eigens für diesen Zweck eingerichtete Stiftung operationalisiert. An die Stiftung ausgezahlt wird ein Wert, der einem Drittel des in einem Jahr über den Branchendurchschnitt hinaus erwirtschafteten Return on Equity, multipliziert mit dem Eigenkapital, entspricht. Das Limit der über die Oktogonen-Stiftung an die Mitarbeiter ausgeschütteten Ergebnisbeteiligung liegt bei 25% der an die Aktionäre gezahlten Dividende.

Jeder Mitarbeiter erhält einen Betrag in identischer Höhe, unabhängig von Gehalt und Titel. Auszahlungen aus dem Fonds können erst dann getätigt werden, wenn der individuelle Mitarbeiter das Alter von 60 Jahren erreicht.[108] Das Verfahren umgeht u.a. das häufig zu beobachtende Problem, wonach Boni mittel- und langfristig als „Grundrecht" mit der damit verbundenen Demoralisierung bei Nicht-Erhalt der variablen Vergütung angesehen werden.

Das Gewinnbeteiligungs-System konzentriert die Aufmerksamkeit aller Organisationsmitglieder darauf, dass die Bank dauerhaft an der Spitze der Liga-Tabelle im Vergleich mit den anderen Banken steht. Denn es wird nur dann Gewinnbeteiligung an Mitarbeiter ausgeschüttet, wenn die Gruppenleistung oberhalb des Wettbewerbsdurchschnitts liegt.

Eine Analyse von Vergütungssystemen in 432 Organisationen im Zusammenhang mit der umfassenden Studie „Capitalizing on Human Assets" förderte klare Hinweise darauf zutage, dass gruppenbezogene Mitarbeitervergütung, z.B. auf Basis ganzer Fabriken und Büros, im Gegensatz zur Anerkennung von Individualleistung eine überaus wichtige Geschäftsstrategie darstellt. Die Betonung der Leistungsanreize wird so auf allgemeine Geschäftsziele sowie auf Kooperation zwischen Mitarbeitern und Funktionen gelegt. Leistungsanreize auf Individualleistung und spezifische Aktivitäten auszurichten, verstärkt hingegen eine für die Gesamtleistung nachteilige Kultur von Weisung und Kontrolle.

---

[108] Die kumulierten Gewinnbeträge sind nicht zu unterschätzen: Ein Mitarbeiter, der dem Unternehmen von der Einführung des Gewinnbeteiligungs-Systems 1973 an bis ins Jahr 2000 angehörte, konnte einen Gesamtbetrag von ca. € 430 000 ansammeln.

Leistungshonorierung sollte entsprechend auf Grundlage der Leistung einer Gruppe, besser jedoch auf Leistung eines Geschäftsbereichs oder der Gesamtorganisation erfolgen. Jedes Leistungsergebnis wird durch die Zusammenarbeit von Personen und Teams beeinflusst, die zudem unterschiedlichen Bereichen, Funktionen oder Prozessen zugeordnet sind. Die Handlungen eines Mitarbeiters oder eines Teams haben meist einen signifikanten Einfluss auf andere Akteure der Organisation, und derartige Effekte und Interdependenzen sind naturgemäß kaum messbar oder in die Leistungsindikatoren der Mitarbeiter oder Teams integrierbar. Daher ist es sinnvoll, Teamleistung in ihrer Gesamtheit zu messen und Teammitglieder anhand der Gruppenleistung als Ganzem zu belohnen.

Die Güte der Zusammenarbeit kann zudem starke Auswirkungen auf die Leistung haben. Das Ziel gruppenorientierter Vergütungsformeln ist jedoch *nicht,* erfolgreiche Teamarbeit sicherzustellen bzw. direkt hierzu zu motivieren. Vielmehr soll Vergütung Teamarbeit nicht *verhindern*. Individualisierte Beurteilungen und Anreize können Rivalität und Konkurrenz entstehen lassen, die einer Dehierarchisierung und Dezentralisierung abträglich sind. Gängige Prozesse der Leistungsbewertung durch einzelne Vorgesetzte laufen dem Gedanken weitgehend selbstständig arbeitender Teams und Eigenverantwortung zuwider und münden nicht selten in unethischen und hochgradig demotivierenden Praktiken.

Variierende Teamzugehörigkeit und wechselnde Verantwortung von Mitarbeitern im Zeitablauf erschweren die Bewertung der Leistung von Teams unterhalb der Ebene der Geschäftseinheiten: Teamzusammensetzungen ändern sich, Mitarbeiter arbeiten parallel in verschiedenen Teams, Projekten und Prozessen, und wechseln zwischen Verantwortungsbereichen. Die höhere Flexibilität von Organisationen, insbesondere in stark projekthaft organisierten Organisationen macht periodische individuelle und Mikroteam-bezogene Leistungsbewertung zu einem Ratespiel.

Das Auftreten von Trittbrettfahrertum ist eine in Deutschland häufig geäußerte Befürchtung im Zusammenhang mit der Implementierung von Teamarbeit und teamorientierter Leistungsbewertung. Gemeint ist das Ausnutzen der Teamleistung durch leistungsschwache Teammitglieder, mit der Folge, dass sich leistungsstarke Mitarbeiter benachteiligt fühlen und im Extremfall ein Konformitätsdruck hin zur Mittelmäßigkeit entsteht. Trittbrettfahrertum ist insbesondere dort zu befürchten,

- wo keine dauerhafte externe Herausforderung an Teams erfolgt;
- wo Manager und Teams keine Leistungsverantwortung und Ressourcenautorität haben.

Beide Charakteristika sind in durch hohe Flexibilität und Dezentralisierung gekennzeichneten Beyond-Budgeting-Organisationen unwahrscheinlich. Die Dynamik von Benchmarks und Stretch-Zielen spornen Teams dauerhaft zu Leistungsverbesserungen an, sodass Teams mittel- und langfristig ein Interesse daran haben, alle Teammitglieder zu Höchstleistungen zu motivieren. Das Problem ist zudem wenig ausgeprägt in Teams mit geringer Gruppengröße, und wenn Autonomie und Eigenkontrolle des Teams gefördert werden. Die Forschung zeigt, dass das Phänomen des Trittbrettfahrens durch klare Verantwortungszuordnung zu überschaubaren Teams (je nach Art der Tätigkeit mit nicht mehr als 15–50 Personen) weitestgehend gelöst werden kann.[109] Bei einer solchen Gruppengröße ist zwischen Gruppenmitgliedern und im Zusammenspiel mit deren Managern angesichts des externen Leistungswettbewerbs von Teams eine effektive Selbstkontrolle möglich, und es findet intensiver „Peer Pressure" (Leistungsdruck unter Gleichen) statt – eine der wirksamsten Formen der Motivation. Nicht zuletzt müssen jedoch Manager auch über die Autonomie verfügen, um sich von unfähigen oder „nicht-leistenden" Mitarbeitern trennen zu können.

Der größere Teil variabler Vergütung in einer Hochleistungsorganisation sollte entsprechend auf Ergebnissen der Organisation als Ganzem beruhen, nicht auf Individualleistung. Zusätzlich kann in Abhängigkeit von den innerorganisationellen Interdependenzen die Leistung von Divisionen/Geschäftseinheiten mit berücksichtigt werden. Ambitionierte, langfristige Ziele zu setzen und zu erreichen, ist in jeder Organisation eine anspruchsvolle Aufgabe. Um in der Organisation dafür jede mögliche Unterstützung zu mobilisieren, können zusätzliche Mechanismen Verwendung finden. Z.B. sollten alle Manager (oder Mitarbeiter) einen Bonus-Pool teilen, der auf Unternehmenswert oder Leistung gegenüber einem Vergleichs-Korb von Wettbewerbern basiert und zugleich langfristig orientiert ist. Die Bereitschaft innerhalb der

---

[109] Wir sollten uns gleichzeitig in Erinnerung rufen, dass Koordination durch Pläne/Budgets und Weisung/Kontrolle außerordentlich schlechte Mechanismen zur Vermeidung von Trittbrettfahrertum und Leistungsbegrenzung auf mittelmäßigem Niveau sind. Gerade diese Schwäche ist es ja, die z..B. Jack Welsh in einem Interview 1995 bezüglich der Budgetierung beklagte: „Es ist eine Übung in Minimalismus. Budgets animieren nur dazu, sich möglichst niedrige Ziele zu stecken."

Organisation zu horizontalem und vertikalem Austausch von Ressourcen und Wissen wird durch diese ergänzenden Mechanismen unterstützt bzw. zusätzlich angeregt.

In vielen Organisationen kann eine drastische Vereinfachung von Vergütungssystemen sinnvoll und nötig sein, um mit fixierten Leistungsverträgen aufzuräumen. Komplexe und komplizierte so genannte „leistungsorientierte Vergütung" konzentriert Mitarbeiterleistung auf bestimmte Aspekte der Leistung und hält – ethisch fragwürdig – von einem ganzheitlichen Leistungsverständnis ab. Simplifizierende, an vordefinierte Individualleistung geknüpfte und kurzfristige Formen der Vergütung, die gerade in Produktionsbetrieben üblich sind, bleiben im Sinne der Anreizgestaltung stets fragwürdiges Stückwerk. Der englische Fahrzeugbauer Leyland Trucks baute gegen Gewerkschaftsdruck alle Elemente variabler Vergütung in Fertigungsbereichen ab und ging zu verschiedenen Formen immaterieller Leistungsanerkennung über: Glückwunschkarten zum Geburtstag an alle Mitarbeiter, Dankesbriefe für herausragende Leistungen, Zertifikate und Trophäen (durch Kunden und Vips überreicht) – diese verhältnismäßig einfach erscheinenden Instrumente werden im Unternehmen heute als wirkungsvoll für die Motivation und gleichzeitig als ethisch sinnvoll erachtet.

Eine weitere Wirkung der Neugestaltung von Vergütungssystemen darf nicht übersehen werden. Vergütungssysteme wirken direkt auf den „Faktor Mensch" in der Organisation: Sie tragen nicht unerheblich zur *Selbstselektion* – der Entscheidung von Mitarbeitern über Eintritt in das Unternehmen und den Verbleib in der Organisation – bei. Der Übergang von einem normalen, gewissermaßen für „reale" Leistungsmaßstäbe „unsensiblen", zielbezogenen System – abgefedert durch Untergrenzen, Deckel, Brüche und konstante Manipulation – zu einem „sensiblen", linearen System der Vergütung wird zweifellos in jedem Unternehmen Mitarbeiterfluktuation hervorrufen. Diese dürfte langfristig positive Effekte haben, kann aber kurzfristig sehr verstörend wirken. Mitarbeiter, die mit den Risiken und versprochenen Vergütungen des neuen Systems nicht zufrieden sind, können anderen das Leben erschweren, und der Organisation geht durch ihre Abwanderung ggf. Know-how verloren. Die langfristigen Effekte eines neuen Vergütungssystems wie des dargestellten können sich aber insofern auszahlen, als Mitarbeiter mit geringerer Leistungsbereitschaft das Unternehmen verlassen werden, andererseits aber hoch-motivierte und motivierbare Mitarbeiter mit Risikobereitschaft und höherer Produktivität von einer Organisation mit einem derartigen System angezogen werden.

Schon durch diesen Zusammenhang sind Vergütungssysteme stets „politisch" und werfen strategische Fragen bezüglich des „Humanfaktors" der Organisation auf. Es muss jedoch darauf hingewiesen werden, dass – weil neue Mitarbeiter die Organisation mit neuen Ideen und Wissen erneuern – die optimale, gesunde Personalfluktuation nicht bei Null liegen kann. Eine Organisation mit zu geringer Fluktuation verspielt Potenzial zur Selbsterneuerung. Insofern kann und sollte eine wie die hier dargestellte Neugestaltung der monetären Anreizsystems ganz bewusst als strategisches Instrument zur Erneuerung des Unternehmens verstanden werden.

Die Praxis der Leistungsbewertung gewinnt in einer Beyond-Budgeting-Organisation im Vergleich mit dem entsprechenden Prozess in einem „budgetgesteuerten" Unternehmen an zusätzlicher Flexibilität: Regelmäßige (typischerweise jährliche) Prozesse zur ganzheitlichen Leistungsbewertung, z.B. in Form von Reviews unter Gleichgestellten, 180-Grad- oder Gruppenbewertungen können praktisch zu jedem beliebigen Zeitpunkt im Geschäftsjahr durchgeführt werden. An Stelle von Budgets leistet dabei das gleichsam „rollierende" Reporting mit Scorecards und externen Benchmarks, Rolling Forecasts und relativen Leistungszielen unterstützende Dienste.

4.5.4 Vergütungssysteme im Zusammenspiel mit effektivem Performance Management entwerfen und einführen

Das Wichtigste zuerst: Systeme anspruchsvollen, ausgewogenen und strategisch fundierten Leistungsmanagements sollten *nicht* mit monetären Anreizsystemen verbunden werden. Genau dieses Prinzip ist eines der Kernelemente des Übergangs von fixierten zu relativen Leistungsverträgen.

Systeme des Leistungsmanagements und Vergütungssysteme – ein ungleiches Paar

Die Herausforderung bei der Verknüpfung oder Trennung von Systemen für Leistungsmanagement und -messung auf der einen sowie zur Leistungsbeurteilung und Entlohnung auf der anderen Seite zeigt sich recht gut anhand der in Akademie und Praxis weiterhin lebhaft geführten Diskussion um Aspekte der Verwendung von Balanced Scorecards. Kaplan und Norton propagierten bereits in ihren ersten Veröffentlichungen Anfang der 90er Jahre die Verknüpfung der variablen Vergütung mit den im Vergleich zu herkömmlichen Planzielen sichtbar ausgewogenen Kennzahlen der Balanced Scorecards. Sie wiesen später ausdrücklich darauf hin, dass die Mehrzahl der Unternehmen, die

Scorecards nutzen, diese Verbindung irgendwann herstellen oder herzustellen versuchen. Stutzig machen dann aber Aussagen aus der Praxis, die zeigen, dass Unternehmen große Schwierigkeiten und Vorbehalte haben, Scorecards zur Vergütung zu nutzen.

Hinter dem Wunsch, die Scorecard als System des Leistungsmanagements mit der Vergütung zu verbinden, stehen wohlmeinende Absichten. So der Versuch, dem *Instrument Scorecard* zusätzliche Bedeutung und Durchschlagskraft im Tagesgeschäft zu geben. Interne und externe Förderer des Konzepts, also z.B. externe Berater und Management, wollen dem zweifellos machtvollen und noch jungen Tool Scorecard in den Organisationen erhöhte Bedeutung bei den Mitarbeitern verleihen, indem sie die variable Entlohnung daran zu knüpfen trachten. Manche Autoren behaupten sogar, dass das Betreiben von Scorecards ohne Anbindung an die Vergütung unweigerlich zur „Alibiübung" geraten müsse. Zumindest „nach 1 oder 2 Jahren des Einsatzes der Scorecard", so z.B. die Autoren einer deutschen Publikation, solle diese Brücke hergestellt werden, denn erst durch die Anbindung an die Vergütung entfalte die Scorecard ihre Wirkung. In dieser Argumentation wird die Motivationswirkung finanzieller (oder: extrinsischer) Anreize gefährlich überschätzt, und demgegenüber die Wirkung intrinsischer Anreize sträflich vernachlässigt.

Gleichzeitig ist die Versuchung groß, die vermeintliche Objektivität und Messbarkeit von Scorecardzielen für die methodisch chronisch defizitären, als ungerecht empfundenen Entgeltsysteme zu gebrauchen. Sind nicht die Scorecard-Ziele und Kennzahlen systematisch abgeleitet aus der Strategie und durch Ziel-Wirkungszusammenhänge oder zumindest ganzheitliche Strategie- und Handlungsprogramme fundiert? Es liegt nahe, diese vermeintliche Objektivität und Ausgewogenheit für die Ausgestaltung des variablen Entlohnungssystems zu nutzen.

Zahlreiche Balanced Scorecard-Spezialisten weisen darauf hin, dass Scorecard-Kennzahlen „greifbar" sind und der Aufwand zur Leistungsmessung bei der Einführung des Systems bereits getätigt ist. Zudem sind sogar Scorecard-basierte individuelle, maßgeschneiderte Anreizsysteme möglich. Es gehe daher weitgehend darum, Scorecard-Kennzahlen für die Vergütung zu selektieren und in Zielvereinbarungsgesprächen einen Konsens darüber herzustellen, welche Kennzahlen vergütungsrelevant sein sollen.[110] Die anhaltende Popu-

---

[110] Siehe z.B. Weber/Schäffer 2000, S. 62–63

larität derartiger Erwägungen lässt es notwendig erscheinen, auf das im Beyond Budgeting elementare Prinzip der *Trennung von Leistungsverträgen und Vergütung* (auch im Zusammenhang mit Scorecarding) genauer einzugehen.

Dass Modellierung oder Konfiguration des Systems der Leistungsbewertung und Vergütung der des Leistungsmanagements gleichen müsse, ist als Prämisse ebenso allgegenwärtig im Denken von Managern und Akademie wie fehlleitend. Dennoch beobachten wir konstante Bestrebungen in Organisationen, die beiden Systeme in Einklang zu bringen, zu harmonisieren und möglichst eng zu verknüpfen. Die Verknüpfung von Zielmanagement und Leistungsmessung mit der Vergütung kann aber gerade zum *Scheitern des Systems des Leistungsmanagements* führen. Das ist keine Übertreibung, sondern eine allzu leicht nachvollziehbare Tatsache: Die üblichen Prozesse der Budgetierung führen uns dieses geradezu unvermeidliche Scheitern nur zu deutlich vor Augen. Die Verbindung führt aber auch Vergütungssysteme ad absurdum: Systeme des Leistungsmanagements sind ihrer Natur nach einem kontinuierlichen Wandel unterworfen, während Vergütungssysteme weitgehend statischer Natur sein sollten. Wir beobachten heute nicht zuletzt aufgrund der unzulässigen Vermischung beider Managementprozesse extrem kurze Zyklen der Revision von Prozessen der Leistungsbewertung und Vergütung.

Das Streben nach Herstellung von Ähnlichkeit zwischen Zielsystem, Performance-Management-System und variabler Vergütung hat seinen Ursprung in der konventionellen Annahme des fixierten Leistungsvertrages und des unverrückbaren Glaubens an die motivierende Wirkung expliziter extrinsischer (monetärer) Anreize. Dieser Logik gemäß muss das Anreizsystem das Zielsystem in gewisser Weise „widerspiegeln". Die Zwecklosigkeit des Ansinnens wird schnell deutlich, wenn wir uns die Funktionen und Charakteristika der beiden Systeme vor Augen führen. So sind z.B. gerade die Interdependenzen zwischen verschiedenen Leistungsindikatoren und Zielen hilfreich zum Verständnis der Wertschöpfungs-Zusammenhänge. Bei der Vergütung führt die Berücksichtigung interdependenter Maßgrößen aber zu kumulierenden, letztlich ungerechten Belohnungs- und Bestrafungs-Effekten. Auch die Eigenschaften Systemstabilität, Konzentration auf nachlaufende Indikatoren und Bezugnahme auf die Leistung der Gesamtorganisation (im Gegensatz zur Leistung spezifischer Teams) sind im Vergütungssystem von größter Bedeutung – ganz im Gegensatz zur Ausrichtung moderner Performance-Management-Systeme (siehe Abb. 58).

Performance-Management-System (z.B. Balanced Scorecard)	Monetäres Anreizsystem
• Fokus: Strategieumsetzung	• Fokus: Strategieerreichung
• Prinzip: Ganzheitlichkeit	• Prinzip: Einfachheit
• Prämisse: Strategiedenken ist mit Wissensdefiziten verbunden (harte und weiche Faktoren und Zusammenhänge)	• Prämisse: Objektivität der Leistungsbewertung (nur harte Faktoren)
• Zeitbezug: gestern, heute und morgen	• Zeitbezug: gestern
• Relevanz im Tagesgeschäft und Tool für regelmäßige Management-Reviews	• im Tagesgeschäft von möglichst geringer Bedeutung
• Motivation durch Zielvorgaben – anspruchsvoll, herausfordernd und Querdenken provozierend; soll zum informierten Eingehen von Risiken motivieren	• vor allem nachträgliche Belohnung und Erfolgsbeteiligung; fördert Loyalität der Mitarbeiter und Nachhaltigkeit des Handelns; soll nicht der Bestrafung dienen, sondern wahrgenommener Sicherheit
• *flexibles* Führungsinstrument (Umwelt im konstanten Wandel) – auch unterjährige, kontinuierliche Anpassung von Strategie/Indikatoren, sofern nötig	• soll langfristig möglichst statisch sein
• schafft Verständnis/Motivation für Strategieumsetzung	• schafft Verständnis/Motivation für nachhaltige Wertschöpfung
• ausgewogen zwischen finanziellen (nachlaufenden) und nicht-finanziellen (vorlaufenden) Indikatoren	• Ouput-orientiert; fokussiert auf nachlaufende Indikatoren und finanzielle *Ergebnisse*

Abb. 58: Gegensätzlichkeiten von Systemen zu Leistungsmanagement und Anreizgestaltung

Vergütung und Performance Management bedürfen der instrumentalen Trennung (des „unbundling"), damit dysfunktionale strategische und Verhaltenswirkungen, wie wir sie aus der Budgetierung kennen, vermieden werden können. So wie Budgets und Forecasts ungeeignet sind als Grundlage von Vergütung, weil dieser Link zu fixierenden Leistungsverträgen führt, so sind es auch Scorecards und überdies *jede Art von Instrument des Leistungsmanagements*. Der Prozess von Leistungsbewertung und Belohnung ist entsprechend strikt zu trennen vom fortlaufenden Prozess von Leistungsmanagement und Kontrolle.

Die Neun Gestaltungsfelder für Beyond Budgeting oder „Better Management"

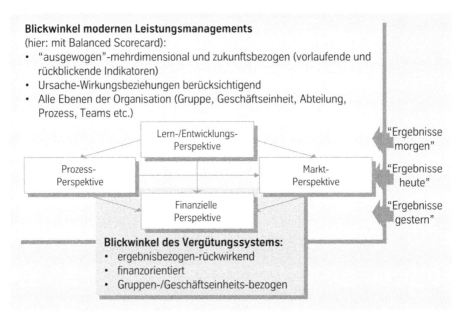

Abb. 59: Der fundamentale Unterschied im Blickwinkel von Leistungsmanagement-Systemen und Leistungsbewertungs-/Entgeltsystemen

Wie unterschiedlich und gegensätzlich Vision und Blickwinkel der Prozesse von Leistungsmanagement und Leistungsbewertung/Belohnung sind, wird auch aus der Darstellung in Abb. 59 am Beispiel des Scorecarding ersichtlich. Scorecards bilden Indikatoren der Strategie*umsetzung* ab, Leistungsbewertung und Vergütung konzentrieren sich aber auf Strategie*erreichung* – vergleichbar mit der finanziellen Perspektive einer Scorecard. Scorecards und Kennzahlensysteme sind aus eben diesem Grunde ganzheitlich-multidimensional, während Leistungbewertung einen wesentlich engeren Bezugsrahmen haben sollte.

Die Gegensätze zwischen den Stoßrichtungen von Leistungsmanagement- und Vergütungssystem lassen sich gut am Beispiel des Indikators „Kundenzufriedenheit" illustrieren: Zweifellos kann „Relative Kundenzufriedenheit im Vergleich zum Wettbewerb" für viele Unternehmen als wichtiger strategischer Werttreiber gelten. Mitarbeiter und Geschäftsbereiche sollten angehalten sein, diesen Indikator durch Projekte und Programme systematisch zu „pflegen". Der Indikator kann mithin für bestimmte Unternehmensbereiche ein sinnvoller Bestandteil eines ausgewogenen Zielsystems sein. Er ist zudem ein relativer Bewertungsmaßstab und somit geeignet für die Verwendung in einer Beyond-Budgeting-Organisation. Für die Vergütung ist dieser Indikator dennoch nicht geeignet, weil Kundenzufriedenheit lediglich ein *indirekter* Treiber finanzieller Ergebnisse ist. In einem Vergütungssystem sollten aus verschiedenen Gründen vorrangig finanzielle Leistungsmaße zur Verwendung kommen, denn die Verwendung solcher strategisch relevanter, nicht-finanzieller Indikatoren verzerrt monetäre Anreize und führt zu dysfunktionalem Verhalten. Bleiben wir beim Beispiel des Indikators Kundenzufriedenheit: Hier sind – wenn dieses Leistungsmaß für die Vergütung gebraucht wird – diverse Manipulationen des Erhebungsverfahrens der Kundenzufriedenheit zu erwarten. Dadurch geht nicht nur die motivationale Wirkung des Bonus verloren – die Organisation beraubt sich zudem einer wichtigen Steuerungsinformation.

Die Unterschiede zwischen Scorecards und Anreizsystem werden leicht nachvollziehbar, wenn wir einige der methodischen Gegensätze zwischen einem ganzheitlichen System der Performance-Messung und einem Vergütungssystem betrachten:[111]

- *Scorecards geben eine „ganzheitliche" Sicht von Unternehmung und Managementhandeln*. Sie systematisieren strategische Ziele und Indikatoren, die Aufschlüsse über die vergangene finanzielle Leistung, aber auch die voraussichtliche Leistung der Zukunft geben. Sie beinhalten eine relativ große Anzahl von Indikatoren. Scorecarding soll auch durch die Systematik von Strategieumsetzung, Zieldefinition und Leistungsmessung intrinsische Motivation steigern – „weiche" und oft verkannte Indikatoren nichtfinanzieller Leistung tragen dazu bei. Anreizsysteme müssen hingegen auf wenigen Indikatoren beruhen und damit hochgradig „komplexitätsreduzierend" wirken: Die Tendenz zur „Ungerechtigkeit" der Vergütung, der Manipulation des Vergütungsprozesses und der Komplexitätserhöhung der Systemgestaltung steigt exponenziell mit Einbeziehung zahlreicher Zieldimensionen, und bei auf Hierarchieebenen oder zwischen Scorecard-Bereichen unterschiedlichen Indikatorensystemen.

- *Balanced Scorecards sind „ausbalanciert"* durch die Verknüpfung der verschiedenen Scorecard-Dimensionen sowie die gleichberechtigte (nicht gewichtete!) Verwendung harter und weicher Ziele und Indikatoren. Vergütung ist dagegen per se unbalanciert durch die klare Betonung finanziel-

---

[111] Siehe hierzu auch Abschnitt 4.2.4.

ler Maßzahlen und die Verwendung von „Gewichtungen" (die dem Scorecarding-Prozess fremd sind und mit ihm im Widerspruch stehen). Scorecard-Ziele müssen für Vergütungszwecke „gewichtet" und „gewogen" (und damit ent-*balanciert*) werden, damit Vergütungsbestandteile „gerecht" und „genau" ermittelbar sind.

- *Strategisches Denken und Steuern handelt von und lebt mit erheblichen Wissensdefiziten.* Die Kennzahlen der Scorecard beruhen in erster Linie auf bewusst postulierten, also „hypothetischen" Ursache-Wirkungsbeziehungen (dokumentiert in den so genannten Strategy Maps). Deren rechnerisch-exakte Überprüfung ist tendenziell unmöglich. Scorecards sind somit als Werkzeug „heuristisch" angelegt. Vergütungssysteme sollten demgegenüber bemüht sein, objektiv zu sein – dem kann das Indikatorenmodell der Scorecard nicht genügen. Im Dienste der Vergütungssysteme müssten Scorecards periodisch und periodenbezogen Leistung exakt quantifizierbar machen, was nicht immer leistbar ist.

- *Scorecards sollen flexibel sein:* es sollte während der Geschäftsperiode möglich sein, begründete Änderungen an Strategien, am Ziel- und Indikatorenmodell vorzunehmen. Die Verknüpfung von Indikatoren und Gehalt behindert oder verhindert diese erwünschte Flexibilität. Sie zementiert ein einmal definiertes Indikatorenmodell.

Es zeigt sich, dass der Versuch der Anbindung der Scorecard an die Vergütung zur Schwächung der Balanced Scorecard als Steuerungsinstrument führen muss – z.B. durch den Anreiz zum Feilschen um Scorecard-Ziele und die Ausrichtung des Handelns der Akteure in der Organisation auf Geschäftsperioden. Scorecards werden so zu „Balanced Budgets".

Die Gewichtung von Scorecard-Indikatoren und Zielen mit dem Ziel der Leistungsbewertung für Boni führen geradezu zwangsläufig, so Scorecard-Experte Herwig R. Friedag, zur Vernachlässigung weicher und mittelbarer Leistungsfaktoren: Gerade die Rolle dieser noch „zarten Pflänzchen" im Gefüge von Leistungsmanagement und -messung gelte es doch zu stärken, um zu einem zukunftsorientierten, auf vorlaufenden Indikatoren basierten Managementprozess zu kommen. Was Top-Manager also in der Zukunft beherzigen müssen, sofern sie einen effektiven und effizienten Prozess strategischer Steuerung schaffen wollen: Scorecards werden durch organisationsweite Kommunikations- und Abstimmungsprozesse „scharfgeschaltet" – nicht durch Vergütung. Diese würde letztlich die Aufmerksamkeit der Scorecard-Anwender auf wenige, traditionelle Verhaltensmuster konzentrieren und zur Verhinderung neuer Einsichten und Orientierungen beitragen. Die Forschungsleiter des BBRT erkennen diese Probleme ebenfalls an und weisen zusätzlich darauf hin, dass Vergütung nur unter bestimmten Voraussetzungen an die Leistung in den verschiedenen Scorecard-Perspektiven gekoppelt sein könne. Es müsse gewährleistet sein, dass *relative* Kennzahlen genutzt werden statt fixierter finanzieller Zahlen, die zu einem bestimmten Zeitpunkt erreicht werden müssen. Und: „Um Engstirnigkeit zu vermeiden, sollen die verwendeten Kennziffern sowohl abhängig sein vom Team, in dem ein Manager Mitglied ist, als auch von dem, das er leitet." Angesichts dieser doch fundamentalen Einschränkung erscheint es ratsam, von der ohnehin nur mühsam herstellbaren und Missbrauch stimulierenden Verbindung zwischen Scorecard und Vergütung ganz abzusehen. Stattdessen sollte zu Beginn einer Beyond-Budgeting-Initiative versucht werden, einfache, transparente und auf größere Organisationseinheiten fokussierende Vergütungssysteme zu entwerfen. Damit kommen wir zu Fragen der Implementierung und Veränderung von Anreizsystemen.

Die Neuausrichtung von Anreizsystemen an den Prinzipien relativer Leistungsverträge – ein notwendiger früher Schritt

Vergütungssysteme auf der Grundlage der beschriebenen Beyond-Budgeting-Prinzipien neu zu gestalten, bedeutet für die meisten Organisationen, den Charakter variabler Vergütung grundlegend zu verändern und monetäre Anreizsysteme gleichzeitig radikal zu vereinfachen. Organisationen, die diesen Schritt zur Abkopplung der Vergütung von fixierten Zielen gehen wollen, müssen jedoch nicht zwangsläufig warten, bis sie ihr System der Leistungsmessung erneuert haben oder dieses sich „eingespielt" hat – ein Prozess, der erfahrungsgemäß mehrere Jahre dauern kann. Die gängige Annahme, dass Änderungen im Vergütungssystem der Implementierung eines neuen Systems der Leistungsmanagement folgen sollten, hat unter den hier skizzierten Bedingungen der klaren Trennung von Zielen und Leistungsmessung einerseits und ergebnisbezogenen, linearen Vergütungsformeln andererseits keine Gültigkeit mehr.

Organisationen können und sollten folglich die Anpassung des Vergütungssystems an die Beyond-Budgeting-Prinzipien *frühzeitig* in Angriff nehmen. Dieses Gestaltungsfeld eröffnet hervorragende Chancen zu einer raschen und sichtbaren Kulturveränderung und zur Beeinflussung von Einstellung und Verhalten bei Mitarbeitern in der gesamten Organisation.

Unternehmen, die im Rahmen einer Beyond-Budgeting-Initiative substanzielle Veränderungen an bestehenden Systemen vornehmen, müssen stets erhebliche Ressourcen bereitstellen, um Manager und Mitarbeiter darüber zu informieren, wie diese funktionieren und warum (es geht hier um nicht weniger als die finanziellen Wirkungen der Abkehr vom fixierten Leistungsvertrag!). Selbst ein optimal gestaltetes System kann Mitarbeiter nicht angemessen motivieren, wenn es nicht verstanden wird. Widerstand gegen Änderungen liegt in der Natur des Menschen. Allgemeiner, intensiver Widerstand auch bei jenen Mitarbeitern, die vom neuen System profitieren werden, muss bei der Systemeinführung von vornherein berücksichtigt werden. Psychologische Probleme bei der Durchsetzung von Vergütungssystemen bestehen z.B. darin, dass sich fast alle Mitarbeiter tendenziell für Experten hinsichtlich der Gestaltung von Vergütungssystemen halten, und zweitens, dass die allgemein verbreiteten Annahmen über Entgeltsysteme fast durchweg verkehrt sind. Ein Aufklärungs- und Informationsprogramm für alle Mitarbeiter ist nötig, auch um mittel- und langfristig kulturelle Widerstände gegen das neue System zu überwinden, die aus der langjährigen Gewöhnung der Mitarbeiter an die letztlich systematische Manipulation bestehender Zielvereinbarungs- und Vergütungssysteme stammen.

Die Gestaltung und Implementierung von Vergütungssystemen ist *keine* Aufgabe der Personalmanagement-Funktion. CEOs haben zwar ein natürliches Bestreben, die Gestaltung und Durchsetzung des Systems auf HR abzuwälzen. Die HR-Funktion verfügt jedoch weder über politische Macht, noch über Einfluss oder die nötige Entscheidungskompetenz, um eine derartige Wandlungsaufgabe mit deren fundamentalem Einfluss auf das Linienmanagement zu verantworten. Zu den notwendigen Änderungen im Rahmen des Projekts gehören nämlich:

- die Neudefinition der Rolle von Zielsetzungen (bzw. „Budgets") sowie von materiellen Anreizen (z.B. Boni) – als funktionale, prozessbezogene Herausforderung;
- der Revision von Leistungsindikatoren für die Vergütung – als inhaltliche Herausforderung;
- die Durchsetzung des Systems gegen interne und externe Widerstände – als politische Herausforderung.

Nur der CEO verfügt letztlich über die Glaubwürdigkeit und Macht, das Projekt anzutreiben und die Unterstützung der gesamten Organisation einzufordern. Wichtige Widerstände sind auch aus der HR-Funktion selbst zu erwarten, z.B. weil das neue System wie zuvor beschrieben die Personalfluktuation erhöht und dies der HR-Funktion das Leben zumindest kurz- und mittelfristig erschwert. CFOs und Finanzfunktion neigen dagegen zu der Befürchtung, dass die vermeintliche „Verminderung" der Bedeutung von Zielvereinbarungen – eingebettet in Budgetierung oder anderen Zielvereinbarungssystemen – die Ergebnis- und Leistungskontrolle erschweren wird und Performance-„Überraschungen" nicht so leicht zu vermeiden sind. Es ist Aufgabe des CEOs, die Funktionen HR und Finanzen sowie Aktionäre und ggf. den Kapitalmarkt davon zu überzeugen, dass das neue Vergütungssystem erstens die Informationsqualität in der Organisation und zweitens die internen Leistungsanreize verbessern wird. Beides mit der Folge langfristig besserer Ergebnisse.

Die Neugestaltung des Systems der variablen Vergütung sollte jedoch nicht zu viel Aufmerksamkeit der Organisation binden. Die funktionelle Ausgestaltung materieller Anreize ist, wie gezeigt wurde, von großer Bedeutung für Verhalten und Leistung (vor allem sind *negative* Wirkungen bei dysfunktionaler Systemgestaltung eine Gewissheit!) und ihre Neuordnung dürfte einer der ersten Schritte fast jeder Beyond-Budgeting-Initiative sein. Der Gestaltung des Anreizsystems selbst sollte aber in der Organisation viel weniger Aufmerksamkeit gewidmet werden als der Rekonfiguration der kontinuierlich genutzten Systeme des operativen und strategischen Leistungsmanagements! Fehler bei der anfänglichen Konfiguration des neuen Anreizsystems, die unweigerlich zur Manipulation durch Mitarbeiter Anlass geben werden, sind nachträglich korrigierbar und können im Zuge späterer Phasen der Initiative behoben werden.

Die Trennung von Vergütung und Zielplanung ist nicht zuletzt auch eine mögliche Gestaltungsoption im Rahmen einer „aufgeklärten Better Budgeting-Initiative": Die konzeptionelle und wahrgenommene Trennung von Zielvereinbarung und Vergütung kann hier zumindest teilweise den Anreiz zur Manipulation bei der Budgeterstellung und zur kurzfristigen Zielerreichung mindern, und damit vor allem den Prozess der Budgeterstellung vereinfachen.

Leitlinien für das Design von Entgeltsystemen

Zweck: Rückwirkende Anerkennung von Leistung und Erfolgsbeteiligung für Mitarbeiter (nicht: Verhaltensbeeinflussung und Kontrolle).

- Geplante Leistung/Pläne, Budgets, oder Ziele – mithin fixe Leistungsverträge – sind *keine* geeignete Basis für Belohnung.
- Entgelt ist an *realisierte, relative Leistung* zu knüpfen – im Vergleich zum externen Wettbewerb oder zu vorangegangenen Perioden.
- Der Prozess von Leistungsbewertung und finanzieller Belohnung ist *strikt zu trennen* vom fortlaufenden Prozess von Leistungsmanagement und Kontrolle.
- Belohnungssysteme *so einfach wie möglich* gestalten und nicht als Steuerungssystem überbewerten, nach dem Motto: „Gut und fair bezahlen, und dann alles tun, damit Mitarbeiter das Thema vergessen".
- Entlohnung *an Unternehmens- oder Geschäftseinheits-Performance* koppeln, nicht an Mikro-Team- oder individueller Mitarbeiterleistung.
- Alle Brüche, Diskontinuitäten und Nicht-Linearitäten aus dem Vergütungsprofil entfernen – *lineare Kompensationsformeln* nehmen den Anreiz, zu manipulieren, Information zurückzuhalten oder zu verzerren, oder das System „auszutricksen".
- Bestehende Entlohnungssysteme radikal entschlacken: Belohnungs-Stückwerk gerade in Produktionsbereichen („Pay-for-Performance") eliminieren.
- *Wenige und geeignete Leistungsindikatoren* als Vergütungsgrundlage auswählen. Besonders geeignet sind finanzielle Indikatoren der Wertschöpfung (z.B. EVA).
- Variable Belohnung als *Erfolgsbeteiligung* gestalten (Gewinnbeteiligungen/Profit Sharing); dies gilt auch für Projekte und Effizienzverbesserungen!
- *Teams* belohnen, nicht einzelne Mitarbeiter – so wird Zusammenarbeit gefördert.
- Gestaltung und Einführung des Systems sind *keine Aufgaben der HR-Funktion;* die Führung des entsprechenden Projekts durch den CEO ist unabdingbar.
- Für „aggressive" und kurzfristig ausgerichtete Vergütungsformen ist in einer Beyond-Budgeting-Organisation kein Platz.

4.6 Management der Gemeinkosten: Prozesskostenmanagement und andere ausgewählte Techniken

4.6.1 Prinzipien des Kostenmanagements mit und ohne Budgets

Die Budgetierung ist eines der meistverwendeten Instrumente des Kostenmanagements (verstanden als Kostenplanung, -steuerung und -kontrolle) in heutigen Organisationen. Dabei unterliegt die Budgetierung im Zusammenhang mit Kostenallokation und -kontrolle gravierenden Begrenzungen. Budgets sind in mehrfacher Hinsicht ungeeignet, kosteneffizient zu managen.

- *Bei der Planung* geht das Kostenmanagement mittels Budget inhaltlich oft nicht über eine Fortschreibung von den in Vorperioden realisierten Kosten – mit einem gewissen prozentualen Zu- oder Abschlag – hinaus. Kostenplanung mittels Budgets (auch „Allokation") erfolgt meist oberflächlich und unmethodisch. Budgets neigen dazu, Kapazitäten/Kostenniveaus für das Geschäftsjahr festzuschreiben (sie definieren die Kosten-Untergrenze). Manager bauen außerdem bewusst „Puffer" in ihre Kostenbudgets ein.

- *Im laufenden Geschäft:* Operative Aktivitäten, Maßnahmen und operative Ressourcen müssen in der Praxis kontinuierlich angepasst werden, um kurzfristig auf Veränderungen im Marktumfeld reagieren zu können. Budgets als festgeschriebene Pläne und Ressourcenvorgaben behindern aber diesen Anpassungsprozess: sie geben entweder einen Anreiz zur strikten Einhaltung geplanter Kosten-Budgets (und damit häufig zu Verschwendung und Fehlallokation), oder der Änderungsbedarf schlägt sich in einer Neuplanung bzw. Budgetrevision nieder.

- *Bei der Kostenverfolgung* (oder: Kontrolle) mittels Plan-Ist-Vergleichen sind Budgets ungeeignet, wesentliche Fragen zu beantworten, wie etwa: „Welche Kosten generieren keine relevanten Kundenwert?" „Was sind die Gründe für die Entstehung bestimmter Kosten – Kunden, Prozesse, Produkte –, und wie kann die Kostenentstehung minimiert werden?" „Wie sollte unsere Kostenstruktur angesichts der jüngsten Entwicklungen und unserer strategischen Ziele aussehen?" Die Darstellung in finanziellen Input-Größen macht Kosten, die nicht zur Wertschöpfung beitragen (überflüssige Arbeit und Ressourceneinsatz), für Linienmanager und Führung tendenziell unsichtbar.

Die negativen Begleiterscheinungen dieser Praxis sind vielfältig: Entscheidungen fallen ohne Verständnis der Kostenverursachung und Kostenentstehung – ein immenser Teil der Kosten gilt als praktisch undurchschaubarer „Fixkostenblock". Reporting und Kontrolle münden in einer Praxis falsch verstandener Steuerungseffizienz durch so genanntes „Kostenmanagement".[112] Extreme, jedoch nicht selten zu beobachtende Folgen eines derartig limitiertem Kostenverständnisses sind die in Krisen üblichen „durch-die-Bank" angesetzten prozentualen Reduzierungen von Manpower oder Headcount (eine besonders infame Spielart der Budgetstreichungen). Kostenmanagement dieser Art hat – als Notwehr der Unternehmensleitung angesichts geringer Transparenz der Kostenentstehung – mit großer Wahrscheinlichkeit schädliche Folgen in sensiblen Bereichen, wohingegen anderenorts weiterhin überschüssige Kapazitäten verbleiben.

Bevor wir uns im Folgenden wirksamen Methoden, die *Kostenentstehung* aktiv zu beeinflussen und Ressourcennutzung systematisch zu optimieren, zuwenden, soll gezeigt werden, dass wirksame Kostenverfolgung und -kontrolle ohne Budgets zum einen sinnvoll und zum anderen realisierbar ist, ohne dass Manager die Übersicht verlieren und ohne die Organisation „ins Chaos abgleiten" zu lassen.

Den Verfahren traditioneller Kostenrechnung (einschließlich reiner Prozesskostenrechnung, auf die später näher eingegangen wird) ist eine ausschließlich vergangenheitsbezogene Sichtweise zu eigen. Kostenentstehung und Entscheidung werden durch diese rückwärtsgerichteten Kostenbetrachtungen nicht im geringsten beeinflusst. Vielmehr ist eine Beschränkung auf diese Verfahren gleichbedeutend mit Kosten-„Autopsie". Kosteninformationen sind außerdem meistens zu unspezifisch und vergangenheitsbezogen, um konkrete Handlungen oder Handlungsänderungen anzustoßen; manche Kostenpositionen, wie zum Beispiel Umlagen und Verrechnungskosten werden vom Linienmanagement nicht verstanden oder nicht akzeptiert.

Flexibel *und* kostensenkend managen ohne Budgets – das scheint zunächst ein Widerspruch zu sein. Wir sind daran gewöhnt, Kosten mit Hilfe von aus dem traditionellen Rechnungswesen abgeleiteten Budgetpositionen und mo-

---

[112] Genau genommen ist der Begriff *Kostenmanagement* ein Oxymoron: Kosten und finanzielle Ergebnisse entziehen sich einem direkten Management. Was wir verstehen müssen, sind Kostenverursacher und -treiber. Anschließend können wir diese Verursacher managen. Kosten sind die Folge von Prozessen, die (hoffentlich) der Wertschöpfung dienen. Daher können nicht die Kosten letztlich optimiert werden, sondern Aktivitäten und Prozesse. Nur durch *konsequente Neugestaltung von Prozessen* lassen sich in den meisten Organisationen Quantensprünge zur Kostensenkung erreichen.

Plan-Ist Vergleich mit Budgets

Kostenstelle/ Konto	Plan (Budget)	Ist Aktueller Monat	Variation (absolut oder in %)	Plan (Budget) kumuliert	Ist Kumuliert
Konto A	...	...	...	...	...
Konto B	...	...	...	...	...

- ➢ Übermäßig detailliert
- ➢ Betont Ausreißer und saisonale Schwankungen
- ➢ Vergleich gegenüber obsoleten und ausgehandelten Planzahlen
- ➢ Kein Zukunftsbezug

Übersichtsartige Trendbeobachtung ohne Budgets

Bereich/ Kontengruppe/ Indikator	Ø des vorletzten Jahres	Ø des Vorjahres	Letzter realisierter Monat	Ø kumulierte Monate im laufenden Jahr	Ø der letzten 12 Monate (gleitend)
Center 1	...	...	...	...	...
Center 2	...	...	...	...	...

- ➢ Verhindert Betonung von "Ausreißern", betont Trends & Handlungsbedarf
- ➢ Kein Budget/jährlicher Review erforderlich
- ➢ Kein Bezug zu obsoleten oder verhandelten Planzahlen
- ➢ Nur grobe Kostenverfolgung

Abb. 60: Kostenberichte mit und ohne Budgets: Traditionelle Abweichungsanalyse im Vergleich zur Trendbeobachtung „Beyond Budgeting"

natlichen Soll-Ist-Vergleichen zu „steuern" und zu kontrollieren. Wie sollen Kosten ohne Budgetvorgaben wirksam kontrolliert und in Schach gehalten werden? Ohne Pläne und Budgets ergibt sich eine neue Form der Kostenbetrachtung, wie sie anhand von Abb. 60 beispielhaft dargestellt ist. Kosten können ohne Budgets „berichtet", kontrolliert und visualisiert werden, indem realisierte Kosten eines Monats wie im Beispiel mit den Kosten des Vormonats, des gleichen Monats einer vorangegangenen Geschäftsjahres oder mit mehrmonatigen rollierenden Durchschnittskosten (z.B. über einen Zeitraum von 3 oder 12 Monaten) verglichen werden. Für eine eher zukunftsorientierte Analyse prognostizierbarer Kostentrends können zusätzlich Informationen aus dem Forecasting in den Kostenbericht einfließen.

Die Forderung nach einer solchen Neuausrichtung des Kostenreporting weg von Budgets lässt sich wie folgt zusammenfassen:

- Betrachtung von Kostenindikatoren statt Reporting auf Kostenstellen- und Kontenebene;

- Trend/Ist-Vergleiche auf Basis von gleitenden Durchschnitten und Vorperioden-/Ist-Vergleichen – statt der gewohnten Plan/Ist-Vergleiche;
- Entfeinerung von Reportinginformationen und Beschränkung auf grobe Übersichtsdaten – statt größtmöglicher Detaillierung

Diese Forderungen mögen vielen Praktikern – Managern wie Controllern – auf den ersten Blick als kaum akzeptabel und tendenziell sogar verrückt erscheinen. Daher soll an dieser Stelle umgekehrt (möglicherweise zunächst kontraintuitiv) festgestellt werden, dass die *Existenz von Budgets* und Plänen in Wirklichkeit *keinerlei Beitrag* zum Management von Kosten leistet. Und weiter: Selbst wenn in einem Steuerungsmodell ohne Budgets keine wirklich neuartige Methode zum Kostenmanagement an die Stelle der Budgets tritt (beispielsweise ein Verfahren der Prozesskostenrechnung), wird die Qualität der finanziellen Ergebnisse nicht nur unbeeinträchtigt bleiben, sondern die Fähigkeit der Organisation zum Verständnis von Kostenentstehung sollte sogar zunehmen. Der Grund dafür besteht in der Tatsache, dass Kostentransparenz, -analyse, -verständnis und entscheidungsorientiertes Kostenmanagement durch Budgets nicht gefördert, sondern höchstwahrscheinlich gehemmt werden (siehe Box).

Neun Gründe, warum das Kostenmanagement durch einfache Abschaffung von Budgets besser wird

- Kostenbudgets werden meist mechanistisch aus *realisierten* Kostenniveaus von Vorperioden abgeleitet – sie verkörpern keine Optimierungsanstrengung, sondern historische Fortschreibung.
- Je größer der Grad der Detaillierung von Budgets/Allokationen, desto unflexibler und zweifelhafter die Prämissen und desto kurzlebiger die Prognose.
- Einmal ausgehandelte oder „festgelegte" Budgets definieren „richtige" Kostenniveaus für den Rest des Geschäftsjahres – sie fixieren Kostenniveaus und den „Boden" der Kosten; Verzicht auf Budgets heißt Platz schaffen für kontinuierliche Infragestellung von Kostenniveaus.
- Fixierte Kosten*allokation* in jeder Form ist auch Kosten*fehlallokation* – der Verzicht auf Allokation und Budgets hilft, die Fehlzuweisung von Ressourcen (Über- und Unterversorgung) zu verhindern.

- Budgets sind als Vergleichsmaßstab für realisierte Kosten entweder irrelevant oder banal – die Analysen von Abweichungen gegenüber Plan führen zu nichts.
- Budgets versperren den Blick auf Trendentwicklungen bei den Kosten und erschweren relevante Kostenprognosen – ohne Pläne und Budgets ziehen wir *bessere* Vergleichsmaßstäbe heran.
- Kostendaten aus Budgets (genauso wie die aus dem General Ledger) sind *strukturell* so *defizitär*, dass sie als Informationen zur Kostenbeeinflussung bestenfalls nutzlos und schlimmstenfalls dysfunktional und fehlleitend sind.
- Eine strenge Verfolgung kostenbezogener Leistungs-*Indikatoren* ist erheblich effizienter und relevanter als die Kontrolle einzelner Kostenpositionen!
- Allokationen, budgetfixierte „Kostenpolizei" und Mikromanagement durch mittleres/oberes Management und Controlling verwässern die Kostenverantwortung dezentraler Entscheider.

Overhead-Kosten haben in Unternehmen in den letzten Jahrzehnten gegenüber direkt zurechenbaren Kosten (direkte Personalkosten) an Gewicht gewonnen. Dies liegt viel weniger als oft angenommen am höheren Grad von Automatisierung oder an der Bedeutungszunahme des intellektuellen Kapitals von Organisationen, sondern vor allem an der kontinuierlichen Ausdehnung von Produkt- und Dienstleistungsvielfalt und -komplexität. Variantenreichere Produkte und Leistungen, vielfältigere Vertriebs- und Absatzkanäle sowie vielfältigere und heterogene Kundengruppen bringen unweigerlich größere Komplexität mit sich. Dies übersetzt sich in Overhead-Kosten, die zum Management der Vielfalt und Heterogenität anfallen, aber *nicht zwangsläufig Ausdruck von Ineffizienz und Bürokratie* sind. Unternehmen bieten heute vielmehr unterschiedlicheren Kunden eine größere Produkt- und Leistungsvielfalt an. Die Bedeutungsverschiebung von direkten Personalkosten zu Overhead ist somit vielfach Ausdruck der *Kosten der Komplexität*.

Hier schließt sich die Frage an, wie lange es sich komplexe Unternehmen noch leisten können, mit dem latenten Informationsmangel ihrer Rechnungswesensysteme zu leben. Existierende Rechnungsweseninformationen sind hinsichtlich dieser Kosten gewissermaßen verzerrt, unvollständig und „roh". Traditionelle Verfahren der *Kostenumlage* führen z.B. nur in solchen Fällen zu hinsichtlich ihrer Genauigkeit akzeptablen Ergebnissen, in denen die folgenden Bedingungen gelten: wenige und sehr ähnliche Produkte/Leistungs-Gruppen; geringe Overhead-Kosten; homogene Herstellungsprozesse; homogene Absatzkanäle, Kundenanforderungen und Kunden; geringe Kosten für Verkauf, Vertrieb und Administration; und schließlich: sehr hohe Margen. Diese Bedingungen sind heute aber schwerlich in irgendeiner Organisation anzutreffen.

Kostenumlage und Allokation (Kostenzuordnung) bedeuten im Endeffekt immer auch „Fehlallokation" – denn dies ist normalerweise das Ergebnis! (Verfechter der Prozesskostenrechnung heben entsprechend hervor, dass sie Ausgaben nicht „zuordnen", sondern „verfolgen und zurechnen"). Kostenmanagement ohne Budgets bedeutet, letztlich arbiträre Ressourcen-Allokation zu vermeiden und den Prozess der Kostenentstehung für alle Entscheider transparenter zu machen.

Gemeinkostenmanagement ohne Budgets bei Sydney Water, Australien

Die Division *Asset Management* des australischen Versorgungsunternehmens, verantwortlich für ein Jahresbudget von 600 Millionen Dollar, ging zu einem neuen Konzept des Kostenmanagements über, das ohne die bis dato üblichen aufwändigen Budgets und Plan-Ist-Vergleiche auf Kontenebene auskommt. Das neue Konzept verhindert, dass einzelne Bereiche oder Funktionen ihre jeweiligen Budgets mit allen Mitteln verteidigen und voll ausschöpfen. Das „Geheimnis" des neuen Verfahrens liegt in der klaren Abgrenzung von *fixen Basiskosten* der laufenden Geschäftstätigkeit und den de facto beeinflussbaren so genannten *variablen* Kosten.

Laufendes Reporting und Ist-Kontrolle der Division beschränken sich heute auf lediglich 22 zusammengefasste Kostenkategorien, deren Niveaus monatlich grob verfolgt werden. Sofern diese Kostenniveaus innerhalb *erwarteter Bandbreiten* liegen, ist das Kostenreporting bereits erledigt. Die eigentlichen laufenden Anstrengungen von Managern und Finanzbereich zur Kostenreduzierung konzentrieren sich hingegen heute auf einen relativ kleinen, genau abgegrenzten Block so genannter variabler Kosten. Mithin diejenigen Kosten, die in der Organisation als effektiv beeinflussbar identifiziert wurden. Diese variablen Ressourcen machen nur etwa 7% der Gesamtkosten der Division aus und werden in einem gemeinschaftlichen Fonds oder Pool gehalten, dessen Beanspruchung Manager rechtfertigen müssen. Mit der Erkenntnis, welches die wirklich flexiblen Kosten sind, wurde das Kostenmanagement einerseits vereinfacht, andererseits aber auch deutlich fokussiert und produktiver gemacht. Das Ergebnis: Manager haben die Freiheit, sich auf die Resultate ihrer Arbeit zu konzentrieren, anstatt auf das Erreichen vorgeschriebener Kostenniveaus. Das Augenmerk der Organisation richtet sich auf Schonung variabler Ressourcen und darauf, dass diese optimal zur Schaffung zukünftiger Ergebnisse genutzt werden.[113]

Kommen wir nun zu den Methoden proaktiver Beeinflussung von *Kostenentstehung* und Ressourcennutzung. Verschiedene Techniken des Leistungsmanagements können dazu beitragen, anstelle von Budgets diejenigen Bereiche kosteneffizient zu steuern, deren Outputs sich einfach zu ermittelnder monetärer Analyse entziehen. Hierzu zählen insbesondere die Bereiche der „zentralen" Verwaltung oder allgemein die so genannten Gemeinkosten einer Organisation. Für das Gemeinkostenmanagement stehen inzwischen eine Reihe recht leistungsfähiger Techniken zur Verfügung, von eher sporadisch verwendbaren Verfahren bis hin zur kontinuierlichen Leistungsmessung mittels Kostenkennzahlen und der Festlegung von Leistungsniveaus und Verrechnungspreisen für interne Servicebereiche. Allen Verfahren ist dabei gemeinsam, dass ihnen die traditionelle Budgetsteuerung tendenziell „im Wege steht", bzw. dass diese nichts zur Verstärkung der Anwendung der neuen Verfahren beiträgt. Die im Folgenden unterschiedenen Konzepte stehen nicht im Widerspruch zueinander, sondern finden in der Praxis eines neuen Steuerungsmodells in Kombinationen und Mischungen Verwendung, damit organisationsspezifisch eine wirkungsvolle Einflussnahme auf den Ressourceneinsatz erfolgen kann.

Sporadisch einsetzbare und prozessbezogene Verfahren des Gemeinkostenmanagements

Zu den eher *punktuell einsetzbaren Instrumenten* der Gemeinkostenbeeinflussung zählen Techniken wie das Zero-based Budgeting. Dieses eignet sich vor allem zum Einsatz in Krisensituationen und in Projekten mit der Zielsetzung

---

[113] Siehe Kellerman 2003.

Die Neun Gestaltungsfelder für Beyond Budgeting oder „Better Management"

der Neufundierung der Gemeinkosten zu radikaler Kostensenkung. Der mit dem Verfahren verbundene Analyse- und Festlegungsprozess geht mit den Nachteilen großer bürokratischer Rigidität und einer stark an der formalen Aufbauorganisation ausgerichteten Kostenanalyse einher. Insofern handelt es sich um eine projekthafte, rein auf Kostensenkung konzentrierte Maßnahme, allerdings nicht so sehr um eine dauerhafte Initiative zur Verbesserung der Leistungseffizienz.[114]

Prozessbezogene Managemenkonzepte und Initiativen leisten seit den 80er Jahren einen wichtigen Beitrag zu einem tieferen Verständnis der Gemeinkostenentstehung. Eine Reihe von Techniken wie Reengineering, Kaizen, Prozessmanagement und die Konzepte zum Qualitätsmanagement zielen allesamt auch auf eine gezielte Beeinflussung der Prozesse der Kostenentstehung ab. Sie ermöglichen aber gleichzeitig Optimierungen von Prozess-Outputs und ganzheitlicher Leistung. Leider bleiben diese Verfahren in der Budgetsteuerung meist ohne Verbindung zum traditionellen Rechnungswesen und Reporting. Die jährliche abteilungsbezogene Allokation von Ressourcen durch Budgets mit deren Begleiterscheinungen läuft dem Gedanken dauerhafter prozessorientierter Verbesserung vollkommen zuwider und vermindert die Wirkung von Prozessbeeinflussung auf die Gemeinkosten. Ohne Budgets ist eine viel konsequentere Ausrichtung auf prozessbezogene Initiativen möglich.

Verwendung von Kostenindikatoren – konsequent

In der Beyond-Budgeting-Organisation wird Performance von Geschäftseinheiten und Profit Centern anhand einer relativ geringen Anzahl von Leistungsindikatoren gemessen (zu denen mit Sicherheit eine Form von Gewinn gehört), und nicht anhand einer Vielzahl von Budgetpositionen und voluminösen Kostenplänen. Entsprechend besteht der Anreiz, alle jene Kosten zu eliminieren, die keine Wertschöpfung erbringen. Als Alternative zu den in Plänen bzw. Budgets festgeschriebenen Ressourcenzuordnungen oder Allokationen managen und kontrollieren Beyond-Budgeting-Organisationen operative Ressourcen mit Hilfe von in Indikatoren ausgedrückten *Zielwerten oder Zielkorridoren* (z.B. Kosten-zu-Umsatz-Ratios), innerhalb deren Leistungsparametern/Grenzwerten Manager frei wirtschaften können. Kostenbezogene Indikatoren werden so zum Haupt-Instrument der Kostenmessung. Manager werden auf dieser Weise von „Verantwortlichen der Budgetver(sch)wendung" zu Verantwortlichen für den *realisierten Ressourceneinsatz* im Vergleich zur Wertschöpfung.

---

[114] In Abschnitt 3.2.3 finden sich detaillierte Ausführungen zu Durchführung und Implikationen des Verfahrens.

Die Indikatoren geben Anwort auf *generelle Fragen der Kostenentwicklung*, sie eignen sich aber nicht zur direkten Einflussnahme auf Kosten. Spezifische Kostenziele, z.B. für deutlicher spürbare Reduzierungen und Einschnitte, müssen darauf aufbauend als strategische Initiativen aus dem Strategieprozess abgeleitet und z.B. mit Hilfe von Daten aus der Prozesskostenrechnung initiiert und projekthaft gemanagt werden. Die Prozesskostenrechnung gibt im Gegensatz zu den Indikatoren und zum traditionellen Rechnungswesen Antworten auf die Frage, warum Kosten entstehen, und ermöglicht die prozessbezogene Problembestimmung und gezielte Einflussnahme. Mit Hilfe von internem und externem *Benchmarking* können zudem ambitionierte Verbesserungsziele definiert und gleichzeitig konkrete Erkenntnisse zur Kostensenkung gewonnen werden.

Indem die volle Kostenverantwortung an Linienmanager übertragen wird – einschließlich traditioneller Gemeinkosten oder bislang zentral budgetierter Kostenblocks (z.B. von der HR-Funktion verantwortete Kosten für Training und Personalentwicklung) – ergeben sich neue Chancen zur quantitativen und qualitativen Verbesserung der Mittelverwendung. Spezifische Budgets und Kostenniveaus, die vormals gleichzeitig das Limit, in der Praxis aber leider auch die miminalen Kosten jährlich festlegten und von Funktionen „auf Biegen und Brechen" mit politischem Taktieren und ggf. Verschwendung verteidigt wurden, werden durch die laufende Begleitung konsolidierter Kostenindikatoren und Entwicklungstendenzen ersetzt und damit ganzjährig hinterfragt.

Profit Center-Management statt Cost Center-Management

Gemeinkostenbereiche werden in den meisten Unternehmen undifferenziert als „Cost Center" und insofern als reine Kostenverursacher geführt. Dies spiegelt sich auch in gängigen Budgetierungsprozessen wider, bei denen keine Treiber-basierte Planung der Leistungsniveaus dieser Bereiche vorgenommen wird, sondern letztlich Kosten- und Umsatzniveaus fortgeschrieben und als Ausdruck von Meinungen fixiert werden. Der Prozess zur Umwandlung von Cost Centern in Servicebereiche oder Profit Center ist Konsequenz und Weiterentwicklung des zunehmend leistungsbezogenen Managements von Gemeinkostenbereichen.

Ein im Vergleich zu Budgets wirkungsvolleres Instrument zur Implementierung der Leistungsmessung dieser Bereiche kann die Balanced Scorecard sein – wenn diese bis in Zentral- und Servicebereiche hinein ausgerollt wird. Die mit dem Scorecarding-Prozess verbundenen Diskussionen im Management über notwendige und erwünschte Leistungen und Leistungsgrade der Servicebereiche und die kontinuierliche Messung der „Performance" bieten gute Angriffspunkte für die Fokussierung und Verbesserung der Leistungen gegenüber internen und externen Kunden sowie für die aktive Beeinflussung der Kosten aller Bereiche. Sind Strategie-basierte Dienstleistungen definiert und werden deren Leistung und Kosten kontinuierlich (prozesskostenbasiert) gemessen und anschließend mit den internen Kunden verhandelt, kann dies der Ausgangspunkt für die Umwandlung von Cost Centern in Profit Center sein.

Projektmanagement und Multi-Projektmanagement

Gerade für Unternehmen, die in hochgradig wissensbasierten Branchen und im Projektgeschäft tätig sind, bietet das Projekt- und Multiprojektmanagement Möglichkeiten zur gezielten Beeinflussung der Gemeinkosten. Projektmanagement kommt in diesen Branchen als Technik zur Steuerung interner und externer Kundenprojekte zum Einsatz. Insofern stellen einzelne Projekte hochgradig autonome, kundenbezogene und zeitlich determinierte „Profit Center" dar. Die in der Budgetierung übliche Allokation von Personal- und Sachressourcen in Form von Bereichs- und Abteilungsbudgets läuft der projekt- und kundenbezogenen Bündelung und Steuerung von Ressourcen zuwider und führt tendenziell zur Ressourcenverschwendung. Stattdessen sollte auf konventionelle Bereichsbudgets verzichtet, die Kosten interner Servicebereiche dafür den Einzelprojekten wie im Profit Center-Modell zugerechnet werden. Darauf aufbauend kann die Performance der Projekte und Projektportfolios mittels Schlüsselindikatoren kontrolliert werden. Das Potenzial der Projektorganisation und des integrierten Multi-Projektmanagements zum gezielten Management von Gemeinkosten ist aufgrund des Festhaltens an der Budgetierung bislang nicht annähernd ausgenutzt worden.

Prozesskostenrechnung als Schlüssel zum Verständnis der Gemeinkosten

Traditionelle Kostenrechnungssysteme weisen insbesondere in der Behandlung von Gemeinkosten gravierende Mängel auf. Sie sind komplex, intransparent und zu wenig auf die tatsächlichen Informationsbedarfe von Managern ausgerichtet. Traditionelle, in der Praxis weit verbreitete Verfahren wie Vollkosten-, Deckungsbeitrags-, Plankosten- oder Kundenerfolgsrechnung erfassen den in den Unternehmen sehr wichtigen Kostenblock aus Verwaltungsleistungen nicht analytisch.

Eine *Kostenverfolgung anhand von Aktivitäten und Prozessen* bietet gegenüber der Funktions-, Abteilungs- und Kontenplanvision von Budgets eine Reihe von Vorzügen:

- Sie erlaubt ein wesentlich besseres Verständnis des Geschäftsziels und seiner Kosten-„Treiber".
- Benchmarking-Untersuchungen hinsichtlich einer bestimmten Leistung gegenüber dem Wettbewerb sind in dieser Form leichter durchzuführen.
- Es wird möglich, Mitarbeitern darzulegen, *warum und wie* Kosten gemanagt werden sollen.
- Kunden und Produktrentabilitäten lassen sich faktenbasiert darstellen, wenn Kosten aktivitätsbezogen aufgebrochen werden.

Die Prozesskostenrechnung versetzt Manager in die Lage, Aktivitäten – also einzelne Arbeitsschritte und Prozesse -hinsichtlich ihrer Wertschöpfung für Produkte und Kunden besser zu verstehen. Es eignet sich besonders dazu, Kosten zu identifizieren, die keinen echten Wertbeitrag leisten (Inkonsistenzen, Effizienzgräber, Mangel an Professionalität, bewusste und unbewusste Verschwendung) und Ressourcenbedarfe für künftig notwendige Kapazitäten zu schätzen.

Unglücklicherweise geben sich viele Manager und Rechnungswesen-Profis zufrieden, wenn das Gesamtkostenvolumen gegenüber dem Budget „stimmt" – und kümmern sich wenig um Kostenentstehung und -zurechnung. Prozesskostenrechnung (Activity-based Costing, ABC) und dessen Erweiterung zu einem aktiven Prozesskostenmanagement (ABC/M) richten sich auf die dauerhafte Bereitstellung neuartiger Informationen zur Verwendung *innerhalb* und auf allen Ebenen einer Organisation, unabhängig vom externen Reporting. Diese Rolle wurde in der Praxis bisher nicht genügend gewürdigt. Weil traditionelle Kostendarstellungen und Budgets in Organisationen weiterhin dominieren, bestehen zudem große Defizite bei der praktischen Anwendung des Verfahrens, auch in Organisationen, die bereits Prozesskostenrechnung praktizieren. Aus dem wahrgenommenen Konflikt zwischen den unterschiedlichen Formen der Darstellung von Kosten und Rentabilität, einerseits für interne Beeinflussung (ABC/M), andererseits für externe „Autopsie" (traditionelles Rechnungswesen), resultiert eine massive Unterverwendung der Prozesskostenrechnung.

Gängige Einschätzungen besagen, dass die Prozesskosten-Technik zu den eher punktuell einsetzbaren Instrumenten des Kostenmanagements gehören:

Die Neun Gestaltungsfelder für Beyond Budgeting oder „Better Management"

Aus dieser Grundhaltung resultiert gerade in Deutschland eine überwiegend projekthafte Nutzung der Prozesskostenrechnung, die sich auf, wie es heißt „kritische Bereiche" beschränkt. Bei pauschaler Anwendung ginge das Verfahren jedoch vielerorts zu sehr ins Detail. Als Nachteile der Anwendung werden dann aber mögliche Verzerrungen und Fehler bei der einmaligen Messung und Analyse, Abwehrhaltung der Führungskräfte und eine relative Kurzlebigkeit der Erfolge genannt. Die so argumentierenden Kritiker der Prozesskostenrechnung gehen von falschen Prämissen aus und verwechseln in der Folge Ursache und Wirkung.

Die Prozesskostenrechnung adressiert vielmehr das Problem, wonach das Management von Kosten mittels Budgetierung von Verbesserungspotenzialen ablenkt, nämlich der Leistungsfähigkeit und Kosteneffizienz von Aktivitäten und Prozessen. Traditionelles Rechnungswesen und Budgets zeigen nur die monetären Folgen dieser Prozesse in Form der Kosten. Insofern sind traditionelle Budgets Input-orientiert und *blind für die Kostenursachen*. Die Prozesskostenrechnung ermöglicht demgegenüber die Analyse von Prozessen, und damit die Messung und Steuerung von Kostenverursachern und Leistungsniveaus. Solche Leistungsniveaus können nicht-finanzielle Indikatoren wie Servicegrad, Durchlaufzeiten, Grenzwerte für die Lagerhaltung oder Fehlerquoten sein, deren Messung zeitnah erfolgen kann und die für die Kunden des jeweiligen Prozesses unmittelbar relevant ist. In den folgenden Abschnitten wird von Techniken und Anwendung von ABC/M noch ausführlicher die Rede sein.

Shared Services und interne Märkte

Einige Beyond-Budgeting-Unternehmen haben Verfahren entwickelt, die das Prinzip der bedarfsorientierten, marktlichen Ressourcenkoordination eine Stufe weiter führen – hin zu einem Konzept marktlich agierender interner Dienstleister und Servicebereiche.[115] Shared Services können Skaleneffekte (aufgrund funktionaler Konsolidierung) und Kostensenkungen durch Effizienzsteigerung bewirken. Daneben sind sie tendenziell in der Lage, spürbare Verbesserungen in der Qualität der Kundenleistungen zu realisieren.

Support-Funktionen wie Buchhaltung, Controlling, Personalwesen, juristischer Support und Marketing werden entweder direkt in den kundennahen Einheiten und Teams (Profit Center) angesiedelt oder als zentralisierte

---

[115] Siehe zur flexiblen Ressourcenallokation durch marktliche Steuerung vertiefend Abschnitt 4.7.2.

Dienstleister indirekten, simulierten Marktkräften ausgesetzt. In diesem Fall schafft man häufig „interne Märkte", in denen interne Dienstleister regelmäßig Leistungsverträge mit ihren internen Kunden verhandeln. Benchmarks gegenüber externen Wettbewerbern führen zu einem konstanten Kostendruck auf die angebotenen Leistungen.

Die Delegation von Entscheidungen über die Ressourcenverwendung an dezentrale Entscheider macht die Organisation flexibler und anpassungsfähiger – führt aber auch dazu, dass Linienmanager für ihre Entscheidungen effektiv verantwortlich gemacht werden können und müssen. Auf lange Sicht erhöht dies Identifikation und Verantwortung und vermindert Verschwendung. Zusätzliche Tools des Kostenmanagements (wie ABC/M) und Verzicht auf fixe Ressourcen-Allokationen mittels Budgets machen den Weg frei für die kontinuierliche Suche nach Potenzialen nachhaltiger Effizienzsteigerung und höherer Rentabilität.

Funktionen zum Geschäftserhalt, die Kernkompetenzen des Geschäfts darstellen (z.B. strategische Informationssysteme, reine F&E ohne direkten Produktbezug und Teile der Finanzfunktion) werden in ähnlicher Weise gesteuert, wobei hier der interne Kunde die Unternehmenszentrale ist. Die Definition qualitativer Leistungsmaße für diese internen Dienstleister hilft, die oftmals in Eigendynamik unstrukturiert gewachsenen Aufgabenbereiche einer analytischen Beurteilung zu unterziehen und Ineffizienzen herauszuarbeiten.

Verfahren zur Kostenprognose

Die Prognose und vorausschauende Steuerung von Kosten gilt als eine der Kernfunktionen der Budgetierung. Andererseits sind die in Budgets enthaltenen Kosteninformationen – selbst wenn wir die realen Defekte des Erstellungsprozesses beiseite lassen – prinzipiell höchstens dann aussagefähig, wenn wir die Prämissen eines sehr begrenzten Zeithorizonts und geringer Produktindividualität und Variation des Outputs zugrunde legen. Verschiedene alternative Verfahren zum Zweck der Kostenprognose sind bekannt und erprobt. Zu diesen Verfahren zählen u.a. Rolling Forecasting, die Kostenprognose auf der Basis von Activity-based Management (besser unter der Bezeichnung Activity-based Budgeting bekannt), Projektmanagement/Auftragseinzelrechnung und Simulation. Tendenzielle Aufschlüsse zur Einsatzfähigkeit der Verfahren im Hinblick auf den Zeithorizont der Prognose und die Variabilität des Outputs gibt Abb. 61.

Die Neun Gestaltungsfelder für Beyond Budgeting oder „Better Management"

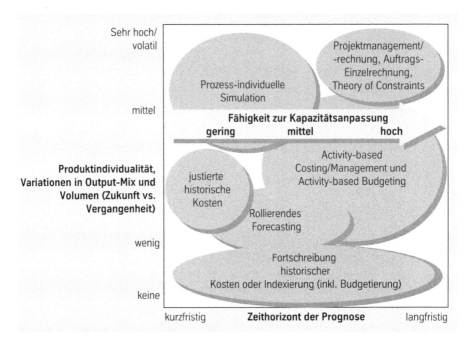

Abb. 61: Methoden zur Kostenprognose

Die unterschiedlichen Techniken zur Kostenprognose können im Vergleich zur Budgetierung insbesondere hochwertigere Aussagen in Situationen größerer Variabilität des Outputs und hinsichtlich verschiedener Zeithorizonte geben. Die Sinnhaftigkeit jeder Form von Kostenprognose muss im Einzelfall kritisch überprüft werden, und der Nutzen des Einsatzes sollte in einem angemessenen Verhältnis zum Aufwand der eingesetzten Verfahren stehen. Gerade Letzteres ist in der Praxis nicht immer der Fall, wie am Beispiel der Verwendung von Budgets erkennbar ist.

Prinzipien des Kostenmanagements ohne Budgets

- *Vordefinierte Allokationen und „Recht" auf Ressourcenverbrauch entfallen.*
- *Trend/Ist-Vergleiche* auf Basis von gleitenden Durchschnitten und Vorperioden/Ist-Vergleichen ersetzen Plan/Ist-Vergleiche.

- *Forecast/Ist-Vergleiche* bieten eine zusätzliche Orientierung (künftige Trends).
- *Kostenindikatoren, verwendet als Zielwerte oder Korridore,* ersetzen Budgetziele und Reporting auf Kostenstellen- und Kontenebene.
- Grob gruppierte, *überblicksartige Kosteninformationen* (Kontengruppen oder Kostenstellengruppen) ersetzen Kostenberichte mit größtmöglicher Detaillierung.
- *Benchmarking* führt zu anspruchsvollen und relevanten Kostenvorgaben und Leistungsmaßstäben auf Prozess- oder Bereichsebene.
- *Profit Center* mit eigener Ergebnisverantwortung erhalten ein Mandat zum eigenständigen Rentabilitätsmanagement.
- *Prozesskostenrechnung* erlaubt ein Verständnis der Kostenentstehung und gibt dezentralen Entscheidern neue Informationen hinsichtlich Kosten/Rentabilitäten.
- *Interne Märkte* für interne Dienstleistungen – Ressourcenerwerb durch operative Einheiten von internen Dienstleistern zu *vereinbarten* Preisen – führen marktliche Mechanismen der Ressourcensteuerung ein (fundiert durch Benchmarking, ABC/M und andere Techniken).

4.6.2 Grundlagen des Prozesskostenmanagements (ABC/M)

Die Prozesskostenrechnung ist – in der einen oder anderen Form – bereits einige Jahrzehnte alt.[116] Manager verwendeten entsprechende Techniken intuitiv, um die ihnen geläufigen, vor allem administrativen Prozesse und Aktivitäten auf analytischere, *bewusstere* Weise zu managen. Erst in den 80er Jahren wurde Activity-based Management in Wirtschaft und Akademie als eigenständiges Konzept weiterentwickelt und stärker standardisiert, unter anderem von Robert Kaplan (später Mitentwickler der Balanced Scorecard) und dem

---

[116] Manche wollen die Ursprünge der Prozesskostenrechnung gar bis ins Jahr 1840 zurückdatieren- dies fällt wohlgemerkt grob mit der Epoche des beginnenden Eisenbahnbaus in Europa zusammen.

britischen Forschungsverband CAM-I (später Keimzelle der Beyond-Budgeting-Initiative).[117]

Prozesskostenmanagement darf nicht ausschließlich als Kosten*rechnungs*prinzip verstanden werden. Der Einsatz von Prozesskostenrechnung kann bereits wertvoll sein, aber den Schritt zum *aktiven Management von Prozessen* zu vollziehen ist tendenziell von unschätzbarem Wert. Der Grund hierfür ist einfach: Kosten*informationen* alleine werden nichts daran ändern, wie das Geschäft einer Organisation funktioniert. Es ist von essenzieller Bedeutung, Prozesskosteninformationen als Gestaltungs- und Steuerungselement in laufende Entscheidungen einzubeziehen. In diesem Zusammenhang bietet sich eine deutliche Unterscheidung der Begriffe Prozesskostenrechnung und -management an: [118]

- Prozesskostenrechnung (Activity-Based Costing – ABC) kann verstanden werden als die „mathematische" Generierung von prozessbezogenen Kosteninformationen und die anschließende, strategische Nutzung dieser Informationen.

- Prozesskostenmanagement (Activity-Based Management – ABM) beschreibt hingegen die Verwendung der Informationen aus der Prozesskostenrechnung für operativ-taktische Maßnahmen und Programme.

Daher hat der Begriff, „Activity-Based Costing *and* Management" (ABC/M) – oder: Prozesskostenamanagement im weiteren Sinne – als Kombination beider Dimensionen seine Berechtigung. Er kennzeichnet die Bemühungen von Organisationen, die darauf abzielen, *beides* zu tun. Denn das Prinzip der prozessbezogenen Betrachtung von Kosten in der Organisation kommt nur dann voll zum Tragen, wenn Manager die zusätzliche Prozess- und Kosteninforma-

---

[117] Zum Konzept des Activity-Based Costing und Management (ABC/M) empfehle ich die auch für Nicht-Controller sehr anschaulich geschriebenen Bücher von Gary Cokins, „Activity-based Cost Management – an executive's guide" (2001) und „Activity-Based Cost Managemenet: Making it Work" (1996). Beide Werke dienten als Referenz für diesen und den folgenden Abschnitt. Ein weiteres empfehlenswertes Grundlagenwerk zum Thema ist Kaplan/Cooper's „Cost & Effect" (1998).

[118] Im englischsprachigen wie im deutschen Sprachraum herrscht eine heillose Begriffsverwirrung im Zusammenhang mit diesem Thema. Akademiker, Berater und Praktiker verwenden die Begriffe häufig synonym und ohne klare Abgrenzung. Die hier gewählte Begriffswahl versucht, Spitzfindigkeiten zu umgehen, aber dennoch präzise die Dimensionen des Prozesskostenmanagements herauszustellen.

tion aktiv und kontinuierlich nutzen, um Geschäftsaktivitäten strategisch und operativ zu gestalten sowie aktiv zum Management von Kundenbeziehungen und Produkten verwenden. Im Folgenden soll für die kombinierte Anwendung ABC/M vereinfachend auch der Begriff Prozesskostenmanagement verwendet werden.

Die ABC/M-Methodik wird in Organisationen oft als eigenständiges Verbesserungsprogramm verstanden. Das ist ein grundlegender Irrtum. Glücklicherweise ist aber im Laufe der letzten Jahre das Verständnis dafür gewachsen, dass das Prozesskostenmanagement in erster Linie Informationen verfügbar macht, die sich in eine große Anzahl komplementärer Initiativen, Tools und Entscheidungssituationen einfügen. ABC/M an sich ist *kein* Verbesserungsprogramm. Prozesskosten-Informationen sind einfach ein Mittel zum Zweck, eine Datenbank für die eigentlichen Verbesserungsprogramme. ABC/M-Daten sind daher stets *Input für andere Prozesse*. Die mit ABC/M gewonnenen Informationen können und sollten im Zusammenhang mit Management jenseits der Budgetierung in vielfacher Weise genutzt werden:

- als *Grundlage für interne und externe Leistungsvergleiche* (Benchmarking);
- als *Basis für operative Leistungs-Kennzahlen und Kontrollen* (Performance Measurement, Balanced Scorecards);
- zur *Erstellung von rollierenden Forecasts;*
- als *Methodik zum operativen Kostenmanagement* des gesamten Gemeinkostenbereichs und für Verrechnungspreise im Rahmen von Shared Service-Center – Vertragsverhandlungen/Interne Märkte;
- als Tool zur Ermittlung von *Kunden- und Produktrentabilitäten;*
- *zum flexiblen Kapazitätsmanagement* – es zeigt überschüssige Kapazitäten auf und kann zur dynamischen Reaktion auf Nachfrageschwankungen beitragen; methodisch anspruchsvoller: ausgehend von der projizierten Nachfrage und die Wertschöpfungskette zurückverfolgend, können künftige Ressourcen- und Kapazitätserfordernisse abgeleitet werden. Dies ist insbesondere im Verbund mit rollierenden Forecasts der Kundennachfrage von Nutzen;
- als *Informationsbasis für diverse Verbesserungsinitiativen* wie Prozess- und Wertmanagement, Total Quality-, Supply Chain-, Kundenbeziehungs-, Kundenwertmanagement, Target Costing, Balanced Scorecarding und Leistungsmessung

Oder anders ausgedrückt: Prozesskosten-Informationen erlauben in vielen Fällen, Prozesse zu verbessern und *bessere* Entscheidungen zu treffen. Oft machen sie aber auch Entscheidungen möglich, die *ohne* diese Informationen überhaupt nicht vorstellbar wären.

> ### Grundlagen von ABC/M (= Prozesskostenrechnung + Prozesskostenmanagement)
> - ABC/M ist *der* Weg zu finanzwirtschaftlicher Intelligenz einer Organisation – kein anderes Tool erlaubt vergleichbare Einsichten in finanzielle Zusammenhänge der Geschäftstätigkeit. Es hilft u.a. dabei, Ergebnisse zu maximieren, Kosten zu kontrollieren, operative Effizienz zu verbessern und zukünftige Kosten zu prognostizieren.
> - Prozesskostenrechnung ist *kein Verbesserungsprogramm an sich*, sondern ein Mittel zu vielfältigen Zwecken! ABC/M ist die Basistechnologie für eine Vielzahl von Initiativen und Management-Tools.
> - Der Einsatz von Prozesskostenrechnung kann *wertvoll* sein, aber der Schritt zum aktiven Management von Prozessen ist unschätzbar!
> - ABC/M *als Projekt* zu verstehen, ist falsch – es stellt vielmehr eine Fähigkeit und Grundlage finanzieller Business-Intelligenz dar.

Ein Beispiel für die neuartige Qualität von Kosteninformationen durch ABC/M ist in Abb. 62 zu sehen. Die Abbildung zeigt einen Bericht mit Kosteninformation am Beispiel eines administrativen Bereichs eines Versicherers. Auf der einen Seite handelt es sich um Kostenpositionen in traditioneller Darstellung, auf der anderen Seite um typische Positionen einer aktivitätsbezogenen Sicht der Kosten. Die linke Seite der Abbildung repräsentiert einen klassischen monatlichen Kostenstellen-Bericht. Es handelt sich um ein Instrument der „Rechnungswesen-Polizei", ein Tool für Weisung und Kontrolle, das aber geringe Hilfestellung für Maßnahmenplanung und Korrektur bietet. Derartigen Kosten-Darstellungen wird von Managern häufig berechtigterweise mit Zynismus begegnet, schon weil Planungsdaten sichtbar keinen geeigneten Vergleichsmaßstab bieten können.

Management der Gemeinkosten

Kostenstellen/Konten-Sichtweise (Output aus dem General Ledger)				Prozesskosten-Sichtweise (Input für Prozesskosten-Datenbank)		
Abteilung: Schadensbearbeitung				Abteilung: Schadensbearbeitung	Kosten	Treiber
	Actual	Budget	Abw. (+/-)	Eingeben/Scannen von Ansprüchen	€ 31.500	Anzahl: x
Gehälter	€ 621.400	€ 600.000	€ (21.400)	Analysieren von Ansprüchen	121.000	Anzahl: x
Geräte	161.200	150.000	(11.200)	Suspendieren von Ansprüchen	32.500	Anzahl: x
Reisekosten	58.000	60.000	2.000	Erhalten von Provider-Anfragen	101.500	Anzahl: x
Materialkosten	43.900	40.000	(3.900)	Beheben von Mitglieder-Problemen	83.400	Anzahl: x
Use/occupancy	30.000	30.000	--,--	Bearbeiten von Paketen	45.000	Anzahl: x
				Determinieren der Anspruchshöhe	119.000	Anzahl: x
Total	€ 914.500	€ 880.000	€ (34.500)	Anfertigen von Kopien	145.500	Anzahl: x
				Schreiben von Korrespondenz	77.100	Anzahl: x
				Teihnehmen an Schulungen	158.000	Anzahl: x
				Total	€ 914.500	

(rechte Spalte: Produkte/Kunden, usw.)

➢ Manager werden durch diese Art von Bericht zufrieden oder bedrückt, selten aber klüger!
➢ Fremdartige und vom Tagesgeschäft abgelöste Darstellung von Kosten

➢ Arbeitsinhalte werden sichtbar, Kosteninformation wird intuitiv verständlich und relevant!
➢ Gründe für Kostenfluktuationen sind erkennbar
➢ Die Unterteilung in "fixe" und "variable" Kosten erfährt eine Neudefinition!

Quelle: in Anlehnung na Cokins, 2001, S. 9

Abb. 62: Traditionelle Kostendarstellung versus Prozesskostenrechnung

Die rechte Seite der Abbildung drückt die gleichen Ausgaben in einem sehr viel nützlicheren Format und einer Struktur aus, die tatsächlich der Fundierung von Entscheidungen dienen kann. Administrative Bereiche und Mitarbeiter, so wird in dieser Darstellung sichtbar, produzieren klar abgrenzbare Outputs, denjenigen von Fabrikarbeitern durchaus vergleichbar. Zugleich wird deutlich, dass die Prozesskostenrechnung traditionelle Kosteninformationen *übersetzt,* nicht *ersetzt.* Sie übersetzt transaktionsbasierte Kostendaten aus dem General Ledger, ergänzt um operative Zusammenhänge in ein aktivitätsbezogenes Format. Entscheider mit unterschiedlichen Bedürfnissen werden so mit strategischer und *operativer* Intelligenz versorgt. Die Darstellung der Aktivitätenkosten auf der rechten Seite kann den Ausgangspunkt für Analyse und die Berechnung von Prozesskosten und diverse Outputs (Produkt- und Kundenkosten) bilden.

Während Budgets die Kosten von Funktionen und Abteilungen darstellen (z.B. Gehälter und Gebäude), stellt die Prozesskostenrechnung die Kosten von Aktivitäten und Prozessen in den Mittelpunkt (z.B. Kundenbesuche und Bestellungsbearbeitung). Manager erhalten auf diese Weise Auskunft über die wirklichen Kostentreiber ihres Geschäfts: es sind schließlich nicht originär

Personal oder eine Abteilung, die Gehälter „verursachen", sondern ein bestimmter kundenbezogener Wertschöpfungsprozess. Die stärkere analytische Durchdringung der Kostenentstehung macht Aktivitäten, Bereiche und Funktionen, die sich bisher einem aktiven Kostenmanagement entzogen zum Gegenstand von Verbesserungsanstrengungen.

ABC/M bringt damit das „Management"-Element zurück ins Management-Berichtswesen. ABC/M ist ein elementarer Baustein von Business Intelligence. Es ist vor allem ein Tool zur Verhaltensänderung und zur Unterstützung von Wandlungsmanagement. In einer Organisation sollte – einer Faustregel folgend – 90% des Arbeitsaufwands mit ABC/M zum Aspekt des Wandlungsmanagements beitragen und nur 10% zur dahinter liegenden „Mathematik". Leider ist dieses Verhältnis in den meisten Unternehmen – zumindest anfänglich – eher umgekehrt. Der Wert von ABC/M liegt jedoch vor allem darin, faktenbasierte, unanfechtbare Informationen einzuführen, die von Mitarbeitern und Managern in vielerlei Zusammenhängen genutzt werden können. In diesem Sinne ist ABC/M ein Weg zu finanzwirtschaftlicher Intelligenz einer Organisation, die kein anderes Tool bereitstellen kann. Zugleich hilft es, Ergebnisse zu maximieren, Kosten zu kontrollieren, operative Effizienz zu verbessern und zukünftige Kosten zu prognostizieren.

Trotz der Vorzüge und vielfältigen Einsatzbereiche ist die Verbreitung von ABC/M in Deutschland noch vergleichsweise gering: Nach einer Studie aus dem Jahr 1998 wurde sie in ca. 40% der Unternehmen fallweise eingesetzt; nur 2% der Unternehmen verwenden sie kontinuierlich – allerdings stieg die Verbreitung des Verfahrens im Betrachtungszeitraum an. Dennoch: Wie viele andere nützliche Techniken hat ABC/M in den wenigsten Organisationen als dauerhaft eingesetztes Tool Fuß gefasst. Probleme bei der Verbreitung von ABC/M haben vor allem zwei Ursachen. Zum einen die unberechtigte Annahme, dass ABC/M mit monströsen, komplexen und unendlich langwierigen Umsetzungs-Projekten verbunden sei. Zum anderen werden ABC/M-Modelle und Architekturen oft am realen Bedarf von Entscheidern vorbei gestaltet und so bereits in der frühesten Designphase falsch angegangen. Das führt zu Enttäuschung bei Anwendern und begrenzter Einsetzbarkeit in den Organisationen.[119] Eine Lösung für beide Probleme bietet ein neueres Implementierungs-Verfahren, das als „Schnelles ABC/M-Prototyping" bezeichnet werden kann. Einfache, unkomplizierte ABC/M-Initialmodelle erlauben eine rasche, nur wenige Tage in Anspruch nehmende Modellierung und Implementierung, mit deren Hilfe sich einerseits das ABC/M „Handwerk" erlernen lässt, andererseits die Verwendbarkeit der entsprechenden Daten schon kurzfristig nachgewiesen werden kann. Derartig kompakte Implementierungen (in wenigen Workshop-Tagen statt in Monaten möglich) sind in der Lage, die meisten der Mythen und Missverständnisse um ABC/M auszuräumen, und können bereits eine Vielzahl strategischer Fragestellungen beantworten helfen. Durch sukzessive, bedarfsorientierte Überarbeitungen des Prototyps wird dann ein zunehmend operational einsetzbares Modell erstellt.[120]

ABC/M war lange Zeit aufgrund seiner informationstechnischen Anforderungen mit dem Ruf belastet, aufwändig und vorrangig für große Unternehmen handhabbar zu sein. Die starke Verbreitung von ERP in Deutschland und die rasante Entwicklung verbesserter ABC/M Softwares brachten erhebliche Verbesserungen hinsichtlich Daten-Modellierung und -Visualisierung; Datenimport und -export lassen sich automatisieren. Außerdem sind heute in Unternehmen mit Qualitätsmanagement-Systemen und ERP zumeist fast alle für ABC/M erforderlichen Daten-Inputs – auch die nicht rechnungswesenbezogenen – bereits vorhanden. Einige wenige informierte Mitarbeiter können leicht einen Großteil der zusätzlich erforderlichen Daten ohne nennenswerten Genauigkeitsverlust in Workshoparbeit schätzen. Kosten und Handhabbarkeit der Technologie sowie Verfügbarkeit von Daten sind nicht länger Hürden für den Einsatz von ABC/M.

---

[119] Häufig genannte – vor allem zur Vermeidung von Design- und Anwendungsfehlern interessante – Argumente gegen den (kontinuierlichen) Einsatz von Prozesskostenrechnung: in der Praxis oft hoher administrativer Aufwand regelmäßiger Berechnung und Aktualisierung; mögliche Behinderung von Prozessveränderungen durch Abbildung bestehender Prozesse in der Berechnung; Gefahr eines erheblichen Aufwands bei der Aktualisierung von ABC/M-Modellen in dynamischen Organisationen; je dynamischer die Prozessstrukturen der Organisation sind, desto weniger könne es gelingen, über den Zeitablauf hinweg Erfahrungsdaten zu generieren (auf der dann Prozessverbesserungen aufbauen können); informationstechnischer Aufwand, um Prozesskosten Entscheidern aktuell verfügbar zu machen.

[120] Siehe zu diesem praxisgerechten Implementierungsverfahren und seinen Vorzügen z.B. Cokins (2001), S. 325–344.

Sieben Gründe für das Scheitern und die Unterverwendung von ABC/M in der Praxis

- *ABC/M wird als Projekt betrachtet und punktuell eingesetzt.* – Man beginnt mit ABC/M als Lösung für ein spezifisches Problem und stellt die Nutzung am Ende des Projekts ein. Eine Verhaltensänderung findet nicht statt. ABC/M bleibt auf diese Weise von punktueller, isolierter Bedeutung und beschränkt auf einen Bereich oder eine Abteilung.
- *Die Nutzung von ABC/M in strategischen Initiativen bleibt aus.* – ABC/M leistet wichtige Beiträge für strategische Prozesse, Wertorientierung, Benchmarking und Zielmanagement usw.
- *Datenüberschuss und Über-Detaillierung.* – ABC/M-Modelle werden zu stark detailliert und unreflektiert auf die verschiedensten Bereiche ausgedehnt. Dies erschwert die Nutzung der ABC/M-Information und die Wartung des Modells.
- *Konkurrierende Kosteninformationen.* – Wenn die Nutzung traditioneller Kosteninformationen über die Informationen aus ABC/M dominiert, wird der Wandel begrenzt; das Reporting sollte von traditionellen Kosteninformationen entschlackt und auf die ABC/M-Sicht der Ressourcennutzung umgestellt werden.
- *Mangel an Diffusion des Nutzungs-Know-hows von ABC/M.* – Nutzungswissen muss systematisch auf Mitarbeiter aller Ebenen in allen Bereichen und auf neue, bisher mit der Technik nicht vertraute Manager übertragen werden.
- *Mangel an Lern- und Entscheidungswillen.* – ABC/M-Informationen decken unbequeme Wahrheiten auf. (Beispiel: „Lieblingskunden" und Key Accounts entpuppen sich als in Wahrheit chronisch verlustbringend). Organisationen müssen diese Informationen offen kommunizieren und entsprechend handeln.
- *Informationstechnische Probleme.* – Mangel an Integration der Datenbasis, manuelle Dateneingabe und Probleme der Datenkonsistenz.

Organisationen beginnen zu erkennen, dass ein nennenswerter Teil ihrer Produkte, Leistungen und Kunden unprofitabel ist. Einige Unternehmen beginnen mit dem Einsatz von ABC/M, weil sie trotz steigender Absätze und Marktanteilen sinkende Ergebnisse konstatieren und weil Controller nicht in der Lage sind zu erklären, warum. Fest steht in der Regel nur, dass Probleme innerhalb der wenig transparenten Gemeinkostenbereiche bestehen. In der Folge werden vielfach Verfahren interner Verrechnungspreise, Kostenumlagen und Allokationen eingesetzt, um die Last der Gemeinkosten auf Leistungsbereiche und Produkte zu verteilen, und steuerungsrelevante Aussagen über Rentabilitäten der Bereiche oder Produkte zu gewinnen.

Indirekte Kosten- und Overhead-Allokationen in traditionellen Systemen können jedoch mehr schaden als nützen. Indirekte Kosten und Overhead sind üblicherweise zu aggregiert, um irgendwelche Aussagen zu machen. Diese Zusammenfassungen vereiteln letztlich jede Bemühung, für irgendeine Form von Output akkurate Kosten zu ermitteln. Zugleich reflektiert die Allokationsbasis – meist absatzmengenorientierte, volumenbasierte Faktoren wie direkte Stunden oder Abteilungskosten – selten die spezifischen Ursachen-Wirkungs-Zusammenhänge zwischen indirekten Ausgaben/Overhead und den Arbeitsergebnissen, Produkten/Leistungen, Kunden, Absatzkanälen usw. (den so genannten *Kostenobjekten*), die im Endeffekt die Kosten konsumieren.

Das Ergebnis inakkurater, simplifizierender Kostenumlagen ist, dass bestimmte Kostenobjekte überproportional mit Kosten belastet werden, während man andere zu gering belastet. Im Ganzen ist eine Kostenumlage (Re-Allokationen) zwar ein Null-Summen-Spiel. Formelhafte Umlagen können aber die wahren Kosten von Produkten, Leistungen und Kunden grotesk verzerren – was wiederum zu absurden individuellen oder gruppenbezogenen Margenaussagen und Entscheidungen führt.

Unterscheidungsmerkmal der Prozesskostenrechnung ist, dass mit ihrer Hilfe auch die Gemeinkosten anhand der *erbrachten Leistungen* (z.B. der zentralen Verwaltung und interner Servicebereiche) mittels Ursachen-Wirkungs-Zusammenhängen *auf Kostenobjekte zugerechnet werden*. Aktivitäten werden schrittweise zu funktions- und bereichsübergreifenden Hauptprozessen zusammengefasst, mittels derer sich eine logisch fundierte Zuordnung zu den Kostenobjekten herstellen lässt. Pauschale Umlagen und „Allokationen" entfallen (siehe Abb. 63).

Die Neun Gestaltungsfelder für Beyond Budgeting oder „Better Management"

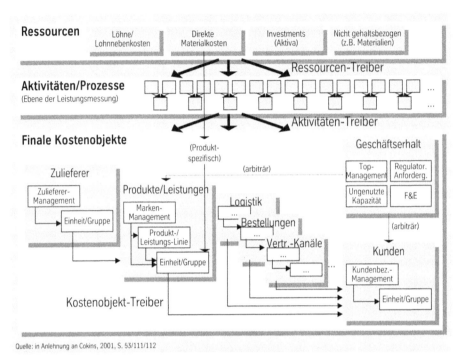

Quelle: in Anlehnung an Cokins, 2001, S. 53/111/112

Abb. 63: Prozesskostenmanagement (ABC/M) – Schichten der Rentabilitäts- und Margenermittlung

Das Ergebnis ist ein multidimensionales Bild der Kosten durch mehrschichtige Zurechnungen von Aktivitäten und Prozessen sowie Mehr-Ebenen-Verfolgung von Kosten auf eine Kette so genannter *finaler Kostenobjekte* – immer unter Verwendung von Ursache-Wirkungs-Zusammenhängen. Das ultimative Kostenobjekt in der Abbildung – der Kunde – ist dasjenige Objekt, das letztendlich alle Kosten „konsumiert", mit Ausnahme eines relativ kleinen, abgrenzbaren Kostenblocks zum Geschäftserhalt. Neben den in der Abbildung dargestellten Kostenobjekten oder Dimensionen von Kostenobjekten können geografische Vertriebsregionen oder spezifische Vertriebsleute als Kostenobjekte behandelt werden. Eine entsprechende multidimensionale Datenhaltung und Darstellung ist mittels OLAP-Technologie möglich. Die multidimensionale Zurechnung in einem Kostenrechnungs-Netzwerk erlaubt Rentabilitätsanalysen für Objekte wie Produkt- und Dienstleistungslinien, Shared Services/Service Agreements, Händler/Filialen, Vertriebskanäle und Kunden/Kundengruppen, daneben Break-even-Analysen, Total-cost-of-ownership-Darstellungen usw.

Anhand der bisherigen Darstellungen zeigt sich bereits, dass ein laufender Einsatz des Verfahrens notwendig ist. ABC/M muss zu einem organischen Bestandteil des Managementmodells werden.[121] Beispiele aus der ABC/M-Praxis zeigen, dass für die Neuorientierung der Kostenrechnung eine bedingungslose Rückendeckung aus Top-Management und Finanzbereich (insbesondere des Controlling als Enabler) erforderlich ist. Unter dieser Voraussetzung kann die Prozesskostenrechnung die organisatorische Umgestaltung von der Funktionsspezialisierung auf eine Prozess-Spezialisierung von Unternehmen wiedergeben und vorantreiben.

ABC/M wirkungsvoller machen

- ABC/M ist ein Informationssystem, das dauerhaft angewendet und bis zum kundennahen Entscheider hin ausgerollt werden muss.
- Überdetaillierte Prozesskostenermittlungen müssen vielfach eliminiert werden.
- Brauchbare, für strategische Fragen einsetzbare ABC/M-Modelle sind innerhalb weniger Tage erstellbar; das Modell wird dann iterativ erweitert („Schnelles Prototyping").
- Frühzeitig den Nutzern ABC/M-Informationen bereitstellen und Nutzung *später* ausweiten.
- Das Prototypen-Konzept der Implementierung von ABC/M bedeutet, die klassische Kostenrechnung schrittweise um prozessbezogene Kosteninformationen zu *erweitern*.
- Auf detaillierte Ist-Kostenerfassungen kann verzichtet werden.
- Produktkostenkalkulationen müssen radikal vereinfacht, die Abweichungsberichterstattung abgeschafft werden.
- Berichte müssen von nicht zur laufenden Steuerung benötigten Kosteninformationen bereinigt werden (das sind der Theorie zufolge i.d.R. 80% der Informationen!).

---

[121] Dies bedeutet nicht, dass Prozesskostendaten täglich oder wöchentlich berechnet werden sollten – ganz im Gegenteil: Die Genauigkeit von ABC-Daten steigt nicht mit größerer Häufigkeit der Berechnung – eine monatliche Berechnung ist aber heute mit ABC/M Softwares handhabbar und in vielen Fällen empfehlenswert.

4.6.3 Die Bedeutung von ABC/M im Beyond Budgeting

Das Prozesskostenmanagement kann als das wirkungsvollste antizipative Tool zum Kostenmanagement bezeichnet werden, weil es einerseits Manager anhält, die Bedeutung aller Kosten für die Wertschöpfung zu hinterfragen und gleichzeitig produkt- und kundenbezogene Rentabilitäten erst möglich macht. Es zwingt zu stärkerer Durchdringung der Kosten, besserem Verständnis der Overhead- und operativen Ressourcen und ermöglicht gewissermaßen erst die Schaffung einer Vielzahl von Leistungseinheiten (Profit-Centern). Damit spielt das Tool eine Schlüsselrolle bei der im Beyond-Budgeting-Modell angestrebten radikalen Dezentralisierung.

Empowerment von Linienmanagern und Teams ohne relevante Informationen ist unmöglich. Wenn dezentrale Manager informierte Entscheidungen treffen sollen, dann benötigen sie eine Vielzahl von Informationen – z.B. hinsichtlich der Wertschöpfung von Produkten, Vertriebskanälen und Kunden sowie aller Kosten, die in ihrem Zusammenhang anfallen. Oder hinsichtlich der Erreichung von Kosten-Benchmarks und darüber, ob verfügbare und bestehende Ressourcen tatsächlich Wertschöpfung generieren. Die Prozesskostenrechnung ist eines der Fundamente für die schrittweise Dezentralisierung einer Organisation – über die Zwischenstufe der Divisionalisierung hin zur Schaffung einer Vielzahl von Verantwortungs-Centern –, weil sie zur Bereitstellung relevanter Steuerungsinformationen für die gesamte Organisation beiträgt. Das Verfahren der treiberbasierten Kostenzurechnung kann radikale Dezentralisierung mit lokaler Autonomie unterstützen (mit einem Minimum an zentraler Kontrolle und ohne Budgets).

Die Bedeutung der Prozesskostenrechnung in der flexiblen und dezentralisierten Organisation kann daran abgelesen werden, dass diese Technik eine wichtige Grundlage für andere zur Anpassungsfähigkeit der Organisation notwendige Managementprozesse darstellt:

- Informationen aus der Prozesskostenrechnung unterstützen das *Wertmanagement*, indem sie helfen den Wert von Produktlinien, Vertriebskanälen und Geschäftsfeldern zu ermitteln.

- ABC/M stellt eine reichhaltige Informationsbasis für das *Benchmarking* bereit, z.B. zur Definition mittelfristiger relativer Kostenziele im Hinblick auf Produktivitätssteigerungen in Gemeinkostenbereichen.

- *Informations- und Rechnungswesensysteme* werden vor allem dann im Tagesgeschäft genutzt, wenn in diesen Systemen Prozesskosteninformationen eingebunden sind, die den kundennahen Managern tatsächlich bei der *Entscheidung* helfen. Das beim Kundenkontakt vorhandene Wissen darüber, welche Produkte, Kunden und Kundengruppen nach Umlage aller Overhead-Kosten profitabel sind, stellt einen wichtigen Beitrag der Informationsgrundlage für Entscheider dar.

- Auch das *Kundenbeziehungsmanagement* profitiert von diesen Informationen, indem es die Aufmerksamkeit von kundennahen Teams und Management nicht nur auf Kundenzufriedenheit, sondern auch auf den Beitrag von Kunden und Kundengruppen zum Unternehmenswert lenkt. Dies ist vor allem dort von Nutzen, wo integrative oder individualisierte Kundenlösungen angeboten werden.

Die mit dem ABC/M gewonnenen Daten fügen sich ganz natürlich in Anwendungen wie Wertmanagement und Scorecarding ein. Wenn gemeinsam genutzt, stehen Managern und Teams aussagekräftige Informationen und Tools zur Verfügung, die darauf hinweisen, welche Verhaltensweisen und Handlungen verstärkt und verbessert werden müssen (dies in Bezug auf Kunden, Absatzkanäle, und Produkte). Durch den gemeinsamen Einsatz dieser Konzepte im Beyond-Budgeting-Modell – ohne dysfunktionale Kostenbudgets – entstehen echte Synergien beim Management von Kostentreibern, Prozessen und Kostenobjekten.

Von Managern bei Svenska Handelsbanken stammt die auf den ersten Blick erstaunliche Aussage, wonach in ihrem Unternehmen „die Budgetierung durch ein Rechnungswesen-System" ersetzt worden sei. Dies hat den folgenden Hintergrund: Alle Filialmitarbeiter der Bank können die Rentabilität aller Transaktionen in dem Moment ermitteln, in dem sie anfallen – was einen Riesenunterschied zu mathematischen Umlageverfahren darstellt, bei denen Wochen später allgemeine Kosteninformationen pro Abteilung oder Funktion bereitstehen. Erst die Zuordnung von Kosten zu individuellen Kundentransaktionen zum Entscheidungszeitpunkt ermöglicht es, eindeutig profitable und nicht profitable Kunden und Produkte noch vor der jeweiligen Transaktion zu erkennen und entsprechend korrektiv zu handeln. Das Verständnis dessen, warum bestimmte Transaktionen nicht rentabel sind, und deren Rentabilität zu verbessern (z.B. durch Prozessverbesserungen, Outsourcing oder sogar Eliminierung von Prozessen), bringt zusätzliche Lerneffekte und ermöglicht die Erhöhung von Rentabilität.

Die radikale Verwendung der Prozesskostenrechnung mündet automatisch in der Forderung nach Zurechnung aller Kosten auf Transaktionen und Kunden.

Und gerade die Messung von Kundenrentabilität ermöglicht die Delegation von Entscheidung an Linienmanager und Teams. Damit diese Informationen im Tagesgeschäft relevant sein können, müssen sie allerdings realistisch und schnell generiert werden – mithin sollen sie im Moment der Entscheidung online bereitstehen und glaubwürdig (also von Entscheidern anerkannt) sein. Die signifikanten Kosten von Zentralbereichen auf der Basis von Aktivitäten zuzurechnen, im Idealfall bis auf die Ebene einzelner Transaktionen, ist jedoch keine leichte Aufgabe. Handelsbanken erreichte dies durch ein Online-Rechnungswesen-System, das alle diese Informationen transaktionsbezogen und konsolidiert bereitstellt. Ein Prozess regelmäßiger Vereinbarungen zwischen interdependenten Leistungseinheiten (internen Dienstleistern und ihren Kunden) über die Verrechnungspreise trägt zur Glaubwürdigkeit der Verrechnungen bei.

Das Reporting mit ABC/M-Informationen ermöglicht prinzipiell Rentabilitäts-Darstellungen für einzelne Kunden sowie für jede denkbare Art logischer Gruppierungen oder Kundensegmente. Gleichzeitig sind konsolidierte oder detaillierte Sichten von Produkt-/Leistungsrentabilitäten möglich. Die in Abb. 64 abgebildete Rentabilitätsrechnung für einen spezifischen Kunden beispielsweise ist hinterlegt mit Produkt- oder Leistungsrentabilitäten. Die gewählte Sichtweise stellt genau genommen einen gewichteten Durchschnitt dieser Teilrentabilitäten dar. Konsolidierung/Mix und Details sind aber separat darstellbar. Weil weitere Dimensionen der Rentabilität – z.B. geografisch, verkäufer- oder vertriebskanalbezogen – in gleicher Weise verfügbar gemacht werden können, ergibt sich ein enormer Detailreichtum und vielseitiger Informationsbestand. Diese Art von Datennavigation und multidimensionaler Darstellung ist mit OLAP-Softwares, basierend auf der ABC/M-Datenbank möglich. Richtig eingesetzt, generiert diese Technologie wertvolles Wissen für operative und strategische Entscheidungen.

ABC/M-Informationen werden zunehmend unverzichtbar, weil kundenspezifisch konfigurierte Produkte und Leistungen und vielfältigste Kontaktpunkte mit Kunden zunehmend eher die Regel sind als die Ausnahme. Kundenindividuelle Leistungsgestaltung – auch wenn unterfüttert durch sog. CRM-Initiativen – ist jedoch eine gefährliche Strategie, solange ein Unternehmen geringes Verständnis kundenindividueller Ergebnisse und Ergebnispotenziale und noch geringere Vorstellungen von den möglichen Ergebniswirkungen einer solchen Initiative hat. Ohne die Möglichkeit der faktenbasierten Messung von Produkt- und Kundenrentabilitäten mittels ABC/M sind CRM-Systeme von begrenztem Nutzen. Sie können Ergebnisse sogar beeinträchtigen, wenn we-

Management der Gemeinkosten

Kunde: Technologika AG (Kunden-Nr. 1336)					
Umsatz		Wert (in €)	Marge (Umsatz-Σ Kosten)	Marge (% vom Umsatz)	
Produktkosten					Wichtige Dimensionen:
Lieferanten	[TCO]	xxx	xxx	98%	• Kunden
Direkte Materialkosten	[direkt]	xxx	xxx	50%	• Regionen
Marken-Erhalt	[Zuordnung]	xxx	xxx	48%	• Verkäufer
Produkt-Erhalt	[Zuordnung]	xxx	xxx	46%	• Filialen
Stück-/Chargenkosten	[Treiber]	xxx	xxx	30%	• Produkte/ Leistungen
Vertriebskosten					• Absatz-Kanäle
Ausgangslogistik	[Treiber]	xxx	xxx	28%	• Zulieferer
Bestellung	[Treiber]	xxx	xxx	26%	• ...
Vertriebskanal	[Treiber]	xxx	xxx	24%	
Kundenkosten					
Kundenerhalt	[Zuordnung]	xxx	xxx	22%	
Stück-/Chargenkosten	[Treiber]	xxx	xxx	10%	
Geschäftserhalt	[Zuordnung]	xxx	xxx	8%	
Operatives Ergebnis				8%	
Kapitalkosten (Lager etc.)	[Zuordnung]	xxx	xxx	6%	
Ökonomischer Gewinn (für EVA)				6%	

Abb. 64: Kundenrentabilität und mehrdimensionales Rentabilitätsreporting mit ABC/M-Informationen

nig aussagekräftige Kenngrößen wie „Umsatz" zur Kundenbewertung genutzt werden. Key Accounts können durch exzessiven Kundendienst (ohne entsprechende Vergütung), individualisierte Anfragen und versteckte Kosten die Produktmargen erodieren. ABC/M legt die Ressourcenbeanspruchung und Kosten der in CRM-Initiativen geforderten Produkt- und Kundendiversität offen. Es deckt zudem Unterschiede in Kundenverhalten und -ansprüchen auf. Wird die kundenzentrierte Sicht der Geschäftstätigkeit durch die arbeits- und ressourcenzentrierte Sicht des ABC/M ergänzt, können Entscheider aus den Rentabilitäts-Informationen wertvolles Wissen für das Kundenbeziehungs-Management gewinnen.

Für Kundenrentabilitäts-Rechnungen können im Extremfall, wie im Fallbeispiel Svenska Handelsbanken, Standard-Kosten für alle Prozesse definiert werden, die dann der Kunden-Ergebnisrechnung automatisch belastet werden, sobald bestimmte Transaktionen anfallen. Verpackung, Vertrieb, Training, Kredit, Forderungsmanagement und Management-Zeit werden auf diese Weise von Mitarbeitern und Managern nicht als „Gratis"-Dienstleistungen interpretiert. Dezentralen Entscheidern stehen somit Gesamt-Kundenrentabilitäten durch gleichzeitige Berücksichtigung profitabler und nicht-profitabler

Produkte im Kundenkonto zur Verfügung, einschließlich der transaktionsbezogenen Overhead-Leistungen.

ABC/M verbindet auf diese Weise Kundenbeziehungsmanagement mit Wertschöpfung und Wertmanagement. Letzten Endes stellt es eine Brücke her zwischen der kundenbezogenen und der kapitalgeberbezogenen Wertschöpfung und zeigt zugleich die Spannungsfelder zwischen beiden Polen auf. ABC/M verfolgt die Ressourcen (inklusive ihrer Kosten) bis hin zu einzelnen Kunden. Damit vervollständigt es Wertmanagement-Initiativen und stellt faktenbasierte Instrumente für Teams und Mitarbeiter zur Verfügung, um strategiekonform und informiert zu entscheiden und zu handeln.

Die Rolle der Prozesskostenrechnung im Beyond-Budgeting-Modell:

Zweck: Verbindet Ressourcennutzung und kundenbezogene Wertschöpfung; ermöglicht Zuordnung von Kosten zu Prozessen, Produkten, Kunden, Absatzkanälen usw.

- Schafft eine einheitliche, intuitive und allgemein verständliche Sprache zur Beschreibung von Kosten und ihrer Entstehung.
- Erweitert Reporting um faktenbasierte und entscheidungsrelevante Kosteninformationen und ermöglicht ein tiefer greifendes Verständnis der Kosten und ihrer Treiber.
- Ermöglicht eine Überprüfung von Gemeinkosten, indem es deren Entstehung transparent darstellt.

Als Management-Basistechnologie ist ABC/M:

- Grundlage für *relative, produktivitätsbezogene Ziele* (Kennzahlen) und Kontrollen
- Grundlage für *Benchmarks* zwischen verschiedenen internen Einheiten und mit anderen Firmen
- Grundlage für *Kostenzurechnungen und Service Level Agreements* (Shared Services)
- Natürlicher Integrator in *wertbasiertes Management und Scorecarding* – es zeigt wertschaffende und wertzerstörende Kunden, Vertriebskanäle, Produkte usw. auf

- Bindeglied zwischen operationalen Zielen dezentraler Einheiten und strategischen Top-down-Zielen („targets")
- Unterstützer zur Kostenprognose bei der Erstellung von *rollierenden Forecasts*
- Grundlage für flexibles *Kapazitätsmanagement* – zeigt überschüssige Kapazitäten auf und kann zur dynamischen Reaktion auf Nachfrageschwankungen beitragen
- Grundlage für rentabilitätsbezogenes *Kundenbeziehungsmanagement*

4.6.4 Ausgewählte ergänzende Tools zum Kostenmanagement

ABC/M ist, wie in den vorangegangenen Abschnitten gezeigt werden sollte, ein machtvolles und vielseitiges Management-Tool mit großer Bedeutung für Organisationen. Es hat aber – wie jedes Instrument – seine Einsatzgrenzen. Einige blinde Flecken bleiben. Die Grenzen des ABC/M liegen vor allem in zwei Bereichen: in der Produktentwicklung (ABC/M zielt vorrangig auf Erfahrungskosten ab) und bei der Wertschöpfungs- und Rentabilitätsbetrachtungen im Zeitablauf (Beispiel: Lebenszyklus-Betrachtungen von Kunden). In diesem Kapitel sollen daher kurz ergänzende, mit ABC/M in Einklang stehende Verfahren zum Kostenmanagement vorgestellt werden, die das Toolset zum Kostenmanagement ohne Budgets abrunden können.

In diesem Zusammenhang sollten wir uns erinnern: Ohne Budgets zu managen, bedeutet für die meisten Organisationen *keinen* Informations- oder Kontrollverlust hinsichtlich des Managements von Kosten. Budgets bieten keine wirkungsvolle Handhabe zur Kontrolle, Verringerung oder Effizienzsteigerung des Ressourceneinsatzes (sehr wohl aber eine gefährliche Illusion davon!). Die bereits dargestellten Prinzipien des Kostenmanagements ohne Budgets – relative Kostenindikatoren, ABC/M, Trendreporting, usw. – ergeben ein weitaus wirkungsvolleres Kostenmanagement-Toolset, als herkömmliche Budgets dies könnten. Organisationen, die sich bisher weitgehend auf Budgets zur Kostensteuerung verlassen haben, werden mit dem Einsatz der aufgezeigten Instrumente ihre Fähigkeit zum Verständnis ihres Ressourceneinsatzes substanziell verbessern.

Einige Wege, diesen Instrumentenkasten zusätzlich zu verfeinern und abzurunden, werden in diesem Kapitel aufgezeigt, um letzte „blinde Flecken" des schon diskutierten Instrumentariums zu entfernen. Hierzu können die Kunden-Lebenszyklus-Kostenbetrachtung (Customer Life-Cycle Costing), Target Costing und Techniken des Projekt- und Projektportfoliomanagements einen Beitrag leisten.

Target Costing

Bei Target Costing handelt es sich um eine Technik zum *Management zukünftiger Ergebnisse eines Unternehmens*. Target Costing führt Kostendisziplin in die Produktentwicklungs-Phase des Produktlebensyklus' ein. Das Verfahren beginnt mit der Prämisse der Zahlungsfähigkeit und -bereitschaft von Kunden, wobei es um marktbasierte Preisgestaltung (unabhängig von Kosten!) für vom Kunden erwünschte Produkteigenschaften, Funktionen und Qualitäten geht. Target Costing arbeitet sich dann „rückwärts" von den Kundenpräferenzen ausgehend zum Produkt hin. Als Prämisse bei diesem Verfahren müssen die Produkt- oder Leistungskosten den vorab festgelegten Zielpreis und die Zielprofitmarge (eine weitere Vorgabe!) befriedigen. Erst nachdem die Zielkosten abgeleitet sind, wird der Produktentwicklungsprozess eingeleitet, wobei Optimierungstechniken wie Value Engineering (für das physische Produkt) und Prozessmanagement zum Einsatz kommen. Der Vorteil der Target-Costing-Ansatzes liegt darin, Kosten so früh wie möglich im Produktentwicklungsprozess zu managen, nämlich schon während der Konzept- und Designphase, wenn Designer, Ingenieure und Produktmanager noch veranlasst werden können, die Unternehmensinteressen wahrzunehmen, damit ein marktfähiges Produkt entsteht. Target Costing macht, wie Abb. 65 zeigt, Kosten zu einem *Input* des Produktgestaltungsprozesses, nicht zu einem Ergebnis. Im traditionellen Fall der Produktentwicklung bleibt das Kostenmanagement beschränkt auf im Nachhinein kontrollierbare Kosten.

Target Costing (Zielkostenrechnung) ist kein Kalkulationsverfahren, mit dem bestimmte „richtige" Kosten oder Preise ermittelt werden: Die mittels Target Costing identifizierten Zielwerte sind immer mit anderen – z.B. bottom-up aus der bestehenden Technologie heraus oder durch Benchmarks ermittelten – Planwerten abzugleichen. Target Costing ist stattdessen als Tool zur systematischen Abstimmung zwischen Produktentwicklung und Marketing – die oftmals divergierende Interessen haben und zudem durch „kulturelle" Barrieren getrennt sind – einsetzbar. Mitarbeiter aus Engineering und Produktentwicklung kennen oft die Kundenwünsche nicht oder folgen eigenen – z.B. technischen – Zielvorstellungen, die an den Wünschen der Kunden und den betriebswirtschaftlichen Interessen des Unternehmens vorbeigehen. Target Co-

Management der Gemeinkosten

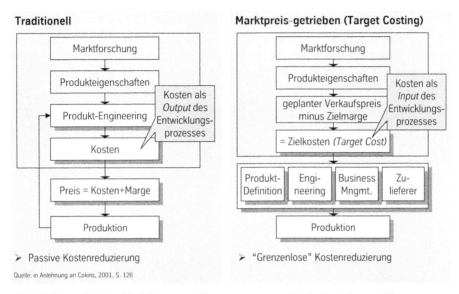

Abb. 65: Target Costing: Marktbezogenes Kostenmanagement für die Produktentwicklung

sting – wie auch das Verfahren des House of Quality – dient dem Zweck, marktfähige Produkte zu generieren, die Kundeninteressen optimal bedienen.

Die Entwicklung des Target Costing beruht auf der Erkenntnis, dass wichtige strategische Entscheidungen, wie z.B. die Frage nach Eigenfertigung oder Fremdbezug, mit Instrumenten klassischer, kurzfristiger Kostenrechnung nicht angemessen fundiert werden können. Statt der Frage *Sind unsere Aktivitäten wirtschaftlich?* Stellt das Target Costing die Frage: *Was müssen wir tun, um wirtschaftliche Aktivitäten sicherzustellen?* Statt an den eigenen, aktuell anfallenden Kosten orientiert sich das Verfahren entsprechend an den Kosten des Wettbewerbs – ein relatives Ziel, ganz im Sinne des Zielmanagements im Beyond-Budgeting-Modell. In Teamarbeit, kreativer Lösungssuche, intensiver Kommunikation werden innovative Lösungen erarbeitet.

Target Costing ist seinerseits kein Ersatz für das Prozesskostenmanagement. Wenngleich sie Kundenpräferenzen berücksichtigt, beschränkt sich die Methode tendenziell auf einzelne Produkte und stellt den Kunden, der das Produkt kauft, nicht direkt in den Mittelpunkt der Analyse. Target Costing oder „Value Engeneering" decken damit nur einen Teil des Wertschöpfungsprozesses ab.

Kundenlebenszyklus-Analysen (Customer Life Cycle Costing)

Ein weiterer „blinder Fleck" des ABC/M – ebenso wie traditionelle Kostenrechnungsmethoden: Rentabilitäts- und Wertschöpfungsinformationen werden lediglich als isolierte Momentaufnahmen im Zeitablauf betrachtet. Kostenrechnungsinformationen sind wie Informations-Scheiben im Zeitablauf und geben je nach gewähltem Betrachtungszeitraum lediglich über eine bestimmte Bezugs-Periode Auskunft. Prozesskosten können z.B. auf Daten eines Quartals oder eines Geschäftsjahres beruhen. Sie sagen insofern etwas über den absoluten oder relativen Ergebnisbeitrag heute oder gestern aus. Zusätzlich müssen aber Überlegungen dahingehend angestellt werden, welchen Ergebnisbeitrag ein Kunde potenziell in der Zukunft bzw. über die gesamte Geschäftsbeziehung hinweg erbringt. Es ist für die meisten Organisationen sinnvoll, Kostenmanagement zusätzlich oder separat auf der Basis individueller Produktlebenszyklen und Kundenbeziehungen im Zeitablauf zu verfolgen, mithin die Rentabilitätsentwicklung innerhalb mehrerer Perioden zu analysieren.

Informierte Antworten auf viele strategische Fragen sind erst nach Analyse des langfristigen Kunden-Potenzials möglich. Beispielsweise die Frage, ob es sinnvoll ist, einen Kunden zu „verlassen" (an die Konkurrenz abzugeben); ob es Priorität sein sollte, Marktanteil zu erkämpfen oder zunächst Kundenrentabilitäten zu erhöhen. Oder wie hoch der Wertbeitrag zusätzlicher Produktionskapazität ist, angesichts einer Reihe wertzerstörender Kunden, die aktuelle Kapazität beanspruchen.

Dieser Abschnitt zum Management der Gemeinkosten schließt mit der Feststellung, dass Unternehmen ein breit gefächertes Instrumentarium für multidimensionales Rentabilitätsmanagement zur Verfügung steht. Hochgradig dezentralisierte Organisationen setzen hierzu ABC/M als unabdingbare Basistechnologie und – je nach Bedarf – als ergänzende Technik für das Kostenmanagement ein.[122] Beyond Budgeting ermöglicht auf diese Weise ein viel besseres Verständnis der Kostenentstehung, als dies in der Budgetsteuerung üblich ist.

---

[122] Cokins spitzt diese Forderung noch zu, indem er – neben den in Unternehmen bekannten Rollen wie Chief Executive Officer (CEO), Chief Operations Officer (CFO), Chief Financial Officer (CFO), Chief Informations Officer (CIO) oder in jüngerer Zeit Chief Knowledge Officer (CKO) – die Ernennung von Chief Profitability Officers (CPO) fordert. Diese wären dann zuständig für alle Dimensionen von Rentabilität und Kosteneffizienz.

4.7 Ressourcensteuerung und -koordination: Prinzipien und Methoden für das Management operativer und investiver Ressourcen

4.7.1 Prinzipien des operativen Ressourcen-Managements ohne Budgets

Was im Budget vorgesehen ist, wird auch ausgegeben. Der zur Verschwendung führende Mechanismus überschüssiger Ressourcennachfrage und -verbrauchs kann durchbrochen werden – durch die Abschaffung von Budgets.

Fragen des Managements operativer und investiver Ressourcen sind eng verbunden mit der im vorangegangenen Abschnitt dargestellten Frage nach dem Management der Gemeinkosten einer Organisation. An dieser Stelle geht es jedoch statt um Techniken zur Verringerung und Kontrolle der Gemeinkosten um diejenigen *koordinierenden* Mechanismen, die Ressourcensteuerung zwischen Leistungseinheiten und die Verfügbarkeit der operativen und investiven Ressourcen leisten können – unter Verzicht auf fixierte Allokation mittels Budget. Budgets als vorab verhandelte Ressourcenniveaus („planbasierte Allokationen") können in der Beyond-Budgeting-Organisation ersetzt werden durch alternative Steuerungsprinzipien:

- *Selbststeuerung* durch Verantwortung der Manager für kostenbezogene Leistungsindikatoren. Flexibler, relativer Ressourcenverbrauch führt zu dauerhaft relevanten Aussagen über Effizienz, angemessene Ressourcenverwendung und Kostenoptimierungen.
- *Marktliche Ressourcensteuerung und Koordination* durch interne Märkte, auf denen Ressourcen bei Bedarf zu zuvor vereinbarten Preisen erworben werden können und die in der Lage sind, Schwankungen der Ressourcennachfrage abzufedern. Auf diesen Märkten finden interne Leistungsvereinbarungen zwischen den durch Leistungsverflechtungen verbundenen Organisationseinheiten statt.

Wenn Leistungsverantwortung ganzheitlich an ausführende, dezentrale Manager übertragen werden soll, müssen diese auch schnellen Zugang zu benötigten Ressourcen erhalten. Die Organisation muss Wege finden, Ressourcen nach Bedarf „ad hoc" verfügbar zu machen. Zu diesen Ressourcen gehören sowohl operative Ressourcen wie Mitarbeiter und Geldmittel als auch investive Ressourcen wie Technologie. Große Investitionsprojekte müssen ohne Budgets weiterhin professionell vorbereitet, präsentiert und genehmigt werden. Doch auch dies kann zu jedem Zeitpunkt geschehen, ohne einen jährlichen Budgetierungsprozess, der leicht zu einer Spielwiese gerät, bei der es um taktische Positionierung investiver Vorhaben geht.

Flexibles Ressourcenmanagement stellt neue Anforderungen an Führung und Organisationsgestaltung. Es stellt sich die Frage nach Führungskultur, Kommunikation und Abstimmung zwischen internen Anbietern und Kunden, sowie die nach der eindeutigen Zuordnung von Verantwortung zu den dezentralen Akteuren. Zur Lösung dieser Probleme stehen verschiedene Steuerungsmechanismen für dezentrale Steuerung von Ressourcen zur Verfügung:

Eigenschaften flexiblen Ressourcenmanagements

- *Leistungsindikatoren (KPI) und finanzielle Kennziffern (Ratios)* definieren relative Grenzen der Ressourceninanspruchnahme, ohne dezentrale Akteure auf spezifische Wege und Maßnahmen zur Zielerreichung festzulegen – das Ergebnis ist dezentrale Autonomie zur Ad-hoc-Ressourcennutzung.

- *Alle oder fast alle Bereiche und Abteilungen können als Profit Center geführt werden*, interne Leistungsbereiche werden zu Shared Service Centern.

- *Interne Märkte und interne Leistungsvereinbarungen* machen operationale Ressourcen möglichst flexibel verfügbar.

- *Investitionsentscheidungen* werden durch dezentrale Ergebnisverantwortung stark vereinfacht: Verzicht auf Investitionsbudgets; schnelle Investitionsentscheidungen für große Investitionsprojekte; dezentrale Entscheidungsverantwortung für kleinere Investitionsprojekte.

- *Neue Prinzipien des Investitionsmanagements:* Flexibilisierung und dezentrale Verantwortung, maximaler strategischer Fit; aktives Projektportfoliomanagement.

Finanzielle Leistungsindikatoren sind ein relativ einfaches und in allen Organisationen anwendbares Mittel zur gerichteten, aber flexiblen Steuerung von Ressourceninanspruchnahme. Mittels organisationsweit eingesetzter Leistungsindikatoren – normalerweise Ratios – können Parameter definiert werden, die die Grenzen abstecken, wie und (bis zu einem gewissen Grad) in welchem Ausmaß Manager ihre Ressourcen verwenden. Beispiele für derartige Indikatoren sind z.B. die Ratios „Kosten über Net Sales", „Ergebnis über Net Sales" oder „Return on Assets". Derartige Leistungsindikatoren sind hervorragend geeignet, die Kontrollfunktion von Budgets bezüglich des vergangenen oder zukünftigen Ressourcenverbrauchs zu übernehmen. Managern steht es frei zu akquirieren, was sie benötigen und *wann* sie es haben wollen – innerhalb der durch die Indikatoren vereinbarten Grenzen. Im Gegensatz zu Budgets definieren die Indikatoren einen *selbstregulierenden Rahmen* für den Ressourcenverbrauch, gewähren aber gleichzeitig weitestgehende Gestaltungsfreiheit und Flexibilität dahingehend, in welcher Form und für welche Zwecke Manager Ressourcen einsetzen können. Eine Voraussetzung, damit dieses Prinzip in der Praxis funktionieren kann: Geschäftsbereiche und Manager müssen überschüssige Kapazität abbauen, wenn die Nachfrage fällt – sie müssen dies tun, um Rentabilität und andere Indikatoren im vereinbarten Rahmen zu halten. Dies ist weder eine ganz einfache noch eine angenehme Forderung. Damit wird jedoch das Prinzip Budget-basierter Steuerung: „Geplantes Budget ausgeben oder es in der nächsten Geschäftsperiode verlieren" ausgehebelt. Ressourcenzuteilung durch Budgets und jährliche Vereinbarungen werden überflüssig.

Bei hinreichender Homogenität der dezentralen Unternehmensbereiche können die Grenzwerte der Indikatoren pauschal festgelegt werden, doch dürfte in vielen Fällen eine bereichsspezifische Festlegung erforderlich sein. In jedem Falle sind die Grenzwerte im Rahmen der regelmäßigen Leistungsrevisionen zu überprüfen und ggf. entsprechend strategischer Zielsetzungen anzupassen.

Finanzielle Schlüsselindikatoren sind somit ein universell einsetzbares und unverzichtbares Tool zum Ressourcenmanagement ohne Budgets. Andere, spezifischere Mechanismen zur Steuerung operativer und investiver Ressourcen – namentlich die Techniken des Shared Service Management in Verbindung mit internen Märkten sowie das Beyond-Budgeting-Toolset zum Investitionsmanagement sollen in den folgenden Abschnitten eingehender dargestellt werden.

4.7.2 Flexible Ressourcennutzung durch marktliche Steuerung und „Shared Services"

Bereiche einer Organisation zur Leistungserstellung für interne Kunden („Shared Services") werden traditionell gerne mit dem Etikett „Overhead-Funktion" versehen. Dies ist heute keine attraktive Bezeichnung mehr, und interne Leistungen werden von internen Kunden assoziiert mit monopolistischen, teuren und nicht immer qualitativ zufrieden stellenden Leistungen. Wir denken gemeinhin bei „Shared Services" primär an administrative oder infrastrukturelle Unterstützungsfunktionen einer Organisation – vielerorts zum Teil bereits ausgesourct –, wie Reinigung, Buchhaltung und Finanzwesen, Einkauf, Lohn- und Gehaltsabrechnung, EDV und Call Center oder Help Desks. Mit zunehmender Verankerung des Kernkompetenzgedankens in den Organisationen können Shared Services jedoch generell in drei Kategorien gefasst werden – in Leistungen professionellen, technischen oder beratenden Charakters. In diese Struktur fügen sich zusätzliche Funktionen und Leistungen ein, die in Organisationen bisher unter Bezeichnungen wie Engineering, Instandhaltung oder interne Beratung firmieren.

Abb. 66 zeigt, dass Organisationen sich auf einem Entwicklungsweg befinden, um von stark allokativer Ressourcensteuerung und pauschalierendem Denken in Overhead-Umlagen zu einem wettbewerblichen „Marktplatz-Modell" für interne Leistungen zu gelangen. Das Management von Shared Services kann danach grob eingeteilt werden in ein Grundmodell und ein voll marktliches Modell, in dem zusätzliche, ausgeprägt wettbewerbliche Prinzipien zum Tragen kommen. Beyond-Budgeting-Prinzipien und Tools unterstützen Organisationen bei diesem Wandel.

Am Anfang des Wandlungsprozesses steht üblicherweise der Versuch, die *konsolidierten Kosten der erbrachten Leistungen zu verringern.*[123] Im Mittelpunkt des Interesses der internen Nachfrager steht zu diesem Zeitpunkt meist – zumindest dem Augenschein nach – ausschließlich der Wunsch nach geringeren Kostenumlagen. Mit der Zeit erkennen interne Kunden und die Organi-

---

[123] Gängige Aussagen gehen pauschal vom Kosteneinsparungspotenzial in der Größenordnung von 25–30% aus. Dahinter steckt die Annahme – zu Recht oder zu Unrecht – dass interne Funktionen in einem gewissen Maße zur Verschwendung neigen und Leistungen für die Gesamtorganisation nicht kostenoptimal gemanagt werden. Durch Zusammenfassung von Funktionen – zentral oder dezentral – sind i.d.R. signifikante Synergien möglich. Ressourcen können zu vorteilhaften Einkaufspreisen beschafft werden, nicht benötigte Leistungen werden eliminiert usw.

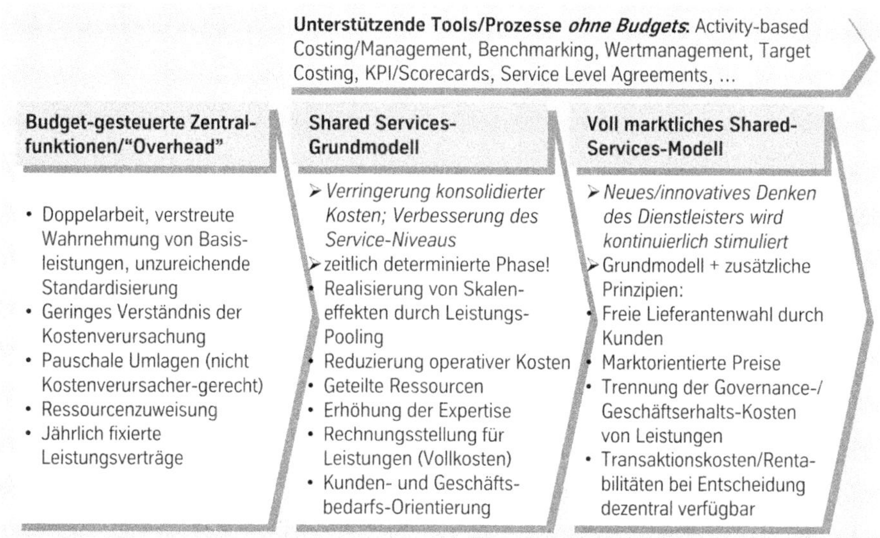

Ressourcensteuerung und -koordination

Unterstützende Tools/Prozesse *ohne Budgets*: Activity-based Costing/Management, Benchmarking, Wertmanagement, Target Costing, KPI/Scorecards, Service Level Agreements, ...

Budget-gesteuerte Zentralfunktionen/"Overhead"
- Doppelarbeit, verstreute Wahrnehmung von Basisleistungen, unzureichende Standardisierung
- Geringes Verständnis der Kostenverursachung
- Pauschale Umlagen (nicht Kostenverursacher-gerecht)
- Ressourcenzuweisung
- Jährlich fixierte Leistungsverträge

Shared Services-Grundmodell
- ➢ Verringerung konsolidierter Kosten; Verbesserung des Service-Niveaus
- ➢ zeitlich determinierte Phase!
- Realisierung von Skaleneffekten durch Leistungs-Pooling
- Reduzierung operativer Kosten
- Geteilte Ressourcen
- Erhöhung der Expertise
- Rechnungsstellung für Leistungen (Vollkosten)
- Kunden- und Geschäftsbedarfs-Orientierung

Voll marktliches Shared-Services-Modell
- ➢ Neues/innovatives Denken des Dienstleisters wird kontinuierlich stimuliert
- ➢ Grundmodell + zusätzliche Prinzipien:
- Freie Lieferantenwahl durch Kunden
- Marktorientierte Preise
- Trennung der Governance-/Geschäftserhalts-Kosten von Leistungen
- Transaktionskosten/Rentabilitäten bei Entscheidung dezentral verfügbar

Abb. 66: Von budgetfixiertem Overhead zu voll marktlich gesteuerten Shared Services – ein Entwicklungsmodell

sation als Ganzes allerdings, dass erfolgreiche Shared Service-Center zugleich Verbesserungen der Leistungsqualität für interne Kunden realisieren. Erhöhte Flexibilität der Dienstleister erleichtert zudem die kosteneffiziente Reaktion auf Nachfrageschwankungen und Änderungen des Leistungscharakters in einer sich wandelnden Organisation.

Am Anfang der Transformation von planbasierten Overhead-Budgets zu einem Shared-Service-Ansatz steht zumeist das in der Abbildung dargestellte „Grundmodell". Unternehmen lernen dazu – durch Benchmarking-Übungen im Zusammenhang mit den hohen Kosten oder Ineffizienzen ihrer internen Dienste – und beginnen Produktivitäten und Kosteneffizienzen zu verbessern. Der Übergang zum weiterführenden, voll marktlichen Modell gibt internen Nachfragern schließlich die Wahlfreiheit zwischen internen und externen Dienstleistern.[136] Dieser Übergang sollte nicht überstürzt werden. Interne

---

[136] Diese Wahlfreiheit mag in einigen Fällen immer noch an Restriktionen gebunden und somit eingeschränkt sein – der generelle Ansatz ist jedoch bereits Lichtjahre entfernt vom „Overhead"-Ansatz des Managements interner Funktionen und den traditionellen Leistungsbeziehungen zwischen internen Anbietern und Nachfragern. Interne Leistungszentren können in dieser Phase in einigen Fällen zunehmend externe Märkte und Kunden bedienen oder gar als eigenständige Unternehmen ausgegliedert werden.

Funktionen voreilig externen Marktkräften auszusetzen (und durch Outsourcing zu ersetzen) kann zu gravierenden Fehlentscheidungen führen – nur selten stehen dem Management zu Beginn des Wandlungsprozesses ausreichende Informationen über externe Angebote und Preise im Vergleich zum ganzheitlichen Leistungspaket interner Dienste zur Verfügung. Organisationen sollten daher einen graduellen Übergang mit einer zeitlich determinierten Übergangsphase vorsehen, während derer Shared Service Center „ihre Hausaufgaben machen" können:[125]

- Verstehen gegenwärtiger Prozesse und Kosten von Prozessen, Produkten, Basis- und Spezialleistungen (Verwendung von Prozesskostenrechnung, Target Costing);
- Durchführung von externem oder internem Benchmarking;
- strategische Entscheidungen über Produkte/Leistungs-Portfolio und Kundenportfolio;
- operative Entscheidungen über Reengineering, Verschlankung und Verbesserung von Leistungen;
- Entwicklung von strategisch fundierten Indikatorensystemen (KPI) und Scorecards (einschließlich Messung der Kundenzufriedenheit);
- Einführung von „Service-Level Agreements" (SLA) mit internen Kunden;
- Trennung von Kosten für Geschäftserhalt und Governance von den kundenbezogenen Leistungskosten;
- Einführung von Preisverhandlungsprozessen, angepasst an verschiedene Typen der Kundennachfrage (Routinenachfragen, großvolumige und Spezialaufträge).

Budgets sind im Zusammenhang mit diesen Aufgabenstellungen nicht von Nutzen. Dagegen kommt der Beitrag des Prozesskostenmanagements, mit dessen Hilfe das latente Informationsdefizit klassischer Kostenrechnungssysteme behoben werden kann, deutlich zum Ausdruck. Hier zeichnet sich nämlich ein Konflikt ab: Preise interner Dienste sollten idealerweise mit dem externen Markt wettbewerbsfähig sein. Andererseits entstehen internen Dienstleistern durch spezifische interne Auflagen zumindest situativ Kosten, die un-

---

[125] In Anlehnung an Cokins (2001), S. 231; siehe auch Schimank/Strobl 2002, S. 18–21.

verbundenen Dienstleistern nicht entstehen. Bei diesen Anforderungen handelt es sich um regulative Auflagen von öffentlichen Stellen oder der Unternehmensleitung (Politiken, Regeln usw.) mit zusätzlicher Kostenwirkung. Dazu gehören Audit, Risikomanagement, finanzielles Controlling und Reporting. Diese Kosten des Geschäftserhalts sind in der Regel fakultativ und nicht direkt internen Kunden zurechenbar. Durch sie können die Preise von Shared Service Centern gegenüber externen Anbietern – trotz deren Gewinnzuschlägen – Wettbewerbsnachteile erfahren. Dieser Kostenblock kann mit ABC/M isoliert und der Geschäftsführung zugerechnet/belastet werden.

Das Grundmodell für Shared Services Management (einschließlich seines „Protektionismus" zugunsten interner Dienstleister) ist langfristig nicht notwendigerweise im besten Interesse interner Nachfrager, der Organisation als Ganzem und der Shareholder. Das marktliche Shared-Service-Modell stellt hingegen die nicht immer angenehme Frage nach den Vorteilen von Outsourcing als Alternative zu internen Leistungen. Um diese Fragen sinnvoll beantworten zu können, sollten Leistungsspektrum und Wertschöpfung der Shared Service Center ganzheitlich betrachtet werden. Auch dies erscheint ohne Anwendung von ABC/M schwer möglich: Kostenumlagen (Allokationen) sind im traditionellen Steuerungsmodell in der Regel zu aggregiert und basieren auf übermäßig vereinfachten Kostenumlagen, um die relative Ressourceninanspruchnahme durch den individuellen Kunden wiederzugeben. Im Ergebnis wird eine latente Bezuschussung einer Gruppe interner Kunden durch andere praktiziert. Prozesskostenrechnung und -management (ABC/M) sind geeignet, dieses Zurechnungsproblem und die damit verbundene Intransparenz zu beseitigen.[126]

Die Umwandlung von Kostenstellen und Zentralbereichen in autonome Profit Center soll mehr Unternehmertum im Unternehmen schaffen und zudem eine schnellere Reaktion auf interne Bedarfsschwankungen ermöglichen. Zwei große Herausforderung gilt es hierbei zu bewältigen: Das veränderte Verhältnis zwischen Geschäftseinheiten und den nun als interne Dienstleister agierenden Zentraleinheiten so marktlich wie möglich zu gestalten, erfordert kulturelle Veränderungen und einen Führungswandel, aber auch organisatorische Voraussetzungen.

---

[126] Siehe Abschnitt 4.6.2 und folgende. Zum Shared-Service-Management unter Prozesskostenmanagement-Gesichtspunkten Cokins 2001, S. 226–236.

Die Neun Gestaltungsfelder für Beyond Budgeting oder „Better Management"

Unternehmen sind in unterschiedlichem Maße in der Lage, Marktkräfte in ihren Organisationen zu stimulieren. Im Prinzip können Kostenstellen oder interne Dienstleistungen als Profit Center in stark marktorientierter Form geführt werden. Zum einen können auf diese Weise Finanzer, Anwälte, Personalmanager und Marketingspezialisten als kundenzentrierte Prozessteams – also als Dienstleister einzelner Geschäftseinheiten – gemanagt werden. Oder sie werden indirekt Marktkräften ausgesetzt. Dieses Verfahren beinhaltet häufig einen internen Markt, auf dem interne Dienstleistungen periodisch verhandelt werden. *Interne Märkte* zur bedarfsorientierten Bereitstellung operativer Ressourcen sind eine bedeutsame *Alternative zur Koordination durch Pläne:* Marktkräfte ersetzen hier tendenziell die zentrale Planung der Leistungen und Kosten von Overhead oder Shared Services. Dezentrale Vereinbarungen und Ad-hoc Ressourcenverwendung, basierend auf antizipiertem Bedarf, ersetzen Budgets und Allokationen. Linienmanager können auf diese Weise selbst entscheiden, welche Dienstleistungen von zentralen Bereichen sie in welchem Ausmaß bzw. in welcher Menge nachfragen. Geschäftseinheiten schließen mit den internen Dienstleistern Abnahmevereinbarungen („Service Level Agreements") bezüglich Verrechnungspreisen, Leistungsstandards und voraussichtlich benötigter Leistungsmengen. Diese Abnahmevereinbarungen müssen – im Gegensatz zu Budgets – nicht eine Gültigkeit von einem Geschäftsjahr umfassen, sondern können an Geschäftsbedarfe (z.B. den Kundenbestellungs-Zyklen) angepasst werden. Ein Service Level Agreement enthält die folgenden Definitionen:

- Beschreibung der Leistungen (anhand von Prozessen), Leistungserbringer und -empfänger;

- Leistungsstandards: Deadlines, Qualitätsparameter;

- Preise und Konditionen;

- operative Grundsätze (voraussichtliche Abnahmemengen für den Vereinbarungszeitraum, Handhabung von Nachfrage-Überschüssen);

- Verbesserungsinitiativen.

Funktion der Leistungsvereinbarungen ist die Schaffung einer objektiveren, verhandelbaren Grundlage für Leistungsumfang und -preise. Zumindest in der Anfangsphase eines Shared Service-Modells kann der Prozess der Leistungsvereinbarung zu intensiven und zeitaufwändigen Verhandlungen führen. Dies ist allerdings ein unvermeidbarer Lernprozess und als Investition in eine dauerhaft angelegte interne Kunden-Lieferanten-Beziehung zu verstehen. Der Chemiekonzern Rhodia nennt sein Foren für interne Preisverhandlungen „Nutzer-Räte" (User Councils). Der Mechanismus dient der konstanten Infragestellung von Leistungsqualitäten und Kosten durch interne Kunden sowie der Schaffung und Aufrechterhaltung des Drucks auf die Kosten zentraler Leistungserstellung.

Die Leistungsfähigkeit einer solchen Struktur hängt auch von den Prinzipien des Informationssystems und der internen Kostentransfers ab. Einige in Beyond-Budgeting-Unternehmen anzutreffende Grundregeln sind diese:

- Um die Glaubwürdigkeit und Transparenz von internen Verrechnungspreisen (Transferpreisen) innerhalb des Shared-Service-Modells zu garantieren, sind diese ausschließlich *auf Höhe der Kosten* vorzunehmen. Sie sollen also keinen Gewinnzuschlag enthalten (Gewinnzuschläge kommen Manipulationen und willkürlicher Kostenerhöhung gleich – sie verringern die Transparenz und verzerren die Herkunft von Wertschöpfung). Das Ziel der internen Cost Center oder Shared Service Center ist es damit, den Break Even zu erreichen, nicht aber, „Gewinn" zu machen.

- *Kostenzurechnungen erfolgen im Idealfall auf Grundlage von Transaktionen* oder – wenn transaktionsbezogene Verrechnung nicht möglich ist – anhand von vereinbarten Treibern. Damit eine derartigen Regeln folgende Kostenzurechnung stattfinden kann, ist die Verwendung eines Systems von Prozesskostenrechnung und -management im Grunde unverzichtbar.

- Weiterhin essenziell ist das *Verbot der doppelten Ansiedlung von Leistungen* in Shared Service Centern *und* Geschäftseinheiten. Dieses Prinzip verhindert interne Konkurrenz und Kannibalisierung von Geschäftsbereichsaufgaben durch Shared Service Center, die in Zeiten von Unterbeschäftigungen dem Anreiz verfallen könnten, Leistungen intern zu Dumpingpreisen anzubieten.

Bei der Implementierung von Shared Services geht es weder um herkömmliche Zentralisierung, noch handelt es sich um eine Technik mit dem Ziel des Outsourcing. Diese beiden häufig konstatierten Einwände oder Vorurteile gegen Shared Services verdienen eine kurze Betrachtung.

Im Unterschied zum Outsourcing werden Shared Services jedenfalls zu Beginn immer von internen Dienstleistern unter marktähnlichen Bedingungen erbracht. In diesem „Grundmodell" des Shared Service Management sollte Outsourcing, wie dargestellt, kein Thema sein. Erst in einem weiteren Schritt, mit dem Übergang zum fortgeschrittenen, voll marktlichen Modell, sollte das

Outsourcing von Leistungen dann – mit aller Vorsicht – erwogen werden. Dieser Schritt ist aber keinesfalls zwangsläufig. Entgegen den Inititiativen des Outsourcing zielen Shared-Services-Modelle auf effiziente interne Leistungserstellung ab und nutzen externe Marktvergleiche vor allem zur Definition anspruchsvoller Leistungsmaßstäbe. Viele von Shared Service Centern übernommenen Prozesse sind zudem generell für Outsourcing nicht geeignet.

Trotz der mit Shared-Service-Modellen verbundenen organisatorischen Zusammenfasssung von Servicefunktionen handelt es sich zudem um keinen mit *Zentralisierung* verbundenen Prozess. Im Gegenteil: Die Entscheidungskompetenz dezentraler Einheiten wird hinsichtlich des Leistungscharakters und des -bezugs erhöht. Unternehmensleitung und Führung müssen aber dezentrale (Nachfrager-)Macht gezielt unterstützen und Abstimmungsregeln implementieren, die zentrale Entscheidungsmacht zugunsten kunden- und geschäftsbedarfs-bezogener Entscheidungen reduziert. Ein Steuerungssystem ohne Budgets und die damit verbundenen flexiblen Prozesse sowie eine „Sense-and-Respond"-Kultur werden dieser Anforderung gerecht: Flexibles Ressourcenmanagement legt größere Bedeutung auf die Beziehung zwischen Mitarbeitern und Teams sowie die Klarheit gegenseitiger Verpflichtungen und Erreichung von beiderseitiger Zufriedenheit. Budgets ermöglichen demgegenüber einen wirksamen *Schutz vor Ansprüchen anderer Bereiche*. Dieser Verteidigungswall entfällt mit dynamischen, marktgesteuerten Koordinationsmechanismen. Wenn unvorhergesehene und komplexe Kundenbedarfe entstehen, müssen verschiedene Bereiche (z.B. Vertrieb und Produktion) ohne Rückendeckung durch Budgets diskutieren, was zu tun ist und wie die gegenwärtigen Prioritäten revidiert und modifiziert werden sollen. Gerade im Projektgeschäft und in weitgehend projektorientierten Organisationen ist dies häufig schon Praxis. Auch unterjährig sollten interne Dienstleister jedenfalls verpflichtet werden, sich Änderungen der internen Nachfrage anzupassen und ihre eigenen Ressourcen gegebenenfalls zu erhöhen oder zu reduzieren. Shared Service Center können dies mittel- und langfristig durch Fixkostensenkung und Flexibilisierung der Kapazitäten erreichen. Diese Flexibilität wird in manchen Fällen aber nur durch Fremdvergabe von Leistungen an qualifizierte Outsourcingpartner erreichbar sein.

Prinzipien von Shared Services und internen Märkten im Beyond-Budgeting-Modell

Zweck: Flexibilisierung der Ressourcensteuerung bei internen Leistungsbeziehungen; Schaffung eines Steuerungssystems, durch das kontinuierlich neues und innovatives Denken innerhalb interner Leistungsbereiche (zugunsten höherer Kundenwertschöpfung und im Sinne der Gesamteffizienz der Organisation) angeregt wird.

- *Die Implementierung von vollständiger Kostenzurechnung* auf interne Kunden ist der erste Schritt (Shared-Service-Grundmodell). Dem kann die Operation als Profit Center oder selbstständige Einheit – mit eigener Ergebnisverantwortung (GuV-Rechnung) folgen – beide Schritte erhöhen sukzessive den Anreiz zur Kundenorientierung.

- *Prozesskostenrechnung (ABC/M)* ist für die Implementierung von Shared Services und internen Märkten u.a. unumgänglich, um (1) Service-Kosten verursachergerecht zuzurechnen (basierend auf Produktvielfalt/-variation und Anpruchsniveaus) und um (2) auflagenverursachte Kosten für Geschäftserhalt und Governance zu isolieren

- *Externe Marktvergleiche* sind für die Kosten- und Leistungsoptimierung im Shared Service-Management von großer Bedeutung; das Outsourcing von Shared Service-Leistungen sollte jedoch nicht prinzipiell erwogen werden. Shared Service Center werden überwiegend für Kernkompetenzbereiche eingerichtet, die nicht fremdvergeben werden können oder sollen.

- *Interne Märkte* erfüllen eine Vielzahl von Funktionen: sie koordinieren Ressourcen kundenbedarfsorientiert und flexibel, ohne zentrale Allokation und Kontrolle (und erhöhen damit dezentrale Autorität und Verantwortung); sie sind Mechanismus zur konstanten Infragestellung von Leistungsqualitäten und Kosten durch interne Kunden, sowie der Schaffung und Aufrechterhaltung des Drucks auf die Kosten zentraler Leistungserstellung.

4.7.3 Das Dilemma von Investitionsentscheidungen in der Budgetsteuerung – Lehren aus der Praxis

In den Praktiken des Managements von Investionen und investiven Projekten zeigen sich die Mängel der traditionellen Budgetsteuerung besonders augenfällig: langfristig bedeutsame Entscheidungen über Investitionsbudgets werden in Unternehmen oft einmal im Jahr zentral getroffen; individuellen Projektentscheidungen gehen im Laufe des Jahres extrem langwierige, bürokratische Abstimmungsprozesse ohne echte Wertschöpfung voraus, die zugleich die Verantwortung für den Projekterfolg verwässern. Investitionsbudgets und -pläne werden besonders schnell hinfällig, weil Investitionsbedarfe oft nicht langfristig und zum Zeitpunkt der Budgeterstellung bekannt sind.

Investitionsentscheidungen liegen langfristige Forecasts zugrunde, in Abhängigkeit von Branche und Art der Investition häufig mit einem Zeitraum von 10 oder mehr Jahren. Letztlich nehmen wir bei einer Investitionsentscheidung an, dass die Investition über ihre Lebensdauer hinweg eine „angemessene" Verzinsung des eingesetzten Kapitals erwirtschaften wird. Es ist unmittelbar einleuchtend, dass eine derartig langfristige Projektion mit einer hohen Wahrscheinlichkeit des Irrtums in den zugrunde liegenden Prämissen behaftet ist. Eine Schlussfolgerung für die Praxis sollte deshalb sein, *jede Art von Entscheidung bezüglich derartiger Investitionen so spät wie möglich zu treffen* und die Festlegung von Projektumfang, -Form und -Prämissen möglichst lange hinauszuzögern – so nahe wie möglich an dem Zeitpunkt, wenn die Umstände uns zwingen, Entscheidungen zu treffen. Zu diesem Zeitpunkt sind wir in der Lage, die letzten erhältlichen Informationen in den Forecast einzubauen.

Die in vielen Organisationen gebräuchlichen Budgetprozesse laufen einer solchen Logik zuwider. Üblicherweise wird während der Budgeterstellung (oder bereits vorab) ein Investitionsplan aufgestellt, der die voraussichtlichen Investitionsprojekte nicht nur des kommenden Geschäftsjahres, sondern zugleich der folgenden zwei bis vier Jahre umfasst. Von dieser Praxis ist abzuraten: Jedwede Art von Festlegung bezüglich Investitionsentscheidungen sollte so lange herausgezögert werden wie nur möglich. Die Risiken, Investitionschancen zu „verpassen" oder zum Zeitpunkt der Auszahlung nicht über nötige investive Mittel zu verfügen, werden gründlich überbewertet.[127] In Wirklichkeit geben Investitionspläne geringe oder gar keine Auskunft darüber, was heute zu tun ist, um die Durchführbarkeit einer mittleren oder großen Investition in

---

[127] Siehe Wallander, 1999, S. 416.

einem Zeitraum von einem Jahr sicherzustellen. Und selbst wenn dies der Fall wäre, besteht kein Anlass anzunehmen, dass just zum festgelegten Zeitpunkt der Budgeterstellung der richtige Moment gekommen sein sollte, eine derartige Planung vorzunehmen. Beim Management von Investitionsentscheidungen muss noch stärker als in anderen Planungsfragen die vielleicht kontraintuitiv anmutende Regel gelten: „Triff nie heute eine Entscheidungen die du auch morgen noch treffen kannst!" Jede zu frühzeitige Planung und Festlegung von Investitionsressourcen riskiert Suboptimierung, Fehlallokation und Verschwendung.

Ein anderes gravierendes Problem bei Investitionsentscheidungen ist die Qualität der Informationen, die Managern und Unternehmensleitung vorgelegt werden. Wir gehen allgemein davon aus, dass diese Entscheidung auf der Basis objektiver Fakten und deren rationaler, gleichsam unvoreingenommener und unbefangener Analyse getroffen werden. Das Gegenteil ist der Fall: Investitionsbudgets entstehen zumeist in hochgradig politisch und erschreckend wenig strategisch geprägten Prozessen.

In skandinavischen Ländern wurden eine Reihe von Untersuchungen durchgeführt hinsichtlich der Art, wie Investitionsentscheidungen in der Praxis getroffen werden.[128] Diese Studien belegen – ganz im Einklang mit dem, was jeder Beteiligte an Investitionsprozessen in Unternehmen jeder Größenordnung bestätigen kann –, dass die Dokumente, auf deren Grundlage Vorstände und Top-Manager ihre Entscheidungen treffen, gespickt sind mit irrationalen und subjektiven Erwägungen und Wertungen jener, die die entsprechenden Dokumente erstellt, die Informationen zusammengestellt und analysiert haben. Eine realistische Reflexion zeigt, dass die von Managern und Experten zusammengestellten Dokumentationen zu Investitionsprojekten zweifellos deren Interessen, Geltungs- und Sicherheitsbedürfnisse, Stolz, Neid und Missgunst gegenüber anderen Organisationsmitgliedern oder -einheiten, deren Drang nach der Verwendung modernster Technologien usw. widerspiegeln. Solche Verzerrungen und Vorurteile sind Bestandteil menschlichen Verhaltens. Sie vollständig aus dem Entscheidungsprozess zu eliminieren, ist unmöglich, ihre Wirkung sollte aber zumindest minimiert werden.

Eine Konsequenz aus der Erkenntnis dieser mit dem Investitionsmanagement verbundenen Probleme sollte der *generelle Verzicht auf die Erstellung eines*

---

[128] vgl. z.B. Segelod 1998; zu den folgenden Ausführungen siehe Wallander 1999, S. 416–417.

ein oder mehrere Jahre umspannenden Investitionsbudgets sein. Gängige Praxis der Organisationen im deutschsprachigen Raum ist natürlich, ein solches Budget zu erarbeiten. Es soll an dieser Stelle versucht werden, den Investitionsprozess als Prozess der Meinungsbildung und Entscheidung hinsichtlich seiner psychologischen Implikationen näher zu betrachten. CEOs und CFOs pflegen zu argumentieren, dass ein Investitionsbudget lediglich einen Orientierungsrahmen darstellt, eine grobe Übersicht darüber, welche Investitionsprojekte das Management vorsieht. Die eigentliche Investitionsentscheidung werde aber erst kurz vor der Inanspruchnahme der vorgesehenen Finanzmittel im Gremium getroffen, auf Basis eines Investitionsantrags. In Wirklichkeit gehen die Mitglieder der Organisation davon aus, dass ein einmal im Investitionsbudget verankertes Projekt letztlich vom Vorstand mit an Sicherheit grenzender Wahrscheinlichkeit auch genehmigt wird – unabhängig davon, ob die endgültige Entscheidung noch ein Jahr oder mehr entfernt ist. Die Organisationsmitglieder werden sich dieser Prämisse entsprechend verhalten und vom Moment der Budgeterstellung bis zum Entscheidungszeitpunkt alles daransetzen, dass das Projekt unumgänglich wird. Zum Zeitpunkt der endgültigen Genehmigung sehen sich die Entscheider dadurch bereits faktischen und psychologischen Bedingungen gegenüber, die den Stopp einer Investition oder eine grundlegende Änderung oder Aktualisierung des Projektes nahezu unmöglich machen. Dieser irrationale Prozess, der mit jeder Investition einhergeht, sollte daher so spät wie möglich initiiert werden.

Defizite des traditionellen Investitions-Managements

- Prozesse sind überpolitisch, zentralistisch und bürokratisch – und somit teuer!
- Zentralisierung und hierarchische Abstimmung verwässern Verantwortung;
- keine Anbindung an die Strategie;
- Investitionsbudgets zementieren psychologisch und faktisch Projektkonfigurationen – lange bevor die eigentliche Investitionsentscheidung erforderlich ist!
- Investitionsbudgets suggerieren fixierte Ressourcenallokation zu Divisionen, Geschäftsbereichen und Funktionen und funktionieren als „self-fullfilling prophecy";

- herkömmliche Prozesse bevorzugen einfach finanziell messbare Projekte mit geringem Risiko, gegenüber strategisch relevanten Projekten in immaterielle Produktivfaktoren.

Gerade in deutschen Unternehmen ist es höchst unüblich, Kontrolle über Investitionsentscheidungen stark zu dezentralisieren. Das in der Praxis heute noch weitgehend dominierende Verfahren zum Investitionsmanagement wurde bereits in den 70er Jahren, auf dem Höhepunkt der Divisionalisierungswelle in größeren Organisationen, beschrieben.[129] Weil das Prinzip der intensiven Einbeziehung von Divisionen in Investitionsvorbereitung und -entscheidung gegenüber der vollständig zentralisierten Entscheidung und Weisung einen wichtigen Schritt zur Dezentralisierung darstellte, wird das Konzept in der Literatur oft als „dezentralisiertes" Verfahren bezeichnet.

Das Grundmodell heutiger Investitionsprozesse in divisionalisierten Unternehmen funktioniert etwa folgendermaßen: Das Top-Management definiert die Regeln, nach denen der Prozess der Investitionsgenehmigungen funktioniert. Investitions-Ideen werden in den Divisionen generiert/entwickelt und vom mittleren Management (z.B. Management der Divisionen) ausgewählt, abgesegnet und an die Unternehmensleitung zur Genehmigung weitergeleitet. Dem mittleren Management kommt eine Schlüsselrolle bei der Integration der Divisions-Interessen in gruppenweite Strategie und Geschäftsinteressen zu. Größere Investitionsanträge passieren auf ihrem Weg durch die Organisationen nach oben mehrfache Bewertungen, Bearbeitungen und Reviews – hinsichtlich Technologie, marktlichem Umfeld und finanzieller Charakteristika. Der auf diese Weise grob umrissene divisionalisierte Investitionsprozess, trotz Unterschieden im Detail in der Praxis dominant, hat verschiedene inhärente Schwächen:

- Einige Investment-Typen fallen durch das Gitter derartig formalisierter Systeme: Der hierarchische Genehmigungsprozess neigt dazu, Investitionen in neue, schwerer in ihrer finanziellen Wirkung quantifizierbare organisationale Fähigkeiten und Intangible Assets, z.B. Response-Zeit und Qualität, unterzubewerten oder „auszusieben" (Kennzeichen des Mangels an strategischer „Balance" des Prozesses!).

---

[129] Siehe Bower, J.L. (1970): "Managing the Resource Allocation Process", Division of Research, Graduate School of Business Administration, Harvard University, Boston 1970; Segelod 1980.

- Vorrgangig auf finanziellen Rechnungen wie Discounted Cashflows beruhende Verfahren suggerieren Präzision und Vorhersehbarkeit, obwohl Investitions-Rechnungen auf höchst unsicheren Grundannahmen (Planungs-Prämissen) beruhen.

- Sie favorisieren Investitionen mit kurzfristigen Finanzwirkungen und fokussieren Management-Denken auf inidviduelle Investments statt auf Strategien. Verbreitete finanzielle Bewertungskriterien (PBP, NPV, IRR, DCF u.a.) werden zugunsten anderer strategischer Faktoren überbetont. Risikoreiche Investitionen werden – trotz größerer Erfolgspotenziale – benachteiligt.

- Mehrfache „Reviews" vor der eigentlichen Investitionsentscheidung sollen den Prozess weniger manipulationsanfällig machen und Entscheidungen objektivieren – wie bereits argumentiert wurde, ist aber in vertikalen Verhandlungsprozessen mit ihren dysfunktionalen Verhaltenswirkungen und der Verwässerung von Verantwortung nur allzu leicht das Gegenteil der Fall.

- Entscheidungen hinsichtlich so genannter „strategischer" Investments (in neue Märkte/Produkte/Technologien, sowie Expansion und Akquisitionen) werden in der Praxis vollkommen zentralisiert.[130]

- Auf Top-Management-Niveau werden Investitionsanträge nur in seltenen Fällen kategorisch abgelehnt; echte Wahlmöglichkeiten zwischen alternativen Investitionsvorschlägen bestehen nicht, und signifikante Änderungen an Anträgen sind die Ausnahme.

- Zentralbereiche und Top-Management haben keine ausreichenden Informationen bezüglich Einzel-Investitionen, und die Überprüfung des strategischen Fit ist, je zentralisierter die Entscheidung, desto formalisierter und „politischer".

Der Prozess mit seinen Investitions-Manuals und -Komitees entstand aus dem Bedürfnis von zentraler Kontrolle divisional organisierter Unternehmen heraus. Standardisierte und stark formalisierte Verfahren bedienten diesen Bedarf. In der Tat ist der Prozess in der Praxis heute dominiert von schleichender

---

[130] Eine differenzierte Behandlung „strategischer" Projekte und Investments ist, so selbstverständlich diese Feststellung auch erscheinen mag, wenig sinnvoll: Alle Investitions-Entscheidungen – sowie im Übrigen auch alle anderen Entscheidungen – haben einen strategischen Kern und müssen zu strategischen Zielsetzungen beitragen.

oder expliziter Zentralisierung, häufig noch verstärkt in Zeiten ökonomischer Krisen (wenn Top-Manager sich vorbehalten, auch kleinere und mittlere Investitionsentscheidungen formal selbst zu treffen).

Heute dominieren dagegen neue Anforderungen, die nach neuen Verfahren und Prozessen verlangen würden: Wie kann maximaler strategischer Fit von Investitionen gewährleistet, wie kann finanzielles Cashflow-Monitoring verbessert werden? Wie könnte ein einheitliches Verständnis von langfristiger Wertschöpfung durch Investitionen sowie die Flexibilität der Verfahren, angepasst an die unterschiedlichen Bedarfe heterogene Geschäftsfelder, gewährleistet werden? Die Antwort lautet: Geschäftsleitungen müssen Ihr Augenmerk auf Geschäftsfeldstrategien und Investitions*programme* anstatt auf einzelne Projekte richten. Zugleich sollten sie sich verstärkt über die Implementierung bereits genehmigter Geschäftsstrategien auf dem Laufenden halten. Diese Vision existiert häufig nur auf dem Papier.

Wie gezeigt werden soll, kann ein auf maximale Dezentralisierung ausgerichteter Investitionsprozess im Rahmen des auf dezentrale Verantwortung und Flexibilisierung basierten Managementmodells diese und andere Defizite beheben.

Der *Charakter* von Investitionen unterlag in den letzten Jahrzehnten einem tief greifenden Wandel. Investitionen in Anlagen und Gebäude haben an Gewicht verloren zugunsten immaterieller Investitionen in Marketing, F&E, Dienstleistungsangebot, Software und intellektuellem Kapital (z.B. Training). Anlagen-Investitionen selbst sind ebenfalls „wissensintensiver" geworden, im Einklang mit zunehmender „Servicelastigkeit" produzierender Unternehmen.[131] Investitionen in Intangibles – wie auch die bereits erwähnten „strategischen" Investitionen – entziehen sich aber naturgemäß konventionellen Prozessen der Kapitalbudgetierung und den herkömmlichen, vorrangig auf ökonomischen Indikatoren basierenden Bewertungsverfahren. Beide Techniken erweisen sich zunehmend als unzureichend für die Steuerung investiver Ressourcen. Einige Organisationen haben entsprechend separate Prozeduren für intangible, als buchhalterische Kosten behandelte Investitionen entwickelt – oder sie sehen ihre existierenden Prozeduren partiell „ausgehebelt". Wir können vermuten, dass dies mit dem tendenziell kürzeren Zeithorizont intangibler Investitionen (z.B. 1–5 Jahre statt 5–25 Jahre bei Anlagen) zusammen-

---

[131] Dem Begriff Investition liegt hier ein geschäfts-, nicht rechnungswesenbezogenes Verständnis zugrunde. Die meisten intangiblen Investitionen werden buchhalterisch als „laufende Ausgaben" behandelt.

hängt, sowie der nahezu grenzenlosen Möglichkeit, derartige Projekte in eine Vielzahl kleiner Pakete zu unterteilen, diese dezentral zu genehmigen sowie buchhalterisch flexibel über Perioden zu verteilen.

So verschärft auch die Bedeutungszunahme immaterieller Investments – nicht nur in wissensintensiven Branchen – die Notwendigkeit dazu, bei Investitionsentscheidungen „weichen" Daten und vieldimensionalen strategischen Wertbeiträgen größere Aufmerksamkeit zu widmen. Investitionen in Dienstleistungsunternehmen erreichen oft (im Vergleich zum Umsatz) die gleiche Größenordnung wie in produzierenden Industrien, mit dem einzigen Unterschied, dass Investitionen hier überwiegend in Intangible Assets getätigt werden.

Fazit: Investitions-Budgetierung und Investitions-Anträge werden den Anforderungen an strategisch fundierte und verantwortungsvolle Steuerung nicht mehr gerecht. Das gilt in gleichem Maße für Dienstleister wie für produzierende Industrien. Es ist schwierig oder unmöglich, strategische Koordination investiver Ressourcen mit herkömmlichen Prozessen des Investitionsmanagements zu koordinieren und zu kontrollieren.

Damit verbunden ist die Forderung nach radikaler Vereinfachung des gesamten Prozesses des Investitionsmanagements. Die Gestaltung des Prozesses sollte dem Paradigma radikaler Dezentralisierung von Verantwortung und Entscheidungen folgen. Diesem Grundsatz entsprechend muss die Kontrolle von Investitionen in die Hand derjenigen gelegt werden, die dem Marktgeschehen und den Kunden am nächsten sind. Es sollten prinzipiell zwei Voraussetzungen für eine solche weitreichende Flexibilisierung und Entscheidungs-Dezentralisierung im Hinblick auf investive Ressourcen vorliegen:

- *Ganzheitlich dezentralisierte Ergebnisverantwortung:* Liegt die Ergebnisverantwortung de facto bei dezentralen Geschäftseinheiten und Linienmanagern?

- *Unternehmensweite strategische Transparenz:* Existiert eine klare, unternehmensweise strategische Steuerung und Prioritätensetzung, z.B. mittels Balanced Scorecard?

Im nächsten Abschnitt soll aufgezeigt werden, mit welchen Prinzipien und welchem Instrumentarium eine derartige radikale Dezentralisierung und Vereinfachung des Investitionsmanagements – bei gleichzeitige Verbesserung der effektiven Kontrollen und erhöhter strategischer Ausrichtung – vorgenommen werden kann.

Neue Herausforderungen an Investitionsprozesse

- Wettbewerbsintensität und schnellerer Wandel erfordern schnellere Entscheidung und flexiblere Ressourcensteuerung.
- Zunehmende Bedeutung von Intangibles und „strategischen" Investitionen – diese entziehen sich aber der Steuerung mit den herkömmlichen Prozessen.
- Zentralistische Tendenzen der Prozesse stehen der Notwendigkeit zunehmender Dezentralisierung – deutlich über die Divisionsebene hinaus – entgegen.
- Die interne Manipulation von Investitionsentscheidungen nimmt sichtbar zu. Es wird zunehmend deutlich – auch wenn z.T. die Fakten fehlen – dass ein Teil der Investitionen an Bedarf und Strategie vorbei getätigt wird.
- Geringere Margen erfordern eine effektiveres Management zukünftiger Zahlungsströme – herkömmliche Prozesse bedienen diesen Bedarf nicht.

4.7.4 Finanz- und Investitionsmanagement ohne Budgets

Wie wir gesehen haben, liegt das Dilemma traditioneller Verfahren zum Investitionsmanagement einerseits in den dysfunktionalen strategischen und verhaltensbedingten Wirkungen des Investitionsprozesses selbst begründet, andererseits in den externen Anforderungen an Geschäftseinheiten und Entscheider.

Obwohl die verschiedenen Herausforderungen in den meisten Organisationen seit längerem bekannt sind, wurden die mit investiven Entscheidungen verbundenen Routinen in der Vergangenheit nur selten radikal verändert, sondern eher kontinuierlich in Verbindung mit der jährlichen Budgetierung modifiziert. Für wirkungsvolle Veränderungen am Investitionsmanagement sind jedoch eine Reihe neuer Prinzipien, Tools und Prozesse erforderlich (siehe Übersicht in Abb. 67). Die Abkehr von der Budgetierung im Beyond Budgeting ermöglicht das notwendige Reengineering von überkommenen Prozeduren und den Verzicht auf die heute zunehmend ineffizienten Ressourcenallokationen.

Die Neun Gestaltungsfelder für Beyond Budgeting oder „Better Management"

Abb. 67: Investitionsmanagement – Tools, Prinzipien und Prozesse mit und ohne Budgets

Für die Neuordnung des Investitionsmanagements bedarf es einer Reihe direkt oder indirekt auf die Investitionsprozesse wirkender Prinzipien:

- Ad-hoc-Ressourcenbereitstellung (statt Budgets und geschäftsjahresbezogener vorausgehender Allokation).

- Kontinuierliche, ganzheitliche Begleitung von Profit-Center-Leistung (als Geschäftseinheiten) und explizite dezentrale Verantwortung von Investitionsentscheidungen. Volle Ergebnisverantwortung verstärkt das Verständnis marktnaher Manager und Teams für den Wertbeitrag einzelner Investitionen und strategischer Programme.

- Größere Beteiligung und engagierte Führung durch das Top-Management im Rahmen dialogischen (nicht: partizipativen) Managements. Geschäftsleitungen kommt die Aufgabe kontinuierlicher strategischer Audits der Geschäftsbereiche zu.

- Weichere und ausgewogenere Formen von Kontrolle anstelle formalisierter Investitionsprozesse: Multi-Ebenen-Kontrollen, strategische Tests mit

Indikatorensystemen und Balanced Scorecards, Vorgabe von Prinzipien und kulturelle oder „normative" Kontrolle durch geteilte Werte.
- Rollenverschiebung zentraler Funktionen weg von „Investitionsbürokratie" und Prozesskontrolleuren. Zentrale Abteilungen und Leitung versorgen Geschäftsbereiche mit strategischen Handlungsrahmen und Kritik sowie Informationen hinsichtlich interner oder externer Benchmarks und Tools für den Wissenstransfer.

Geschäftsbereiche können unter diesen Bedingungen ihre eigenen Investitionsroutinen entwickeln. In der Folge werden Projektevaluierungen und Investitionsroutinen einfacher, Entscheidungen dezentralisierter und „strategischer", Reaktionen auf marktliche Herausforderungen schneller.

Die grundlegende Maßnahme zur Flexibilisierung des Prozesses ist zunächst die Abschaffung des Investitionsbudgets oder Investitionsplans als solchem sowie traditioneller Investitionskomitees mit der Aufgabe der Genehmigung von Projekten. Investitionsentscheidungen sollten *zu jeder Zeit während des Geschäftsjahres*, abhängig von bestimmten Kriterien, getroffen werden können. Dezentralisierung und Flexibilisierung kann in diesem Zusammenhang erfolgen, indem bei Projekten kleinen und mittleren Volumens die Autorität der Entscheidung an die einzelnen Geschäftseinheiten und Bereiche delegiert werden. Große Projekte in Aktiva erfordern i.d.R. weiterhin einen formalen Investitionsantrag und eine standardisierte Entscheidungsprozedur. Dazu ist die Unterscheidung von Projektklassen in Abhängigkeit vom Investitionsvolumen (in der Praxis sehr gebräuchlich, aber selten konsequent angewendet) und deren unterschiedliche Behandlung hinsichtlich des Genehmigungs-Prozesses nützlich. Hier soll beispielhaft das Regelwerk für Investitionsentscheidungen unterschiedlicher Projektklassen dargestellt werden, wie es in den späten 90er Jahren beim Chemiekonzern Borealis im Rahmen der Abschaffung von Budgets entwickelt wurde:

- *„Kleine Investitionen"* (bis EUR mio 1,0) erfordern keinerlei Genehmigung außerhalb von Geschäftsbereich, Fabrik oder Funktion; die finanzielle Projektverfolgung erfolgt durch Rolling Forecasts, die Kosten dieser Projekte werden durch 12 Monate umfassende gleitende Durchschnitte aus der Prozesskostenrechnung überwacht; das zentrale Management greift nur dann ein, wenn das Gesamt-Investitionsvolumen den erwarteten Bereich verlässt (Verfolgung über Forecasts/Indikatoren).
- *„Mittlere Investitionen"* (EUR mio 1,0 bis 5,0) erfordern einen von der Unternehmensleitung für einen spezifischen Zeitraum vorgegebenen

Grenzwert der Renditeerwartung („hurdle rate"). Dieser Grenzwert ersetzt die Genehmigung durch ein Investitionskomitee.

- *„Strategische (große) Investitionen"* (über EUR mio 5,0) erfordern die Genehmigung durch den Vorstand.

Die Neuerung liegt hier nicht so sehr in der Differenzierung der Verfahren für die drei Projektklassen. In jedem der drei Fälle wird das gängige Prinzip der zweifachen Kalkulation von Projekten umgangen: Meistens werden Projekte in Unternehmen heute einmal kalkuliert, wenn sie ins Budget eingestellt werden, und dann ein weiteres Mal vor der entgültigen Genehmigung. Häufig haben sich Marktbedingungen vor der Vorlage zur Genehmigung geändert, sodass eine aufwändige Neukalkulation erforderlich ist (in vielen Fällen mehr als einmal!). Die damit verbundene Bürokratie wird im Modell ohne Budgets erheblich verringert.

Die Flexibilisierung der Ressourcenallokation insgesamt wird bei Borealis durch mehrere Mechanismen gewährleistet und kontrollierbar. *Trend-Reporting* mittels rollierender Forecasts, *Tests auf „Strategic Fit"* und *variierende Grenzwerte* gewährleisten, dass Ressourcen kontinuierlich ausbalanciert werden – auch während der Projektrealisierung, abhängig von der eigentlichen Umsetzung.

Investitionsmanagement bei Rhodia

Entscheidungen über Investitionen werden bei Rhodia auf lokaler Geschäftsbereichsebene getroffen. Ressourcen für Projekte werden auf dieser Management-Ebene anhand von Schlüsselindikatoren und Maßnahmenplänen aus dem Strategieprozess freigegeben. In vierteljährlichen Reviews wird zudem das gesamte „strategische Projekt-Portfolio" überprüft, und mit ihm die einzelnen laufenden Investitionsprojekte. Diese Reviews dienen der Kontrolle von Projektfortschritt, voraussichtlicher Zielerreichung, sowie, wenn nötig, dem Projektabbruch oder der Ressourcenumverteilung im Portfolio. Der Investitionsprozess versucht, investive Mittel stärker an strategische Maßnahmen zu knüpfen als an funktionale oder departementale Interessen und Budgets. Damit wird der Strategiebezug erhöht und Ressourcenverschwendung verringert. Zugleich soll eine dezentralisierte Entscheidung die Finanzierung von Initiativen fördern, die risikoreicher und an mehr Wachstum orientiert sind.

Hürden-Niveaus oder Grenzwerte des Return on Investment („hurdle rates" oder „base cases") sind in vielen Organisationen für das Investitionsmanagement gebräuchlich in Form klassischer Kriterien wie Internal Rate of Return (IRR), Net Profit Value (NPV) und Amortisationsdauer (PBP). Stark formalisierte finanzielle Grenzwerte und Minimalanforderungen spielen aufgrund der erwähnten Vielfalt strategischer Wertschöpfungsbeiträge in den meisten Beyond-Budgeting-Organisationen aber eine weniger dominante Rolle. Eine Ausnahme bilden hier zwar tendenziell produzierende Industrien, mit weiterhin hohen Investitionen in klassische Aktiva, wofür die Genehmigungspraxis bei Borealis ein Beispiel gibt. Investitionsentscheidungen in der Praxis hebeln derartig pauschale, an finanzielle Indikatoren gebundene Formalanforderungen an Investitionen aber zunehmend aus. Bei Verzicht auf Budgets können diese Grenzwerte jedoch generell „aufgeklärter" und zudem *aktiver* genutzt werden. Das zentrale Management von Borealis etwa setzt finanzielle Grenzwerte in Abhängigkeit von den finanziellen Projektionen aus dem rollierenden 5-Quartals-Forecast periodenbezogen fest. Das Unternehmen steuert damit die ökonomischen Anspruchsniveaus und die finanziellen Risiken neuer Projekte, entsprechend den in näherer Zukunft zur Verfügung stehenden finanziellen Ressourcen. Wenn der voraussichtliche zukünftige Cashflow knapp wird, erhöht das Management den Grenzwert.

Die ausschließlich finanzielle Bewertung von Projekten bietet klare Entscheidungsregeln für Investitionsvorschläge, ist jedoch zwangsläufig *einseitig*. Besser ist eine erweiterte, ganzheitliche strategische Analyse der Wirkungen gerade mittlerer und großer Investitionen im Zusammenhang mit dem Projektvorschlag hinsichtlich der Erreichung strategischer Ziele, z.B. unter direkter Verwendung der Balanced Scorecard.

Die Verbindung von Investitionsentscheidungen mit dem Prozess der strategischen Steuerung – z.B. mittels Prozessen wie Balanced Scorecard, Wertmanagement oder Intangible Asset Management – soll gewährleisten, dass Ressourcen dort eingesetzt werden, wo sie den größten Wertbeitrag liefern, dass alle Initiativen der Strategieumsetzung dienen und dass eine konsistente Basis für die Strategie-basierte Beurteilung von Initiativen möglich ist. Das Ergebnis ist ein Prozess strategischen „Initiativen-Managements". Grundsätzlich sollten alle Initiativen und Investitionsprojekte einer Organisation daraufhin überprüft werden, ob, und wenn ja, *zu welchen strategischen (Scorecard-)Indikatoren* sie einen Beitrag leisten. Initiativen oder Projekte sollten naturgemäß aus der Strategiearbeit heraus entstehen. In jedem Fall aber bedarf es eines systematischen Checks der Projekte hinsichtlich ihres *strategischen*

Nutzenbeitrags. Dieser Test garantiert den „strategic fit" (Strategischer „Fit" darf nicht mit „finanziellem ROI" verwechselt werden!). Es muss zu jedem Zeitpunkt ein Zusammenhang zwischen jedem Investitionsprojekt des Projekt-Portfolios und einem oder mehreren Zielen/Indikatoren des strategischen Zielsystems bestehen. Gleichzeitig erlaubt das Verfahren die strategisch fundierte Priorisierung von Projekten in der Pipeline und von Projektalternativen.[132]

Strategische Indikatorensysteme sind zugleich in ein hervorragendes Tool zur Initiierung von Initiativen: Typischerweise existieren z.B. Scorecard-Indikatoren, für deren Optimierung keinerlei Mechanismen oder Initiativen bestehen. In diesen Fällen eignet sich die Scorecard zur Kommunikation mit Mitarbeitern – der *wichtigsten* Quelle für neue Ideen und Initiativen – hinsichtlich der strategischen Bereiche, in denen neue Projekte und Initiativen am wertvollsten sein könnten. Manager können zudem in regelmäßigen Workshops das Projektportfolio über funktionale oder Bereichsgrenzen hinweg diskutieren, um Probleme zu identifizieren und zu lösen, die die gesamte Organisation betreffen. Diese Workshops unterstützen insofern wiederum Teamwork und organisationales Lernen.

In Beyond-Budgeting-Organisationen wie Borealis werden alle bereits genehmigten Projekte von einem zentralen Komitee begleitet, das in monatlichen oder quartalsmäßigen Reviews Kapitalflüsse und Projektfortschritte begleitet. Der Unterschied zu konventionellen Praktiken der Arbeit von Invest-Komitees besteht darin, dass sich herkömmliche Komitees der *Genehmigung* von Projekten – mithin einem politischen Prozess – widmen. Bei Borealis und Rhodia werden Projekte *nach* der Genehmigung bewusst gesteuert und mit dem Ziel verfolgt, das Projektportfolio zu managen und individuelle Projekterfolge zu maximieren (ein wertschöpfender Prozess). Zu den Aufgaben eines solchen „Projektlenkungsausschusses" gehört es, Projektfortschritte regelmäßig anhand von Meilensteinen zu überprüfen, ggf. Korrekturmaßnahmen zu fordern und Projekte mit zusätzlichen Ressourcen auszustatten oder auch abzubrechen.

Ein wesentliches Instrument zur Informationsversorgung des Projektlenkungsausschusses ist eine spezifische Form von Rolling Forecasting. Rollierende Finanz- und Investitionsplanung leistet einen Beitrag zur zukunftsgerichteten Kontrolle der finanziellen Wirkungen des Investitionsportfolios.

---

[132] Viele Organisation werden zu Beginn des Einsatzes eines solchen strategischen „Checks" feststellen, dass es einer Vielzahl von Initiativen an jeglichem Bezug zu Scorecard-Indikatoren mangelt. In diesen Fällen erlaubt das Verfahren, Projekte abzubrechen, zusammenzufassen oder neu zu fokussieren – und so Ressourcen für neue Initiativen und Projekte freizusetzen.

Rollierende Forecasts integrieren das Projektportfolio und erlauben eine Makro-Sicht der Gesamtheit investiver Projekte. Die Prognosedaten zeigen zukünftige finanzielle Trends für z.B. 5–8 Quartale im Voraus, sodass der Ausschuss in die Lage versetzt wird, mit angemessenem Vorlauf Entscheidungen zur Beeinflussung künftiger Cashflows zu treffen. Ein solcher Forecast, ggf. in spezifischem Rhythmus und mit spezifischem, an die Prognosebedarfe von Investitionsportfolios geknüpftem Zeithorizont, kann anhand von Informationen aus einer zentralen Projekt-Datenbank erstellt werden.

Reengineering der Prozesse zum Investitionsmanagement im Beyond-Budgeting-Modell

Zweck: Radikale Dezentralisierung, Vereinfachung und Flexibilisierung des Investitionsmanagements – bei gleichzeitiger Verbesserung der effektiven Kontrollen und erhöhter strategischer Ausrichtung des Projektportfolios.

- *Abschaffung des jährlichen Investitionsbudgets* – Genehmigungen von Projekten finden regelgebunden und ad hoc statt. Prinzip: „Triff nie heute eine Entscheidung, die du auch morgen noch treffen kannst!"
- *Abschaffung von Investitionskomitees* – Dezentralisierung der Investitionsentscheidung und Vereinfachung des Genehmigungsprozesses;
- *Einführung oder Modifikation von Projektklassen* zur Maximierung der Entscheidungsverantwortung bei Geschäftsbereichen. Praxisbeispiel Borealis: volle Entscheidungsverantwortung für kleinere und mittlere Investitionsprojekte bei Linienmanagern; mittlere Projekte: in Übereinstimmung mit Indikatoren-Grenzwerten („Hurdle Rates"); große Projekte: klassische Investitionsanträge, Genehmigung aber durch Unternehmensführung ad hoc;
- *variierende Indikatoren-Grenzwerte* zur Steuerung des Projektportfolios, entsprechend der verfügbaren Finanzmittel;
- *Test des strategischen „Fit":* Überprüfung des Projektbeitrags zur Verbesserung strategischer Performance-Indikatoren (z.B. einer Scorecard); dieses Verfahren kann auch der Priorisierung von Projektalternativen dienen;
- *Rollierende Forecasts* zur Sicherung der Verfügbarkeit von Finanzmitteln und zur Frühwarnung bezüglich Abweichungen im Projektportfolio nutzbar (Trend-Reporting).

4.8 Management-Informationssysteme, Berichtswesen und Dialog: Basis für Transparenz, ethisches Handeln und Dezentralisierung

4.8.1 Paradigmen der Information in der Beyond-Budgeting-Organisation

Vergleichen wir die Rechnungswesen- und allgemein Informationssysteme zweier Unternehmen mit ganz unterschiedlichem Grad der Dezentralisierung, so stellen wir fest, dass sich die Informationsinhalte ggf. kaum unterscheiden, sondern vor allem die Darstellung und Verbreitung der Informationen. Eine zentral geführte Organisation verfügt nur an der Spitze über reichhaltige Information. Die dezentralisierte Organisation verteilt die Information dagegen auf alle Entscheidungsebenen und Mitarbeiter, die Entscheidungen fällen und zu verantworten haben. Informationen sind nicht gefiltert, manipuliert, kanalisiert und vorkonfiguriert.

Entgegen den Kontrollsystemen hierarchischer Organisationen, die auf der Prämisse basieren, dass Bewertung, Entscheidung und Verantwortung die Hierarchie hinaufgereicht werden sollen, verläuft Information in vorausschauenden, flachen oder netzwerkartigen Organisationen zu den kundennahen Einheiten, die die Information unmittelbar benötigen. Philip Evans und Thomas Wurster nennen diese neue Art organisationaler Arrangements *Hyperarchien*, nach den Hyperlinks des Internet. Sie stellen fest, dass diese Art von Organisationen, genau wie das Internet selbst, darauf verzichten können, Information aktiv zu kanalisieren. Dies wiederum ermöglicht freien Informationszugang und Informationssymmetrie und fordert somit jede Form von Hierarchie – ob durch Status oder Macht – heraus (und reduziert sie).

Traditionelle Informationssysteme spiegeln die hierarchische Struktur eines Unternehmens wider: Informationen fließen entsprechend funktionellen Weisungslinien. Informationsverteilung erfolgt zentralistisch, fremdgesteuert und selektiv. Im Beyond-Budgeting-Unternehmen dagegen sollen unternehmensweite Informationssysteme so gestaltet sein, als handele es sich bei der Organisation um eine komplex vernetzte Gemeinschaft. Diese eher abstrakte Forderung bedeutet: Jedes Organisationsmitglied hat jederzeit Zugang zu allen Informationen, die es benötigt. Es obliegt den Mitarbeitern selbst, Informationen zu analysieren und zu interpretieren in einer Weise, die ihren Bedürfnissen entspricht.

Diese Forderung kontrastiert mit der gängigen Praxis in den meisten Organisationen: Unternehmen neigen dazu, den Zugang zu Informationen zentral zu kontrollieren, und folgen dabei der Prämisse, diese so wenigen Mitarbeitern wie möglich zugänglich zu machen. Dies hat gravierende Folgen:

- Negative Nachrichten und realistische Forecasts werden von Managern nur widerwillig oder gar nicht geteilt, in der Befürchtung, dass diese Information gegen sie verwendet werden kann.

- Zentralisierung von Information selbst gilt als Ausdruck von Misstrauen gegenüber anderen; dies geht zudem mit der Tendenz zur bevorzugten Kommunikation mit „machthöheren" Organisationsmitgliedern einher und führt zu unzureichender Kommunikation mit der Basis. Das so entstehende Informationsdefizit wird von den Nichtinformierten häufig durch Misstrauen und Spekulation ausgefüllt.

- Mit der Information wird automatisch auch Entscheidung zentralisiert; andererseits werden dezentrale Entscheidungen durch eine mangelnde Informationsbasis beeinträchtigt.

- Zentralisierte Information führt zur Überbewertung finanzieller, eher historischer Informationen in der Organisation und zur Vernachlässigung vorlaufender, operationaler Daten; erst mit der Priorisierung dezentraler Information und Entscheidung wird wertvolle Kundeninformation im Zusammenhang mit „Business-Intelligenz" oder „Customer Relationship Management" nutzbar.

Eine Organisation, in der der Glaube an „Autorität durch Position" dominiert, neigt dazu, Prozesse zu automatisieren und informationstechnisch zu unterstützen, um letztlich dem Top-Management zu so genannten „entscheidungsunterstützenden" Informationssystemen zu verhelfen. Informationssystem-Anbieter lassen sich auf dieses Spiel ein und profitieren sogar davon: sie betonen oft gerade diejenigen Funktionalitäten, die zwar unter technologischen Gesichtspunkten beachtlich, unter Führungs- und Organisationsgesichtspunkten aber von zweifelhaftem Nutzen sind. Dazu zählen „drill-downs" durch Rechnungswesen- und Transaktionsdaten, und Management-Cockpits für Unternehmensleitungen, die letztlich gerade zur Unterstützung von zentralem Dirigismus und Kontrolle geeignet sind. Die Vorstellung von Spitzenmanagern, die ohne echten Kontakt zu Kunden, Markt und Kenntnis des Geschäfts mittels Informations-Cockpit in die Lage versetzt werden, in operationale Entscheidungen einzugreifen, läuft aber gerade der wünschenswerten Delegation und Entscheidungsautonomie dezentraler Teams zuwider, wie wir sie in einer Beyond-Budgeting-Organisation zu schaffen versuchen.

> **Prinzipien und Verwendung des Informationssystems bei Svenska Handelsbanken**
>
> Manager von Svenska Handelsbanken meinen heute lapidar, man habe in ihrem Unternehmen die Budgetierung „durch ein gutes Rechnungswesen-System" ersetzt. Gemeint ist damit auch die Abkehr von der in den meisten Organisationen üblichen Leidenschaft für regelmäßige formale Planung und Prognosetätigkeiten mit der damit einhergehenden Besorgnis über mögliche künftige Geschäftsentwicklungen. Derartige Planung und Prognose hat, wie man bei Svenska Handelsbanken glaubt, geringe Erkenntniswirkung. Alle Versuche der formalen Planung in der Bank wurden abgeschafft, Forecasting auf ein absolutes Minimum beschränkt. Stattdessen legte man bei der Gestaltung von Informationssystem, formalen und informalen Formen des Informationsflusses vor allem Wert auf die Maximierung von Aktualität und dezentraler Verfügbarkeit von Informationen hinsichtlich aller Geschäftsbelange.
>
> In der Konsequenz verfügen alle dezentralen Profit Center über volle Einsicht in aktuelle Kunden-, Rentabilitäts- und Marktdaten. Sie können durch ein transparentes System von aktivitätsgetriebenen Verrechnungskosten (Prozesskostenrechnung) die Auswirkung ihrer Entscheidungen im Tagesgeschäft hinsichtlich individueller Transaktionen und Kunden auf Rentabilität von Kunde und Filiale einsehen.

Beyond-Budgeting-Organisationen haben ihre Informationssysteme zum einen *auf die Zukunft hin orientiert* (durch Verwendung von Rolling Forecasts und strategischen Kommunikationssystemen wie der Balanced Scorecard) und zum anderen *schneller, offener, vernetzter und transparenter*. Dieser letzte Aspekt geht über den reinen Einsatz von Systemen und Informationstechnologie weit hinaus und steht in engem Zusammenhang mit besserer Corporate Governance und vielfältigeren internen Kontrollen. Die Forderung: Wenn jedes Mitglied in der Organisation – und bei aktiennotierten Unternehmen in größerem Maße externe Analysten – zur gleichen Zeit die gleiche Information einsehen kann, besteht weniger Anreiz, die Zahlen zu manipulieren. Auch haben Mitglieder der Organisation (wie im Abschnitt über relative Ziele dargestellt) weit weniger Anlass, dies zu tun, wenn es für sie nicht mehr darum geht, fixierte Ziele zu erreichen.

Wie Information intern und extern genutzt wird, ist dabei kritisch! Information soll als ein für ausführende Manager *befreiendes* Tool genutzt werden, und nicht als Werkzeug zur Steuerung und Kontrolle durch das Spitzenmanagement. Informationstransparenz soll damit wesentlich zum „Empowerment" von Mitarbeitern beitragen, und zur Entwicklung von Vertrauen zwischen Organisationsebenen. Bereits die konsequente Bejahung von Informationstransparenz führt zu einem freieren Fluss von Information zwischen Teilen der Organisation und stellt eine Form verbesserten Wissensmanagements dar. Wenn dezentrale Entscheider über relevante Informationen frei und online verfügen, kann das Potenzial einer radikal dezentralisierten Organisation voll ausgeschöpft werden:

- *Transparenz.* Aufbauend auf einem Paradigma der Informationstransparenz sollten Manager mit der Zeit ihre Fähigkeit verbessern können, strategische Planungen und rollierende Forecasts zu erstellen und zu interpretieren. Auf diese Weise wird das Management insgesamt in die Lage versetzt, Leistungsänderungen früher und besser zu antizipieren und diese intern und extern zu kommunizieren – ganz im Sinne des vielfach geforderten „Selbst-Controlling". Fragen Sie sich: werden die Informationen aus Ihrem Planungssystem, Ihrer Balanced Scorecard oder generell Ihrem Reportingsystem allen Mitgliedern der Organisation verfügbar gemacht?

- *Vernetzung.* Informationszentrierung an wenigen Stellen in der Organisation und subjektive Vorselektion und -filterung von Daten sind das Gegenteil von Vernetzung – nämlich Informationshierarchie. Informationssysteme sollen allen Verantwortlichen unbeschränkten Zugang ermöglichen. Allen interessierten Mitarbeitern stehen zum gleichen Zeitpunkt die gleichen Informationen – wenngleich ggf. unterschiedlicher Aggregationsgrade – zur Verfügung. Das schließt ein Interferieren durch das mittlere Management und Zentralabteilungen in Informationen und Reports aus. Auf die häufig anzutreffenden Funktionen der Berichtserstellung und Informationsfilterung durch Zwischeninstanzen – letztlich bewusst oder unbewusst mit der Zielsetzung, Information „besser" aussehen zu lassen, als sie ist – soll verzichtet werden. Die vertrauenshemmmende Informationsmacht kann auf diese Weise abgebaut und den Verantwortlichen die informationelle Basis für weitgehende Eigenverantwortlichkeit übergeben werden.

- *Offenheit*. Die Offenheit eines Informationssystems betrifft die Verfügbarkeit von Informationen für all jene, denen die Informationen nützen können. Der Informationszugang sollte Lernen und Zusammenarbeit unterstützen, schlechte Neuigkeiten sollten schnell in Umlauf kommen, damit Probleme schnell erkannt und von Teams in Angriff genommen werden können. Hierbei spielt insbesondere die Einbettung von rollierenden Forecasts in das Informationssystem eine wichtige Rolle. Das Informationssystem soll Funktionen übernehmen oder in die dezentralen Leistungseinheiten der Organisation tragen, die gewöhnlich von Stäben oder dem mittleren Management erfüllt wurden, nämlich die Sammlung und Auswertung (gerne als „Analyse" verbrämt) von Daten sowie die darauf basierende Entscheidung. Diese Art und Weise, Dezentralisierung zu unterfüttern, stellt einen der wesentlichen Erfolgsbeiträge von Informations*technologie* dar.

Manager müssen ihre Kontrollfixierung im Hinblick auf Informationsbereitstellung innerhalb einer Organisation aufgeben. Die besten unternehmensweiten Informationssysteme und prognosestärksten Forecasts – dazu gedacht, entscheidungsrelevante Daten zeitnah verfügbar zu machen, damit Entscheider sich auf Änderungen in Nachfrage und Angebot einstellen können – sind in Organisationen nutzlos, die den Informationszugang beschränken.

4.8.2 Berichtswesen und Kontrolle ohne Budgets

Beim Übergang von der Budget-basierten Steuerung zur Steuerung „jenseits der Budgetierung" sind insbesondere von der Unternehmensführung Vorbehalte zu erwarten, die damit zusammenhängen, dass die vermeintlich wasserdichte Kontrolle der Budgetsteuerung zugunsten eines noch relativ unbekannten Prozesses der Leistungskontrolle aufgegeben werden soll.

Wie wir bereits an anderer Stelle gesehen haben, sind die Informationen aus Berichtswesen und Planung von Unternehmen jedoch häufig weder aussagekräftig hinsichtlich realisierter und künftiger Leistung noch handlungsorientiert. Ein Großteil der heute in Unternehmen verfügbaren Information sagt wenig oder nichts darüber aus, ob ein Manager oder Team eine gute Leistung erbringt, Informationssysteme scheitern daran, Hinweise zu geben welche Probleme bestehen und wie diese gelöst werden könnten.

Management mit Leistungsindikatoren (KPI) bei H P Bulmer, England

Unter Zuhilfenahme des Implementierungswissen und Lernforums des BBRT verzichtete der britische Getränkehersteller Bulmer Ende der 90er Jahre auf Budgets. In der Vorbereitung zu diesem Schritt kristallisierten sich sehr schnell innovative Wege für das Management der entscheidenden Leistungsfaktoren heraus. Der strategisch wichtigste Indikator bei Bulmer, so wurde festgelegt, war aufgrund der Situation des Unternehmens „Wachstum". Statt eines Budgets gibt der Vorstand des Unternehmens nun jährlich Top-down-Ziele für Wachstum vor und kein Budget.

Manager nutzen die durch Abschaffung der Budgets gewonnene Zeit zur Erarbeitung von Geschäftsstrategien. An die Definition des Wachstumsziels für Gruppe und Geschäftsbereiche schließt sich die strategische Arbeit der Divisionen und die Erarbeitung von Maßnahmen und Ressourcenbedarfen an.

Leistung auf der Absatzseite wird monatlich gegenüber dem Jahresziel gemessen, und zudem gegenüber der realisierten Leistung des gleichen Monats des Vorjahres. Dadurch ist das Reporting zielorientiert, faktenbasiert und fokussiert auf die Schließung der Leistungslücken (fiktive Budgets und Planzahlen sind hierzu verzichtbar).

Auf der Kostenseite werden statt Budgets ebenfalls Schlüsselindikatoren zur Kontrolle eingesetzt. Bei Bulmer ist der Hauptindikator bei den Herstellkosten „Kosten pro Hektoliter"; ein rollierender 12-Wochen-Forecast unterstützt die Produktionsplanung. Der Finanzdirektor von Bulmer hierzu: „Was war eigentlich der Zweck des alten Ansatzes mit fixierten Budgets? Wenn der Produktionsbereich zu viel ausgab, weil er mehr Volumen als erwartet herstellen musste, hatten wir die Möglichkeit, sie dafür zu tadeln. Das war nicht gerade inspirierend."[133]

---

[133] Zur Beyond-Budgeting-Fallstudie H P Bulmer siehe „Business Intelligence" 2002.

Die Neun Gestaltungsfelder für Beyond Budgeting oder „Better Management"

Wie Unternehmensführung, Linienmanager und Teams Leistungsüberwachung und -kontrolle praktizieren, hat starken Einfluss auf den Prozess der Zielsetzung, die Generierung und Auswahl von Aktionsprogrammen und auf die Leistungsanalyse. Gerade in der Leistungsüberwachung und Kontrolle ist in vielen Organisationen neben dem instrumentellen ein fundamentaler führungskultureller Wandel überfällig. Im Beyond Budgeting wird dieser Wandel unterstützt durch den Übergang von *zentralistischer Kontrolle zu Multi-Ebenen-Kontrollen*. Zentralistische Kontrolle kennzeichnet die von der Unternehmensleitung durchgeführte enge Überwachung und bewusste oder unbewusste Einmischung in Verantwortungsbereiche ausführender Manager. Im Endeffekt werden häufig nicht Ergebnisse kontrolliert, sondern der Prozess selbst und Entscheidungen zur Leistungserbringung. Dies steht in direktem Zusammenhang mit der Forderung nach Einhaltung des Budget-Vertrags. Durch diese Art von Mikro-Management, das bis zum direkten Eingreifen in Entscheidungen im Tagesgeschäft von Linienmanagern reicht, soll sichergestellt werden, dass Aktivitäten und Handlungen konform sind mit Unternehmenspolitiken, Plänen und Direktiven.

Effektive Kontrolle durch die Unternehmensführung bedeutet, zu wissen, was geschieht, jedoch nur dann einzugreifen, wenn es absolut erforderlich ist. Das Ergebnis ist ein „Management by Exception", das im Gegensatz steht zum häufig anzutreffenden willkürlichen Mikro-Management durch die Unternehmensführung. Beim Management by Exception achtet das Top-Management vorrangig auf ungewöhnliche Muster und Trends, die auf einen Wandel im Kundenverhalten oder in der Bereichs-Leistung hindeuten können. Diese Art von Veränderungen bilden dann den Impuls für Leistungsrevisionen von Managern oder strategischen Plan-Änderungen. Ansonsten soll Linienmanagern Handlungsfreiheit und Support gegeben werden, und unverfälschte Information frei und zeitnah verfügbar sein.

Das Prinzip der Multi-Ebenen-Kontrollen im Beyond-Budgeting-Modell bedeutet die Schaffung von Informations-Transparenz auf allen Niveaus der Organisation, doch ohne zentrales Eingreifen, wenn dies nicht absolut unvermeidbar ist. Dazu ist es erforderlich, ein facettenreiches Kontrollsystem mit einer Vielzahl relevanter Management-Informationen bereitzustellen, das einerseits der Unternehmensleitung effektive Führung und Kontrolle ohne direktes Einmischen ermöglicht, andererseits dezentrale Entscheidungen wirksam unterstützt.

Multi-Ebenen-Kontrolle im Beyond-Budgeting-Modell: eine Vielzahl von Instrumenten und Blickwinkeln für facettenreiche Leistungssteuerung und -bewertung

Zweck: Übergang von *zentraler Kontrolle* zu *Multi-Ebenen-Kontrollen*; geringerer Anreiz zu Manipulation und Verzerrung von Informationen

- *Effektive „Corporate Governance"* – an Stelle von Budgetzielen
- Ausgewogenes strategisches Reporting (z.B. mit Scorecards, Wertmanagement-Systemen, Intangible Assets Management-System) statt rein finanzbasierte Budget- und Rechnungsweseninformationen
- *Strategie-basierte, vorlaufende Leistungsindikatoren* (Key Performance Indicators) – an Stelle von Budgetpositionen
- *Leistungsindikatoren-Vergleiche* mit externen Benchmarks
- *Leistungs-Rankings* (Liga-Tabellen) in Organisationen mit relativ homogenen Profit Centern
- *Zeitnahe finanzielle Ist-Daten* mittels Fast oder Virtual Close – an Stelle verzögerter, gefilterter und „bearbeiteter" Berichte (Prinzip: gleiche Informationen zur gleichen Zeit für alle!)
- *Trend-Analysen* auf Basis finanzieller Berichte durch Vergleich rollierender Durchschnitte, und gegenüber Vorperioden – an Stelle monatlicher Soll-Ist-Vergleiche
- *Rolling Forecasts* zur ergänzenden Trend-Analyse und Risikoerkennung
- Kosten- und Rentabilitätsinformationen aus der *Prozesskostenrechnung* auf Basis von Ursache-Wirkungs-Zusammenhängen statt arbiträrer Allokationen und Umlagen
- *Prinzip des Management by Exception,* wenn Indikatoren/Trends Toleranzgrenzen überschreiten – an Stelle von Mikro-Management („Hineinreden") durch Unternehmensleitung

Eine Reihe von Bausteinen des Reporting- und Kontrollprozesses im neuen Steuerungssystem wurden in den vorangegangenen Abschnitten bereits dargestellt: Informationen strategischer Steuerung, ggf. ergänzt um wert- und potenzialorientierte Informationen, Prognoseinformationen aus rollierendem Forecasting, relative Ziele und Leistungsindikatoren (KPIs), Benchmarking-Daten, multidimensionale Rentabilitätsinformationen und Verrechnungspreise auf Basis des Prozesskostenmanagements. Diese und andere Informationen bilden die Grundlage der *Multi-Ebenen-Kontrolle* in der Organisation ohne Budgets.

Im Zentrum des neuen Kontrollprozesses wird in den meisten Beyond-Budgeting-Unternehmen ein System Strategie-basierter Steuerung wie die Balanced Scorecard stehen. Für ein monatliches oder wöchentliches operatives und tiefer gehendes Leistungsreporting werden Scorecards oder ein alternatives Strategie-basiertes Steuerungssystem benutzt. Die Nutzung von Scorecards zur Steuerung und Kontrolle verlangt dem Top-Management unter Führungsgesichtspunkten durchaus mehr „Hingabe" ab: Die Unternehmensleitung wird gezwungen, sich intensiver mit der operativen Seite des Geschäfts auseinander zu setzen. Erst dadurch ermöglichen Scorecards eine klare Sicht des Unternehmensgeschehens, die aber viel tiefgreifender und prospektiver sein dürfte, als dies mit Budgets möglich ist.

Doch auch andere Instrumente spielen bei der Leistungsüberwachung und -kontrolle eine große Rolle, um neben strategischen Indikatoren weitere Steuerungsinformationen einzubeziehen. Insgesamt sollte in einem Beyond-Budgeting-Unternehmen mit a) einem schnellen und offenen Rechnungswesen-System, b) strategischen (auch vorauslaufenden) Leistungsindikatoren und KPIs, c) rollierenden Forecasts und d) Kosteninformationen via Projekt- oder Activity-based-Management (soweit erforderlich) ein reicher Informationspool für bessere Entscheidungsfindung zur Verfügung stehen.

Ein Beispiel aus der Beyond-Budgeting-Praxis: Die Geschäftseinheiten bei Borealis reporten mit Hilfe eines dreiteiligen Berichtssystems (siehe Abb. 68) bestehend aus: Scorecards plus einer Kommentierung von realisierter Leistung und Wettbewerb und finanziellen Indikatoren (Return on Capital Employed), einem Finanzbericht, der auf die Betonung gleitender Durchschnittswerte und somit Trendaussagen zur Kosten- und Ergebnisentwicklung abzielt; und vierteljährlich aktualisierten Rolling Forecasts. Bei den periodischen Management-Besprechungen werden Scorecards diskutiert, *bevor* auf finanzielle Standardberichte eingegangen wird. Dies bringt die herausragende Bedeutung des Scorecarding im Prozess von Leistungsmanagement und -Kontrolle des Unternehmens zum Ausdruck.

Management-Informationssysteme, Berichtswesen und Dialog

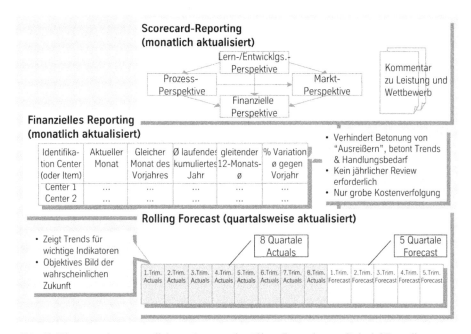

Abb. 68: Elemente eines monatlichen oder quartalsmäßigen Reporting am Beispiel Borealis

Im Budget-basierten Steuerungsmodell wird Kontrolle überwiegend in Form vergangenheitsbezogener Kontrolle auf der Basis *monatlicher Plan-Ist-Vergleiche* realisiert. Finanzberichte zeigen Abweichungen gegenüber dem Budget auf, gezeigt werden diese Informationen normalerweise nicht nur für konsolidierte Bereiche, sondern mittels einer Vielzahl von Detailinformationen pro Abteilung, Geschäftseinheit, Kontenplan usw. Zusätzlich finden Indikatoren und Maßzahlen Verwendung – diese beziehen sich häufig auf die Effizienz des Kapitaleinsatzes und den Ergebnisanteil am Umsatz gegenüber Planzahlen.

Typische Fragestellungen zur Kontrolle in der Budgetsteuerung mit fixierten Zielen

- Wie ist unsere Leistung gegenüber Budget/Ziel?
- Werden wir unser Ziel am Jahresende erreichen?
- Wodurch kommt diese Abweichung im Detail zustande?
- Was hat die Abweichung verursacht?
- Was können wir tun, um zurück auf den Weg zu gelangen?

Nützlichere Fragestellungen ohne Budgets und mit relativen Zielen

- Was passiert gerade?
- Was kann als nächstes passieren?
- Wie ist unsere Leistung in absoluter Hinsicht? (wichtig für finanzielle Erwägungen)
- Wie ist unsere Leistung im Vergleich zu unseren Wettbewerbern? (wichtig zur Beurteilung dessen, wie gut wir sind)
- Wie ist unsere Prognose, und was sollten wir an unseren Annahmen hinsichtlich des Ursachen-Wirkungsmodells von Geschäftstätigkeit und Umwelt ändern?
- Was wären die Konsequenzen alternativer Strategien und Maßnahmenpläne?
- Worüber sollten wir zuerst nachdenken?

Diese herkömmlichen monatlichen Abweichungsanalysen und -rechnungen gegenüber Plänen sind eine müßige und zerstörerische Praxis. Controller und Linienverantwortliche gewinnen wenig durch die Analyse monatsbezogener (oder kumulierter) Plan-Ist-Vergleiche, in der viele abwicklungstechnische Diskontinuitäten, aber auch Abweichungen aufgrund von Planungsdefiziten kommentiert werden müssen (die wichtigste Abweichungsursache liegt oft nicht in der Realität, sondern in der Planung selbst!). Die ursächlichen, der Planung zugrunde liegenden Annahmen sind Managern und Mitarbeitern bei der Analyse aber kaum noch im Gedächtnis. Derartige nicht aktionsorientierte Informationen sollten nicht weiter berichtet werden.

Management-Informationssysteme, Berichtswesen und Dialog

Wie funktionieren *Reporting und Verlaufskontrolle* in einer Organisation ohne Budgets, und womit vergleicht man die Ist-Leistung zum Ende einer beliebigen Periode? Eine mögliche Antwort aus der Praxis von Borealis: „Wir vergleichen unsere Quartalsergebnisse mit denen des vorangegangenen Quartals, oder mit denen des gleichen Quartals des Vorjahres. Und die letzten vier Einzel-Monate mit den vier vorangegangenen Monaten. Alle sechs Monate werden zudem die eigenen Geschäftsergebnisse mit denen der Wettbewerber verglichen. Dies ist dann der wirkliche Leistungstest."[134]

In der budgetlosen Organisation kann und muss – dies wird insbesondere viele Top-Manager und Controller überraschen – *auf detaillierte Plan-Ist-Vergleiche ganz verzichtet werden*. Dieser Verzicht ist möglich, weil an die Stelle des Vergleichs realisierter Perioden mit Planzahlen ein deutlich relevanterer Vergleich von Ist-Daten mit unterschiedlichen Vorperioden tritt. Realisierte finanzielle Ergebnisse werden in zweierlei Hinsicht anders berichtet:

- *Statt detailliertem Reporting pro Abteilung, Konto etc.:* nur *verdichtete* Informationen – zur Vereinfachung und Beschleunigung des Reporting und Erhöhung der Relevanz.

- *Statt Plan-Ist-Vergleichen:* Vergleich der *realisierten Leistung* gegenüber *Vorperioden*, gegenüber *gleitenden Durchschnitten* und *rollierenden 12-Monats-Betrachtungen*, ohne festen Bezug zum Kalenderjahr, zur besseren Herausarbeitung von Trendentwicklungen. Rollierende 6- oder 12-Monatszahlen eliminieren Saisonalitäten und Ausreißer aus dem Reporting.

- *Statt Fokussierung auf historische Daten:* Verknüpfung der Ist-Ist-Vergleiche mit Rolling Forecasts. Dies erlaubt, zusätzlich die realisierten Perioden mit für die Zukunft antizipierten Trends vergleichen zu können. Damit wird eine über historische Werte hinausgehende integrierte Trendanalyse möglich. In derartigen *sowohl vorausschauenden als auch zurückblickenden* rollierenden 12-Monatsbetrachtungen gleichen sich Diskontinuitäten aus und werden zugleich entscheidungsrelevante Trendentwicklungen und Tendenzen sichtbar.

- *Statt Innenorientierung durch Pläne und Budgets:* Regelmäßige Verwendung interner oder externer Benchmarks.

---

[134] Siehe Boesen 2000

Der in diesem neuen Berichtstyp explizite Verzicht auf den Geschäftsjahresbezug im Reporting (in Verbindung mit der üblichen Fokussierung auf Monat und kumuliertes Geschäftsjahr) macht die jährliche Schätzung und Vereinbarung von Kostenniveaus überflüssig. An die Stelle der Budgetverhandlung treten ein kontinuierlicher Beobachtungs-Prozess hinsichtlich der Kostentrends und – nach Bedarf – der Implementierung von Projekten und Maßnahmen zur Umsetzung von Optimierungen. Organisationen wie Sight Savers International und Borealis glauben, dass mit dieser Art des Reportings ein deutlich wirkungsvollerer Druck zur Kostenminimierung ausgeübt werden kann, als dies mit Budgets möglich ist.[135]

Reporting von Trends und Tendenzen im Reporting ohne Budgets

- Statt monatlicher Plan-Ist-Vergleiche steht im Reporting ohne Budgets eine Beobachtung von aktuellen „Trends" (z.B. rollierende Durchschnitte der letzten 6 oder 12 Monate) gegenüber realisierten Vorperioden im Vordergrund.

- Zugleich ist eine „Verlängerung" der Trendbeobachtung in die Zukunft möglich durch Integration rollierender Forecasts in diese Berichte (vorwärts- und rückwärtsgerichtete Trendbetrachtung).

- Durch die Betrachtung von Trends und Durchschnitten wird die Überbetonung „monatlicher Ausreißer" vermieden.

- Der Vergleich zu Planwerten wird vollständig überflüssig, das Reporting weist weniger Vergangenheitsbezug auf und setzt verstärkt auf die Betrachtung von Entwicklungstendenzen und die Ableitung von Aktivitäten zur Kurskorrektur.

- *Kontrolle ohne Budgets ist möglich und höchst effektiv.* Der Himmel wird uns nicht auf den Kopf fallen!

Das Reporting muss neuen Paradigmen folgen: Einfachheit, Transparenz und Offenheit. Controlling-Information ist zeitgleich allen Organisationsmitgliedern verfügbar zu machen – ohne zeitraubende Berichtsbearbeitungen, Re-

---

[135] Näheres zum Management von Gemeinkosten findet sich in Abschnitt 4.6 dieses Buches.

daktion und Datenmanipulation durch Zentralabteilungen. Weniger als die von Softwareanbietern hervorgehobene komplexe Analytik ist also eine Vereinfachung und vielfach Bereinigung der Informationsbereitstellung nötig.

Bisher galten alte Berichte als schwer eliminierbar. Jedes neue Tool und jeder neue Prozess fügt neue Berichte und Steuerungsinformationen zum bestehenden Informationssystem hinzu. Mit Beyond Budgeting ist das anders. Die Beyond-Budgeting-Prinzipien sind vermutlich der wirkungsvollste jemals vorgeschlagene Weg, um sich überflüssiger, kontraproduktiver und dysfunktionaler Messgrößen zu entledigen – mithin: das Portfolio von Kennzahlen und Reports einer Organisation radikal zu bereinigen und Fokussierung herzustellen. Ohne Budgets entfallen nämlich zunächst finanzielle Pläne (die selbst voller detaillierter und aggregierter Kennzahlen stecken), und mit diesen Plänen werden die kontraproduktiven Plan-Ist-Vergleiche hinfällig. Verlaufsreporting wird stattdessen u.a. anhand von verdichteten, auf wenigen Indikatoren, realisierten Zahlen und Rolling Forecasts realisiert. Kurzfristige absolute Ziele – auch häufig in Scorecards zu finden – werden mit Beyond Budgeting ebenso obsolet. Absolute Indikatoren werden schnell in Frage gestellt, sobald *relative* Leistungsvergleiche für Schlüsselkennziffern eingeführt worden sind. Mit Beyond Budgeting verbindet sich ein entsprechend starker Anreiz – viel stärker als z.B. bei isolierter Einführung eines Scorecarding –, das bestehende Reporting von Grund auf zu revidieren.

Die Analyse und Präsentation finanzieller Informationen folgen im Beyond Budgeting dem Leitsatz „schnell und relevant". Es wird versucht, Rechnungswesendaten jederzeit aktualisiert verfügbar zu machen (mittels Fast Close oder Virtual Close). Reporting mit „Fast Actuals", mithin die aktuelle Bereitstellung realisierter Daten aus dem Rechnungswesen, ist als Prinzip in Organisationen noch nicht ausgereizt. Auch wird beim Reporting auf großen Detaillierungsgrad verzichtet (Erhöhung der Relevanz). Der Verzicht auf Budgets und detaillierte Abweichungsanalysen verringert den Reporting-Aufwand. Andererseits stehen so vielfach relevantere Steuerungsinformationen zur Verfügung, die effektiv Aufschlüsse für die anschließende Planung von Maßnahmen geben können.

Informationssysteme müssen das antizipative Management in der dezentralisierten Organisation unterstützen. Sie sollten so gestaltet sein, dass sie Veränderung in den Märkten und der Unternehmensumwelt erkennen helfen. Diese Forderung führt unmittelbar zur Erfassung aller Arten von Kundenkontakten, und somit zur informationstechnischen Unterfütterung des Kundenbeziehungsmanagements (Customer Relationship Management/CRM). Die Nutzung von Data Warehouses und Tools, um aus diesem transaktionsbezogenen Datenbestand aktuelle, auf anderen Wegen nicht beobachtbare Informationen zu gewinnen, und um diese analytisch und entscheidungsorientiert zu verarbeiten (ggf. mit Techniken des Data Mining), ist eine weitere Konsequenz. Indem Daten aus aktuellen Transaktionen – z.B. aus Kundenakquisition und Kundenabwanderung – verfolgt und genutzt werden, kann eine zusätzliche Informationsschicht zwischen vorlaufenden (z.B. Kundenzufriedenheit) und nachlaufenden Kennziffern (z.B. Ergebnissen) zur Beobachtung von Strategieumsetzung und Trendentwicklung erschlossen werden.

Leitlinien für die Gestaltung von Informationssystem und Berichtswesen im Beyond-Budgeting-Modell:

Zweck: Erlaubt vieldimensionale Sichten des Geschäfts – zeitbezogen, hierarchisch, inhaltlich –, durch integriertes Performance-Reporting; erlaubt Motivations- und Flexibilitätsgewinne durch Selbstmanagement, Kollaboration und ethisches Reporting.

- *Informationsparadigma:* schnell, offen, transparent und *aktionsorientiert* (gerade letzteres ist leider traditionell nicht die Regel);
- *Transparenz und Zeitbezug:* Informationen zeitnah und allen Organisationsmitgliedern zur gleichen Zeit zugänglich machen – Manipulationen und „Bearbeitungen" durch Zentralabteilungen und mittleres Management abschaffen;
- *Dezentralisierung und Demokratisierung von Information:* Lokalen Managern und Teams alle Informationen zugänglich machen – Politiken des limitierten Informationszugangs abschaffen; Verantwortungsträgern unbeschränkten Informationszugang gewähren; relativen Erfolg und Misserfolg offen zeigen;
- *Rentabilität objektiver machen:* relevante Ergebnisse und Margen statt „politischer" Margen darstellen durch transparente Zurechnung aller Overheadkosten und – wenn möglich – Kapitalkosten berücksichtigen. (Tool: ABC/M);
- *Nur echte Zahlen zeigen.* Plandaten gehören nicht dazu;

- *Zukunftsgerichtete Informationen* mit hohem Unsicherheitsgrad – auch qualitative, weiche Daten – ergänzen vergangenheitsorientierte Informationen;
- *Projektionen:* Rolling Forecasts als vorlaufender Teil des Berichtswesens und Informationssystems zur Trend- und Risikoerkennung;
- *Externe Erwartungen managen:* Analysten nicht mit festen Ergebniserwartungen bedienen, sondern reichhaltige Informationen zu Strategie, Werttreibern, Leistungsindikatoren und Geschäftsbereichsreports teilen, die ein Verständnis des Geschäfts schaffen und eine akkurate Interpretation der Ergebnisse ermöglichen.

4.8.3 Management-Dialog als „organischer" Informations- und Kontrollprozess

Das eigentliche Rückgrat des Informationssystems einer Organisation sollten nicht technologische Plattformen sein oder formale Berichte, sondern ein horizontaler und vertikaler, informations- und faktengetriebener *Kommunikations- und Führungsprozess* zwischen den Akteuren in der Organisation.

Dieser Kommunikationsprozess als Destillat oder Rückgrat einer Beyond-Budgeting-Organisation soll im Folgenden als *dialogische Management-Reviews* oder Management-Dialog bezeichnet werden (andere Begriffe wie „Kollaboratives Leistungsmanagement" beschreiben ähnliche Konzepte). Der *Management-Dialog* verkörpert Echtzeit-Management und ist als integrierter Prozess, der Information, Kontrollen, Strategie, Ziele und Forecasts zusammenführt im Grunde genommen der eigentliche Ersatz für Budgets und fixierten Leistungsvertrag im Beyond Budgeting. Im dialogischen Review laufen die Fäden zusammen. Hier treffen die bereits beschriebenen Elemente des Managementmodells aufeinander: Der strategische Steuerungsprozess „Strategie zu Umsetzung", Informationen und Berichte einschließlich Forecasting-Daten, Leistungsindikatoren und Acitivity-Based-Intelligenz verschmelzen zu einem integrierten Prozess der Leistungsüberwachung, Kontrolle und Planung *ohne* Budgets.

> **Leitlinien für die Gestaltung des Management-Dialogs (und von Kontrolle)**
>
> - Philosophie: Gleichzeitig strategisch *und* operativ
> - Fokus: Wettbewerbs- nicht Budget-orientiert
> - Informationsinput: Wenig Details, Konzentration auf wenige Schlüsselindikatoren
> - Vorwärtsorientierung: Auf zukünftige Abweichungen (Forecasts) gerichtet, nicht auf vergangene Abweichungen (Plan-Ist)
> - Frequenz: *Regelmäßige* Meetings: Monatlich oder quartalsmäßig und durch externe Änderungen ausgelöst
> - Zeitbezug: Auf Trends gerichtet, nicht auf kurzfristige Abweichungen
> - Outputorientierung: Maßnahmen/Aktions- nicht erklärungsorientiert
> - Blickwinkel: Strategisch-ganzheitlich und auf nicht-finanzielle Ziele gerichtet, nicht rein finanziell-vergangenheitsorientiert
> - Erfahrungswissen: Verständnis der Reaktionszeitraums zwischen einer Maßnahme und ihrer finanziellen Wirkung
> - Werthaltung: Vertrauens-, nicht misstrauensbasiert
> - Interaktion: Echt *dialogisch* – höheres Management muss vor allem Zuhören, Teilen, Hinterfragen. Keine Weisungen durch Vorgesetzte, sondern dezentrale Entscheidung
>
> Im Steuerungssystem ohne Budgets ist typischerweise der Kommunikationsbedarf höher und die Führung engagierter. Die Steuerung ist aber auch leistungsfähiger als im Budget-basierten System!

Leistungs-Management bedeutet nicht, einmal im Jahr über die Formulierung von langfristiger Pläne und Visionen zu diskutieren. Die Management-Aufgabe besteht darin, sich täglich, wöchentlich, monatlich mit Fragen der Performance und Strategie auseinander zu setzen, wie: Sind wir auf dem richtigen Kurs? Haben Ereignisse stattgefunden, die uns zum Umsteuern bewegen sollten? Vorausgesetzt wir und der Rest der Branche entwickeln uns in der derzeitigen Form weiter, wo werden wir ein Jahr von heute stehen? Und steht dies mit den Zielen im Einklang, die wir erreichen wollen? Die heute

Management-Informationssysteme, Berichtswesen und Dialog

üblichen Plan-Ist-Vergleiche werden diesen Anforderungen *nicht* gerecht. Die eigentliche Managementaufgabe liegt in fortlaufender Vorausschau und Situations-Analyse. Management-Reviews müssen so gestaltet sein, dass sie diese Funktion erfüllen. Der konstante, vieldimensionale Prozess eines dialogischen Management-Reviews stellt das Fundament dessen dar, was in der Beyond-Budgeting-Organisation mit dem Begriff „kontinuierliche Planung" beschreiben wollen – ein beträchtlicher Unterschied zum einmal jährlichen Versuch der formalisierten Programmierung der Organisation mittels Budgetierung.

Auch wird in diesem Zusammenhang klar, dass einzelne Tools wie z.B. ein rollierendes Forecasting nicht selbst mit „kontinuierlicher Planung" gleichzusetzen sind. Forecasting soll Aufschluss geben über wahrscheinliche zukünftige Entwicklung, Chancen und Risiken – es soll regelmäßig zukunftsorientierte Informationen für den dialogischen Managementprozess bereitstellen, aber selbst nicht unmittelbar zu Entscheidungen führen. Planung – als strategisch ausgerichtetes, flexibles, aktionsorientiertes Durchdenken von Hand-

Inputs und Systeme
- *Vision* von Organisation/Geschäftseinheit
- *Strategische Ausrichtung*, Vorstellungen hinsichtlich Kundenwert-Schaffung
- *Lang- und Mittelfristziele* von Organisation und GE sowie Basis-Leistungserwartungen
- *Indikatoren-Set*
- *Anreizsystem, Vergütungspolitik*

Kontroll-Informationen
- *Führungsprinzipien* Wertvorstellungen
- *Rahmenvorgaben* Strategie & Indikatoren
- *Risikomanagement* (Führung hinterfragt Planungshypothesen und Risiken)
- *Finanzielle Ergebnisse, Indikatoren-Berichte, Trends, Rolling Forecasts, Liga-Tabellen,* ...

Prozess-Unterstützung
- Unterstützung durch *Unternehmensleitung und zentrale Kompetenz-Center*
- *Instrumente* (z.B. Balanced Scorecard, Wertmanagement-Modelle)
- *Wettbewerbsinformationen, Marktforschung, ökonomische Indikatoren*

Dialogischer Prozess der Leistungsüberprüfung
- Revision *Leistungsvorschau, Lückenanalyse*
- Revision *Langfrist-Ziele*
- Revision *Strategie und Leistungsindikatoren*
- *Einigung auf Aktionspläne!* Priorisierung und Ressourcen-Ausstattung von Programmen
- *Bereichsübergreifende Koordination* von Plänen
- Revision *Leistungsindikatoren, -ziele und -kontrollen*

Outputs des Dialogs
1. Vereinbarte *Strategie* (ggf. aktualisiert)
2. Aktualisiertes Indikatoren-Set
3. Überprüfte/vereinbarte Aktionspläne und Programme
4. Überprüfte *Rolling Forecasts* (Wirkung von Aktionsplänen/Programmen auf Ergebnis und Cash-flow-Prognose)

➢ Zukunftsorientiert
➢ Strategisches Lernen steht im Vordergrund
➢ Manager als Ratgeber, Supporter und Coach

Quelle: in Anlehnung an Hope/Fraser 2003b, S. 79

Abb. 69: Management-Reviews: Leistungsverfolgung und -kontrolle als kontinuierlicher, dialogischer Lernprozess

lungsalternativen und Entscheidungsfindung – bedarf zwar der durch das Forecasting erbrachten Vorausschau, muss aber auch die anderen in Abb. 69 aufgezeigten Elemente eines dialogischen Management-Reviews integrieren.

Ein solcher laufender Dialog ist nötig, um Zielkonflikte („Trade-offs") aber auch Synergien im Rahmen eines ständigen Abgleichs zu managen und das Gesamtergebnis der Organisation zu maximieren. Der Dialog sollte durch regelmäßig stattfindende Meetings oder Workshops garantiert werden: Monatliche Treffen erscheinen als eine gute Option, weniger als quartalsmäßig ist sicher zu selten. Zusätzlich sollten entsprechende Meetings bei Bedarf (z.B. Marktänderungen) angesetzt werden. Die Meetings dienen einer Leistungsanalyse, bei der Lernen, Problemlösung und Anpassung der Organisation an Wandlungen im Umfeld der Organisation stimuliert werden. Kontrolle zwecks Anpassung der Leistung an geplante Leistungsniveaus wird in der Beyond-Budgeting-Organisation dagegen nicht praktiziert. Die interaktiven Meetings sollen die Führungskräfte anregen, sich für anspruchsvolle Ziele zu verpflichten und sich auf strategische Aktionsprogramme zu konzentrieren.

Manager, die in einen intensiven dialogischen Führungsprozess mit dezentralen Linienmanagern und Teams involviert sind, lernen das Prinzip der Zeitverzögerung zwischen einer Maßnahme und deren (positiver) finanzieller Ergebniswirkung zu verstehen und zu respektieren. Sie versuchen nicht, sich zur Steuerung an planbasierte Ziele zu klammern. Dieser Realitätssinn verhindert blinden Aktionismus und Initiierung von Kurzfristmaßnahmen und Projekten, die zwar dazu dienen sollen kurzfristige Vorteile zu bringen, auf lange Sicht aber der Leistung schaden, die Managementzeit und Ressourcen verschwenden und inhaltlich schnell obsolet sind (siehe Box).

Praktiken monatlicher Leistungs-Besprechungen ohne (und fast ohne) Budgets

- *BP* führt monatliche Leistungs-Reviews basierend auf einem 1-Seiten-Leistungsbericht mit Indikatoren des Geschäftsbereichs oder Division durch und einer verbalen Kommentierung von 1 Seite Länge. Die Zahlen zeigen gegenwärtige Leistung und Forecast-Leistung zum Jahresende an, sowie Informationen darüber, wie erfolgreich die Lücken zwischen Stretch-Zielen (finanziellen und strategischen Plänen) und

> dem Forecast geschlossen werden. Das Management konzentriert sich in Besprechungen auf vier Fragen: „Wie ist die derzeitige Leistung relativ dazu, wo das Geschäft stehen sollte?" „Welche Eingriffe oder operationalen Verbesserungen nehmen wir derzeit vor?" „Wie ist die voraussichtliche Leistung zum Jahresende zu bewerten?" „Wie sind die Leistungslücken einzuschätzen, und sind wir dabei, sie zu schließen?"
>
> - *Volvo* praktiziert Leistungs-Reviews mittels drei Typen von Indikatoren: Leistung des letzten Jahres, Planung für dieses Jahr, sowie geschätzte Leistung zum Jahresende. Die Betonung liegt auf der Darstellung und Analyse erwarteter Abweichungen, bevor diese geschehen (keine Rechtfertigung notwendig!). Die realisierte Ist-Leistung wird nicht separat berücksichtigt. Für Leistungsverbesserungen wird – aufgrund der Natur der eigenen Geschäftstätigkeit – bewusst eine Vorlaufzeit von 12 Monaten erwartet – vorher rechnet man nicht mit der Wirkung einer Maßnahme auf finanzielle Ergebnisse.

Die Praktiken des Management-Dialogs fokussieren auf Forecasts und prognostizierte Leistung, nicht auf realisierte Leistung versus Plan. Der Inhalt von Management-Sitzungen und Reviews muss sich lösen von der Dominanz der Diskussion finanzieller Daten und Plan-Ist-Vergleichen (die häufig 80% monatlicher Meetings in Anspruch nehmen). Eine bessere Verteilung der Management-Aufmerksamkeit im Sinne der Diskussion ganzheitlicher Leistung liegt eher an dem Punkt, an dem 80% der Zeit den vorlaufenden, nicht-finanziellen Variablen der Leistung gewidmet werden. Die Diskussionen bei BP und Volvo konzentrieren sich darauf, welche Maßnahmen getroffen werden können um Leistung zu verbessern oder eine Leistungs-Lücke zu schließen, anstatt Fehler der Vergangenheit zu sezieren.

Der Management-Dialog muss neben der eher analytischen Betrachtung realisierter und voraussichtlicher zukünftiger Leistung und kontinuierliche Anpassung operativer Aktivitäten und Handlungsprogramme auch die Strategie selbst in Frage stellen und erneuern. Strategische Prämissen und – sofern Scorecards eingesetzt werden – Strategy-Maps mit ihren Ursachen-Wirkungs-Zusammenhängen sind ein natürlicher Gegenstand von Reviews in einer Beyond-Budgeting-Organisation. Kurzfristige Anpassungen der Strategie (wenn dies im Sinne der Ziele der Organisation ist!) sind hier, wie im Zusam-

Die Neun Gestaltungsfelder für Beyond Budgeting oder „Better Management"

Abb. 70: Formen strategischer Kontrolle im Management-Dialog

menhang mit dem strategischen Steuerungsprozess ausgeführt, kein Tabu. Explizite, jährliche strategische Planungszyklen dienen einer systematischeren und expliziten Untersuchung strategischer Aspekte der Langfristentwicklung der Organisation, sie sind im Idealfall dialogischer Steuerung aber kaum noch erforderlich. Empowerte dezentrale Verantwortliche und Scorecard-„Owner" tragen vielmehr die Verantwortung für das kontinuierliche Controlling der ihren Strategien zugrunde liegenden Prämissen (Prämissenkontrolle). Sie sind aufgefordert, Aktualisierungen an der Strategie eigenständig vorzuschlagen. Begründete und gegenüber der Unternehmensleitung zu verteidigende Revisionen des strategischen- und Indikatorenmodells werden in diesem Zusammenhang nicht nur erlaubt sein, sondern bewusst stimuliert. Management-Reviews verkörpern auf diese Weise ganzheitlich strategisch orientierte Kontrolle (siehe Abb. 70).

Strategisch orientierte Kontrolle besteht aus drei Elementen mit unterschiedlicher Ausrichtung: der strategischen Durchführungskontrolle (auch in konventioneller Budgetsteuerung in rudimentärer Form vorhanden), der Prämissenkontrolle, und der eher ungerichteten strategischen Überwachung („Strategischer Radar"). Alle drei Elemente müssen im fortlaufenden Managementprozess präsent sein!

Ein kollaborativer Steuerungsprozess wie der beschriebene Management-Dialog, bestehend aus

- neuartigen, vielschichtigen und „ausgewogenen" Informationsinputs,
- relativer Zielsetzung und Leistungsverträgen,
- „neuen" Ouptuts des Managementdialogs (maßnahmen- nicht erklärungsbetont!)

vor dem Hintergrund einer dialogischen Führungskultur erfordert insgesamt einen recht radikalen führungskulturellen Wandel, im Vergleich zu den in der Budgetsteuerung üblichen Praktiken des Leistungsmanagements. Das Führungselement des Prozesses verlangt von Vorgesetzten (statt der Betonung rückwärtsgerichteter Abweichungsanalyse) vor allem die Stimulation strategischen Lernens. Management Reviews geben Managern dazu Gelegenheit ihre Mitarbeiter zu coachen, ihnen Unterstützung anzubieten und als Ratgeber zu fungieren.

Im Management-Dialog besteht durchaus die Gefahr, dass Top-Manager in die „natürlichen" Verhaltensweisen der Budgetsteuerung zurückfallen, zentrale Kontrolle ausüben und zu dominieren und anzuweisen versuchen. Eine Diskussion in den Management-Reviews um „Vergangene Leistung gegenüber Zielen" etwa wäre falsch und würde Empowerment vermindern. Vielmehr geht es darum, dass Top-Manager überprüfen, ob Linienmanager die Gesamtheit möglicher Ergebnisse ihrer Handlungen ausreichend durchdacht haben, und ob die vorgesehenen Maßnahmenpläne sowohl dazu geeignet sind sehr gute Ergebnisse zu erbringen, als auch Elemente dazu aufweisen um die Gefahr des Eintritts schlechter Ergebnisse zu reduzieren. Auf diese Weise können Manager einen wichtigen Beitrag zur Beherrschung von Unsicherheit und zum Management von Risiken leisten.

Der Management-Dialog im Beyond-Budgeting-Modell

Zweck: Strategisches Lernen, strategische Koordination der Organisation und Ansporn/Herausforderung zur Maximierung der Leistung

- Der Management-Dialog im Beyond Budgeting ist die *neue, „wahrhafte" Form kontinuierlicher Planung.* Der Dialog fasst dabei eine Klammer um Strategie, operatives Geschäft und Maßnahmen/Umsetzung. Formale („operationale") Pläne bzw. Budgets erübrigen sich.

- Mit Budgetierung hat der Prozess wenig gemeinsam. Er ist: wenig formalisiert, kontinuierlich, untrennbar mit dem Tagesgeschäft und persönlicher Führung verbunden, entscheidungs- und maßnahmenorientiert, ganzheitlich, gleichzeitig strategisch und operational; setzt auf Empfehlung, Transparenz, Vertrauen, Identifikation und dezentrales „Ownership".
- Im Dialog finden sich vielfältige Kontrollelemente: In Form der gemeinsamen Suche nach besseren Leistungen, des Hinterfragens der Argumente und Prämissen, als Stichprobenkontrolle und Ergebniskontrolle gegenüber Echtdaten, als strategische Prämissenkontrolle, strategische Durchführungskontrolle und strategisches „Radar".
- Der regelmäßige Dialog mit Mitarbeitern/Teams gibt Vorgesetzten Gelegenheit zur Teilung strategischen Wissens; zur Diskussion und Verständnis von Risiken; zu Coaching; zum Angebot von Unterstützung, Rat und Feedback, sowie zur Herausforderung dezentraler Teams zu Spitzenleistungen.

4.8.4 Aufbau und Eigenschaften von Management-Informationssystemen für Beyond Budgeting

Beyond Budgeting als generisches Management-Modell ist unabhängig vom Einsatz bestimmter Softwares. Eine „Beyond-Budgeting-Software-Suite" wird es wohl auch in Zukunft nicht geben, was aber nicht bedeutet, dass eine Organisation auf dem Weg „jenseits der Budgetsteuerung" keine Technologie als „Enabler" einsetzen wird. Je nach Art des Unternehmens, der Aufnahme neuer Tools und den bereits in der Organisation eingesetzten Lösungen werden Anschaffung und Implementierung neuer und zusätzlicher Softwares zur Unterstützung etwa des Forecasting oder eines strategischen Steuerungstools wie der Balanced Scorecard erforderlich sein. In Einzelfällen werden bestehende Softwares vor dem Hintergrund der Anforderungen des Beyond-Budgeting-Modells rekonfiguriert oder abgeschafft werden. Die Unterstützung von in der Steuerung Beyond Budgeting wichtigen Tools und Prozessen wie Activity-based Management, Rolling Forecasting, Scorecarding und anderen stellt durchaus hohe Anforderungen an die Informationstechnologie und den IT-Bereich einer Organisation.

Für die Managementprozesse in einem flexiblen und dezentralisierten Steuerungsmodell spielen *analytische Anwendungen* eine Schlüsselrolle. Analytische Anwendungen und Systeme sind das informationstechnische Bindeglied zwischen der operationalen Geschäftsabwicklung und den Steuerungsprozessen der Organisation. Sie dehnen den Informationsprozess von transaktionalen Anwendungen, die Daten generieren, auf den Managementprozess aus, entweder indem sie Entscheidungen unterstützen anhand der *Kontrolle von Prozessen* (z.B zu Effizienzerhöhung, Kostensenkung usw.) oder durch die *Schaffung neuer Chancen und Potenziale* (z.B. Umsatzerhöhung durch Business-Intelligenz). Eine Vielzahl unterschiedlicher Applikationen für recht unterschiedliche Anwendungsfelder wurden in den letzten Jahrzehnten entwickelt (siehe Raster zur groben Einordnung in Abb. 71).

Viele analytische Anwendungen beschränken sich leider auf die Top-Management-Information und stellen die gewonnene analytische Intelligenz dem mittleren Management und dezentralen Teams nicht in ausreichendem Maße zur Verfügung. Solche analytischen Tools bringen Entscheidungsprozesse nicht notwendigerweise substanziell voran, weil sie zur personellen Abkopplung zwischen zentralen Analysten und dezentralen Entscheidern beitragen. Auf der anderen Seite fehlt oft die Integration verschiedener Anwendungen *untereinander,* z.B. der elementare Link zwischen Activity-based Management und Scorecards bzw. Wertmanagement. Das führt zum Verlust von Synergien der Anwendung und schränkt den Nutzen für Anwender häufig drastisch ein.

Die Herausforderung für das Informationsmanagement einer Organisation besteht darin, analytische Informationen und transaktionale Daten zu integrieren und den dezentralen Nutzern bzw. allen Mitarbeitern bereitzustellen. Wie wir gesehen haben, sollte die informationstechnische Unterstützung eines Beyond-Budgeting-Managementmodells den Kernforderungen hoher Flexibilität, Offenheit, Vernetztheit und Transparenz genügen. Management-Informationssysteme sind nämlich, wie wir gesehen haben, nicht immun gegenüber den Zentralisierungstendenzen in Organisationen.

Die Neun Gestaltungsfelder für Beyond Budgeting oder „Better Management"

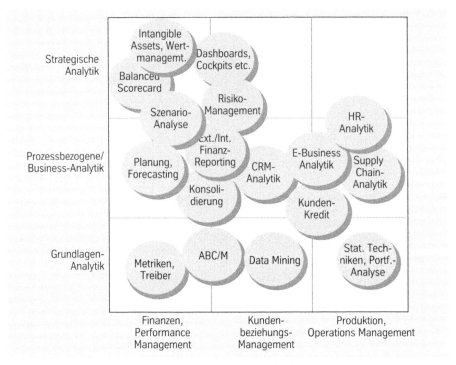

Abb. 71: Portfolio analytischer Anwendungen in einer Organisation

Eine Lösung für Management-Information erfordert somit stets die Anbindung diverser Vorsysteme für die Extraktion vor allem historischer Daten und die Zusammenführung in analytischen Anwendungen. Vorsysteme sind:

- transaktionale Systeme wie General Ledger (G/L), Enterprise Resource Planning (ERP), Supply Chain Management (SCM), Customer Relationship Management (CRM);
- Data Warehouses (DW) – d.h. zentrale, ausschließlich lesefähige, relationale Datenbanken zur Speicherung historischer, extrahierter, transformierter und gesäuberter umfangreicher Datenbestände;
- beliebige Datenbanken (z.B. SQL, Oracle), Tabellen und Dokumente in Dateiformaten wie ASCII oder Tabellenkalkulation;
- externe Daten (z.B. Internet).

Ziel ist es, durch intelligente Schnittstellenkonfiguration und auf bestehende Vorsysteme und DWs aufsetzende Datenmodelle nicht-automatisierte, zeitaufwändige Import- oder Ladevorgänge sowie redundanten Strukturaufbau der Datenhaltung soweit wie möglich zu verhindern. Es ergibt sich ein Schichtenmodell der Information vergleichbar dem in Abb. 72 dargestellten Aufbau.

In vielen Organisationen spielen Softwares zur Tabellenkalkulation und/oder Enterprise Resource Planning Systeme (ERP) eine zentrale Rolle bei den Steuerungsprozessen. ERP sind naturgemäß ein Rückgrat und Spiegelbild einer integrierten Unternehmenssteuerung. ERP unterstützen viele eher analytische Bedarfe jedoch nur unzureichend, v.a. aufgrund ihrer komplexen, auf die Administration von Transaktionen ausgerichteten Systemarchitektur. Für flexible Steuerungsprozesse ist aber Flexibilität und einfache Konfigurierbarkeit (Modellierbarkeit) der Anwendungen erforderlich. Somit stellen die so genannten analytischen Anwendungen eine zu ERP komplementäre Lösung dar. Umgekehrt sind OLAP-basierte Systeme nicht geeignet, transaktionale Systeme wie General Ledgers oder ERP mit ihrer auf operative Prozesse zielenden Leistungskapazität zu ersetzen. Die Rechenkapazität der Software, die Steuerungs-Bedarfe und das Implementierungskonzept werden entscheiden, wel-

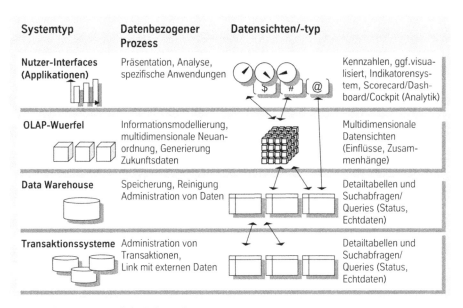

Abb. 72: Schichtenmodell der Informationssysteme

chen Aggregationsgrad (Granularität) die in spezifischen analytischen Anwendungen abgebildeten Informationen aufweisen sollten.

Größere Unternehmen verfügen für Reporting und Analyse bereits über zentrale Data Warehouses auf Basis historischer Daten aus transaktionalen Systemen oder externen Daten. Zusätzlich müssen den Fachabteilungen, Niederlassungen oder Gesellschaften aber flexible Instrumente für Prognose, Berichtswesen und Analyse zur Verfügung gestellt werden. In analytischen Systemen selbst muss zudem eine normalerweise nicht in Vorsystemen vorhandene Informationsschicht generiert werden: die der finanziellen oder z.B. absatzwirtschaftlichen Prognose-Daten (z.B. Absatz-Prognosen im Zusammenhang mit Rolling Forecasting). Solche zukunftsorientierten Dateninputs entstammen traditionell der Tabellenkalkulation und manuellen Benutzereingaben.

OLAP Lösungen schließen diese System-Lücke. Management und Controlling sind naturgemäß „multidimensional", ebenso verhält es sich mit der OLAP-Technologie. Sie erlaubt historische, geplante und abgeleitete (gerechnete) Daten gleichermaßen nebeneinander darzustellen und zu bearbeiten – was unabdingbar für zukunftsbezogene Anwendungen und ideal für das Controlling als Unterstützungsfunktion des Managements ist. Im Zuge einer Beyond-Budgeting-Inititative werden Organisationen bestrebt sein, die überragenden Vorzüge von OLAP-Datenwürfeln bei der Informationsmanipulation und -haltung (Multidimensionalität, Sicherheit, Geschwindigkeit, Integration) für dezentrale Entscheider und Management nutzbar zu machen. Diese Eigenschaften werden nunmehr kombiniert mit den komplementären Vorzügen der Web-Technologie: Leichtigkeit des Zugangs und der Wartung, „intuitive" Browser-Nutzeroberflächen und Zugang für eine unbegrenzte Anzahl von Nutzern. Somit wird die Einbindung Hunderter interner Inputgeber für Prognose, Analysten und Reporting-„Kunden" in die Steuerungs- und Informations-Prozesse möglich. Dies eröffnet wiederum neue Möglichkeiten für Beyond-Budgeting-Kernprozesse wie Forecasting, Scorecarding/strategische Steuerung, Activity-based Management und ein den neuen Paradigmen des Beyond Budgeting-Modells folgendes Berichtswesen.

Die im Zusammenhang mit Better Budgeting-Initiativen dargestellten Nutzenbeiträge einzelner Technologien gelten im Hinblick auf Beyond Budgeting nur bedingt (siehe Abschnitt 3.2.2). Web-basierte Planungsworkflows („Groupware") sind vor allem im Kontext von traditioneller Budgetierung und Better Budgeting interessant, da im Beyond Budgeting Verhandlungselemente aus dem Prozess von Planung und Forecasting weitestgehend eliminiert und Planungsprozesse dadurch erheblich einfacher werden.

Die vielfältigen Projekte, Aktionspläne und Initiativen einer Beyond Budgeting-Organisation sollten mittels einheitlicher Formate und Web-Templates dargestellt und kommuniziert werden. Portale, Intranet und Webseiten sind das ideale Medium für diese Aufgabe. Ebenso empfiehlt sich die Bereitstellung anderer Informationen via Web-Browser, wie z.B. strategischer und ethischer Richtlinien, Wettbewerbsinformationen und -benchmarks, Kennzahlensystemen und Scorecards, Rentabilitäten, internen Liga-Tabellen, Wertmanagement-Modellen usw. Online-Werkzeuge wie virtuelle Foren, „schwarze Bretter" und Groupware für Online-Projektarbeit bieten gute Möglichkeiten dazu, Informationstransparenz und Interaktion zu erleichtern.

die Steuerung „jenseits der Budgetierung" wird vor allen Dingen dann ihre volle Wirkung entfalten, wenn Instrumente der Informationstechnologie vollständig aufgehen in einem Management-Modell, das kohärent, einfach und integriert ist.

4.9 Führung und Organisationsgestaltung als Eckpfeiler radikaler Dezentralisierung: Empowerment im Management ohne Budgets

Bürokratisch-hierarchische Strukturen sind nach wie vor in den meisten Unternehmen die dominierende Organisationsform. Die Organisation des 21. Jahrhunderts sollte jedoch die Form eines Netzwerks annehmen, um nachhaltige Wettbewerbsvorteile zu erzielen. Unternehmen, die lediglich auf die Prozessmodifikationen und leichte Modifizierung ihrer bestehenden Aufbauorganisation abzielen, wird es versagt bleiben, langfristig global zu konkurrieren, der Marktentwicklung zu folgen und dauerhaft im Wettbewerb zu bestehen. Führungsverhalten und Organisationsgestaltung sind in diesem Sinne untrennbare Variablen des Managementmodells.

Weil Führung und Organisationsentwicklung als klassischen Determinanten des Managements eine so fundamentale Bedeutung im Wandlungsprozess zukommt, ist diesem Themenkomplex das neunte und letzte der Gestaltungsfelder des Beyond-Budgeting-Modells gewidmet. Die vorangegangenen Abschnitte präsentierten die 8 Gestaltungsfelder zur *Realisierung flexibler Steuerungsprozesse* – einschließlich des dazugehörigen Regelwerks, des Instrumentariums und der Gestaltungsvorschläge des Beyond-Budgeting-Modells. Dem folgenden Abschnitt liegt nun die folgende These zugrunde: *Eine wahrhaft flexible Organisation muss dezentralisiert sein!* Aber wie?

4.9.1 Prinzipien der dezentralisierten Organisation (Delegation x Autonomie = Empowerment)

Die Vorzüge dezentralisierter Organisation stehen heute außer Zweifel. Legionen von Management-Autoren – darunter Drucker, Peters, Senge, Schein, Handy, Mintzberg, Sprenger und andere – haben im Laufe der letzten Jahrzehnte bewiesen, dass die Dezentralisierung als Organisationsprinzip sowohl kosteneffizient als auch in der Lage ist, Organisationen dauerhaft wettbewerbsfähig, innovativ und erfolgreich zu machen. Beyond-Budgeting-Fallbeispiele wie Leyland Trucks, Svenska Handelsbanken, der Handelskonzern Ahlsell und Ikea haben gezeigt, dass sich Dezentralisierung *rechnet*.

Das hier geschilderte Grundprinzip der Dezentralisierung wird oft mit alternativen Begriffen belegt: Empowerment, Selbststeuerung oder – in den englischsprachigen Veröffentlichungen des BBRT – „Devolution" sind gängige Vokabeln, die das gleiche Phänomen beschreiben. Die Grundidee ist in allen Fällen die gleiche, nämlich strategische und operative Verantwortung und Entscheidung vom Zentrum der Organisation zu kundennahen Einheiten und Mitarbeitern hin zu verschieben.

Dezentralisierung und Empowerment – diese Konzepte wurden und werden einzusetzen versucht, um Kosten der Bürokratie und Verwaltung zu senken und Entscheidungen besser und schneller treffen zu können. Diese Ansätze waren aber in der Regel nur bedingt erfolgreich. Meist wurden sie in den Unternehmen letztlich als Werkzeuge zur evolutionären Verbesserung behandelt, anstatt mit ihrer Hilfe traditionelle Organisation, Prozesse und Denkstrukturen radikal infrage zu stellen. Ein wesentliches Problem liegt im mangelnden Verständnis der notwendigen Veränderungen. Dezentralisierung bedeutet in der Praxis häufig nicht mehr als „Delegation von Kontrolle innerhalb eines strikten Regimes von Koordination und Verantwortlichkeit". In diesem Kontext funktioniert das Budget als derjenige Top-down-Leistungsvertrag, mit dessen Hilfe *vorab und rückwirkend* Kontrolle ausgeübt wird. Delegation und zentrale, planbasierte Koordination sind jedoch gegensätzlich wirkende Werkzeuge. Insbesondere in größeren Organisationen herrscht eine ständige Auseinandersetzung zwischen denjenigen Kräften, die Dezentralisierung fördern wollen und denjenigen, die zentralisierende Koordination befürworten. Normalerweise sind die Zentralisierungstendenzen überlegen: es obsiegen Angst und Risikoaversion gegenüber Mut und Vertrauen. Besonders Finanzbereich und CFOs tragen mit ihrem Beharren auf fixen Plänen, Budgets und Leistungskontrolle bewusst oder unbewusst dazu bei, dass zentralistisches Denken und Kontroll-zentrierte Führungsmodelle fortbestehen.

Die Zweifel der Praktiker und Manager betreffen hingegen heute genau wie vor einigen Jahrzehnten die Frage, *wie* sich Dezentralisierung organisatorisch realisieren lässt, ohne „dem Chaos Tür und Tor zu öffnen". Entsprechende Konzepte und Initiativen gehörten bislang meistens zu einer von zwei „klassischen" Kategorien: (1) Konzepte mit Anspruch auf Allgemeingültigkeit, allerdings offenbar ohne ausreichende Instrumentalisierung der Forderungen (Beispiele: Lean Management, Empowerment, Delegation und die „Management by"-Konzepte), oder (2) Konzepte mit eher punktuellen Wirkungsbereichen, dafür aber sichtbar größerer Konkretisierung der Umsetzung (Autonome Gruppen, Fertigungs-Inseln für Produktionsbereiche usw.). Unternehmen experimentieren seit geraumer Zeit immer wieder mit diversen Formen der Dezentralisierung und Zentralisierung. Grundsätzlich scheint sich dabei am Ende die Zentralisierungstendenz meist als stärker zu erweisen. Umfassende Dezentralisierung, so hat sich gezeigt, ist in den meisten Organisationen nicht möglich ohne ein umfassendes neues Modell des Leistungsmanagements, wie es Beyond Budgeting entwirft. Bisher war der tief greifende Wandel aufgrund der „blinden Flecken" vieler Initiativen weitgehend Organisationen mit einer spezifischen, die Dezentralisierungs-Bemühungen bereits begünstigenden Organisationskultur vorbehalten. Einige Vorteile der Dezentralisierung und ihre Wirkungen auf die Organisation sind in der Box dargestellt.

Zentralisierung versus Dezentralisierung – Eigenschaften und Wirkung der Organisationsprinzipien

Zentralisierung: funktional oder produktbezogen organisiert; autoritäre Führung; zentrale Kontrolle/Koordination; bürokratisch; politisch; komplex; Abteilungsdenken; schwerfällig, unflexibel; wenig effektiv; (kostenintensiv); geringe Identifikation; ...

Dezentralisierung (dezentrale Verantwortung & Autonomie):

- *Einfach:* Verringerung der Komplexität; geringerer Kommunikations-/Koordinierungsbedarf
- *Dynamisch:* Schaffung kleiner, überschaubarer Einheiten; sportlicher Wettbewerb zwischen homogenen Einheiten, marktliche Ressourcensteuerung
- *Stabil:* größere Sicherheit durch geringere Anfälligkeit des Gesamtsystems

- *Fokussiert:* Konzentration auf einzelne Geschäftsfelder und externe Umwelt
- *Übersichtlich:* Besseres Gemeinschaftsgefühl innerhalb kleinerer Einheiten; klarere Zieldefinition; „alle kennen den Chef"
- *Flexibel:* Schnellere Reaktionsfähigkeit auf Neuigkeiten und Änderungen; Problemfelder sind besser einzugrenzen; Details werden wichtiger
- *Effektiv:* Größere Ideenvielfalt, bessere Marktkenntnis vor Ort; klare Zuordnung der Kundenverantwortung; bessere und schnellere Entscheidung
- *Motivierend:* höhere Identifikation bei Mitarbeitern; bessere Nutzung von Mitarbeiterpotenzial
- *Schlank und kosteneffizient:* Verringerung von Abstimmungs- und Kontrollkosten
- *Herausforderung:* Abstimmung/Koordination von dezentralen und zentralen Interessen

Dezentralisierung ist als isolierte Forderung oder Grundsatz ganz offensichtlich keine Patentlösung. Das Prinzip dezentraler Selbststeuerung erfordert *selbst* einen Organisationsrahmen. Es ist nicht allein dadurch realisierbar, dass Mitarbeiter zu „empowerten" Mitarbeitern ernannt werden. Empowerment und Dezentralisierung entstehen nicht durch Anordnung, sondern durch empowernde *Prozesse und Erfahrungslernen*.[136] Einstellungs- und Verhaltensänderungen *folgen* Prozessmodifikationen. Es ist unmöglich, von Mitarbeitern Modifikationen des Verhaltens zu verlangen, ohne zuvor Modifikationen am Prozess vorzunehmen und auf diese Weise die Voraussetzung für den Wandel in Einstellung und Verhalten zu schaffen. Die Erfahrungen der 90er Jahre mit Techniken wie Prozessmanagement und Total Quality Management haben uns für die prozessorientierte Sicht einer Organisation sensibilisiert, und aber auch gelehrt, dass Leistung und Kosten lediglich Konsequen-

---

[136] Genau das ist auch der Grund dafür, dass dieses Themenfeld das 9. und letzte der Gestaltungsfelder für besseres Management ohne Budgets darstellt. Die Gestaltungsbereiche 1–8 waren den Steuerungsprozessen vorbehalten, die erst gemeinsam das Fundament für eine Initiative mit dem Ziel radikaler Dezentralisierung legen.

Führung und Organisationsgestaltung als Eckpfeiler radikaler Dezentralisierung

zen gut oder schlecht ausgeführter Arbeitsaktivitäten und Prozesse sind. Ohne die Neugestaltung und Veränderung von Prozessen kommt kein dauerhafter Wandel zustande. „Structure follows Processes".

Damit Organisationsstrukturen nachhaltig verändert werden können bedarf es verschiedener Elemente: Prozessveränderung, geringerer formaler Abgrenzungen zur Neugestaltung von Abteilungen, Kollaboration zur Verringerung von Regeln und Politiken, Verantwortung zur Reduzierung von Bürokratie, Initiative und Rollenerweiterung zur Verringerung zentraler Kontrolle und zur Erweiterung von Führungsspannen. Strukturen zu reformieren, ohne zunächst flexible Prozesse und Kultur geschaffen zu haben ist unmöglich. So kann der zweite fundamentale Entwicklungsschritt hin zu einem Beyond-Budgeting-Modell – die radikale Dezentralisierung – prinzipiell nur dann zum Erfolg führen, wenn er in kohärenter Weise und aufbauend auf der vorangehenden Implementierung des bereits beschriebenen Sets anpassungsfähiger, adaptiver Prozesse umgesetzt wird (siehe Abb. 73). Leistungsverantwortung zu dezentralisieren, bedeutet, sie vom Zentrum der Organisation an die Geschäftseinheiten zu übertragen, und später bis zu kundennahen Teams.

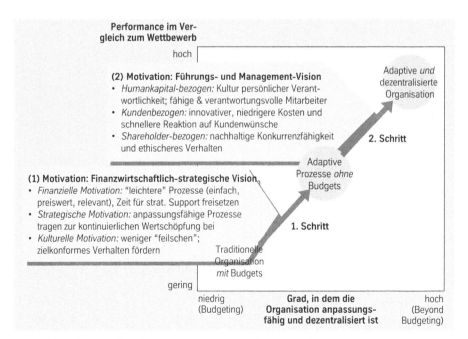

Abb. 73: Der 2-stufige Entwicklungsweg zum neuen Management-Modell

Was hat echte Dezentralisierung bisher verhindert oder behindert?

Das *Prinzip der Subsidiarität* besagt, dass Entscheidungen auf der niedrigst möglichen Ebene getroffen werden sollten. Dies ist gleichzeitig meist der Ort, wo die Kompetenz für den zu entscheidenden Sachverhalt am größten ist. Diese größte Kompetenz für operative und kundenbezogene Probleme liegt bei dezentralen, markt- und kundennah agierenden Linienmanagern und Teams. Dagegen sind zentrale Stäbe, mittleres und höheres Management meist zu weit vom Geschehen entfernt, um die Konsequenzen ihrer Entscheidungen überblicken zu können. Der Versuch, hier Entscheidung anzusiedeln, hat unweigerlich suboptimale Entscheidungsqualität, Zeit- und Ressourcenverschwendung sowie die Verwässerung von Verantwortung zur Folge.[137] Dezentrale Teams werden häufig für das Ergebnis verantwortlich gemacht, verfügen aber andererseits nicht über die entsprechende Entscheidungsautonomie und Ressourcenverantwortung.

Ein hiermit verbundenes Problem im alten Steuerungsmodell ist das Fehlen eines geeigneten Maßes an dezentraler Autorität. Mitarbeiter befinden sich häufig in Situationen, in denen sie deutlich mehr Verantwortung tragen, als sie über Autorität verfügen. Budgetsteuerung und fixe Leistungsverträge stellen nicht das Instrumentarium zur Verfügung, um die beiden Pole *Verantwortung und Autorität* ins Gleichgewicht zu bringen. Manager vermeiden es weitestgehend, Autorität zu teilen. Am Mangel von Verfügungsmacht dezentraler Einheiten über Entscheidung und Ressourcen (im Folgenden als Autorität bezeichnet) zeigen sich letzten Endes auch die Grenzen herkömmlicher Delegationsanstrengungen. Unternehmensleitungen und mittleres Management versuchen, das „Kontrollrisiko" von Steuerungsprozessen zu begrenzen durch restriktive, zentral gesteuerte Entscheidung und Allokation von Ressourcen. Um diese Zentralisierung der Ressourcenverantwortung zu rechtfertigen, werden üblicherweise Begründungen wie mangelnde Mitarbeiterqualifikation oder das Fehlen delegativer Unternehmenskultur in der Organisation gebraucht. Hintergrund ist in Wirklichkeit ein Menschenbild, das von der Prämisse menschlicher Defizite ausgeht und das in Misstrauen und eine Füh-

---

[137] Das gleiche Problem manifestiert sich als Zentralismus und Bürokratie in Innovations-, Investitions- und Wandlungsprozessen. Ideen und Projekte müssen erst den beschwerlichen Weg über die Organisationshierarchie „nach oben" schaffen, damit Unternehmensleitung, Komitees oder CEOs letzten Endes Entscheidungen über die nötige Ressourcen-Allokation treffen. Jede hierarchische Ebene stellt in diesem Prozess einen Filter dar, der die Risikoaversion der Organisation erhöht und damit Zukunftschancen reduziert.

rungskultur von Weisung und Kontrolle mündet. Der traditionelle Führungsstil mit seinem einseitigen Verständnis von Delegation sieht auf den untersten Ebenen der Organisation lediglich die Verantwortung für die Ausführung vor. Auf diese Weise obsiegt stets die Zentralisierungstendenz der Organisation.

In anpassungsfähigen, dezentralisierten Organisationen werden Verantwortung und Autorität „neu erfunden" bzw. in Einklang gebracht. Dezentrale Ergebnis-Verantwortung geht hier einher mit Autonomie und Ressourcenhoheit. Dazu ist der Übergang von fragmentarischer Delegation (Verantwortung ohne Autorität), wie in der Budgetsteuerung üblich, zu ganzheitlicher Delegation (Verantwortung und Autonomie) unabdingbar. Die in Abb. 74 enthaltene Formel („Verantwortung x Autorität = Dezentralisierung") bedeutet, dass keines der beiden Elemente fehlen darf, wenn echte Dezentralisierung erreicht werden soll. Die in der Abbildung dargestellten Charakteristika von Verantwortung und Autorität sind keine theoretische Spielerei, sondern üben eine direkte Wirkung auf Organisationsgestaltung und Führungsstil aus.

Andererseits ist der Darstellung zu entnehmen, dass Empowerment *Bevollmächtigung* bedeutet und nicht – wie manchmal gerade im deutschen Sprachraum interpretiert – „Motivation". Missverständnisse über die Praktiken von Verantwortung und Autonomie sind die Folge dieser Fehlinterpretation. Autonomie kann als „Freiheit zum Entscheiden und Handeln" bezeichnet werden, woraus manch einer ableitet, dass Empowerment „alles tun zu können, was man will" bedeutet. Und so mancher wird auch entsprechend

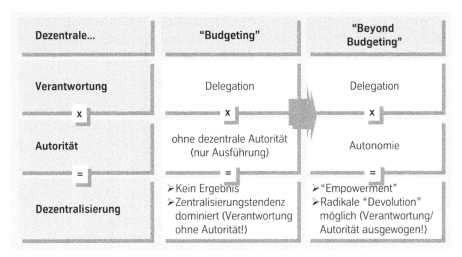

Abb. 74: Elemente zur Dezentralisierung als Grundlage der Organisationsgestaltung

443

handeln, wenn an Stelle des alten Steuerungsmodells kein neues tritt. Zu Empowerment gehört jedoch auch unmittelbare Verantwortung. Autonomie und Verantwortung sind die Grundvoraussetzung für die in allen Unternehmen anwendbaren Techniken effizienter Organisation: Dezentralisierung und Delegation. Dazu gehört die Übertragung autonomer Zuständigkeitsbereiche ebenso wie die damit verbundene Machtbefugnis zum Entscheiden und Handeln. Das Ergebnis ist ein dezentrales System mit hoher Eigenverantwortung und Kohäsion. Empowerment bedeutet Freiheit zur Entscheidung, Freiheit, Fehler zu begehen und zu beheben – aber auch „gnadenlose" Leistungsverantwortung.

In Anlehnung an Sartre könnte man sagen: Linienmanager und Teams in der dezentralisierten und empowerten Organisation sind zur Freiheit, Selbstständigkeit und Autonomie *verdammt*. Sie müssen tagtäglich ihr eigenes Aktionsskript verfassen und aktualisieren, anstatt ein korporatives Skript (abgestimmte Pläne, Budgets) von der Organisation vorgesetzt zu bekommen. Für viele Mitglieder einer Organisation wird dies eine aufregende neue Welt eröffnen, für manche mag es eine Quelle, Angst einflößender Unsicherheit sein.

Das Problem zentraler Abstimmung und des übermäßigen vertikalen Informationsflusses erledigt sich in der radikal dezentralisierten Organisation von selbst. Die Organisationsgestaltung wird nun ihrem eigentlichen Zweck gerecht, nämlich den Umfang an notwendiger Kommunikation und Koordination zu verringern. Dezentralisierung zahlt sich durch Kosteneffizienz (geringere Bürokratie) und radikale Produktivitätsgewinne für alle Beteiligten aus. Gleichzeitig erfordern Autonomie und Freiheit Regeln: Wenn Organisationen auf fixierte Ziele und Pläne verzichten, gewinnen kulturelle und werthaltige (normative) Steuerung an Bedeutung. Zu diesen Rahmenvorgaben gehören:

- Die Formulierung und Durchsetzung eines ethischen und auf alle relevanten Anspruchsgruppen bezogenen Verhaltenskodex („Codes of Conduct", Unternehmensverfassung, ethische Verhaltensgrundsätze); ein solcher Kodex umfasst neben klaren *Regeln* und Politiken auch eindeutige Sanktionen.[138]

---

[138] Borealis verwendet einen einfachen ethischen „Lackmustest" zur Überprüfung, ob Verhalten akzeptabel oder inakzeptabel ist. Mitarbeiter sollen sich fragen, ob die Konsequenzen einer spezifischen Handlung problemlos auf der Titelseite einer Zeitung erscheinen könnten. Wenn dies mit „ja" beantwortet werden kann, dann ist das Handeln ethisch akzeptabel. Verstöße gegen Verhaltenspolitiken werden bei Borealis üblicherweise mit Entlassung geahndet. Für Erbarmen und mangelnde Konsequenz ist in einer budgetlosen Organisation kein Platz.

- Regeln bezüglich interner Information, Kommunikation und Reporting.
- Strategische Rahmenvorgaben (formulierte Gruppenstrategie und überspannende Ziele).

Das größte Hindernis auf dem Weg zur Dezentralisierung ist den Fallstudien des BBRT zufolge die mangelnde Bereitschaft von Führungskräften, alte Kontrollmechanismen aufzugeben. Die Gewinne in Form verbesserter Leistung, wenn Mitarbeiter wahrhaft verantwortlich für ihre Leistung sind und gleichzeitig über die Fähigkeit *und die Freiheit* zu handeln verfügen, müssen in internen Auseinandersetzungen mit dem Management erkämpft werden. Die wenigen Unternehmen mit wirklich dezentralisierten Organisationen – darunter der Energiekonzern AES, der Handelskonzern Ahlsell und Svenska Handelsbanken – haben erkannt, dass diese Struktur nicht leicht zu realisieren war und dass es nicht einfach ist, sie zu erhalten, vor allem bei schwierigen Umfeldbedingungen. Sie haben aber aus ihren Erfahrungen gelernt, wie groß die Vorteile sein können.

Führung und Dezentralisierung sind interdependent: Wenn in einer Organisation die Angst vor Kontrollverlust dominiert und Widerstand gegen die Delegation von Entscheidung und Autorität an dezentrale Manager besteht, dann sind Linienmanager und Top-Management in der Folge kaum gewillt, Verantwortung für ambitioniertere Ziele zu übernehmen und Verantwortung zu delegieren. Mangelndes Vertrauen, Angst vor Kontrollverlust, Neid und Missgunst sowie die Asymmetrie finanzieller Anreize sind einige der stärksten Barrieren für organisatorischen Wandel und Dezentralisierungsinitiativen. Steuerungsprozesse erfordern Aufrichtigkeit, Vertrauen und Offenheit. Diese Werte und Einstellungen sind jedoch zerbrechlich und durch Disziplin, konsistente Prozesse und Führungsverhalten hart erkämpft. Schon wenige, einflussreiche Manager können ein Klima des Vertrauens und der Integrität rasch torpedieren. Mitunter ohne überhaupt zu bemerken, was sie angerichtet haben.

Konsequente, radikale Dezentralisierung benötigt souveräne, mutige Vorgesetzte und eine engagierte Unternehmensleitung, die bereit ist, Entscheidung und Verantwortung abzugeben („gute Manager können loslassen"). Die Schaffung von „Sicherheitsinseln" trägt zur Umsetzung von Delegation und Autonomie bei:[139] Auf einer Sicherheitsinsel darf der Mitarbeiter in eigener Verantwortung herrschen und auch Fehler begehen. Zur Territorialhoheit auf

---

[139] Siehe Felix von Cube: „Lust an Leistung",

Die Neun Gestaltungsfelder für Beyond Budgeting oder „Better Management"

"Budgeting"
zentralisiert/hierarchisch

Top-Manager: ⟶
Ressourcen-Zuordner

Mittelmanager: ⟶
Kontrolleure

Bereichsmanager: ⟶
Implementierer

Organisation:
- Arbeitsteilung, Management-Teilung, Hierarchie
- Eigeninteresse
- Motivation: extrinsisch (Entlöhnung)
- Trennung von Eigentum und Management
- Trennung von Denken und Tun
- Mitarbeiter-Vorgesetzter-Konstellation
- Automatisierung

Führung:
- durch: "Befehlskette", Kommando/Kontrolle, Genehmigung, vertikale Kommunikation
- Macht: Autorität durch Position
- Werte: Misstrauen und Untertänigkeit
- Kontrolle: top-down, Mikro-Management
- Zukunftsbild: Glauben an Pläne/Programmierung

"Beyond Budgeting"
dezentralisiert/netzwerkartig

Top-Manager:
Herausforderer

Mittelmanager:
Integratoren

Bereichsmanager:
Entrepreneure

Organisation:
- Vernetzung unter kollegialen Partnern ("Peers")
- Integrative Prozesse
- Motivation: intrinsisch, Anerkennung durch Peers
- Arbeit und Management als Dialog
- Inneres Zeitbewusstsein und Zeitplanung
- Virtuelles Unternehmertum, dynamische Teambildung, marktliche-/Selbstkoordination

Führung:
- durch: horizontale Kommunikation, Vernetzung, Fokussierung, rückwirkende Kontrolle
- Macht: Autorität durch Wissen
- Werte: Vertrauen(-svorschuss) und Integrität
- Kontrolle: Multi-Ebenen, dezentrale Autonomie
- Zukunftsbild: Komplexität/Ambiguität bejahend

Abb. 75: Prinzipien der Organisationsgestaltung in Budgetsteuerung und Beyond Budgeting

der Sicherheitsinsel gehört der Verzicht des Managements auf ständige Beobachtung, Hineinreden und Kontrollieren. Auch wenn offensichtlich Fehler begangen werden, dürfen Manager nicht dazu übergehen, im Sinne eines Mikro-Managements einzugreifen. Unternehmensleitungen müssen den Freiraum ihrer Mitarbeiter vielmehr unterstützen und sichern. Die bereits beschriebenen Prozesse im Beyond Budgeting-Modell, wie dialogische Management-Reviews, Multi-Ebenen-Kontrollen, hochgradig transparente Informations-Systeme, und die hiermit verbundenen Management-Prinzipien erlauben, dies auch praktisch umzusetzen.

Talentierte Mitarbeiter arbeiten ungern in zentralistischen Weisungshierarchien. Sie wollen weder als „menschliche Ressourcen" behandelt noch „gemanagt" werden. Sie bevorzugen es, von jemandem geführt zu werden, den sie respektieren. Ein herausfordernder, wettbewerbsfördernder Führungsstil, in dem sich Management und Teams herausfordernde Ziele setzen, macht auch das Unternehmen für die wirklich wichtigen Talente attraktiv. Das Portfolio an Eigenschaften des Führungsverhaltens innerhalb eines Beyond-Budgeting-Modells mit seiner „Sense and Respond"-Kultur im Vergleich mit dem auf Kommando und Kontrolle beruhenden Führungsmodell wurde in der Literatur bereits vielfach beschrieben. Die folgende Abbildung vermittelt einen Überblick.

Führung und Organisationsgestaltung als Eckpfeiler radikaler Dezentralisierung

	„Budgetierung" (Kultur: Kommando und Kontrolle)	„Beyond Budgeting" (Kultur: Wahrnehmen und Agieren)
Mitarbeiter-Bild	Träger von Limitationen und Mängeln (Mitarbeiter als „Patienten")	Träger von Fähigkeiten und Talent
Annahme zur Wandlungsfähigkeit	niedrig, fixiertes Potenzial	hoch, Lern- und Entwicklungsfähigkeit
Bedeutung von Mitarbeitern	Mitarbeiter sind Kostentreiber	Mitarbeiter sind als Träger intellektuellen Kapitals *der* Produktivfaktor
Vertrauen in Mitarbeiter	Misstrauen	Vertrauensvorschuss *(Tit for Tat)*, gnadenlos bei Vertrauensbruch
Annahmen zur Motivation	Glauben an monetäre Anreize	Glauben an Motivation vor allem durch Aufgaben/Inhalt
Anreize	Motivation durch monetäre Anreize	ausgewogene Anreize; monetäre Anreize zur *Belohnung*
Führungsstil	autokratisch/Weisung oder „partizipative Führung"	Dezentralisierung von Verantwortung und Autorität
Führungsaufgabe	fachliche Anweisung („Sagen, wie's gemacht wird")	Beratung und Unterstützung (herausfordern, infrage stellen, coachen und helfen)
Leistungsverantwortung	überzeugt von Individualleistung	Glauben an Betriebs-/ Gruppen-/ Teamleistung
Koordination	Fremdsteuerung (Weisung und Pläne, Programme)	Selbstorganisation (Kultur, Regeln, Werte, Märkte)
Autorität	durch Position/Rang (juristisch)	durch Wissen/informell (faktisch)
Kontrollobjekt	Aktivitäten	Ergebnisse
Beschäftigungspolitik	Hire and Fire	Langfristiges Verhältnis
Mitarbeiterkarriere	Ersetzbarkeit des Mitarbeiters	Manager tragen Verantwortung für Mitarbeiterkarriere
Loyalitätsverständnis	Mitarbeiter sind Unternehmen und Führung gegenüber loyal	Loyalität ist gegenseitig

Abb. 76: Eigenschaften/Paradigmen von Managern in Budgetierungs- und Beyond Budgeting-Modell

Dezentralisierungs-Skeptiker aus der Praxis und manche Akademiker weisen gelegentlich auf die Gefahr von Synergieverlusten durch Empowerment und dezentrale Entscheidung hin. Das einseitige Streben nach Synergien ist jedoch durchaus kritisch zu betrachten. Synergien werden vielfach als Argumentationshilfe, ja sogar als Zauberformel gebraucht, als schlagendes Argument für Zentralisation, oder um Dezentralisierungsbestrebungen zu unterbinden. Es erscheint dagegen annehmbar, zugunsten anpassungsfähiger Selbstorganisation und der Verminderung des mit dem Zentralismus verbundenen Misstrauens auf die eventuelle Ausnutzung bestimmter postulierter Synergieeffekte zu verzichten. Die Vorzüge größerer Flexibilität, schnellerer Reaktionsfähigkeit und Mitarbeitermotivation durch stärkere Selbststeuerung von Mitarbeitern lassen sich schwer quantifizieren, sind jedoch langfristig von unschätzbarem Wert für den Unternehmenserfolg, jenseits ggf. marginaler Kosteneinsparungen durch Synergien. Dauerhafte, transaktionale Funktionen mit hohem Routineanteil – wie Personalmanagement, Beschaffung, Logistik, Finanzierung und Buchhaltung, bestimmte Controllingaufgaben usw. – sollten in vielen Fällen auch weiterhin „zentral", besser jedoch von Shared Service Centern wahrgenommen werden. Vor allem im Bereich der Logistik sind vielfach noch Effizienzsteigerungen durch funktionale Zusammenfassung realisierbar.

In großen und komplexen Organisationen müssen Unternehmensteile voneinander getrennt werden und sollten innerhalb eines bestimmten Rahmens Autonomie erhalten. Zentralistische Organisationen schaffen es heute nicht mehr, die notwendigen Leistungen in der erforderlichen Qualität und Schnelligkeit zu erbringen. Ziel ist die Bildung von Netzwerkstrukturen mit zunehmend autonomen Einheiten.

Ausprägungen typischen Verhaltens in den beiden Management-Modellen	
Budgetierung:	Beyond Budgeting:
• Handle stets die niedrigsten Ziele und die höchste Vergütung aus. • Erreiche immer Deinen Bonus – was auch immer dafür nötig ist. • Stell nie das Kundeninteresse über Absatzziele, denn an ihnen wirst Du gemessen! • Teile niemals Wissen oder Ressourcen mit anderen Teams – sie sind Deine Feinde! • Rechne stets mit Ressourcen-Kürzungen – Fordere also immer mehr an, als Du benötigst. • Gib immer Dein gesamtes Budgets aus. • Halte stets Erklärungen für negative Abweichungen bereit. • Gib niemals realistische, korrekte Projektionen ab – zu gute/zu schlechte Forecasts richten sich gegen Dich. • Erreiche stets Deine Ziele, aber übertreffe sie nicht. • Gehe niemals hohe Risiken ein – es lohnt sich nicht.	• Verbessere kontinuierlich Deine Leistung und versuche den Wettbewerb zu übertreffen. • Lass niemals das Team im Stich, und sei nie derjenige, der am kollektiv erwirtschafteten Gewinn zehrt. • Kenne Deinen Kunden und kümmere Dich immer um seine Bedürfnisse. • Fordere niemals mehr Ressourcen an, als Du wirklich benötigst. • Hinterfrage und reduziere stets Deine Kosten. • Gewöhne Dich daran, gängige Annahmen immer in Frage zu stellen. • Bewahre Dir stets die Fähigkeit, Hintergründe *verstehen* zu wollen und Probleme nicht zu rechtfertigen. • Stell die wirkliche Lage dar, und kommuniziere auch schlechte Neuigkeiten sofort. • Tu Dein Bestes und manipuliere nie das Zahlenwerk.

4.9.2 Management von Kundenbeziehungen: Kunden statt Pläne in den Mittelpunkt stellen

Rückhaltlose Kundenorientierung. Alle Welt spricht davon – doch kaum ein Unternehmen beherzigt das Prinzip wirklich. Kundenorientierung ist offenbar äußerst schwer umzusetzen. Der Unterschied zwischen produktions-/produkt- und technologiezentrierten im Gegensatz zu wahrhaft kundenorientierten Unternehmen lässt sich leicht daran ablesen, ob Ziele hinsichtlich der Kundenbeziehungen im Vordergrund stehen, oder produkt- bzw. produktionsbezogene Absatzziele. In der Budgetsteuerung dominieren häufig technologischer

Stolz, produktbezogene Eitelkeit und Fragen der Produktionseffizienz und Lagerhaltung über das Interesse am Kunden. Vor allem aber sind Budget-gesteuerte Unternehmen *planfixiert*. Manager befinden sich oft im Dilemma zwischen langfristigem Unternehmenserfolg (Kundenbeziehungen) und dem Erreichen kurzfristiger Budgetziele. Obwohl die Absurdität der Situation offensichtlich ist, fällt die Entscheidung meist zugunsten der Budgetziele. Schon deshalb, weil Leistungsbeurteilung und Belohnung auf Basis des Erreichens der verhandelten Budgetziele erfolgen, statt anhand tatsächlich erbrachter Leistung im Vergleich zum Wettbewerb bzw. der relevanten Peer-Gruppe.

Ein fundamentales Problem des Managements von Kundenbeziehungen in traditionellen Steuerungsmodellen ist die mangelhafte Ausrichtung des *produktzentrierten Absatzdenkens* an den wahren Kundenbedürfnissen. Traditionelle Planungsprozesse und Budgets zwingen Vertrieb und Service-Mitarbeiter zur periodenbezogenen Erreichung fixierter Ziele wie Umsatz, Absatzvolumen, Quoten oder Bruttomarge. Dadurch wird das Augenmerk von den beiden wesentlichen Erfolgsfaktoren abgelenkt: Kundenzufriedenheit und Kundenrentabilität. Die Fokussierung der Organisation auf das produktbezogene Absatzdenken hat zwei Folgen: Manager und Vertriebspersonal werden von Zentralbereichen dazu angehalten, interne Ziele zu erreichen – monatlich und quartalsmäßig – , und nicht auf Kundenzufriedenheit hinzuarbeiten. Zum anderen verfügen diese Mitarbeiter von Seiten der Organisation her gar nicht über das Wissen, welche Kundenbestellungen und Kunden rentabel sind. Lokale Teams sind eher in der Lage die Verantwortung für ihre Gesamtleistung zu übernehmen, wenn diese nicht auf kurzfristigen Verkaufszielen, sondern auf Netto-Kundenrentabilität und -ergebnisse ausgerichtet wird und entsprechende Ziele, sowie kunden- und kostenbezogene Informationssysteme vorhanden sind.

Auch Millionen Euro teure Systeme für das Kundenbeziehungsmanagement (Customer Relationship Management/CRM) ändern an dieser Situation nur bedingt etwas. CRM-Systeme werden von Managern häufig weniger vor dem Hintergrund der Verbesserung des ganzheitlichen Prozesses des Kundenbeziehungsmanagements, sondern zur Machtzentralisierung und zur effizienteren Top-down-Kontrolle der kurzfristigen Umsatz-Ziele implementiert. Ein in diesem Sinne verstandenes Informationssystem kann statt stärkerer dezentraler Autonomie und Verantwortung zu weiterer Informationszentralisierung und Abkopplung der Organisation von den Kundenbedürfnissen führen.

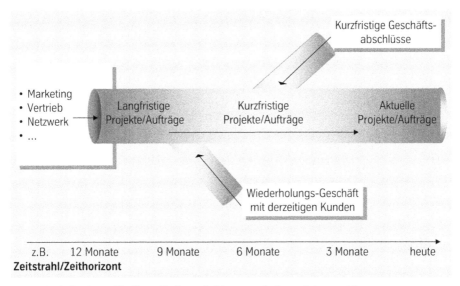

Abb. 77: Die Business-Pipeline – Budgets als Momentaufnahmen bringen nichts

Geschäftsbeziehungen und die Anbahnung/Entstehung von Aufträgen in einem Unternehmen lassen sich als ein kontinuierlicher Prozess abbilden, der oft als Business-/Geschäftspipeline bezeichnet wird (siehe beispielhaft Abb. 77). Innerhalb der Pipeline befinden sich Aufträge und Projekte mit unterschiedlichem Zeithorizont; an verschiedenen Stellen der Pipeline treten neue Abschlüsse ein.

Wenn wir diese Art von Pipeline-Modell der Geschäftsbeziehungen und Kundenaufträge beherzigen, sollte dies auch unserem Konzept von Frühwarnung und Forecasting zugrunde liegen. Jährliche Pläne bringen in diesem Zusammenhang wenig. Ein Budget bietet eine Momentaufnahme, einen Schnappschuss der Geschäftsbeziehungen und Produktzyklen zu einem letztlich arbiträren, also im Hinblick auf die Natur des Geschäfts willkürlich gewählten Zeitpunkt. Kundenbeziehungen sind dagegen als *Kontinuum* zu verstehen. Sie evoluieren im Zeitablauf, und mit ihnen sind Aufträge, Absatz- und Umsatzpotenziale ständig im Fluss. Budgets zwingen demgegenüber zum Denken in Kategorien wie „Sicher"/„Unsicher" hinsichtlich der Realisierungswahrscheinlichkeit eines Kundengeschäfts zu einem bestimmten Zeitpunkt (nämlich dem Budgetzeitpunkt).

Die Neun Gestaltungsfelder für Beyond Budgeting oder „Better Management"

CRM-Systeme sind hervorragend geeignet, den Lebenszyklus von Kundenbeziehungen zu steuern. Mit ihrer Hilfe ist es möglich, die Verkaufs-Pipeline zu bearbeiten, Routine-Tätigkeiten des Kundenkontakts zu automatisieren und Vertriebsmitarbeiter und dezentrale Teams mit Tools und relevanter Information über Kunden und potenzielle Kunden zu empowern. Einer der essentiellen *Inputs* für CRM sind Informationen hinsichtlich der Rentabilität und des Wertes, den ein Kunde verkörpert. Erst durch dieses Element wird CRM auch zu einem Träger finanzieller „Business Intelligence", das dem Ziel des Aufbaus langfristiger *und* profitabler Kundenbeziehungen gerecht werden kann. Unternehmen sollten daher Prozesskostenmanagement (ABC/M) als Grundbaustein zu einem *gezielten Management von Kundenrentabilitäten* verstehen. Nur dieses Verfahren generiert jene „harten" Daten, die nötig sind, um informierte Entscheidungen zum Management von Kundenrentabilität zu treffen.

Eine auf diesen Informationen aufbauende Analyse nach dem Prinzip von Abb. 78 zeigt eingängig, dass es Unternehmen durchaus möglich ist, Kunden unterschiedlichen Typs und Profils auf profitable Weise zu bedienen. Zudem sehen wir, wie sich Rentabilität durch differenzierende Maßnahmenkombinationen verbessern lässt.

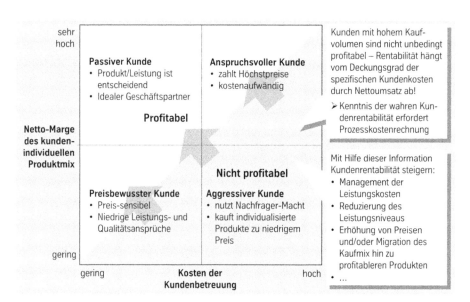

Abb. 78: Management von Kundenportfolios mit der Kundenrentabilitäts-Matrix

Die zusätzliche Betrachtung des gesamten Kundenlebenszyklus (Customer Life Cycle Management) gibt Aufschluss über Einsatzpotenzial und Wirkung entsprechender Maßnahmen im Zeitablauf. Sieben grundlegende Typen von Maßnahmen, um Kundenrentabilität und Ergebnisse auf der Grundlage einer systematischen Kundenanalyse zu verbessern (in „eskalierender" Reihenfolge):

- Prozesse verbessern (oft die naheliegendste Option);
- Prozesse fokussieren (nicht jeder Kunde hat die gleichen Ansprüche oder Bedarfe);
- neue Produkt- und Leistungslinien einführen (Produktmix verbessern);
- Preise erhöhen (Nachfrager-Elastizität beachten; Schritt für Schritt);
- dem Kunden rentable Leistungsniveau-Angebote unterbreiten (Differenzierung von Wertangeboten und Optionen);
- Kundenanforderungen managen (Kunden-Ansprüche senken – durch Anreiz, Kooperation oder Überzeugung; nachgefragten Produktmix verbessern);
- Produkte, Leistungen oder Kunden verlassen (als letztes Mittel!).

Wenn Konzepte des Kundenbeziehungsmanagements *ohne* fixierten Leistungsvertrag umgesetzt werden, versorgen die Systeme Mitarbeiter mit Zugang zu den strategischen, Wettbewerbs- und Marktinformationen, die traditionell nur der Unternehmensleitung zur Verfügung standen. Unternehmen, die sich zu einem radikalen *Kundenbeziehungs-Management* (Customer Relationship Management/CRM) verpflichten und sich somit konsequent kundenzentriert ausrichten wollen, werden sich in der Regel nicht als stark hierarchisch oder als Matrix-Organisation strukturieren. Ein Leitprinzip zur Kundenorientierung ist das Prinzip des „Customer Ownership". Profit-Center oder einzelne Projektorganisationen im Projektgeschäft – nicht Mitglieder der Linien-Hierarchie, eine Zentrale oder abstrakt „das Unternehmen" – sind demnach „Besitzer" eines Kunden, unabhängig davon, wo und wie einzelne Kunden-Transaktionen letztlich stattfinden. Damit tragen Kunden-Teams die volle Verantwortung für die Rentabilität und Bindung ihrer Kunden. Sie haben andererseits aber auch das Recht, entsprechend den Bedürfnissen des Kunden und der selbst definierten Strategie bezüglich Leistungsangebot, Preisen und Konditionen zu handeln – und können dazu auf die Unterstützung von Zentralbereichen zählen. Auf diese Weise wird eine Kultur der Verantwortung, Reaktionsfähigkeit und Orientierung an Kundenbedürfnissen verankert.

Eine wahrhaft kundenorientierte, dezentrale Organisation stellt ihren kundennahen Mitarbeitern den strategischen Handlungsrahmen, die Kosten- und Rentabilitätsinformationen und die Autorität zur Verfügung, damit diese Mitarbeiter fallspezifisch eigenständig alle kundenbezogenen Entscheidungen treffen können, und so z.B. in die Lage versetzt werden, wertzerstörende Kunden in wertgenerierende Kunden zu verwandeln.[140]

Leitlinien für das Management von Kundenbeziehungen im Beyond Budgeting-Modell

- Dezentrale Verantwortung soll *ganzheitlich* sein – dezentrale Mitarbeiter verfügen über den strategischen Handlungsrahmen, die Steuerungsinformationen (inklusive Rentabilitäten und zur Kundenbeziehung), Autorität zur eigenständigen Entscheidung, sowie flexiblen Ressourcenzugang und Ressourcenverantwortung.
- Von zeitpunktbezogener Programmierung (Budgets) zu *kontinuierlicher Maßnahmenplanung*.
- Von der Trennung zwischen operativ und strategisch zur Anerkennung des Prinzips, dass jede Interaktion mit Kunden im Kern strategisch ist.
- Akzentverschiebung vom Kostenmanagement zum *Kunden-Rentabilitätsmanagement*.
- Akzent auf Betrachtung von *Kunden*rentabilitäten, statt Betonung von Produktrentabilitäten.
- *Kundenbezogene* Wertschöpfung unter Betrachtung des Kundenlebenszyklus managen.
- *Fixierte Absatzziele* wie produktbezogene Volumina und Quoten gehören abgeschafft.
- *Produktmanager* haben kein Recht, Absatzziele für kundennahe Teams festzulegen, sondern die Aufgabe, ihnen produktbezogenen Support zu geben (gegen Kostenzurechnung).

---

[140] Vergleichbare strategische Optionen sollten, ausgehend von einer Wertschöpfungsanalyse u.a. auch für Produkt- und Dienstleistungsgruppen definiert werden.

- *Customer Relationship Management (CRM)* ohne Kundenrentabilitäts-Informationen ergibt keine Business Intelligence.
- Dezentrale Teams tragen die Verantwortung für ganzheitliche Geschäftsbeziehungen zum Kunden – einschließlich der *Marketing-Kosten* (Marketing-ROI).

4.9.3 Dezentralisierung und Kundenorientierung organisatorisch umsetzen

Beyond Budgeting eröffnet Organisationen die Möglichkeit, ohnehin bestehende Tendenzen zur Strukturveränderung von hierarchischer zu vernetzter Aufbauorganisationen zu unterstützen und den Wandlungsdruck konzeptionell sowie im Hinblick auf die Steuerungsprozesse zu instrumentalisieren.

Den Unternehmen stellt sich in jeder Situation des Wandels die Frage, wie sich die Aufbau- und Ablauforganisation verändern muss, um neue Gestaltungsprinzipien wie Autonomie, dezentrale Entscheidung, dezentrale Ressourcen- und Ergebnisverantwortung usw. nicht nur nicht zu behindern, sondern zusätzlich zu stimulieren. Andererseits fragen sich Top-Management und „Agenten des Wandels" in diesem Zusammenhang auch, ob eine den neuen Prinzipien folgende Organisation gleichzeitig Abstimmung, Kohärenz, Koordination, Zusammenhalt und Synergien gewährleisten kann. Kein Top-Manager will die Steuerungsfähigkeit und Kontrolle der Organisation den hehren Prinzipien der Dezentralisierung folgend leichtfertig aufs Spiel setzen oder ein internes „Chaos" riskieren. Die Antwort des Beyond Budgeting: Nur unter Beherzigung der Zzwölf Gestaltungsprinzipien, im Zusammenhang mit flexiblen Steuerungsprozessen, Informationstransparenz und engagierter Führung wird radikale Dezentralisierung ihr maximales Potenzial entfalten.

Im Wesentlichen gibt es drei unterschiedliche „Reinformen" aufbauorganisatorischer Organisationsmodelle, die sich zur Realisierung einer radikal dezentralisierten Organisationsgestaltung eignen. Die Modelle stehen zueinander nicht im Widerspruch und können insofern durch Mischung und Verbindung einen wesentlichen Beitrag zur individuellen Organisationsentwicklung leisten:

- *Profit-Center-Netzwerke* (oder Verantwortungs-Center Netzwerke) – insbesondere geeignet für geografisch gegliederte und divisionalisierte Geschäfte;

- *Multi-Projekt-Organisation* (oder Projektorientierte Organisation) – insbesondere geeignet für Projektgeschäft, Geschäftsmodelle mit überwiegend stark zeitlich limitierten Aufgabenstellungen und viele Not-for-Profit-Organisationen; zugleich zur Organisation vieler interner Funktionen prädestiniert; Ausdruck der Auflösung statischer Teambildung.

- *Organisationsübergreifende Wertschöpfungs-Netzwerke* mit externen Partnern (Allianzmodell) – virtuelle Organisation in Form dynamischer Kooperationsverbünde unter Beteiligung verschiedener Unternehmen; geeignet für Serviceindustrien, Projektgeschäft, Investitionsgüterbranchen, zunehmend aber auch für Konsumgüterindustrien. Die praktizierten Kooperationsformen reichen von loser, einzelprojektbezogener Partnerschaft bis zu Joint Ventures.

Alle drei Gestaltungsformen zeichnen sich durch eine Abkehr von den „reduktionistischen" Formen der Organisation mit ihren Abteilungen und Funktionen aus und ermöglichen Ganzheitlichkeit. Alle drei eignen sich dazu, eine Organisation zu verwirklichen, die sich dadurch auszeichnet, dass Entscheidungen nicht durch zentrale Instanzen gefällt werden, sondern als Folge dezentraler, selbst organisierter Prozesse in den dezentralen Einheiten. Traditionell war für ganzheitliche Formen der Organisationsgestaltung ein hoher Preis zu zahlen, weil sie häufig mit der Vervielfachung oder Duplizierung von Funktionen (z.B. Rechnungswesen, Administration) verbunden waren. Heute ist dies durch neue Konzepte wie Shared Services Management nicht mehr zwangsläufig der Fall. Wir können kleine Funktionseinheiten schaffen, ohne uns mit Ineffizienzen, Koordinationsmängeln und Synergieverlusten zufrieden geben zu müssen.

Organisationsgestaltung bei Svenska Handelsbanken

Die Aussage „Structure follows Processes" lässt sich am Beispiel Svenska Handelsbanken mit seiner radikal dezentralisierten Organisation gut veranschaulichen. Hier ist die Abgrenzung von Verantwortung in der gelebten Praxis so eindeutig, dass sich die *Verwendung von Organigrammen* nach Aussage von Managern de facto erübrigt: Die Organisation sieht sich selbst als Netzwerk. Filialen tragen als Profit Center volle Kundenverantwortung. Regionen tragen als Investment Center Verantwortung für Filial-Support und regionenbezogene Entscheidungen.

Querschnittsfunktionen – einschließlich Marketing – sind als Profit Center organisiert und müssen ihre Leistung marktlich an die Filialen verkaufen. Die verbleibenden Zentralfunktionen wurden auf ein Minimum reduziert.

Der formale Aufbau einer wahrhaft dezentralisierten Organisation ist typischerweise nicht fixiert. Im Folgenden sollen kurz einige in der Literatur diskutierten, aber auch in der Praxis eingesetzte Gestaltungsprinzipien und Wege zu einer derartigen „(d)evolutionären Organisation" dargestellt werden.

Center-Konzepte (Invest-/Profit-/Cost-Center)

Small is beautiful. Die Schaffung relativ kleiner, unternehmerisch orientierter Einheiten mit einem hohen Grad an Unabhängigkeit und Autorität innerhalb der Organisation ist eines der Grundprinzipien der Dezentralisierung. Die Modularisierung der Organisation kann oft durch die Schaffung von Profit- und Invest-Centern mit Entscheidungskompetenz und Ergebnisverantwortung geschehen – bei größeren Unternehmen sollten zumeist Hunderte solcher Center gebildet werden, die Freiraum und Chancen für ambitionierte Manager schaffen.[141] Die Untergliederung der Organisation in eine größere

---

[141] Zu den Begriffen: Profit-Center-Manager sind verantwortlich für operative Ergebnisse. Das Prinzip entfaltet nur dann seine volle Wirkung, wenn die Umsätze und alle durch das Geschäft verursachten Kosten tatsächlich sichtbar gemacht werden können. Selbst wenn ein Teil dieser Kosten nicht unmittelbar durch Profit Center-Verantwortliche beeinflussbar sind, so gibt die vollständige verursachungsbezogene Zurechnung doch wichtige Aufschlüsse. Invest-Center sind über operative Ergebnisse hinaus für die Verzinsung des eingesetzten Kapitals verantwortlich. Die Leistungsbewertung geht damit üblicherweise bis ROI oder EVA. Somit ist nur in Invest-Centern die ultimative Sicht von Rentabilität möglich.

Anzahl von Profit Centern unterhalb der Geschäftseinheits-Ebene bedeutet nicht die Abschaffung von Hierarchie, sondern vor allem die eindeutige Zuordnung von Verantwortung und die Neuerfindung von Beziehungen und Informationsaustausch zwischen den Teileinheiten. Zur Klarstellung: In komplexen, budgetgesteuerten und funktional oder bereichsbezogen strukturierten Organisationen sind Verantwortlichkeiten meistens keineswegs präzise abgegrenzt. Mitarbeiter berichten zwar häufig an einen Vorgesetzten, tragen jedoch Verantwortung in mehr als einer Abteilung. Die Mitarbeit in Projekten und Teams bedeutet zudem Verantwortungsübernahme innerhalb bereichsübergreifender Teams. Das Ergebnis einer Center-Organisation ist hingegen eine intern explizit stark netzwerkartig strukturierte Organisation, weil neue, klar abgrenzbare Abhängigkeiten, Leistungsbeziehungen und Interdependenzen entstehen.

Verantwortungs-Center sollten nicht zu viele Mitglieder umfassen. Verschiedene Studien deuten darauf hin, dass die ideale Center-Größe nicht mehr als 50 Mitarbeiter beträgt (klassische Produktionsbereiche mit bis zu einigen Hundert Mitarbeitern können eine Ausnahme darstellen). Der Grund: Bei größeren Teams oder zu häufigen Änderungen in der Teamzusammensetzung neigen Organisationen dazu, *vertrauensbasierte Führung durch formale Kontrollsysteme* zu ersetzen. Das bedeutet umgekehrt, dass große Unternehmen ihre Organisationen konsequenter als bisher in kleine, eigenverantwortlich agierende Center untergliedern sollten, die dann in einem Netzwerk funktionieren. Unternehmen müssen aber auch Mitarbeiter rekrutieren und entwickeln, die innerhalb einer solchen Verantwortungs-Organisation bestehen können. Durch den Wegfall langer Regel- und Abstimmungsprozesse über die Hierarchie kann die Effizienz entscheidend verbessert werden. Auf diese Weise werden nachhaltige Wettbewerbsvorteile geschaffen.

Die einzelnen, kompakten Verantwortungs-Center funktionieren im Verbund mit größeren logistischen Kernbereichen und Shared Service Centern, die Leistungen für die kundennahen Center erbringen. Interne Abteilungen werden in einer Center-Organisation zu – möglichst marktlich koordinierten – Dienstleistungs-Centern, die sich im Rahmen eines internen oder externen Wettbewerbs behaupten müssen. Auch diese zentralen oder geteilten Leistungsbereiche können ihrerseits als Profit Center konzipiert sein und Ergebnisverantwortung tragen.[142] Die Organisation als Netzwerk gewinnt so große

---

[142] Siehe Abschnitt 4.7 zur marktlichen Koordination interner Leistungen und dem Management von Shared Service Centern.

Flexibilität und Robustheit, bei gleichzeitiger Kompaktheit ihrer Leistungseinheiten. Der Gefahr von Interessenkonflikten zwischen dezentralen Profit Centern oder im Zusammenspiel mit Zentralbereichen oder Top-Management wird auf diese Weise vorgebeugt.

Projektorientierung: Projektorganisation und Multi-Projektmanagement

Projektorganisation und Multiprojektorganisation sind in besonderer Weise geeignet, eine gewichtige Rolle bei der Strukturentwicklung hin zu einer flexiblen, radikal dezentralisierten und hochgradig *kundenorientierten* Organisation zu spielen. Projekt- und Multiprojektmanagement können einerseits als sehr gut beschriebene und weit verbreitete Managementtechniken gelten, sie bieten aber weit mehr als bisher anerkannt auch eine Grundlage zum Reengineering gesamter Organisationen, gerade wenn diese bereit sind, sich von fixierten Leistungsverträgen zu verabschieden. Projekte selbst sind eine hochflexible, innovative Organisationsform, die zeitlich befristet die zur jeweiligen Problemlösung erforderlichen Ressourcen auf Kunden und deren Wünsche hin bündelt.

Die Projektorientierte Organisation ist eine hervorragende Form der Dezentralisierung:

- Projektorganisationen werden ad hoc zur Lösung komplexer Probleme gebildet und nach Aufgabenerfüllung wieder aufgelöst (flexible Ressourcensteuerung).

- Projektteams verfolgen abgrenzbare Ziele und bilden Pools für das zur jeweiligen Problemlösung benötigte Know-how (zielorientiertes Management ohne fixierte Pläne).

- Entscheidungen werden dezentral und rasch getroffen – Know-how-Träger und Entscheider arbeiten direkt zusammen (dezentrale Autonomie).

- Bewusstes Management des Projektportfolios schafft klare Prioritäten und setzt knappe Ressourcen effizient ein (Strategieorientierung, Ressourcensteuerung).

Die Projektorganisation ist zugleich ganzheitlich Output-orientiert, kundenorientiert, prozessorientiert und basiert notwendigerweise auf dezentralisierter Entscheidung. Projektorientierte Unternehmensführung bedeutet nicht, *alle* Tätigkeiten mit Projekten zu erledigen. Es beinhaltet aber die Forderung, in der Organisation ständig zu prüfen, ob die jeweiligen Problemstellungen nicht besser durch ein Projekt erreicht werden können, als durch die Abwicklung in

Die Neun Gestaltungsfelder für Beyond Budgeting oder „Better Management"

einer Abteilungs- oder Linienorganisation. Verschiedenste Arten von Tätigkeiten für interne und externe Kunden eignen sich zur Organisation in Projekten. Besonders dominant ist die Projektorientierung in unmittelbar im Projektgeschäft tätigen Organisationen, bei denen sich fast alle auf externe Kundenbeziehungen bezogenen Aktivitäten in Projektform organisieren lassen. Hierzu zählen Technologiebranchen, Softwareentwicklung, Dienstleistung, Beratung und alle Arten von Agenturen, aber auch „traditionellere" Branchen wie Anlagenbau, Bau und in diesem Zusammenhang eher überraschende Segmente wie Not-For-Profit-Organisationen, von denen ein Großteil ausschließlich projekthaft arbeitet oder arbeiten sollte.

Beispiele für Projekttypen, die in spezifischen Projektportfolios zusammengefasst und gemanagt werden können, sind Akquisitions-, Angebots-, Forschungs-, Investitions-, Kunden- und Organisationsentwicklungs-Projekte. Je nach Anteil der „projektfähigen" Aufgaben in einer Organisation schlägt sich die Projektorientierung unterschiedlich stark im Geschehen und in der Aufbauorganisation nieder. Ein Beispiel für eine ausschließlich auf Projekten beruhenden Organisation – mit einer lediglich rudimentären Stammorganisation – zeigt Abb. 79.

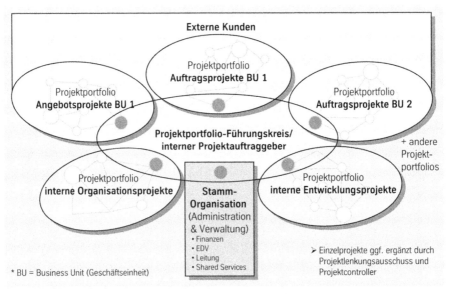

Abb. 79: Projektorganisation als Modell zur Organisationsgestaltung

Eine konsequent projektorientierte Organisation stellt die übliche Struktur von Bereichen und Abteilungen mit nach Bedarf „eingestreuten" Projekten auf den Kopf. Projekte rücken in den Mittelpunkt der Aufbauorganisation. Fachabteilungen erhalten als Servicebereiche die Aufgabe, die in der Organisation laufenden Projekte zu unterstützen.

Das Instrumentarium für das Management von Einzelprojekten wie auch von multiplen Projekten ist konzeptionell stark entwickelt und weit verbreitet – in der Praxis der Projektorientierten Organisation fehlt es allerdings häufig an Disziplin beim Tool-Einsatz. Nicht zuletzt, weil die traditionellen Instrumente zur Steuerung der Gesamtorganisation in krassem Gegensatz zu den Anforderungen des Multiprojekt-Managements stehen. Der Abgleich von Projekten und Projektportfolios mit Budgets und fixierter Ressourcenallokation etwa ist gerade in Unternehmen im Projektgeschäft und mit ausgedehnten intern oder extern fokussierten Projektstrukturen ein zeitaufreibender, sichtbar überflüssiges und häufig absurdes Unterfangen. Ein Beispiel für alternative Konzepte projekt- statt planorientierter Steuerung in einer Beyond-Budgeting-Organisation ist in der Box dargestellt.

Projektportfoliomanagement und Ressourcensteuerung bei Sight Savers International

Sight Savers ist eine karitative Not-for-Profit-Organisation mit Hauptsitz in England, die sich mit Schutz vor Erblindung in Entwicklungsländern befasst. Sie verfügt über regionale Vertretungen in 20 Ländern. Ein Problem für die tägliche Arbeit der NGO war der traditionelle Widerspruch zwischen den Anforderungen der karitativen Projekte mit 3- bis 5-jähriger Dauer an der Organisationsbasis einerseits und dem zentralen System des Finanzmanagements mit seinem jahresfixierten Rechnungswesenbezug andererseits. Im Jahr 2000 wurde dieses Problem bei Sight Savers durch die Abschaffung von Budgets und die Einführung neuer Steuerungsmechanismen gelöst. Das neue Steuerungsprinzip führt die Prognose für die Einnahmenseite der Organisation mit der projektbasierten Kostenprognose für die „committeten" Projekte und Programme in einem rollierenden Forecast zusammen. Dadurch hat Sight Savers effektiv von der Ressourcensteuerung mit Budgets zugunsten der Steuerung mit Projektportfolio-Techniken Abschied genommen.

Die Neun Gestaltungsfelder für Beyond Budgeting oder „Better Management"

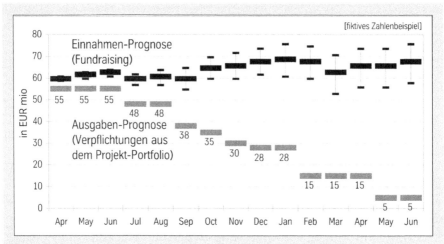

Rollierender Forecast für Einnahmen (mit Unsicherheit) und Projektverpflichtungen

Statt Autopsie-ähnlicher Budgetabweichungen werden in der Vorstandsarbeit heute drei zukunftsgerichtete Schlüsselindikatoren verwendet: (1) Anteil der Ausgaben für karitative Arbeit an den Gesamtausgaben, (2) Verhältnis freier Reserven zu Projekt-Verpflichtungen und (3) Wachstum im Fundraising. Ressourcen werden lediglich auf der Ebene der drei Kategorien *Fundraising*, *Karitative Arbeit* und *Support* zentral überwacht.

Sight Savers versteht die Einnahmenseite (Fundraising) heute als *einzige* Determinante der Projektarbeit – auf Budgets als illusionäre Determinante und Engpass wird verzichtet! Durch die bedingungslose Fokussierung auf die voraussichtliche Entwicklung des Fundraising-Aufkommens in der Zukunft konnte die in der Organisation verbreitete latente Unsicherheit bezüglich der Finanzierung einzelner Projekte/Programme überwunden werden. Sight Savers ersetzte die Finanzierung von Projekten anhand kurzfristiger Mittelfreigabe nach dem Stop-and-Go-Prinzip durch die Politik der Zusicherung von 2-Jahres-Garantien. Das erleichtert die Projekt-Arbeit der dezentralen Akteure erheblich und trägt zur Planungssicherheit bei. Sight Savers definiert sich heute als *Ereignis-getrieben*, nicht mehr als Plan- oder Zyklus-getrieben.[143]

---

[143] Siehe zum Fallbeispiel Sight Savers International z.B. Caulkin 2003 und Leitch 2003b

Wertschöpfungsnetzwerke, Netzwerkorganisation, Virtuelle Organisation und Allianzen

Die Bildung eines organisationsübergreifenden Wertschöpfungs-Netzwerks mit externen Partnern ist für viele Organisationen bereits Realität. Sie ist Konsequenz verschiedener Entwicklungen der letzten Jahrzehnte, wie der Konzentration auf Kernkompetenzen, zunehmendem Outsourcing, der Reorganisation von Gemeinkostenbereichen und Spin-offs. Selten jedoch werden derartige Formen „virtueller Organisation" durch traditionelle Steuerungsprozesse in geeigneter Weise unterstützt. In hochgradig kooperativen Netzwerken mit einem gewichtigen Anteil externer Leistung und Wertschöpfung werden Budgets und fixierte Leistungsverträge zunehmend überflüssig und durch flexiblere Formen der Steuerung ersetzt. Beispiele sind neue, organisationsübergreifende Informationssysteme (z.B. für Supply Chain Management), gemeinsames Forecasting und die Ad-hoc-Steuerung von Ressourcen. Diese Prozesse erhöhen die Effizenz der Steuerung des Netzwerkes und ermöglichen die notwendige Flexibilität der Kooperation. Netzwerkorganisationen rekonfigurieren sich laufend, entsprechend aktuellen externen Anforderungen. In den meisten Fällen fehlt dagegen die konsequentere Fokussierung auf diese neuen Steuerungsformen, durch Abschaffung von Budgets und fixierten Plänen.

Dynamische Kooperationsverbünde unter Beteiligung verschiedener Unternehmen sind heute in Serviceindustrien, Projektgeschäft, Investitionsgüterbranchen und Konsumgüterindustrien (Beispiele: Adidas-Salomon, Nike) gängige Praxis. Die praktizierten Kooperationsformen, von denen einige in Abb. 80 zu sehen sind, reichen von informeller Partnerschaft über lose, einzelprojektbezogene Kooperation, bis hin zu Joint Ventures.

Unterschiedliche Wertschöpfungsprozesse eigener Organisationseinheiten und der von Partnern werden abteilungs-, funktions- und hierarchieübergreifend durch Interaktion und Kommunikation verknüpft. Formelle oder informelle Kooperation kann dabei mit allen Unternehmensumfeldern stattfinden: beispielsweise mit Zulieferern, Konkurrenten, öffentlichen Einrichtungen, Kunden, Kunden der Kunden, externen Anspruchsgruppen und Informationslieferanten.

Die Neun Gestaltungsfelder für Beyond Budgeting oder „Better Management"

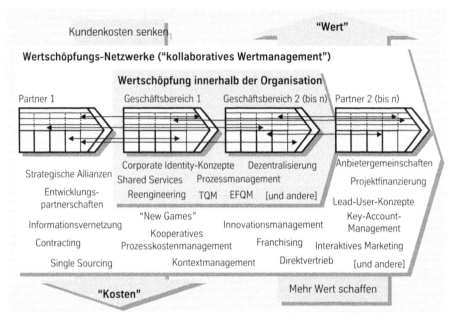

Abb. 80: Kooperatives Wertschöpfungs-Management als Organisationsform

Spartenorganisation, Key Account-Management, Regionale Gliederung

Sie stellen wichtige Schritte von der zentralisierten zur dezentralisierten, von der produkt- zur kundenorientierten Organisation dar. *Key Account-Management* ist ebenso wie die Einrichtung von *Spartenorganisation oder Divisionalisierung* nach Produkt- oder Kundengruppen ein bedeutender Schritt in Richtung Dezentralisierung von Ergebnisverantwortung (unabhängig von anderen Formen der Dezentralisierung, wie der regionalen Organisation). Beyond Budgeting treibt letztlich das Prinzip des Key Account Management aber einen Schritt weiter. Statt lediglich bestimmte wichtige Kunden (eben „Key Accounts") stark dezentral verantwortet zu betreuen, wendet eine *radikal dezentralisierte* Organisation dieses Prinzip auf alle Kunden an. Radikale Kundenorientierung bedeutet, dass alle Kundenentscheidungen dezentral und von einem einzigen Profit Center oder Team verantwortet werden – unabhängig davon, wo diese stattfinden.

In Vertriebsorganisationen müssen logistische Funktionen häufig zusammengefasst und als Shared Service oder Profit Center geführt werden, damit dezentrale Einheiten wie die Vertriebsorganisation bessere, zuverlässigere Leistungen zu geringeren internen Preisen nachfragen können (nicht zu verwechseln mit „Zentralisierung"!). Typisch ist in diesem Zusammenhang die Veränderung der *Rolle von Regionalorganisationen*. Ihre traditionell oft „dispositive" Funktion (als Dienstleister für kundennahe Filialen), wandelt sich zu einer Rolle von Coaching, Unterstützung und Koordination des Dienstleister-Netzwerks. In mehreren Beyond-Budgeting-Fallbeispielen wie Svenska Handelsbanken und Ahlsell war genau dieser Wandel der Funktionsteilung zu beobachten. Während Organisationen häufig damit ringen, Entscheidungsautorität auf Regionalebene anzusiedeln, ist gerade Svenska Handelsbanken bereits einen Schritt weiter gegangen, indem Filialen und Zweigstellen Verantwortung sogar für Personalkapazität, Mitarbeiter-Gehäter, und Leasing von Aktiva tragen. Bei Handelsbanken beschäftigen die Regionen heute Spezialisten für Controlling, Rechts- und Personalmanagementfragen – als interne Berater. Das Ergebnis ist aber keine Verantwortungs-Matrix. Die Filialmanager sind für Entscheidungen verantwortlich und berichten direkt an den Regionalmanager.

Matrixorganisation

Das Konzept der Matrixorganisation hat sich – entgegen den hochgesteckten Erwartungen der 90er Jahre – nicht als Aufbau-organisatorisches Allheilmittel erwiesen. Grund dafür ist sicherlich, dass die Machtbefugnisse in der Praxis der Matrixorganisation größtenteils bei den verschiedenen *Funktionen* verbleiben. Die Matrixorganisation wurde steilen Hierarchien in der Praxis oft lediglich übergestülpt, ohne die Vorteile einer dezentralen Organisation auch nur annähernd auszuschöpfen. Zudem läuft die Matrix bei genauer Betrachtung den Prinzipien der Eindeutigkeit und Einfachheit bei der Zuordnung von Verantwortung zuwider: Dezentralisierung und radikale Autonomie marktnaher Akteure der Organisation werden durch diese Form der Aufbauorganisation nicht notwendigerweise gestärkt.

Abbau von Stabstellen, Zentralbereichen und hierarchischen Ebenen

Die Reduzierung von Führungsebenen und Zentralfunktionen ist durch Management-Techniken wie Lean Management, Reengineering, Downsizing, Rightsizing usw. in vielen Organisationen zumindest phasenweise recht intensiv praktiziert worden. Die Forderungen des „Lean Thinking", des Prozessmanagements und ähnlicher Techniken haben viel mit der im Beyond Budgeting geforderten Realisierung flexibler und radikal dezentralisierter Steuerung gemein. Der Abbau zentraler Stabstellen und die Zuordnung ehemals zentraler Unterstützungsfunktionen an die Geschäftseinheiten sind Kernelemente der Verwirklichung schlankerer und kundenorienterter Organisation (Beispiel: „leanes" Business Unit-Controlling statt zentraler Controllingabteilung). Klassische Aufgaben von Zentralfunktionen werden entweder in die Linie hinein verlagert, ausgesourct oder als interne Dienstleistungen organisiert.

Shared Services und interne Märkte mit frei verhandelbaren Preisen

Die Dezentralisierung im Rahmen ergebnisverantwortlicher Center-Strukturen (wie im ABB-Konzern bereits Anfang der 90er Jahre praktiziert) stößt dann an ökonomische Grenzen, wenn nicht bestimmte Unterstützungsfunktionen in gebündelten Dienstleistungseinheiten – sog. Shared Services Centern – wahrgenommen werden. Die Fragmentierung von Diensten in dezentralen Profit Centern führt andernfalls zu höheren Kosten, unzureichender Standardisierung und redundanter Aufgabenwahrnehmung. Shared Services können gleichzeitig marktlich koordiniert werden, anstatt mittels hierarchischer Weisung und Pläne, wenn intern verhandelte Verrechnungspreise und innerbetrieblicher Leistungsaustausch in Form eines internen Marktes verwirklicht werden (siehe Abschnitt 4.7.2). Ziel dieser Märkte: Bei intraorganisationalen Austauschbeziehungen soll ökonomisch gehandelt und Ressourcenverschwendung vermieden werden. Wird eine Leistung intern zu teuer oder in nicht ausreichender Qualität bereitgestellt, so werden die entsprechenden Bereiche gezwungen sein, sich anhand von Benchmarking mit externen Dienstleistern zu messen und die Leistung mittels Prozess- und Prozesskostenmanagement oder Rekonfiguration der Leistungsqualitäten zu optimieren. Interne Kunden üben durch regelmäßige Leistungsverhandlungen Druck auf die Leistungsersteller aus. Insofern haben auch marktferne Organisationseinheiten ihre Effizienz ständig zu überprüfen.

Strategische Projekte, kontinuierliche Verbesserungsprozesse (KVP) und andere Konzepte zum Prozessmanagement

Projekt- und prozessorientierte Organisationsformen bilden den „Klebstoff" einer Organisation. Diese und andere Organisationsformen sind Wege, horizontale und vertikale Integration durch weniger aufbauorganisatorische als vielmehr informale Koordinationselemente zu erreichen. Arbeitsgruppen, funktionsübergreifende Teamarbeit, Prozessmanagement, TQM, kontinuierliche Verbesserungs-Zirkel usw. fußen auf dieser Art von Steuerung und Koordination.

In einer Beyond-Budgeting-Organisation ergänzen und untermauern informelle Kommunikation, interner Wettbewerb und hochgradig transparente Informationssysteme die auf diese Weise erreichte Dezentralisierung. Dezentralisierte Organisationen kreieren andererseits ihre eigenen informellen horizontalen und lateralen Netzwerke. Dezentrale Einheiten bilden Teams und Projektgruppen für Erfahrungsaustausch und Benchmarking, z.B. hinsichtlich Strategie, Märkten, Kunden und Zulieferern.

Unabhängig davon, welche der formellen oder informellen Organisationsprinzipien in der Beyond-Budgeting-Organisation Anwendung finden: Zusammengehalten wird die dezentralisierte Organisation durch klare, einfache und geteilte Ziele. Dies klingt nach „weicher" Führung, lässt sich aber in „harte" Steuerungsprozesse übersetzen.

Prinzipien der Organisationsgestaltung im Beyond-Budgeting-Modell

Zweck: Durch eine die dezentrale Verantwortung und Autonomie fördernde Aufbauorganisation Empowerment maximieren; verbindet Kosteneffizienz, hohe Innovation, profitable Kundenbeziehungen und ethisches Verhalten.

- Verhaltensmodifikation und Änderung der Aufbauorganisation *folgen* Prozessmodifikation.
- *Koordinationsparadigmen:* Selbststeuerung und marktliche Koordination; Selbst-Controlling.
- *Profit-Center-Struktur:* Bildung einer Vielzahl autonomer Leistungscenter; auch interne Servicebereiche sollen sukzessive durch Verrechnungspreise und interne Märkte gesteuert werden; Mitarbeiter als Unternehmer im Unternehmen.
- *Projekt- und Multiprojektorganisation* sind hocheffiziente und erprobte Formen ganzheitlich Output-, kunden- und prozessorientierter Organisationsgestaltung für maximale Dezentralisierung; einsetzbar für externe Kundenprojekte, interne Entwicklungsprojekte usw.
- *Wertschöpfungs-Netzwerke:* Neue Steuerungsformen zwischen Partnern, wie kollaborative Informationssysteme, gemeinsames Forecasting und Ad-hoc-Ressourcensteuerung ersetzen Steuerung durch fixierte Pläne und führen zur virtuellen oder Netzwerk-Organisation.

- *Matrixorganisation:* kaum geeignet, radikale Dezentralisierung zu realisieren
- *Interne Märkte:* interne Verhandlungen, Verrechnungspreise und Leistungsverträge (Service Level Agreements) schaffen konstanten Druck auf interne Dienstleister.
- *Informationssysteme:* Informelle Kommunikation und hochgradig transparente sowie offene Informationssysteme sind Grundlage internen Empowerments und effizienter externer Kollaboration.
- *Abbau von Stabstellen und Zentralbereichen:* Trägt zur Schaffung interner Dienstleistungskultur bei.
- *Controlling und Finanzfunktion:* Dezentralisieren durch Zuordnung von Ressourcen zu den Geschäftseinheiten, Umwandlung in interne Dienstleister und durch Outsourcing von Standardaufgaben.
- *Strategische Projekte und Prozessmanagement-Konzepte* (KVP, Kaizen, Prozesskostenrechnung u.a.): zur Funktions- und Bereichs-übergreifenden Integration.

4.9.4 Implikationen für Unternehmenskultur und Führung

Der Übergang von der Budgetsteuerung mit dem Mechanismus von „Weisung und Kontrolle" hin zu einem Steuerungsmodell, das den Leitsatz „Coaching und Support" beherzigt, ist ein langfristiger, nicht unbedingt einfacher Weg. Bei der Implementierung von Beyond Budgeting ergeben sich einige praktische Herausforderungen:[144]

- *Für Unternehmensleitung und Linienmanagement:* Manager müssen altes Führungsverhalten und eine Reihe überkommener Einstellungen „entlernen". Sie müssen Disziplin dahingehend entwickeln, sich nicht in dezentrale Verantwortungsbereichen einzumischen, auch wenn sie wissen, dass Fehler begangen werden können. Die Formulierung eines vereinbarten Portfolios von Prinzipien und Werten der Organisation ist essenziell, damit alle Mitarbeiter beherzte, auch mit Risiken behaftete Entscheidungen innerhalb eines zuverlässigen Bezugsrahmens treffen können.

---

[144] Siehe BBRT 2001, S. 16–17.

- *Für alle Organisationsmitglieder:* Mitarbeiter der Organisation müssen verstehen, dass Empowerment nicht absolute Freiheit bedeutet, sondern eine neue Form von Leistungsvertrag. Top-Management und Vorgesetzte geben im Beyond Budgeting weit anspruchsvollere Leistungsvorgaben, und Verantwortung ist eindeutiger, als dies in der Budgetsteuerung der Fall ist. In der neuen Steuerung ist gegenseitiges Vertrauen und Leistungsorientierung aller Akteure erforderlich. Das bedeutet auch, dass mit einzelnen Mitarbeitern, deren Einstellung, Fähigkeiten oder Leistungsbereitschaft nicht mit dem neuen Leistungsvertrag übereinstimmen, auf konsequente Weise verfahren werden muss. Dies kann zur Versetzung in andere Bereiche führen, die mit dem Mitarbeiterprofil besser übereinstimmen, oder das Organisationsmitglied muss die Organisation verlassen. Diese Aussage ist kritisch für den Erfolg des neuen Steuerungsmodells als Ganzem.

Das Konzept „Normatives Management" ist eher in der Wissenschaft ein Begriff, ihm haftet angesichts der gängigen Praxis des Managements heute Theorielastigkeit an. Die anhaltende Suche der Organisationen nach neuen Steuerungsformen und -tools, nach besserer Corporate Governance und ethischerem Verhalten deutet allerdings den Erneuerungsbedarf des Managementverhaltens und der Sinndimension des Führungshandelns an. Es erscheint daher lohnenswert, an die so genannte normative Dimension der Führungsverantwortung zu erinnern. Normatives Management umfasst, so die Wissenschaft, die „Unternehmenspolitik und Unternehmenskultur" und beschäftigt sich mit generellen Zielen der Organisation, mit Prinzipien, Normen und Spielregeln, die darauf ausgerichtet sind, die Lebens- und Entwicklungsfähigkeit des Unternehmens sicherzustellen. Gerade diese Funktion „werthaltiger" Führung ist es, die das Top-Management im Beyond-Budgeting-Modell stärker beherzigen sollte.

Die Koordination von Planung und Handeln kann nur dann ohne Mikro-Management der Führung gelingen, wenn alle Beteiligten über gemeinsame Werte und Basisziele verfügen. Das klingt ganz einfach, ist aber an die zentrale Entwicklung von Werten und Zielen sowie die kontinuierliche Kommunikation und Abstimmung mit allen Organisationsmitgliedern gebunden. Diese zentralen Ziele in Form der Formulierung des Unternehmenszwecks sollten stets als *soziale Zielsetzung* formuliert werden – der ökonomische Erfolg eines Unternehmens ist lediglich ein Zwischenschritt. Erfolgreiche Organisationen zeichnen sich durch gemeinsame Sinnorientierung aus. Einige herausragende Unternehmen haben es geschafft, Werte wie den Beitrag zur menschlichen Gesundheit oder die Versorgung der Gesellschaften mit essentiellen und erschwinglichen Gütern und Lösungen in den *Köpfen und Herzen* ihrer Mitglieder zu verankern. Das ökonomische Ergebnis ist lediglich in der abstrakten Vorstellungswelt von Finanzern und Ökonomen das wirklich ultimative Ziel eines Unternehmens. Die Wertschöpfung ist nämlich ihrerseits nur eine notwendige Bedingung für etwas Wichtigeres: einen sozialen Beitrag für die Gesellschaft und deren Mitglieder (Mitarbeiter, Kunden, Investoren und sonstige Anspruchsgruppen) zu leisten.[145] Diesen ultimativen Zweck der Organisation in einer Vision zu synthetisieren, zu formulieren, zu kommunizieren und durch werthaltige Führung auch emotional erlebbar zu machen, ist eine der Hauptaufgaben des Top-Managements.

Ein starkes Wertsystem in Verbindung mit Unternehmenskultur bietet Mitarbeitern Orientierung. In ihren Handlungen und Entscheidungen können sie sich nach klaren Normen und Werten richten, die Anweisungen im Detail bzw. Budgets und fixe Pläne überflüssig machen. Ein sinngebendes und verhaltenssteuerndes Orientierungssystem in Form von Organisationskultur kann insofern ein *Substitut für die traditionelle Planung* sein. Explizite hierarchische Kontrolle wird hingegen durch implizite Kontrolle in Form dialogischer Führung ersetzt. Auf der anderen Seite werden Verstöße gegen das Wertesystem von der Gruppe geahndet: Bei der täglichen Zusammenarbeit zwischen Gleichgestellten (Peers) finden subtile „checks and balances" statt (auch als „peer pressure" bezeichnet) – eine Form gegenseitiger informeller Kontrolle.

Werthaltige Managementprozesse, Handlungen, Zeichen und Systeme (z.B. Vision, Organisationsstruktur, Dialog, unternehmensweite Leistungsmessung, Vergütung) werden in der Beyond-Budgeting-Organisation genutzt, um Ausrichtung an Geschäftszielen zu schaffen, während gleichzeitig Anpassungsfähigkeit angesichts diskontinuierlicher Gefahren oder Chancen gewährleistet werden soll. Einheitliche Ausrichtung und Anpassungsfähigkeit sind schwer simultan zu erreichen, schließen sich aber nicht gegenseitig aus. Der Schlüssel ist die richtige Balance. Trotz klarer Rahmenvorgaben und geteilter Strategie müssen Agilität, Sensibilität für Umfeldänderungen und Risikofreude gefördert werden.

---

[145] In diesem Punkt unterscheiden sich Unternehmen mit Gewinnziel keineswegs von Not-for-Profit-Organisationen. Nur fällt es Letzteren häufig leichter, ihren ultimativen „Zweck" in Worte zu fassen und im Tagesgeschäft zu vermitteln. Viele Unternehmen müssen diesen Abstraktionsschritt noch leisten, wenn sie Kultur und Sinn als machtvolle Führungsinstrumente einsetzen wollen.

Die *Kultur einer Organisation* stellt letztlich keine prinzipielle Barriere zur Anwendung für neue Steuerungsprinzipien dar. Die Frage ist vielmehr, inwieweit es gelingt, ein Beyond-Budgeting-Modell entweder auf einer schon bestehenden kulturellen Prägung, die weitreichende Flexibilität und Empowerment unterstützt (der einfachere Fall) zu implementieren, oder inwiefern Beyond Budgeting als Trigger zur gezielten Kulturänderung eingesetzt wird (die größere Herausforderung und der wesentlich häufiger anzutreffende Fall). Das Problem dabei: Kultur lässt sich nicht unmittelbar „managen" und verändern, sondern lediglich mittelbar über Prozesse, „Entlernen" und gleichzeitiges Erlernen neuer, vertrauensbasierter Verhaltensweisen. Abb. 81 zeigt, dass Organisations-Kultur dennoch keineswegs ein softes, abstraktes Konstrukt ist, sondern ein Set aus gelebtem Verhalten und kulturellen „Zeichen". Außerdem sind die wesentlichen Einflussfaktoren auf Kultur dargestellt – und wie die neuen Prinzipien, Tools und Prozesse des Beyond-Budgeting-Modells unmittelbar auf die Organisationskultur einwirken.

Die Antwort zum Problem des Wandels kultureller Identität einer Organisation liegt in der Tatsache, dass Einstellungen von Menschen aus *Handlungen und Verhalten* resultieren. Wenn Menschen Verhalten ändern, beginnen sie anders zu denken. Dieses neue Denken wiederum lenkt Verhalten in der Zu-

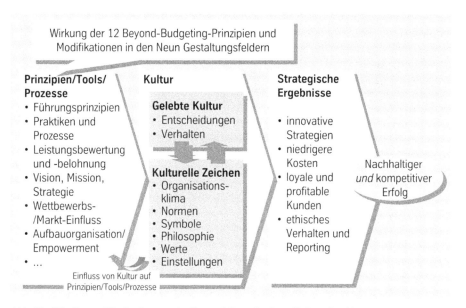

Abb. 81: Wie Beyond Budgeting unmittelbar auf Organisations-Kultur einwirkt

kunft und treibt den Wandel weiter voran. Die Frage, wie also Verhalten und Handeln als Ausgangspunkt kulturellen Wandels beeinflusst werden können, ist relativ einfach zu beantworten: Tools, Prinzipien und Prozesse formen durch ihre Wirkung auf das Verhalten der Organisationsmitglieder nicht nur Kultur auf natürliche Weise, sie *produzieren* Kultur. Gelebte Kultur erfährt den wirksamsten Änderungsimpuls durch substanziell neue Steuerungsprozesse. Wer diesem Zusammenhang nicht vertraut, sollte sich vor Augen führen wie effizient die meisten Anreiz- und Vergütungsprozesse Verhalten beeinflussen (bei konventionellem Einsatz meistens zum Schlechteren!). Eine konsequente Umgestaltung organisationsweiter Steuerungsprozesse ist ein Garant für schnellen kulturellen Wandel.

In den meisten Organisationen ist der Versuch, diesen Wandel zu verstärken, bereits im Gange; Organisationen treiben heute ganze Armeen vielgestaltiger Initiativen und Veränderungs-Programme voran. Andererseits neigen Unternehmen aber dazu, althergebrachte Prozesse und Handlungsprinzipien – wie Budgets und fixe Leistungsverträge – unangetastet zu lassen. Die Kohärenz des Management-Modells geht dadurch unweigerlich verloren, neue Initiativen haben es trotz hervorragender Ausführung schwer, ihre Wirkung auf Kultur und Verhalten voll zu entfalten. Beispiele für Tools und Prozesse zur Beschleunigung des kulturellen Wandels wurden in den vorigen Kapiteln diskutiert: nachhaltige variable Vergütung, dialogische Management-Reviews, transparente und schnelle Informationssyteme, relative Leistungsziele- und -messung, strategische Indikatorensysteme usw.

Autonomie und Dezentralisierung bei Whole Foods und AES, USA

- Whole Foods, ein amerikanisches Handelsunternehmen, das Supermärkte betreibt, war in den 90er Jahren außerordentlich erfolgreich und wuchs beim Umsatz von 100 mio Dollar auf 1 Milliarde Dollar. Das Unternehmen ist berühmt für seine *autonom gemanagten Teams*. Die Firma teilt detaillierte Informationen zu finanzieller Leistung und Finanzen allgemein mit seinen Mitarbeitern. Dies geht so weit, dass alle Mitarbeiter, von denen viele ebenfalls Unternehmens-Aktien besitzen, von der Securities and Exchange Commission in den USA als „Insider" eingestuft werden. Informationen bis hin zu Daten über Gehälter der Mitarbeiter werden allen Angestellten verfügbar gemacht.

Whole Foods verteilt außerdem Gewinne aus Produktivitätszuwächsen an seine Mitarbeiter, mit Hilfe von Anreizen auf teambezogener Leistung – innerhalb eines Prozesses, der dezentrale Entscheidungen fördern soll.

- *AES*, ein ohne Budgets global operierender Anlagenbauer und Kraftwerksbetreiber, ist ein weiteres Beispiel für radikal dezentralisiertes Management. Auch hier sind finanzielle Informationen und Daten zur Leistungsentwicklung allen Mitarbeitern zugänglich. Bei der Einstellung von Mitarbeitern werden Kriterien wie kulturelle Anpassungsfähigkeit und Fähigkeit, Bürokratie zu vermeiden, berücksichtigt. Obwohl AES eine Firma mit Tausenden Mitarbeitern ist, verfügt sie über keine Personalabteilung und legt Unternehmensentwicklung und strategische Planung in die Hände aller Mitarbeiter, anstatt diese zu zentralisieren.

Anhand des großen Gewichts gerade skandinavischer Fallbeispiele von Management ohne Budgets liegt es nahe anzunehmen, dass *kulturelle Faktoren* auch in spezifischer Hinsicht bei der Adoption des Konzeptes eine Rolle spielen könnten. Diese Vermutung soll hier einerseits nachdrücklich unterstützt werden: *Kultur* im Allgemeinen spielt sicherlich eine Rolle. Andererseits sollte man sich die Frage stellen, ob gerade *nationale* Kultur eine dominante Funktion bei der Adoption moderner, dezentralisierter Managementmodelle spielt, oder ob Markt- und Wettbewerbsfaktoren gemeinsam mit Organisations- und nationaler Kultur dazu führen, dass vergleichsweise viele Organisationen eine derartige Organisationskultur entwickeln. Es spricht einiges dafür, dass die Organisationskultur und die Führungskultur des Top-Managements im Einzelfall eine deutlich wichtigere Rolle bei der Adoption eines Beyond-Budgeting-Modells spielen als die nationale Kultur. Letztlich kommen zahlreiche Fallbeispiele für ohne Budgets steuernde Unternehmen aus England, Frankreich, Deutschland und den USA – mithin aus kulturell recht heterogenen Ländern.

Spezifische Eigenschaften skandinavischer Regional- und Management-Kultur mögen durchaus im Zusammenhang mit den herausragenden Erfolgen der Region im Management ohne Budgets stehen: Die frühe Globalisierung der Unternehmen angesichts begrenzter Heimatmärkte, die gelebte Tradition des Benchmarking, die hohe Qualifikation von Mitarbeitern in skandinavischen

Ländern und die Tendenz zur Anerkennung der Rolle des Humankapitals in Organisationen. Verschiedene Managementthemen, wie Steuerungsinstrumente für immaterielle Produktivfaktoren (sichtbar auch in der skandinavischen Vorreiterrolle beim Intangible Assets Management und Wissensmanagement seit den 90er Jahren) oder Dezentralisierung sind in Skandinavien nachweislich nicht nur weithin anerkannt, sondern zugleich von einer Reihe von Unternehmen beeindruckend konsequent umgesetzt worden. Die Anerkennung von Mitarbeitern als wichtigstem Produktivfaktor und die Entwicklung entsprechender Managementprozesse und Formen der Organisationsgestaltung mag auch in der kulturellen Identität der skandinavischen Länder ihren Ursprung haben. Diese Faktoren wiederum dürften zum frühzeitigen Bruch vieler Organisationen mit der traditionellen Budgetsteuerung mit beigetragen haben. Sie können die Affinität skandinavischer Unternehmen zur Steuerung ohne Budgets zumindest mit erklären. Die dahinter liegenden Prinzipien sind jedoch – wie die unterschiedlichen Fallbeispiele für Beyond Budgeting beweisen – universell.

Es kann unmöglich von *einem* typischen Werte- und Kultursystem von Organisationen in einer bestimmten Region (z.B. Skandinavien, Deutschland oder dem deutschen Sprachraum) gesprochen werden. Gleiches gilt natürlich für andere Länder bzw. Regionen. Einige Faktoren, die sich ebenso maßgeblich wie „nationale" Kultur auf die Organisationskultur niederschlagen, sind z.B. Unternehmensgröße und -alter, Branche, Inhaberstruktur, Leistungsorientierung und -honorierung, Ethik und Werte der Organisation, Grad der Internationalisierung, Alter und Qualifikation der Mitarbeiter, usw.

Führung und Führungsstil im Beyond-Budgeting-Modell

Grundlage der Führung im Beyond-Budgeting-Modell ist, wie wir gesehen haben, ein Prozess *dialogischer Führung:* nicht im Vakuum oder im Kontext eines dirigistischen Managementmodells, sondern im Zusammenhang mit dezentraler Verantwortung und Empowerment. Die Rolle des Vorgesetzten ist die eines Beraters, Coaches[146], Mentors, Förderers und „Herausforderers".

Einige Charakteristika von Führung im Beyond-Budgeting-Modell, im Vergleich zu traditionellen Formen der Steuerung, sind in Abb. 82 zu sehen.

---

[146] Vorgesetzte als „Coach" (Trainer) zu bezeichnen, ist nicht immer eine glückliche Metapher. Coaching betont m.E. stark das Element des Belehrens oder der Kommando-Kultur. Coaching bedeutet hier aber: (1) Mitarbeitern die Mittel zur Verfügung stellen, damit sie ihre Arbeit erledigen können; (2) Barrieren zur Aufgabenerfüllung beseitigen; (3) Teams und Individuen herausfordern und inspirieren.

Führung und Organisationsgestaltung als Eckpfeiler radikaler Dezentralisierung

Ausprägung	Steuerung durch direkte Weisung	Steuerung durch Pläne	Beyond Budgeting (marktlich/dialogisch/ Selbststeuerung)
Ziele	verkündet	vereinbart	Selbstdefinition
Information	Statussymbol	wird wie Ware gehandelt	im Überfluss vorhanden
Motivation	manipulativ	auf Bedürfnis der Mitarbeiter gerichtet	hat Identifikation zum Ziel
Entscheidung	wird nur oben gefällt	zum Teil delegiert, „partizipativ"	fällt auf Mitarbeiter-/Teamebene
Einstellung zu Fehlern	werden nur von Mitarbeitern begangen	werden eingestanden	dürfen gemacht werden
Konflikte	sind unerwünscht	werden bewältigt	sind eine Chance für Neuerungen
Kontrolle	erfolgt top-down	zum Teil delegiert	überwiegend Selbstkontrolle
Führungsstil	autoritär, patriarchalisch	kooperativ	situativ
Vorgesetzte	wollen Gehorsam	wollen Kooperation	wollen Partnerschaft
Funktion Führungskraft	unumschränkter Herrscher	Problemlöser, Entscheider	Veränderungsstratege, Unterstützer u.a.

Abb. 82: Führungsstile in unterschiedlichen Steuerungsmodellen

Ergänzend zur Praxis des formellen, regelmäßigen Management-Dialogs macht sich die Rollenveränderung von Top-Management und Vorgesetzten in anderen Formen der Kommunikation und Führung bemerkbar. Bei Svenska Handelsbanken sind z.B. „Presidential Visits" in Regionen und Filialen die Regel, um Leistungspotenzial und Probleme zu besprechen. Andere Kommunikationsvehikel sind monatliche Empfehlungen des Management-Führungskreises (als Ergebnis des monatlichen Dialogs innerhalb der Führungsspitze) und natürlich konventionelle elektronische Informationssysteme, Intranets, schwarze Bretter usw.

Die *Empfehlung* ist ein in der Regel stark unterschätztes Element der Führung, gewinnt aber in der dezentralisierten Organisation mit ihren dialogischen Formen der Interaktion an Gewicht. Wenn Führung als dialogischer Prozess abläuft, dann ist dies ein Beratungsprozess, in dem Führungskräfte

Empfehlungen geben, sich am Schluss aber nicht in die sichere „Vereinbarung" flüchten. Der Dialog lässt bewusst offen, wie der *Empfehlungs*empfänger letztlich handelt. Es ist Aufgabe des Geführten zu entscheiden und Maßnahmen zu ergreifen. Dies ist ein Balanceakt gelebter Freiheit und eine Herausforderung für Führungskräfte.[147] Das gleiche Verhältnis muss im Übrigen zwischen Controllern und Linienmanagern gelten. Der Führungsprozess bei Svenska Handelsbanken ist ein Beispiel dafür. Hier finden monatlich informelle Meetings der 25 Top-Führungskräfte statt. Bereits vor der Sitzung erhalten die Teilnehmer die realisierten Zahlen des vergangenen Monats – die Besprechung selbst hat jedoch keine formelle Agenda. Die Diskussion kreist um die Situation der Bank, mögliche Reaktionsmaßnahmen usw. Die Ergebnisse werden als Empfehlungen des Management-Teams an die Filialen kommuniziert mit dem Ziel, Manager auf Probleme der Bank als Ganzem, die über das Tagesgeschäft der Filialen hinausgehen mögen oder übersehen wurden, aufmerksam zu machen. Danach liegt es in der Verantwortung der Filialmanager, Entscheidungen hinsichtlich ihres lokalen Marktes zu treffen. Von diesem auf Information und Empfehlung reduzierten Führungsstil wird lediglich abgewichen, wenn Leistungsmaße von vereinbarten Bandbreiten abweichen. In diesen Fällen werden Linienmanager über ihre Probleme befragt, und es wird zusätzlicher Support angeboten.

Akzente der Rolle des Top-Managements im Beyond Budgeting-Modell:

Steuerungs-Philosophie: fördert operative Höchstleistung und Strategieumsetzung

- *Sinngebung:* Lernen und Wissensmanagement fördern; wertorientiertes Management und -kommunikation aktiv gestalten.

- *Wettbewerbsorientierung fördern* durch Fokus auf Konkurrenz und interne/externe Bestleistungen.

---

[147] Aus Befehlsempfängern werden natürlich nur dann Empfehlungsempfänger, wenn die Empfehlungen nicht nach Erlkönig-Art gemeint sind („Und bist du nicht willig, so brauch' ich Gewalt"). Darum braucht die dialogische Führung Vertrauen und Elemente wie den Willen, Fehler zuzulassen, oder den unbeirrten Blick auf Ergebnisse, nicht auf Aktivitäten. Vgl. Dietz/Kracht 2002.

- *Steuerung durch „normative" Vorgaben und Leistungserwartung:* Rahmenvorgaben und Regeln für Strategie-Entwicklung/Entscheidung; herausfordernde Referenzvorgaben für mittel- und langfristige Ziele, minimale finanzielle Erwartungen (in Form von Indikatoren) und Leistungsstandards.
- *Kundenorientierung und Dienstleistungskultur:* Fokussierung aller Bereiche auf externe und interne Kunden, Service-Charakter aller Bereiche herausarbeiten.
- *Systemgestaltung:* Managementmodell, Organisation und Führung weiter flexibilisieren und dezentralisieren; funktionsbezogene Hierarchien in ergebnis- und kundenverantwortliche Center-, Prozess- und Projektorganisation umwandeln.

Kontroll-Philosophie: ausgeprägte Partizipation und dezentrale Verantwortung, aber Recht der Leitung zum Veto bei risikoreichen Strategien; Stichprobenkontrollen und Kontrolle durch vielfältige Tools des Risikomanagements

- *Transparente Informationssysteme* und Forecasts helfen, Wandel/Herausforderungen der Märkte zu identifizieren und frühzeitig zu reagieren.
- *Systematisches Infragestellen* von Prämissen und Risiken vor Entscheidung über alle großen Investitionsvorhaben.
- *Dialogische Führung:* regelmäßige Management-Reviews.

Führungs-Philosophie: Betonung von Integrität, Offenheit, Vertrauen und Fairness – unterstützt Kultur des impliziten Risikomanagements

- *Ziel der langfristigen Erhöhung des Mitarbeiterpotenzials.*
- *Hohes Maß an Vertrauen in Linienmanager* – Vertrauensmissbrauch führt aber unausweichlich zu Bestrafung – hier gibt es keine zweite Chance.
- *Hohe Fehlertoleranz* gegenüber Linienmanagern, aber keine Toleranz gegenüber dem Verstoß gegen Prinzipien und Werte oder dauerhaft unzureichende Leistung.

Management by Exception bedeutet in diesem Zusammenhang konkret: Direkte Eingriffe des Managements in dezentrale Verantwortung sind nur gerechtfertigt, wenn der Organisation ernsthafter Schaden zugefügt wird. Es überwiegt das Prinzip der Selbstkontrolle innerhalb definierter Grenzen. Das höhere Management enthält sich bewusst der Einmischung in die Aufgaben seiner Mitarbeiter. Die Einmischung hat als Mikro-Management oder Zeichen von Zentralisierung neben der persönlichen Weisung viele Formen – z.B. Memos, Instruktionen und Direktiven (statt engagierter, persönlicher Führung) oder zentral erstellte Pläne, Berichte und zentrale Anforderung von Abweichungsanalysen. Der Übergang von diesen Instrumenten des Mikro-Managements zu echter Dezentralisierung erfordert Disziplin und Verhaltensänderung von Unternehmensleitung und Zentralbereichen. Dies hat Verhaltenswirkung auf Mitarbeiter, verringert Bürokratie und erweitert die potenzielle Leistungsspanne.

Die besten Manager „empowern" ihre Mitarbeiter und hören ihnen zu – übernehmen aber die volle Verantwortung für getroffene Entscheidungen und die Konsequenzen dieser Entscheidungen. Im Beyond Budgeting bestehen *klare* Abgrenzungen zwischen zentralen Vorgaben sowie dezentraler Entscheidungskompetenz und Verantwortung.

Die verkannte Kraft – Management der Unternehmenskultur

Ein Unternehmen zu einer schlagfertigen Kraft zu machen, hängt nicht nur von seinen Managementprozessen und Controllingsystemen ab, sondern davon, inwieweit das Unternehmen das *Herz* seiner Mitarbeiter erreicht.[160]

Viele Unternehmen haben die Unternehmenskultur schon als Chance entdeckt, andere betrachten Mitarbeiter weiter nur als Kosten und behandeln sie entsprechend. Viele Unternehmen und insbesondere große Konzerne gehören eher zu den Nachzüglern, wenn es um die „weichen Faktoren" des Managements geht. Auch diese „rationalen" Unternehmen, die sich einem bewussteren Kultur-Management verweigern, haben eine Unternehmenskultur, allerdings meistens eine, die gegen die Unternehmensinteressen arbeitet.

---

[160] Die folgenden Ausführungen sind angelehnt an die Anregungen zum „limibischen" Management bei Häusel 2000, S. 134–140

5 Beyond Budgeting und bessere Steuerung in der Organisation implementieren

In den vorangegangen Abschnitten wurden sowohl der Handlungsbedarf für ein neues Steuerungsmodell gezeigt, als auch die konkreten Lösungsansätze von Better Budgeting sowie Beyond Budgeting oder „besserem Management" dargestellt. In diesem letzten Abschnitt soll auf die spezifischen Voraussetzungen und Erfolgsfaktoren für die Implementierung des Beyond-Budgeting-Modells näher eingegangen und beschreiben werden, wie sich der Veränderungsprozess in Form einer Initiative beginnen, ausgestalten und zum Erfolg führen lässt.

Im Anschluss daran einige Worte speziell für Mitglieder der Finanzfunktion und für Controller. Viele Leser dieses Buches sind Angehörige der Finanzfunktion einer Organisation. Für sie ist es interessant, eine Vorstellung davon zu gewinnen, wie sich Beyond Budgeting als Management-Methode entwickeln wird, welche Wirkung das Modell auf die eigene Management-Praxis haben kann und speziell, welche Konsequenzen sich für die klassischen Wirkungsbereiche der „Finanzer" aus der Steuerung ohne Budgets ergeben – immerhin sind Finanz- und Controlling-Kernprozesse wie Planung, Budgetierung, Leistungsmessung, Reporting und Kontrolle von den Beyond-Budgeting-Vorschlägen unmittelbar betroffen.

5.1 Vorschläge für die Umsetzung: Stakeholder überzeugen und den Wandel realisieren

5.1.1 Entwicklungswege nach „Jenseits der Budgetierung" – Eigenschaften des Modells und Herausforderungen

Einige Organisationen sehen in Beyond Budgeting zunächst vor allem ein Modell, um Prozesse des Leistungsmanagements flexibler zu gestalten. Andere sehen es als Management-Philosophie, mit deren Hilfe sich Bürokratie und zentralistische Werte und Einstellungen bekämpfen lassen. Je nach Ansatz ergeben sich unterschiedliche Projekt-Visionen und Ziele. Unternehmen, die den Weg zu einem Modell der Unternehmenssteuerung „jenseits der Budgetierung" beschreiten, beginnen ihre Reise jedoch meist mit begrenzten Ansprüchen – z.B. mit dem Ziel, die Kosten des Budgetprozesses zu senken, Managementprozesse zu vereinfachen und den Performance-Management-

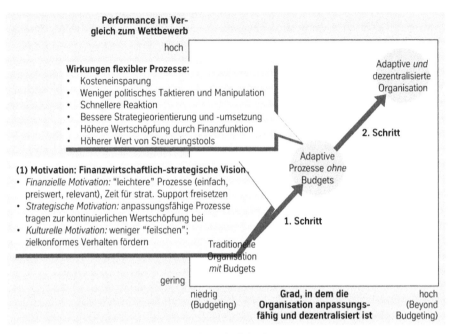

Abb. 83: Der 1. Schritt zum Beyond Budgeting: Flexible Managementprozesse

Prozess *relevanter und leistungsfähiger für seine Nutzer* zu machen. Kennzeichen dieser, von einer vorrangig finanzwirtschaftlichen und strategischen Vision der Unternehmung getragenen Entwicklungsstufe der Implementierung sind *flexible Steuerungsprozesse*, die bereits ohne Budgets auskommen (siehe Abb. 83). Organisationen realisieren an diesem Punkt meist signifikante Verbesserungen: Kosteneinsparungen, weniger Feilschen und politisches Agieren, schnellere Reaktion auf Kundenanforderungen, bessere Ausrichtung der Aktionen an der Strategie und höhere Nutzenschaffung von Controlling und Finanzfunktion.

Eine rein instrumentelle Sicht der Unternehmenssteuerung Beyond Budgeting greift zu kurz. Hier geht es auch um *Führungs- und Organisationsprinzipien*, die darauf abzielen, Voraussetzungen dafür zu schaffen, dass bereits vorhandene oder neu zu implementierende Instrumente ihr Potenzial voll entfalten können. Die vom BBRT untersuchten Fallbeispiele zeigen, dass die einmal an diesem Punkt angekommenen Unternehmen erkennen, wie ihre Performance noch nachhaltiger zu verbessern wäre: indem die neuen, flexiblen Managementprozesse mit einer *radikal dezentralisierten Führungsorganisation* ver-

Vorschläge für die Umsetzung: Stakeholder überzeugen und den Wandel realisieren

bunden werden. Triebfeder der weiteren Entwicklung ist in der Folge also eine *Führungs- und Management-Vision,* in deren Mittelpunkt Mitarbeiter-, Kunden- und Shareholder-Interessen stehen. Der BBRT bezeichnet dieses Empowerment marktnaher Mitarbeiter und Manager als die eigentliche Vision des Beyond Budgeting. Umgekehrt ist eine derartige Dezentralisierung unmöglich realisierbar ohne den vorhergehenden Schritt der Umwandlung von Managementprozessen.

Verantwortung für Performance vollständig an marktnahe Mitarbeiter zu delegieren, bedeutet für die meisten Organisationen einen radikalen kulturellen Einschnitt und bedarf einer starken, entschlossenen Führung von der Organisations-Spitze her. Das Top-Management muss z.B. von der Dezentralisierung wirklich überzeugt sein – und zugleich diszipliniert genug, selbst dann nicht in Verantwortungsbereiche dezentraler Manager einzugreifen, wenn sichtbar ist, dass Fehler begangen werden. (Hierzu kann die schriftliche Aufstellung von Handlungsprinzipien und Werten – als Rahmendefinition für das Unternehmenshandeln und zur Rückversicherung der ausführenden Mitarbeiter – hilfreich sein). Zudem sind womöglich nicht alle Mitarbeiter in einer Organisation bereit oder in der Lage, das in einer durch Dezentralisierung gekennzeichneten Organisation erforderliche autonome Handeln mitzutragen. Hieraus können sich erhebliche Herausforderungen für Unternehmensleitung und Personalmanagement ergeben. Im Zusammenhang mit dem „Faktor Mensch" im Wandlungsprozess zur Beyond-Budgeting-Organisation stellen sich zum Beispiel die folgenden Fragen:

- Sind dezentrale Einheiten in ausreichendem Maße willens und in der Lage, die gewachsene dezentrale Verantwortung zu übernehmen? Kann von Mitarbeitern die nötige Selbstdisziplin und Eigenverantwortung verlangt werden?

- Ist das Top-Management bereit, zumindest kurzfristig eine höhere Mitarbeiterfluktuation in Kauf zu nehmen, um einen nachhaltigen Wandelsprozess in Gang zu setzen und am Laufen zu halten?

Der Aufbau von Handlungskompetenz der Mitarbeiter und die Bildung von Vertrauen in deren Handlungsfähigkeit von Seiten des Managements sind generell nicht über Nacht realisierbar. Mitarbeiter und Teams benötigen Hilfestellung in Form von formellem Training, Steuerungsinstrumenten und freiem Zugang zu allen notwendigen Informationen. Zugleich ist ein Klima gegenseitigen Vertrauens nur möglich, wenn sich Unternehmen moralisch und fair verhalten und die berufliche Entwicklung ihrer Mitarbeiter fördern. Das Ma-

Beyond Budgeting und bessere Steuerung in der Organisation implementieren

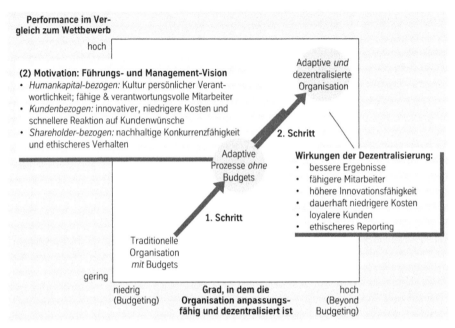

Abb. 84: Der 2. Schritt zum Beyond Budgeting: Die radikal dezentralisierte Organisation

nagement muss seine Mitarbeiter *als Kapital* betrachten. Die potenziellen Gewinne aus der Dezentralisierung erscheinen jedoch größer und nachhaltiger als die durch andere Veränderungsprozesse erreichten.

Abb. 84 illustriert den zweiten Schritt des idealtypischen, zweistufigen Wandlungsprozesses zum Beyond Budgeting. Der hier unterstellte Zusammenhang zwischen dem Grad der *Flexibilisierung/Dezentralisierung* im Sinne des Beyond Budgeting-Managementmodells und dem *Unternehmenserfolg als überlegener Performance im Vergleich zum Wettbewerb* wurde in einer Studie des BBRT mit 200 Unternehmen aus 4 Ländern auch empirisch bekräftigt.[149]

Versuchen wir nun, in Form einzelner Beispielen bereits vorgestellte Beyond-Budgeting-Unternehmen in die Struktur der Abbildung einzuordnen: Das bekannteste Fallbeispiel, Svenska Handelsbanken, ein seit langem ohne Budgets operierendes und in höchstem Maße dezentralisiertes Unternehmen, ist eindeutig in die Kategorie *gleichzeitig adaptiver und dezentralisierter* Organisa-

---

[149] vgl. Studie von Fraser/de Waal 2001

Vorschläge für die Umsetzung: Stakeholder überzeugen und den Wandel realisieren

tionen einzuordnen. Ein anderer Fall, Borealis, ist ein Chemieunternehmen mit großer Technologieabhängigkeit und somit hoher Bedeutung der Ressourcenallokation. Es experimentiert seit einigen Jahren mit der Integration seiner Managementinstrumente, hat jedoch noch keine ausgeprägt dezentralisierte Organisation realisiert. Damit befindet es sich tendenziell auf einer mittleren Entwicklungsstufe des gezeigten Evolutionswegs. Diese Einordnung deckt sich auch mit der von beiden Unternehmen bisher realisierten wettbewerbsbezogenen Performance.

Ein einziges „richtiges", in beliebigen Unternehmen gleichermaßen anwendbares Beyond-Budgeting-Patentrezept gibt es nicht. Wohl aber gibt es das zu den Neun Gestaltungsbereichen des Beyond Budgeting vorgestellte, in sich stimmige Set von Gestaltungsrichtlinien, und einen reichen Schatz von Tools für leistungsfähigere Managementprozesse, Führung und Organisation ohne Budgets. Das umfassende Toolset, die zahlreichen Fallbeispiele aus der Forschungsarbeit des BBRT, und die internationalen Arbeitskreise des BBRT, können interessierten Unternehmen eine weitreichende Orientierung geben, wie das Modell in unter den spezifischen Voraussetzungen realisierbar ist.

Eine Beobachtung aus der Praxis konstatiert, dass zwischen Beyond-Budgeting-Unternehmen hinsichtlich des eingesetzten Toolsets zur Umsetzung adaptiver Managementprozesse gewisse Gemeinsamkeiten existieren. Viele Organisationen greifen im ersten Entwicklungsschritt auf das in den Abschnitten 4.1 bis 4.8 dargestellte Instrumentarium oder Teile davon zurück und definieren dessen Einsatz entsprechend den Beyond-Budgeting-Prinzipien neu. Sie eliminieren auf diese Weise Budgets sowie Konflikte zwischen bislang konkurrierenden Tools. Realisierte Lösungen hinsichtlich der zweiten Entwicklungsstufe (Gestaltungsfeld 9, Abschnitt 4.9), die die Umsetzung organisatorischer „Devolution" einschließt, sind noch heterogener. Grund hierfür ist die starke Abhängigkeit des Steuerungsmodells vom jeweiligen Wirtschaftszweig, von Organisationsform, Unternehmensgröße und -kultur, dem Veränderungsdruck seitens der Märkte, Stakeholdern und Umfeldern. Hier können die Ausgangssituationen und Veränderungspotenziale z.B. zwischen einem Finanzdienstleister, einem Industrieunternehmen und einem Unternehmen im Projektgeschäft außerordentlich verschieden sein. Die diesbezüglichen Vorschläge zur Gestaltung der Aufbauorganisation können jedoch auch hierfür bereits reichhaltige Anregungen geben.

Es wird insgesamt deutlich, dass die Einführung des Beyond-Budgeting Modells ohne Rückhalt des Top-Managements – insbesondere von CEO und CFO – nicht möglich ist. Bereits in frühen Phasen einer Beyond Budgeting-

Initiative müssen jedoch – gerade in größeren Organisationen – neben funktionalen Direktoren (z.B. Marketing, Vertrieb, Finanzen, Operations) auch Prozess-Owner, Spezialisten für Finanz- und Personalmanagement, Change Management und IT ins Projektmanagement einbezogen werden, vor allem, weil für den Wandlungsprozess immer einschneidende Veränderungen am Management-Instrumentarium (z.B. Zieldefinition, strategischer Planungsprozess, Vergütungssysteme), an der Organisationsstruktur und im Führungsstil erforderlich sein werden. Die von Änderungen in Steuerungsprozessen betroffenen Funktions- oder Prozessverantwortlichen müssen kontinuierlich eingebunden werden. Ohne ihren Rückhalt können Projekte schnell scheitern, oder sie verpuffen nach einer nur oberflächlichen Implementierung. Nur der Rückhalt des Top Managements während des gesamten Veränderungsprozesses gewährleistet letztlich aber die Hierarchie-übergreifende Unterstützung der Initiative.

Warnende Worte, gerichtet an eitle Umsetzer, allzu eilige Manager und flinke Berater

Ist es sinnvoll, sich auf Beyond Budgeting einzulassen? Kann man darauf vertrauen, dass es sich nicht nur um eine Management-Mode handelt, sondern um einen echten Trend? Handelt es sich nur um die Neuauflage von etwas schon längst Bekanntem? Oder, schlimmer noch, um eine Welle, die schnell wieder verebben könnte?

Ein paar Worte zur Unterscheidung von Mode und Trend im Management: *Trends* sind grundsätzlich langlebig, hochgradig pragmatisch und kontinuierlich anwendbar als Werkzeugkästen und Denkansätze. Hilfreich zur Unterscheidung von Trend und Mode ist auch die Frage, ob der Ansatz (hier: Beyond Budgeting) über Organisationsgrenzen und Funktionen hinweg anwendbar ist – und ob er durch die meisten Organisationen und professionellen Praktiker „handhabbar" und einsetzbar ist. Demgegenüber zeichnen sich Moden durch höchst spezifische Lizenzen und „wording", Zertifizierungen, rigide Instrumentarien und Spezialistentum aus.

- *Beyond Budgeting als Marke ist wenig „sexy" oder trendy.* Schlimmer noch: selbst vollständig umgesetzt, „fällt" Beyond Budgeting im Alltag letztlich „nicht auf": Es wird niemals eine Beyond-Budgeting-Software geben; keine Veränderungsinitiative eines Unternehmens oder einer Not-For-Profit-Organisation wird sich wohl jemals „Beyond Budgeting" nennen. Auch ist schwer vorstellbar, dass das

Führungsteam eines Unternehmens Budgets abschafft „nur der Mode wegen" – einen solchen Schritt vollzieht niemand als Selbstzweck aus einem kurzfristigen Interesse heraus –, sondern um legitime Geschäftsinteressen zu unterstützen. Hinter diesem Schritt steht die feste Überzeugung, dass ohne fixierte Leistungsverträge ethischere, bessere und effizientere Steuerung möglich ist.

- *Beyond Budgeting hat (fast) keine Helden und Gurus:* Dafür hat es viele Wurzeln. Der Anstoß zur Modellentwicklung kam zwar indirekt von Handelsbankens CEO Jan Wallander, doch ist das heute vorliegende Modell vorrangig die Gemeinschaftsarbeit einer Forschungsgruppe privater und öffentlicher Organisationen – und somit im Kern die Teamleistung lose assoziierter Netzwerker. Pionierunternehmen wie Handelsbanken arbeiteten lange Zeit ohne Budgets, weitgehend unbeachtet von der Management-Diskussion.

- *Beyond Budgeting ist „einladend".* Es ist inklusiv, nicht exklusiv. Als Netzwerk in Form des BBRT, aber auch als Wandlungsansatz, den sich jede Organisation, die heute noch auf feste Leistungsverträge vertraut, zu eigen machen kann. Wem das Ganze – auch nach der ersten Lektüre dieses Buches – noch nicht geheuer ist, der sollte zunächst mit einem beherzten, um Kontextfaktoren wie den Vergütungsaspekt erweiterten Better-Budgeting-Projekt sein Glück versuchen. Einige der frühen Mitglieder des BBRT in England brauchten mehrere Jahre, um von „neugierigen Beobachtern" zu „überzeugten Implementierern" von Beyond Budgeting zu werden.

- *Beyond Budgeting könnte leicht als „alter Wein in neuen Schläuchen" gedeutet werden* – wogegen nichts einzuwenden ist. Das Modell ist nämlich nicht nur höchst kompatibel mit anderen Initiativen, Tools und Konzepten, sondern unterstützt außerdem erprobte und legitime Initiativen einer Organisation und versorgt Unternehmen mit vielen altbekannten, niemals aus der Mode gekommenen Lebenselixieren, von denen keine Organisation je genug bekommen kann: Strategieformulierung, Delegation, Teamarbeit, Entscheidungsunterstützung, funktionsübergreifende Zusammenarbeit, Planung, Leistungsmanagement, Kostenkontrolle, Innovation, Kreativität sowie Kunden- und Marktorientierung, Ethik, nachhaltiges Handeln usw. Die Liste lässt sich fast beliebig fortsetzen. Der Clou von Beyond Budgeting liegt

nicht in einzelnen Tools und Prinzipien, sondern in der Geschlossenheit des Modells und dessen praktischer Tragfähigkeit.
- *Beyond Budgeting ist kein Projekt.* Es soll möglichst vom Beginn der Umsetzung an explizit Instrument eines latent vorhandenen Wandlungsbedarfes sein und diesen Wandel kanalisieren und verstärken. Spätestens einige Jahre nach dem Beginn der Initiative sollte das Management ohne festen Leistungsvertrag mit der Organik der Organisation verwachsen sein. Die Initiative zur Verfeinerung flexibler Prozesse, die eine weitere Dezentralisierung erlauben, ist nie zuende.
- *Beyond Budgeting bringt Neues (z.B Verzicht auf restriktive Ziele und Gängelei), das eigentlich „normal" sein sollte.* Seine Wirkung wird wahrnehmbar *und* messbar sein anhand geringerer Kosten, besserer Strategieumsetzung, mehr Innovation, größerer Flexibilität und allgemein besserer Leistung im Wettbewerb. Sein Verdienst wird aber nur bedingt Individuen und Einzelkämpfern Orden und Prämien einbringen, da der Wandel kollektiv getragen und kollektiv errungen wird.

Der Grat zwischen Management-Mode und -Trend ist schmal. Die Leser dieses Buches sind eingeladen, Beyond Budgeting auf seine Substanz hin abzuklopfen und seine Meinung mit dem Autor auszutauschen (siehe Kontaktdaten auf der beiliegenden CD-ROM)!

Die Forschungsleiter des BBRT verweisen (durchaus etwas vollmundig) darauf, dass radikale Dezentralisierung in Verbindung mit der Verwirklichung anpassungsfähiger Steuerungsprozesse weitreichende Gewinne mit sich bringt: Sie verspreche „unter anderem permanente Kostenreduzierungen, fähigere Mitarbeiter, mehr Innovation, loyalere Kunden, ein ethischeres Berichtswesen und die Freisetzung des vollen Potenzials von Management-Systemen und Tools". Diese Gewinnpotenziale sollten nicht als Heilsversprechen oder quasi automatisch eintretende Folgen der Implementierung des Beyond-Budgeting-Modells gewertet werden. Zwar sind die Zusammenhänge zwischen einer Unternehmensführung im Sinne von Beyond Budgeting und den beschriebenen Effekten nicht von der Hand zu weisen. Inwieweit solche indirekten und langfristigen Verbesserungspotenziale realisiert werden können, hängt aber – wie beim Einsatz anderer Management-Tools und Konzepte – immer auch davon ab, inwieweit es gelingt, in der Organisation auch tatsächlich einen nachhaltigen Wandel in Gang zu setzen.

Vorschläge für die Umsetzung: Stakeholder überzeugen und den Wandel realisieren

Die Umsetzung einer „Unternehmenssteuerung Beyond Budgeting" ist weder einfach, noch geht sie schnell voran. Sie erfordert einen ganzheitlichen Einführungsansatz und einen evolutionären, kontinuierlichen Prozess, der viele Jahre dauern kann.

5.1.2 Überzeugung von Unternehmensleitung und Investoren, Implementierung und Projektverlauf

Beyond Budgeting erfordert eine Änderung von Wertvorstellungen und Handlungen der Organisationsmitglieder und die Neugestaltung des Führungsmodells insgesamt. Im Folgenden einige Bemerkungen und Anregungen zum Beginn und zur Umsetzung einer Beyond-Budgeting-Initiative.

Sponsoren gewinnen, Beteiligte des Wandels identifizieren, Projektteam zusammenstellen

Welches sind aber typischerweise die Triebkräfte des Wandels nach „jenseits der Budgetierung"? Gibt der CEO den Anstoß, sind es die Spitzenführungskräfte im Kollektiv, oder sind es CFO und Controller? Der Begriff Beyond Budgeting legt nahe, dass es sich bei diesem Modell um eine Initiative *von der Finanzfunktion für die Finanzfunktion* handeln müsse. Das ist nur bedingt der Fall. Die Multifunktionalität der Budgetierung und der mit ihr verbundenen Leistungsverträge bedeutet, dass die Finanzfunktion alleine den Wandel nicht tragen kann. Häufig wird der ursprüngliche Anstoß für Beyond Budgeting dennoch vom Finanzbereich als Ganzem, vom CFO oder vom Controlling ausgehen. Es hat sich gezeigt, dass organisationsinterne Diskussionen über Beyond Budgeting zunächst im Rahmen von Workshops mit Titeln wie „Vision für den Finanzbereich" geführt werden oder bereits bedeutungsextensiver angelegte Bezeichnungen wie „Performance Management für die Zukunft" tragen.

Entscheidend ist aber weniger der Anstoß für die Initiative, sondern das frühzeitige „buy-in" durch entscheidende Träger des Wandels: Damit weitreichende Veränderungen möglich werden, müssen relativ schnell zusätzliche Akteure einbezogen werden. Die Überzeugung des Top-Managements und insbesondere die des CEO sind hier entscheidend. Größere Veränderungen wie durch Beyond Budgeting funktionieren nur, wenn das oberste Management geschlossen dahinter steht. Es ist unabdingbar, dass die Unternehmensleitung die Notwendigkeit des Wandels anerkennt und sich zur Durchsetzung verpflichtet. Zusammenfassend können drei Gruppen von Akteuren genannt werden:

- *Agenten des Wandels:* diesen kommt zunächst die Rolle zu, interne Sponsoren für die Initiative zu gewinnen und der Initiative damit Legitimität zu verschaffen; sie sind im weiteren Verlauf wichtige konzeptionelle Input-Geber und Mitträger der Instrumentalisierung des Wandels; hier handelt es sich typischerweise um Mitglieder der Finanzfunktion, Controller oder CFO.

- *Projektleiter/Sponsor und reine Sponsoren:* Der *Projektleiter* sollte in der Regel ein Individuum sein, das die *Vision* des Wandlungsprogramms vollständig teilt. Oft handelt es sich um eine Person, die mit dem Mandat für den Wandel in die Organisation kommt oder aus ihr hervorgeht und mit dem Wandel beauftragt wird. Der Projektleiter bringt entweder seinerseits eine Vision des neuen Steuerungsmodells mit oder wird durch die beschriebenen Agenten des Wandels von der Wirksamkeit des Beyond-Budgeting-Modells überzeugt; Idealerweise ist der Projektleiter gleichzeitig ein mächtiger Sponsor, der auch zur politischen Durchsetzung der Initiative beitragen kann. *Reine Sponsoren* der Initiative sind Individuen mit der politischen Legitimität und Macht, um das Wandlungsprogramm in der Organisation zu initiieren sowie Management und Mitarbeiter sowie Ressourcen zu mobilisieren, damit der Wandel stattfindet. Die zwei Typen von Sponsoren werden in Beyond-Budgeting-Initiativen typischerweise durch den CEO selbst oder eine Koalition aus CEO und CFO verkörpert.

- *Befähiger und Beeinflusser:* Zur Umsetzung des Wandels in den Neun Gestaltungsbereichen sind eine Reihe von Befähigern („Enabler") und Beeinflussern entscheidend, die zum Teil früh im Prozess einbezogen werden müssen. Funktionale Befähiger sind der IT-Bereich bzw. der CIO (Informationstechnologie ist u.U. ein wichtiger Helfer bei der Initiative, nicht aber ihr eigentlicher Angelpunkt), die Personalmanagement-Funktion (als Owner von Prozessen wie Anreizsystemen, Rekrutierung und Personalentwicklung), CFO und Finanzbereich (insbesondere Controlling, als „Moderator" des Budgetierungsprozesses und verschiedener Management-Tools), Organisationsentwicklung und andere Bereiche. Zu den politischen Beeinflussern und späteren Zielgruppen der Umsetzung bei der Etablierung neuer Prozesse gehören weiterhin verschiedene Funktionen und Querschnittsbereiche. Diesbezüglich ist das frühe Involvement der Direktoren aller Funktionsbereiche (v.a. Produktion, Marketing, Vertrieb) und der Direktoren der Divisionen oder Geschäftsbereiche nötig.

Vorschläge für die Umsetzung: Stakeholder überzeugen und den Wandel realisieren

„Befähiger" und „Beeinflusser" von den Vorteilen von Beyond Budgeting zu überzeugen, ist nicht immer schwierig, weil hier das „Leiden" unter traditionellen Steuerungsprozessen wie der Budgetierung oft besonders stark wahrgenommen wird. Das mittlere Management verfügt allerdings nicht über die Macht und den Einfluss, einen Wandlungsprozess dieser Art herbeizuführen. Insofern ist eine möglichst breite Koalition einflussreicher Akteure innerhalb der Organisation wünschenswert, zwischen Agenten des Wandels, Projektleitern, Sponsoren, und der zahlenmäßig größeren Gruppe der Befähiger und Beeinflusser (siehe Abb. 85)

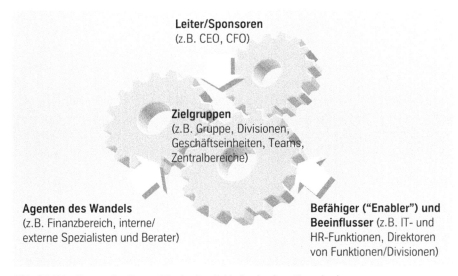

Abb. 85: Die Akteure der Beyond-Budgeting-Initiative in einer Organisation

Im weiteren Verlauf der Initiative rückt die intensive Kommunikation mit den dezentralen Zielgruppen des Wandels in den Vordergrund. Die vom Projektteam zu erarbeitende Projektvision mit der Skizze dessen, wie das neue Steuerungssytem funktionieren wird, kann im weiteren Verlauf zur Kommunikation der Initiative gegenüber den Mitarbeitern dienen. Dass Beyond Budgeting wenig populäre Praktiken in Verbindung mit Budgetierung eliminiert (weniger Planungs-Arbeit, weniger Gängelung usw.), macht das Konzept allgemein gerade gegenüber dezentralen Akteuren der Organisation leicht kommunizierbar und auf Anhieb attraktiv für Linienmanager und Teams.

Problemdarstellung und Projektvision entwickeln

Zur Überzeugung und Erreichung von Commitment der Unternehmensleitung und später des Managements allgemein ist die Erarbeitung von *Problemdarstellung und Projektvision* durch die Agenten des Wandels nötig. Beide Elemente werden in einem Dokument zusammengefasst, das der Diskussion mit dem Top-Management und Entscheidern sowie zur Entschlussfassung hinsichtlich Durchführung oder Nicht-Durchführung der Initiative dient. In der darauf folgenden Implementierungsphase werden Problemdarstellung und Projektvision zur Überzeugung von Befähigern und Beeinflussern verwendet.

Es ist nötig, dass die Agenten des Wandels eine auch emotional überzeugende „Sales Story" und eine schlüssige *Argumentation für den Wandel* („Case for Change") für Sponsoren des Projekts (und später alle Mitarbeiter) entwickeln. Mit der Argumentation für den Wandel soll das *Mandat für den Wandel* einholbar sein. Top-Manager haben den „Schmerz durch Budgetierung" vielfach selbst erlitten, und erwarten letztlich nicht viel Überzeugung, sondern vorrangig eine *verständliche, visionäre Skizze der Alternative* (also der Beyond-Budgeting-Lösung). Generell aber ist es für die Entwicklung der Projektvision zunächst erforderlich, eine Problemdarstellung für die Organisation zu erarbeiten, um dann auf diesen Argumentationslinien aufbauend die Zielsetzung und Eigenschaften der organisations-individuellen Beyond-Budgeting-Lösung darzustellen.

Beschreibung der Ausgangssituation: An erster Stelle kann eine Untersuchung von Veränderungsbereitschaft und Organisationskultur stattfinden. Diese knappe Analyse und Dokumentation beantwortet Fragen wie die, wie stark die Einführung eines neuen Managementmodells angezeigt ist. Eine Analyse hinsichtlich der folgenden Dimensionen kann hierzu erste Hinweise geben:

- Wie stark ist der Änderungsdruck – intern und von Märkten/Umwelt ausgehend?
- Existiert eine einheitliche Vision des Wandels bei Unternehmensleitung und Management allgemein?
- Wie steht es um die Funktionstüchtigkeit des derzeitigen Managementmodells (nach Wahrnehmung der Unternehmensleitung und allgemein)?
- Existiert Bereitschaft zum Wandel bei Unternehmensleitung und Management allgemein?

Vorschläge für die Umsetzung: Stakeholder überzeugen und den Wandel realisieren

Weitere Dokumentationen für Problemdarstellung haben mit der *Beschreibung der Probleme des aktuellen Steuerungsmodells* und Analyse der Funktionen der Budgetierung (faktisch *und* wahrgenommen) im Kontext zu tun: Dazu gehört die globale Analyse der Stärken und Schwächen des Portfolios aller wesentlichen Managementsysteme und Prozesse (hierzu kann z.B. das Scorecarding gehören). Eine Stärke des Beyond-Budgeting-Ansatzes ist die, zum grundlegenden Hinterfragen des Steuerungsmodells beizutragen. Es geht also an dieser Stelle nicht nur um die Darstellung des durch die Budgeterstellung verursachten Schmerzes, sondern um die grundlegenden Defekte und Defizite des Steuerungssystems an sich. Dazu gehören die Überprüfung des Kontexts der Budgetierung sowie der Probleme im Zusammenspiel der Instrumente, einer Überprüfung vor dem Hintergrund der 12 Beyond-Budgeting-Gestaltungsprinzipien und der Neun Gestaltungsfelder. Gerade Organisationen, die bereits einige Jahre lang Erfahrungen mit einer Balanced Scorecard- oder Wertmanagement-Initiative gesammelt haben und erste Erfolge bei der Veränderung des Leistungsmanagements erzielen konnten, haben durch die Veränderung im Rahmen einer Beyond Budgeting-Initiative die Chance, die Inkonsistenzen ihres Steuerungsmodells zu beseitigen, und den bereits begonnenen Wandel eine Stufe weiterzutreiben.

Verschiedene Materialien aus diesem Buch können die Erarbeitung der Projektvision sowie die Tätigkeiten in anderen Implementierungsphasen unterstützen.[150] Zur Dokumentation der Projektvision selbst gehören die im Folgenden aufgeführten Elemente.

Elemente der Projektvision: Benefits des neuen Modells

Darstellung des Portfolios von „Quick Wins": Das Kostenreduzierungs-Potenzial durch Eliminierung der Kosten des Budgetprozesses kann für sich genommen bereits ein überzeugender Anreiz für eine Beyond Budgeting-Initiative sein. Mit Hilfe einer Prozessanalyse lassen sich die direkt zurechenbaren Kosten der Budgetierung grob veranschlagen: Es geht hier um Einsparungen innerhalb eines sich jährlich wiederholenden Prozesses von Planung und Reporting, sowie der darin gebundenen Managementzeit, die nach Schätzungen von Volvo bis zu 20% der gesamten Managementkapazität einer Organisation ausmachen kann! Borealis berichtet von einer durch den

---

[150] Die diesem Buch beiliegende CD-ROM enthät eine Reihe von Präsentationsdateien sowie eine Checkliste, die der Darstellung des Modells, der Überzeugung und Projektarbeit dienen können. Empfehlenswert für die Situationsanalyse ist auch das Online-Diagnoseinstrument des BBRT, im Internet zugänglich unter www.beyondbudgeting.org

Verzicht auf Budgetierung realisierten Einsparung von Ressourcen in der Größenordnung von 90%, verglichen mit dem Budgetierungsprozess. Mit der Bereinigung des Berichtswesens können erhebliche Zeiteinsparungen sowohl in dezentralen Abteilungen als auch bei dezentralen Managern verbunden sein. Das Einsparungspotenzial ist also *bedeutend und wertmäßig darstellbar*. Zwar werden diese Einsparungen nicht zwangsläufig in unmittelbare Reduzierungen von Personal und Overheadkosten münden. Sie werden jedoch zweifellos Management-Kapazitäten für geschäftsbezogene Tätigkeiten freisetzen.

Kosteneinsparungen in Gemeinkostenbereichen können durch verschiedene Maßnahmen und neue Prozesse wie verändertes Reporting ohne Plan/Ist-Vergleiche, durch Activity-based Management, Shared Service Management und den Versicht auf Ressourcenallokationen zu den relativ schnell realisierbaren „Quick wins" gehören. Die Mechanismen tragen insgesamt zu einem wesentlich besseren Verständnis der Kosten und zu einem proaktiveren Kostenmanagement bei. Größere Einsparungen sind vielfach sicherlich erst durch langfristige Verhaltensänderungen realisierbar. Der Wegfall des Anreizes zum Einbauen von Spielraum in Budgets oder zur Verschwendung von Budgets zum Jahresende dürfte aber in jedem Fall bereits kurzfristige Einsparungen bringen, die vorab organisationsindividuell geschätzt werden können.

Darstellung der langfristigen Benefits des neuen Modells. Risiken durch Inflexibilität, Wertzerstörung durch dysfunktionales Verhalten und Manipulation, sowie von der Strategie isoliertes Verhalten der Akteure stehen im Herzen des traditionellen Steuerungsmodells. Probleme und Dysfunktionalitäten dieser Art können selten exakt quantifiziert, und indirekte Kosteneffekte des alten Steuerungsmodells teilweise nur geschätzt werden. Viele Faktoren entziehen sich gänzlich der monetären Darstellung. Es sollte in diesem Zusammenhang also nicht versucht werden, alle langfristigen Effekte der Initiative in ein Berechnungsschema zu pressen. Die Benefits des neuen Modells können meistens anschaulicher und besser nachvollziehbar anhand dokumentierter Beyond-Budgeting-Fallbeispiele dargestellt werden. Ein weiteres beeindruckendes Mittel zur Überzeugung ist die Verwendung aktueller Beispiele aus der eigenen Organisation, z.B. bezüglich dysfunktionalen Verhaltens durch fixierte Leistungsverträge. Diese können verbal dargestellt und als „Case" präsentiert werden (nicht immer sind reine Zahlen und Berechnungen der beste Weg zur Überzeugung!). Fallbeispiele dieser Art aus der eigenen Praxis helfen den Entscheidern zu visualisieren, wie der Wandel durch Beyond Budgeting langfristig in geringere Overheadkosten, bessere Wettbewerbsfähigkeit und höhere Rentabilität mündet. Die Zusammenstellung und Evaluierung von anderen Initiativen/Investitionen der jüngeren Vergangenheit, deren mangelnder Erfolg sich durch Einflüsse von Budgetierung und fixen Leistungsverträgen erklären lässt, kann ein weiterer Bestandteil der Argumentation für den Wandel sein.

Vorzüge des Modells für Funktionen Finanzen und Personalmanagement: Die Veränderung der Rolle der Finanzfunktion durch die Umsetzung von Beyond Budgeting wird in vielen Organisationen gravierend sein. Gerade in späteren Phasen der Initiative gilt dies auch für die Personalmanagement-Funktion. Mit einer Beyond-Budgeting-Initiative kann entsprechend große Unsicherheit in diesen Funktionen einhergehen, andererseits bieten sich hervorragende Gelegenheiten zur Neugestaltung und zur Stärkung der Rolle etwa des Finanzbereichs an.

Elemente der Projektvision: Definition des Projektumfangs, von Prozessen, Systemen und Tools

Eigenschaften und Machbarkeitsbeweis des neuen Modells: Es ist zwar in manchen Organisationen ein Tabu dies zuzugeben, aber: Argumentation und Überzeugung dürfen sicht nicht alleine auf Fakten verlassen oder versuchen, ausschließlich rationale Motive anzusprechen. Alles Denken und Handeln ist auch emotional begründet. Im Gespräch mit Top-Managern, CFOs und Controllern ist es meist nicht allzu schwer, Einvernehmen über die Unzulänglichkeiten und Dysfunktionalitäten der Budgetsteuerung zu erzielen. Anders hingegen bei der Darstellung und dem Machbarkeitsbeweis des Alternativmodells. Hier werden sehr schnell Ängste angesprochen.[151] Die Herausforderung für interne und externe „Change Agents" liegt keineswegs nur in der Beschreibung des Ist-Zustandes, sondern darin, die Kohärenz des neuen Modells verständlich, intellektuell sowie emotional greifbar zu machen und die Organisation vor dem eigentlichen Projektbeginn von der *Umsetzbarkeit eines Al-*

---

[151] Der Manager der Controlling-Abteilung einer Großbank – das Controlling zählt insgesamt 150 Mitarbeiter – erklärte mir zu Beginn eines konzeptionellen Gesprächs über Beyond Budgeting, seine Organisation habe großes Interesse an der Flexibilisierung der Managementprozesse im Beyond-Budgeting-Modell, das Management sei aber an der „Dezentralisierungskomponente" des Modells nicht interessiert. Allgemein sei der praktizierte Budgetierungsprozess aus Sicht des Controllings unflexibel und ermögliche kaum brauchbare Kontrollen, er sei aber andererseits doch in sich konsistent und „hervorragend entwickelt" ...

Beyond Budgeting und bessere Steuerung in der Organisation implementieren

Wofür Budgets genutzt werden (de facto *und* wahrgenommen!)	Wie die gleichen Funktionen ohne Budgets abgedeckt werden (durch leistungsfähigere Tools/Prozesse!)
Prognose	• *Rollierende Forecasts* 3-monatig, 5 Quartale Vorschau
Zielsetzung und -management	• Mittelfristige *relative Ziele* • *Interne und externe Benchmarks* • *Schlüsselindikatoren* mit spezifischen Zielbandbreiten
Leistungsmanagement	• *Fast Close Actuals* gegen Vorperioden • *Schlüsselindikatoren* (Balanced Scorecards, Wertmanagement) gegenüber Vorperioden/internen oder externen Benchmarks • *Rollierende Forecasts* • *Prozesskostenmanagement* (ABC/M) als Fundament
Gemeinkosten-Management	• *Trend-Reporting* und rollierende Durchschnitte • *Benchmarking* • *Prozesskostenmanagement* (ABC/M) • *Service Level Agreements*
Ressourcen-Management, Steuerung von Verbesserungsinitiativen	• Neue *Entscheidungsregeln* für Projektklassen • *Rolling Forecasting* für finanzielle Indikatoren • *Shared Service Management* zw. internen Dienstleistern/dezentralen Einheiten • *Strategisches Initiativen- und Projektmanagement*, aufbauend auf Management-Dialogen/strategischen Reviews
Leistungsbewertung, Vergütung	• *Relative, rückwirkende Vergütung* anhand von gemischter Gruppen-/Geschäftsbereichsleistung
Information, Kontrolle, Koordination	• *Management-Dialoge* • Delegation durch *Ergebnisverantwortung für Schlüsselindikatoren*
…	• …

Abb. 86: Wie neue Instrumente die Funktionen der Budgetierung ersetzen

ternativmodells zu überzeugen. Ein geeignetes Instrument hierfür ist beispielhaft in Abb. 86 zu sehen. Es handelt sich um eine Auflistung der aktuellen Funktionen der Budgetierung in der Organisation, und wie dieselben Funktionen (besser und zumeist deutlich einfacher) durch die alternativen Prinzipien, Tools und Prozesse erfüllt werden können. In der Regel werden zwar zu Beginn des Projekts die einzelnen Maßnahmen nicht *genau* abschätzbar sein, doch sollte eine entsprechend aktualisierte Dokumentation dieser Art immer dann zur Argumentation herangezogen werden, wenn rationale Zweifel oder Ängste angesichts des neuen Modells aufkommen.

Perfektionismus ist nicht erforderlich – 80/20-Lösungen reichen: Es ist bedeutsam, vor Beginn eines Beyond-Budgeting-Initiative nicht überzuanalysieren oder in eine „Analyse-Paralyse" zu verfallen. Alle Projektbeteiligten und Akteure sollten sich in dieser und in späteren Phasen vor Augen halten, dass – wie in den vorhergehenden Abschnitten gezeigt wurde – Budgetierung und feste Leistungsverträge *unendlich weit davon entfernt sind*, eine 100%-Lösung für heutige Management-Probleme bereitzuhalten. Entsprechend ist es auch nicht ratsam, zu Beginn einer Beyond-Budgeting-Initiative gleich eine perfekte Lösung anzustreben. Stattdessen sollte man pragmatisch vorgehen und anfangs z.B. eine „80%-Lösung" für die aktuellen Steuerungsprobleme ins Auge fassen: Nicht alle Tools lassen sich gleichzeitig oder innerhalb kurzer Zeit implementieren, nicht alle Aspekte der Systemgestaltung lassen sich voraussehen. Der Ansatz kann später weiter verbessert werden.

Vision zur Form der Implementierung: Die Einschätzung von Ressourcen, Zeitaufwand und Risiko gehört zu den ersten Aufgaben der Projektmitglieder. In diesem Zusammenhang sollten verschiedene Alternativen erwogen werden hinsichtlich des Implementierungsverfahrens. Das Veränderungsprogramm kann prinzipiell auf verschiedene Art starten: als unternehmens- oder gruppenweites Projekt mit schlagartiger Einführung (Beyond-Budgeting-„Big Bang" – hierzu später mehr), als „Wasserfall", beginnend mit der Unternehmenszentrale und ihrer Verbindung zu den Geschäftseinheiten, oder als Pilotprojekt in einer abgegrenzten Geschäftseinheit oder Division. Die beiden letzten Optionen bringen aber eine Reihe von Gefahren mit sich. Da mit Beyond Budgeting üblicherweise tiefgreifende Veränderungen an Mangementverhalten und Führungsstil, Zielsetzungsprozessen und Vergütungssystemen vorgenommen werden, ist es von Bedeutung, dass diese Veränderungen entschlossen und für alle Akteure spürbar unumgänglich erfolgen. Der Umstieg von fixierten auf flexible Leistungsverträge ist definitiv, und Zweifel an der Notwendigkeit der Initiative sollten zu jedem Zeitpunkt durch die Projektsponsoren umgehend ausgeräumt werden. Punktuelle Veränderungen innerhalb einer Organisation können leicht zu Inkohärenzen des Steuerungsmodells und damit zum Scheitern des Projektes führen. Von Linienmanagern und Teams kann zudem nicht verlangt werden, auf inkohärente Führungsstile und Prozesse des Leistungsmanagements mit konsistentem Handeln zu reagieren. Weil Beyond Budgeting nicht zwangsläufig mit der Einführung grundlegend *neuer* Tools und Prozesse verbunden ist, kann das Big-Bang-Verfahren als gangbare Vorgehensweise gelten.

Prioritätensetzung und Projekt-„Branding": Jede Organisation wird anhand der Situationsanalyse und ihres Handlungsbedarfs bestimmte Elemente des Modells besonders in ihrer Wandlungsinitiative hervorheben. Die unterschiedlichen Projektvisionen kommen z.B. in den Titeln zum Ausdruck, die Organisationen entsprechend den jeweils gewählten Schwerpunkten des Wandels für ihre Initiativen wählen. Rhodia nannte seinen neuen strategischen Steuerungsprozess „Spring"; das Steuerungssystem bei Skandia heißt symbolträchtig „Navigator"; Leyland Trucks unterstrich den Empowerment-

Aspekt des Wandels mit dem Projekttitel „Team Enterprise"; die Beyond-Budgeting-Initiative bei Unilever wird „Dynamic Performance Management" genannt.

Projektkonfiguration und -Ablaufplanung: Eine weitere Erwägung besteht darin, ob die beiden Schritte des Wandels im Beyond Budgeting (Einführung flexibler Steuerungsprozesse und Dezentralisierung) gleichzeitig oder nacheinander umgesetzt werden sollen. Diese Entscheidung ist unmittelbar von der Motivation der Organisation zum Wandel abhängig. Die Veränderung der Managementprozesse ist tendenziell schneller realisierbar als die Dezentralisierung der Organisation. Auf der *instrumentellen Ebene* können Veränderungen sicherlich in Projekten zwischen 6–12 Monaten durchgeführt werden. Die Einführung eines Scorecarding-Prozesses etwa dauert nicht unter 12 Monaten; für die Einführung oder Neugestaltung eines wirksamen Rolling Forecasting ist mit einem Zeitraum nicht unter 4 Monaten zu rechnen. Funktionierende Modelle zur Prozesskostenrechnung lassen sich in einem ähnlichen Zeitraum installieren. In allen Fällen sind hier weder Bemühungen zur Verfeinerung noch zur Verfestigung der Prozesse einbezogen. Beyond Budgeting ist somit als langfristiger Veränderungsprozess zu sehen, dessen erste Implementierungsphase sich leicht über 2 bis 3 Jahre erstrecken kann. Im Kern führt der Prozess auch nicht zu einem statischen Modell, sondern mündet in einer ständig fortlaufenden Verfeinerung des Managementsystems. Wichtige kurzfristige Erfolge („Quick Wins") sind, wie bereits gezeigt wurde, durch eine Beyond Budgeting-Initiative leicht herbeizuführen. Es sollte jedoch bei der Erarbeitung der Projektvision nicht der Eindruck eines kurzfristig und universell standardisiert einsetzbaren Konzeptes erweckt werden.

Projektablauf: Hinsichtlich der ersten Phase des Wandels muss die Frage beantwortet werden, in welcher Reihenfolge Inhalte und Tools aus den verschiedenen Gestaltungsfeldern angegangen werden sollten. Verschiedene Organisationen werden hier durchaus unterschiedliche Wege gehen. Ein Prozessvorschlag für die erste Phase der Initiative könnte aus den folgenden, für Beyond Budgeting elementaren Maßnahmen bestehen:

1. Trennung von finanzieller Prognose und sonstigen Forecasting-Prozessen vom Leistungsmanagement (durch zwei voneinander unabhängige Prozesse für Forecasting und strategische Steuerung) und die gleichzeitige Abschaffung der Budgetierung;

2. Benchmarking im Leistungsmanagement und Umstellung auf relative Ziele;

3. Umstellung von Leistungsbeurteilung und Vergütungssystemen;

4. Flexibles Ressourcen- und Gemeinkostenmanagement (verschiedene Tools).

Die Veränderung der Systeme für Leistungsbeurteilung und Vergütung ist ein kritischer, vielleicht sogar *der* ultimative Schritt für den Wandel. Einige Beyond-Budgeting-Pioniere stellten fest, dass die Ausrichtung der Praxis von Entgeltsystemen an den Prinzipien flexibler Leistungsverträge einen Wendepunkt auf dem Weg zu einer Kultur dezentraler Verantwortung darstellte. Generell geht von einer auf dem Prinzip relativer Leistungsverträge beruhenden Anerkennung und variabler Vergütung ein eindeutiges, sichtbares Signal an eine Organisation aus. An der Tatsache, dass es um Vergütung geht, können Mitarbeiter erkennen, dass der Wandel „ernst gemeint" ist. Die Rekonfiguration innerhalb dieses Handlungsfeldes sollte nicht zu lange aufgeschoben werden.

Je nach verfügbaren Ressourcen, Komplexität der Organisation und bereits eingesetzten Tools können diese Veränderungen in der dargestellten oder einer anderen Reihenfolge oder auch gleichzeitig vorgenommen werden.

Eigenschaften des neuen Management-Modells, die jeder Organisation Vorteile bringen – eine Zusammenfassung elementarer Beyond-Budgeting-Lösungsvorschläge

- Trennung der finanziellen Prognose und anderer Forecasting-Prozesse vom Leistungsmanagement, durch zwei voneinander unabhängige Prozesse für Forecasting und strategische Steuerung – bei gleichzeitiger Abschaffung der Budgetierung (Gestaltungsbereiche 1 und 2/3)

- Benchmarking im Leistungsmanagement und Umstellung auf relative Ziele für Führung/Steuerung (Gestaltungsbereich 4)

- Leistungsbeurteilung und Vergütungssysteme umstellen – Trennung der Zielsetzung mittels Budgets oder anderer Leistungsmanagement-Systeme von Leistungsbewertung und Vergütung (Gestaltungsbereich 5)

- Flexibles Ressourcenmanagement und Gemeinkostenmanagement implementieren – Einführung verschiedener Tools wie Trendreporting, ABC/M, Shared Service Center und flexibler Investitionsprozesse (Gestaltungsbereiche 6 und 7)

Weitere Schritte (Auswahl):

- Das Informationssystem offener und transparenter halten (Gestaltungsbereich 8)
- Neue Führungsprinzipien und schrittweise Erhöhung dezentraler Autonomie (Gestaltungsbereich 9)
- Externes Reporting von kurzfristigen Versprechen („Vorhersage von Quartalsergebnissen") befreien (Gestaltungsbereich 8)

Effektive Wertschöpfung und Erfolgsmessung. Zur Nutzendarstellung der Initiative sollte dokumentiert werden, dass und inwiefern der erwartete Nutzen des Ansatzes die Kosten – insbesondere die der Implementierung – übersteigt. Der Beyond-Budgeting-Ansatz impliziert durchaus einen erheblichen Implementierungsaufwand, da es auch mit Blick auf die Kultur des Unternehmens um einen u.U. grundlegenden Veränderungsprozess im Management geht. Der größte Ressourcenaufwand in Verbindung mit einer originären Beyond Budgeting-Initiative folgt zumeist aus den Bedarfen für Training und Mitarbeiterentwicklung, z.B. für Schulungen im Zusammenhang mit neuen strategischen Steuerungsprozessen. Dem stehen auf der anderen Seite direkte und indirekte Einsparungs- und vor allem intangible Wertschöpfungspotenziale gegenüber. „Verbesserte Prognoseinformationen" und „strategische Handlungsfähigkeit" mögen Projektziele sein, sind aber nicht messbar. Andere Effekte sind leichter operationalisierbar, wenngleich isolierte Effekte einer spezifischen Initiative nicht immer leicht darstellbar sind: Gerade in diesem Zusammenhang sollten aber in vor Projektbeginn *vorlaufende Indikatoren zur Messung des Projekterfolgs* definiert und im Projektverlauf kontinuierlich gemessen werden. Dazu können z.B. spezifische Effizienz- oder Qualitätsindikatoren zählen.

Eine der größten Gefahren von Wandlungsprojekten allgemein ist der „Scope Creep" – die schleichende Aufweichung von Projektgrenzen, das Ausufern des Projektumfangs und die Defokussierung von den ursprünglichen Projektzielen. Zu Projektbeginn muss das Projektteam in Übereinstimmung mit dem Projektsponsor Prioritäten der Initiative setzen, *Inhalt und Grenzen* des Initial-Projekts definieren, sowie die Formen der Erfolgsmessung vereinbaren und dokumentieren.

Entscheider und Beeinflusser einbeziehen und überzeugen

An dieser Stelle geht es darum, Entscheider – mithin die Führung der Organisation und Kapitalgeber (Investoren, Eigentümer oder Aktionäre) – für das neue Modell der Steuerung zu begeistern. Diesen Anspruchsgruppen bietet das Beyond-Budgeting-Modell eine Reihe von Vorteilen. Es schafft z.B. die Voraussetzung für eine ethischere Unternehmenssteuerung und Verbesserung der Corporate Governance durch größere Transparenz und Ausschaltung der Manipulationspraktiken, die viele Organisationen durchziehen.

Wenn die Initiative für das Projekt von einem einflussreichen Mitglied der Leitung ausgeht oder ein Mitglied der Leitung bereits als Projekt-Sponsor fungiert, sollten an dieser Stelle kaum unüberwindbare Argumentationsprobleme auftauchen. Neben der Argumentation für die Vorzüge der Steuerung ohne Budgets anhand der dokumentierten Problemdarstellung und Projektvision geht es hier jedoch darum, typische Zweifel von Führung und Kapitalgebern anzusprechen und zu klären. Dazu gehören berechtigte unternehmerische Fragestellungen wie die, ob die Organisation ohne Budgets weiterhin in der Lage sein wird, zum einen interne Kontrolle und Steuerbarkeit zu gewährleisten und zum anderen die Kapitalmarkterwartungen zu managen.[152] Eine Präsentation des Projekt-Teams zur Überzeugung von Entscheidern – sowie später auch von Linienmanagement, Mitarbeitern und Partnern – sollte zu diesem Zeitpunkt folgende Elemente enthalten:

- Problemdarstellung und Projektvision

- Erfolgsbeispiele und erfolgreiche Praktiken von Beyond-Budgeting-Unternehmen (zu diesem und dem vorigen Punkt finden Sie Materialien auf der beiliegenden CD-ROM!)

- eine umfangreiche Analyse der Chancen und Risiken der Beyond-Budgeting-Initiative (einschließlich der Risiken, die Initiative nicht durchzuführen!)

---

[152] Die Antworten auf diese Fragen lassen sich anhand der Beyond-Budgeting-Prinzipien und Gestaltungsfelder diskutieren. Beispiel: Beyond-Budgeting-Unternehmen verfügen über schnellere, offenere und qualitativ bessere Informationen hinsichtlich interner Kontrollen und Vorausschau. Prognose mittels Forecasting und neue Indikatoren erhöhen die Fähigkeit einer Organisation, Trends und Risiken zu erkennen und Entwicklungen zu antizipieren.

- eine Gegenüberstellung der aktuellen Funktionen der Budgetierung in der Organisation, und wie dieselben Funktionen (besser und meist einfacher) durch die alternativen Prinzipien, Tools und Prozesse erfüllt werden können.

Diese Überzeugung wird in manchen Fällen nicht in einer einzigen Sitzung zu bewältigen sein. Neben der Schaffung von Verständnis für Sinnhaftigkeit und Folgen der Initiative sowie der eigentlichen Entscheidung sollten sich Projektteam und Organisationsleitung in dieser Phase über die notwendigen *beiderseitigen Verpflichtungen* zur Durchführung der Initiative einigen. Die Einschnitte zur Realisierung eines neuen Steuerungsmodells sind substanziell: sie schlagen sich in Führungsverhalten, Vergütung, Leistungsmessung und Ressourcensteuerung nieder, um nur einige Prozesse aus den neun dargestellten Gestaltungsfeldern zu nennen. Durch die Abschaffung eines traditionellen Kernprozesses wie der Budgetierung signalisiert die Leistung einer Organisation, dass sie es mit dem Wandel ernst meint. Die vorgeschlagenen Änderungen erfordern insofern von der Leitung neben einem generellen Commitment für die Durchführung in den definierten Projektphasen auch aktive Kommunikation und entschlossenes Handeln, z.B. im Hinblick auf die unweigerlich auftretenden Widerstände innerhalb der Organisation. Ein Wandel im Führungsverhalten des Top-Managements ist ebenfalls nötig und sollte an dieser Stelle thematisiert werden.

Projektbeginn, Abschaffung der Budgetierung und organisatorische Veränderung

Sobald die erforderliche Rückendeckung durch die Organisationsleitung vorliegt, ist zügiges Handeln angesagt! Die Glaubwürdigkeit einer Initiative ist ein Commodity mit kurzer Haltbarkeit. Diese Glaubwürdigkeit muss kontinuierlich unterfüttert und verstärkt werden, bis Nutzer und Organisationsmitglieder die Wirkung des neuen Modells und seiner Tools verstehen. Faustregel: Kontinuierlich auf kleinen, aber spürbaren Verbesserungen aufbauen, um die Energie der Initiative zu halten!

Das Big-Bang-Verfahren der Abschaffung von Budgets – vielfach erfolgreich realisiert

Einige schwedische Unternehmen setzten, vom Steuerungsmodell ohne Budgets bei Svenska Handelsbanken inspiriert, zur Vermeidung von Widerständen aus der eigenen Organisation die Abschaffung der Budgetierung „auf einen Schlag" durch. Diese Methode funktioniert, grob gesagt, folgendermaßen: Allen Managern der einzelnen Geschäftseinheiten und Bereiche wird zu einem bestimmten Zeitpunkt mitgeteilt, dass es ihnen frei stehe, weiterhin mit Budgets zu arbeiten. Das zentrale Management sei jedoch nicht mehr daran interessiert, diese Budgets zu sehen. Gleichzeitig werden die Geschäftseinheiten aufgefordert, die für das neue Steuerungs- und Kontrollsystem erforderlichen Maßgrößen und Indikatoren zu übermitteln. Die Leistung aller Einheiten werde von nun an anhand dieser Indikatoren gemessen. So einfach verschwinden den Erfahrungen dieser Unternehmen zufolge innerhalb weniger Jahre alle Spuren der Budgetierung aus der Organisation.[153] Jan Wallander von Handelsbanken hierzu: „Es besteht kein Risiko bei der Abschaffung der Budgetierung. Mitarbeiter gehen zur Arbeit wie zuvor. Nichts wird geschehen, außer dass ein tiefer Seufzer der Erleichterung zu hören sein wird. Von all denjenigen nämlich, die sich nun auf ihre wirklichen Aufgaben konzentrieren können – die z.B. darin bestehen, Produkte zu produzieren und zu verkaufen."

Der in der Box beschriebene, äußerst pragmatische und zunächst recht radikal anmutende Big-Bang-Ansatz zur Abschaffung der Budgetierung erscheint auf den ersten Blick prädestiniert für weniger formalistische Organisationen. Andererseits ist ein „Herausschleichen" aus der Praxis der Budgetierung oder die Umstellung auf flexible Leistungsverträge in einzelnen Geschäftsbereichen nicht unbedingt praktikabel. Viele der in Abschnitt 2 dieses Buches dargestellten Probleme der Budgetierung und fixierter Leistungsverträge sollten uns vor dem Versuch bewahren, Budgetierung in „bessere Budgets" oder in hinsichtlich ihrer Funktion nur unzureichend abgrenzbare „Forecasts" umzuwandeln. Beyond Budgeting bedeutet, Budgetierung *effektiv abzuschaffen* zugunsten eines neuen, kohärenten Management-Modells. Der Versuch etwa,

---

[153] vgl. Wallander 1999, S. 421.

Budgetierung in Rolling Forecasts zu verwandeln kann angesichts der gravierenden konzeptionellen und praktischen Unterschiede zwischen beiden Prozessen nicht pauschal empfohlen werden. Zu groß ist die Gefahr, dass das Ergebnis regelmäßige, nicht minder bürokratische Budgetrevisionen sind, die mit einem objektiven Prognoseprozess wenig gemein haben.

Alternative Formen zur schlagartigen, gruppenweiten Implementierung von Beyond Budgeting sind die Einführung von der Organisationsspitze aus (beginnend mit der Verbindung zwischen Unternehmensleitung und Divisionen/Geschäftseinheiten); ein Pilotprogramm in einer unabhängigen Division/Geschäftseinheit, oder phasenweise Veränderungen zunächst mit in einzelnen, dann in allen 9 Beyond Budgeting-Gestaltungsfeldern.

Egal, welcher Weg beschritten wird – folgende Punkte sind zu beachten.

- Die Konsistenz des Steuerungsmodells steht im Zentrum von Beyond-Budgeting – Manager und Teams können nicht zwischen verschiedenen Steuerungsmodellen operieren; es muss schnellstmöglich ein konsistentes Set von Prozessen und Prinzipien verwirklicht werden.
- Der Wandel zum Management ohne fixierte Leistungsverträge ist als umkehrbar zu kommunizieren; Organisationsmitglieder und Top-Management müssen sich bewusst sein, dass dies kein Experiment ist, das bei Bedarf abgebrochen werden kann – ansonsten ist kaum mit Verantwortung für Ergebnisse und neue Prozesse zu rechnen.

Gerade Unternehmen, die seit langem Investitionen in moderne Management-Tools, Informationssssysteme, Management- und Leistungs-Initiativen tätigen, sollten den „hands-on-approach" des schlagartigen Verzichts auf Budgetierung beherzigen. In jedem Fall ist für diesen Schritt der Rückhalt des Top-Managements unverzichtbar.

Erfolgsnachweis und Weiterentwicklung

Quick wins sollten sichtbar, messbar und eindeutig der Initiative zurechenbar sein. Sie müssen anhand der zu Projektbeginn definierten Indikatoren zu bestimmten Zeitpunkten („Projektmeilensteine") gemessen, Verbesserungen organisationsweit und intensiv kommuniziert werden.

In der Folge sind die Projekte weiter auszubauen und zu vertiefen. Flexible Prozesse und Dezentralisierung hat man nie ein für allemal „gewonnen". Zentralisierungs- und Beharrungstendenzen in Organisationen sowie Widerstände gegen den Wandel sind naturgemäß groß, und eine Verringerung der Anstrengungen kann leicht zu Rückschlägen führen. Stattdessen sollte die aus dem Projekt gewonnene Glaubwürdigkeit zu einer tiefer greifenden Veränderung von Prozessen und Systemen genutzt werden. Beyond Budgeting ist kein Fertig-Kit, sondern „work in progress". Ein endgültiger Zustand des Steuerungsmodells wird dementsprechend nie erreicht. Diese Evolution des Führungsmodells ist durchaus erwünscht („Tu, was möglich ist, statt darüber zu klagen, dass manches unmöglich ist"). Veränderungen in den Neun Gestaltungsfeldern geben Stoff für jahrelangen Wandel her.

5.1.3 Erfolgsfaktoren der Implementierung und Umsetzungserfahrungen aus der Praxis

Die Erfahrung aus den bisher dokumentierten Beyond Budgeting-Fallbeispielen hat zur Identifikation einer Reihe von Erfolgsfaktoren der Initiativen beigetragen. Sie sind durchweg von allgemeiner Bedeutung und verdienen in den verschiedenen Phasen der Implementierung Beachtung.

Kohärenz der Implementierung

Das Beyond-Budgeting-Modell ist als Set von Gestaltungsprinzipien und Gestaltungsfeldern *nicht unflexibel, aber an sich unteilbar*. Es kann bei einer Beyond-Budgeting-Initiative nicht darum gehen, bestimmte Gestaltungsfelder im Sinne eines Baukastenprinzips herauszupicken und punktuelle Veränderungen zu suchen! Verschiedene Wege, die eine Organisation zur Realisierung eines flexiblen Managementmodells beschreiten kann, sind dokumentiert und bekannt. Die jeweilige Ausgangssituation und unterschiedliche strategische Prioritäten für den Wandel spielen hier eine Rolle. In jedem Fall kommt es aber auf ein Maximum von Kohärenz bei der Implementierung an, und darauf, nicht die Fehler anderer Veränderungsinitiativen und einzelner Tools zu begehen. Zu den klassischen Fehlern gehören: Implementierer verzetteln sich in technischen Details, die kaum Einfluss auf Prozesse und Entscheidungen haben; Implementierer und Kunden/Nutzer des Projekts sind personell getrennt, wodurch Entwicklung und Einsatz isoliert und Lernen reduziert wird; Entscheidungen zu Projektbeginn und Form der Implementierung führen letztlich zum Entwurf nutzerunfreundlicher und mit dem Steuerungsmodell der Organisation inkohärenter Tools und Prozesse.

Bereits zum Zeitraum der Formulierung der Projektvision, aber auch in späteren Phasen, ist es ratsam, konzeptionelle Projekt-„Audits" durchzuführen hinsichtlich der Übereinstimmung der Projektkonfiguration mit den Gestaltungsprinzipien des Modells. Der im Beyond-Budgeting-Modell vorgeschlagene Wandel kann von seiner Natur her nicht in kleinen Dosen oder häppchenweise verabreicht werden. Zur Entwicklung eines neuen Management-Modells ist es nötig, die Zwölf Prinzipien des Beyond Budgeting zu beherzigen und konkrete Veränderungsschritte in den Neun Gestaltungsfeldern vorzunehmen. Beyond-Budgeting-Initiativen können kontinuierlich geaudited werden mit Fragen wie: Sind die Zwölf Gestaltungsprinzipien auch wirklich verstanden worden? Sind sie in angemessener Weise in spezifische Maßnahmen und Veränderungen umgesetzt, oder sind die Prinzipien verwischt oder verzerrt worden? Ist das neue Modell realistisch und kohärent? Sind alle Implikationen der Initiative in den Neun Gestaltungsfeldern identifiziert worden? Handelt es sich um eine limitierte Initiative durch einige Mitglieder der Finanzfunktion, die andere Funktionen nicht ausreichend eingebunden haben? Werden Instrumente und Empowerment auf alle, auch dezentrale Akteure und die unteren Ebenen der Organisation, ausgedehnt?

Verständnis des durch Beyond Budgeting notwendigen Wandels

Beyond Budgeting ist kein weiteres „Veränderungsprogramm". Die Kunst des Wandlungsmanagements ist nicht, wie viele „Aktionisten" meinen, unbegrenzt neue Projekte und Ideen zu generieren, sondern „Altes" im Sinne der Unternehmensstrategie zu bewerten und ggf. loszulassen. Diese gilt ganz besonders im Zusammenhang mit Beyond Budgeting. Das Loslassen bildet ja sogar – recht ungewöhnlich für eine Managementinnovation – den Kern des Modells. Losgelassen werden soll die Budgetierung und die Praxis fixierter Leistungsverträge. Mit diesem Kerngedanken sollte in jeder Initiative eine sehr selektive Auswahl von neuen Instrumenten und Prozessen einhergehen, dafür sollten aber konsequente Verbesserungen an der Verwendung bestehender Tools vorgenommen werden. Die in diesem Buch vorgestellten Managementkonzepte und Tools sind nicht grundlegend neu, die Gestaltungsansätze regen dafür aber zu einer besseren Verwendung des Instrumentariums innerhalb eines klar definierten Rahmenmodells an. So wird ein Beitrag dazu geleistet, die Unternehmung an den neuen Steuerungsprinzipien auszurichten. Einer der Vorzüge des Beyond Budgeting ist die Tatsache, dass nicht notwendigerweise teure Tools und Systeme eingekauft werden müssen, sondern dass u.a. der Nutzen aus bereits getätigten Investitionen und Initiativen signifikant erhöht werden kann. Der Fokus der Initiative liegt dabei auf der *Herstellung von Kohärenz* des Managementmodells.

Vorschläge für die Umsetzung: Stakeholder überzeugen und den Wandel realisieren

Auch aus diesem Grunde ist es von Bedeutung, dass Beyond Budgeting innerhalb einer Organisation nicht als „ein weiteres Wandlungsprogramm" oder als „letzter Schrei" verkauft und kommuniziert wird. Die Erwartungen der Organisationsmitglieder würden in diesen Fällen mit Assoziationen vorangegangener, vielfach als enttäuschend wahrgenommenen Initiativen kontaminiert werden. Vielfach ist in Organisationen eine deutliche Ermüdung gegenüber groß angelegten Initiativen festzustellen. Beyond Budgeting kann im Gegensatz dazu als gewissermaßen natürlicher Übergang zu einem besseren Steuerungsmodell und als radikale Vereinfachung dargestellt und umgesetzt werden. Als eine Initiative mithin, die durch Abschaffung von Budgets auf Anhieb bürokratischen Aufwand verringert und die Alltagsarbeit vereinfacht.

Nutzung von Beyond-Budgeting-Netzwerk und externem Know-how

Die Wirksamkeit und Effizienz eines Beyond-Budgeting-Veränderungsprogramms kann durch die Nutzung der internationalen Lern-Plattform des BBRT erhöht werden. Der BBRT spricht in diesem Zusammenhang von einem Phasenmodell zur Prozess- und Projektunterstützung, an das in Abb. 87 dargestellt ist. Es hilft, Lernphasen der Organisation und den Support des BBRT-Netzwerks und externer Management- oder IT-Berater zu strukturieren.

Abb. 87: Konzept des BBRT zur Unterstützung von Organisationen bei der Adoption des Beyond-Budgeting-Modells

Externe Unterstützung dient in Wandelprogrammen der Erhöhung von Objektivität und dem Wissenstransfer. Obwohl einige der vom BBRT untersuchten Unternehmen die Hilfe von Beratern zur Unterstützung bei der Prozessgestaltung in Anspruch genommen haben, haben doch wenige Beratungsunternehmen jemals explizit zur Abschaffung der Budgetierung beigetragen. Die Erfahrungen von Beratern sind in diesem Bereich naturgemäß noch begrenzt, obwohl auch einige größere Beratungen das Modell bereits in ihre Wertmanagement- und Planungspraxis integriert haben. Auf den Ebenen individueller Tools und Managementprozesse sowie des Managements von Wandel sind hingegen bei Beratern breites methodenbezogenes Fachwissen und Umsetzungs-Erfahrung vorhanden. Keine – zumindest größere – Organisation wird im Projektverlauf auf externes Beratungs-Know-how verzichten wollen.

Training und Verhaltensänderung

Trainingsmaßnahmen und -programme bzw. die damit verbundenen Aufwendungen stellen in Beyond-Budgeting-Initiativen die wesentlichen Faktoren der Ressourcenbeanspruchung dar. Training ist im Hinblick auf jede derartige Initiative insofern notwendig, als sich Prozesse des Leistungsmangements im Beyond Budgeting gegenüber herkömmlichen Denkweisen und Gewohnheiten zumeist radikal verändern. Der Übergang von fixierten zu relativen Leistungsverträgen ist fundamental. Manager und Mitarbeiter aller Ebenen bedürfen einer Lernerfahrung – on the job durch die neuen Steuerungsprozesse, aber flankiert durch formales oder virtuelles Training. Die Praxis des Managements mit strategischem Steuerungsprozess (z.B. Scorecarding), neuen Berichten, relativen Zielen/Indikatoren und Management-Dialog sollten durch Schulungstechniken und Materialien (online oder als CD-ROM) gefördert werden. Weil Steuerungsprozesse bis in alle Ecken einer Organisation reichen, ist es selten möglich, zentrale Trainer für die Wissensvermittlung bereitzustellen. Dies ist auch nicht ratsam, weil ein solches Vorgehen dem mit Beyond Budgeting untrennbar verbunddenen *Prinzip dezentraler Verantwortung* zuwiderlaufen würde. Zur Lösung dieses Paradoxes kann ein Schulungsprozess dienen, der gleichzeitig Trainingsinhalte vermittelt und selbst Beyond-Budgeting-Prinzipien verinnerlicht und „vorlebt" (siehe Box).

Schulungen sind oft gut gemeint ...

Schulungen und Training zu kritisieren grenzt an Tabubruch. Dennoch ist klar, dass die meisten „Investitionen" in Schulungen vergeudete Ressourcen sind. Erfolgreiche Organisationen haben Training zwar nicht abgeschafft, aber Verfahren entwickelt, um es gerade in Situationen des Wandels effizienter zu gestalten. Ein solches praxisprobtes Konzept zur Annäherung von Schulung und Umsetzung ist das Prinzip *Manager als Trainer*. Das Training von Teams durch Linienmanager ist vielleicht weniger elegant als Training durch HR-Profis, externe Berater oder professionelle Trainer. Das Prinzip setzt aber eine Kette von Lernen, Umsetzungsorientierung und Wandel in Gang, die weit über die Entwicklung bestimmter Fähigkeiten oder die reine Vermittlung von Wissen hinausgeht. Zudem gewährleistet der Prozess eine rigorose Auswahl von Inhalten und Methoden (welcher Manager will selbst ein Training vorbereiten und halten, von dem er glaubt, dass es seiner Leistungseinheit nichts nützt?).

Gut gemeinte Bemühungen von Managern sind für die Umsetzung des Prinzips natürlich nicht genug. Manager haben für diese Aufgabe Anspruch auf Infrastruktur, fachliche Unterstützung von Spezialisten, Online-Medien und Manuals (via Intranet oder CD-ROMs), und viele von ihnen müssen Train-the-Trainer-Fähigkeiten erst erwerben (durch formelles Training oder on the job).

Training von *Teams durch Vorgesetzte* ist übrigens nicht der einzige Weg: Teammitglieder können Teams trainieren, Teams können Teams trainieren, Kollegen mit herausragender Praxis können Kollegen trainieren („So hat es bei uns funktioniert" – dies ist eine der wirkungsvollsten Formen der Leistungs-Anerkennung und des Ideentransfers).

Vertrauen und Vertrauensaufbau

Vertrauensaufbau ist ein langwieriger Prozess, der von der Spitze der Organisation aus gepflegt werden muss. Ohne ein Minimum an Vertrauen in der Organisation sind die notwendigen Veränderungen an Prozessen des Leistungsmanagements und der Organisationsstruktur nicht realisierbar. Neue Steuerungsprozesse ohne fixierten Leistungsvertrag in Verbindung mit dialogischem Management führen automatisch zu zunehmender Verantwortungsübernahme durch dezentrale Akteure – diese haben keine andere Wahl, als die Ergebnisverantwortung zu akzeptieren. Die Abschaffung von Budgets bedeutet ein eindeutiges Mandat für sie, von nun an *wirklich* Verantwortung zu übernehmen. Für die Leitung bedeutet der flexible Leistungsvertrag, dezentralen Teams und Managern zu vertrauen und Autorität und Verantwortung zu delegieren. Der schlagartige Verzicht auf Budgets läuft darauf hinaus, dass dieser beiderseitige Lernprozess zum Aufbau von Vertrauen und Selbstvertrauen dezentraler Akteure, aber auch von Top-Management und mittlerem Management, schnell stattfinden muss. Wenn Leitung und mittlerem Management Vertrauen fehlt und die Angst vor dezentraler Autonomie überwiegt, werden die Erwartungen dezentraler Teams schnell enttäuscht.

Mit Vertrauensproblemen ist anfänglich gerade im mittleren Management zu rechnen, das sich in der Übergangsphase naturgemäß „zwischen den Stühlen" sieht angesichts der neuen Verantwortungsteilung von Leitung und dezentralen Teams. Viele Manager werden einige ihrer zumindest wahrgenommenen Hauptaufgaben delegieren und zu einer neuen Rolle finden müssen.

Vertrauen kommt auch durch Involvement und Eigenverantwortung von Managern im Implementierungsprozess selbst zustande. An der Spitze des oder der funktionsübergreifenden Beyond-Budgeting-Projektteams sollten daher vorzugsweise Linienmanager stehen und keine Controller.

Widerstände einplanen und überwinden

Echter Wandel ruft immer Widerstand hervor. Initiativen wie die mit Beyond Budgeting verbundenen rufen unweigerlich den Widerstand von Individuen oder Gruppen auf den Plan. Nicht zuletzt, weil Stellschrauben eines jeden solchen Veränderungsprogramms – Zielvereinbarungen, Leistungsbewertung und Vergütung, aber auch Vorausschau und Planung, Information, Transparenzschaffung und Delegation – stets eine Veränderung der Machtstrukturen bedeuten. Typische Beispiele für Träger des Widerstands sind:

- Eine Vertriebsorganisation, die ihr bestehendes Vergütungssystem erodiert sieht;
- Manager, die ihre absolute Autorität nicht aufzugeben wünschen;
- Gewerkschaften und Manager, die jeder Art von Veränderung mit Zynismus begegnen;
- Veteranen, die vor dem Ruhestand noch einige Jahre lang an Privilegien festhalten wollen;

- Individuen mit einem Monopol hinsichtlich einer bestimmten Machtbasis (z.B. auf Ressourcen-Allokation bezogen);
- interne Akteure, die eine bestimmte Rolle im Projekt wünschen, aber nicht erhielten, oder die aus einem intellektuellen Anreiz heraus die Position des Gegners einnehmen.

Die Widerstände dieser Akteure sind selten explizit und offen erkennbar, und der Widerstand zeigt sich oft als Heckenschützentum, in Form von Lippenbekenntnissen bei gleichzeitiger Bekämpfung des Wandels, und manchmal als fanatische Sabotage. Noch vor dem Beginn der eigentlichen Projektarbeit sollte vom Projektleiter oder -Team eine Widerstandsanalyse vorgenommen werden: Wer wird voraussichtlich gegen das Projekt opponieren? Wer hat vergleichbare Projekte in der Vergangenheit bekämpft? Wer hat sich gegen diese Initiative artikuliert und warum? Wer zeigt Aggression gegenüber dem Projekt und hat Einfluss auf andere?

Akteure in der Organisation werden bei Machtverlust rebellieren – dahinter steht die fundamentale emotionale Prägung der Mitarbeiter. In vertraulichen Einzelgesprächen sollte direkt auf diese Problematik eingegangen werden. Darüber hinaus ist es hilfreich, verschiedene Reaktionsmaßnahmen vorzuhalten, um Widerstand zu überwinden – hier in „eskalierender" Ordnung: Konfrontation und Versuch der Überzeugung durch Projektteam oder Sponsor; Nutzung von Gruppendruck gegen den Widerstand; direkte Anweisung; Entfernung der Widerständler von Aufgabe und/oder Projektrolle. Ein Beyond-Budgeting-Projekt ist ohne Frage dazu da, Wandel zu generieren, *auch wenn dies kurzfristig schmerzhafte Effekte* mit sich bringt. Es wird abermals deutlich, dass eine derartige Wandlungsinitiative nicht ohne Rückhalt von CEO und Unternehmensleitung zum Erfolg führt. Beginnen Sie nicht mit dem Umsetzungsprojekt, bevor Sie diese Voraussetzung geschaffen haben!

Der Widerstand gegen die Idee, auf Budgetierung zu verzichten und stattdessen alternative Steuerungs- und Kontrollsysteme einzusetzen, hat während der Implementierungsphase viele Träger. Tendenziell gehören hierzu all diejenigen Individuen einer Organisation, die fühlen, dass ihre Position, Status, und Aufgaben mit dem Budgetsystem verbunden sind und befürchten, ihre Position könne beeinträchtigt werden, wenn die Organisation auf Budgetierung verzichtet. Jan Wallander nennt diesen Personenkreis den „Budget-bürokratischen Komplex" einer Organisation. Hierzu zählen u.U. auch die Vorstände und Direktoren, deren Status durch die Genehmigung des jährlich vom CEO vorgelegten Budgets untermauert wird und die sich dagegen sträuben, diesen Status aufzugeben. Zu diesem Personenkreis innerhalb der Organisationen gesellen sich Professoren, Berater, Softwareanbieter und andere Experten, die sich mit Budgetierung und ihren technischen Komplikationen befassen, anstatt deren Sinnhaftigkeit an sich in Frage zu stellen.

Jeremy Hope und Robin Fraser berichten von weitreichender Zufriedenheit von Management und Mitarbeitern in Bezug auf die budgetlose Steuerung. Sie behaupten, in den untersuchten Beyond-Budgeting-Organisationen nicht einen Mitarbeiter getroffen zu haben, der mit dem neuen Modell unglücklich gewesen wäre. Organisationsmitglieder wollen nicht zur Budgetsteuerung mit ihrer rigiden Top-down-Kontrolle zurückkehren. Dennoch gibt es Fälle der Rückkehr von Unternehmen zum traditionellen Managementmodell, verursacht durch Fusionen und neu berufene, von außen rekrutierte Top-Manager, die sich dem Beyond-Budgeting-Steuerungsmodell gegenüber nicht aufgeschlossen zeigten. Der Widerstand gegen das neue Steuerungsmodell kann entsprechend niemals als vollkommen überwunden gelten.

Nachhaltigkeit garantieren – jahrelang

Mittel- oder langfristige Veränderungsinitiativen werden häufig implizit oder explizit in verschiedene Projekt-Wellen mit unterschiedlichen Schwerpunkten und Tooleinsatz gegliedert. Das Ergebnis sind z.B. jährliche, auf jeweils schon Erreichtem aufbauende Neufokussierungen der Initiative. Ein Fallbeispiel: Bei Rhodia, einem globalen Chemiekonzern, wurde im ersten Jahr der „Spring"-Initiative zunächst gruppenweit auf einen Schlag der Budgetierungsprozess durch einen neuen Strategieprozess zum Leistungsmanagement ersetzt (die Vergütung war bereits vor Projektbeginn von fixierten Zielen unabhängig), im zweiten Jahr wurden Maßnahmenplanung und -Umsetzung verbessert und im dritten Jahr der Forecasting-Prozess verfeinert.

Ein wichtiges Element der Nachhaltigkeit einer Beyond-Budgeting-Initiative ist durch die beiden Entwicklungsstufen des Modells gegeben. Von der Schwerpunktsetzung auf Prozessveränderungen gehen Organisationen typischerweise dazu über, sich in späteren Phasen der Initiative stärker dem Dezentralisierungsaspekt bzw. der Neustrukturierung der Aufbauorganisation zuzuwenden (was seinerseits Auswirkungen auf die Steuerungsprozesse hat).

Aus Linienmanagern interne „Geschäftsleute" zu machen, ist in Abhängigkeit von der ursprünglichen Organisationskultur kein unbedingt einfacher Prozess. Manager und Teams benötigen Unterstützung in Form von Personalmanagement-Know-how, Mitarbeiterentwicklung, Training, Informationssystemen und kontinuierlichem Coaching. Die Beyond-Budgeting-Fallbeispiele zeigen, dass die Dezentralisierung typischer Entscheidungen und Verantwortung, wie z.B. hinsichtlich Investition in Aktiva, Ressourcenzugang, strategischen Initiativen und Prozessmodifikationen über einen längeren Zeitraum hinweg graduell vonstatten ging, begleitet von intensivem Support und neuen Tools für dezentrale Entscheidung und Umsetzung.

Viele erfolgreiche Veränderungsinitiativen stoßen nach ca. 2 bis 3 Jahren – oft scheinbar ohne Grund – gegen eine Wand. Die positive Dynamik der Veränderung braucht regelmäßig starke, neue Impulse. Gerade zu diesem Zeitpunkt kann es nötig sein, eine bis dato auf allen Ebenen der Organisation höchst erfolgreiche Initiative auf ein höheres Level zu heben, z.B. durch Beginn radikaler Dezentralisierung und einen neuen, substanziellen Wandelsimpuls vom Top-Management aus. Der Erfahrungsaustausch mit anderen Organisationen mittels Diskussionsforen, Verbänden und dem BBRT, durch zunehmendes externes Benchmarking usw. kann die Beyond-Budgeting-Initiative an diesem kritischen Punkt weiterbringen und ihr neue Impulse geben.[154]

Der zunehmende Reifegrad einer erfolgreichen Initiative oder eines Wandlungsprogramms wird häufig dadurch sichtbar, dass – nachdem die neuen Instrumente und Prozesse erfolgreich eingeführt wurden – andere Faktoren des Wandels an Bedeutung gewinnen: Es geht dann zunehmend um Verhaltensänderungen innerhalb der gesamten Organisation, um die Durchsetzung des Wandels im gesamten mittleren Management und Anpassung von Kontextfaktoren des Managementsystems, die meist zu Beginn nicht im Vordergrund der Initiative standen – z.B. ein an die neue Organisations-Kultur und Prozesse angepasstes Recruiting, neue Formen interner Weiterbildung und Kommunikation. Diese Bedeutungsverschiebung in einer erfolgreichen Wandlungsinitiative lässt sich auch daran ablesen, dass Initiatoren des Programms und Projektteams gerade in fortgeschrittenen Stadien des Wandels zunehmend in der Personalmanagement-Funktion angesiedelt werden.

---

[154] Als Quelle der Inspiration zur Unterstützung weiterführenden Wandels eignen sich eine Vielzahl von Ansätzen zur Dezentralisierung, die unter dem Etikett „Change Management" zusammengefasst werden können.

5.2 Ohne feste Budgets zielorientiert führen und erfolgreich steuern – warum, wann und wie wir handeln sollten!

5.2.1 Ein Blick in die Zukunft des Beyond-Budgeting-Modells

Die Durchsetzung von Neuerungen folgt in der Öffentlichkeit oft einem Diffusions-Prozess, wie ihn beispielsweise seinerzeit Galileo Galilei erlebte: In der ersten Phase der Verbreitung dominiert eine klare Verneinung der neuen Idee, verbunden mit einer Reaktion der Öffentlichkeit im Stil von: „Das ist gegen die Bibel!". Danach wird die Neuerung verharmlost („Alles schon da gewesen!", „Das bringt nichts"), bis sie schließlich – sofern die Idee es wert ist und sich sichtbare Erfolge einstellen – ins kollektive Denken integriert wird („Das haben wir schon immer gewusst").[155] Beyond Budgeting *ist definitiv gegen* die Bibel geläufiger Managementpraxis.

Die Umsetzung des Beyond-Budgeting-Modells in ein Konzept für eine spezifische Organisation ist nicht trivial. Selbst die sinnvolle Implementierung bestimmter Teilaspekte und Tools kann anspruchsvolle, mittel- oder langfristige Projekte und Programme erfordern und neben internen Ressourcen die Inanspruchnahme externer Berater oder „Change Agents" erforderlich machen. Die vollen Gewinne aus dem Ansatz zu realisieren ist nicht kurzfristig möglich, wenngleich i.d.R. früh spürbare Einsparungen und Verbesserungen – z.B. dank vereinfachter Planungs- und Kontrollprozesse – realisierbar sind. Abhängig von Organisationskultur und -komplexität, dem Handlungsdruck aus dem Unternehmensumfeld und davon, welche Management-Tools in welcher Form sich bereits im Einsatz befinden, ist die Umsetzung von Beyond Budgeting als Managementansatz ein Projekt, das sich über mehrere Jahre erstreckt, letztlich aber niemals endet.

Es ist nicht auszuschließen, dass sich der Ansatz langfristig zu einem *betriebswirtschaftlichen Standard* entwickeln wird, zumindest in seiner Steuerungsprozess-bezogenen „Basiskomponente" (also ohne radikale Dezentralisierung). Einige Eigenschaften des Beyond-Budgeting-Modells sprechen für dieses Szenario:

---

[155] Es handelt sich hier übrigens um ein bereits 1870 von dem Naturwissenschaftler Louis Agassiz bezüglich der Verbreitung wissenschaftlicher Erkenntnisse beschriebenes Phänomen. Schopenhauer fabulierte Ähnliches. Ihm zufolge durchläuft alle Wahrheit drei Stadien: 1. Sie wird lächerlich gemacht. 2. Sie wird heftig abgelehnt. 3. Sie wird als selbstverständlich akzeptiert.

- die Übereinstimmung des Modells mit Marktanforderungen, Shareholderinteressen und aktuellen Forderungen nach verantwortlichem, ethischem Unternehmenshandeln und „Corporate Governance";
- die recht innovative Integration traditioneller und fortschrittlicher Management-Tools zu einem stimmigen – auf radikale, nachhaltige Leistungsverbesserung abzielenden – Gesamtmodell;
- das Potenzial massiver Ressourceneinsparungen und Effizienzsteigerung durch Optimierung, Entbürokratisierung und Flexibilisierung der Managementprozesse (nicht nur durch Einsparung der Kosten der Budgetierung!);
- die Einbettung des Modells in Vorschläge zur wirkungsvollen Verbesserung des Organisations- und Führungssystems durch Dezentralisierung, wodurch wiederum erhebliche Leistungsverbesserungen möglich sind;
- der konkrete Umsetzungsbezug, das Vorhandensein zahlreicher, dokumentierter und erfolgversprechender Praxisbeispiele sowie die Bereitstellung einer umfassenden Implementierungs-„Infrastruktur" durch den BBRT;
- der öffentliche, integrative Charakter der Beyond-Budgeting-Bewegung.

Dies alles macht Beyond Budgeting zu einem für Manager, Aktionäre und Kapitalgeber attraktiven Managementansatz. Manager, Berater und Verantwortliche für Organisationsentwicklung oder Change Management können Beyond Budgeting zudem als einen ganzheitlichen Bezugsrahmen verwenden, in den sich ihre bevorzugten und schon eingesetzten Tools einfügen. Der Verzicht auf Budgetierung und fixierten Leistungsvertrag vermag die Wirkung bestehender Initiativen und Instrumente deutlich zu verstärken.

Zur weiteren Verbreitung des Modells in den nächsten Jahren dürfte weiterhin beitragen, dass Beyond Budgeting prinzipiell für alle Organisationen geeignet ist, unabhängig von deren Größe, Zielsetzung, Komplexität oder Umfeld-Dynamik.

Die Anwendbarkeit von Beyond Budgeting etwa in *Not-for-Profit*-Organisationen ist bereits mehrfach belegt worden.[156] Bei genauerer Betrachtung wird

---

[156] Sight Savers International, eine Wohltätigkeitsorganisation zur Rettung des Augenlichts in Entwicklungsländern, ist eines der am besten dokumentierten Beyond-Budgeting-Fallbeispiele; aber auch öffentliche Verwaltungen, Versorgungsunternehmen oder Organisationen wie die Weltbank zählen zu den Mitgliedern des BBRT.

deutlich, warum auch diese Organisationen – obwohl meist in weniger dynamischen Umwelten tätig und nur in geringem Ausmaß von Konkurrenz betroffen – von den neuen Steuerungsprinzipien und Tools erheblich profitieren. In Organisationen ohne finanzielle Ergebnisziele entstehen *intern* ausschließlich Kosten, Ziele (Wirkungen) verbleiben aber stets *extern*. Budgets sind hier gerade deshalb ebenso wenig zur Steuerung geeignet. Es ist in Not-for-Profit-Organisationen nur allzu leicht möglich, dass Management und Mitarbeiter, obwohl es innerhalb der Organisation selbst keine Resultate (Outcomes) gibt, durch das interne Geschehen vollkommen absorbiert und von der Realität isoliert werden. Budgets sind ein Schlüsselelement bei dieser Abkopplung von der Realität des Organisationszwecks.

In einer Not-for-Profit-Organisation bedeutet positiver Wandel, höhere Niveaus an Humankapital oder sozialem Kapital mit gleichem oder geringerem Ressourceneinsatz zu erreichen. Kosten und Ressourcenbeanspruchung lassen sich, wie in den Gestaltungsfeldern 6 und 7 gezeigt wurde, ohne Budgets weitaus wirkungsvoller steuern bzw. beeinflussen. Auf der anderen Seite tragen relative Ziele und ein klares, langfristiges Leistungsmanagement zur Maximierung der Wirkung der Organisation bei. Langfristorientierung ist für Not-for-Profits oberstes Gebot. Der fundamentale, langfristige Zweck der Institution muss sich in allen Handlungen niederschlagen, weil sonst Unterstützung, Glaubwürdigkeit und Respekt für die Organisation schnell unterwandert werden. Auch hierzu liefern Budgets nicht die geeignete Handlungsgrundlage. Strategisch basierte, dialogische Managementprozesse auf der Grundlage von Scorecards stellen hingegen ideale Steuerungsinstrumente dar.

5.2.2 Neue Rollen für CFOs, Controller und Finanzfunktion – Herausforderungen und Chancen durch Beyond Budgeting

Die Finanzfunktion von Organisationen sieht sich spätestens seit Beginn der 90er Jahre – mit dem Aufkommen effizienter ERPs und zahlreicher innovativer Managementtechniken – einer vieldimensionalen Herausforderung gegenüber. CFOs und Controller sind heute Hüter eines Portfolios von Instrumenten und Prozessen, die in ihrem Zusammenspiel defizitär sind und einzeln oder durch ihre Verwendung eine Reihe dysfunktionaler Effekte hervorrufen. Die Prozesse in den Segmenten Informationsverarbeitung, Reporting, Kontrolle und Entscheidungsunterstützung des Finanzbereichs werden oft unwirtschaftlich betrieben. Schlimmer noch: die Funktion der Prozesse selbst ist darüber hinaus teilweise fragwürdig geworden in Organisationen, die sich zwischen herkömmlicher hierarchischer Top-down-Steuerung und immer stärker netzwerkartigen Strukturen und dezentralisierenden Steuerungsprozessen hin und her gerissen sehen.

CFOs stellen sich zwei unterschiedliche Fragen: Zum einen, wie die Kosten der Finanzfunktion, ausgedrückt z.B. als Prozentsatz vom Umsatz, verringert und die Funktion insgesamt effizienter gemacht werden kann. Zum anderen die Frage nach der Effektivität: Die meisten CFOs und Controller hegen den Wunsch, näher am Geschäft zu sein und *einen relevanten Beitrag zum Geschäftserfolg* zu leisten. Wie lässt sich die Relevanz der Finanzfunktion für die Unternehmung und die wichtigsten internen Kunden steigern?

Die Antwort auf diese Fragen hat mehrere Dimensionen. Nur durch Veränderungen an der Informationstechnologie lässt sich diese Vision nicht verwirklichen. In den letzten Jahren hat sich gezeigt, dass es keineswegs ausreicht, integrierte Transaktionssysteme (vor allem ERP), verschiedene analytische Anwendungen (z.B. für Reporting) und immer neue Management-Tools (z.B. Wertmanagement-Indikatoren) verfügbar zu machen. Es geht vielmehr darum, Prozesse der Finanzfunktion wirkungsvoller zu gestalten für interne und externe Kunden; wenig wertschöpfende Prozesse und Tools zu eliminieren und andere, wertvollere hinzuzufügen; die durch reine Datenverarbeitung gebundenen Ressourcen im Finanzbereich freizusetzen mit Hilfe erheblich besser als heute integrierter und an den Kundenbedarfen orientierter Informationssysteme (siehe zusammenfassend Abb. 88).

Beyond Budgeting kann hier einen wertvollen Beitrag leisten. Beyond Budgeting steht für ein Steuerungsmodell, durch das wesentliche Grundlagen des Controlling-Systems und der Arbeit des Finanzbereichs in Frage gestellt werden. Gerade Controller dürften manche der beschriebenen Ansätze zunächst als überzogen und unrealistisch empfinden. Andererseits existiert in der deutschsprachigen Controller-Community bereits seit langem das Bewusstsein dafür, dass sich die Fundamente des Controlling und seine Instrumente wandeln müssen.

Die vorhandenen Werkzeuge stammen aus der industriellen Ära, geprägt durch andere Werttreiber und geringere Komplexität und Dynamik der Unternehmensaktivitäten. Budgets, Plan-Ist-Vergleiche, überbordende Berichts-

Beyond Budgeting und bessere Steuerung in der Organisation implementieren

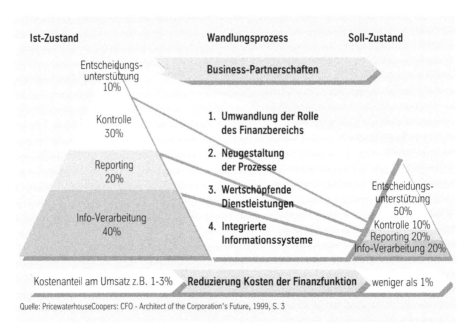

Abb. 88: Leistungen, Kosten und Herausforderungen der Finanzfunktion – Beyond Budgeting als Basis für den dringend nötigen Wandlungsprozess

konfigurationen und Kontrolle im Stil einer Rechnungswesen-Polizei werden abgelöst von einem neuen Set von Prinzipien, Tools und Prozessen, in dessen Zentrum hochgradig strategie-, wert-, potenzial- und umsetzungsorientierte Steuerungsprozesse stehen. Neben Scorecarding, Intangible Assets Management, Wertmanagement und Unterstützung des Management-Dialogs sind Prozesse wie Rolling Forecasting und Prozesskostenmanagement, Shared Service Management oder Benchmarking Aufgabenfelder, denen sich Controller und CFOs weit mehr als bisher zu widmen haben. Die Befreiung von den Routinen der Budgetierung verschafft ihnen die dafür benötigte Zeit. Die Methodenkompetenz von Controllern findet im neuen Steuerungsmodell gewiss eine Vielfalt an Anwendungsbereichen. Die spezifische Unterstützung vor allem dezentraler Manager und Teams auf Gebieten wie neuen Instrumenten und Steuerungsprozessen, und die Diffusion entsprechenden Methodenwissens gehören sicherlich zu den künftigen Hauptaufgaben von Controllern. Fraglich ist lediglich, ob etwa Controller in diesem Zusammenhang noch denselben Titel tragen werden, oder ob sie dann unter Titeln wie Business Controller, interne Berater o.ä. fungieren.

Controller sind in Beyond-Budgeting-Initiativen naheliegenderweise Hauptakteure beim Reengineering der betroffenen Tools und Prozesse. Darüber hinaus sollten sie in den nächsten Jahren die Chance ergreifen, proaktiv ein tieferes Verständnis des Modells zu gewinnen und die Formen seiner Anwendbarkeit in ihren Organisationen zu überprüfen. Als Agenten des Wandels können sie in ihren Organisationen die Diskussion um Beyond Budgeting anregen und so das Bewusstsein für das Potenzial eines neuen Prinzipien folgenden, integrierten Managementmodells schärfen.

Mit dem „Unbundling", also der Entflechtung der Budgetierung und deren Funktionen im Rahmen eines Beyond Budgeting-Programms, geht zum anderen eine großartige Chance für das Reengineering der Finanzfunktion selbst einher. Budgetierung und andere Prozesse des herkömmlichen Managementmodells (z.B. Abweichungsanalysen, interne Kontrollen, Reporting und Investitionsmanagement) verschlingen heute überproportional Ressourcen und Motivation. Sie platzieren zudem den Controller – als „Hüter" und „Moderator" traditioneller Budgets und Steuerungssysteme – in die Position des Gegners der Geschäftsbereiche. Der Finanzbereich tendiert in einer von Misstrauen dominierten Organisation zur Rolle des hyper-professionellen, jedoch risikoscheuen und Marktbedingungen verkennenden Aufpassers. Leider zeichnet sich gerade die Finanzfunktion durch die Wahrnehmung von Informationsmacht aus. Information wird von Zentralbereichen oft unbewusst als Mittel zur Ausübung von Macht und Wissensvorteilen genutzt. Zentrale Controller sehen sich außerdem vorrangig als Dienstleister von Top-Management und Zentrale. Die Wertschätzung dezentraler Einheiten für Finanzbereich und Controlling ist dementsprechend gering.

Einfache Checks für CFOs und Controller: Selbstüberprüfung der Finanzfunktion

Organisation und Effizienz:

- Ist das derzeitige Managementsystem *einfach?*
- Sind wesentliche Prozesse wie Rechnungswesen, Planung und Reporting in ausreichendem Maße automatisiert?
- Sind Systeme integriert und manuelle Tätigkeiten minimal? Sind Routinetätigkeiten prinzipiell ausgliederungsfähig?

- Wie schnell sind Monats-, Quartals- und Jahresabschlüsse? (Fast-Close-Fähigkeit)
- Sind internes und externes Reporting transparent und für Nutzer relevant?

Leistungsmessung der Finanzfunktion:

- Werden wesentliche Indikatoren der Leistung der Finanzfunktion selbst gemessen? Beispiele: Kosten der Finanzfunktion als % vom Umsatz, Fast Close (Zeit in Tagen), Days of Sales Outstanding (DSO), Transparenz der Information, Personalfluktuation im Finanzbereich
- Werden Prozesse und Leistung der Finanzfunktion mit externen Benchmarks verglichen?
- Kundenorientierung intern: Sind wesentliche Kunden – Unternehmensleitung/Board, Geschäftsbereiche und externe Anspruchsgruppen – mit der Leistung des Finanzbereichs zufrieden?

In Beyond-Budgeting-Unternehmen ist ein verändertes Rollenverständnis des Controllers zu erwarten: Controller werden durch dezentrale Entscheidung, Flexibilität, Selbstabstimmung und weniger "politisches" Agieren näher am Geschäft sein bzw. sich als Partner der Geschäftsbereiche verstehen. Damit geht der Rollenwandel vom „Kontrolleur und Verwalter des Zahlenwerks" hin zu einem kooperativen, geschäftsnahen Controllerbild im Sinne eines „konstruktiven, methodenbasierten Beraters von Managern, Teams und Geschäftsführung" einher.

Der Fokus der Tätigkeit von Unternehmensleitung, Finanz- und Controllingfunktion verschiebt sich *von der Verhaltenskontrolle hin zur Ergebniskontrolle*. Wo das Management zur Rolle von Coaching, Support und Stimulanz der Organisation übergeht, müssen Controller eine ähnliche Rollenveränderung durchmachen. Controller funktionieren in der Beyond-Budgeting-Organisation nicht mehr als „betriebswirtschaftliches Gewissen". Alle Prinzipien des Modells zielen darauf ab, dieses Gewissen *in allen Managern und Teams* einer Organisation zu einer handlungstreibenden Kraft zu machen. Traditionell zentralisierte Aufgaben der Finanz- und Personalmanagement-Funktionen werden zu dezentralen Einheiten und Teams hin verlagert. Das Gewicht verschiebt sich von zentralem zu dezentralem Controlling, weil operative *und* strategische Steuerungsaufgaben von dezentralen Einheiten selbst verantwortet werden.

Das Selbst-Controlling dezentraler Manager (ebenso wie zunehmend dezentral wahrgenommene, autonome Personalverantwortung) assimilieren Aufgaben, die in der hierarchischen Organisation von Zentralbereichen wahrgenommen werden. Wenn Controlling und Personalverantwortung in den Autoritätsbereich von Linienmanagern und Teams wandern (oder sagen wir: zurückkehren), muss sich notwendigerweise die Rolle und Aufbauorganisation von Controlling, Finanzen und HR wandeln. Dezentrale Autonomie bedeutet nicht, auf Hilfe und Support von HRlern und Finanzern verzichten zu können. Controller müssen das Selbstcontrolling dezentraler Leistungsverantwortlicher in verschiedener Hinsicht unterstützen. Einige klassische Controlling-Aufgaben werden so in der Tat obsolet: Von der Erstellung von Plänen und Budgets in hoher Auflösung, der aufwändigen Berichterstellung und der Rolle der Rechnungswesen-Polizei im Geschäftsjahresverlauf geht der inhaltliche Schwerpunkt der Controllingarbeit hin zur Steuerungssystem-Gestaltung und zum Informationssystem-Support. Die eher bürokratischen Routinetätigkeiten des Finanzbereichs verringern sich, und projektbezogene Aufgaben (Reorganisation und Wandel, Systemeinführungen und -verbesserungen der Prozesse des Leistungsmanagements) sowie unmittelbar wertschöpfende, geschäftsnahe Aufgaben gewinnen an Gewicht. Beispiele für derartige Wirkungsbereiche:

- Das ganzheitliche, vieldimensionale Rentabilitätsmanagement (unterstützt durch Prozesskostenrechnung) ermöglicht Controllern, Geschäftsbereiche in beratender Funktion bei der Erarbeitung von Lösungen zu unterstützen, mit denen die Wertschöpfung von Produkten/Leistungen, Vertriebskanälen, Kundensegmenten, Kunden, Prozessen usw. verbessert werden kann.

- Bereitstellung von externen Benchmarking-Informationen sowie Erarbeitung und Analyse relativer Leistungsindikatoren.

- Monitoring der vielschichtigen Leistungsinformationen und Hilfestellung an dezentrale Akteure bei der Identifikation von Problemen.

- Internes Management und externes Reporting intangibler Produktivfaktoren sind ein völlig neuer Aufgabenbereich für Controller.

- Moderation interner Märkte, strategischer Steuerungs- und Rolling-Forecasting-Prozesse – immer in enger Zusammenarbeit mit marktnahen Teams.

Controller werden in den meisten Unternehmen natürlich nicht überflüssig – das Controllinginstrumentarium bleibt reichhaltig, und seine Weiterentwicklung muss nachhaltig in der Organisation stimuliert werden. Nur einigen wenigen Unternehmen – gerade dezentral organisierte Organisationen mit Filialstruktur oder vertriebsbasierte Unternehmen (wie z.B. Aldi) kann es gelingen, mit dem neuen Steuerungsmodell ganz ohne erkennbare zentrale „Controlling"-Organisation auszukommen. Beyond Budgeting gipfelt nicht in „Beyond Controlling", aber es markiert den Abschied von der starken *Zentralfunktion Controlling*. Die meisten Organisationen werden jenseits der Budgetierung in der Lage sein, ihre Controllingbereiche mittels besseren Einsatzes des Steuerungs-Instrumentariums und Empowerment stark zu verschlanken oder zu dezentralisieren. Die Kosten des Finanzbereichs der Beyond-Budgeting-Organisation sind tendenziell deutlich niedriger, zentrale Controllingbereiche schlanker. Diese Dezentralisierung des Controllings darf nicht, wie heute vielfach zu beobachten ist, halbherzig betrieben werden: Anstelle der angestrebten *Verlagerung* von Controllingfunktionen von Zentralbereichen aus in die Geschäftseinheiten hinein werden heute oft zusätzliche Stellen geschaffen. Hier wird Doppelarbeit gefördert, und der Konflikt zwischen Zentralbereichen und Geschäftseinheiten ist vorprogrammiert.

Mit der Zuordnung operativer Finanzkompetenz zu Geschäftseinheiten und der Bewahrung lediglich ausgewählter, nicht-operativer Beratungsleistungen in Zentralbereichen ergeben sich zukünftig verschiedene neue Karrierewege für Finanzer und Controller. Für Controller und andere Finanzspezialisten gibt es drei mögliche Entwicklungsmöglichkeiten: diejenigen mit starkem Spezialisten-Profil und ausgeprägter interpersoneller Kompetenz können sich in finanzielle Beratungsteams hinein entwickeln; es gibt die Option der Geschäftsbereichs-bezogenen Tätigkeit innerhalb von Business Units und schließlich Mangement- und Expertenrollen für auf transaktionale Tätigkeiten spezialisierte Finanzer in internen Service Centers, in ausgesourcten Unternehmen oder externen spezialisierten Dienstleistern (siehe Abb. 89).

CFOs werden dieser Zukunftsvision zufolge zu Corporate Operating Officers (COOs) mit operativer Verantwortung oder „Heads of Finance", also des projekt- und beratungsbezogenen Rumpfes der Finanzfunktion. Mandat dieser neuen Rolle ist, den Unternehmenswert zu steigern, und externe Unternehmenskommunikation selbstbewusster und den langfristigen Interessen der Organisation entsprechend zu gestalten.

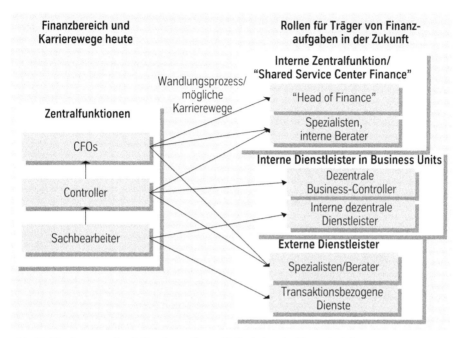

Abb. 89: Karrierewege für CFOs, Controller und Mitarbeiter der Finanzfunktion

In letzter Konsequenz bedeutet dieses Szenario für den Wandel der Finanzfunktion: In absehbarer Zukunft besteht weniger Bedarf an Leistungen umfangreicher zentraler Finanzabteilungen im heutigen Sinne, doch es wird zahlreiche, deutlicher voneinander abgegrenzte Rollen für gute Controller und Profis in Finanzfragen geben.

Einer ähnlichen Herausforderung muss sich die Funktion des Personalmanagements (Human Resources/HR) stellen. Mit wenigen Ausnahmen werden die Aktivitäten der HR-Funktion in Organisationen heute als reaktionäre, unnötig einengende Elemente der Steuerung betrachtet. Die Bemühungen der letzten Jahrzehnte, HR zu einer *strategischen* Funktion zu machen, wurden partiell durch zunehmende Geschäftskomplexität sowie Zentralisierungs- und Bürokratisierungstendenzen vereitelt. Heute sind viele von der HR-Funktion gestaltete oder verantwortete Programme und Prozesse kaum den Anforderungen flexibler und dezentralisierter Organisationen gewachsen.

- Anreizsysteme sind wissentlich ineffektiv und ineffizient – sie motivieren nicht und belohnen das verkehrte Handeln.

- Training und Personalentwicklung stehen in keinem Zusammenhang mit Zielen der Organisation und angestrebten Ergebnissen.
- Prozesse der Leistungsbewertung wurden ritualisiert oder diskreditiert.
- Kompetenzmanagement-Systeme und Prozesse zur Karriereplanung sind so stark formalisiert, dass die Dokumentation, Administration und Nutzung von Informationen zu Fähigkeiten, Zielen und Anreizen der Mitarbeiter sichtbar unmöglich ist.
- Gehaltsklassen sind aus Wertschöpfungssicht überflüssige und eher bürokratische Hürden als Unterstützung für das Management und kosteneffiziente Maßnahme zur Risikovermeidung.
- Fixierte Allokation von HR-Ressourcen führt zu Verschwendung, suboptimaler Ressourcennutzung und der Missachtung von sich wandelnden Geschäftsbereichs-Bedarfen.

In der flexiblen und dezentralisierten Organisation wandelt sich das Verhältnis zwischen Personalmanagern, Linienmanagern und Mitarbeitern substanziell. Bei der HR-Funktion geht es, ähnlich wie bei der Finanzfunktion im neuen Steuerungsmodell vermehrt darum, spürbare und messbare Wertbeiträge zur Geschäftstätigkeit zu leisten. Die Verringerung der bisher exzessiven Komplexität und Formalisierung der Systeme und Prozesse des Personalmanagements wird durch die Prinzipien und Gestaltungscharakteristika des Beyond-Budgeting-Modells einerseits eingefordert, andererseits auch ermöglicht.

An die Stelle von Budgets für HR-Programme und Prozesse (z.B. Einstellung, Weiterbildung und Karriereentwicklung) treten Prozesse, in denen Linienmanager den Ratschlag und Empfehlungen von HR-Spezialisten erhalten, Entscheidungen bezüglich der Mitarbeiterentwicklung aber eigenverantwortlich treffen und Leistungen einkaufen. Ressourcen können zentral bereitgestellt oder von Dienstleistern eingekauft werden – in jedem Fall werden die Kosten der Maßnahmen dezentralen Einheiten direkt und aktivitätsbezogen belastet. Die HR-Funktion wird zu einem überwiegend marktlich gesteuerten Shared Service Center mit rigorosen Leistungsvereinbarungen gegenüber den Geschäftseinheiten; der einzelne Personalmanagement-Spezialist wird zum internen Berater und Support, der einem Business oder einer Vertriebsregion zugeordnet ist. Daneben spielen HR-Spezialisten eine entscheidende Rolle bei der Unterstützung des Wandels zum Beyond-Budgeting-Steuerungssystem an sich.

5.2.3 Zum Abschluss: Mit Beyond Budgeting den Wandel realisieren

Am Ende geht es – in Organisationen wie in Management-Büchern – meistens darum, *wie sich Wandel verwirklichen lässt*.

Beyond Budgeting eignet sich heute, nach einer Reihe Jahren der konzeptionellen Entwicklung durch den Beyond Budgeting Round Table, für eine große Mehrheit der Organisationen als relevanter Gestaltungsrahmen, um organisationalen Wandel in großem Umfang zu verwirklichen. Das haben natürlich auch schon andere Techniken und Konzepte versprochen.

Beyond Budgeting ist nicht *besser* als andere Konzepte – viele gute Ideen der letzten Jahrzehnte fügen sich in das Beyond-Budgeting-Modell ein und haben ihren festen Platz in den Neun Gestaltungsfeldern, in denen sich der Wandel hin zu einem neuen Steuerungsmodell vollzieht. Beyond Budgeting zeichnet sich jedoch durch Kohärenz und Ganzheitlichkeit sowie durch eine deutliche *Bereinigung* des Portefeuilles der in einer Organisation angesammelten Prinzipien, Tools und Prozesse aus.

Jede Beyond-Budgeting-Initiative hat vor allem größere Einfachheit zum Ziel. Schon durch die Abschaffung von Budgets und die Fokussierung auf das Wesentliche wird ein Beitrag zur Einfachheit geleistet. Die erfolgreichsten und effizientesten Organisationen schaffen es, das Maximum ihrer Kräfte auf ihr externes Umfeld zu konzentrieren. Externe Orientierung wird dabei nicht eng gefasst als Kundenorientierung, sondern als auf alle externen Umfelder gerichtet. Die besten Organisationen schaffen es möglicherweise, lediglich 10% ihrer Ressourcen innengerichtet aufzuwenden (für Geschäftserhalt, interne Administration usw.). 90% der Ressourcen und Aufmerksamkeit der Organisation richten sich dann nach außen. Von einer derartigen Relation der Leistungswirkung können die meisten Organisationen natürlich nur träumen. Wir können davon ausgehen, dass die meisten Unternehmen zwischen 30 und 60% ihrer Ressourcen „innengerichtet" aufwenden – und einen Großteil davon sinnlos verschwenden (siehe Abb. 90). Diese Tatsache macht das Verbesserungspotenzial durch nachhaltigen und radikalen Wandel deutlich.

Fokussierung auf Markt und Umfeld entsteht durch die Konzentration auf Prozesse, die Verwendung relativer Leistungsmaßstäbe und -verträge sowie durch Maximierung der Orientierung aller Akteure der Organisation auf Partnernetzwerk, Zulieferer, Kunden, externe Anspruchsgruppen usw. Beyond Budgeting kann hierfür die Grundlage bilden.

Beyond Budgeting und bessere Steuerung in der Organisation implementieren

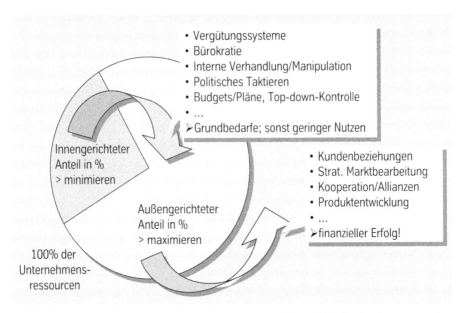

Abb. 90: Die Kräfte der Organisation nach außen richten: Kunden- und Marktorientierung verstärken

Beim Zusammenfügen der Gestaltungsansätze zu einem neuen Modell entdecken wir eine Vielzahl recht innovativer und eher kontraintuitiver Vorschläge und Ansätze. Z.B. lernen wir, wie Forecasting funktionieren soll (nämlich völlig ohne Elemente von Leistungsmanagement!), wie Zieldefinitionen, Leistungsanreize, Reporting, Leistungsmessung und Vergütung konsistent gestaltet werden können. Wie es möglich ist, eine leistungsfähigere Kontrolle und Steuerung durch das Top-Management *ohne* Budgets zu gewährleisten usw. Oder die Fundierung dessen, *dass Empowerment erst durch Einsatz eines Portfolios von Prozessen* handlungswirksam und kulturverändernd wirkt. Diese Veränderungen im Managementmodell ergeben gemeinsam erst die signifikanten Verbesserungen, die Organisationen heute anstreben.

Manager und Organisationen müssen entscheiden, welchen Gestaltungsprinzipien eines Steuerungsmodells sie heute folgen wollen: den überkommenen, tradierten der Budgetsteuerung oder denen eines neuen, flexibleren Denkens und der Prämisse von Fähigkeit und Talent der Organisationsmitglieder. Einige dieser kontraintuitiven, mit herkömmlichen Paradigmen brechenden Prinzipien, die Beyond Budgeting letztlich ausmachen, sind in Abb. 91 aufgelistet. Leicht ließen sich ein oder zwei Dutzend weitere Prinzipien dieser Art hinzufügen – es soll aber dem Leser überlassen bleiben, aus den dargestellten Ge-

Gängige „Weisheit" und konventionelles Denken	Beyond-Budgeting-Prinzip und radikales Denken
Budgets sind nützlich und unverzichtbar.	Budgets leisten nichts, was nicht auf anderem Wege besser zu erreichen wäre.
Budgets sind praktisch.	Budgets sind kostspielig und *überflüssig oder schädlich*.
Unsere Budgetziele sind anspruchsvoll.	Budgets geben *niemals* anspruchsvolle Ziele vor!
Management von *Aufgaben*	Management von *Ergebnissen*
Partizipatives Management	*Nicht*-partizipatives Management! (weil *radikal dezentralisiert*)
Variable Vergütung für individuelle Leistung	Variable Vergütung für Gruppen- und Organisationsleistung
Strategische Ziele im Alltag leben heißt, sie im Budget verankern	Budgets sind nie strategisch (und verhindern Strategieorientierung im Alltag!).
Ziele müssen *herausfordernd* geplant sein.	Ziele müssen relativ sein oder „Stretch" fördern.
Ziele vorab festlegen – *Zielerreichung* gegenüber Plan bewerten/vergüten	Zielerreichung *im Nachhinein* bewerten gegenüber Vergleichsleistung!
Regelmäßig planen, um Ziele zu aktualisieren/anzupassen	Gute Ziele brauchen kaum Aktualisierung; Prognose dient nicht der Zielanpassung!
Wettbewerb innerhalb der Organisation ist *schlecht*.	Wettbewerb ist *gut* – sofern nicht an finanzielle Anreize gebunden!
Vergütung *motiviert*.	Vergütung motiviert *nicht!* (bzw. nur dazu, den Bonus zu maximieren)
Je enger die Verbindung zwischen Vergütung und Zielen/Zielerreichung, umso besser!	Je enger diese Verbindung, desto *schädlicher*.
Zentralisierung erlaubt effektive Kontrolle, Dezentralisierung bedeutet Kontrollverlust.	Dezentralisierung *verbessert* Kontrolle.
Die Produktivfaktoren, auf die's ankommt (Kapital, Rohstoffe), sind knapp.	Die Produktivfaktoren, auf die's wirklich ankommt (intellektuelles Kapital), sind *nicht* knapp!
...	

Abb. 91: Radikales Denken und Beyond Budgeting in der Organisation – eine Auswahl alter und neuer Paradigmen

Beyond Budgeting und bessere Steuerung in der Organisation implementieren

staltungsfeldern des Managementmodells ein eigenes Set frischer Ideen und Ansätze auszuwählen.

Halbherzigkeit zum Beginn der Initiative führt unweigerlich zu Enttäuschung und ungewollten Better-Budgeting-Ergebnissen. Organisationen, die von vornherein imkrementale, klein-dimensionierte Veränderungen anstreben, scheitern mitunter häufiger als andere, die Veränderungen im großen Stil anstreben. Viele Unternehmen haben bereits die Erfahrung gemacht, wie leicht kleinschrittige Modifikationen an Budgetierung und Leistungsmanagement verpuffen. Ein gewisses Maß an Ambition setzt in Unternehmen jene Visionen und Energien frei, die alte Strukturen in Frage stellen und neue Organisationsformen und Lösungen entstehen lassen. *Mittel- und langfristig maximale Integrität des Managementmodells anzustreben, jedoch bereits in der ersten Phase der Initiative konsequente Änderungen zur Abschaffung fixierter Leistungsverträge vorzunehmen.* Das ist, nach der Erfahrung von Pionieren des Beyond Budgeting zu urteilen, wohl der wichtigste Erfolgsfaktor für die Umsetzung des neuen Steuerungsmodells.

Wandel ist nicht kurzfristig machbar. Beyond Budgeting braucht Zeit – mit Sicherheit länger als Manager, die ausschließlich an schnellen Lösungen interessiert sind, es gerne sehen würden. Es bedarf engagierter und visionärer Top-Manager, die zur kontinuierlichen Beteiligung am Wandlungsprozess bereit sind. Daher ist dieses Modell kaum geeignet für Manager, die Verantwortung für Wandel an andere delegieren möchten oder ihn von Beratern einkaufen wollen. Der beschriebene Wandel mit Beyond Budgeting kann nicht von Consultants getragen oder an Stabstellen und Zentralbereiche delegiert werden. Es ist unmöglich, flexible und dezentralisierte Steuerung bestehenden Organisationen, Kulturen und Managementsystemen „überzustülpen". Die Realisierung einer Beyond-Budgeting-Steuerung hat zwei Seiten: eine „harte" und eine „weiche" – beide sind von gleich großer Bedeutung für den Erfolg. Für die Implementierung setzt die harte Seite des Modells auf Tools wie Rolling Forecast, Scorecards, Wertmanagement-Konzepte oder Benchmarking und auf Prozesse wie relative Zielsetzungen oder relative Vergütung. Ohne Instrumente kann die neue Steuerung nicht funktionieren. Wie wirkungsvoll diese Tools am Ende funktionieren, hängt jedoch von der weichen Seite der Implementierung ab. Hierzu gehören Führung und Führungsstil, Dialog und strategisches Lernen der Organisation, Organisationskultur, Teamwork usw. Die erfolgreichsten Beyond-Budgeting-Organisationen haben es geschafft, beide Varianten des Wandels in gleicher Weise und im Einklang voranzutreiben.

Beyond Budgeting ist kein Projekt, das im nächsten Quartal abgeschlossen ist. Der Wandel zu einem kohärenten Steuerungsmodell jenseits der Budgetierung hört niemals auf. Allerdings: Anders als viele Wandlungsinitiativen, die radikalen Wandel innerhalb kurzer Zeiträume versprechen (mit geringer Beteiligung der Unternehmensleitung), haben die Fallbeispiele des BBRT eines deutlich gezeigt: Beyond Budgeting *funktioniert!* Und das will viel bedeuten.

6 So nutzen Sie die Anwendungen auf der CD-ROM

Die beigelegte CD-Rom enthält folgende Elemente:

- 1 PowerPoint-Datei mit den Grafiken aus dem Buch – Hier finden sie die *Abbildungen zur Verwendung in der eigenen Organisation*. Die Visualisierungen und Darstellungen können ihnen die interne Kommunikation erheblich erleichtern.

- 1 Vortragsfoliensatz zu Beyond Budgeting und Better Budgeting als PowerPoint-Datei – zur *Präsentation von Beyond Budgeting und Better Budgeting gegenüber Unternehmensleitung, CFOs und Controllern*. So überzeugen sie ihre Kollegen von der Notwendigkeit der Verbesserung von Planung und Unternehmenssteuerung und machen ihnen den Ansatz für ein besseres, kohärenteres Managementmodell anschaulich.

- 1 Vortragsfoliensatz für Workshops als PowerPoint-Datei – zur *Durchführung von Workshops*. Darstellung und Diskussion von Management-Tools sowie Führungs- und Organisationsprinzipien im Zusammenhang mit einem Beyond Budgeting- oder Better-Budgeting-Modell, sowie Anregungen zur deren Gestaltung und Einsatz.

- 1 Checkliste für Beyond Budgeting-Projekte als Power Point-Datei – Fragestellungen als Rahmengerüst am Anfang der Realisierung von Beyond Budgeting-Initiativen

- Online-Literaturhinweise und Web-Links – zu Themen rund um Beyond Budgeting und Better Budgeting

- Kontaktadressen des Autors und der Redaktion

Updates von Literaturquellen und Weblinks zu „Beyond Budgeting, Better Budgeting"...

...finden Sie auf der Internetseite www.nielspflaeging.com

7 Literaturverzeichnis

Für interessierte Leser, die sich mit den im Buch aufgezeigten Themen weitergehend beschäftigen wollen, sind einige empfehlenswerte Referenzwerke durch „fetten" Satz hervorgehoben. Auf der dem Buch beiliegenden CD-Rom findet sich zudem ein Verzeichnis mit Web-Links zu vielen im Internet verfügbaren Quellen.

Ampuero, Marcos/Goranson, Jesse/Scott, Jason (1999): Solving the Measurement Puzzle, in: Perspectives on Business Innovation Journal, Heft 2/1999, S. 45–52

Argyris, Chris (1952): The impact of budgets on people, The Controllership Foundation 1952

Banham, Russ (1999): The revolution in planning, in: CFO Magazine, Heft Aug/1999, URL: www.cfo.com/printarticle/0,5317,1287l,00.html (Zugang 1.9.2003)

Boesen, Thomas (2000): Creating Budget-less Organizations with the Balanced Scorecard, in: Balanced Scorecard Report, Nr. 6/2000, o.S.

Boesen, Thomas (2001): Beyond Budgeting – Strategic and Operative Planning at Borealis, Tagungsunterlagen zum 15. Stuttgarter Controller-Forum, 18.09.2001

Boesen, Thomas (2002): New Tools for a New Corporate Culture – The Budgetless Revolution, in: Balanced Scorecard Reprot, Heft Jan/Feb 2002, o.S.

Brandes, Dieter (2002): Einfach Managen: Klarheit und Verzicht – der Weg zum Wesentlichen, Frankfurt/Wien 2002

Buchner, H., Weigand, A. (2001): Welche Planung passt zu ihrem Unternehmen? In: Controlling, 13. Jg., Heft 8–9/2001, S. 419–428

Business Intelligence (2002): Case Study – H P Bulmer, UK, o.O. 2002

Caulkin, Simon (2003): Break out of the budget cycle, in: The Observer, 20. Juli 2003, o.S.

Cokins, Gary (1996): Activity-Based Cost Management: Making it Work, McGraw-Hill 1996

Cokins, Gary (2001): Activity-Based Cost Management. An Executive's Guide, New York 2001

Collingwood, Harris (2001): The Earnings Game, in: Harvard Business Review, Heft Juni 2001, S. 65–74

Daum, Jürgen H. (2002): Beyond Budgeting – Ein Management- und Controlling-Modell für nachhaltigen Unternehmenserfolg, in: Der Controlling-Berater, 7/2002, S.397–430

Daum, Jürgen H. (2003): Intangible Assets und die Optimierung der Enterprise Total Factor Productivity, in: Controling&Management, 47. Jg., 2/2003, S. 129–135

Daum, Jürgen (2003): Beyond Budgeting – Steuern ohne Budgets, Weinheim 2003

Drucker, Peter (1980): Managing in Turbulent Times, New York 1980

Drucker, Peter (1992): Managing the Nonprofit Organization – Principles and Practices, New York 1992

Dietz, Karl-Martin/Kracht, Thomas (2002): Dialogische Führung, Frankfurt 2002

Edvinsson, Leif/Malone, M.S. (1997): Intellectual Capital, New York 1997

Franssen, Martin/Mueller, Uwe Michael (1996): Reengineering von Planungsprozessen, in: zfo 3/1996, S. 149–152

Fraser, Robin/ Hope, Jeremy (2001): Beyond Budgeting in: Controlling, 13. Jg., Heft 3/2001, S. 437–442

Fraser, Robin/Waal, A. de (2001): BBRT Benchmarking Project – Report on exploratory „beyond budgeting" survey, CAM-I, BBRT, Dorset 2001

Friedag, Herwig R./Schmidt, Walter (1999): Balanced Scorecard – Mehr als ein Kennzahlensystem, Freiburg 1999

Friedag, Herwig R./Schmidt, Walter (2000): My Balanced Scorecard: Das Praxishandbuch für ihre individuelle Lösung, Freiburg 2000

Friedag, Herwig R./Schmidt, Walter (2003): Balanced Scorecard at work, Freiburg 2003

Gleich, Robert/Kopp, Jens (2001): Ansätze zur Neugestaltung von Planung und Budgetierung, in: Controlling, 13. Jg., Heft 8–9/2001, S. 429–436

Grelius, Sven (2001): Thirty successful years without budget – Experiences from a financial company, in: Controlling, 13.Jg., Heft 8/9, August/September 2001, S. 443–446

Häusel, Hans-Georg (2000): Think Limbic – Die Macht des Unbewussten verstehen und nutzen für Motivation, Marketing, Management, Planegg 2000

Handy, Charles (1994): The age of paradox, Boston 1994

Handy, Charles (1998): The hungry spirit, New York 1998

Holloway, D. A./Reuck, J. D. de (o.J.): Beyond a traditional Budgeting orientation: towards a commitment to *general decision assurance* (GDA), Murdoch o.J.

Hope, Jeremy/Fraser, Robin (1997): Beyond Budgeting... Breaking through the barrier to 'the third wave', in: Management Accouting, Heft 12/1997, S. 20–23

Hope, Jeremy/Fraser, Robin (1998): Measuring performance in the new organizational model, in: Management Accouting, Heft 6/1998, S. 22–23

Hope, Jeremy/Fraser, Robin (1999): Beyond Budgeting – Building a new management model for the information age, in: Management Accouting, Heft 1/1999, S. 16–21

Hope, Jeremy/Fraser, Robin (2000): Beyond Budgeting, in: Strategic Finance, Volume 82, 4/2000, S. 30–35

Hope, Jeremy/Fraser, Robin (2001): Beyond Budgeting – Questions and Answers, CAM-I, BBRT, Dorset 2001, www.bbrt.org (Zugang 1.9.2003)

Hope, Jeremy/Fraser, Robin (2003a): Who needs Budgets?, in: Harvard Business Review, Heft 02/2003, S. 98–105

Hope, Jeremy/Fraser, Robin (2003b): Beyond Budgeting: How Managers Can Break Free from the Annual Performance Trap, Boston 2003

Jensen, Michael C. (2001a): Paying People to Lie: The Truth About the Budgeting Process, Harvard Business School Working Paper 01–072

Jensen, Michael C. (2001b): Corporate Budgeting is Broken – Let's Fix It, in: Harvard Budiness Review, Vol. 79, Heft Nov/2001, S. 94–101

Johnson, Thomas H. (1992): Relevance Regained, New York 1992

Jorgensen, Bjorn (2001): Borealis, Harvard Business School Fallstudie Nr. 9–102–048, Boston 2001

Joyce, William F. (1999): MegaChange – how today's leading companies have transformed their workforces, New York 1999

Kaplan, Robert S./Cooper, R. (1998): Cost & Effect, Boston, Boston 1998

Kaplan, Robert S./Norton, David P. (1996): The Balanced Scorecard – Translating Strategy into Action, Boston 1996

Kaplan, Robert S./Norton, David P. (2000): Linking Strategy to Planning and Budgeting, Balanced Scorecard Collaborative Report, Harvard Business School.

Kaplan, Robert S./Norton, David P. (2001): Die strategiefokussierte Organisation, Stuttgart 2001

Kellerman, Bernard (2003): How to beat the budget blues, in CFO, Heft Mai 2003, o.S.

Klee, Alexander (2000): Strategisches Beziehungsmanagement – Ein integrativer Ansatz zur strategischen Planung und Implementierung des Beziehungsmanagement, Hannover 2000

Kogler, Sabine/Kopp, Jens (2001): Praktische Impulse zur Verbesserung der Planung und Budgetierung, in: Bilanzbuchhalter und Controller, 25. Jg., 9/2001, S. 201–204

Kohn, Alfie (1993a): Why Incentive Plans Cannot Work, in: Harvard Business Review, 71. Jg., Heft September-Oktober 1993, S. 54–63
Kohn, Alfie (1993b): Punished by rewards – the trouble with gold stars, incentive plans, A's, praise, and other bribes, Boston 1993
Kopp, Jens/Leyk, Jörg (2002a): Advanced Budgeting – Better and Beyond, Vortragsunterlagen 4. Planungsfachkonferenz Stuttgart, 27. November 2002
Kopp, Jens/Leyk, Jörg (2002b): Advanced Budgeting – Better and Beyond, Vortragsunterlagen Düsseldorf, 6. Dezember 2002
Krystek, Ulrich/Zumbrock, Stefanie (1993): Planung und Vertrauen – die Bedeutung von Vertrauen und Misstrauen für die Qualität von Planungs- und Kontrollsystemen, Stuttgart 1993
Leitch, Matthew (2003a): Risk Management and Beyond Budgeting, Arbeitspapier 6.3.2003, URL http://homepage.ntlworld.com/m.leitch1/dm/bbrt-talk (Zugang 1.9.2003)
Leitch, Matthew (2003b): Design ideas for Beyond Budgeting management information reports, Arbeitspapier 15.7.2003, URL http://homepage.ntlworld.com/m.leitch1/icd/reportdesign (Zugang 1.9.2003)
Leone, Marie (2003): Rolling Budgets, with a Twist, in: CFO.com, Juni 2003, URL: www.cfo.com/article/1,5309,9603,00.html (Zugang 1.9.2003)
Lev, Baruch (2001): Intangibles – Management, Measurement, and Reporting, Washington D.C. 2001
Libby, Theresa/Lindsay, R. Murray (2003) Beyond Budgeting or Budgeting Reconsidered, in CMA Management Magazine, Heft 2/2003, S. 30–33 und Heft 3/2003, S. 28–31
Malik, Friedmund (2001): Führen, Leisten, Leben, Stuttgart 2001
Mintzberg, Henry (1995): Die strategische Planung – Aufstieg, Niedergang und Neubestimmung, München 1995
Neely, Andy et al. (2001): Driving Value Through Strategic Planning and Budgeting – A Research Report from Cranfield School of Management and Accenture, 2001
Nirmul, Antosh G. (2003): Strategy-Focused Business Planning, Präsentationsunterlagen BSCol Webcast, 29. Mai 2003
Oehler, Karsten (2001): Unternehmensweites Wertmanagement – Systemunterstützung für den Economic Value Added, in: Controller News, 6/2001, S. 167–170
Oehler, Karsten (2002): Beyond Budgeting, was steckt dahinter und was kann Software dazu beitragen, in: Kostenrechnungspraxis, 46. Jg. 3/2002, S. 151–160

Olve, Nils-Göran/Petri, Carl-Johan/Roy, Jan/Roy, Sofie (2003): Making Scorecards Actionable – Balancing Strategy and Control, New York 2003

o.V. (1993): Rethinking Rewards, in: Harvard Business Review, 71. Jg., Heft November-Dezember 1993, S. 37–46

o.V. (2000): Beyond Budgeting, URL: http://www.news.philips.com/mondial/archive/20000/october/artikel21.html (Zugang 23.5.2002)

o.V. (2001): New Tools for a New Corporate Culture: The Budget-less Revolution, in: Balanced Scorecard Report, 4. Jg, Jan/Feb 2002, S.8-9

o.V. (2002): Balanced Scorecard: Anbindung an die Budgetierung – Ausgestaltung – Wertorientierung – Ergebnisse einer aktuellen empirischen Studie von Horváth & Partners, URL: www.legalis.de/beck2go/xxs.asp?docid=71071&more=full&type=news (Zugang 1.9.2003)

Pfeffer, Jeffrey. (1998): Six dangerous myths about pay, in: Harvard Business Review, Heft May-June 1998, S. 109–119

Pfläging, Niels (1998): Controllingsystem für strategische und operative Planung internationaler Consulting-Projekte, Diplomarbeit, Hannover 1998

Pfläging, Niels (2002): Web- und OLAP-basierte Controlling-Systeme, in: Controller Magazin, 27. Jg., Heft 1/2002, S. 15–24

Pfläging, Niels (2003a): Fundamente des Beyond Budgeting – Controller als Akteure bei der Realisierung eines integrierten Modells zur Unternehmenssteuerung, in: Controller Magazin, 28. Jg., Heft 2/2003, S. 188–197

Pfläging, Niels (2003b): Controllingsysteme, in: Amor, D., Jahrbuch E-Business 2004, Weinheim 2003, o.S.

Player, Steve (2002): To Ensure Ethical Reporting and Better Corporate Governance, Attack the Causes (Internet, Zugang 1.5.2003)

Prendergast, P. (2000): Budgets hit back, in: Management Accounting, Heft Januar 2000, S. 14–16

Ramos, Abe de (2002): A little clarity please, in: CFO Asia, Heft September 2002, o.S.

Rasmussen, Nils H./Goldy, Paul S./Solli, Per O. (2002): Financial Business Intelligence – trends, technology, software selection, and implementation, New York 2002

Richter, Frank/Honold, Dirk (2000): Das Schöne, das Unattraktive und das Hässliche an EVA & Co., in: FB Finanz Betrieb, 2. Jg., Heft 5/2000, S. 265–274.

Rieg, Robert (2001): Beyond Budgeting – Ende oder Neubeginn der Budgetierung, in: Controlling, 13. Jg., S. 571–576

Schäffer, Utz/Zyder, Michael (2003): Beyond Budgeting – mehr als ein Management Hype?, Forschungspapier Nr. 5, Lehrstuhl für Controlling EBS Östrich-Winkel, Januar 2003

Schaudwet, Christian (2002): Ende der Planwirtschaft, in: Wirtschaftswoche Heft 34/2002, 15.8.2002, S. 65–67

Schein, Edgar H. (1992): Organizational Culture and Leadership, San Francisco 1992

Schimank, Christof/Strobl, Günter (2002), Controlling in Shared Services, in: Controlling Fortschritte, Vahlen, München 2002

Segelod, Esbjörn (1998): Capital Budgeting in a Fast-Changing World, in: Long Range Planning, Heft 4, Jg. 31, 1998, S. 529–541

Stewart, Thomas A. (1997): Intellectual Capital, New York 1997

Sveiby, Karl Erik (1997): The New Organizational Wealth, San Francisco 1997

Sveiby, Karl Erik (1998): Measuring Intangibles and Intellectual Capital – An Emerging First Standard, URL: www.sveiby.com/articles/EmergingStandard.html (Zugang 1.9.2003)

Sherman, Strat/Kerr, Steve (1995): Stretch Goals – The Dark Side of Asking for Micacles, URL: www.css.edu/users/dswenson/web/335artic/stretch.htm (Zugang 1.9.2003)

Smith, Douglas K. (2000): Better than Plan: Managing Beyond the Budget, in: Leader to Leader, No.15, Winter 2000, S. 33–39, URL: http://www.pfdf.org/leaderbooks/l2l/winter2000/smith.html (Zugang 1.9.2003)

Sprenger, Reinhard K. (1995): Mythos Motivation, Frankfurt 1995

Sprenger, Reinhard K. (2002): Vertrauen führt, Frankfurt 2002

Thönnessen, Johannes (2000): Zielvereinbarungen und Entgelt oder: Wie man mit Instrumenten Führungskräften ihre Aufgabe erschwert, in: Wirtschaftspsychologie, Heft 2/2000, S. 22–26

Vieweg, Wolfgang (2003): Erfolg durch Management by Options, Bad Kreuznach 2003

Wallander, Jan (1999): Budgeting – an unnecessary evil, in: Scandinavian Journal of Management, 15. Jg., 1999, S. 405–421

Weber, Jürgen/Schäffer, Utz (2000): Balanced Scorecard & Controlling, Wiesbaden 2000

Weber, Jürgen/Linder, Stefan (2003): Budgeting, Better Budgeting oder Beyond Budgeting?, Vallendar 2003

Weber, Jürgen/Linder, Stefan/Spillerke, D. (2003): Beyond Budgeting bei Verbundeffekten? In: ZfCM, 47. Jg., Sonderheft 1/2003, S. 110–120

Weiss, Alan (2003): Great consulting challenges and how to surmount them, San Francisco 2003

Wiedmann, Klaus-Peter (1994): Strategische Marketingplanung, Schriftenreihe Marketing Management, Universität Hannover, Hannover 1994

Zapke-Schauer, Gerhard (2003): Der praktische Nutzen der Kohärenz, April 2003, URL: www.perspektive-blau.de/artikel/3040kohaerenz/kohaerenz.htm (Zugang 1.9.2003)

Ausgewählte Websites zu Beyond Budgeting und Better Budgeting:

www.balanced-scorecard.de/beyondbudgeting.htm – Seite von Horváth & Partners

www.bbrt.org – Beyond Budgeting Round Table (BBRT)

www.better-budgeting.de – Seite der WHU in Vallendar

www.bettermanagement.com – Amerikanisches Portal zu Management-Themen

www.beyondbudgeting.org – Evaluierungs-Tool des BBRT („Diagnostic")

www.budgeting-reconsidered.com – Amerikanische Seite

www.change-management-monitor.com -Literaturverzeichnis zum Thema Veränderungs-Management

www.competence-site.de – Portal zu Management-Themen

de.groups.yahoo.com/group/beyondbudgeting – Deutschsprachiges Beyond-Budgeting-Forum

www.juergendaum.de/bb.htm – Jürgen Daums Webseiten zu Beyond Budgeting; nützliche Texte und Links

www.nielspflaeging.com – Niels Pflägings Webseiten zu Beyond Budgeting mit zahlreichen Ressourcen zum Beyond Budgeting; inklusive Email-Newsletter

www.valuebasedmanagement.net – Sammlung von Ressourcen und Links zu Wertmanagement und Intangible Asset Management

Den Autor dieses Buches erreichen Sie über folgende Mailadresse: mail@nielspflaeging.com

Danksagungen des Autors

An der Entstehung eines Buches sind immer eine Vielzahl von Personen beteiligt. Sie alle treiben durch ihr Engagement und ihren Glauben an die Relevanz des Buches das Projekt (und den Autor) voran. Es gilt daher, einigen der Beteiligten des Unterfangens „Beyond Budgeting, Better Budgeting" Tribut zu zollen.

Mein Dank gilt zunächst der Person, die mir vor genau einem Jahr die Anregung zum Verfassen dieses Buches gegeben und die mit mir gemeinsam die Idee zu diesem Projekt entwickelt, konkretisiert und „marktreif" gemacht hat. In der Konsequenz hat diese Person dem Lauf meines Privatlebens, vor allem aber meinem beruflichen Werdegang einen außergewöhnlichen und überaus überraschenden Impuls gegeben. Seit unserem ersten Kontakt musste und durfte ich mit manchen Paradigmen brechen. Ich kann sagen, dass diese Person dadurch mein Leben wahrhaft verändert hat – vielen Dank an meinen Agenten *Oliver Gorus*.

Das inhaltliche Konzept dieses Buches verdankt seine Existenz dem Engagement der Mitglieder, Mitdenker, Förderer und Forschungsleiter des Beyond Budgeting Round Table. Die Inspiration und Arbeit dieser Individuen hat das Beyond Budgeting-Modell zu einem nach meiner Überzeugung wirklich bahnbrechenden Management-Ansatz gemacht. Insbesondere *Robin Fraser* hat mich in meiner Arbeit bestärkt und angeregt. Unserer weiteren Zusammenarbeit sehe ich mit großer Spannung entgegen!

Meiner Frau *Patrícia* möchte ich für die niemals ausbleibende Geduld und Ermutigung danken, die das Projekt an entscheidenden Stellen „getragen" und auf neue Niveaus getrieben haben.

Bodo und Isa-Maria Pfläging danke ich dafür, mich rundum auf den Weg gebracht zu haben, sodass ich ein Unterfangen wie dieses überhaupt in Angriff nehmen konnte.

Den Mitarbeitern des Haufe Verlags – allen voran *Harald Henzler* und *Stefan Kilian* – möchte ich von Herzen danken für ihre Entschlossenheit, das engagierte und langfristige Denken, die stets angenehme Zusammenarbeit und das spürbare Einfühlungsvermögen im gesamten Projektverlauf. Ich bin stolz darauf, „Beyond Budgeting, Better Budgeting" bei diesem ausgezeichneten Verlag mit seinen professionellen und engagierten Mitarbeitern veröffentlichen zu können.

Niels Pfläging
São Paulo, Brasilien